W0324450

Hans-Joachim Schoeps · Preußen

HANS-JOACHIM SCHOEPS

PREUSSEN

Geschichte eines Staates

Bilder und Zeugnisse

PROPYLÄEN

Die Deutsche Bibliothek – CIP-Einheitsaufnahme

Schoeps, Hans-Joachim:
Preussen : Geschichte eines Staates : Bilder und Zeugnisse ; die Propyläen-Biographie / Hans-Joachim Schoeps. – Berlin : Propyläen, 1995
ISBN 3 549 05496 3

© 1995 by Verlag Ullstein GmbH, Berlin · Frankfurt am Main
Propyläen Verlag

Text und Abbildungsteil dieser Ausgabe sind identisch mit den 1966 und 1967 im Propyläen Verlag erschienenen Bänden

Die Verwertung der Texte und Bilder, auch auszugsweise, ist ohne Zustimmung des Verlags urheberrechtswidrig und strafbar. Dies gilt auch für Vervielfältigungen, Übersetzungen, Mikroverfilmungen und für die Verarbeitung mit elektronischen Systemen.

Druck und Verarbeitung: Wiener Verlag, Himberg bei Wien

Printed in Austria 1995
ISBN 3 549 05496 3

Gedruckt auf alterungsbeständigem Papier mit chlorfrei gebleichtem Zellstoff

INHALT

GESCHICHTE EINES STAATES

VORWORT

Eine wissenschaftlichen Ansprüchen genügende Preußische Geschichte gibt es heute nicht. Erstaunlicherweise hat es sie auch früher nicht gegeben, da Ranke und Droysen ihre Darstellungen nur bis in das Zeitalter Friedrichs des Großen hineingeführt haben. Und späterhin sind Gesamtdarstellungen nur selten versucht worden; die patriotischen Schinken des 19. Jahrhunderts, die Preußens Gloria besangen, sind unlesbar geworden. Brauchbar ist lediglich der knappe, etwas trockene Abriß des Archivrats Friedrich Israel von 1918 in der Sammlung »Aus Natur und Geisteswelt«. Er ist aber längst ebenso vom Büchermarkt verschwunden wie die Monographie der Hohenzollern von Otto Hintze aus dem Jubiläumsjahr 1915.

Was ich hier vorlege, ist keine fachgelehrte Darstellung im engeren Sinne, da diese eine erneute kritische und sehr umfassende Quellendurchmusterung voraussetzen und mithin eine Lebensarbeit bedeuten würde. Ein solches vielbändiges Werk ist aber ohne Benutzung der riesigen Aktenmassen des Geheimen Preußischen Staatsarchivs, die heute zu 85 Prozent in Merseburg lagern, nicht zu schreiben. Die hier auf der Basis des bisherigen Forschungsstandes gebotene Kurzfassung der durch sieben Jahrhunderte durchgehenden Gesamtgeschichte Preußens von Hermann von Salza bis Otto Braun erzählt die Vorgeschichte und die Nachgeschichte dieses Staates bewußt knapp und gedrängt. Ihr Schwergewicht liegt auf der Geschichte des Königreichs Preußen von 1701 bis 1871, aufgegliedert nach den Regierungszeiten der einzelnen Könige. Breiter wird die Darstellung erst beim Soldatenkönig und seinem genialen Sohn. Am ausführlichsten verweile ich bei den Geschehnissen des 19. Jahrhunderts, in denen der preußische Staat seine Eigenart erst voll ausgeprägt hat. Zumal für die Regierungszeit Friedrich Wilhelms IV. weicht meine auf eigenen früheren Untersuchungen aufbauende Darstellung häufig von den gängigen Klischeevorstellungen ab. Ich mußte nämlich feststellen, daß Vorurteile, Sentiments und Ressentiments der nationalliberalen Historikergeneration das preußische Geschichtsbild stark verzerrt haben, da sie Preußen immer nur als Vorstufe des Kaiserreichs sahen, mit dessen Erreichung es seine Mission erfüllt habe. Meinerseits suche ich ein den Sachverhalten angemesseneres Bild der Geschehnisse zu gewinnen. Freilich setze ich die Akzente oft anders als viele heutige Zunftgenossen. Wer sich daran stößt, nimmt übel, daß der Verfasser einen eigenen Standpunkt hat und nicht der konformistischen Farblosigkeit huldigt. Ich habe mich stets um ein sachgerechtes, möglichst auf Objektivität hinzielendes Urteil bemüht, wenn ich dem Leser auch nicht vorenthalte, wo meine eigenen Sympathien liegen. Das hat im übrigen auch schon Ranke so gehalten.

Vor allen Dingen war es mir aber darum zu tun, einigermaßen anschaulich zu erzählen und einer breiteren Leserschicht ein Bild der wichtigsten Ereignisse und Begebenheiten der preußischen Geschichte zu vermitteln. Die größeren Zusammenhänge: Preußen in Deutschland, Preußen in Europa usw. sind in die Darstellung einbezogen, da es eine isolierte preußische Geschichtsschreibung nicht geben kann. Aber da ich schließlich doch nur eine preußische, nicht eine deutsche oder europäische Geschichte schreiben wollte, konnte das jeweilige Kräfte- und Spannungsfeld immer nur in den Umrissen skizziert werden. Ebenso sind die wichtigsten Fakten der preußischen Verwaltungs-, Rechts- und Verfassungsgeschichte wie der Kultur- und Kirchengeschichte in der Darstellung mit berücksichtigt worden, soweit dies auf dem zur Verfügung stehenden knappen Raum überhaupt möglich war.

Auf einen größeren wissenschaftlichen Apparat wurde verzichtet, lediglich ein kurzer Stellennachweis und eine Bibliographie der wichtigsten Literatur wurden angefügt. Der ausführliche Dokumente-Anhang ist für Lehr- und Studienzwecke bestimmt, er soll aber auch der erhöhten Anschaulichkeit dienen und die eigene Urteilsbildung des Lesers fördern helfen. Denn über die Geschichte Preußens gehen immer noch Vorstellungen um, die oft geradezu abenteuerlich sind. Dieses Buch will dazu beitragen, sie zu zerstreuen.

ERSTER TEIL
PREUSSISCHE VORGESCHICHTE

ERSTES KAPITEL
DER ORDENSSTAAT IN PREUSSEN

Die Anfänge Preußens reichen weit zurück in die Geschichte. Der Piastenherzog Konrad von Masowien hatte 1225 die deutschen Ordensritter um Hilfe gegen die der Heidenmission widerstrebenden Pruzzen angerufen und dafür die Überlassung des völkisch umstrittenen Kulmer Landes und anderer Grenzgebiete versprochen. Die Pruzzen östlich der unteren Weichsel – bei den Römern Aestii genannt – waren ein baltischer Volksstamm, zwischen Germanen und Slawen stehend. Ihr Name ging schon früh auf alle Bewohner des Landes östlich der Weichsel über. In der Gewinnung der Pruzzen für das Christentum nach langen Kämpfen liegt der Ursprung des aus den Heidenmissionstendenzen der Kreuzzugsbewegung hervorgegangenen Ordensstaates zwischen Weichsel, Drewenz und Ossa an der Ostgrenze des Stauferreiches, nachdem Kaiser Friedrich II. den befreundeten vierten Hochmeister des Deutschen Ordens St. Marien zu Jerusalem Hermann von Salza (1209–1239) zur Herrschaft in dem ihm zugesagten Territorium »für alle Zeiten« ermächtigt hatte (Goldbulle von Rimini – März 1226) [1]. Der Kaiser betrachtete sich als Eigentümer alles heidnischen Landes, das als herrenlos galt, und bestätigte dem als Vermittler zwischen Kaiser und Papst bewährten Staatsmann Hermann von Salza die in Preußen zu erobernden Gebiete als Teile des Reiches mit voller Landeshoheit. Acht Jahre später nahm auch der Papst (Gregor IX.) das Ordensland »in das Recht des hl. Petrus auf«. Damit war das Ordensland unter den Schutz des Hl. Stuhls gestellt, der es als dem Besitz der Römischen Kirche zugehörig betrachtete. 1236 war alles Land bis zur Mündung der Nogat unterworfen; der Herzog von Masowien und der Bischof von Kulm erkannten den Hochmeister als ihren Lehensherrn an. So war durch diese geistliche Rittergemeinschaft, die vor einem halben Menschenalter in Palästina (1198 in Akkon) gebildet worden war und die sich missionierend in Ungarn schon bewährt hatte, ein völlig autonomer Ordensstaat im slawisch bevölkerten Preußenland entstanden als ein »Eckpfeiler Europas[2]«. Die Ostgrenze des Reiches der Hohenstaufen entsprach weitgehend schon damals der des 1871 gegründeten Deutschen Reiches.

Die auf Lebenszeit gewählten Hochmeister des Ordens besaßen volle Landeshoheit und galten als Reichsfürsten; ihnen standen fünf »Großgebietiger« zur Seite und der Deutschmeister für die zwölf binnendeutschen Ordensballeien. Den Ritterbrüdern – es gab zwei weitere Mitgliederklassen: Priesterbrüder und Halbbrüder – waren die drei Mönchsgelübde: Armut, Keuschheit, Gehorsam vorgeschrieben. Die hier von einem Mönchsorden vollzogene Staatsgründung blieb ohne Gegenstück. Nach dem Vorbild des Magdeburger Stadtrechts wurde 1233 die Kulmer Handfeste eingeführt, die die bürgerlichen Rechte und die innere Ordnung des Staates dauerhaft festlegen sollte. Das schon Ende des 12. Jahrhunderts christianisierte Pommerellen[3] mit Danzig ist 1308 den Polen abgewonnen, die Eroberung Samlands unter dem Hochmeister Winrich von Kniprode 1380 abgeschlossen worden.

Unter diesem staatsmännisch begabten, ritterlichen Hochmeister, der von 1351–1382 regierte, stand der Ordensstaat im Kulminationspunkt seiner Macht, dazu in hoher Wirtschafts- und Kulturblüte. Das Ordensland rückte zu einer der großen Ostseemächte auf, die sechs wichtigsten Städte des Landes: Danzig, Königsberg, Thorn, Kulm, Elbing und Braunsberg gingen enge Bindungen mit der Hanse ein, an deren siegreichem Krieg gegen den König von Dänemark sie beteiligt waren. Zeitweise hielt der Orden auch die Insel Gotland besetzt, um der den Ostseehandel schädigenden Piraterie der Vitalienbrüder unter Klaus Störtebeker und Godeke Michels ein Ende zu bereiten. Der Handel des Ordensstaates – vornehmlich Bernsteinhandel, Holz- und Getreideexport sowie Textilienimport – erstreckte sich bei ständig zunehmendem Warenumschlag im ausgebauten Hafen von Danzig außer nach Skandinavien und England bis nach Spanien und Portugal. Erst die Kämpfe mit Polen und Litauen haben den Orden gezwungen, seine Ostseepolitik und seine Handelsinteressen allmählich aufzugeben.

Am Ende des 14. Jahrhunderts hat der Ordensstaat durch Erwerbung Estlands, die Besetzung Gotlands und die Pfandnahme der marchia transoderana, das heißt der brandenburgischen Neumark (1402) seine größte territoriale Ausdehnung (etwa 3 000 Quadratmeilen mit einer Million Einwohner) erreicht; er galt als der bestverwaltete Staat des Mittelalters. Der Orden, der in großer Zahl deutsche Siedler ins Land zog und planvoll verteilte, hat als größter Küstenstaat der Ostsee in Zusammenarbeit mit der Hanse für die wirtschaftliche und kulturelle Blüte des deutschen Ostens, zumal der Handelsstädte wie Danzig, Elbing, Kulm und Thorn, viel getan. Die Komture, Pfleger und Vögte auf den Ordensburgen und in den Balleihäusern für die 20 Bezirke des Landes haben durch die Eigenschaften der Selbstzucht, Nüchternheit des Denkens und kollegialer Mitverantwortung, dann aber auch durch hervorragende Kolonisations- und Verwaltungsleistungen viel vom Geist des späteren Preußentums vorweggenommen. Sicher gibt es keinen direkten Zusammenhang von Ordensstaat und preußischer Monarchie, aber offenbar hat der genossenschaftliche und asketische Geist der deutschen Rittermönche über den Zeitraum von zwei Jahrhunderten hinweg eine Umformung und Neuausprägung im Offizierskorps des Königreiches Preußen erhalten.

Die wechselvollen Schicksale des Ordensstaates, der weder mit dem zu Polen neigenden Landadel, noch mit den Städten, die durch die Geldgeschäfte des Ordens ihre Einkünfte geschmälert sahen, noch mit den polnischen Herrschern in ein ausgeglichenes Verhältnis zu kommen vermochte, können hier nur in der knappsten Form berichtet werden:

Im Jahre 1386 kam es durch Heirat des litauischen Herzogs Jagiello mit Hedwig, der Erbin der polnischen Königskrone, zu einer polnisch-litauischen Union, die sich zwangsläufig gegen den Ordensstaat richten mußte. Der seit 1407 amtierende Hochmeister Ulrich von Jungingen entschloß sich zu einem Präventivkrieg, unterlag aber in der Schlacht von Grünwalde am 15. Juli 1410 der polnisch-litauischen Übermacht; er selbst und die Blüte der jungen Ordensritter wurde nach tapferem Kampf in der

Schlacht getötet. Diese Niederlage hatte für den Orden unheilvolle Folgen: Die seit 1397 im sogenannten »Eidechsenbund« zusammengeschlossene Ritterschaft des Kulmer Landes fiel vom Orden ab und huldigte dem König von Polen, dem sich auch die meisten Ordensburgen ergaben. Den völligen Zusammenbruch verhinderte nur der Komtur von Schwetz, Heinrich von Plauen, der erfolgreich die Marienburg verteidigte. Zum neuen Hochmeister gewählt, konnte er 1411 in Thorn einen glimpflichen Frieden erreichen, der lediglich schwere finanzielle Belastungen brachte.

Heinrich von Plauen versuchte eine Reorganisation des Ordensstaates, durch Beteiligung der Stände, deren Vertreter er in einen neugebildeten »Landesrat« berief. Er wurde aber schon nach zwei Jahren von einer opponierenden Fronde gestürzt und von seinen Gegnern in Haft genommen. Der innere Verfall war jetzt nicht mehr aufzuhalten, zumal unter den nachfolgenden Hochmeistern keine überragende Gestalt mehr war.

Im Jahre 1440 schlossen sich in Marienwerder Städte und Adel zur Vertretung ihrer Standesinteressen gegen die Ordensherrschaft zum »Preußischen Bund« zusammen, der eine Art ständische Nebenregierung bildete und den König Kasimir IV. von Polen gegen Anerkennung seiner Oberhoheit zur Verteidigung ihrer Gerechtsame gegen den Hochmeister anrief. Die Krone Polens garantierte mit der sogenannten »Inkorporationsurkunde« den Landständen Verwaltungs- und Gesetzgebungsautonomie. Ein 13jähriger Krieg verheerte das Land. 1457 zog der Polenkönig in Danzig ein, auch die Marienburg, die vom Hochmeister wegen seiner ständigen Geldnot verpfändet worden war, fiel in seine Hände. Im Grunde ist der das Reich vertretende Ordensstaat nach einer zweihundertjährigen Blütezeit den Sonderinteressen der Stände erlegen, auch wenn er de facto als ein Rumpfgebilde noch einige Zeit weiterbestand.

Im zweiten Thorner Frieden von 1466, den Reich und Kurie nie anerkannten, mußte der Hochmeister Pommerellen und das Kulmer Land, Ermland, auch Elbing und die Marienburg an die Krone Polens abtreten, für den Rest des preußischen Ordenslandes östlich der Weichsel die Lehenshoheit des Königs von Polen anerkennen und diesem nebst dem Papst Treueid und Heerfolge leisten. Damit war das Ordensland aus dem Deutschen

Reich wieder ausgeschieden. Der Sitz des Ordens wurde jetzt von der Marienburg (Hochmeistersitz seit 1309) nach Königsberg verlegt, wo die letzten fünf Hochmeister residierten. Die Bemühungen, das Reich aus seiner Teilnahmslosigkeit herauszubringen und für die Schicksale des Ordens stärker zu interessieren, blieben ohne Erfolg.

Als nach Friedrich von Sachsen 1510 Albrecht von Brandenburg-Ansbach (1490–1568) aus der fränkischen Linie der Hohenzollern zum Hochmeister des Ordens gewählt wurde, schloß sich dieser hochgebildete Fürst, der Schüler des Erasmus an seinen Hof nach Königsberg zog und mit vielen namhaften Künstlern und Gelehrten seiner Zeit einen uns heute noch zugänglichen ausgedehnten Briefwechsel führte, mit Zustimmung der Stände der Reformation Martin Luthers an. Der Römischen Kirche ging das Ordensland damit verloren. In seiner bisherigen Form als Ritterorden paßte dieser Staat offenbar nicht mehr in die neue Zeit. Er hatte sich bereits zu einem fürstlichen Territorialstaat fortentwickelt. Der Reformator, den Albrecht auf der Durchreise im September 1523 in Wittenberg besuchte, hatte selbst den Rat gegeben, das Ordensland zu säkularisieren und 1525 in ein erbliches Herzogtum umzuwandeln. Im Vertrag von Krakau wurde die polnische Lehenshoheit anerkannt. Der Hochmeister Albrecht wurde dafür vom polnischen König als Herzog in Preußen bestätigt. Andererseits erklärte ihn der Kaiser in die Reichsacht und wies dem Orden, der sich unter einem Deutschmeister auf seine Besitzungen im Reich beschränkte, 1526 als Hauptsitz Mergentheim zu; der Orden ist im Reich erst 1809 durch Napoleon aufgehoben worden. Herzog Albrecht, dessen Gemahlin Dorothea aus dem Hause Holstein-Gottorf stammte, regierte noch 45 Jahre das Land. Damit war eine Fortsetzung der Ordenstradition und der erprobten Formen der Landesverwaltung in dem längst zu einem Ständestaat (Landtage mit Vertretung von Adel und Städten) umgebildeten Herzogtum gegeben.

Als der bisherige Bischof von Samland, Georg von Polentz, die erste evangelische Predigt im Dom von Königsberg gehalten hatte, schrieb Martin Luther an ihn: »Sieh das Wunder! In schnellem Lauf und mit vollen Segeln eilt das Evangelium nach

Preußen, während es in Ober- und Niederdeutschland mit aller Wut geschmäht und zurückgewiesen wird [4].« Schon im Dezember 1525, gleich nach der Säkularisation, die Kaiser und Papst nie anerkannt haben, ist die erste preußische Kirchenordnung erlassen worden. 1544 wurde die Albertus-Universität in Königsberg gegründet, die zur Hochburg des Protestantismus im Nordosten werden sollte. Der Schwiegersohn Melanchthons, Georg Sabinus, wurde vom Herzog zum ersten Rektor bestellt. Unabhängig von Kaiser und Papst gegründet, war die Universität nur auf das Augsburgische Glaubensbekenntnis vereidigt. Herzog Albrecht hat sich allerdings nach Luthers Tod unter dem Einfluß des Königsberger Theologen Osiander von der strengen Rechtfertigungslehre des Luthertums wieder abgewandt. Unter dem schwachen Regiment des alternden Herzogs wurde Ostpreußen allmählich eine förmliche Adelsrepublik. Aber in der politischen Folge des Anschlusses an die Reformation mußten sich das Ordensland und Kurbrandenburg eines Tages finden. Brandenburgs erster zur Reformation übergegangener Fürst, Joachim II., hatte schon 1568 eine Mitbelehnung erhalten, 1618 nach dem Tode des letzten Herzogs konnte dann Brandenburg das Preußenland auf dem Wege der Erbschaft als Lehen der Krone Polens übernehmen. »Fürwahr ein großer Schritt für das Land und für das Haus« (Ranke) [5]. Das ehemalige Ordensland Preußen sollte aber dem staatlichen Gebilde, das zwischen Elbe und Weichsel nunmehr entstand, als wichtigstes Vermächtnis seinen Namen geben. Und ebenso trifft zu, was Ernst Ludwig von Gerlach über diesen kirchlichen Ursprung Preußens festgestellt hat: »Preußen wurde in der Geschichte zuerst genannt als Name eines römisch-katholischen Ordens, drei Jahrhunderte nach den Karolingern. Das Herzogtum und das Königreich Preußen sind Kinder und Enkel der abendländischen Kirche [6].«

ZWEITES KAPITEL
DIE SCHICKSALE BRANDENBURGS BIS 1640

Hatten an der Weichsel die Ritter des Deutschen Ordens im weißen Ordensgewand mit schwarzem Brustkreuz den Christianisierungsauftrag vollzogen, so waren es in dem von germanischen Semnonen besiedelten kargen und armen Brandenburg – »des Heiligen Römischen Reiches Streusandbüchse« – zuerst die Zisterziensermönche, ebenfalls im weißen Ordenskleid mit schwarzem Gurt und dem schwarzen Skapulier (Schulterkleid), die den Askaniern und später den Hohenzollern als Kolonisatoren Dienste leisteten. Das Schwarz und Weiß beider Orden sind deshalb auch die Farben Preußens geworden. »Schwarz und weiß war das Preußische bereits in seinen Anfängen: der asketische Sinn von Zisterziensern wie Deutschherren hatte sich unwillkürlich für die Wahl dieser ernsten, abstrakten, nordischen Farben entschieden, die in ihrem Verzicht auf Buntheit eigentlich keine Farben sind – und in dem Eifer, mit dem sie ihrem freiwilligen Liebesdienste und Lebenswerke nachgingen, kündigten sich früheste und echteste preußische Züge an [1].«

Im Jahre 1134 hatte Albrecht der Bär aus dem Hause Askanien in Anhalt respektive Ballenstedt (Vorharz) die Nordmark (marchia septentrionalis, wohl vornehmlich der Stendaler Bezirk östlich der Elbe, also nicht die Altmark) vom Kaiser Lothar III. auf dem Reichstag zu Halberstadt zum erblichen Lehen erhalten. Er machte Eroberungen im Havelland und in der Prignitz, bis er schließlich 1157 die Brandenburg erobert hatte und sich Markgraf (marchio) in Brandenburg nennen konnte.

Im Jahre darauf unternahm er eine Wallfahrt nach Jerusalem, die zur Folge hatte, daß der Templerorden und die Johanniterritter zur Fortsetzung der Slawenmission in die Mark gerufen wurden. Das benachbarte Obodritenreich im Mecklenburgischen war teils von Albrechts mächtigem Konkurrenten, Heinrich dem Löwen aus dem Welfischen Hause, teils vom Dänenkönig Waldemar erobert und missioniert worden. Die aus Holz gebaute Tempelburg der Oderslawen, ein Heiligtum für ihren Kriegs- und Erntegott Svantevit in Arkona auf Rügen, wurde 1168 geplündert und zerstört. Albrecht der Bär sicherte sein Landesfürstentum durch reiche Vergabungen, um die Kolonisation und Mission zu fördern. Von der Geistlichkeit in den beiden Bistümern der Landschaft, Brandenburg und Havelberg, wurde er darin unterstützt. Im Jahre 1168 übergab der erste Askanier die Regierung seinem ältesten Sohne Otto und zog sich nach Ballenstedt in die Einsamkeit zurück, wo er 1170 verstarb.

Otto I. (1168–1184) machte die Stadt Brennaburg oder Brandenburg – eine alte Hevellerburg, die schon 927/28 von König Heinrich I. erobert worden war – zur Hauptstadt seines Landes und stiftete südlich von ihr das Kloster Lehnin. Im wohlverstandenen eigenen Interesse gehörte er beim Sturze Heinrich des Löwen zu dessen entschiedenen Gegnern. Otto I. bekleidete bereits das erbliche Amt eines Erzkämmerers des Heiligen Römischen Reiches, aus dem das Kurrecht für die Brandenburgischen Markgrafen bei der Königswahl erwachsen ist; möglicherweise ist dieses Amt sogar schon seinem Vater verliehen worden. Um das zeitweise von Dänemark unterworfene Land Pommern begannen langwierige Kämpfe, die von seinen Söhnen Otto II. (1184–1205) und Albrecht II. (1205–1220) mit wechselndem Erfolg fortgesetzt wurden.

Auch die späteren Askanischen Markgrafen blieben in mancherlei Fehden mit ihren Gebietsnachbarn verwickelt. Gegenüber Kaiser und Reich waren sie stets auf ihre Unabhängigkeit bedacht, sie besaßen auch eine unbeschränktere Landeshoheit als andere deutsche Herzöge und Fürsten; angesichts ihrer geringen Einkünfte zahlten sie keine Abgaben in die kaiserlichen Kassen. Die Juden, die ein Schutzgeld erlegen mußten, besaßen unter den Askaniern mehr Rechte als anderswo im Reich.

Umstritten ist, ob die Gründung der Städte Berlin und – auf der Spreeinsel – Cölln schon in Albrecht des Bären Regierungszeit fällt (1134–1168), was aber nicht wahrscheinlich ist. Ihre ersten urkundlichen Erwähnungen liegen erst ein Jahrhundert später (1244–1251). Die erste Niederlassung um die Berliner Nicolaikirche – es war nach Siedlungsform und archäologischem Befund deutsche Besiedlung – stammt in den erhaltenen Grundmauerresten und Fundamentgräben wohl aus dem frühen 13. Jahrhundert. Ein Ansatz um 1230 ist für die Berliner Stadtgründung wahrscheinlich. Die Zisterzienser hatten in dieser Zeit bereits die Klöster Zinna (1170), Lehnin (1180) und Chorin (1258) gegründet. Die Askanier haben bis 1320 in Brandenburg regiert und in dieser Zeit die Uckermark, die Oberlausitz, die Niederlausitz, das Land Lebus, die Neumark (terra transoderana) sowie einen großen Teil der Mark Meißen erworben. Bei den Kämpfen um Pommerellen eroberten sie 1308 das Land Schlawe und gründeten die Stadt Stolp. Sogar die Lehnshoheit über Pommern wurde ihnen von den Staufern übertragen (bestätigende Urkunde Friedrich II. vom Reichstag von Ravenna 1231). Damit war der Weg an die Ostsee freigemacht.

Fast zweihundert Jahre haben die Askanier in der Mark geherrscht und die Markgrafschaft weit über Brandenburgs ursprüngliche Grenzen hinaus ausgedehnt. Der letzte askanische Markgraf, Woldemar (1308–1319), der eine prunkvolle Hofhaltung liebte, ist neben Albrecht dem Bären der Nachwelt am stärksten in Erinnerung – einmal weil er die Mecklenburger und die in die Mark eingefallenen Dänen in der Schlacht von Gransee 1316 abgewehrt hat, nicht zuletzt aber auch deswegen, weil fast 30 Jahre später (1348) – als die Mark an die schon wegen ihrer schlechten Geldwirtschaft wenig beliebten Wittelsbacher gefallen war – ein vermutlich »Falscher Woldemar« auftrat, der sich als der von einer Pilgerfahrt ins Heilige Land zurückgekehrte alte Markgraf ausgab. »Der Augenblick war dazu außerordentlich gut gewählt. Ein von den Toten auferstandener Markgraf Woldemar mußte sowohl dem König Karl und der sich gegen den Wittelsbacher bildenden Koalition wie auch ebenso den mit ihrem Landesherren immer mehr unzufriedenen Märkern hoch willkommen sein [2].« – Aber gleichwohl konnte sich der Falsche Woldemar auf die Dauer gegen das bayrische Haus nicht durchsetzen, 1352 verließ er wieder das Land und zog sich nach Dessau an den Hof des Fürsten von Anhalt zurück.

Nach dem Aussterben des brandenburgischen Zweiges der Askanier (1320) – eine andere Linie der Nachkommenschaft Albrecht des Bären hat in Anhalt bis 1918 regiert – hatte Kaiser Ludwig der Bayer die Mark Brandenburg als erledigtes Reichslehen seinem Sohne übertragen, der sich aber nicht durchsetzen konnte. Er traf auf eine anhaltende Opposition des Landadels wie der Städte. Die Goldene Bulle von 1356 hat den Besitz der brandenburgischen Kurwürde bestätigt; das Recht der Kurfürsten zur Königswahl, gebunden an das Territorium der Mark, wurde zum Reichsrecht erhoben. Ein halbes Jahrhundert beherrschten die Wittelsbacher Markgrafen Ludwig der Römer und Otto der Faule ohne besondere Erfolge die Mark Brandenburg. 1373 wurde dann die Mark von Otto VI. (dem Faulen) im Vertrag von Fürstenwalde an das Luxemburger Kaiserhaus abgetreten, unter dem das wirtschaftlich schwache Land trotz eines großen Landfriedens immer mehr in Anarchie verfiel und von einigen alteingesessenen märkischen Adelsfamilien, wie den von vaterländischer Dichtung verklärten Quitzows in der Prignitz, ausgebeutet wurde. Ab 1378 regierten Sigismund und Jobst von Mähren die Mark. Das verworrene Jahrhundert nach dem Aussterben des askanischen Hauses war von Kriegen, Raubfehden, übermütigen Gewaltakten – so überfielen die Quitzows 1410 Berlin ohne vorherige Fehdeansage – auf der Basis des Faustrechts erfüllt.

Eine entscheidende Wende setzte erst ein, als 1411 der Burggraf Friedrich VI. von Nürnberg aus dem Hause Hohenzollern zum Stadthalter ernannt worden war. Die Hohenzollern waren eigentlich in Schwaben beheimatet und durch Belehnung seit dem Ende des 12. Jahrhunderts Burggrafen von Nürnberg. Friedrich bekämpfte so lange seine frondierenden Vasallen, bis er den widerstrebenden Landadel – zumal die »Quitzows« – unterworfen hatte, deren Burgen (Friesack, Golzow, Plaue und andere) er mit neuartigem Geschütz bombardierte. Während der eingesessene Adel so zur Anerkennung seiner Herrschaft gezwungen wurde, ist die Unterwerfung der Städte erst ein Vierteljahrhundert später (Berlin und Cölln 1442) vollendet worden. Der Widerstand des partikularistischen Ständetums (Adel und Städte) hielt aber noch lange an. Nach der Übertragung der Kurfürstenwürde

(1415) ist die feierliche Belehnung des Nürnbergers zwei Jahre später am 18. April 1417 auf dem Konstanzer Konzil durch den Kaiser Sigismund als Friedrich I., Markgraf und Kurfürst von Brandenburg erfolgt. Er hat sich selbst in demütiger Weise als »ein Amtmann Gottes am Fürstentume« bezeichnet. Schon früh hat sich um diesen Burggrafen und ersten Hohenzollerschen Kurfürsten von Brandenburg ein verklärender Nimbus gebildet. Mehr als 500 Jahre sollte dieses Kurhaus in Brandenburg, später in Preußen und ab 1871 im Deutschen Reich herrschen. Die Hohenzollern waren Kurfürsten, Könige und zuletzt deutsche Kaiser durch 17 Generationen.

Die Hohenzollern sind in einer Zeit schwerster Bedrohung des ganzen Abendlandes durch Türken und Mongolen in die Mark gekommen, wo staatliches und wirtschaftliches Chaos herrschte. Sie traten mit ihrer Aufbauarbeit ganz in die Fußstapfen der askanischen Markgrafen auf diesem alten Kolonialboden und setzten die Politik der vorsichtigen Erwerbungen fort. So wurde 1455 die Neumark, die Kaiser Sigismund 1402 dem Deutschen Orden verpfändet hatte, von Kurfürst Friedrich II., Eisenzahn, (1440–1470) wieder zurückgekauft. Wegen der Anlage einer fürstlichen Burg an der Spree kam es zum sogenannten »Berliner Unwillen«, einem offenen Aufruhr der Bürgerschaft. Doch konnte sich der Kurfürst 1448 in einen Vergleich mit dem gemeinsamen Magistrat der beiden damals noch zur Hanse gehörigen Städte Berlin und Cölln vermehrte Rechte sichern. In der Regierungszeit Friedrich II. wurde übrigens die kleine Stadt Wilsnack in der Westprignitz wegen ihrer wundertätigen Bluthostie (Wunderblut von Wilsnack) zu einem der größten Wallfahrtsorte für die Christenheit der Vorreformationszeit. Obwohl der Papst den Besuchern der Wilsnacker Kirche einen Ablaß gewährte, erhoben sich von kirchlicher Seite mancherlei Proteststimmen, unter anderen protestierte Johann Hus. – Da Friedrich in den politischen Welthändeln nicht reüssierte, trat er nach einem ergebnislosen Feldzug gegen Pommern, der Herrschaft überdrüssig geworden, die Mark an seinen Bruder Albrecht ab und zog sich auf die Plassenburg bei Kulmbach zurück, wo er bald darauf verstarb.

Der neue Kurfürst Albrecht Achilles (1470–1486) verkörperte

in seiner ganzen Erscheinung nochmal das Wesen des mittelalterlichen Rittertums. Seitdem er in seiner Jugend eine Pilgerfahrt ins Heilige Land unternommen hatte, stand er unter den Reichsfürsten in hohem Ansehen. Stärker an der Reichspolitik interessiert als an Brandenburg, residierte er zumeist in Ansbach. Immerhin ist das Schloß zu Cölln unter ihm die feste kurfürstliche Residenz in der Mark geworden. Im Jahre 1473 war durch Albrecht Achilles – er war ein um mustergültige Finanzverwaltung verdienter Kurfürst, mit dem die Reihe der »guten Haushälter« beginnt – ein Hausgesetz über die Erbfolge in Brandenburg (Dispositio Achillea) erlassen worden, das bestimmte, daß nicht mehr als drei Hohenzollern gleichzeitig regieren sollten. Während die fränkischen Lande in zwei Markgrafschaften unter seine Söhne aufgeteilt werden sollten (Ansbach und Bayreuth), wurde die Mark Brandenburg für unteilbar erklärt. Auf seinen Tod folgte eine mehr als hundertjährige Friedenszeit für die Mark Brandenburg. Von Albrechts in der Mark regierendem Sohn Johannes Cicero (1486–1499), der 1488 die erste indirekte Steuer (Biersteuer) durchsetzte und 1493 einen vorteilhaften Vergleich mit Pommern abschloß, indem er die Anwartschaft auf Erbfolge gegen die Aufgabe der Lehnshoheit einhandelte, ist eine bemerkenswerte letztwillige Ermahnung, in Briefen gerichtet an seinen Sohn und Nachfolger, erhalten geblieben; auch wenn ihre Echtheit ungewiß ist, gibt sie doch von der im Kurhaus herrschenden Gesinnung Zeugnis: »Vom Kriegführen halte ich nichts. Es bringt nichts Gutes. Wenn man nicht zur Beschützung des Vaterlandes und um eine große Unbilligkeit abzuwenden, den Degen ziehen muß, ist's besser, davon zu bleiben. Lasset Euch, mein Herzens-Sohn, die Gottesfurcht befohlen sein! Aus selbiger wird viel Gutes, und alles Gute auf Euch fließen. Ein Gottesfürchtiger denket allezeit, daß er von seinem Tun Gott in kurzer Frist werde Rechenschaft erstatten müssen[3].« – Johann, der 1493 durch Kauf auch die Herrschaft Zossen erworben und vierzig Jahre nach Gutenberg Buchdruckereien in der Mark errichtet hatte, starb, 43 Jahre alt, an der Wassersucht und wurde als erster Hohenzoller im Kloster Lehnin beigesetzt und später in den Dom zu Cölln überführt.

Unter Joachim I. (1499–1535) ist 1506 die schon von seinem

Vater gewünschte brandenburgische Landesuniversität in Frankfurt an der Oder gegründet und 1516 das Berliner Kammergericht ständisch umorganisiert worden. 1527 zog er die Herrschaft Ruppin als erledigtes Lehen ein. Dieser Kurfürst hat sich noch viel mit dem zum Raubrittertum abgesunkenen, ganz verwilderten Junkertum der Köckeritz und Lüderitz, Krachten und Itzenplitz herumschlagen müssen, das ihm nach dem Leben trachtete. »Jochimke, Jochimke höde dy, fangen wy dy, so hange wy dy«, soll eines Nachts ein Junker von Otterstedt an die Tür seiner Schlafkammer im Schloß geschrieben haben. Am Ende seiner Regierungszeit suchte der durch Heinrich von Kleists romantisierende Novelle berühmt gewordene Roßhändler Michael Kohlhaas (eigentlich Hans Kohlhase, ein Berliner Produktenhändler) vergeblich sein Recht gegen einen Junker, wurde darüber zum Mordbrenner und, nachdem ihn auch noch Luther vergeblich gewarnt hatte, schließlich 1540 vor dem Georgentor zu Berlin auf das Rad geflochten.

Joachim, der auch eine Münzverbesserung durchgeführt hat, stand auf seiten der Gegner der Reformation und sah in Luther, der gegen das Ablaßgeschäft seines Bruders aufgetreten war, den »Satan von Wittenberg«, gegen den er in Worms die Verhängung der Reichsacht betrieb und dessen Bibelübersetzung er für sein Land verbot. Einen Aufstand der Lutheraner, von einem Franziskanermönch in der altmärkischen Stadt Stendal entfacht, schlug er blutig nieder.

Sein jüngerer Bruder Albrecht (1490–1545), ein Renaissancefürst, Freund der Künste und der Humanisten (Ulrich von Hutten), den Matthias Grünewald gemalt hat, wurde auf des Kurfürsten Betreiben schon mit 24 Jahren Erzbischof von Magdeburg und ein Jahr später auch von Mainz, so daß das Hohenzollernhaus in dieser Zeit über zwei Stimmen im Kurfürstenkolleg des Reiches verfügte. Auf dem Wormser Reichstag von 1521 wurde der inzwischen Kardinal gewordene Erzkanzler des Reiches mit dem Reichssiegel belehnt.

Die Ehe Joachims, dessen Leben Willibald Alexis in »Die Hosen des Herrn von Bredow« und Werner Bergengruen in »Im Himmel wie auf Erden« geschildert haben, zerbrach am Glaubenskonflikt, weil seine Gemahlin Elisabeth 1528 heimlich zur neuen Lehre übertrat, als Bäuerin verkleidet auf einem Rollwagen das

Land verließ und an den kursächsischen Hof entfloh. Andernfalls wäre sie wohl wegen Ketzerei lebenslänglich eingesperrt worden, wie es die Bischöfe dem Kurfürsten angeraten hatten. Erst 10 Jahre nach ihres Mannes Tod kehrte sie in die Mark zurück. Eine von ihm trotz der Dispositio Achillea verfügte Erbteilung, die aber die Einheitlichkeit der Mark nur vorübergehend in Frage stellen sollte, hatte zur Folge, daß sein jüngerer Sohn Hans von Küstrin die Neumark mit Kottbus und Krossen erhielt. Diese ist mit der Kurmark (Altmark, Prignitz, Mittelmark, Uckermark etc.) 1571 unter Johann Georg wieder vereinigt worden. Die endgültige Provinzialgliederung erfolgte erst 1815 mit der Neuordnung der Verwaltung, als die spätere Provinz Brandenburg geschaffen wurde.

Die Reformation ist im Einverständnis mit den Ständen, die allmählich eine Art Mitregierung ausübten, erst unter seinem von 1536–1571 regierenden älteren Sohn Joachim II. in den Marken eingeführt worden, der am 1. November 1539 in der Nicolaikirche zu Spandau das Abendmahl in beiderlei Gestalt nahm; am nächsten Tage folgte der Rat der Stadt Berlin dem Beispiel des Landesherrn in der Domkirche. Der katholische Gottesdienst in Berlin wurde eingestellt und die Mönche von ihrem Ordensgelübde befreit. Im folgenden Jahr 1540 erließ der Kurfürst Joachim II. eine neue, keineswegs radikale Kirchenordnung, die sogar noch die lateinische Messe, Prozessionen, den Fronleichnamstag und anderes Hergebrachtes festhielt. Das landesherrliche Kirchenregiment ist nach sächsischem Vorbild in Brandenburg eingeführt worden. Der Kurfürst übte durch Superintendenten und das 1542/43 gegründete Konsistorium sein Aufsichtsrecht über die Kirche als ihr summus episkopus aus. Die meisten Klöster wurden in Domänenämter umgewandelt. – Im übrigen aber trieb der bis zur Verschwendung großzügige Kurfürst ohne geordnete Buchführung eine hemmungslose Ausgabenwirtschaft, die ihn dazu zwang, die Steuerverwaltung an die Stände abzugeben und diesen eine Art von Mitregierung zuzugestehen (Rezeß von 1541). Joachim hat dem von ihm umgebauten Berliner Schloß eine Renaissancefassade gegeben und das Jagdschloß Grunewald angelegt. An den Türkenfeldzügen hatte er 1532 und 1542 – zum obersten Feldhauptmann ernannt – mit geringem Erfolg teilgenommen. In den Religionskämpfen versuchte er als Realpolitiker ausgleichend zu wirken und zu vermitteln, weshalb er sich auch nicht in eine gegen den Kaiser gerichtete Politik verstricken ließ. Dem Schmalkaldischen Bund, der politischen Organisation des Protestantismus, blieb er fern, da er sich, wie dies seiner vorsichtig abwägenden Natur entsprach, den Weg zur Verständigung mit Kaiser und Kirche offenhalten wollte. Lukas Cranach hat den Kurfürsten gemalt. Das Original befindet sich heute im Jagdschloß Grunewald.

Wir übergehen die stilleren Zeiten des lutherisch-orthodoxen Kurfürsten Johann Georg (1571–1598) und des Joachim Friedrich (1598–1608), unter dem – als letzte Phase eines Differenzierungsprozesses der Ämter – das Geheime Ratskollegium (1604) gebildet worden ist, das erste kollegiale Ministerium mit 9 Geheimen Räten, um die bis dahin formlosen Beratungen unter der Oberaufsicht des Kurfürsten zu organisieren. Im Laufe der Zeit ist dieser Geheime Rat zur Zentralbehörde des Gesamtstaats geworden; bei Abwesenheit des Kurfürsten lag die Regierung in seiner Hand. Der Beginn einer festen, nach Rat, Gericht und Finanzkammer gegliederten Organisation des landesherrlichen Beamtentums sollte allmählich die Gegenkraft zu den Landständen werden, die von Joachim II., der stets verschuldet gewesen war, wirtschaftlich privilegiert worden waren und nun mit ihren erlangten Rechten der Steuererhebung und -verwaltung die Befugnisse des Landesherrn einzuengen trachteten. – Unter Joachim Friedrich ist übrigens auch das schon von Kaiser Otto d. Gr. 948 gegründete Bistum Brandenburg aufgehoben worden; das Domkapitel blieb bestehen und besteht noch heute als evangelisches Domstift. Auch die Gründung des berühmten Joachimsthalschen Gymnasiums erfolgte in seiner Regierungszeit.

Politisch bedeutsam sollte ein aus Heiratsverträgen des fränkischen Zweiges der Hohenzollern abgeleiteter Rechtsanspruch werden, der 1594 durch Einheirat des Kronprinzen Johann Sigismund zustande kam und durch den Tod des letzten, geisteskranken Herzogs von Jülich 15 Jahre später aktuell werden sollte. Der Erbfolgestreit am Niederrhein wirkte sich entscheidend auf Brandenburg aus. Die reichen Herzogtümer Jülich – Kleve – Berg sollten in dem Vergleich von Xanten (1614) mit dem Mitbewerber Pfalz-Neuburg so aufgeteilt werden, daß zunächst nur Kleve mit den

Grafschaften Mark und Ravensberg an das Haus Brandenburg fiel. Jülich und Berg sind erst genau zwei Jahrhunderte später auf dem Wiener Kongreß an Preußen gekommen.

Ein konfessionell ebenso bedeutsames Ereignis wie Joachim II. Anschluß an die lutherische Reformation war dem vorangegangen. Der neue Kurfürst Johann Sigismund (1609–1618) war teils aus innerer Überzeugung, teils auch wegen der westlichen Anwartschaft, also nicht ohne Berechnung, zum Calvinismus übergetreten. Dadurch hatte Brandenburg auch im Westen, im eigentlichen Reich, Fuß gefaßt. Nunmehr war die Voraussetzung für den kommenden preußischen Staat, die Vormacht in Norddeutschland vom Rhein bis zur Memel zu werden, geschaffen worden. Es war, wie oben angedeutet, die glückliche Wendung hinzugekommen, daß das durch Schweden (Gustav Adolfs Ostseepolitik) bedrängte Polen keinen Widerspruch erhob, als das ja nicht vom Reich, sondern von Polen abhängige Herzogtum Preußen, der ehemalige Ordensstaat, nach dem Tode des letzten Herzogs 1618 an das die polnische Lehnshoheit anerkennende Brandenburg fiel und die lutherischen Stände dem calvinistisch gewordenen Landesherrn gleichwohl die Huldigung darbrachten.

Von diesen drei zukunftsweisenden Ereignissen ist auf die Dauer wohl am bedeutsamsten geworden, daß der als Herrscher bequeme und eher passive Johann Sigismund eine seiner Zeit weit vorauseilende moderne Tradition religiöser Toleranz im Hohenzollernhaus begründet hat. Er hatte erkannt, daß eine tolerante Religionspolitik zur Staatsnotwendigkeit geworden war. Die Landstände von Kleve-Mark hatten bereits im Dortmunder Abkommen vom Mai 1609 die Erbhuldigung von der Anerkennung der drei im Land vertretenen Konfessionen abhängig gemacht. Zudem entbrannte nunmehr um den Bekenntniswechsel von 1613 ein großer literarischer Streit – 200 Schriften wurden zwischen 1614 und 1617 veröffentlicht; die lutherischen Gemüter in der Mark waren noch lange darüber erregt, bis hin zu dem lutherischen Liederdichter Paul Gerhardt, der noch 50 Jahre später sein Pfarramt an der Nicolaikirche in Berlin niederlegte, weil er ein strenger Anhänger der in Brandenburg verpönten Konkordienformel war und auf konfessionelle Kanzelpolemik nicht verzichten wollte. Zwar blieb das Augsburgische Bekenntnis die für alle Bürger gemeinsame Grundlage, und die Kanzelhetze gegen Andersgläubige wurde durch das sogenannte »Lästeredikt« von 1614 (Toleranzedikt[4]) unter strenge Strafe gestellt. Aber immerhin war doch der Landesherr durch seinen Übertritt zu den Reformierten in der Konfession nunmehr von der Mehrheit seiner Untertanen in Brandenburg wie in Preußen abgewichen. Der Kurfürst beließ diesen aber ihr lutherisches Bekenntnis unter Verzicht auf sein Regalrecht (fürstliches Hoheitsrecht) des Glaubenszwanges (jus reformandi) mit folgender Erklärung: »Auch wollen Seine Kurfürstlichen Gnaden zu diesem Bekenntnis keinen Untertanen öffentlich oder heimlich wider seinen Willen zwingen, sondern den Kurs und Lauf der Wahrheit Gott allein befehlen, weil es nicht an Rennen und Laufen, sondern an Gottes Erbarmen gelegen ist[5].«

Diese denkwürdigen Worte stellten gegenüber allem bisherigen Brauch einen großen Fortschritt auf dem Wege der Entfaltung moderner Toleranz dar, denn überall sonst in Europa mußten damals die Untertanen entsprechend dem Grundsatz: cuius regio, eius religio den Glauben ihrer Fürsten annehmen oder das Land verlassen. »Die Höhe dieses Standpunktes des Kurfürsten«, hat ein französischer Historiker geurteilt, »war außergewöhnlich, und so mußte sie unverstanden bleiben, ja sogar seine Untertanen in Erregung versetzen. Von den Massen Toleranz verlangen, das hieß von ihnen fordern, sich über die Ideen und Grundsätze ihrer Zeit zu erheben oder anders ausgedrückt, es hieß: das Unmögliche verlangen[6].« Obwohl der Kurfürst nicht mehr der lutherischen Kirche angehörte, blieb er als politischer Souverän doch ihr summus episcopus. In die lutherischen Konsistorien wurden als Vertreter des Landesherrn zur Wahrnehmung seines Aufsichtsrechts reformierte Hofprediger entsandt, was auf die Dauer die Bekenntnisunterschiede nivellieren mußte.

Natürlich hatte bei all dem auch Johann Sigismunds staatsmännische Einsicht in die tatsächlichen Kräfteverhältnisse eine Rolle gespielt; auch wollte er durch den Bekenntniswechsel von seinen lutherischen Ständen unabhängiger werden. Und nicht zuletzt war ja der Kurfürst wegen seines ungewöhnlichen Schrittes auch auf Toleranz angewiesen, weshalb er sich auf die

Freiheit des Gewissens berief. Aber seither bestand im Hohenzollernhaus eine stille Tendenz, die verlorene Glaubenseinheit auf höherer Ebene wiederherzustellen. Dies wurde in den Unionsgesprächen des 17. Jahrhunderts unter dem Großen Kurfürsten (Berliner Religionsgespräch 1662/63) und unter Friedrich I. (Leibniz-Jablonski über Reunion auf der Basis des bischöflichen Amtes) versucht und mit der im 19. Jahrhundert durchgeführten Union (Kultus- und Sakramentsunion, nicht Konsensusunion) auch schließlich erreicht. Bis 1613 war das Brandenburgische Herrscherhaus lutherisch gewesen, von 1613 bis 1817 war es reformiert, danach uniert.

Während des Dreißigjährigen Krieges – man hat ihn »den blutigen Kehraus des Mittelalters« genannt – blieb Brandenburg glücklos. Der schwächliche, kranke und unselbständige Kurfürst Georg Wilhelm (1619–1640), der sich zumeist in Ostpreußen aufhielt, hatte neutral bleiben wollen, sich dann, durch den Gang der Kriegsereignisse gezwungen, dem Kaiser angeschlossen, obwohl der Schwedenkönig Gustav II. Adolf seine Schwester Marie Eleonore geheiratet hatte. Gustav Adolfs Großmachtpläne zielten auf die deutsche Ostseeküste – Pommern war aber brandenburgisches Interessengebiet aufgrund alter Erbrechtsansprüche, die bis in die Zeit Johannes Ciceros zurückreichten (vgl. oben) –, schwedische Truppen verheerten nunmehr das Land. Vorher und später waren Dänen und Kaiserliche (Truppen von Tilly und Wallenstein) durchgezogen und hatten in der Altmark, im Havelland und in der Prignitz nicht minder schlimm gehaust, da das Land militärisch fast ohne Schutz war. Unter diesem Kurfürsten wurde es altbrandenburgische Lehre, daß nur das Schwert das Schwert in der Scheide zu halten vermöge.

Zu allem Überfluß war Georg Wilhelm nicht nur ein schlechter Staatsmann – das wußte schon Gustav Adolf, der von seinem Schwager wenig hielt –, sondern auch ein ziemlicher Phantast, der den katholischen Reichsgrafen Adam zu Schwarzenberg, einen Rheinländer, zum Präsidenten des Geheimen Rates ernannt hatte, an dessen autokratische Ratschläge er sich ganz und gar gebunden fühlte. Trotz deś von Schwarzenberg wiederholt geratenen Anschlusses an den Kaiser war es Georg Wilhelm aber nicht gelungen, Pommern zu sichern.

DRITTES KAPITEL
DER GROSSE KURFÜRST

Das Blatt sollte sich erst entscheidend wenden, als 1640 in einer für Brandenburg verzweiflungsvollen Lage sein Sohn Friedrich Wilhelm, genannt der Große Kurfürst, mit 20 Jahren an die Regierung kam und fast ein halbes Jahrhundert lang (bis 1688) die Zügel in der Hand behielt. Er brachte von seiner Mutter ein pfälzisch-oranisches Bluterbe mit und damit die Nähe zum Calvinismus Westeuropas. Dieser Fürst, der unter den traurigsten Eindrücken der Wirren und Nöte des Dreißigjährigen Krieges zum Jüngling gereift war, ist der Begründer der Größe des Brandenburg-Preußischen Staates geworden. Er entschied sich für einen weitgehenden brandenburgischen Partikularismus, nachdem das Reich offensichtlich eine Art »mitteleuropäisches Niemandsland« geworden war. Der Westfälische Friede von 1648 hat Preußen nur das weniger wertvolle Hinterpommern eingebracht, obwohl durch einen Erbfall von 1637 (Tod des letzten Pommernherzogs) Ansprüche auf das ganze Land erwachsen waren, die aber der Kurfürst Georg Wilhelm – wie gesagt – gegen den Widerstand der Schweden nicht durchzusetzen vermocht hatte. Ehemals geistlicher Besitz, die Bistümer Halberstadt, Minden und Cammin, dazu die Anwartschaft auf das bisherige Erzstift Magdeburg – sie realisierte sich 1680 – wurden dank französischer Vermittlung als einstweiliger Ersatz für das schwedisch gebliebene Vorpommern und Rügen im Osnabrücker Friedensvertrag festgelegt.

Der Große Kurfürst trieb eine durch Zeit und Umstände (Schwächung Habsburgs, Aufstieg Frankreichs und Schwedens) erforderte höchst bewegliche Politik, indem er ständig die Bundesgenossen wechselte, mußte aber am Ende dann doch einsam ohne Beistand seinen Weg gehen. Es war verhängnisvoll, daß die

Bündnisse, die er einging, bei der finanziellen Schwäche seines Staates immer nur eine Wahl zwischen verschiedenen Abhängigkeiten darstellen konnten. Wir finden ihn auf der Seite der Schweden gegen die Polen, mit denen er 1656 die siegreiche, aber nicht entscheidende Schlacht von Warschau schlug, dann aber wieder im entgegengesetzten Lager. Einmal steht er mit dem Kaiser im sogenannten Holländischen Krieg (1672–79) gegen Frankreich, dann wieder auf der Seite Ludwigs XIV., dem er zur Sicherung eigenen Kleveschen Besitzes und unter Annahme jährlicher Subsidienzahlungen Schützenhilfe für dessen Politik der »Reunionen« – besser Annexionen –, also den Raub von Straßburg (1681) und die Gewinnung der Rheingrenze vom Elsaß bis zur Pfalz für Frankreich, gegeben hat. Seine Haltung war nicht vom Reich oder von nationalen Motiven, wie noch Droysen fälschlich meinte, sondern vom brandenburgischen Interessenstandpunkt her bestimmt. Im Frieden von Oliva (bei Danzig), mit dem der schwedisch-polnische Krieg 1660 endete, erreichte er nach zweimaligem Parteiwechsel die endgültige Befreiung Ostpreußens von der polnischen Lehnshoheit, so daß kein Hohenzoller mehr vor dem polnischen König kniend die Belehnung zu empfangen brauchte. Aber in den Besitz der wiederholt Brandenburg zugesprochenen, 1657 erneut verpfändeten westpreußischen Stadt Elbing gelangte er nicht; auf Vorpommern mußte er sogar ausdrücklich verzichten und den polnischen Besitz ganz Westpreußens bestätigen.

Den eigentlichen Waffenruhm hat der »Große Kurfürst«, erst seitdem wurde er so genannt, durch die Schlacht bei Fehrbellin (1675) errungen, in der er die auf Veranlassung Frankreichs erneut in die Mark eingefallenen Schweden trotz ihrer Übermacht – sie galten als die besten Soldaten des damaligen Europa – vernichtend schlug. Der alte Derfflinger, ein aus schwedischen in brandenburgische Dienste übergetretener Reitergeneral, dann Brandenburgischer Feldmarschall und volkstümlicher Haudegen, kann sich mit dem Prinzen Friedrich von Hessen-Homburg in den Siegesruhm teilen. Heinrich von Kleists Drama spiegelt allerdings nicht den tatsächlichen Verlauf der Schlacht, auch war der 42jährige historische Prinz kein romantischer Jüngling. »Fehrbellin ist die erste Schlacht von Bedeutung, welche die

Brandenburger allein gewannen, in gerechter Verteidigung begriffen. Der Kurfürst schreibt alles dem Willen Gottes zu, dessen Obhut er in dem gefährlichsten Augenblick, wie ein Wunder, mit den Augen zu sehen geglaubt hatte [1].«

Politisch blieb diese Schlacht, die schon die Zeitgenossen legendär verklärt haben, ebenso ohne Bedeutung wie des Kurfürsten Schwedenjagd über das gefrorene Frische und Kurische Haff (Winter 1678/79), mit der die erneut nach Preußen eingefallenen Schweden vertrieben wurden. Er mußte unter französischem Druck im Frieden von St. Germain (1679) alles Schweden abgenommene Land bis auf einen kleinen Landstreifen am rechten Oderufer wieder herausgeben. In der jungen, gut organisierten Brandenburgischen Armee wurden aber damals die durch Jahrhunderte dauernden militärischen Traditionen Preußens begründet. Die viel spätere Losung »Hie guët Brandenburg allewege« bekam damals ihren ersten Glanz.

Friedrich Wilhelm, der Große Kurfürst, war ein Hauptvertreter der modernen Herrschaftsform des fürstlichen Absolutismus, die gegen den landschaftlichen Sondergeist und gegen die ältere Rechtsauffassung der Landstände aufgerichtet war und eine staatsbildende Idee des 17. Jahrhunderts gewesen ist. Persönlich war er von einem in das Barockzeitalter passenden ausgeprägten Sendungsbewußtsein bestimmt, das aus calvinistischem Erwekkungsglauben herrührte, vom Kurfürsten aber ganz auf seinen Staat konzentriert war. Er wollte diesen Staat, wie er es nannte, in der Welt »formidable« (gewaltig) machen. Deshalb nahm er auch früh den Kampf gegen die Stände und ihre Versammlungen, Vorläufer der späteren Parlamente, auf, die die Anerkennung ihrer aus dem 16. Jahrhundert stammenden politischen Rechte vom Kurfürsten forderten – am Niederrhein wie in Ostpreußen. Die Macht der Stände beruhte auf ihrem immer zäh festgehaltenen Steuerbewilligungsrecht. An der Frage der Steuerbewilligung zum Unterhalt des stehenden Heers sollte sich auch der Kampf um die Durchsetzung der Herrschaftsform des fürstlichen Absolutismus entzünden. Auf dem Brandenburgischen Landtag von 1654 – es war der letzte seiner Art – bewilligten die Stände dem Kurfürsten zur Kriegsführung (Beginn des schwedisch-polnischen Krieges; 1656 siegten die verbündeten Schweden und

Brandenburger bei Warschau) 530 000 Taler gegen Anerkennung aller ihrer Privilegien. Von da ab übte der Kurfürst als oberster Kriegsherr, den die Junker anerkannten, die unbestrittene Finanzhoheit in der Mark aus, was sich sowohl auf die direkten Steuereinkünfte des flachen Landes wie die indirekten der Städte erstreckte. Den Junkern wurde nunmehr als Entgelt die volle Justiz- und Polizeigewalt auf ihren Gütern gewährt, dazu kam noch das wichtige Privileg der Steuerfreiheit (Landtagsrezeß für die Kurmark vom 26. Juli 1613).

Am hartnäckigsten leisteten die ostpreußischen Landstände dem Kurfürsten Widerstand, die ja de facto anstelle der letzten schwachen Herzöge das Land regiert hatten. Einstweilen hatten sie noch kein Verständnis für eine gesamtstaatliche Machtpolitik, sie wollten die ohne ihr Mitwirken im Frieden von Oliva ausgesprochene Souveränität des Kurfürsten nicht anerkennen und überhaupt die ständische Libertät in Preußen bewahren. Den Haupttreiber des Widerstandes, den ehemaligen Oberst von Kalckstein, der in Warschau beim polnischen Reichstag Beschwerde gegen den Kurfürsten führen wollte, ließ dieser 1679 in Warschau kurzerhand aufgreifen, in Königsberg aburteilen und ihn in Memel köpfen. Das entsprach einer schon viele Jahre vorher ausgesprochenen Drohung. Für die Entwicklung des neuen Staatsbewußtseins war diese juristisch bedenkliche Maßnahme, die als warnendes Beispiel gemeint war, insofern heilsam, als man sehen sollte, »daß nunmehr die Kurfürstlichen Lande gleichsam membra unius capitis (Glieder mit einem Haupt) seien [2]«. Nicht umsonst hatte sich Friedrich Wilhelm ein Wort Senecas (de clementia) als Devise gewählt: necessitas omnem legem frangit; die Notwendigkeit bricht jedes Gesetz.

Das Recht der Steuererhebung ohne ständische Bewilligung war von jetzt ab auch in Ostpreußen unbestritten; die Gelder für ein stehendes Heer mußten von den Ständen als dauernde Kriegsabgabe bewilligt werden. Ein »General-Kriegskommissariat« wurde als zentrale Steuerverwaltung eingesetzt. Der landbesitzende Adel erhielt Rechtsgarantien seiner gutsherrlichen Führerstellung, wofür er Staatsdienst leisten sollte mit Gut und Blut; zum ersteren gehörte auch die jährliche Steuer für das Heer, zum letzteren die Übertragung der Offiziersstellen an die jüngeren

Söhne zur Aussöhnung des Adels mit der neuen Einrichtung des stehenden Heeres. Der Wandel vom frondierenden zum dienenden Adel war so vom Großen Kurfürsten erzwungen und damit die Voraussetzung für das künftige preußische Offizierskorps und Beamtentum geschaffen worden. – Die kalvinistische Familie Dohna, die schon Johann Sigismund eng verbunden war, wurde zur stärksten Stütze des Hauses Brandenburg in Ostpreußen.

Im Zuge der Entstehung einer zentralen Verwaltungsorganisation durch den reaktivierten Geheimen Rat (ab 1651) kamen langsam auch die Finanzen in Ordnung; eine einheitliche ständige Verbrauchssteuer (Akzise) für die Städte wurde 1667 neu eingerichtet und die Entwicklung der jungen Industrie – zumal der Wollindustrie – durch hohe Zölle wirksam gefördert. In Oranienburg an der Havel nördlich von Berlin legte des Kurfürsten erste Gemahlin, Luise Henriette von Oranien, eine Musterwirtschaft an; dort sollen die ersten Kartoffeln in der Mark angebaut worden sein. Die nach den Kriegszerstörungen neu aufgebaute Stadt Bötzow war ihr zu Ehren, als sie dort 1665 ein Waisenhaus errichten ließ, so umgenannt worden. Die Maßnahmen zur Hebung des noch sehr schwachen brandenburgischen Wirtschaftslebens nach westeuropäischem Muster, speziell nach dem Vorbild des französischen Merkantilisten Colbert, haben die Staatseinkünfte versiebenfacht. Gute Ratgeber wie Konrad von Burgsdorff, Graf Waldeck und am längsten der Pommer Otto von Schwerin als Oberpräsident des Geheimen Rats (1658–1679) standen dem Kurfürsten in Fragen der Wirtschafts- wie der Heeresorganisation und der Außenpolitik zur Verfügung. Aber die Initiativen in Verwaltung und Wirtschaft gingen von ihm selbst aus. Vier Jahre Jugendaufenthalt in Holland hatten den Großen Kurfürsten die Bedeutung des Handels – auch nach Übersee – für den wirtschaftlichen Wohlstand eines Landes begreifen gelehrt. Tatsächlich wurden sogar koloniale Stützpunkte in Guinea und Westafrika erworben und eine kleine brandenburgische Marine gegründet, durch die er Brandenburg zu einer bedeutenden Seemacht machen wollte. Doch waren dies vorübergehende Erscheinungen. 1717 war schon alles wieder an Holland verkauft.

Die stärkste Verkörperung aber fand der neue Staatsgedanke in dem aus Berufssoldaten geworbenen stehenden Heer, das seinem Vater so gefehlt hatte, aber von der Devise des Kurfürsten nicht ausgenommen blieb, daß »der Friede ernährt, der Krieg aber verzehrt«. Die Armee von 20 000 Mann konnte nur durch Subsidiarverträge mit auswärtigen Mächten unterhalten werden; bis zu seinem Tode war sie einschließlich der Festungsgarnisonen auf 30 000 Mann angewachsen. Im ganzen bewegte sich der Kurfürst noch im Rahmen des kleinstaatlichen deutschen Territorialfürstentums, wenn auch seine Regierungspraxis in die Zukunft einer gesamtstaatlichen Lenkung und Verwaltung hinwies. Die Erfahrungen seiner ersten Regierungsjahre mit dem ihm verhaßten Schwarzenberg, dem allmächtigen Premierminister seines Vaters, hatten ihn die Notwendigkeit der Machtkonzentration in der eigenen Person und die Bedeutung einer nach modernen Prinzipien aufgebauten zentralen Finanzverwaltung gelehrt. Sein Ziel mußte es daher sein, die durch ihn gegebene Personalunion zwischen den geographisch getrennten Territorien, die alle gesonderte Verwaltung und Rechtsprechung hatten und auch gar nicht zueinander strebten, allmählich zu einer Realunion auszubauen, das heißt eine Verschmelzung auf den wichtigsten Gebieten des Staatslebens herbeizuführen, ohne die Selbständigkeit der einzelnen Gebiete aufzuheben.

»So stehen der alte Territorialstaat und der neu werdende Gesamtstaat unvermittelt nebeneinander; ein treffendes Abbild der Auffassungen des Kurfürsten selbst gibt sein sogenanntes Politisches Testament von 1667. Ausgangspunkt der Betrachtung, die der Kurfürst zur Einführung seines Sohnes in die Aufgaben der ihm dereinst zufallenden Regierung niedergeschrieben hat, ist die alte territoriale Denkweise, daß die Regierung dem Fürsten von Gott übertragen sei, damit er sie im Einklang mit den göttlichen Geboten führe, daß sie vor allem für die Erhaltung und Ausbreitung der reinen Lehre und in zweiter Linie für ›die liebe Justiz‹ zu sorgen habe, und daß sie in der Außenpolitik friedlich sein müsse, denn ›der Friede ernährt, der Krieg aber verzehrt‹. Aber daneben kommt im Testament des Kurfürsten doch auch ein Neues zum Ausdruck, die Erfahrung, daß mit allen löblichen Absichten der deutsche Kleinfürst die Erhaltung von Friede und Ruhe nicht in seiner Hand habe und sich ein Staat in der Welt nur behaupten könne, wenn er eine gewisse Macht besitze und wenn er den Mut habe, diese Macht auch gelegentlich anzuwenden [3].« – Die bezeichnendste Wendung in diesem Testament besagt, daß es gelte, »allzeit in guter Postur« zu stehen, um »Nachdruck« zu haben, und daß man auch bei großen Verwicklungen nicht stille sitzen dürfe, da sonst nur das eigene Land das »theatrum« abgeben werde, »darauf man die Tragoedi spiele [4]«.

Schließlich ist noch für das Ende seiner Regierungszeit zu berichten, daß er sich erneut, enttäuscht von Frankreich, wieder zu Kaiser und Reich hinwandte – eine geheime Allianz wurde bei dieser »Heimkehr« ins kaiserliche Lager abgeschlossen –, um nicht auf die Dauer französischer Pensionär zu bleiben. Zugunsten des protestantischen und antifranzösischen Prinzips schloß er im Sommer 1685 ein Defensivbündnis mit seinem holländischen Neffen Wilhelm III. von Oranien; ein Bündnisvertrag mit Schweden sollte folgen. In dieser Linie lag auch sein ebenso sehr aus religiösen, politischen wie merkantilistischen Motiven entstammender Entschluß, die durch die Aufhebung des Edikts von Nantes (1598) aus Frankreich vertriebenen Calvinisten, die Hugenotten, in seinen Landen aufzunehmen. Mit dem zweisprachigen Edikt von Potsdam (8. November 1685) hat der Große Kurfürst den französischen Réfugiés als seinen eigenen Religionsverwandten Asylrecht gewährt, »da wir aus gerechtem Mitleiden, welches wir mit unseren angefochtenen und bedrängten Glaubensgenossen billig haben müssen, bewogen werden, denen selben eine sichere Retraite in alle unsere Lande zu offerieren«. Gab es für den französischen Merkantilisten Colbert nur eine Form von Reichtum: Geld, so empfahl der märkische Colbert das für Brandenburg-Preußen so charakteristische Mittel der »Peuplierung«. »Menschen halte ich vor den größten Reichtum«, sollte es dann im Testament Friedrich Wilhelm I. heißen. Mehr als 20 000 Franzosen, denen freie Ortswahl zugestanden worden war – zumeist waren es kapitalkräftige und gelehrte Leute –, strömten vor und erst recht nach 1685 in sein Land. In der Hauptstadt Berlin gab es bald eine starke »französische Kolonie«, fast 4 000 Hugenotten unter 11 000 Einwohnern. Für den gewerblichen und wirtschaftlichen Aufschwung Brandenburg-Preußens sollte dieser loyale, in den Staat rasch hineinwachsende Bevölkerungsteil – sie haben eine Reihe neuer Textil-, Glas- und Luxusindustrien gegründet – eine große Bedeutung erhalten. Bis heute erinnern in Berlin das Französische Gymnasium und die französisch reformierte Kirchengemeinde an das, in Paris mit Entrüstung aufgenommene, Potsdamer Edikt des Großen Kurfürsten. Namen wie La Motte-Fouqué, Fontane, Ancillon, Le Coq, Devrient, Lancizolle oder Chodowiecki aus Danzig (von mütterlicher Seite) sprechen beredt genug für den französischen Anteil an der politischen und vor allem kulturellen Geschichte Preußens. Sie haben speziell eine große Zahl reformierter Hofprediger und Prinzenerzieher gestellt, es gab ein eigenes französisches Oberkonsistorium für Preußen. Den Hugenotten waren schon Juden vorangegangen – 1671 hatte der Kurfürst 50 aus Wien vertriebenen Judenfamilien mit einem besonderen Freibrief Aufnahme in die Mark gewährt –, um ihres Glaubens willen verfolgte Waldenser und Mennoniten kamen ebenfalls hinzu. Während die ersteren vornehmlich in Stendal und Magdeburg Zuflucht suchten, strömten die letzteren in das durch die Pest von 1709/10 entvölkerte Ostpreußen. Dorthin kamen 1731/32 auch noch an die 18 000 Salzburger, Männer und Frauen, die vom dortigen Erzbischof Firmian bei Todesstrafe zur Auswanderung gezwungen worden waren, weil sie vom lutherischen Bekenntnis nicht lassen wollten. Erst durch Stalin wurden ihre Nachkommen verjagt. Ihnen allen gewährten Friedrich Wilhelm und seine Nachfolger Schutz und Asyl. Religiöse und wirtschaftliche Erwägungen hatten bei all diesen Maßnahmen zum Nutzen des Staates zusammengewirkt. Der »Kirchenfriede« war des Kurfürsten leitender Gesichtspunkt: zwischen den verschiedenen Bevölkerungsgruppen seiner Länder Verständigung herbeizuführen und überhaupt die Starre der konfessionalistischen Denkweise aufzulockern.

Friedrich der Große hat über seinen Vorfahren geurteilt, daß er alle Vorzüge besessen habe, die den großen Mann auszeichnen. »Er ward der Neubegründer und Verteidiger seines Vaterlandes, der Schöpfer von Brandenburgs Macht, der Schiedsrichter für seinesgleichen, der Stolz seines Volkes. Mit einem Wort: sein Leben bedeutet seinen Ruhm [5].«

ZWEITER TEIL

PREUSSISCHE GESCHICHTE 1701–1871

VIERTES KAPITEL
PREUSSEN WIRD KÖNIGREICH

Auf den Großen Kurfürsten folgte Friedrich III. (1688–1713), ein schwacher, zur Verschwendung neigender Herrscher, unter dem die Günstlinge regierten. Der Westfale Eberhard von Danckelmann war jahrelang sein bedeutendster Berater. 1693 wurde er zum Premierminister und Oberpräsidenten aller Landeskollegien ernannt. Statt ihm Dankbarkeit zu zeigen, machte man ihm einen entehrenden Prozeß, nachdem er 1697 auf Betreiben der Kurfürstin wegen seiner Herrschsucht, seines strengen Calvinismus und zu großer Sparsamkeit gestürzt worden war. Obwohl durch den Prozeß voll rehabilitiert, wurde er erst 1707 wieder in eine beschränkte Freiheit gesetzt. Sein Nachfolger, Graf Wartenberg, vermochte sich länger in der kurfürstlichen Gunst zu halten. Immerhin konnte der neue Kurfürst die Früchte der Politik seines Vaters ernten, der sich in seinen letzten Lebensjahren wieder stärker dem Kaiser verpflichtet hatte. Gegen das Versprechen einer Teilnahme am spanischen Erbfolgekrieg mit 8 000 Mann Hilfstruppen und Unterstützung des Hauses Habsburg bei der Kaiserwahl erhielt Friedrich III. im Krontraktat vom 16. November 1700, der die väterlichen Zusagen von 1686 erneuerte, die kaiserliche Zustimmung zur Erhebung des Herzogtums Preußen, das offiziell ja nicht in den Reichsverband gehörte, sondern ein souveränes Gebiet darstellte, zum selbständigen Königreich. Nachdem für das Haus Hannover, aus dem seine Gemahlin Sophie Charlotte stammte, 1692 eine neue Kurwürde geschaffen worden war und das mit den Stuarts verwandte und – als protestantisch – erbberechtigte Haus Aussicht auf die Krone Englands hatte, die es 1714 auch erhielt, und außerdem der Kurfürst von Sachsen, August der Starke, aus dem Hause Wettin, nach Übertritt zum Katholizismus 1697 die Krone Polens erlangt hatte, war die

Königskrone zu einer Prestigefrage für Brandenburg geworden. Solange jedoch Westpreußen noch zu Polen gehörte, konnte Friedrich sich, wenn Polen nicht schwer gereizt werden sollte, nicht König von, sondern nur König *in* Preußen nennen. Mit Sicherheit verstärkte schon dieser Titel »König in Preußen« das Gewicht des Brandenburgers – in erster Linie gegenüber dem sächsischen Rivalen; erst Friedrich der Große sollte ab 1772 den Titel »König *von* Preußen« führen. Der neue Titel konnte sich zunächst auch nur auf das bisherige Herzogtum Preußen beziehen. Die Königswürde war zweifellos ein der Weltlage und der Mächtegruppierung abgerungener diplomatischer Erfolg und mehr als die Befriedigung persönlicher Eitelkeit, wie Friedrich der Große später meinte. Der Kaiser konnte damals schwerlich ahnen, daß die noch wenig bedeutenden Hohenzollern einst die erbitterten Gegner und Nachfolger des Hauses Habsburg werden würden, sonst hätte er die Rangerhöhung schwerlich durchgeführt.

Die neue Hohenzollernkrone verband rein deutsche Länder, während die Kronen von Hannover und Sachsen außerdeutsche Personalunionen eingegangen waren. Friedrich verstand es bei seiner barocken Neigung zu Prunk und Prachtentfaltung auch durchaus, die am 18. Januar 1701 im Schloß von Königsberg stattfindende Krönung als einen reinen Souveränitätsakt zu verdeutlichen. Die anschließenden Krönungsfeierlichkeiten dauerten sechs Monate und haben Unsummen verschlungen, die über die Finanzkraft des Staates weit hinausgingen. Im übrigen bot der 18. Januar das eigenartige Schauspiel, daß ein reformierter König von einem ad hoc ernannten reformierten Hofbischof gesalbt wurde.

Nach der Schilderung eines Augenzeugen, des Oberhofzeremonienmeisters Johannes v. Besser, war dies der Hergang: »Da es schwierig war, für die zahlreiche Hofgesellschaft auf der Reise von Berlin nach Königsberg Unterkunft zu schaffen, reiste der Hof in vier Abteilungen; in der zweiten Abteilung fuhr das kurfürstliche Paar mit 200 Personen Gefolge. Die Festlichkeiten, zu denen der Kurfürst selbst den Plan entworfen hatte, begannen mit einem Umritt der Hofbeamten und Kavaliere, die von vier Herolden in goldgestickten Kleidern, von Trompetern, Pauken=

schlägern und Dragonern geleitet wurden. Fünfmal hielt der Zug, und ein Herold verkündete die Erhebung Preußens zum Königreich. – An einem der nächsten Tage hielten die Ritter des neugestifteten Ordens vom Schwarzen Adler ihre erste Versammlung; die Ordensmitglieder nahten sich einzeln dem Throne des Königs, der ihnen das breite Ordensband um den Hals legte und die Hand zum Kusse reichte. Am 18. Januar erfolgte die Krönung. Im feierlichen Zuge begab sich der König nach dem großen Saal des Schlosses. Er trug ein scharlachfarbenes Kleid mit kostbarer Stickerei und Brilliantknöpfen, rote Strümpfe, einen langen Purpurmantel, der mit Hermelin ausgeschlagen war und durch eine Spange mit drei großen Diamanten zusammengehalten wurde. Als er auf dem Thron Platz genommen hatte, setzte er sich die Krone mit eigenen Händen aufs Haupt und ergriff das Szepter mit der rechten, den Reichsapfel mit der linken Hand. Hierauf begab er sich in die Gemächer der Königin und setzte ihr die Krone aufs Haupt. Dann zog das Königspaar mit großem Gefolge in die Kirche. Am Altar salbte der Oberhofprediger unter Segensworten dem König, darauf der Königin, die Stirn und den Puls. An den Gottesdienst schloß sich das Krönungsmahl im Schlosse an [1].«

Wichtig ist, daß der wie sein Vater noch durchaus konfessionalistisch denkende Kurfürst Friedrich, um die Gottesunmittelbarkeit seines Herrscheramtes, seine Unabhängigkeit von geistlicher wie weltlicher Gewalt, zum Ausdruck zu bringen, sich die Krone entschlossen selbst aufsetzte und sich erst danach kirchlich einsegnen ließ. – Ranke nennt diesen Vorgang »nicht ohne Würde«. Der Propst zu Berlin legte in seiner Predigt aus dem Beispiele Davids und Christi dar, daß die Regierung eines Königs zur Ehre Gottes und zum Besten der Untertanen geführt werden müsse. Er bezeichnete als Prinzip, das den Regenten bekannt sein sollte: »daß sie um der Untertanen, nicht die Untertanen um ihretwillen in der Welt sind«.

Von Ostpreußen her gesehen bedeutete der 18. Januar 1701 die Konsequenz aus der Entscheidung von 1525, nach Pruzzenzeit und Ordensstaat eine neue Ära in der Landesgeschichte: die Vollendung durch das »Churhaus Brandenburg«. Der tags zuvor gestiftete Orden vom Schwarzen Adler, mit dem der erbliche Adel verbunden wurde, sollte mit seinen stark geistlich bestimmten

Statuten offenbar den Anschluß an die Tradition des Ordensstaates versinnbildlichen. Der Orden war am orangefarbenen Band zu tragen und zeigte auf dem Hintergrund eines silbernen Sterns das Wappenschild des einst dem Ritterorden verliehenen Reichsadlers mit dem blauen Malteserkreuz und der Umschrift suum cuique. Von Berlin und der Mark her betrachtet hatte sich die Dynastie der Hohenzollern mit der Königsberger Krönung freiwillig an neue Aufgaben im Ostraum gebunden. Preußen wurde nunmehr der Name für die Gesamtheit der mit Kurbrandenburg durch Personalunion verbundenen Lande; die Königswürde erwies sich als wichtiger Faktor zur Vereinheitlichung des werdenden Staates. Mit Recht hat der Historiker Heinrich Leo 1864 geurteilt: »Das Hineinwachsen der Einheit in die brandenburgischen Länder begann ... im Augenblick der Krönung. ... Die Behörden und die Armee erhielten dadurch, daß sie nun königlich wurden, einen unaufhaltsamen Trieb zur Einheit des Ganzen eingepflanzt [2].« Was dies bedeutete, wird anhand der Landkarte (Anhang) klar, wenn man diesen Streubesitz betrachtet und bedenkt, wie territorial zerrissen dieser durch Belehnung, Austausch, Kauf (z. B. Nordhausen und Stift Quedlinburg 1698, die Grafschaft Tecklenburg 1707) und Erbschaft zusammengekommene Staat noch war. Bis an das Jahrhundertende hat man daher im amtlichen Gebrauch auch nur von »preußischen Staaten« gesprochen.

Von dem ersten Preußenkönig ist nicht als das Geringste noch zu vermelden, daß er 1694 die neue Universität Halle, 1696 die Akademie der Künste und 1700 die Akademie der Wissenschaften in Berlin gestiftet hat, deren erster Präsident Leibniz war; dieser nannte die preußische Krönung eine »große Zeitbegebenheit«. Die Akademie war Friedrichs Werk, aber Leibnizens Plan. Sie wurde am 13. März 1700 als »Sozietät der Wissenschaften« gegründet. Auf des Kurfürsten Wunsch wurde in dem Stiftungsbrief ein Abschnitt über die deutsche Sprache eingefügt und darin bestimmt, daß die Sozietät sich um die Erhaltung der deutschen Sprache »in ihrer anständigen Reinigkeit« kümmern solle.

Sehr bedeutsam wurde auch, daß Friedrich I. ein seiner Position als reformierter Herrscher Rückhalt gebendes Bündnis mit dem die Menschen verinnerlichenden Pietismus gegen die erstarrte lutherische Orthodoxie abgeschlossen hat. Das strenge

Luthertum hat den Pietismus allerorten bekämpft und verfolgt; die Pietisten hielten sich konfessionalistischen Streitigkeiten fern – ähnlich wie die Herrnhuter, die im preußischen Adel ebenfalls viele Anhänger fanden –, sie neigten eher zur Toleranz. Als sie in vielen nord- und mitteldeutschen Territorien in Bedrängnis gerieten, öffnete ihnen der Brandenburger sein Land. Philipp Jakob Spener, das Haupt der Pietisten, wurde 1691 Propst an der Nicolaikirche in Berlin, Gottfried Arnold, der Anwalt aller »Ketzer«, das heißt Glaubensverfolgten, Superintendent von Perleberg (1705). Das Vertrauen der Krone hat den Pietismus staatsfreudiger gemacht, was er zuvor mit seiner schwärmerischen Tendenz zum Rückzug aus der Welt, »das Kirchlein in der Kirche«, ganz und gar nicht war, andererseits hat seine Verkündigung in den preußischen Bürgern früh den Geist der sozialen Verantwortung und ein neues Ethos der Arbeit als Gottesdienst erweckt. Zwar lag das letzte Ziel des Pietismus: die »Wiedergeburt« der Einzelseele, außerhalb des staatlichen Interesses, aber die sozialen Folgen der »Bekehrung«, den Blick vom Eigeninteresse weg auf das Ganze zu richten und Gottesdienst als ein Leben irdischer Pflichterfüllung zu bewähren, stimmte mit den Staatsinteressen gut überein.

Ferner erbaute König Friedrich zu Berlin das Zeughaus und ließ durch den großen Baumeister Andreas Schlüter aus Danzig, der von ihm als Hofbildhauer in brandenburgischen Dienst genommen war, das Berliner Schloß umbauen und vor den Toren der Hauptstadt zu Lietzen ein neues Schloß errichten, das nach der ihm geistig überlegenen Königin, seiner zweiten Gemahlin, die hier oft mit Leibniz wissenschaftliche Gespräche führte, den Namen Charlottenburg erhielt. Das junge preußische Königtum erhielt durch Schlüter und Eosander seine repräsentative äußere Form; man hat wegen der Übertragung von römischem Maß und Gehalt in den Norden vom »preußischen Barock« gesprochen. Die erhaltenen Bauten Schlüters sind im Zweiten Weltkrieg zumeist zerstört worden; das Berliner Schloß wurde 1950 abgebrochen.

Am tiefsten in den Geschichtsraum des neuen Staates aber reicht die antike, wohl aus dem Ordensstaat übernommene Devise Plutarchs, die König Friedrich I. dem neu gestifteten Schwarzen-Adler-Orden gab: »Suum cuique«. Sie ist das große

Pflichtwort der preußischen Könige geworden –, »jedem das Seine zu geben, um damit Gerechtigkeit in der Welt zu wirken [3]«.

So war von Königsberg aus ein Staat gegründet worden, der in der Staatenwelt des 18. Jahrhunderts insofern etwas Neues und Einmaliges darstellen sollte, als er über die zeitüblichen dynastischen Interessen hinausreichte und eine Idee repräsentierte, die von seinen Königen geprägt worden war. Dies sollte unter den Nachfolgern sichtbar werden. Mittelpunkt des neuen Königreiches und Residenz blieb Berlin, das nunmehr die preußische Hauptstadt wurde. Mit der Einrichtung fester Departements in den letzten Jahren Friedrichs entstanden auch die ersten Anfänge einer monarchisch organisierten Behördenverwaltung. Der erste preußische König, er nannte sich nunmehr Friedrich I., dehnte seine neue Titelbezeichnung, die die Kurie sich wegen des alten Ordensstaates – geistliches Gebiet also – drei Menschenalter hindurch, nämlich bis 1788, zur Kenntnis zu nehmen weigerte, bald auch auf die anderen Landesteile des Staates aus, so daß allmählich Brandenburger und Lausitzer, Pommern, Magdeburger und Westfalen zu Preußen wurden. 1707 kamen auch Neuenburg und Valengin in der Schweiz durch Erbschaft an Preußen. Bald durfte sich der neue König im Reich als der mächtigste Fürst nach dem Habsburgischen Kaiser betrachten. »Insofern ist die Erwerbung der königlichen Würde für den Fortgang der preußischen Dinge ein wesentliches und selbst notwendiges Moment, das aus dem Zusammenklang der Ereignisse nicht hinweggedacht werden kann [4].«

FÜNFTES KAPITEL
FRIEDRICH WILHELM I. – DER SOLDATENKÖNIG

Die letzten Jahre der Regierung Friedrich I. waren von Intrigen der Kabinettsminister gegeneinander und von so allgemeiner Mißwirtschaft erfüllt, daß der Kronprinz einmal äußern konnte: »Es ist der tollste Haushalt von der Welt.« Das wurde mit einem Schlage anders, als er, nunmehr Friedrich Wilhelm I. (1713 bis 1740), den Thron bestieg. Der »Soldatenkönig« galt den meisten Zeitgenossen als kulturloser Barbar und Haustyrann wegen seiner Feindschaft gegen die »Schöngeisterei«, angeblich war er auch bar jeden höheren Gedankenflugs. Dieses Urteil, verstärkt durch die Akten des Kronprinzenprozesses (vgl. Kapitel 6), die in der Tat auf den unausgeglichenen Charakter des Königs unerfreuliche Schatten werfen, erhielt sich lange, zumal man ihn fast nur von seinem genialen Sohn Friedrich II. her sah und als etwas einfältigen Gamaschenknopf von bornierter Sinnesart abwertete. Erst mit dem Ende des vorigen Jahrhunderts wandelte sich das Bild, als man die Bedeutung der inneren Verwaltung [1] und der harten Selbstzucht besser verstand, die er seinem Volke auferlegte, um es zur angestrebten Größe zu befähigen. Den Sohn und Nachfolger mahnte er in seinem politischen Testament: »Der liebe Gott hat Euch auf den Thron gesetzt, nicht zu faulenzen, sondern zu arbeiten und seine Länder wohl zu regieren.«

Man hat nicht ohne Grund Friedrich Wilhelm I., der ungefähr 2 000 Volksschulen in Preußen gegründet und speziell das Hallesche Schulwerk (Waisenhaus, Armenschule, Bürgerschule, Paedagogium) des Pietisten August Hermann Francke – auch genannt »Seelsorger Deutschlands« – geschätzt und gefördert hat, nachgesagt, daß unter ihm erst das enge »Bündnis zwischen Pietismus und Kaserne« geschlossen worden sei, nachdem schon unter seinem Vater 1694 die Universität Halle als eine teils pietistische, teils aufklärerische Gründung mit vertriebenen Leipzigern (Francke wie Thomasius) errichtet worden war. Die erste Begegnung Friedrich Wilhelms mit Francke war noch in der Kronprinzenzeit durch den frommen Feldmarschall Gneomar v. Natzmer herbeigeführt worden. Der Pietismus als innerpreußische Reformbewegung des Absolutismus hat dem Staat verantwortungsbewußte Untertanen herangezogen, ein modernes Bürgertum, sozial und arbeitswillig, einen Beamtenstand, dessen Dienstgesinnung ethisch-religiös fundiert war. Der spezifische *preußische* Pietismus mit seinem ausgeprägten Sozialethos und dem Willen zu einer »Generalreform« (Francke) hatte nichts Süßliches an sich; er war eine »nüchterne und harte Reformbewegung«, wie geschaffen für eine »Beamtenreligion [2]«. Außerdem hat der Pietismus viel zur »Entfeudalisierung« des preußischen Adels beigetragen; er war fortschrittlich und universal gesinnt. »Im pietistischen Konventikel trafen sich Graf und Schuster auf der gleichen Ebene. Der ›erweckte‹ Graf fühlte sich dem ›frommen‹ Schuster enger verbunden als seinen ›unbekehrten‹ Standesgenossen [3].« In der Erweckungsbewegung nach den Befreiungskriegen hat sich dies wiederholt.

Im Pietismus dürfte daher eine der Wurzeln des spezifischen Preußentums zu finden sein. Eine andere Verwurzelung liegt im Calvinismus des Herrscherhauses und eine dritte in den von Holland her eingesickerten neustoischen Gedanken [4]. Nicht zufällig haben die frühen preußischen Militärreglements immer wieder den von der Stoa gelehrten Kampf der Vernunft gegen die Leidenschaften betont: Der Offizier soll Meister aller Affekte sein. Das auf den preußischen Offiziersschulen des 18. Jahrhunderts eingeführte Corpus juris militaris von J. C. Lünig empfahl den Offizieren die Werke Senecas, Ciceros und Epiktets als Bildungslektüre. Constantia und patientia, Standhaftigkeit und Geduld – große Leitbilder der antiken Stoa – haben die preußische Tugend der Pflichterfüllung mit formen geholfen. Der damit verbundene Appell zu Askese und Disziplin in der Form der römischen Willensphilosophie, wie sie etwa durch Seneca gelehrt wurde, hat auch für das Königshaus zumal durch Réfugiés als Prinzenerzieher große Bedeutung gewonnen. Der

Calvinismus aber hat sich in Brandenburg-Preußen »als ein die monarchische Macht verstärkendes Prinzip[5]« ausgewirkt. Er wurde die Brücke, über die die westeuropäische Staatsraison ihren Einzug in Preußen gehalten hat.

Am Hofe Friedrich Wilhelm I. herrschte ein strenger, nüchterner, etwas enger Gottesglaube. Der eifernde – ja oft fast polternde – Gott des calvinistisch gesehenen Alten Testaments war oberster Regent. Der König mit seiner rauhen Schale hatte wenig Anziehendes, wirkte oft brutal. Manches an ihm erinnerte wieder an die Fürsten der Reformationszeit, so sein schlichtes Gottvertrauen, aber auch seine Freude an der Jagd und am Trunk. Seine Regentschaft stellte eine Reaktion auf die verfeinerte Bildung an den zeitgenössischen Fürstenhöfen dar. Bekannt ist seine große Korrektheit und oft kleinliche Sparsamkeit, mit der er persönlich die staatlichen Etats alle Jahre revidierte und die Besoldung seiner Beamten festsetzte. Die Ableitung des Königtums aus dem Vatertum bei den Reformatoren stand ihm dabei vor Augen; er sah darin seine patriarchalische Aufgabe, wirklicher Landesvater zu sein, der auch nachsieht, wie das Korn steht, wie der Bauer sich nährt, ob eine Kammer auch wirklich zur Ausführung bringt, was ihr zum Besten des gemeinen Mannes befohlen ist. In seinem eigenen Hause führte er ein strenges Regiment. Aus seiner Ehe mit Sophie Dorothea aus dem Welfenhause gingen 14 Kinder hervor. Die Königin bewohnte zumeist das Schloß Monbijou, das 1703 durch Eosander v. Göthe erbaut worden war.

Von der Regierungsweise Friedrich I. unterschied sich der Geist der neuen Regierung in allem und jedem. Es war also kein üblicher Regierungswechsel, sondern ein radikaler Bruch. Nachdem die noch von Schlüter inszenierte prächtige Trauerfeier vorbei war, verkaufte Friedrich Wilhelm sofort den Krönungsmantel seines Vaters, dessen Diamantknöpfe je 30 000 Dukaten gekostet hatten; das Tafelsilber aus den königlichen Schlössern ließ er einschmelzen. Aus dem Erlös bezahlte er zunächst einmal die väterlichen Schulden. Er folgte hierin nur seiner eigenen Lebensdevise: »Lieber mit Honneur nichts haben als mit Deshonneur im guten Stande sein.« Weiterhin tat sich der äußere Wandel kund in dem neuen Rangreglement, das die ganze Fülle der von

Friedrich I. geschaffenen Hofchargen erbarmungslos zusammenstrich und die Armee an die erste Stelle im Staate vor die Zivilbeamten stellte. Am Berliner Hof herrschte spartanische Einfachheit, ja Sparsamkeit bis zum Geiz.

Friedrich Wilhelm, der hierin dem Großen Kurfürsten ähnelte, war vor allen Dingen aber ein ungewöhnliches Organisationstalent. Er wolle selber der Generalfeldmarschall und Finanzminister des Königs von Preußen sein, das werde diesem gut bekommen, äußerte er kurz nach seinem Regierungsantritt, mit dem ein großes Reformjahrzehnt in der preußischen Geschichte begann. Auch die Zivilverwaltung wurde von ihm dem militärischen Kommando unterworfen. »Ich habe Kommando bei meiner Armee und soll nicht Kommando haben bei die tausend sakramentiererischen Blackisten (Tintenkleckser) [6]?« – Hervorzuheben ist die neue Finanzverwaltung, die von ihm zu kollegialisch-freier Beratung und Beschlußfassung zusammengefaßt wurde, um mit einem derartigen Geschäftsgang ein neues Staatsethos der Verantwortlichkeit durchzusetzen. Das aus dem Geheimen Rat erwachsene Generalfinanzdirektorium und das mit diesem häufig rivalisierende Generalkriegskommissariat, das infolge der Kriegssteuern auch gewerbliche Belange zu vertreten gehabt hatte, wurden 1723 von ihm auf Vorschlag seines Freundes, des Fürsten Leopold von Anhalt-Dessau, zu einer einheitlichen Oberbehörde für Wirtschaft, Finanzen und Armee, dem Generaldirektorium zusammengelegt, das aus vier Provinzialdepartements zusammengesetzt war, an deren Spitze je ein dirigierender Minister mit drei oder vier Geheimen Räten stand. Das Präsidium des Generaldirektoriums – die genaue Bezeichnung lautete: General-Ober-Finanz-Kriegs- und Domainen-Direktorium – übernahm nominell er selbst, wenn auch der Präsidentensessel leer blieb, da der schriftliche Verkehr mit dem Monarchen die Regel war. Der Dienst in diesen Behörden begann um 7 Uhr morgens, der 12-Stunden-Arbeitstag war häufig noch Beamtenregel. »Mehr vor die Ehre als um Besoldung« hatte es der König in der Instruktion vom Dezember 1722 für das Generaldirektorium formuliert – und die Besoldung war in der Tat oft lächerlich gering.

Im Generaldirektorium und den ihm unterstellten Provinzialkammern (Kriegs= und Domänenkammern mit einem Kammer=präsidenten, später Regierungen, unter ihnen wieder die Landräte in den Kreisen als untere Administrationsorgane der staatlichen Auftragsverwaltung) war die ganze innere Verwaltung des preu=ßischen Staates nunmehr vereinigt, so daß ein fast moderner Einheitsstaat mit sparsamster Verwaltung und gegenseitiger Kon=trolle entstanden war. Die Finanzkontrolle über alle Einnahmen und Ausgaben des Staates übte seit 1714 die nach französischem Muster eingerichtete, dem Generaldirektorium angegliederte Ober=rechenkammer aus, die spätere Preußische Oberrechnungskammer, bei der alles bis auf den Pfennig stimmen mußte. Für die zur Sparsamkeit und uneigennützigen Gewissenhaftigkeit erzogene preußische Beamtenschaft wurde dies ein wichtiges Modell.

Der König selber hielt sich streng an die von ihm geschaffene Behördenorganisation. Das Generaldirektorium, das unter ihm nicht mehr verändert wurde, war die oberste Innenbehörde des Staates und nahm alle die Geschäfte wahr, die in modernen Staaten die Ministerien des Inneren, der Finanzen, öffentlichen Arbeiten, Ernährung und Verkehr bearbeiten; auch Kriegsmini=sterialsachen kamen noch hinzu. »Die Minister und Geheimräte nannten sich in Preußen nicht umsonst Geheime Finanz=, Kriegs= und Domänenräte, nicht umsonst war jeder Kammerrat zugleich Kriegsrat [7].«

Die Wirtschaft wurde von ihm im Sinne des Merkantilismus staatlich gelenkt, die ersten deutschen Lehrstühle für »Kameral=wissenschaften« (Volkswirtschaftslehre) wurden an den preußi=schen Universitäten Halle und Frankfurt an der Oder eingerich=tet. Durch Entwicklung der einheimischen Manufakturen (zumal Tuchfabrikation) sollte Preußen mit vermehrter Produktion weitgehend vom Bezug ausländischer Waren unabhängig ge=macht werden; gleichzeitig wurden in den Staatshaushalt – die jährlichen Etatsaufstellungen seit 1713, eine Erfindung dieses Königs – große Summen für das »Rétablissement«, die Wieder=besiedlung und Meliorisation des durch Pest und Mißernten fast verödeten nördlichen Ostpreußens, eingesetzt. Die Domänenver=waltung wurde neu organisiert – Verpachtung auf Zeit statt Erbverpachtung – und jeder Verkauf von Staatsbesitz für immer untersagt (Domänenedikt von 1713). Alle Domänen aus Hohenzollernschem Privatbesitz wurden dem preußischen Staate übereignet. Für seinen persönlichen Bedarf ließ sich der König eine Jahresrente von 5 200 Talern aussetzen.

Auch die bäuerlichen Abhängigkeitsverhältnisse, vor allem in Ostpreußen und Pommern, suchte der König durch eine Reihe von Edikten zu erleichtern und erträglicher zu machen. Für eine Aufhebung der Leibeigenschaft, die auch auf den Staatsdomänen trotz seiner Anordnung von 1719 praktisch zumeist fortbestand, war es jedoch trotz des guten königlichen Willens zum Landesvatertum noch zu früh. Ganz patriarchalisch lautet eine seiner Äußerungen: »Wenn eine General-Calamität ist, da Gott vor sey, will ich sie (die Bauern) als ein treuer Vater unter die Arme greifen [8].«

Diese merkantilistische Wirtschaftspolitik erzielte durch gewissenhafte Steuerverwaltung und sparsame Haushaltsführung große und langdauernde Erfolge. Dieser nüchterne, sparsame Hausvater, »Preußens größter innerer König«, verschaffte dem Staat die Mittel und Voraussetzungen für eine kommende Großmachtpolitik, indem er nicht nur den allgemeinen Wohlstand hob, sondern auch die Arbeitsleistung und allgemeine Sparsamkeit vermehrte. Das Leben der Bürger unter den Befehlen dieses Königs: cito, citissime war nicht bequem; ein Ästhet wie der Archäologe Winckelmann aus der Altmark floh ins Ausland, um nicht im Preußen Friedrich Wilhelm I. leben zu müssen, in dem die Untertanen systematisch zur Steigerung des Arbeitstempos gezwungen wurden. Fritz Hartung stellt fest: »Damit hat der König einen tiefen bis auf die Gegenwart nachwirkenden Einfluß auf den Charakter seines Volkes ausgeübt [9].«

Alle Regierungsentscheidungen wurden von Friedrich Wilhelm I. allein gefällt; die Behörden hatten ihm Bericht im Detail zu erstatten und erhielten durch Kabinettsordre oder eigenhändig durch – oft recht drastische – Randbemerkungen ihre Weisungen. Die bisher bevorzugte Regierungsform *in consilio* wurde von Friedrich Wilhelm aufgegeben. Der Monarch wurde zur bürokratischen Spitze eines vereinheitlichten Behördenaufbaus. In seiner Regierungszeit ist der Typus des preußischen Beamten und des preußischen Offiziers mit den ihnen spezifischen Berufstugenden (geregelter Dienst, Pünktlichkeit, Sparsamkeit, Genauigkeit – vgl. Anhang) geprägt worden. Friedrich Wilhelm kannte noch alle Offiziere und höheren Beamten von Angesicht, wobei ihm sein viel gerühmtes gutes Gedächtnis zugute kam. Es ging ihm dabei um die ausschließliche Bindung an seine Person und damit an das »Haus Brandenburg«. Er sah in den Offizieren seine »Herren Brüder und Söhne«, die in einem unauflösbaren Dienstverhältnis standen, aus dem sie höchstens der König selber verabschieden konnte. Nicht nur bei seinen Großen Grenadieren, »des Königs Regiment«, in der ganzen Armee verfügte jeder Offizier – auch der jüngste – unterschiedslos über das Recht des Immediatberichts an den obersten Chef. Die Gestalt des Offiziers sollte der verkörperte Dienst sein, dessen Ehre es war, dem König von Preußen dienen zu dürfen. Denn Dienen erschien wichtiger als Verdienen, und Ehre gewinnt nur, wer Disziplin hat. In den »General-Principien vom Kriege«, die Friedrich der Große 1753 seinen Generälen gab, wird es dann in der Einleitung heißen, daß die Disziplin der Truppen »das Fundament von der gloire und von der Conservation des Staates« sei.

Friedrich Wilhelm I., der das zivile Leben weitgehend in militärische Formen zu pressen suchte – bis zur Anordnung über die Amtstracht der Geistlichen –, trug selbst seit 1725 stets die Uniform, die für die ganze Armee gleich war: die Armee trug »des Königs Rock«. Das Uniformtragen haben die europäischen Souveräne erst allmählich nachgeahmt. Das Heer war die einzige Stelle, an der er nicht gespart hat, obwohl er über die Kosten genau im Bilde war. Seinem Großvater war es noch nicht gelungen, von ausländischen Subsidien unabhängig zu werden. Der Soldatenkönig hat auf das Heer $^2/_3$ der Staatseinnahmen verwandt und es von 38 000 auf die Stärke von 83 000 Mann gebracht – bei $2^1/_2$ Millionen Einwohnern.

Dieser Staat, dem die natürlichen Grenzen fehlten, war auf eine starke Armee angewiesen. Und Friedrich Wilhelm hatte dies erkannt; er erklärte, nur durch seine Armee »ein Wort mit fundament mitsprechen« zu können. Hierin folgte er nur den Traditionen seines Ahnherrn, des Großen Kurfürsten. Den Offiziersnachwuchs des gewaltig vergrößerten Heeres, das er zum Mittelpunkt des Staates machte, entnahm der König dem einst so widerspenstigen eingesessenen Landadel. Seine Söhne kamen in das 1717 zu Berlin – nach dem Muster des Franckeschen Paedagogiums in Halle – neu gegründete Kadettenkorps, das 1730 die Bezeichnung »Königliches Bataillon« erhielt. So wurden die Adligen der Provinzen an ihre alte Vasallentreue gemahnt und zu Offizieren des Königs gemacht. Die kastenmäßige Abschließung des adligen Offizierskorps wurde unter Friedrich dem Großen noch gesteigert. Mit der Erziehung zum Pflichtgefühl wurde dem Offizierskorps die Grundlage gegeben, die bis zum Ende der Kgl. Preußischen Armee bestanden hat.

Da die Zahl der Freiwilligen für die Mannschaften zu gering war, wurde am 1. Mai 1733 das Kantonsystem der Zwangsaushebung zur Ergänzung des Rekrutenbestandes eingerichtet. Damit sich die Werbeoffiziere ihre Werbegebiete nicht gegenseitig streitig machten, wurden jedem Regiment bestimmte Ergänzungsgebiete (Kantons) zugewiesen. Das Kantonreglement, das schon wegen der 20jährigen Beanspruchung (2 Jahre Dienstzeit, 18 Jahre hindurch 2 Monate Regimentsdienst) viel böses Blut gemacht hat – die Praxis mit unbefristeten Beurlaubungen sah freilich milder aus –, war insofern kein Vorstadium der allgemeinen Wehrpflicht, als die Zwangsrekrutierungen im allgemeinen nur die Handwerker und die erbuntertänigen Bauernsöhne betraf; geistige Berufe und Manufakturarbeiter blieben im Interesse der Wirtschaft zumeist von der Kantonpflicht freigestellt. »Die Rechtsungleichheit der ständischen Gesellschaft wird hierin entsprechend den Bedürfnissen des merkantilwirtschaftlich aufgebauten Staates sichtbar [10].« Das preußische Militärsystem und die ländliche Sozialstruktur waren also eng miteinander verknüpft. Der einzelne Bürger war vor militärischer Brutalität nicht geschützt; durch Militarisierung der Bürokratie hatte der Geist des Reglementierens den ganzen preußischen Alltag durchdrungen. Licht und Schatten liegen hier dicht nebeneinander.

Die Ausbildung der Truppen erfolgte nach den modernsten Regeln der damaligen Kriegskunst und Exerziertaktik. General Fürst Leopold von Anhalt-Dessau, genannt der »Alte Dessauer«, führte den Gleichschritt und den eisernen Ladestock in der preußischen Armee ein, der ein rascheres Feuern ermöglichte. Er war kein großer Stratege, aber ein bedeutender Exerziermeister;

sein Regiment in Halle war das Musterregiment der Armee. Die persönliche Aufsicht behielt sich der »Roi-Sergeant« jedoch selbst als der oberste Exerziermeister des Heeres vor, der auf dem Exerzierplatz im Potsdamer Lustgarten persönlich drillte. Auch Friedrich Wilhelms bekanntes Steckenpferd, die Potsdamer Garde der »Langen Kerls«, die er mit allen Mitteln anwerben ließ, ist hier zu erwähnen. Reine Spielerei war es im übrigen nicht, da die Ausbildung auf schnelles ungezieltes Feuern und den Sturmangriff mit dem Bajonett Wert legte, wofür große Leute besonders gut geeignet waren.

Der Soldatenkönig hat aber auch in der Armee neben dem pflichtmäßigen Elementarschulunterricht die religiöse Gesinnung zu pflegen gewünscht; er ließ Neues Testament und Gesangbücher an die Kompanien verteilen. Feldprediger, in Halle ausgebildet, wurden in ansehnlicher Zahl eingestellt. Die preußische Militärseelsorge ist durch ein ganz im Sinne des Soldatenkönigs geschriebenes Traktat Franckes, »Treuherziger Unterricht für christliche Kriegsleute, wie sie sich der wahren Gottseeligkeit und rechtschaffenen Tapferkeit gemäß verhalten sollen«, geistig begründet worden.

Aber nicht nur die Anstrengungen für den Aufbau des stehenden Heeres sind ein bleibender Beitrag dieses Königs zur preußischen Geschichte gewesen; auch der Umstand, daß unter seiner Regierung wenigstens in der Theorie 1717 der Anfang zu einer allgemeinen Schulpflicht gemacht und daß die Konfirmandenunterweisung eingeführt wurde, zu der niemand zugelassen war, der nicht lesen und schreiben konnte, gehört hierher. In Franckes Schulwerk wurden die reichsten Junker und die ärmsten Waisenkinder unter Absehung von Standesunterschieden gemeinsam erzogen; im Halleschen Militärwaisenhaus – auch in Potsdam gab es ein solches seit 1722 – wurden viele hundert Kinder erzogen; die Franckeschen Stiftungen in Halle bestehen heute noch ebenso wie die vom König 1727 in Berlin gegründete Charité. Leopold von Ranke urteilt über die Kulturpolitik dieses Königs: »Wenn Bürger und Bauern in den Brandenburgischen Landen mehr als anderswo zur Kultur des menschlichen Geschlechtes herangezogen worden sind, so hat Friedrich Wilhelm I. den Grund dazu gelegt [11].«

Friedrich Wilhelm I. stand als preußischer König noch ganz in der religiösen Reichsfürstentradition des 16. und 17. Jahrhunderts. Er ließ in seinen Kirchen noch Gebete sprechen für Kaiser und Reich. Seine Krone hat er als ein Amt empfunden, wie schon der erste märkische Hohenzoller, der sich »Gottes schlichter Amtsmann an dem Fürstentume« genannt hatte. Er bezeichnete sich selbst mitunter als den »ersten Diener des Königs von Preußen«, womit er sagen wollte, daß er sein Amt verwalte in der Verantwortung vor Gott. Das klang noch anders als das berühmte Wort seines Sohnes: »Ich bin der erste Diener meines Staates.« Noch war der Staat nicht als Inhalt der Religion erklärt und zum alleinigen Gegenstand der Raison geworden. Wohl aber war nach innen hin die Souveränität stabilisiert worden. »Ich ruiniere die Junkers ihre Autorität; ich komme zu meinem Zweck und stabilisiere la souveraineté wie einen rocher von bronce«, schrieb der König anläßlich der Einführung einer neuen Landessteuer (Januar 1717) den ostpreußischen Ständen, die mit den adligen Gutsbesitzern identisch waren, auf eine Eingabe. Damals hat das Ständetum – von der Selbstverwaltung in den Provinzen abgesehen – seinen politischen Einfluß auf die Regierung verloren, aber seine soziale Vorzugsstellung als privilegierte Grundbesitzerklasse behalten. Gemeint sind das Adelsprivilegium der Generalsteuerbefreiung und die Allodifikation der Lehensgüter, das heißt ihr Übergang in das freie Eigentumsverhältnis gegen die Finanzierung der Kosten für das Heer und die Dienstpflicht für die Söhne in den Offiziersstellen der Armee.

Das berufsmäßige Beamtentum wurde allmählich zur neuen herrschenden Klasse. Deshalb forderte der König von seinen Beamten unbedingten Gehorsam, daß der königliche Wille in allen Landesteilen in gleicher Weise zur Geltung kommen könne. Die regia potestas nahm er als Stellvertretung eines noch höheren Willens, dem auch er sich unterzuordnen habe: »Man muß dem Herrn mit Leib und Leben, mit Hab und Gut, mit Ehre und Gewissen dienen und alles daransetzen als die Seligkeit, die ist vor Gott, aber alles andere muß mein sein [12].«

Unter Friedrich Wilhelm I. hat sich der alte landesfürstliche Obrigkeitsstaat allmählich in den mechanisch-bürokratischen, aber reformbewußten Fürstenstaat des aufgeklärten Absolutismus umgewandelt. Straffe Zusammenfassung aller Kräfte, nüchterne Sachlichkeit und die Befähigung zu hohen Leistungen auch bei beschränkten Mitteln sollten zu bleibenden Merkmalen werden, die Friedrich Wilhelm I. dem preußischen Staat aufgeprägt hat. Der von ihm in Gang gesetzte Prozeß, aus Preußen einen Gesamtstaat zu machen, lief das ganze 18. Jahrhundert hindurch; ein Einheitsstaat wurde Preußen nie. Theodor Fontane setzte diesem König in seinem Roman »Der Stechlin« ein Denkmal mit dem Satze: »Friedrich Wilhelm I. hat nicht bloß das Königtum stabilisiert, er hat auch, was viel wichtiger ist, die Fundamente für eine neue Zeit geschaffen und an die Stelle von Zerfahrenheit, selbstischer Vielherrschaft und Willkür Ordnung und Gerechtigkeit gesetzt. Gerechtigkeit, das war sein bester rocher de bronce.«

Man sieht tief in die Seele dieses Königs, wenn man die Instruktionen liest, in denen er dem Thronfolger einschärft, daß Gott den Regenten nicht dazu eingesetzt habe, um seine Tage im Genuß zuzubringen, wie es die meisten tun, sondern um seine Länder wohl zu regieren. Das verstand er unter »Tatchristentum«. Aber die strenge lutherische Amts- und Berufsethik erstreckte sich für ihn auch auf das Gebiet der auswärtigen Kriege, die die Staaten führen, und folglich unterschied er auch gerechte und ungerechte Kriege der Monarchen. In seinem Testament von 1722 stehen folgende an seinen Sohn gerichtete Vermächtnisse:

»Mein lieber Nachfolger, ich bitte Euch keinen ungerechten Krieg anzufangen, denn Gott hat ungerechte Kriege verboten und ihr müßt immer Rechenschaft ablegen für jeden Menschen, der in einem ungerechten Krieg gefallen ist. Lest die Geschichte, da werdet Ihr sehen, daß ungerechte Kriege nicht gut abgelaufen sind. Da kann mein lieber Nachfolger Gottes Hand sehen. Die Sachsen sind sonst brave Leute, die in Brabant und im Reich stets tüchtig gedient haben; aber sobald ihr König im ungerechten Kriege stand, war ihr Herz fort. Also bitte ich meinen lieben Nachfolger, keinen ungerechten Krieg anzufangen, damit der liebe Gott Euch und Eure Armee beständig segne und Bravour gebe. Ihr seid zwar ein großer Herr auf Erden, aber Ihr müßt für alles unrechtmäßige Blut, das Ihr vergießt, vor Gott Rechenschaft ablegen. Das ist eine harte Sache; also bitte ich Euch, haltet Euer Gewissen rein vor Gott, dann werdet Ihr eine glückliche Regierung führen [13].«

In seiner Außenpolitik ist Friedrich Wilhelm I. erfolglos geblieben; sie hatte keine klare Linie, wirkt unentschieden, schwankend und zerfahren. Die kurze Teilnahme am zweiten Nordischen Krieg, den der unruhige Schwedenkönig Karl XII. ausgelöst hatte, hat ihm zwar 1720 (Friede zu Stockholm) das lang erstrebte Stettin und Vorpommern bis zur Peene nebst den Inseln Usedom und Wollin eingebracht, aber Jülich und Berg bekam er nicht, da der Kaiser seine Zusage wieder zurückzog. Er hatte in der europäischen Politik tatsächlich nur eine sekundäre Bedeutung und spielte nur, wie er selber sagte, »die Rolle eines Herzogs von Gotha«. Aber wie ein »Fürst von Zipfel-Zerbst« wollte er auch wieder nicht behandelt sein. Am Ende seines Lebens fühlte er sich von allen verraten und betrogen: vom Schwager aus Hannover, der jetzt König Georg II. von England hieß und von ihm immer nur als »mein lieber Bruder Corporal« gesprochen hatte, vom wortbrüchig gewordenen Pariser Hof, vom Kaiser in Wien, dem er in überkommener Treue gegen den höchsten Reichsstand seine Kurstimme für die nächste Kaiserwahl – Anerkennung der Pragmatischen Sanktion, 1728 erneuert, daß der Gemahl der Erbtochter Maria Theresia nachfolgen solle – gegen die kaiserliche Unterstützung seiner Sukzessionsansprüche auf Berg ganz vergeblich und resultatlos zugesichert hatte. Andere Kurfürsten hatten ihre Stimme für Geld verkauft. Daher stand Friedrich Wilhelm I. am Ende seines Lebens anders als sein Großvater wieder im Lager der Feinde Habsburgs, obwohl er stets kaiser- und reichstreu geblieben ist, und wies jetzt auf den Kronprinzen und damit auf die Zukunft: »Da steht einer, der mich rächen wird.«

Aber die außenpolitischen Mißerfolge haben einen tieferen Grund. Der Soldatenkönig war ein viel zu friedfertiger Monarch, der den Ernstfall und den Appell an die Waffen scheute, ebenso wie die staatlichen Mittel einzusetzen und damit auch zu riskieren. Christlich-moralische Bedenken hinderten ihn auch lebenslänglich an Machtgebrauch und Machtentfaltung. Das Wort

»Macht« hat für Friedrich Wilhelm als Terminus nicht bestanden; er sagte dafür bezeichnenderweise »meine zeitliche Wohlfahrt«. Wohl aber ließ der König Münzen schlagen mit dem zur Sonne aufsteigenden Adler – er war das Symbol der Franckeschen Anstalten – unter der Devise: nec soli cedit (er weicht nicht der Sonne – seit 1696 schon auf den brandenburgischen Fahnen).

Diesen in sich widersprüchlichen Monarchen angemessen zu charakterisieren, ist nicht einfach. Sein Charakterbild ist schwierig und nicht ganz unbedenklich. Seine Behandlung des Kronprinzen, den er um ein Haar hatte zum Tode bringen lassen, nur weil er seine Andersartigkeit nicht respektieren und ihm die eigene Lebensweise aufzwingen wollte, spricht nicht für ihn. Er war eine manisch-depressive Natur, unausgeglichen und oft maßlos. Zeitweise litt er geradezu an krankhaften Wahnvorstellungen, die ihn zu wilden Jähzornsausbrüchen trieben, bei denen er sich dann wirklich nicht mehr in der Hand gehabt hat. Das bleibt als Makel, auch wenn das oft höhnische und gehässige Zerrbild als Haustyrann und Popanz, das die Tochter Wilhelmine – eine verbitterte Frau – von ihrem Vater entworfen hat, für übertrieben gehalten wird.

Auf der anderen Seite steht die große Frömmigkeit des Königs, dessen kardinaler Begriff »Gottesfurcht« hieß, als Triebfeder aller seiner Handlungen außer Frage. »Bete und arbeite« war die lebenslängliche Devise seines »tätigen Christentums«. »Parol auf dieser Welt ist nichts als Müh und Arbeit [14]«, hat er einmal das neue aus dem preußischen Pietismus stammende Arbeitsethos formuliert. Die Bibel und die Akten der Domänenkammer waren sein geistiger Bereich. Die persönliche Anspruchslosigkeit, der ehrbare, gelegentlich etwas plumpe Lebensgenuß, der sich mit langen holländischen Pfeifen unter derben Scherzen in Anwesenheit von »Hofnarren« (ehemalige Professoren aus Frankfurt und Halle) bei einem Kruge Bier im »Tabakskollegium« schon erschöpfte, nimmt eher für ihn ein. Mit seiner bescheidenen Lebensführung ist Friedrich Wilhelm I. im Grunde der erste gewesen, der die herkömmlichen Formen der abendländischen Monarchien verlassen hat. Carl Hinrichs hat über diesen »Baumeister des preußischen Staates« angemessen so geurteilt: »Statt unzugänglich in einem Riesenpalaste zu thronen, bewegte er sich im Bürger- und Soldatenrock unter seinen Untertanen, selbst inspizierend, anordnend, arbeitend und exerzierend. Statt in einer Umgebung von Prachtbauten und Prunkmöbeln lebte er zwischen hölzernen Tischen und Schemeln, aß bürgerliche Gerichte, trank Bier dazu, rauchte die Tonpfeife, schlief im Alkoven und wusch sich im Freien mit frischem Brunnenwasser« (23).

Als Friedrich Wilhelm I. am 31. Mai 1740 im Potsdamer Stadtschloß starb – er hatte das wasserreiche Potsdam, seine Lieblingsstadt, nach dem Vorbild holländischer Städte mit Kanälen nebst Brücken und puritanischen Kirchen mit hohen Türmen und Glokkenspielen ausbauen lassen –, hinterließ er seinem Sohn, da ja alle Etatsvoranschläge stets streng eingehalten worden waren, einen ansehnlichen Kriegsschatz von 10 Millionen Talern, die in den Kellern des Berliner Schlosses in Kisten verpackt lagerten, und ein geübtes Heer, mit dem dieser die drei Schlesischen Kriege führen konnte. Preußen war 1740 mit seinen 2½ Millionen Menschen trotz seines so verstreuten Besitzstandes Europas bestorganisierter Staat geworden, nach seiner Einwohnerzahl der 13., nach seinem Umfang der 10., nach der Armeestärke der 4. unter den Staaten Europas, aber nach der Beschaffenheit seiner Armee einzigartig. Seit diesem König gibt es Preußentum als Prägung, die man nicht ererbt, da sie Ergebnis von Zucht und Erziehung ist. Das Urteil Friedrich des Großen, der nach erfolgter Aussöhnung von seinem Vater wie von seinem Großvater aus dem zeitlichen Abstand ein abgeklärtes Bild gewonnen hat, lautet so: »Unter Friedrich I. war Berlin das nordische Athen, unter Friedrich Wilhelm ward es zum nordischen Sparta. – Seinem arbeitsvollen Leben und seiner weisen Regierung verdankt das Haus Preußen seine Größe [15].«

Friedrich Wilhelm, der durch Jahrzehnte ein kranker Mann war – er litt an Gicht und Wassersucht –, ist sehr schwer gestorben – in tormentis (unter Qualen). In einem Brief an den Grafen Zinzendorf vom 5. März 1740 hat er eine geistliche Rechenschaftsablegung über sich gegeben[16]. Zwei Tage vor seinem Tode gab er seinem Sohn folgende Instruktion: »Soll vierzehn Tage darauf in allen Kirchen meines Landes eine Leichenpredigt gehalten werden, und zwar über den Text ›Ich habe einen guten Kampf gekämpft‹, worüber vormittags gepredigt und das Lied ›Wer nur den lieben Gott läßt walten‹ gesungen wird. Von meinem Leben und Wandel, auch Fakta und Personalia soll nicht ein Wort gedacht, dem Volke aber gesagt werden, daß ich solches express verboten hätte, mit dem Beifügen, daß ich als ein großer und armer Sünder stürbe, der aber bei Gott und seinem Heiland Gnade gesucht. Überhaupt soll man mich in diesen Leichenpredigten zwar nicht verachten, aber auch nicht loben [17].«

SECHSTES KAPITEL
FRIEDRICH DER GROSSE
1740–1763

In einer testamentarischen Instruktion für seinen am 24. Januar 1712 geborenen Nachfolger hat der Soldatenkönig folgende inhaltsschwere Erklärung abgegeben: »Der Kurfürst Friedrich Wilhelm hat das rechte Flor und Aufnehmen in unser Haus gebracht, mein Vater hat die königliche Würde erworben, ich habe das Land und die Armee in Stand gesetzt; an Euch, mein lieber Sukzessor, ist, was Eure Vorfahren angefangen, zu behaupten und die Praetentionen und Länder herbeizuschaffen, die unserem Hause von Gott und Rechts wegen zugehören.« Daran hat König Friedrich II. sich gehalten, deswegen hat er drei Schlesische Kriege führen müssen. Aber zwischen diesem 1722 niedergeschriebenen väterlichen Wort und seinem eigenen Regierungsantritt lagen Jahre schwerster Krisen und Erschütterungen, in denen der Fortbestand des Staates gefährdet schien.

Friedrich Wilhelm I. wollte, daß sein Sohn nach seinem Ebenbild »ein frommer Christ, ein tüchtiger Soldat, ein sparsamer Haushalter« werden solle. Das zweite und dritte wurde er auch, das erste nie. Hier liegt der eigentliche Kern der sogenannten »Kronprinzentragödie«. Denn des Sohnes Abscheu vor der Uniform, die er einmal als seinen »Sterbekittel« bezeichnete, und seine früh entwickelte Skepsis und philosophische Freigeisterei, die sich aus – mit Schulden selbst gekauften – Büchern moderner französischer Schriftsteller nährte, mußte den calvinistisch gläubigen Vater mit Angst erfüllen, daß der Verlust der so sichtbar auf dem Hause Brandenburg ruhenden göttlichen Gnade und somit der »Auserwählung« die unausweichliche Folge sein würde. Alle Erziehungsversuche des Kronprinzen, dieses »Flötenspielers und Gecken«, erwiesen sich als vergeblich; aber des Königs Besorgnisse waren auch nicht unbegründet gewesen.

Der unter einer immer brutaler werdenden Behandlung zur Selbstverstellung gezwungene 18jährige Kronprinz, der von seinem mißtrauischen Vater des Einvernehmens mit dem Ausland, geradezu der Unternehmung eines Aufstandes bezichtigt wurde, sah sich schließlich im Juli 1730 zu einem Fluchtversuch nach England gezwungen. Der Fluchtplan scheiterte, der König von Zorn übermannt, drang mit dem Degen auf seinen Sohn ein, ließ ihn nach Küstrin schaffen und wegen Desertion vor ein Kriegsgericht stellen. Das Kriegsgericht weigerte sich, über den Thronfolger zu befinden, dem der Kronprinzentitel und das Offizierspatent bereits abgesprochen waren, verurteilte aber seinen Freund und Fluchthelfer, den Leutnant von Katte, ausgebildet im Halleschen Paedogogium, den mit Friedrich eine schwärmerische Jünglingsfreundschaft verband, zu lebenslänglicher Festungshaft. Der König verwandelte aber diesen Spruch – Kattes Großvater war immerhin preußischer Generalfeldmarschall gewesen – in ein Todesurteil und zwang den Sohn, der Hinrichtung mit dem Schwerte – ein Richtblock war auf dem Hof der Küstriner Festung aufgestellt worden – vom Fenster aus zuzusehen, worauf dieser in Ohnmacht fiel. Der König wollte offenbar mit dieser Exekution eine innere Erschütterung und Gesinnungsänderung des Thronfolgers herbeiführen; es war dies im Kern »ein ins Furchtbare gesteigerter pietistischer Bekehrungsversuch [1]«.

Als Friedrich sich nunmehr dem väterlichen Willen in allem unterwarf, lenkte dieser ein und ließ ihn bei der Küstriner Domänenverwaltung eine Strafzeit bei beschränkter Bewegungsfreiheit abdienen. Allmählich kam es zu einer weitgehenden Aussöhnung, und Friedrich, der seinem Vater Gelegenheit zu geben suchte, nach seinen Maßstäben auf ihn stolz zu sein, begann seinen Vater sogar zu bewundern, obwohl dieser ihn auch noch zu einer Ehe mit einer gänzlich ungeliebten und ihm geistig nicht ebenbürtigen Frau, der Kaisernichte Elisabeth Christine von Braunschweig-Bevern, gezwungen hatte, um einem Wunsch der Wiener Politik zu entsprechen. Im Grunde ist aber trotz des versöhnlichen Ausgangs der neurotisch zugespitzte Vater-Sohn-Komplex nie ganz aufgelöst worden: die beiderseitige »Haß-Liebe« hielt bis zu des Vaters Tode an.

Die letzten Jahre seiner Kronprinzenzeit (ab 1736) durfte Friedrich in Gesellschaft ausgesuchter Freunde im märkischen Landschloß Rheinsberg ganz seinen literarischen und musischen Neigungen leben. Es war die glücklichste Zeit seines Lebens; humanitäre Aufklärungsideale erfüllten ihn. Die Verbindung mit dem französischen Dichterphilosophen Voltaire wurde aufgenommen, der nach der Thronbesteigung wiederholt nach Rheinsberg und Sanssouci kommen sollte. Er schrieb einen »Antimacchiavell« (zuerst 1741 gedruckt), mit welcher Schrift er die Prinzipien des Italieners in dessen berühmter Abhandlung »Il principe« zu widerlegen suchte, daß die Staatsraison jede Treulosigkeit und jedes Verbrechen rechtfertigt, wenn ein Herrscher dem Gebot der Stunde mit mannhafter Kraft entspricht. Wenig später, am 31. Mai 1740, sollte der König Friedrich II. den Thron besteigen und den Schriftsteller Friedrich Lüge strafen.

Noch aus der Zeit Joachim II. (Erbvertrag von 1537) hatte Brandenburg Erbansprüche – seit dem Aussterben der dort regierenden Piastenherzöge (1675) – auf drei schlesische Fürstentümer (Liegnitz, Brieg, Wohlau). Auch wenn sie etwas fadenscheinig waren, nahm der junge König sie wenige Monate nach seinem Regierungsantritt als willkommenen Vorwand, um zur Vergrößerung seines Staates den schlesischen Edelstein aus der Habsburger Krone herauszubrechen. Daß Preußen unter dem Zwange stehe, sich um seiner Selbsterhaltung willen vergrößern zu müssen, hatte er bei aller Humanitätsbegeisterung als Kronprinz nüchtern festgestellt [2]. Unerwartet war nun Kaiser Karl VI., der letzte aus dem Mannesstamm der Habsburger, am 20. Oktober 1740 verstorben. Die allgemeine Lage schien daher günstig, zumal Bayern und Sachsen im Unterschied zu Preußen die pragmatische Sanktion (Habsburgisches Hausgesetz von 1713, das die weibliche Erbfolge nach dem Erstgeburtsrecht festgestellt hatte, um die sonst drohende Auflösung der Habsburgischen Erblande zu verhindern) nicht anerkannt hatten, ein österreichischer Erbfolgekrieg daher in Aussicht stand. Mit Widerstand der europäischen Mächte rechnete er vorerst nicht; eine geschichtliche Stunde für Preußen schien gekommen – auch die Stunde der persönlichen Bewährung vor dem verstorbenen Vater. Sein erfolgreicher Auftritt auf dem »Theater des Ruhms« sollte das Trauma der Jugendjahre kompensieren, daß in ihm eben doch noch mehr und anderes stecke als das Zeug eines »Flötenspielers und Gecken«.

Am 13. Dezember 1740 überschritten die preußischen Truppen die Grenzen ohne Kriegserklärung und rückten in Schlesien ein. Am Tage zuvor hielt Friedrich den Offizieren der Berliner Garnison eine Ansprache, die tief in seine Motive sehen läßt: »Meine Herren, ich unternehme einen Krieg, für welchen ich keine anderen Bundesgenossen habe als Ihre Tapferkeit und keine andere Hilfsquelle als mein Glück. Erinnern Sie sich stets des unsterblichen Ruhms, den Ihre Vorfahren auf den Gefilden von Warschau und Fehrbellin erworben haben, und verleugnen Sie nie den Ruf der brandenburgischen Truppen. Leben Sie wohl, brechen Sie auf zum Rendezvous des Ruhms, wohin ich Ihnen ungesäumt folgen werde [8].« Die Besetzung Schlesiens, das von österreichischen Truppen fast ganz entblößt war, wurde ein militärischer Spaziergang. Als Anfang 1741 auch Breslau eingenommen war und die niederschlesischen Stände die Huldigung leisteten, hielt Friedrich sich selber für »Fortunas glücklichstes Schoßkind«.

Nachdem das Land besetzt und am 10. April ein österreichisches Heer unter Neipperg von ihm bei Mollwitz besiegt worden war – die von Friedrich bereits verloren gegebene Schlacht ist durch die Zähigkeit des Generals von Schwerin gewonnen worden –, fand er sich zu Verhandlungen bereit, auch dazu, die Thronfolge Maria Theresias in den Habsburgischen Erblanden und ihren als Mitregenten angenommenen Mann (Franz Stephan von Lothringen-Toskana) anzuerkennen, wenn er dafür Schlesien behalten könne. Da diese Thronfolge aber schon von seinem Vater feierlich anerkannt worden war, dazu auch Verzichte seiner Vorfahren auf den schlesischen Anspruch vorlagen, konnte Maria Theresia Friedrichs Angriff auf Schlesien nur als persönliche Heimtücke bewerten. Da er zudem beim Einmarsch an die Einwohner hatte Flugblätter verteilen lassen, er wolle Schlesien nur unter eine Art Schutzherrschaft stellen, ja der Kaiserin gegen die Raubgier ihrer Nachbarn zur Hilfe kommen (der von Frankreich anerkannte Kurfürst Karl Albert von Bayern hatte Erbansprüche erhoben; er sollte 1741 – ausgerechnet – mit Jülich-Berg abgefunden werden), sprach selbst der Alte Dessauer, der über seine Ausschaltung aus der kriegerischen Aktion schwer verärgert war, von »politischer Infamie«.

Dieser erste Schlesische Krieg sollte sich aber alsbald zum Österreichischen Erbfolgekrieg ausweiten, von dem offensichtlich der Fortbestand der mitteleuropäischen Staatenordnung abhing.

»Ein größerer Unterschied nach Herkunft, Charakter und Lebensumständen als Maria Theresia von Österreich und Friedrich II. von Preußen war nicht denkbar. Das Königreich Preußen war noch nicht vierzig Jahre alt. Das Heilige Römische Reich bestand seit nahezu tausend Jahren. Friedrichs Vater war der zweite preußische König gewesen, der Vater Maria Theresias der vierzehnte deutsche Kaiser aus dem Hause Habsburg. Dem Rang nach war der letztere der höchste weltliche Herrscher der Christenheit, der anmaßliche Titel der jüngsten Monarchie hingegen galt in gewissen Kreisen noch als anfechtbar und ketzerisch [4].«

Der Entschluß zum Feldzug nach Schlesien war eine kühne Improvisation gewesen, der Gunst des Augenblicks entsprungen und nicht ohne kluge politische Berechnung. Eine diplomatische Vorbereitung fehlte völlig. Sein Motiv war der Wille, Preußen die ihm fehlende »Reputation« zu schaffen, das äußere Ansehen einer Macht, die man im Ernstfall zu fürchten habe. Friedrich hat im Entwurf zu seinen Denkwürdigkeiten es selber eingestanden: »Der Besitz schlagfertiger Truppen, eines wohlgefüllten Staatsschatzes und eines lebhaften Temperaments: das waren die Gründe, die mich zum Krieg entschieden.« Friedrich nahm es mithin auch in Kauf, vor der Welt als Angreifer, ja als offener Rechtsbrecher zu erscheinen, sagte doch auch Georg II. von England dem sächsischen Gesandten über seinen Neffen: »Das ist ein Fürst ohne Treu und Glauben [5].« Aber von antiquierten »Rechtsansprüchen« hat sich sein Expansionsdrang, die künstlichen Grenzen seines Staates etwas besser abzurunden, nicht leiten lassen, zumal ja auch juristische Deduktionen in Wien kaum tieferen Eindruck gemacht hätten. Die Berufung auf altehrwürdige dynastische Erbverträge war auch nicht friderizianischer Stil; dieser bestand viel eher in der Schaffung von Tatsachen, ohne die er Verhandlungen über seine schlesischen Gebietsansprüche für aussichtslos hielt.

»Während die heroisierende kleindeutsche Geschichtsschreibung Friedrichs kühnen Raubzug als ›deutsche Tat‹ verherrlichte, haben ihn gerade westeuropäische Historiker als brutalen Rechtsbruch, ja als ›eines der sensationellsten Verbrechen der neueren Geschichte‹ gebrandmarkt und Friedrichs sittliche Verurteilung darauf begründet. Dem politischen Denken der Zeitgenossen lag aber eine solche moralisierende Betrachtungsweise ganz fern. Im 18. Jahrhundert war der unbeteiligte Beobachter an Friedensbrüche und Angriffskriege auf Grund fiktiver Rechtsansprüche viel zu sehr gewöhnt, um in ihnen mehr als alltägliche Auskunftsmittel der Politik zu erblicken [6].«

Gegen die Herausgabe ganz Schlesiens bot Friedrich nunmehr Maria Theresia die Garantie ihrer übrigen Erblande, ja ein Bündnis gegen ihre Feinde an, was aber die Kaiserstochter entrüstet zurückwies, woraufhin Friedrich dem antihabsburgischen Bündnis von Frankreich-Bayern-Sachsen beitrat. Frankreichs Staatskanzler Fleury hatte eine europäische Gleichgewichtspolitik mit Spitze gegen England schon lange verfolgt. Jetzt wurde aber die Möglichkeit einer proösterreichischen Orientierung der Franzosen uninteressant, tödliche Gefahren für Österreichs Existenz kündigten sich an. Maria Theresias Lage schien verzweifelt.

Der Kaiserin gelang es nun aber auf einem Reichstag zu Preßburg, mit den Ungarn gegen Zusicherung weitgehender Verwaltungsautonomie zu einer Vereinbarung zu kommen und mit ihrer Hilfe die nach Böhmen und Österreich eingedrungenen Sachsen, Bayern und Franzosen herauszutreiben, während die Preußen auf Grund eines bei Klein-Schnellendorf geschlossenen Vertrages (Neutralität gegen Verzicht Österreichs auf die Festung Neiße) Gewehr bei Fuß standen. Die Sache bekam sogar ein geradezu groteskes Aussehen, als an demselben Tage, da Karl Albert in Frankfurt als Karl VII. zum Deutschen Kaiser gekrönt wurde, seine Hauptstadt München in die Hände der nach Bayern eingedrungenen Österreicher fiel. Da Friedrich der Franzosen nicht sicher war und für Preußen allzu ungünstige Machtverschiebungen befürchtete, rückte er in Nordböhmen ein, siegte am 18. Mai 1742 in der Schlacht von Chotositz, verstand sich jetzt aber doch lieber zum Friedensschluß mit Maria Theresia.

Mit Recht hat Clausewitz über diesen Ersten Schlesischen Krieg geurteilt: »In keinem Krieg war die Strategie so mit Politik gesättigt wie in diesem [7].« Über die Abmachung von Klein-Schnellendorf hinaus wurde Preußen bei den Verhandlungen in Breslau und Berlin auch ein großer Teil von Oberschlesien und die Grafschaft Glatz zugestanden gegen die Verpflichtung, die Rechte der

Katholiken zu sichern und eine alte schlesische Schuld an die Engländer zu bezahlen. Mit dem Lande Schlesien sind 680 Quadratmeilen mit 1,4 Millionen Einwohnern oder fast ein Drittel des ganzen bisherigen Besitzes neu an Preußen gekommen. Sachsen, das leer ausgegangen war, schlug sich jetzt lieber auf Österreichs Seite.

Als nun Maria Theresia im weiteren Verlauf des Österreichischen Erbfolgekrieges erneute Erfolge errang – die Österreicher setzten sich wiederum in Bayern fest –, erneuerte Friedrich sein Bündnis mit Frankreich und ging aus Sorge um den Besitz Schlesiens zur Praeventivaktion gegen Böhmen über (2. Schlesischer Krieg). Am 16. September 1744 eroberte er mit 80 000 Preußen im Sturm Prag. Ungarische Truppen und eine vom Rhein heranrückende Armee des Schwagers der Kaiserin, des Prinzen Karl von Lothringen, zwangen ihn aber bald, Böhmen wieder zu räumen und sich nach Schlesien zurückzuziehen. Hier ist es bei Hohenfriedberg am 4. Juni 1745 zu einer der glänzendsten und glücklichsten Waffentaten Friedrichs gekommen, in der die Kriegsliteratur ein Musterbeispiel für Friedrichs militärisches Genie sieht. Ein großes österreichisches Heer wurde entscheidend geschlagen, so daß Herzog Karl den Rückzug seiner Truppen befehlen mußte. Das ganze Land empfand, wie wichtig diese Schlacht war. »So weit man den Kanonendonner hörte, fielen die Evangelischen in allen Ortschaften auf die Knie, um den Sieg der protestantischen Sache von Gott zu erflehen. In Breslau war unendlicher Jubel, als am späten Abend 16 blasende Postillione mit der Siegeskunde eintrafen und als man drei Tage darauf die eroberten 76 Fahnen hinbrachte [8].«

Nach einer weiteren Niederlage der Sachsen bei Kesselsdorf am 15. Dezember durch Leopold von Anhalt – der alte Dessauer hatte am Morgen der Schlacht gebetet: »Herrgott hilf mich, und wenn Du das nicht willst, dann hilf wenigstens die Schurken, die Feinde nicht, sondern sieh zu, wie es kommt« – konnte Friedrich als Sieger in Dresden einziehen. Im Friedensschluß vom 25. Dezember 1745 wurde Sachsen glimpflich behandelt, es kam mit einer Million Taler Kriegsentschädigung davon. Maria Theresia bestätigte die Abtretung Schlesiens – die Aussicht auf ein Äquivalent in Bayern war geschwunden –, während Friedrich endgültig ihren Gemahl, den Erzherzog Franz, als Kaiser anerkannte, da Karl VII. unerwartet verstorben war. Als Friedrich aus dem zweiten Schlesischen Krieg heimkehrte, ist er von den Berlinern erstmalig in zahlreichen Huldigungen als »der Große« apostrophiert worden.

Das glanzvolle Friedensjahrzehnt von 1746–1756 hat für den inneren Staatsaufbau Entscheidendes bedeutet. An die Spitze Schlesiens wurde ein nur dem König unterstellter Provinzialminister gestellt. Zwar ließ der König sonst die Verwaltungsorganisation seines Vaters ziemlich unverändert, dafür wurde aber die merkantilistische Wirtschaftspolitik durch Neugründung von Manufakturen – es war speziell die Seidenindustrie, die autark gemacht werden sollte – und die Erleichterung des Warenverkehrs intensiviert, letzteres durch den Ausbau der Kanalverbindungen von der Elbe über die Havel zur Oder. Der Plauer Kanal verband Elbe und Havel, der Finowkanal Havel und Oder; Oder und Weichsel sollten 1774 durch den Bromberger Kanal verbunden werden. In diese Jahre 1744–1752 fällt auch die Urbarmachung und Besiedlung des Oderbruchs; hier ist, wie gesagt worden ist, »eine Provinz im Frieden erobert« worden. Über die großen Leistungen auf dem Gebiet der inneren Kolonisation wird im Zusammenhang des nächsten Kapitels ausführlicher gesprochen werden. Ebenso hat die Hauptstadt Berlin, die ja schon längst keine Stadt von Ackerbauern mehr war, unter Friedrich II. einen großen Aufschwung genommen. In den ersten Jahren seiner Regierung hat ihre Einwohnerzahl das erste Hunderttausend überschritten.

Der persönliche Lebensstil Friedrichs, der in diesen Jahren das Maximum ihm möglicher Glücksempfindungen erreichen durfte, wurde wesentlich durch die gebildete und geistreiche Abendgesellschaft von Sanssouci bestimmt – das Schloß war 1745–1747 zum Teil nach Friedrichs eigenen Entwürfen vom Architekten Knobelsdorff errichtet worden –, zu der damals neben dem Feldmarschall von Keith Voltaire, Maupertuis und manche anderen gebildeten Franzosen gehörten. Das Französische war die Umgangssprache; auch Arbeiten deutscher Gelehrter, die der von Friedrich erneuerten Akademie der Wissenschaften (Präsident der Mathematiker Maupertuis) vorgelegt werden sollten, mußten ins Französische übersetzt werden. Von Friedrichs eigenen poetischen Werken dieser Jahre ist das wichtigste wohl sein Lehrgedicht über die Kriegskunst, von den historisch-literarischen die »Geschichte meiner

Zeit«. Daneben stand die Komposition von Flötensonaten und Konzerten. Flötenspiel und Bücher waren die Freude und Erholung des »Philosophen von Sanssouci«, dessen Tafelrunde – Adolph von Menzel hat sie gemalt – vor dem Tabakskollegium des Vaters nicht nur verfeinerter Geschmack, sondern gesteigerter Stil zuzusprechen ist.

Immer aber blieb der Primat der Außenpolitik und der Heeresvermehrung gewahrt, denn daß Maria Theresia den Verlust Schlesiens noch nicht verschmerzt hatte und in ihm selbst noch mehr als einen Störenfried sah, nämlich den Aufrührer gegen Kaiser und Reich, daran war nicht zu zweifeln. Und gegen diesen als Bedrohung des europäischen Gleichgewichts empfundenen Aufstieg Preußens zur fünften Großmacht versuchte nun seit etwa 1750 der österreichische Staatskanzler und Außenminister Graf Kaunitz eine Koalition der europäischen Mächte zusammenzubringen, die einen »Umsturz der Bündnisse« bedeuten sollte. Bis zum Frühjahr 1756 waren nach längeren Verhandlungen Rußland, Frankreich und Kursachsen, das noch verhandelte, als Bundesgenossen Österreichs (und des Reichs) zusammengebracht worden, während auf Preußens Seite nur das mit Frankreich wegen überseeischer Kolonialinteressen verfeindete England – es ging um den Besitz Kanadas und anderer französischer Kolonien – stand (Westminsterkonvention vom 16. Januar 1756, die Hannover im Kriegsfall für neutral erklärte). Für Englands Entschluß war darüber hinaus – neben den Hannoverschen Interessen des Herrscherhauses – die traditionelle »Balance of powers« maßgeblich, daß Europa gegen Frankreich abgesichert werden müsse. Auch die protestantische Solidarität gegen Habsburg und Frankreich spielte eine gewisse Rolle; schon früh ist Friedrich in England als »the Great Protestant Defender« gesehen worden.

In dieser bedrohlichen Situation einer bevorstehenden Einkreisung entschloß sich Friedrich selbst loszuschlagen und aus begründeter Besorgnis einen Praeventivkrieg zu eröffnen, von dem er freilich nicht wissen konnte, daß er sieben Jahre dauern würde. Aber auf den Status der Markgrafen von Brandenburg aus dem 16. Jahrhundert – dieses Kriegsziel war von den Feinden genannt worden – konnte sich Friedrich nicht gut zurückbringen lassen. Die Schuldfrage am Ausbruch dieses Krieges ist wie fast immer nicht eindeutig zu entscheiden. Zwei geplante Offensiven: Österreich zielte auf Schlesien, Preußen auf Sachsen, prallten damals aufeinander. Beide Kriegspartner waren auf einen Angriff gefaßt, befanden sich in der Defensive und vermeinten für ihr Dasein zu streiten. Friedrichs Einbruch in Sachsen sollte Schlesien sichern, hat aber dem Vernichtungswillen der gegnerischen Koalition die letzten Hindernisse aus dem Weg geräumt. »Manche Länder haben ein längeres Schwert als Preußen, aber keines kann es so schnell aus der Scheide ziehen«, hat Carlyle über den Einmarsch nach Sachsen geurteilt.

Die wechselvollen Geschicke dieses in einer wenig aussichtsreichen Lage begonnenen Krieges können hier nicht im Detail erzählt werden. Der Krieg der sieben Jahre wurde im Osten gegen die Russen geführt, im Norden gegen die seit März 1757 mit Absichten auf Pommern in die gegnerische Koalition eingetretenen Schweden, im Westen gegen Frankreich und die Reichsarmee, im Süden gegen die Österreicher. Ein österreichisch-russisches Zusammenwirken erschien besonders bedrohlich, war aber von Friedrich schwerlich zu verhindern. Es muß genügen, die wichtigsten kriegerischen Stationen und Höhepunkte herauszuheben. Vorab sei nur bemerkt, daß unter den damaligen Bedingungen der Kriegsführung (Magazinverpflegung, Schwerfälligkeit des Nachschubs usw.) die Beweglichkeit der Truppen sehr gehemmt war. Auch der kühn operierende Stratege Friedrich fand hier seine Grenzen gezogen. Um so erstaunlicher wirkt daher sein Offensivgeist (Friedrich: »Die ganze Force unserer Truppen besteht im Attackieren«), mit dem er auch bei klarer Kräfteunterlegenheit während des Siebenjährigen Krieges wiederholt über die Manöverstrategie der österreichischen Generäle den Sieg davongetragen hat. Friedrichs Umfassungsschlachten mit ihren aufgelösten Gefechtsformen und keilförmigen Massierungen von starken Gefechtsverbänden an schwachen Punkten der gegnerischen Front kündigten eine neue Epoche der Kriegskunst an. Die neuen Aufmarschformen haben den Ruhm von Friedrichs Feldherrentum begründet.

Friedrich war ohne Kriegserklärung in Sachsen eingefallen und hatte in Dresden die Aktenstücke der dortigen Archive veröffentlichen lassen, um so von seinen Eroberungsabsichten in Sachsen durch Belastung des Gegners abzulenken. Die sächsische Armee, bei Pirna eingeschlossen, wurde zur Kapitulation gezwungen, ein Entsatzheer der Österreicher bei Lobositz (1. Oktober 1756) in Nordböhmen geschlagen. Aber den Ernst der militärischen Lage sollte erst das Jahr 1757 offenbaren, in das die denkwürdigsten Schlachten Friedrichs fallen. Durch Ostpreußen rückte eine russische Armee vor, im Westen setzten die Franzosen eine englisch-hannoversche Armee unter dem Herzog von Cumberland so außer Gefecht, daß dieser die Waffen strecken mußte und die westliche Flanke Brandenburgs dem Angriff der Franzosen offenstand. Friedrich selbst hatte beim Versuch der Einschließung Prags eine schwere Niederlage durch Marschall Daun bei Kolin erlitten, die ihn zwang, Böhmen zu räumen und auf schmaler innerer Linie in Sachsen zu operieren. Kolin ist die Marneschlacht des siebenjährigen Krieges gewesen. Von hier ab wußte Friedrich, daß der Krieg lang werden würde. Freilich gegen Jahresende wandte sich das Kriegsglück. Es gelang ihm, die zahlenmäßig weit überlegene aber ziemlich zerrüttete Armee aus Franzosen und Reichstruppen unter dem wenig fähigen Marschall Soubise, der durch Thüringen nach Franken ziehen wollte, durch einen verblüffend schnellen und massierten Kavallerieangriff des Generals v. Seydlitz bei Roßbach an der Saale am 5. November 1757 in wenigen Stunden in die Flucht zu schlagen und völlig zu zersprengen. Der Sieg von Roßbach hat Friedrichs Heldenruhm innerhalb und außerhalb Preußens dauerhaft begründet, wie auch Goethes Kindheitserinnerungen laut »Dichtung und Wahrheit« bezeugen. Allerorten sang man im Volk – ebenso übermütig wie übereilt:

»Und wenn der Große Friedrich kommt
und klopft nur auf die Hosen,
so läuft die ganze Reichsarmee,
Panduren und Franzosen.«

Friedrich wandte sich, da durch den Sieg bei Roßbach der Druck von Sachsen genommen war, unter Benutzung der inneren Operationslinie sofort zu dem nächst bedrohten Punkt. Schlesien war zu diesem Zeitpunkt fast ganz in die Hand der Österreicher zurückgefallen, die unter dem Befehl des Prinzen Karl von Lothringen und des Generals Daun standen. Selbst Breslau war verlorengegangen, nachdem die zweite preußische Armee in einem unglücklichen Gefecht am 22. November geschlagen worden und ihr Befehlshaber, der Herzog von Braunschweig-Bevern, in Gefangenschaft geraten war.

In diesem kritischen Moment, da Schlesiens Schicksal besiegelt schien, vollbrachte Friedrich eine außerordentliche Marschleistung. In wenigen Tagen legte er die 42 Meilen von Leipzig nach Parchwitz im Landkreis Liegnitz zurück, wo er am 28. November ankam und Lager bezog. Einschließlich der Reste der Schlesischen Armee hatte er 35 000 Mann und 167 Geschütze zu seiner Verfügung; mehr als doppelt so viel Österreicher, nämlich über 70 000 Mann, standen ihm gegenüber. Friedrich wußte, daß sein Schicksal auf des Messers Schneide stand. Er setzte sein Testament auf und schickte es an den Kabinettsminister (so hieß damals der Chef des Departements für die auswärtigen Angelegenheiten) von Finckenstein, wie zu verfahren sei, wenn er in der Schlacht fiele, Instruktionen für den Fall des Sieges wie der Niederlage. Im letzteren Falle solle man ihn in Sanssouci ohne Gepränge und des Nachts begraben.

Bei dem Dorfe Leuthen kam es am 5. Dezember zur berühmtesten Schlacht des Krieges, die ausführlicher geschildert werden soll. Die Ansprache des Königs an die Generäle und Stabsoffiziere zwei Tage vorher ist oft zitiert worden; sie wurde aber legendär entstellt. Die preußischen Regimenter zogen in den frühen Morgenstunden mit dem Choral in die Schlacht:

»Gib, daß ich's tu mit Fleiß,
was mir zu tun gebühret,
gib, daß ich's tue bald,
zu der Zeit, da ich soll
und wenn ich's tu, so gib,
daß es gerate wohl.«

Das Heer hatte sich zunächst vor der unteren Weistritz in ausgedehnter Linie von einer Meile Länge aufgestellt; das hügelige Gelände war dem König von Manövern her wohlbekannt. Nach einem Scheinangriff auf den feindlichen rechten Flügel wandte sich der König nach langem Flankenmarsch gegen den zurückgebogenen und entblößten linken Flügel der Österreicher bei Sagschütz. Durch staffelweises Vorgehen der preußischen Infanterie, die sich wie ein Keil in schräger Schlachtordnung in die feindlichen Reihen bohrte – der eigene linke Flügel war zurückgenommen worden –, wurden diese völlig aufgerollt und auseinandergesprengt. Ein Gegenangriff der österreichischen Reiterei auf dem rechten Flügel brach vorzeitig zusammen, und das Fußvolk ergriff die Flucht. Württemberger und Bayern wichen zuerst, weil sie den Österreichern nicht als Kanonenfutter dienen wollten. Gegen vier Uhr nachmittags war die Schlacht entschieden. Es war das erste und das letzte Mal, daß die Österreicher die offene Feldschlacht gegen Friedrich gewagt haben. General von Wedell und Moritz von Anhalt mit der Infanterie, Zieten mit der Reiterei hatten ein Muster von Zusammenspiel gemäß dem königlichen Schlachtplan gegeben, der in gewisser Weise den Aufmarsch nachgeahmt hat, mit dem Epaminondas bei Leuktra die Spartaner besiegt hat.

Die Schlacht von Leuthen hat in der Geschichte der Kriegskunst hohen Ruhm und ist von Generalstäblern immer wieder als klassisches Modell dafür studiert worden, wie man auch einen zahlenmäßig klar überlegenen Gegner schlagen kann. Die preußischen Truppen hatten die schwierigsten Operationen rasch und exakt ausgeführt; der unvorhergesehene Flankenstoß, mit aller Wucht auf den schwächsten Punkt der feindlichen Phalanx gezielt, hatte ähnlich wie bei Roßbach auch diesmal die Entscheidung gebracht. Napoleon I. hat Friedrichs Sieg »das Meisterstück von Bewegungen, Manövern und Entschlossenheit [9]« genannt. Die Österreicher verloren 10 000 Tote und Verwundete, 21 000 Gefangene, 116 Kanonen und 59 Fahnen.

Auf dem Schlachtfeld dieses dunklen, kalten Dezemberabends stimmte ein Grenadier das »Nun danket alle Gott« an, und Regiment auf Regiment fiel ein, so daß zuletzt das ganze Heer mitsang. Der König selbst, der große Freigeist, ist von diesem Anblick so bewegt gewesen, daß er ausgerufen haben soll: »Mein Gott, welche Kraft hat die Religion«, was Ranke mit dem Satz kommentiert: »Er selbst teilte diese Überzeugungen nicht, aber er glaubte an eine Vorsehung und die Gerechtigkeit seiner Sache [10].«

Leuthen ist keine klassische Entscheidungsschlacht in dem Sinne gewesen, daß der Gegner wirklich vernichtet worden wäre. Derlei war in den Kriegen des 18. Jahrhunderts kaum möglich, wie dies Clausewitz mit Recht betont hat, der aber die Schlacht von Leuthen als Bravourstück der Lineartaktik einen »unerhörten Erfolg« nennt [11]. Ihr wichtigstes Ergebnis war die völlige Wiedereroberung Schlesiens. Schon am 19. Dezember ergab sich Breslau mit 17 000 Mann, nachdem ein Pulverturm in die Luft geflogen war und ein Sturmangriff auf die Stadt zu befürchten stand; am 28. Dezember folgte Liegnitz. Nur Schweidnitz konnte wegen des starken Frostes erst im Frühjahr eingenommen werden. Die österreichischen Truppen fluteten in völliger Auflösung und im elendesten Zustand nach Böhmen zurück; Prinz Karl legte nunmehr den Oberbefehl nieder.

Ranke faßt zusammen: »So endigte der Feldzug 1757; in ihm konzentriert sich der Charakter dieses Krieges überhaupt; kühner Anlauf, überwältigendes Unglück, Gefahr der Existenz, aber Rettung durch Entschluß, Disziplin und Waffen [12].« So schloß mit der Befreiung Schlesiens das erste Kriegsjahr ausgeglichen ab. Nur Ostpreußen hatte man am Ende des Jahres den Russen überlassen müssen. Das Volk aber, das den Spott der Österreicher nicht vergessen hatte, daß Karl von Lothringen mit der »Berliner Wachparade« – so nannte er die Preußen im Vertrauen auf seine zahlenmäßige Überlegenheit – sehr schnell fertig sein werde, sang nach der Schlacht von Leuthen allenthalben:

»Es lebe durch des Höchsten Gnade
der König, der uns schützen kann,
so schlägt er mit der Wachparade
noch einmal 80 000 Mann.«

Leider trog die Hoffnung auf einen baldigen günstigen Kriegsabschluß, da man sich in Wien und Paris zu energischer Fortsetzung der militärischen Operationen entschlossen hatte. Im Folgejahr 1758 gelang es Friedrich zwar, die Russen, die sich gerade mit der österreichischen Armee unter dem Oberbefehl des Marschall Daun verbinden wollten, in einer für beide Seiten verlustreichen Schlacht bei Zorndorf in der Neumark (25. August) dank der Seydlitzschen Kavallerie zu schlagen, aber bei Hochkirch in der Lausitz (14. Oktober) sollte ein kühner nächtlicher Überfall der doppelt so starken Österreicher auf das preußische Lager eine höchst bedrohliche Situation für den Preußenkönig entstehen lassen, die nur durch die zaudernde Art der Daunschen Kriegsführung nicht richtig ausgenutzt wurde. Friedrich sah sich aber angesichts der militärischen Übermacht der Gegner, seiner eigenen großen Verluste und beschränkten Mittel (ungenügend ausgebildete

Zwangsrekruten, unzulängliche Magazine, Finanznot etc.) jetzt zur strategischen Defensive gezwungen, aus der allenfalls noch eine Reihe offensiver Ausfälle möglich waren. Das Ziel mußte jetzt sein, durch eine Ermattungstaktik den Friedenswillen der Feinde zu befördern. In diesem Zeichen stehen die hier etwas kürzer geschilderten folgenden Jahre.

Die Schlacht von Kunersdorf bei Frankfurt rechts der Oder (12. August 1759) gegen ein russisch-österreichisches Heer, das sich gerade vereinigt hatte, wurde durch einen Vorstoß des General Laudon – aktiver als der die Angriffsschlachten scheuende Daun – zu einer so vernichtenden Niederlage – der schwersten seines Lebens –, daß der König schon die Existenz des preußischen Staates als beendigt ansah. Er gedachte schon diese Erniedrigung nicht mehr zu überleben und traf in einem Brief an den Minister Finckenstein Anordnungen über seine Nachfolge. Nur die Tatsache, daß die feindlichen Generäle ihren Sieg nicht ausnutzten, hat ihn gerettet, und trotz Versiegens aller Hilfsquellen seinen Durchhaltewillen aufs äußerste angefacht. In Dresden hatte freilich der preußische General Schmettau auf Grund einer verzweifelten Anweisung des Königs schon übereilt kapituliert. Immerhin konnten beide Seiten – Preußen und Österreicher – in Sachsen in die Winterquartiere gehen. Dem Marquis d'Argens schrieb Friedrich, daß ihn die Sorgen zu einem alten Mann gemacht haben, dessen Haare grau geworden sind. Napoleon hat später geurteilt: »Er war besonders groß in den verzweiflungsvollsten Augenblicken [13].«

Der Feldzug des Jahres 1760, in dem die Rekrutierung schwieriger, die Gelder knapper und der Offiziersmangel fühlbar wurde, sollte den Sieg von Torgau am 3./4. November bringen, durch den Friedrich die Räumung seiner wenige Wochen vorher vom Feind besetzten Hauptstadt erzwang. Ein gemischt russisch-österreichisches Korps war zuvor oderabwärts bis in das unbefestigte Berlin vorgedrungen und hatte die Stadt geplündert. Dem Husarengeneral von Zieten kam durch seinen Frontalangriff das Hauptverdienst am Gewinn dieser von Friedrich genial angelegten blutigen Schlacht zu. Schlesien war zu diesem Zeitpunkt schon durch eine Niederlage des österreichischen Generals Laudon bei Liegnitz (15. August) entsetzt worden. Jetzt nahm tatsächlich die Kriegsmüdigkeit der Feinde zu, deren Bündnis lockerer wurde, aber auch die Erschöpfung Preußens, so daß das Kriegsjahr 1761 zum Stellungskrieg erstarrte und arm an großen operativen Ereignissen wurde. Friedrich zog es vor, sich in festen Lagern bei Schweidnitz und zu Bunzelwitz zu verschanzen und der Entwicklung zuzuschauen. Ihm war bewußt, daß große Gefahr bestand, von den Gegnern gänzlich eingekreist und ausgehungert zu werden. Nur die »Mirakel des Hauses Brandenburg«, von denen er vor zwei Jahren gesprochen hatte, haben in dieser Lage Preußen noch retten können.

Diese Entwicklung kam durch ein unerwartetes Ereignis in Gang. Der Tod der Zarin Elisabeth (5. Januar 1762) sollte die bisherigen Bündnisse zerbrechen lassen. Der neue Zar Peter III. aus dem Hause Holstein-Gottorp, ein Bewunderer des Preußenkönigs, wechselte auf Friedrichs Seite über und gab Ostpreußen an ihn zurück. Zwar hatte sich England seit 1761 von dem Bündnis mit Preußen zurückgezogen und die von dem Ministerpräsidenten William Pitt jährlich bewilligten Hilfsgelder von 4 Millionen Talern hörten mit dessen Sturz auf, da England nach seinen Erfolgen in Kanada mit Frankreich zu einer Verständigung kommen wollte, aber die Machtverhältnisse hatten sich durch den neuen Zaren, diesen »deus ex machina«, wie Friedrich meinte, nunmehr doch drastisch verschoben. Das Ausscheiden Rußlands aus der antipreußischen Koalition zog auch den Rückzug Schwedens nach sich, das das seit 5 Jahren besetzte Pommern wieder freigab. Das Glück sollte freilich nicht lange dauern, da Peter III. einer Mordverschwörung zum Opfer fiel, und seine Gattin Katharina zur Kaiserin ausgerufen wurde. Obwohl Tochter eines preußischen Generals, dachte diese nicht daran, Friedrichs Geschäfte zu besorgen, kündigte vielmehr sofort das Bündnis, aber wenigstens nicht den erfolgten Friedensschluß und verblieb in der Neutralität. Da in diesen kritischen Tagen noch nicht zurückgerufene russische Truppen in Sachsen standen, errang Friedrich mit der raschen Erstürmung österreichischer Stellungen bei Burkersdorf (21. Juli 1762), die Daun zum Abzug nach Böhmen zwang, einen neuen eindrucksvollen Sieg, der sein militärisches Prestige festigte; die durch Kontingente der Reichsarmee verstärkten Österreicher wurden dann erneut durch den Prinzen Heinrich, des Königs Bruder, bei Freiberg in Sachsen am 29. Oktober geschlagen. Da auch Schweidnitz im Oktober 1762 fiel, war bis auf Glatz ganz Schlesien wieder in Friedrichs Hand. Er hatte damit recht behalten, daß am Ende »der letzte Bissen Brot und das letzte Bündel Stroh« darüber entscheide, wer in Schlesien bleiben werde.

Nunmehr wurde das allseitige Friedensbedürfnis überwältigend. England und Frankreich hatten sich bereits im November verständigt, aus dem Kriege auszuscheiden, sächsische Unterhändler kamen in des Königs Hauptquartier nach Meißen, um zwischen Preußen und Österreich zu vermitteln, und nach sechs Wochen diplomatischer Unterhandlungen konnte am 15. Februar 1763 der Frieden in Hubertusburg, dem östlich von Grimma gelegenen Lustschloß des sächsischen Hofes, unterzeichnet werden. Durch diesen Frieden wurde der ungeschmälerte Besitzstand – Schlesien mit der Grafschaft Glatz – des zu Kriegsbeginn geringschätzig »Marquis von Brandenburg« genannten Königs bestätigt und damit anerkannt, daß das Königreich Preußen inzwischen wirklich zur fünften europäischen Großmacht aufgestiegen war.

SIEBTES KAPITEL
FRIEDRICH DER GROSSE
1763–1786

Das etwas dürre Ergebnis des Friedens von Hubertusburg war also die Bestätigung des territorialen Status quo, der durch Friedrichs Eroberung von Schlesien im Jahre seines Regierungsantritts geschaffen worden war. Durch den Hinzutritt Schlesiens und durch erfolgreiche Peuplierungspolitik hat sich die Einwohnerzahl des preußischen Staates bis 1786 verdoppelt (1740: 2,25 Millionen Einwohner, 1786: 5,5 Millionen; Gebietsfläche 1740: 119 000 qkm, 1786: 195 000 qkm). Andererseits hatte aber auch der gesamte Verlust an Menschen durch die drei Kriege 500 000 Seelen betragen.

Der Fiskus gewann aus den Überschüssen der schlesischen Verwaltung jährlich 80 000 Taler, mehr als die Hälfte dessen, was die Domänenverwaltung sämtlicher altpreußischer Provinzen an die Generalkriegskasse abzuführen pflegte. – Schlesien, das auch in den katholischen Landesteilen ganz »fritzisch« gesinnt wurde, verblieb dem preußischen Staate und ist bei ihm geblieben bis zum Schicksalsjahr 1945. 200 Jahre nach Hubertusburg sind Preußen und Habsburg in den Schoß der geschichtlichen Erinnerungen hinabgesunken und der Gegenstand des Streites: das Land Schlesien, ist polnisch geworden.

In Hubertusburg ist auch die Position Sachsens, des alten Nebenbuhlers Preußens und Österreichs, entscheidend getroffen worden. Es erhielt für die Okkupation von 1756 keinerlei Entschädigung, stöhnte vielmehr unter einer Schuldenlast von etwa 40 Millionen Taler zusätzlich zu allen Kriegsschäden und verlor auch bald darauf nach dem Tode August III. (Oktober 1763) die polnische Königskrone. Das Reich trat überhaupt nicht in Erscheinung; kurz vor dem 15. Februar hatte es in Regensburg seine Neutralität erklärt und war aus den Friedensverhandlungen ausgeschieden. Daß Friedrich die brandenburgische Kurstimme Maria Theresias ältestem Sohn versprach, der 1764 in Frankfurt am Main als Joseph II. gewählt und gekrönt worden ist, war ein diplomatisches Entgegenkommen, aber nicht von wesentlichem politischen Belang. Bis 1780 war er Mitregent seiner Mutter. Das Folgejahrzehnt stand im Zeichen großer Reformpläne dieses selbstlos, aber unstet und hastig regierenden Aufklärers.

Auf das Große gesehen ist Preußen durch die drei Schlesischen Kriege in die Gemeinschaft der viel älteren europäischen Mächte getreten, indem es die Stelle des durch den Nordischen Krieg (vgl. oben) entscheidend geschwächten Schweden einnahm als die Vormacht des protestantischen Deutschland. Hierdurch wurde die politische Figur geschaffen, in deren Zeichen die nächsten 150 Jahre stehen sollten: das concert européen der großen Fünf: Rußland, England, Frankreich, Österreich und Preußen. Durch diesen Frieden ist eine der bedeutendsten Kraftverlagerungen der neueren Geschichte eingeleitet worden. Der neue protestantische deutsche Staat nicht innerhalb, sondern neben dem alten Reichsverband war stabilisiert. Auch ohne daß für Preußen ein Dorf neu gewonnen wurde, haben sich, wie die Zukunft erweisen sollte, die unerhörten Kraftanstrengungen und der gewaltige Blutverlust dennoch gelohnt. Seinem Bruder Heinrich schrieb der König, er habe unter Verzicht auf weiteren Länderzuwachs den besten Abschluß erlangt, der unter den obwaltenden Umständen erreichbar gewesen sei. Der Historiker Willy Andreas urteilte 1938: »Gemessen an dem Vernichtungswillen seiner Feinde war dieser Abschluß eine Demütigung des ganzen Erdteils durch einen Mann [1].« Sicher ist aber auch, daß im umgekehrten Fall einer Besiegung Preußens durch Österreich und Frankreich die Rheingrenze für Frankreich herausgesprungen und Ostpreußen wohl an Rußland gefallen wäre. Deshalb konnte Ranke sagen, daß sich Österreich eigentlich erst im 7jährigen Kriege des deutschen Kaisertums in seiner Idee entäußert habe.

Als Friedrich 52 Jahre alt, aber weit über seine Jahre hinaus gealtert, von Hubertusburg nach Berlin zurückkam, verbat er sich alle Huldigungen. Er ließ den bereitgestellten Prunkwagen stehen und fuhr durch Nebenstraßen zum Schloß. Die Glückwunschansprache einer Deputation von bittstellenden Landräten am nächsten Morgen brach er barsch ab, die Herren sollten raschest präzise Pläne aufstellen, was in ihren Kreisen für den Wiederaufbau erforderlich sei. Kurz darauf begab er sich auf die erste von vielen Inspektionsreisen. Sie führte nach Schlesien. Und Schlesien sollte auch das Musterland der friderizianischen Verwaltung werden.

Wurde Schlesien im Krieg erobert, so ist Westpreußen, das seit 1466 zu Polen gehört hatte, 1772 durch Vertrag gewonnen worden. Die auf Initiative der Zarin Katharina erfolgte sogenannte erste polnische Teilung – Prinz Heinrich trug zu ihrer diplomatischen Vorbereitung bei – war zumindest für Preußen nichts anderes als eine Rückkehr alten Landesgebietes, das schon zum Deutschen Ritterorden gehört hatte.*) Als Verbindung Brandenburg-Pommerns mit Ostpreußen war sie für den Staat geradezu lebensnotwendig. Endlich war der Zugang zur Weichsel erlangt. So war es nur folgerichtig, daß durch Kabinettsordre vom 31. Januar 1773 die Bezeichnung »Westpreußen« eingeführt wurde, wenn auch eine Anknüpfung an die Ordenstraditionen unterblieb. Das Nostrifikationspatent übernahm Westpreußen, das kulturell gegenüber der Schwesterprovinz Ostpreußen noch weit zurücklag, als einen gleichberechtigten Teil des Gesamtstaates und machte es zum Gegenstand einer ganz besonderen landesväterlichen Für-

*) Es sei betont, daß Rußland die treibende Kraft bei den polnischen Teilungen gewesen ist. Die staatliche Selbständigkeit Polens wäre wohl auch ohne diese Teilung nicht aufrechtzuerhalten gewesen; die Alternative hätte die totale Okkupation durch das Zarenreich bedeutet. Ein Nationalstaat war Polen ebensowenig wie Preußen. Rußland wollte seine Grenzen westwärts vorschieben, erhielt ca. 110 000 qkm und erreichte die Gebiete bis zur Düna und zum Dnjepr. Österreich trat trotz anfänglichen Widerstrebens den Teilungsplänen bei und erhielt Ostgalizien mit ca. 70 000 qkm. An Preußen fiel das ehemalige westliche Ordensland, das langerstrebte Westpreußen (ohne Danzig und Thorn) sowie der Netzedistrikt und das Bistum Ermland, im ganzen nur 35 000 qkm. Erst die zweite Teilung Polens von 1793 brachte Danzig, Thorn, die Woiwodschaften Gnesen, Posen, Kalisch und andere Gebiete – rund 55 000 qkm – an Preußen, während der Löwenanteil (ca. 236 000 qkm) wieder an Rußland fiel. Das Gebiet zwischen Weichsel, Bug und Njemen, das bei der dritten Teilung 1795, mit der Polen ausgelöscht wurde, an Preußen fiel: »Südpreußen« (die spätere Provinz Posen mit östlich anschließenden Gebieten) und »Neuostpreußen« (eingeschlossen Masowien mit Warschau), ging im Frieden von Tilsit (1807) zum größten Teil wieder verloren.

sorge. In die wirtschaftliche Hebung dieser neuen Provinz sind erhebliche Mittel des Gesamtstaates investiert worden – nicht zuletzt durch die kostspielige Seßhaftmachung zahlreicher Kolonisten aus süd- und westdeutschen Gebieten. Gerade dank der großzügigen Meliorationen für Bodenverbesserung und Ertragssteigerung blühte die neue Provinz des Friedens noch zu Lebzeiten des Königs auf. Der auf dem Land bisher unbekannt gewesene Schulunterricht wurde durch die Gründung von 750 Landschulen eingeführt; oft mußten mangels geeigneter Kräfte invalide Unteroffiziere als Schulmeister angestellt werden.

Alle diese Verwaltungsmaßnahmen ließen bald erkennen, wie rasch sich auch in der inneren Verwaltung des Staates zentral gelenkte Aufklärungsideale durchsetzten und wie das politische Sonderleben der Länder und Städte langsam zurückging, dafür aber ein Gefühl der politischen Zusammengehörigkeit im gesamtstaatlichen Rahmen hervorgerufen wurde. Langsam wurden die historischen Länder in Friedrichs Spätzeit zu Provinzen des Staates, da die Landstände nicht mehr mächtig genug waren, um den von der Krone erbauten Militärstaat in Frage zu stellen. Diese Entwicklung kam aber erst in der Zeit Hardenbergs zum Abschluß. Gleichwohl blieb Preußen mit seinem großen – territorial unverbundenen – westdeutschen Streubesitz immer noch die ärmste der Großmächte, im wesentlichen ein Ackerbauland. Auch nachdem Ostfriesland – 1744 durch Anwartschaft – an Preußen gefallen und so ein Zugang zur Nordsee eröffnet war, spielte Preußen im Welthandel noch auf lange eine sehr bescheidene Rolle. Der Vorsprung der Nachbarländer im bürgerlichen Wohlstand ließ sich nicht so schnell einholen.

Die Parole von Friedrichs Spätzeit – der Friede von Hubertusburg fällt genau in die Mitte seiner Regierungsjahre – hieß wirtschaftliches Rétablissement (Wiederaufbau). Beseitigung der Kriegsschäden in dem ausgebluteten Land, Aufbau der im Krieg zerstörten Städte und Dörfer, Ersatz für die ausgefallenen Arbeitskräfte, sparsamste Wirtschaftsführung, Hortung überschüssiger Einnahmen in Dispositionsfonds, indirekte Haushaltseinnahmen durch staatliche Getreide-, Holz-, Tabak- und Kaffeemonopole (die sogenannte »Regie« oder Akzise- und Zollverwaltung nach französischem Vorbild), ein strenges Steuersystem,

Förderung moderner Industrieunternehmungen (Seiden- und Wollindustrie, Berliner Porzellanmanufaktur, gegründet 1751), zwecks Belebung des Innen- und Außenhandels, großzügige Getreidehandelspolitik – das waren die wichtigsten Maßnahmen der preußischen Innenpolitik nach 1763, mit denen Friedrich aber nur die Intentionen seines Vaters und seine eigenen Unternehmungen aus der Zwischenkriegszeit fortgeführt hat. Die ganze Außenhandelspolitik wurde planmäßig und methodisch auf eine Statistik des Warenverkehrs gestellt, was neuartig war. Der schon zwischen den Kriegen begonnene Prozeß der inneren Kolonisation wurde verstärkt fortgesetzt – nicht nur durch die Besiedlung der weithin entvölkerten Ostprovinzen, auch die Trockenlegung und Urbarmachung von Oder-, Warthe- und Netzebruch sind hier zu nennen. Kolonisten aus der Pfalz, Schwaben und Österreich wurden hier angesiedelt. Fast 60 000 Siedlerstellen wurden neu geschaffen, über 800 Dörfer gegründet und etwa 300 000 Menschen seßhaft gemacht. Bei aller Staatshilfe wurde aber die Eigeninitiative der Siedler erwartet und vorausgesetzt. Jeder 5. Mensch in Preußen stammte 1786 aus einer Kolonistenfamilie. Der König nötigte die Bauern auch zum Anbau von Kartoffeln, die seitdem das wichtigste Volksnahrungsmittel geworden sind.

Preußen sollte zwar noch lange vorwiegend ein Agrarstaat bleiben. Aber die Industrialisierung Oberschlesiens und im Westen der Grafschaft Mark – zumal die Förderung des Steinkohlenbaus – durch Errichtung eines eigenen Departements im Generaldirektorium für das Berg- und Hüttenwesen gehörten ebenso in das Programm des Rétablissements auf lange Sicht wie der Bau verschiedener neuer Schiffahrtskanäle (siehe S. 69). Zur langfristigen Finanzierung aller dieser Vorhaben und Projekte wurden 1765 die »Königliche Giro und Lehnbanco« sowie die »Seehandlung« in Berlin errichtet, welch letztere den Im- und Export über preußische Häfen finanzieren sollte und ein Salzhandelsmonopol erhielt; im kommenden Jahrhundert hat sie sich zum zentralen Gold- und Bankinstitut des Preußischen Staates entwickelt. Bei Friedrichs Regierungsende wies die staatliche Handelsbilanz, die 1740 noch passiv gewesen war, einen Gewinn von 4 Millionen Talern auf.

Hinzu kamen die eigentlichen Großtaten des aufgeklärten Absolutismus auf dem Gebiete des Schul- und Bildungswesens, das der Kantianer K. A. von Zedlitz (1731–1793) aus Schlesien als Staatsminister seit 1771 reformierte – er gründete das Oberschulkollegium und führte 1788 das Abitur für die preußischen Gymnasien ein, das aber bis 1805 meist noch auf dem Papier blieb –, auf dem Gebiete der Kirchenpolitik gemäß der traditionellen preußischen Religionstoleranz und schließlich der Justizreform durch ein von dem Großkanzler Carmer und dem Geheimen Oberjustizrat Svarez vorbereitetes einheitliches Gesetzbuch. Dieses letztere wurde als »Allgemeines Landrecht für die preußischen Staaten« am 5. Februar 1794 erlassen und ist mit Recht als »eine Art postumer Verfassungsstiftung Friedrichs« bezeichnet worden. Es gab ein getreues Innenbild des preußischen Staates im Zeitalter des aufgeklärten Absolutismus. – Darüber gleich Genaueres.

Unter Friedrich dem Großen ist nun auch das seit dem 17. Jahrhundert aufsteigende Berufsbeamtentum, dem Bürgerliche und Adlige angehörten, neben dem Offizierskorps der den Staat tragende und repräsentierende Berufsstand geworden. Im Zeitalter des Absolutismus war der Beamte in Preußen wie anderswo in Europa zumeist noch in die Rolle eines Handlangers seines Souveräns hineingezwungen. Oft förderte der bevormundende Polizeistaat nur die Geistlosigkeit bürokratischer Routine und einen öden Formalismus, durch den jede persönliche Initiative zu ersticken drohte. Auch die Regierungsweise Friedrich II. – zumal in seiner Spätzeit – mag in der Verwaltung oft einen recht mechanischen Dienstbetrieb zur Folge gehabt haben. Gleichwohl ging das aber nie so weit, daß der gute Beamtengeist der Mitverantwortung ganz ausgeschaltet worden wäre. Gerade im friderizianischen Preußen hatte das Beamtenverhältnis für das Bewußtsein der Untertanen immer einen klaren personenrechtlichen Inhalt. Hingabe an das Amt und traditionelle Loyalität gegenüber der Krone deckten sich in Preußen vollständig und haben als besondere Berufsmoral eine Tradition der unbestechlichen Leistungsfähigkeit hervorgebracht. Mindestens seit der Zeit des Frühkonstitutionalismus (vgl. Kap. 12) ist dann auch das Ethos des preußischen Beamtentums als Stand, in den der König selbst hineinberief, mit der Idee des Rechtsstaates verknüpft gewesen.

Die Gleichheit aller Staatsbürger vor dem Gesetz war im

18. Jahrhundert noch keineswegs etwas Selbstverständliches. Auf dem Gebiet der Justiz wirkte es daher wie die Ankündigung einer neuen Zeit, wenn Friedrich der Große am 11. Dezember 1779 dem Etatminister Freiherrn von Zedlitz anläßlich des bekannten Müller-Arnoldschen Prozesses schrieb: »Denn Ich will, daß in Meinen Landen einem jeden, er sei vornehm oder gering, prompte Gerechtigkeit widerfahre, und er nicht zum Faveur eines Größeren gedrückt, sondern einem jeden ohne Unterschied des Standes und ohne Ansehen der Person eine unparteiische Justiz administriert werden soll [2].« Daß in der Prozeßsache freilich der König im Irrtum und die abgesetzten Richter im Recht gewesen sind, steht auf einem anderen Blatt. De facto stellte nämlich der Müller-Arnold-Prozeß einen königlichen Übergriff und mithin ein Verleugnen seiner eigenen Prinzipien dar. Für Friedrichs rechtsreformerische Intentionen ist aber die »Allerhöchste Kabinettsordre die Verbesserung des Justizwesens betreffend« vom 14. April 1780 maßgeblich, mit der der König die zu den Hoheitsrechten des absoluten Herrschers gehörige Gesetzgebungsgewalt freiwillig eingeschränkt hat. Und im Falle des Müller-Arnoldschen Prozesses war es lediglich der Wunsch des Königs gewesen, einmal ein drastisches Exempel zu statuieren.

Mit der Einschränkung der Kabinettsjustiz, mit der kompetenzmäßigen Trennung von Justiz und Verwaltung und deren Bindung an das Gesetz (Ressortreglement von 1749), mit der Schaffung eines neuen Prozeßrechts durch Cocceji – er erhielt 1747 das neu geschaffene Amt des »Großkanzlers« zur Abhebung von den anderen leitenden Justizbeamten – sowie schließlich mit der Abschaffung der Folter bei der Kriminalvernehmung – schon in den ersten Wochen seiner Regierung – hat Friedrich der Große bereits den Geist des modernen Rechtsstaates sichtbar werden lassen. Der noch unter Friedrich Wilhelm I. 1738 an die Spitze der preußischen Justiz gestellte Samuel von Cocceji (1679–1755) hat bedeutsame Reformen wie die Schaffung eines wissenschaftlich geschulten unabhängigen Richterstandes sowie einer klaren Gerichtsverfassung mit dreifachem Instanzenzug und einer modernen Prozeßordnung durchgeführt, während die Kodifizierung des geltenden Rechts, ohne die ein Rechtsstaat kaum möglich ist, über Entwürfe nicht hinausgediehen war. Seinen Leib hat dieser daher erst unter dem Nachfolger erhalten in einem Gesetzeskorpus, das in der Federführung des Geheimen Oberjustizrats Carl Gottlieb Svarez (1747–1798) aus Schweidnitz durch lange Jahre vorbereitet worden war. Friedrich der Große hat seine Ausarbeitung durch Kabinettsordre vom 14. April 1780 angeordnet und den Entwurf noch kurz vor seinem Tode durchgesehen. Am 5. Februar 1794 ist dann zwecks größerer Vereinheitlichung der Rechtspflege das »Allgemeine Landrecht für die Preußischen Staaten« (ALR) verkündet worden und am 1. Juni 1794 in Kraft getreten. Mit dieser Kodifikation wurde die Coccejische Justizreform zum Abschluß gebracht. In wesentlichen Stücken ist es noch bis in unser Jahrhundert hinein in Geltung geblieben. Vorangegangen war das Publikationspatent vom 20. März 1791, aus dem aber einige zu aufklärerische Stellen gestrichen worden waren. Der Rechtshistoriker Hermann Conrad hat mit Recht darauf hingewiesen, daß die preußischen Rechtsreformer das Ziel verfolgten, ausübende Gewalt und Jurisdiktion des preußischen Staates an die geschriebenen Gesetze zu binden. Durch das ausdrückliche Verbot königlicher Machtsprüche war eine rechtsstaatliche Selbstzügelung des Gesetzgebers erreicht worden.*) Und dies bedeutete nichts Geringeres als den Übergang vom fürstlichen Patrimonium zum überpersönlichen gerechten Staat, die Aufrichtung eines Rechtsstaates im modernen Sinn.

Das »Allgemeine Preußische Landrecht«, das von der ständischen Gliederung der damaligen Gesellschaft ausging, häufig aber über starre Standesschranken sich bereits hinwegsetzte, war von einem großen Gedanken getragen, der aus der lutherischen Reformation herrührt: Macht ist in Wirklichkeit kein Besitztitel dessen, der Macht innehat, sondern ein Amt. »Im Amt sind die Rechte stets an die Pflichten gebunden. Die Obrigkeit besitzt daher ihre Rechte zur Erfüllung ihrer Pflichten. Die Pflicht hat den Vorrang, sie erst begründet jedes Recht. Alle Herrschaftsverhältnisse erhalten – dies ist ihr Zweck – so den

*) Auch Rechtsstreitigkeiten zwischen König und Untertanen wurden an die ordentlichen Gerichte verwiesen (§ 80 der Einl. zum ALR). Das Wort, das nach der Legende der Müller von Sanssouci zu seinem Monarchen gesprochen haben soll: »Sire, es gibt noch ein Kammergericht in Preußen«, entsprach daher der Rechtslage.

Charakter eines Amtes, gelegt in die Pflichterfüllung. Die Machtvollkommenheit des Staates rechtfertigt sich aus seiner moralischen Verpflichtung im Dienste des allgemeinen Wohls. Und diese moralische Verbindlichkeit setzt er sich selbst als die Schranke seiner Macht. Dadurch bekommen die Moralgesetze eine objektive Gültigkeit[3].« So entstand schon vor 1800 ein Preußen, das – um mit Wilhelm Dilthey zu reden, der hier zitiert wurde – »die Richtung auf den Rechtsstaat hin« genommen hatte.

Die im Landrecht zum Ausdruck kommende Toleranzidee hat auch die praktische Schul- und Kirchenpolitik des Großen Königs bestimmt, die auf eine Entkonfessionalisierung des Staates hinzielte. Friedrich setzte hierin insofern die Tradition seines Hauses fort, als die Schulen, wie es im ALR heißt, »Veranstaltungen des Staates« sind und die Krone zur Wahrung des konfessionellen Friedens frei über allen Kirchen zu stehen habe als Schutzherr der Parität. Daher war auch seine praktische Kirchenpolitik Ausdruck dieser Idee: Gleichberechtigung der Reformierten mit den Lutheranern, Aufnahme der französischen Reformierten, Toleranz gegen die durch die Eroberung Schlesiens sehr vermehrten Katholiken, die aber auch am Festungsgraben in Berlin auf königlichem Baugrund und mit Mitteln der königlichen Schatulle die Hedwigskirche bauen durften nach dem Modell des römischen Pantheons. Auch der Jesuitenorden wurde von Friedrich zugelassen, obwohl Papst Klemens XIV. diesen Orden 1773 aufgehoben hatte. Der starke Einfluß der Jesuiten, die das höhere katholische Schulwesen Schlesiens dirigierten, sollte dem preußischen Staate zugute kommen. Nur die Juden blieben von dieser Toleranz bis auf einige wohlhabende Schutzjudenfamilien ausgeschlossen. Und auch diese wurden von ihm als Münzentrepreneure für ebenso bedenkliche wie unpopuläre Maßnahmen der Münzverschlechterung ausgenutzt, als 1761 die englischen Subsidien ausblieben. Text und Geist des Generaljudenreglements von 1750 – Mirabeau nannte es »würdig eines Kannibalen« – waren noch ganz mittelalterlich orientiert. Die Toleranz war nur innerchristlich gemeint, dafür gab es sie aber sogar für die Sekten, was den frommen Gemütern ein besonderer Abscheu war, da diese die gemeinsamen Grundwahrheiten der großen Kirchen bekämpften. Im preußisch gewordenen Schlesien fanden die Anhänger von Caspar Schwenckfeld und Johann Hus eine Zuflucht. Selbst die schon unter Kurfürst Friedrich III. zugelassenen Sozinianer oder Antitrinitarier durften ihr Bethaus in Andreaswalde in Ostpreußen in eine Kirche umwandeln. So war Preußen der vorbildliche Staat moderner Gewissensfreiheit und Religionstoleranz geworden.

Das Großartigste zur Frage, worin denn nun eigentlich Toleranz in der Religionspolitik auf seiten des Staates zu bestehen habe, hat ein Jahrhundert später Ernst Ludwig von Gerlach, der Gründer der Konservativen Partei Preußens, in einem Weihnachten 1862 an den Hallensischen Historiker Heinrich Leo geschriebenen Brief ausgesprochen: »Man muß den Lutheranern und den Römern ihre Beschwerden, die sie so sehr liebhaben, zum Teil leidenschaftlich lieb, nehmen durch Gerechtigkeit, das ist der Weg zur evangelischen Katholizität. Preußen akzentuiert die Konfessionen nicht, sondern erlaubt ihnen, sich zu akzentuieren [4].«

Gewiß hat sich der Rechtsstaat nur sehr allmählich in der Geschichte ausgeprägt, ohne je zu gänzlicher Vollendung zu gelangen. Aber gemeint war stets, daß der Rechtsstaat die Würde der menschlichen Person durch seine Gesetze sicherstellen will, daß die Rechte des Menschen, die des Schutzes würdigen bürgerlichen Freiheiten, nicht durch die Repräsentanten des Staates gekränkt oder gar erniedrigt werden.

In der Einleitung zum Allgemeinen Preußischen Landrecht (§ 76) sind die Prinzipien des Rechtsstaates so ausgesprochen worden: »Die Gesetze binden alle Mitglieder des Staates ohne Unterschied des Standes, Ranges und Geschlechtes. Jeder Einwohner des Staates ist Schutz für seine Person und sein Vermögen zu fordern berechtigt.« Diese Einleitung enthält eine Art Grundrechtskatalog, da durch Aufteilung der staatlichen Gewaltausübung eine gesetzesmäßige Regierung und Rechtsprechung gesichert werden sollte. In den zitierten Sätzen ist die Gleichheit der Bürger vor dem Gesetz entschieden worden. Hierdurch wurde, wie Dilthey zu Recht feststellt, erst unser moderner Begriff des Staatsbürgers möglich. Das Landrecht, das einen wichtigen Moment auf dem Wege zur Realisierung des Rechtsstaates darstellt und den Weg zum Konstitutionalismus eröffnet hat, ist fast gleichzeitig mit der Annahme der amerikanischen Verfassung unter George Washington im Jahre 1787 verkündet worden und stellt somit den preußisch-deutschen Beitrag zur Déclaration des Droits des Hommes dar.

Der Geist des friderizianischen Staates, wie er in seinen Organen vom König bis zum letzten Beamten und Unteroffizier wirksam war, hat sein allgemeines und dauerndes Wesen in diesem Landrecht ausgesprochen, dessen Geschichte für den Historiker darum so belehrend ist. Die Philosophie des von seinem Vater wegen »atheistischer Umtriebe« aus Halle ausgewiesenen und von ihm zurückgeholten Christian Wolff und seiner Schule – darauf hat ebenfalls Wilhelm Dilthey mit Recht hingewiesen – gibt den Schlüssel für das Verständnis des Ideenzusammenhanges. Dilthey formuliert so: »Man lese Wolffs Vernünftige Gedanken vom gesellschaftlichen Leben und man sieht dem wohlwollenden Polizeistaat, der hier im Landrecht redet, ins Herz [5].«

Leider darf man aber weder Christian Wolff, noch die Erörterungen der Berliner Akademie, noch die Gedanken des Landrechts mit der tatsächlichen Staatspraxis des damaligen Preußen identifizieren. Dilthey muß selbst einmal enttäuscht eingestehen, daß Friedrich oft moderner gewesen sei als sein Preußen. Aber gleichwohl bleibt bestehen, daß das Allgemeine Preußische Landrecht genau den Punkt bezeichnet, an welchem die Selbstüberwindung des Absolutismus in deutliche Erscheinung trat.

»Durch Machtsprüche soll niemand künftig an seinem Recht gekränkt werden [6].« So hat auch Svarez erklärt und die Selbständigkeit der Gerichte nächst der Ausschließung der Machtsprüche für die Schutzwehr der bürgerlichen Freiheiten eines preußischen Untertanen deklariert. »Hierin lag eben«, ruft Dilthey aus, »der Unterschied der Bürger der preußischen Monarchie und der Sklaven eines orientalischen Despoten [7].«

Zu Lebzeiten Friedrichs liefen alle Fäden der Verwaltung in der Hand des allgegenwärtigen Königs zusammen. Der König wollte alles allein tun, und dies hatte als Schattenseite zur Folge, daß vieles nicht getan wurde. Mit der Einengung der Selbständigkeit der einzelnen Departements erlahmte häufig die Initiativkraft und Dienstfreudigkeit der Beamten. Die Ressortminister sanken vom Stande der Ratgeber, was sie unter Friedrich Wilhelm I. noch gewesen waren, zu Befehlsempfängern herab. Das Generaldirektorium verlor Kenntnis und Übersicht zugunsten der neuen Zentralbehörde des königlichen Kabinetts mit dem einen Sekretär Eichel, der des Königs gesamte politische Korrespondenz führte und die mündlichen Resolutionen Friedrichs niederschrieb. Dieses Faktotum Eichel verstarb aber schon 1768 und war nicht ersetzbar. Die staatliche Verwaltung wirkte zunehmend unausgeglichen und desorganisiert. In den späteren Jahren hörte der persönliche Verkehr des Königs mit den Ministern fast ganz auf – ihre Versammlung zum Ordreempfang wurde als »Ministerrevue« bezeichnet. Diese friderizianische Regierung aus dem Kabinett – gegliedert in ein Zivil- und ein Militärkabinett – war also in der Praxis eine Selbstregierung des Königs, die Minister waren daher keine eigentlichen Ressortchefs, sondern ausübende Verwaltungsorgane, Handlanger des königlichen Willens: ihre Gesamtheit bildete auch noch kein Kollegium. Der königliche Absolutismus war gegenüber Friedrich Wilhelm I. noch gesteigert worden – unbeschadet aller aus dem Westen, dem Frankreich Fénélons bis Voltaires, stammenden philosophischen Aufklärungsideale des Königs. Als eigentliche Absicht des aufgeklärten Absolutismus galt der Satz: »Alles für das Volk, nichts durch das Volk.« So ungefähr hat der Große König gedacht. Leopold von Ranke urteilt: »Man sieht wohl, er ließ noch etwas zu tun für das Jahr 1807[8].« Was als Stärke des autokratischen Regimes erscheinen konnte, war daher auch seine entscheidende Schwäche, da der König unersetzbar war – der Ehrentitel »Friedrich der Einzige« war nur allzu richtig – und darum erscheint es fast zwangsläufig, daß sein Werk nach seinem Dahingang zerfallen mußte. Die spätere Kritik hat sich daran ja auch entzündet; sie wies nicht grundlos darauf hin, daß die unerfreuliche Kehrseite des königlichen Absolutismus die Einwurzelung des »Untertanengeistes« gewesen sei.

Immerhin hat der preußische Absolutismus mit der – nicht unter Staatsgesetz und Rechtsprechung gebeugten – Selbstherrschaft des französischen Königs nichts zu tun. »Der Herrscher, weit entfernt der unbeschränkte Herr seines Volkes zu sein, ist selbst nichts anderes als sein erster Diener«, hatte Friedrich schon im »Antimacchiavell« als Kronprinz proklamiert. Faktisch war aber die von ihm praktizierte persönliche Regierung aus dem Kabinett eine Überforderung des königlichen Amtes, der der Neffe dann trotz aller Mahnungen des Politischen Testaments von 1768 zur Selbstregierung auch nicht mehr gewachsen war. Königliche Selbstregierung und Schwäche vertrugen sich nicht.

Friedrich der Große darf nicht als Wegbereiter des bürgerlichen Zeitalters gesehen werden. Er war viel eher die Vollendung und Selbstüberwindung des preußischen Absolutismus, indem dieser in die Staatsraison eingeordnet wurde. Der Staatszweck als solcher schränkte die Ausübung der königlichen Hoheitsrechte ein. »Der Fürst ist nicht mehr selbst die Staatsinkarnation, sondern er ist zu einer Staatsinstitution geworden: Er garantiert die Verwirklichung der Rechtsordnung[9].« – In Friedrichs Staatsbewußtsein stecken bereits viele moderne Elemente, weshalb man gern – wenn auch nur bedingt berechtigt – vom Einbruch des Aufklärungsgeistes bei ihm spricht, der Preußen das französische Revolutionsschicksal erspart habe. »Aufgeklärt« war es gewiß, daß er im Gegensatz zum Vater das Interesse der königlichen Kasse hinter dem Gesamtinteresse des Landes zurücktreten ließ, da er sich selbst nicht mehr als Eigentümer, sondern als Verwalter des Landesvermögens ansah. Trotz der drei Kriege, die insgesamt 150 Millionen Taler gekostet hatten, hat er seinem Nachfolger ein stehendes Heer von 188 000 Mann Friedensstärke (fast 4 % der Gesamtbevölkerung) – mit freilich auch starken Ausländerkontingenten zumal bei den Freibataillonen – sowie einen Staatsschatz von 54 Millionen Talern hinterlassen. 20 Jahre später hatte der Staat fast ebensoviel Schulden.

War auch der Staat ganz und gar auf die Person des Königs zugeschnitten worden, so stand dafür auch ein großer Mensch hinter diesem Werk, dessen Leistung nicht nur der Welt imponierte, sondern im staatlichen Rahmen Preußens Typus prägend geworden ist. Friedrichs persönliches Ethos wird nicht nur in seinem literarischen Œuvre deutlich, sondern auch in seinen Taten und Unterlassungen überhaupt. Es war im Grunde das der antiken Stoa und drückte sich etwa in dem Satze aus, den er 1760 in verzweifelter Kriegslage gegenüber dem Marquis d'Argens formuliert hat: »Es ist nicht wichtig, daß ich lebe, wohl aber, daß ich meine Pflicht tue [10].« – Ein Fürst müsse »toujours en vedette [11]« (immer auf Posten) sein, schrieb er 1776. Die Moral des Stoizismus war seine persönliche Religion geworden, Stoiker wie Cicero, Seneca und besonders Marc Aurel wurden seine Lieblingslektüre. – Dazu kam noch eine für den König typische Säkularisierung der altlutherischen Auffassung von der allgemeinen menschlichen Sündhaftigkeit: »Le gros de notre espèce est sot et méchant [12]« (Die Mehrzahl des Menschengeschlechtes ist dumm und bösartig). Menschenverachtung, Pessimismus und Skepsis gehören zum geistigen Profil des »Alten Fritz«. Zynismus und zuweilen auch Resignation bestimmen vornehmlich seine letzten Lebensjahre, in denen es sehr einsam um ihn wurde und ihm seine Windspiele die besten Freunde waren, mit denen zusammen er auf der Terrasse von Sanssouci begraben sein wollte. Vielleicht war die Einsamkeit des Alters die Buße für die Ruhmsucht der Jugend. Jetzt blieb nur noch das »in serviendo consumor«.

Über die Bedeutung des den rechten Gebrauch der Vernunft hochschätzenden Denkers Friedrich, des »Philosophen von Sanssouci«, des Bauherrn, der das Rokokoschlößchen von Sanssouci und das Neue Palais in Potsdam errichten ließ, des der neueren deutschen Literatur fremd bleibenden Schriftstellers, der französische Oden dichtete, des Komponisten und schließlich des Historikers liegen von Dilthey bis Spranger zahlreiche Untersuchungen vor. Der vom Großen Kurfürsten begründeten »Königlichen Bibliothek«, der späteren »Preußischen Staatsbibliothek«, wurde 1780 gegenüber dem Opernhaus ein Barockgebäude – im Volksmund die »Kommode« – errichtet mit der küchenlateinischen Inschrift im Giebel: Nutrimentum spiritus. Über den königlichen Schriftsteller und Historiker kam eine neue Monographie zu dem Urteil: »Als Schriftsteller hatte Friedrich durchaus Gewissen, und als Historiker Stil; er schrieb klar, intelligent, ohne Übertreibungen oder Sophisterei. – Vom fachlichen Standpunkt aus muß man sagen, daß der Monarch, der das Glück hatte, sein eigener Historiker zu sein, diesen Vorteil in keiner Weise mißbrauchte [13].«

Friedrich Wilhelm I. hatte in seinem Testament noch ganz

dynastisch-altterritorial gedacht, des Sohnes Gedanken galten – freilich nicht mehr transzendent begründet – der Verpflichtung des Monarchen gegenüber der Allgemeinheit, dem »Staat«, der noch über dem König steht. Dieser Staat ist kein bloßes Machtgefüge, sondern ebenso eine Wohlfahrts- und Rechtsanstalt. Dieser Staat des aufgeklärten Absolutismus ist daher auch nicht »ein Patrimonium der Dynastie, sondern die lebendige Gemeinschaft seiner Bewohner. Die Bedeutung dieses Begriffs besteht einmal darin, daß die Verbindung mehrerer Landschaften unter einer Herrschaft den Charakter des Zufälligen und Willkürlichen verliert; erst Friedrich vermochte von einem Gesamtstaat, einer einheitlichen preußischen Nation zu sprechen [14]«.

Nach 1763 ist daher auf dem Hintergrund des Ruhmes der drei schlesischen Kriege so etwas wie ein besonderes preußisches Nationalgefühl entstanden. Das war deshalb möglich, weil Friedrich die Kaiserwürde niemals angestrebt hat. Sie erschien ihm als ein »leerer Titel«, wie es im Politischen Testament von 1752 heißt. Sein Parteigänger, der Schwabe Thomas Abbt, der in Frankfurt/Oder Professor geworden war und den Spätfolgen einer bei Kunersdorf erhaltenen Wunde erlegen ist, erklärte in seiner Schrift »Vom Tode fürs Vaterland« (1761), daß wir in gut eingerichteten Monarchien ein Vaterland vor uns sehen. Hier beginnt ein eigener preußischer Staatspatriotismus sichtbar zu werden, indem Abbt den Tod so darstellen will, wie ihn jeder preußische Untertan betrachten muß. Aber dieser Patriotismus, der das Vaterland frei wählt, ist vom Nationalismus des 19. Jahrhunderts noch weit entfernt gewesen. Die preußische Monarchie hat zwar ausgehend vom Offizierskorps über den Gutsadel namentlich Ostelbiens, dann auch die übrigen Stände ergreifend eine preußische Staatsgesinnung erzeugt und damit auch eine Staatsnation geschaffen über das Provinzialbewußtsein und das Gefühl dynastischer Verbundenheit hinaus, es ist aber nie ein Nationalstaat geworden, da ihm dafür die eigentliche Volkhaftigkeit ermangelte. Preußen war auf staatliche Institutionen gegründet: Königtum, Offizierskorps, Bürokratie. Darum konnte dieses neue Bewußtsein preußischer Nation, der preußische Staatspatriotismus, immer nur Durchgangsstufe sein, nachdem der alte Reichspatriotismus keine effektive Kraft mehr entfaltete. Immerhin hat es auch bis zum Jahrhundertende noch echte Reichsgesinnung gegeben, zumal im Südwesten, im Patriarchat der vielen großen und kleineren Reichsstädte und in der Reichsritterschaft, aus der dann der Freiherr vom Stein hervorgegangen ist. Ebenfalls hat es noch lange einen preußischen Staatspatriotismus gegeben, im Grunde bis zur Gründung des Zweiten Reiches 1871. Freilich war er durch die apolitische Haltung der Bürger in seinen Möglichkeiten allzu eingegrenzt, wie das durch die Struktur des friderizianischen Untertanenstaates vorgegeben war, in die erst die Reformer – jedoch nicht durchgreifende – Änderungen haben hineinbringen können.

Daß die Sozialstruktur des damaligen preußischen Staates durch die Prävalenz des Junkertums bestimmt war, ist bekannt. Für die breiten Massen der Bevölkerung hatte der König aus zeitbedingten Vorstellungen heraus – dem Optimismus der Aufklärung hinsichtlich der Ausbreitung allgemeiner Bildung und erzielbarer moralischer Fortschritte blieb er fern – nur eine gedämpfte Wertschätzung. An der gedrückten Lage der Bauern – bedingt durch die auf der Erbuntertänigkeit aufgebauten Agrarverfassung – hat der König bei aller Anerkennung der Bedeutung des Bauernstandes für den Staat wenig zu verbessern gewußt. Immerhin hat er das sogenannte »Bauernlegen«, die willkürliche Einziehung bäuerlicher Höfe durch die Gutsherren, in Erlassen von 1749 unter Strafe gestellt. Hingegen hat er bewußt dem Adel – anders als in der Zeit des Großen Kurfürsten oder auch seines Vaters, der den Bürgerstand sehr geschätzt und zur Ämterbesetzung verwandt hat – besondere Funktionen eingeräumt: im Krieg in der Armee, im Frieden in der Verwaltung, mit denen sich wohl ein besonderes soziales Prestige verband, aber kein materieller Vorteil. Bürgerliche Tätigkeiten wurden ihm geradezu untersagt, die Offizierslaufbahn war ihm reserviert, die Landesverteidigung als Standespflicht des Adels sogar gesetzlich fixiert (ALR II, 9 § 1); ebenso wurden die Landräte im 18. Jahrhundert durchweg vom ritterschaftlichen Landadel gestellt, dem der König das Präsentationsrecht einräumte. Infolgedessen stellte der Adel dem friderizianischen Staate durchweg die obersten Beamten wie die Offiziere der Armee. Die Geburt als preußischer Untertan war dafür nicht erforderlich. Die historische Ständeordnung erschien dem großen König sakrosankt.

»Friedrich der Große war stets der Meinung gewesen, der Adel müsse, eben wegen seiner besonderen Funktionen, auch spezielle Lebensbedingungen haben, die es ihm erlaubten, außerhalb der Sphäre bürgerlich-ökonomischer Vorstellungen und Ziele zu existieren. Darum hatte der König 1748 angeordnet, daß das königliche Domänenland nicht auf Kosten der adligen Grundbesitzer erweitert werden dürfe. Seine Begründung: »Denn ihre Söhne sind es, die das Land defendieren, davon die Rasse so gut ist, daß sie auf alle Weise meritieret, konserviert zu werden[15].« Aus denselben Erwägungen verbot er den Erwerb von Rittergütern durch Bürgerliche. Das bürgerliche Kapital mochte sich nach seiner Ansicht in Industrie und Handel betätigen, der Grundbesitz aber sollte dem Adel erhalten bleiben und keinesfalls zum Spielball spekulativer Interessen werden. Denn der Grundbesitz war ja die Existenzgrundlage einer Schicht, die aus dem allgemeinen Entwicklungsprozeß herausgehalten werden sollte: ein statisch festes Fundament in einer sich allmählich dynamisch entwickelnden Umwelt. Der Ehrbegriff des Offiziers und die unbestechliche Moral des preußischen Beamten, das waren die Säulen, auf denen damals der Staat ruhte und nach jener Vorstellung auch ruhen sollte. Es war eine ständische Auffassung vom Staat und der Gesellschaft, die diesem Ordnungsprinzip zugrundelag[16].

Man darf nun aber auch nicht übersehen, daß dieser auf Armee und Beamtenschaft gebaute preußische Staatspatriotismus gegen das Reich entwickelt worden ist, wie ja Friedrichs Politik nicht nur gegen Österreich und Habsburg, sondern bewußt gegen das Reich gerichtet war. Schon 1750 hatte er mit einer Kabinettsordre an den Minister v. Danckelmann vom 24. Mai den preußischen Konsistorien befohlen, das Gebet für den Kaiser im Gottesdienst künftig fortzulassen, was sein Vater niemals angeordnet haben würde. Friedrichs Sieg von 1757 über die Reichsarmee (»Reißausarmee«) bei Roßbach hatte dann im ganzen Reich die »fritzische Gesinnung« (Goethe) ausgebreitet. Und im Politischen Testament von 1768 bezeichnete es Friedrich rundheraus als sein Ziel, Niederdeutschland vom Heiligen Römischen Reich Deutscher Nation loszureißen und ein selbständiges Reich (un gouvernement particulier) bilden zu lassen. Späterhin verband sich damit der

Gedanke einer protestantischen Dynastenkoalition, der in der Gründung des Deutschen Fürstenbundes von 1785 zwecks Durchkreuzung der österreichischen Reichspolitik, das heißt Verhinderung Habsburgischer Machtausweitung in Süddeutschland, durch den Assoziationstraktat der drei Kurfürsten von Brandenburg, Hannover und Sachsen vorubergehend auch politische Gestalt annahm. Diesen reichsständischen Bund mit dem König von Preußen als Oberhaupt, dem später auch andere kleinere Staaten, sogar geistliche Herrschaften, beitraten – Goethes Herzog Karl August von Sachsen-Weimar war einer seiner eifrigsten Propagandisten –, hat der Historiker Leopold von Ranke als eine »geniale Vorwegnahme des Bildes vom Deutschen Reich« bezeichnet [17]. In der Unionspolitik von 1849 (Dreikönigsbündnis) hat sich die gleiche Figuration wiederholt. Damals, 1785, schwand tatsächlich nach und nach das alte Mißtrauen im Reiche, das bisher gegen Preußen bestanden hatte. Treitschke hat mit der Feststellung recht: »Die Nation merkte, daß nirgendwo ihre Angelegenheiten so sachlich und maßvoll, so wachsam und kalt erwogen wurden, wie in der Einsiedelei von Sanssouci [18].« – Für eine ernstliche Reichsreform fehlten jedoch noch die Vorbedingungen, den fehlenden Willen der Nation in ihren breiten Schichten konnte auch der Deutsche Fürstenbund nicht ersetzen. Zeitgenössische kaisertreue Publizisten wie etwa Freiherr Julius von Gemmingen sahen in dem Deutschen Fürstenbund aus ihrer Perspektive viel eher eine »Verschwörung gegen das Reichsoberhaupt«. Tatsächlich hat der preußisch-österreichische Dualismus – in diesen Jahren verstärkten sich die Spannungen – den inneren Zusammenhalt des alten Reiches immer weiter aufgelockert, nachdem sich der Preußenkönig zum Vorkämpfer fürstlicher Libertät gegen Habsburger Vormacht im Reich aufgeschwungen hatte. Preußisches Großmachtstreben und zu gleichen Teilen Habsburgische Hausmachtpolitik, aktuell Kaiser Josephs II. Absichten auf Bayern, das Friedrich schon im Bayrischen Erbfolgekrieg (1778/79) – auch »Kartoffelkrieg« genannt – durch sein Eingreifen vor österreichischen Annexionsabsichten gerettet hatte, sind gemeinsam dafür verantwortlich zu machen, daß der Fürstenbund von 1785 den Reichsverband unter weitreichender Zustimmung des sogenannten »Dritten Deutschland«, der Klein-

und Mittelstaaten, aufheben konnte. Er ist aber nur eine Episode geblieben, da der Nachfolger diese Politik nicht weiterführte. Die endgültige Zertrümmerung des altersschwach gewordenen Reichsgebäudes ist erst zwanzig Jahre später durch Napoleon erfolgt.

Der Staat Friedrichs des Großen ist nun aber nicht bloß der natürliche Rivale Österreichs gewesen, mit dem er den Kampf um die Vorherrschaft in Deutschland begann. Der friderizianische Staat verkörperte auch geistig ein neues Prinzip, indem er in Übertragung der westlichen Staatsraison auf Deutschland eine Politik der Macht eingeleitet hat, wie sie das Reich bis dahin nicht gekannt hatte. Preußen war ein unfertiges »Königreich der Grenzen«, das nur wachsen konnte oder wieder vergehen. Es stand beim Tode des großen Königs schon in einer wirklichen Krisensituation, denn der aufgeklärte Absolutismus hatte seinen Höhepunkt bereits überschritten. Ja, die Aufklärung begann ihre Ehe mit dem Staat schon wieder zu lösen und in den revolutionären Untergrund zu gehen, während das Regime des Nachfolgers starr wurde, zu kirchlicher Reaktion und zu Verboten überging sowie die Schraube der Zensur anzog. 1786 war die allgemeine Stimmung auch die, daß man einer Zeitwende entgegengehe und eine große Ära unwiderruflich zu Ende sei. Mirabeaus Berichte »De la Monarchie Prussienne«, die 1788 erschienen, geben bezeichnende Aufschlüsse hierüber, daß mit Friedrichs Tod am 17. August 1786 seine Zeit praktisch zu Ende war. »Alles war totenstill, aber niemand war traurig. Alles war beschäftigt, aber niemand war betrübt. Kein Bedauern, kein Seufzen, kein Lobspruch«, so faßt Mirabeau die Stimmung der Berliner im Moment des Abschieds vom großen König zusammen. »Man war seiner müde bis zum Haß – fatigué jusqu'à la haine[19].« Er wurde in der Gruft der von seinem Vater erbauten Potsdamer Garnisonskirche beigesetzt.

Zwanzig Jahre nach seinem Tode sank dann auch der friderizianische Staat in die Grube, letztlich wohl deshalb, weil die immer noch zu schwache Basis den preußischen Großmachtehrgeiz nicht ertrug und weil Friedrich der Große Preußens Kräfte eben doch überfordert hatte. Die unverhältnismäßig große Armee konnte nicht die natürlichen Grundlagen eines großen Staates ersetzen: eine starke Bevölkerung, große Bodenfläche und eine reiche Volkswirtschaft. Der Militärschriftsteller G. H. v. Berenhorst in Dessau, ein Sohn des Herzogs Leopold und kritisch gesinnter Offizier der friderizianischen Armee, hatte es so ausgedrückt: »Die preußische Monarchie ist nicht ein Land, das eine Armee, sondern eine Armee, die ein Land hat, in welchem sie gleichsam nur einquartiert steht. – Es fehlt an Hilfsquellen aller Art[20].« Was dem Staat an natürlichen Grundlagen fehlte, hatte Friedrich durch Genie ersetzen wollen, aber Genie ist keine Institution. Darum brach bei Jena und Auerstedt nicht nur die Armee, die zudem in Kriegskunst und Wehrverfassung rückständig geblieben war, sondern gleich der ganze Staat zusammen.

Dieser tragische Ausklang des friderizianischen Werkes kam aber für scharfsichtige Beobachter nicht ganz unerwartet. Schon zwischen 1786 und 1806 war der Machtzerfall des Staates sichtbar geworden; manche Symptome hatten dokumentiert, daß die Fundamente der preußischen Staatsmacht zu schwach gewesen sind.

Ein bedeutender Zeitkritiker, der Hannoversche Kabinettsrat Ernst Brandes, hat es 1810 so ausgedrückt: »Friedrichs Regierungssystem hatte Preußen in die Zahl der Mächte gedrängt, unter welche der Staat von Natur durchaus nicht gehörte, sich also wie alles Unnatürliche gleichsam nur durch ein Wunder eine Zeitlang erhalten konnte.... Daß der Staat aber in sieben Tagen zerstört sein würde, das ließ sich nicht ahnen, das mußte man erleben, um es glaublich zu finden[21].« Ähnlich hat auch Wilhelm von Humboldt – anknüpfend an das bekannte Wort des jungen Friedrich, daß Preußen auf Vergrößerung angewiesen sei – geurteilt: »Preußen ist mit keinem anderen Staat vergleichbar; es ist größer und will nicht bloß, sondern *muß* größer sein als sein natürliches Gewicht mit sich bringt. Es muß also zu diesem (sc. dem natürlichen Gewicht) etwas hinzukommen.... Zu Friedrich II. Zeiten war es dessen Genie[22].«

Das Echo, das Friedrich der Große hinterlassen hat, seine Spiegelung in den Geistern der Nachwelt, ist von außerordentlichem Interesse, schon deshalb, weil sie die Vielschichtigkeit und innere Problematik dieses überaus komplizierten Menschen aufzudecken geeignet ist. Das Interessanteste ist, daß wir rasch auf jenen merkwürdigen Umschwung aufmerksam werden, der in den ersten Jahrzehnten nach Friedrichs Tod zu finden ist, wie wir ihn ja auch oft in der Beurteilung bedeutender Männer antreffen, deren Lebenswerk abgeschlossen ist. Mit dem König war sein ganzes Zeitalter zu Ende gegangen. Die Entwicklung schritt über ihn hinweg und zeitigte neue umstürzende Ereignisse. Der Staat, der einst in der öffentlichen Meinung als so »modern« und »fortschrittlich« gepriesen worden war, galt rasch als veraltet und überholt, als die Erneuerungsbewegung der westlichen Welt, das Bürgertum revolutionierter Völker, zur stärksten Triebkraft des politischen Lebens wurde. Hinter dem allmählich verblassenden Nimbus des Königs zeigten sich im Ansturm revolutionärer Ideen und Armeen die Mängel des Staatswesens, das von Friedrich geprägt worden war. Deshalb verwundert es auch nicht, daß seine Schöpfung zunächst negativ beurteilt wurde, da ja kein Nachfolger da war, der ihm auch nur annähernd gewachsen gewesen wäre.

Das negative Urteil bestimmte zumal die Romantiker (Novalis, Adam Müller, Arndt und andere), die in Friedrich den »Direktor eines seelenlosen Maschinenstaats« beziehungsweise den »Unternehmer eines großen Arbeitshauses« erblickten; Preußen sei aber noch etwas anderes als König Friedrich. Bei Schleiermacher erklangen dann aber bereits andere Töne. Nach den Freiheitskriegen schlug das Urteil radikal um und führte in den folgenden Jahrzehnten teilweise zu hymnischen Übersteigerungen. So ist es interessant zu sehen, daß hundert Jahre nach Friedrichs Regierungsantritt der Oberlehrer Friedrich Koeppen in Berlin in einer seinem Studienfreund Karl Marx aus Trier gewidmeten Jubiläumsschrift zur Kritik der eigenen Gegenwart feststellte, daß Preußen unter Friedrich dem Großen der fortschrittlichste, aufgeklärteste und freiheitlichste Staat Europas gewesen sei [23]. Das wurde dann auch zur Durchschnittsmeinung des nationalen Liberalismus, wie sie noch Wilhelm Dilthey beherrscht hat. Die großen Historiker von Ranke über Droysen, Treitschke, Delbrück und Koser bis hin zu Friedrich Meinecke und Gerhard Ritter und dem Engländer G. P. Gooch in unserer Generation haben sich um ein besser ausgeglichenes und sachlich gerechtes Friedrichbild bemüht. Es blieb freilich machtlos gegen das künstlich übersteigerte Bedürfnis nationaler Heldenverehrung und gegen die unwahre Fridericusfigur der Ufa-Filme, die für den Mythos des Durchhaltekrieges zurechtgebogen bis in den Bunker der Reichskanzlei geisterte, wo man vergeblich auf das Mirakel des Hauses Brandenburg wartete: statt der Zarin des Präsidenten Roosevelt Tod.

Der Meinungswandel nach dem Ende des Zweiten Weltkrieges bestand fast folgerichtig darin, in dem skrupellosen Machtpolitiker Friedrich den geistigen Urheber des deutschen Zusammenbruchs zu sehen. Aber die Schmähworte wie »Raubpolitiker«, »Militarist«, »Imperialist« greifen bei diesem Menschen großer Spannungen und Gegensätze ebenso zu kurz und treffen daneben wie die patriotischen Verherrlichungen ohne Maß und Perspektiven. Deshalb ist es auch ein fundamentaler Fehler geschichtlicher Deutung, eine Linie von Friedrich dem Großen über Bismarck zu Hitler ziehen zu wollen. Friedrich und Bismarck gehören in eine ganz andere Welt. Schon Ranke hat mit Seitenblick auf Napoleon gemeint: »Zu den Eroberern, die die Welt mit ihrem Kriegsruhm zu erfüllen suchen und nur immer weiter um sich greifen, kann Friedrich nicht gezählt werden.«

»Weder ist es richtig, daß Friedrich der Große ein grundsätzlicher Macchiavellist gewesen ist, noch daß er eine feste Tradition gewissenloser Eroberungspolitik in seiner Dynastie begründet hat. Er war auch kein Militarist im Sinne einseitigen Soldatentums, und selbst die überragende Rolle des Heerwesens in seinem Staat hatte ihre ganz bestimmte Grenze. Er wollte nicht bloß Feldherr, sondern wollte zugleich humanitärer Philosoph von Sanssouci sein; nicht bloß Cäsar, sondern auch Marc Aurel nachstreben. Die Schwierigkeit, das eine mit dem andern zu vereinigen, macht die Problematik und das innerste Geheimnis seines Lebens aus. Es unterscheidet ihn aber deutlich von jenen brutalen Klischeebildern des Borussizismus, mit denen heutige Parteipolemik sein Andenken zu vernebeln pflegt. Von der Primitivität eines Adolf Hitler war er jedenfalls ebenso weit entfernt wie das Flötenkonzert von Sanssouci vom Horst-Wessel-Lied entfernt ist [24].«

ACHTES KAPITEL
VOM TODE FRIEDRICH DES GROSSEN BIS ZUM FRIEDEN VON TILSIT

»Persönlich konnte eine größere Veränderung kaum gedacht werden, als die welche mit dem Regierungswechsel von 1786 eintrat. An die Stelle Friedrichs, der nichts kannte als die Geschäfte seiner Regierung, die er zurückgezogen, fern von jeder Beziehung, die einen Einfluß hätte ausüben können, verwaltete, fast ohne ein Bedürfnis für sich selbst, denn er machte keinen Aufwand – sein Körper, schon lange durch die Mühseligkeiten der Kriegsjahre angegriffen und erschöpft, war endlich in sich selbst zusammengebrochen, als er dem Geist, der ihn belebte, nicht mehr dienen konnte – trat ein junger Monarch in der Blüte der Jahre, von imponierender Gestalt, der zwar herrschen und seine Pflicht erfüllen, aber auch das Leben genießen wollte; er hatte sich in Liebeshändel und sehr anstößige Verhältnisse verstricken lassen. An Stelle der kalten Skepsis hegte der Nachfolger religiöse Ideen mit einer starken Neigung zur mystischen Schwärmerei.« (Ranke) [1]

Die Schwärmerei hatte ziemlich fatale Auswirkungen, insofern der wundergläubige neue König – Friedrich Wilhelm II. – schon als Kronprinz der pseudomystischen Rosenkreuzergemeinschaft beigetreten war, zu der seine Günstlinge J. Chr. v. Wöllner – ein ehemaliger Pfarrer – und der bisher sächsische Offizier J. R. v. Bischoffswerder gehörten, die als Minister großen Einfluß während seiner Regierungszeit gewinnen sollten. Christlich verbrämter Okkultismus und Geisterbeschwörungen beherrschten diese Zirkel; am schwedischen Hof unter Gustav III. gab es gleichzeitig ähnliche Erscheinungen. Jedoch auch Aberglaube kann sich orthodox auswirken: Schon 1788 wurden sowohl ein Zensuredikt wie ein gegen die philosophische Aufklärung gerichtetes Religionsedikt Wöllners, des neuen Kultusministers an der Stelle des Freiherrn von Zedlitz, erlassen, mit denen der friderizianischen Freigeisterei der Kampf angesagt und das Zeitalter der Aufklärung und Toleranz beendet wurde. Zwanzig Jahre zuvor hatte noch der junge Goethe über Berlin gemeint, daß es »der vermutlich gottloseste Platz in Europa« sei.[2] Jetzt sollte aber die Herrschaft des strengen Bibelglaubens und die Aufsicht der Orthodoxie über die Schule wiederhergestellt werden, was Maßregeln gegen den Pfarrerstand zur Folge hatte. Geistliche und Lehrpersonen wurden auf die kirchliche Rechtgläubigkeit verpflichtet; Bigotterie und Heuchelei breiteten sich aus. Auch Immanuel Kant, der Wöllners Vorgänger, dem Kultusminister v. Zedlitz, 1781 seine »Kritik der reinen Vernunft« gewidmet hatte, zog sich 1794 eine amtliche Maßregelung wegen seiner Schrift »Religion in den Grenzen der bloßen Vernunft« zu: Die von Wöllner veranlaßte Kabinettsordre warf ihm vor, er habe seine »Philosophie zur Entstellung und Herabwürdigung mancher Haupt- und Grundlehren der Heiligen Schrift und des Christentums« mißbraucht. Um einem Zensurverbot auszuweichen, mußte Kant Abstinenz hinsichtlich aller Aussagen über Religion geloben. Er sollte erst im hohen Beamtentum des Preußens der Reformzeit recht zu Ehren kommen. Auch sonst wurden aufgeklärte Zeitschriften unter polizeiliche Überwachung gestellt. Eine Art »Kulturkampf« zeichnete sich ab, die Entfremdung der Bildung vom Staat war die unerfreuliche Folge dieser dem Geist des Allgemeinen Preußischen Landrechts durchaus widersprechenden Auswüchse polizeistaatlicher Reglementierung.

Gleichwohl blieb die neue Regierung die ersten Jahre populär, was nicht zuletzt der Beliebtheit und Bonhommie des neuen Königs zuzuschreiben war. Persönlich war Friedrich Wilhelm II. in allem das genaue Gegenteil des großen Friedrich: weich, nachgiebig, undiszipliniert, aber doch auch wieder wie alle Hohenzollern persönlich tapfer und großherzig. Da er auch die Formen bürgerlicher Geselligkeit schätzte, empfand man den Regierungswechsel allgemein als einen wirklichen Zeiteinschnitt. Tatsächlich wurden auch als drückend empfundene Mißstände abgestellt, die im Volk verhaßt gewordene »Regie«, vor allem das Tabak- und Kaffeemonopol, das Friedrich der Große zumeist an Ausländer, bevorzugt Franzosen, verpachtet hatte, wurde wenigstens für einige Jahre abgeschafft. Zur Auflockerung des bisherigen schroffen Zentralismus wurde eine neu geschaffene Administration für Akzise-, Zoll-, Fabrik- und Handelswesen als 6. Departement dem Generaldirektorium eingegliedert, dessen alte Kollegialität, die unter Friedrich aufgegeben worden war, wiederhergestellt wurde. Auch Mißbräuche bei den Anwerbungen zur Armee wurden abgestellt und den Soldaten der bisher meist verweigerte Ehedispens gewährt.

Dies alles ließ den zwar nicht bedeutenden, aber als gütig und wohlwollend bekannten König Sympathien gewinnen, zumal unter den Bewohnern der Hauptstadt, die ihm städtebaulich viel zu verdanken hat. Der Schlesier C. G. Langhans hat 1789 bis 1793 das Brandenburger Tor errichtet, mit dem die Prachtstraße der Residenz Unter den Linden, die Ost-West-Achse der Monarchie, wie man gesagt hat, einen imposanten Abschluß fand. Die beiden Gilly – Vater und Sohn – aus hugenottischer Familie, klassizistische Baumeister, wurden berufen, der preußischen Hauptstadt ein neues städtebauliches Gesicht zu geben. Auch die Schlösser Paretz und Freienwalde wurden von ihnen erbaut. Vor allem aber war es der Berliner Gottfried Schadow, seit 1788 Hofbildhauer, dessen Werke prägend werden sollten. Die Viktoria auf dem Viergespann (1789 entworfen, 1794 zur Unzeit auf dem Brandenburger Tor aufgestellt), das schöne Grabmal für den anmutigen 8jährigen Grafen von der Mark, Sohn der Gräfin Lichtenau, in der Dorotheenstädtischen Kirche (1791), Marmorstandbilder des alten Dessauers, Zietens und Friedrichs des Großen in Stettin (1794), das Grabmal Tauentziens in Breslau (1795) sind bleibende Werke Schadows und bezeugen einen strengen, gleichzeitig aber bewegten Klassizismus.

Friedrich Wilhelm II. hatte im Unterschied zu seinem Oheim auch Sinn für deutsche Literatur und Kunst. Auch deutsche Gelehrte und Schriftsteller erhielten unter ihm Zutritt zur Akademie der Wissenschaften. Ebenso wurden die Universitätsdotationen von ihm erhöht, die Musik – zumal die Glucks und Mozarts – erhielt in Berlin eine Pflegestätte; an der Singakademie (seit 1790) sollte Goethes Freund K. F. Zelter, ein begabter Dilettant, tätig werden, und A. W. Iffland wurde 1796 zum Direktor des Kgl. Nationaltheaters ernannt.

Nur die Unregelmäßigkeiten des königlichen Privatlebens erregten viel böses Blut. Von seiner ersten Gattin hatte er sich schon 1769 getrennt, von der zweiten (Luise v. Hessen-Darmstadt) hatte er außer dem Thronfolger drei Söhne und zwei Töchter. Außerdem waren ihm dank Laxheit des Oberkonsistoriums 1787 Julie v. Voß (Gräfin Ingenheim) und nach ihrem Tod Sophie v. Dönhoff zur linken Hand angetraut; der Sohn der letzteren, Graf Brandenburg, wurde der Ministerpräsident von 1848. – Daneben blühte beim vielgeliebten »dicken Wilhelm« auch noch eine üppige Maitressenwirtschaft; diese Erscheinung war erstmalig am preußischen Hof. Seine wenig gebildete Favoritin, die schöne Wilhelmine Enke, die ihm schon in der Kronprinzenzeit 5 oder 6 Kinder geschenkt hatte, wurde von ihm zur Gräfin Lichtenau ernannt. Der Nachfolger ließ die kluge, aber dünkelhafte Dame sofort nach des Vaters Tod verhaften, enteignen und ihr einen allerdings erfolglosen Prozeß machen.

In der Außenpolitik war es durch E. F. v. Hertzberg (1725 bis 1795), der als Kabinettsminister für die auswärtigen Angelegenheiten vom vorigen Regime übernommen worden war, zunächst zu einem extrem österreichfeindlichen Kurs gekommen. Aber auf die Dauer erwies sich des Königs Antipathie gegen die Revolution in Frankreich und das Gefühl für die dynastische Solidarität der Throne als stärker. Dies führte 1791 zwangsläufig zur Entlassung Hertzbergs, zur Annäherung an Österreich, zu einer Zusammenkunft Friedrich Wilhelm II. mit Leopold II. im August 1791 in Pillnitz und schließlich zu einem Militärbündnis mit Österreich, dem später auch das Reich, Holland, Spanien, Portugal und England unter dem jüngeren Pitt beitraten. In Hertzbergs Stelle hatten sich inzwischen Graf Christian Haugwitz (1792–1804 amtlich Außenminister) und der Hannoveraner Karl August von Hardenberg (1750–1822) geteilt, die nebeneinander fungieren sollten und dies persönlicher Freundschaft zufolge auch vermochten. Hardenberg, der 1792 zuerst zum Minister für die durch Kaufvertrag vom letzten Markgrafen Alexander übernommenen fränkischen Fürstentümer Ansbach und Bayreuth ernannt worden war und hier eine mustergültige Verwaltung eingeführt hatte, sollte in der preußischen Politik auf 30 Jahre eine maßgebliche Rolle spielen.

Der von Österreich, Preußen und einigen Reichsfürsten geführte erste Koalitions- und Interventionskrieg gegen das revolutionäre Frankreich mit dem Ziel der vollen Wiederherstellung des Königtums der Bourbonen wurde ein schwerer Mißerfolg, durch den die preußischen Finanzen arg zerrüttet wurden. Eine preußische Offensive unter dem Herzog von Braunschweig im Sommer 1792 gegen das Revolutionsheer schlug nach der erfolglosen Kanonade von Valmy (Champagne) am 20. September, die der Schlachtenbummler Goethe irrtümlich für ein epochales Ereignis gehalten hatte, in einen Rückzug um, der durch Unwetter, Krankheit und Hunger geradezu einer militärischen Katastrophe gleichkam. Der französische König Ludwig XVI. aber wurde von der Gesetzgebenden Versammlung als Antwort auf die Intervention suspendiert und gefangengesetzt, nach dem Rückzug der Alliierten dann zum Tode verurteilt und hingerichtet. Aufmerksamen Beobachtern zeigte schon dieser Feldzug, daß die auf ihrem Ruhm eingeschlafene friderizianische Armee den sich wandelnden Anforderungen von Taktik, Waffentechnik und Strategie nicht mehr entsprach und der neuen französischen »Tirailleurtaktik« – Ausschwärmen in Schützenlinie – nicht gewachsen war. Das Festhalten an einst erfolgreichen, aber nunmehr veralteten Prinzipien hatte das Heer zu einem militärischen Mechanismus werden lassen.

Trotz eines Aufstandes royalistischer Franzosen in der Vendée im Anschluß an die Hinrichtung Ludwig XVI., der in einen blutigen Bürgerkrieg ausartete (1793–1796), sahen die Chancen für eine erfolgreiche Fortsetzung des Interventionskrieges düster aus. Als sich nun auch im Osten bei der bevorstehenden dritten Teilung Polens für das bei den Verhandlungen gänzlich übergangene Preußen die Zwangslage ergab, im Notfall Truppen gegen Österreich und Rußland zur Verfügung zu haben, zog Preußen sich auf Betreiben Hardenbergs von der Koalition zurück und schloß am 5. April 1795 den wenig rühmlichen Sonderfrieden von Basel mit der Französischen Republik ab. Durch diesen wurde gegen eine Neutralitätsgarantie für Norddeutschland und den fränkischen Reichskreis sowie gegen eine vage Zusicherung rechtsrheinischer Entschädigungen (sc. das Hochstift Münster) das linke Rheinufer – einschließlich preußischer Besitzungen – bis zum Reichsfrieden an Frankreich preisgegeben. De facto hat diese Politik des Berliner Hofes zugunsten einer separaten Verständigung mit Rußland über Polen die Auflösung des Reiches beschleunigt und eine Erbfeindschaft mit Österreich heraufbeschworen. Der gerade zum Brigadegeneral beförderte Artilleriehauptmann Napoleon Bonaparte bekam dadurch – wer sollte das damals ahnen – die Möglichkeit, die europäischen Staaten einzeln und nacheinander niederzuzwingen. Elf Jahre später sollte Preußen als Frucht dieses Separatfriedens und der Verfeindung mit Österreich allein gegen Napoleon im Felde stehen.

Generell gesehen war also die Außenpolitik Friedrich Wilhelm II. alles andere als erfolgreich. Gleichwohl hat Preußen unter ihm die größte territoriale Ausdehnung erhalten, die es jemals bisher gehabt hat. Durch die zweite und dritte Teilung Polens (1793 und 1795) – bei der dritten zog Preußen, das Posen und Masowien mit Warschau erhielt, nur zögernd nach; Rußland und Österreich waren die Initiatoren – und durch den Erwerb von Ansbach-Bayreuth war Preußen auf 305 669 qkm mit 8,7 Millionen Einwohnern angewachsen. Freilich drohten die neugewonnenen Ostgebiete mit 2½ Millionen neuer Untertanen polnischer Nationalität Preußen zu einem halbslawischen Staat werden zu lassen. Auch wenn der größte Teil dieser Gebiete wieder verlorenging und eigentlich nur die Provinz Posen und Danzig – der Fläche nach etwa 8 % alten polnischen Staatsgebiets – 1815 Preußen verblieb, war die Zahl der polnischen Adelsgeschlechter recht beträchtlich, die wie die Radolins, Radziwils, Boguslawskis, Hutten-Czapskis, Podbielskis usw. in den Dienst der Krone Preußens traten und häufig eine große Rolle spielen sollten.

Nachdem Friedrich Wilhelm II. am 16. November 1797 an der Wassersucht gestorben war, folgte ihm sein Sohn, der 43 Jahre regieren sollte, auf dem Throne nach. Der neue König machte sofort mit den lockeren Sitten am väterlichen Hof ein Ende, ebenso mit der dazu im Kontrast stehenden Bigotterie von Wöllner und Bischoffswerder. Die Oberrechnungskammer wurde mit vermehrten Befugnissen reaktiviert. Der haushälterisch-sparsame *Friedrich Wilhelm III.* ist mit seiner bürgerlich-schlichten

Lebensanschauung, einfachem und unliterarischem Lebenszuschnitt Preußens einziger echter Bürgerkönig gewesen. Unter diesem König hat der preußische Klassizismus die Wendung ins Biedermeier genommen. Es war aber auch durchaus positiv zu werten, daß der Monarch, wenn schon phantasielos, trocken und pedantisch, dafür pflichteifrig, zuverlässig und pünktlich war. Freilich fehlten ihm in kritischen Situationen immer wieder die nötige Entschlußkraft, die Härte und der Mut zu selbständigem Handeln.

Bei der Huldigung der Ritterschaft für Friedrich Wilhelm III. kam es zu einer seltsamen Szene, die den ersten Zusammenstoß mit der fremden Welt der französischen Revolution – repräsentiert durch einen abtrünnigen Priester – auf dem eigenen altständischen Boden symbolisierte, und über die Ranke im Anschluß an die Aufzeichnungen Ludwig v. d. Marwitz berichtet hat.

»Die Ritterschaft . . . war in dem weißen Saal versammelt, um die Huldigung zu leisten: die kurmärkische in der Mitte, die altmärkische zur Rechten, die neumärkische zur Linken, alle in ihrem ständischen Ornat, alle gepudert, in der Mitte der kurmärkische Domdechant von Brandenburg in seinem violetten Talar. In dieser Versammlung, in welcher nur die althergebrachten, gleichsam altväterlichen Vorstellungen herrschten, sah man plötzlich eine fremdartige Figur erscheinen, mit schwarzem ungepudertem Kopf und einer großen dreifarbigen Schärpe; es war der Gesandte der französischen Republik, Sieyès, von dem man in Berlin hauptsächlich das wußte, daß er für den Tod Ludwig XVI. gestimmt hatte: der Anblick des Regiciden (sc. Königsmörders) brachte in der zur Huldigung vereinten altständischen Versammlung eine widerwärtige Sensation hervor [3].«

Die Mission des Abbé Sieyès hatte immerhin den Erfolg, daß Preußen im zweiten Koalitionskrieg gegen Frankreich sich neutral verhielt und anläßlich der anstehenden Säkularisation und Verteilung der geistlichen Herrschaften bei dem Reichsdeputationshauptschluß auf dem letzten deutschen Reichstag zu Regensburg im Februar 1803 beträchtliche Territorialgewinne einstreichen konnte. Es erhielt die Bistümer Hildesheim, Paderborn, Münster (zum größeren Teil), das dem Bistum Mainz zugehörige Thüringen (Eichsfeld und Erfurt), die Reichsabteien Essen, Elten, Werden und die Reichsstädte Goslar, Nordhausen und Mühlhausen. Die Neuerwerbungen verstärkten aber nur den Eindruck, daß Preußen ein nur schwach verbundenes Nebeneinander ungleichartiger Provinzen und Territorialfetzen darstellte, ihr inneres Zusammenwachsen aber eine noch ungelöste Zukunftsaufgabe war. Immerhin gab es damals schon ehrgeizige Stimmen, die aus dieser Sachlage die Forderung ableiteten, man solle den preußischen König als Erbkaiser des nördlichen Deutschlands proklamieren.

Der von Hardenberg und Haugwitz gesteuerte friedliche Neutralitätskurs, angelehnt an Frankreich, mit dem Ziel, den preußischen Staat aus den europäischen Verwicklungen herauszuhalten, erwies sich für ein knappes Jahrzehnt als richtig und erfolgreich, bis sich 1805 ein neues Mächteringen abzuzeichnen begann. Allmählich wurde der französische Druck – der Brigadegeneral und Erste Konsul Napoleon Bonaparte hatte sich 1804 zum Kaiser der Franzosen ausrufen lassen – immer massiver, da sich die europäischen Machtverhältnisse zugunsten Frankreichs verschoben hatten. In Berlin wurde die amtliche frankophile Außenpolitik des Grafen Haugwitz von einer immer stärker werdenden Opposition mißbilligt, zu der auch die Königin Luise (geboren 1776), aus dem Hause Mecklenburg-Strelitz stammend, Prinz Louis Ferdinand und die Minister Stein und Hardenberg gehörten. Insbesondere die Königin wurde zum Mittelpunkt der unzufriedenen Patrioten. Ohne daß mit Frankreich gebrochen wurde, kam es daher im Spätherbst 1805 zu einer Annäherung an Rußland: Zar Alexander und das preußische Königspaar drückten sich am Sarge Friedrich des Großen in Potsdam feierlich die Hand und gelobten einander ewige Freundschaft, die sich in bewaffneter Neutralität ausdrücken sollte. Gleichwohl mußte sich Preußen trotz eines russischen Garantieversprechens für die Achtung der bestehenden Grenzen unter dem Eindruck der vernichtenden Niederlage Österreichs bei Austerlitz (2. Dezember 1805) entschließen, dem Druck Napoleons nachzugeben und in den Verträgen von Schönbrunn (Dezember 1805) und Paris (Februar 1806) Ansbach an Bayern und Kleve mit Wesel an Frankreich herausgeben. Zwar handelte Haugwitz dafür das Kurfürstentum Hannover ein – ein territorialer

Scheingewinn, der Preußen nur kompromittierte und in einen Konflikt mit England verwickelte. Der Vertrag war, wie später Bismarck mit Recht geurteilt hat, »eine ausgezeichnete Dummheit [4]«. Mit ihm war Preußens Einordnung in das Napoleonische System offenbar doch zu teuer erkauft.

Als nun eine Koalition scheinsouveräner Herrschaftsgebilde von Napoleons Gnaden als »Rheinbund« ins Leben gerufen wurde, antwortete der österreichische Kaiser Franz II. mit der Niederlegung der deutschen Kaiserwürde, womit das Ende des tausendjährigen Heiligen Römischen Reiches Deutscher Nation auch de jure verkündet war (August 1806). Das altersschwach gewordene Reich unterlag einem Ultimatum Napoleons, denn es war ein »Wort ohne Schall« geworden. Preußens Antwort war der Versuch zur Bildung eines Norddeutschen Bundes und die gleichzeitige Mobilmachung, um das Land in den Verteidigungszustand zu versetzen. Ohne Rücksichtnahme auf preußische Selbstachtung und Ehrbewußtsein versuchte Napoleon, das immerhin noch souveräne Preußen durch beabsichtigte Verletzung seines Staatsgebietes und Mißachtung seiner Neutralität in beleidigenden Formen als bloßen Trabanten zu behandeln – wie einen der Rheinbundstaaten. Dies alles gab den Ausschlag zu einer neuen Annäherung an Rußland und damit zu einer dem König selbst sehr bedenklichen Schwenkung der Außenpolitik, die in den letzten Jahren schon reichlich widersprüchlich und zerfahren gewesen war, da Ratgeber wie der Minister Haugwitz und der Kabinettsrat Lombard oder der Pariser Gesandte Lucchesini, ein in preußische Dienste getretener italienischer Marchese, in verschiedenen Richtungen rieten. Im Juli 1806 kam es zu Geheimabmachungen mit Rußland, die Napoleon nicht verborgen bleiben konnten, wonach Preußen sich verpflichtete, Frankreich keinen Beistand gegen Rußland zu leisten, während Rußland die Garantie für Preußens territoriale Integrität gegen Frankreich übernahm. Diese Absprache sollte sich jedoch nach beiden Richtungen hin im Ernstfall als unwirksam erweisen.

Die kriegerischen Ereignisse vom Herbst 1806 – unmittelbar ausgelöst durch ein ungeschicktes Taktieren der preußischen Diplomatie und durch unvorsichtiges Auftrumpfen (preußische Kriegserklärung!) – wurden im denkbar falschen Augenblick aus=

gelöst. Nur ein Teil des Heeres war mobilisiert, der Feldzug – rüstungsmäßig kaum vorbereitet – dauerte auch nur ganze fünf Tage und hatte ein erschütterndes Ergebnis. Der Auftakt war das Gefecht der Franzosen bei Saalfeld mit einem preußischen Beobachtungskorps am 10. Oktober, in dem Prinz Louis Ferdinand – als künftiger Feldherr die Hoffnung vieler Patrioten – fiel, was als Vorzeichen kommenden Unheils gedeutet wurde (Fontane: »Prinz Louis war gefallen und Preußen fiel – ihm nach«). In der Doppelschlacht von Jena und Auerstedt am 14. Oktober, dem »preußischen Cannae«, wurde das unter dem Oberbefehl des senilen Herzogs von Braunschweig – Neffe Friedrich des Großen – stehende Heer von Napoleon und Marschall Davoust vernichtend geschlagen; das operative Genie Napoleons siegte durch Trennung der Truppen des Gegners und Massierung von Soldaten am entscheidenden Punkt über die erstarrte preußische Strategie, die an der Linientaktik und festen Karrees festgehalten hatte. Die Heeresdisziplin der Preußen löste sich in Panikstimmung auf, der Rückzug wurde zu einer wilden Flucht, die Festungen kapitulierten kampflos bis auf wenige rühmliche Ausnahmen (Gneisenau, Schill und Nettelbeck in Kolberg, Courbière in Graudenz, Kalckreuth in Danzig, dazu Kosel und Glatz), und am 27. Oktober zog Napoleon als unumschränkter Sieger in der Hauptstadt Berlin ein. Der Berliner Stadtgouverneur Graf von der Schulenburg hatte einige Tage zuvor einen Aufruf erlassen: »Der König hat eine Bataille verloren. Jetzt ist Ruhe die erste Bürgerpflicht.« Berlin blieb ruhig, die damals von den Berlinern entwickelte Gewöhnung, hart im Nehmen zu sein, hielt bis heute an. Während sich also die Bevölkerung im allgemeinen gut benahm, konnte man das von den Spitzen der Gesellschaft nicht sagen, die teils die Flucht ergriffen, teils sich würdelos verhielten. Auch der Gouverneur verließ zwei Tage nach seinem Aufruf zusammen mit den abziehenden preußischen Bataillonen die Stadt und ließ viel Kriegsmaterial in die Hand der Feinde fallen. Die an Gehorsam gewohnte Beamtenschaft, darunter fünf in Berlin verbliebene Minister, leisteten dem französischen Kaiser freiwillig den Treueid. Zahlreiche Fälle bewiesen, daß sich die Tugend des Gehorsams in Lagen der Not und des Unglücks leicht in unwürdige Servilität verwandeln kann.

Am 30. Oktober wurde in Charlottenburg ein Präliminarfriede unterzeichnet, der die Abtretung aller Gebiete bis zur Elbe (außer Magdeburg und der Altmark), die militärische Räumung bis zur Weichsel und zunächst 100 Millionen Franken Kriegsentschädigung vorsah. Die königliche Familie mußte erst nach Königsberg, dann über die Kurische Nehrung in den äußersten Osten der Monarchie bis nach Memel fliehen, hielt aber in der Hoffnung auf die zugesagte russische Hilfe am Widerstand fest. Der von Napoleon geforderte Bruch mit Rußland wurde nach Entfernung von Lombard, Lucchesini und Haugwitz als den Trägern einer unglücklichen Außenpolitik von Friedrich Wilhelm III. würdevoll zurückgewiesen. Vielmehr konnte am 26. April 1807 im Hauptquartier des russischen Generals Bennigsen in Bartenstein südlich von Königsberg ein Vertrag zu gemeinsamer Fortsetzung des Kriegs abgeschlossen werden, in dem die Wiederherstellung Preußens in den Grenzen von 1805 (also ohne Hannover) vorgesehen wurde. Aber schon nach sechs Wochen wurde der Vertrag von Rußland gebrochen, da der Zar am 14. Juni einen Sonderfrieden mit Napoleon abschloß zum gemeinsamen Kampf gegen England. Damit war Preußen der Gnade des Korsen schutzlos ausgeliefert, an den die Königin Luise, da es diplomatische Verhandlungen nicht mehr gab, durch einen Bittgang appellierte, um durch den Zauber ihrer Persönlichkeit mildere Friedensbedingungen von Napoleon zu erreichen. Auch diese Selbstdemütigung war vergeblich. Friedrich August Ludwig v. d. Marwitz hat über sie geurteilt: »Sie hatte wahrhaft Ehre im Leibe und das Gefühl, daß sie die Königin von Preußen sei [5].«

Durch das Friedensdiktat von Tilsit am 9. Juli 1807 wurde Preußen seines westelbischen Besitzes beraubt, der zum großen Teil in das neue Königreich Westfalen unter Napoleons Bruder Jerôme einging, teils aber auch in das durch Dekret vom 15. März 1806 entstandene Großherzogtum Berg unter Joachim Murat, später unter Beugnot. So wurde auch die im Herbst 1806 von Napoleon geschlossene Universität Halle als westfälische Universität von König Jerôme Mai 1808 wieder eröffnet. Östlich der Elbe war man auf den Stand von 1772 zurückgeworfen, doch waren die vier wesentlichen Provinzen: Brandenburg, Pommern, Preußen und Schlesien verblieben. Südpreußen (mit Posen),

Neuostpreußen (mit Warschau), der Netzedistrikt und das Kulmer Land wurden zu einem Herzogtum Warschau zusammengefaßt, das zum Lohn für seinen Übergang zu Napoleon und zum Rheinbund König Friedrich August von Sachsen zugesprochen wurde.

Das Heer war auf die Hälfte des Standes von 1740 reduziert, das verbliebene Territorium blieb okkupiert, bis eine unerschwingliche Kriegsentschädigung aufgebracht worden sei, deren Höhe nicht einmal klar festgelegt war. 150 000 Mann französischer Besatzungstruppen mußten in den nächsten beiden Jahren vom Lande ernährt werden, das immer mehr ausblutete.

Somit schien der Staat Friedrich des Großen ausgelöscht und seine moralischen Grundlagen vernichtet zu sein. Seine faktische Fortexistenz war nur dem Interesse des Zaren zu verdanken, zwischen Rußland und dem französischen Machtgebiet einen ohnmächtigen Pufferstaat zu haben. Als selbständige europäische Macht zählte das nur noch nominell souveräne Preußen nicht mehr, die Fremdherrschaft war seine tatsächliche Rechtsgrundlage geworden. Preußen war vollständig in das politische und wirtschaftliche System des Siegers einbezogen, der mit der die Wirtschaft ruinierenden Kontinentalsperre – am 21. November 1806 von Berlin aus verkündet – jederlei Handelsverkehr mit der Seemacht England verbot, dem letzten großen Widersacher Napoleons. Sein anglophiler Außenminister Talleyrand aber zog sich – zumindest vorübergehend – von seinem Amt mit der Erklärung zurück, »er wolle nicht unter den Würgengeln Europas noch ihr Werkzeug sein [6]«.

Die preußischen Politiker der kommenden Jahre: Hardenberg, Freiherr vom Stein, Dohna, Kabinettsrat Beyme waren bei dieser Lage allesamt gezwungen, eine vorsichtige Erfüllungspolitik zu treiben, um mit ihr den Sieger auf vertragliche Bedingungen seiner Vorherrschaft festzulegen. Ein bescheidener Erfolg war der vom Bruder des Königs, dem Prinzen Wilhelm, unter schwierigen Umständen ausgehandelte Pariser Vertrag vom 8. September 1808, der das unklare Junctim von Räumung und Tribut unter erneuten schweren Zugeständnissen regelte. Während Preußen die Grenze seiner Zahlungsfähigkeit auf 30 Millionen Franken bezifferte, forderten die Franzosen $154\frac{1}{2}$ Millionen, zahlbar auch in Staatsdomänen. Immerhin wurden durch die schon geleisteten Zahlungen Ost- und Westpreußen bis zur Weichsel losgekauft, während das übrige Territorium besetzt blieb. Das stehende Heer wurde in dieser Konvention auf 42 000 Mann beschränkt. Schließlich wurden nach Interventionen des Zaren 120 Millionen Franken – zahlbar in 30 Monatsraten – festgesetzt, Frankreich sollte aber als Faustpfand für die Einhaltung der Zahlungsfristen die Oderfestungen (Stettin, Küstrin und Glogau) inklusive der 10 000 Mann Besatzung in der Hand behalten. Auch diese Summe war unzahlbar, obschon man zur Deckung der Staatsschulden bereits zum Verkauf von staatlichen Domänen und Forsten übergegangen war. Die Möglichkeit der Domänenveräußerung war durch ein von Hardenberg veranlaßtes Hausgesetz vom 17. Dezember 1808 geschaffen worden, das die entgegenstehenden Bestimmungen des Domänenedikts von 1713 aufhob. Die vorhandenen Werte wurden in einem Finanzplan Hardenbergs auf 122 Millionen veranschlagt, denen über 60 Millionen Inlandschulden außer der astronomisch wirkenden Kontribution an Frankreich gegenüberstanden. Auslandsanleihen waren nicht zu bekommen; totaler Zusammenbruch der Währung und der Staatsbankrott standen vor der Tür. Nur der Umstand rettete Preußen vor dem Äußersten, daß auch Napoleon einsah, geschlachtete Hühner legen überhaupt keine Eier mehr.

Der Freiherr vom Stein, der an Hardenbergs Stelle für ein Jahr (30. September 1807 bis 25. November 1808) Erster Minister Preußens geworden war, hatte sich schon im Sommer 1808 entschlossen, von der bisherigen Erfüllungspolitik zur getarnten Widerstandspolitik überzugehen und ein der Sachlage angepaßtes konspiratives Doppelspiel zu treiben. Königin Luise gab ihm bei seinem schwierigen zweiten Ministeramt besonderen Rückhalt. Als aber Stein durch einen Brief an den Fürsten Wittgenstein, der in Napoleons Hände fiel, kompromittiert wurde, zwang dieser den König zur Entlassung dieses ihm gefährlichen deutschen Staatsmannes, der ins Exil nach Böhmen ging und schließlich persönlicher Berater des Zaren von Rußland wurde. Ein Armeebefehl Napoleons vom 16. Dezember 1808 erklärte den »nommé Stein« zum Feind Frankreichs und des Rheinbundes; einen Rechtstitel für diese Ächtung gab es nicht.

Immerhin war wenige Tage vorher der Einmarsch preußischer Truppen in die von den Franzosen geräumte Hauptstadt erfolgt, da Napoleon die Gefügigkeit Friedrich Wilhelm III. belohnen wollte. Ein Jahr später, am 22. Dezember 1809, konnte auch der König selbst wieder zurückkehren und vom Berliner Oberbürgermeister Leopold von Gerlach, dem ersten, der nach der Steinschen Städteordnung gewählt worden war, am Bernauer Tor (Königstor) empfangen werden. Aber noch war Friedrich Wilhelm III. nichts anderes als ein Schattenkönig und Preußen ein ohnmächtiger Trabant im System der französischen »Universalmonarchie«, dem napoleonischen Protektoratsgebilde Europa.

NEUNTES KAPITEL
DIE REFORMZEIT

In den Jahren 1806–1813 ist der Staat Preußen nach seinen inneren Kraftreserven von keinem Menschen wirklich abzuschätzen gewesen. In diesen Jahren haben sich auf engem Raum bemerkenswert viel geistige Kräfte zusammengedrängt, mancherlei Zukünftiges wurde visiert und teilweise auch schon vorweggenommen. Der Weg von Jena und Auerstedt nach Leipzig und Belle-Alliance wäre ohne die Reformer des preußischen Staates nicht möglich gewesen. Das Zeitalter der Reformen begann mit einer geistigen Rechenschaftsablegung über die tieferen Ursachen, die zu der Katastrophe von 1806 geführt haben.

Die kritische Selbstprüfung entdeckte, daß die diplomatische Vorbereitung unter Haugwitz und Lombard schlecht gewesen war, weil sie mit ihrer verantwortungsscheuen Neutralitätspolitik Preußen in die Isolierung geführt hatte, da man entweder die Koalition von 1793 hätte wiederholen oder sich in klarer Front mit Napoleon gegen Österreich hätte stellen müssen. Die militärische Niederlage war durch die Rückständigkeit und Immobilität der immer noch friderizianischen Armee verursacht worden. Königin Luise schrieb darüber: »Wir sind eingeschlafen auf den Lorbeeren Friedrich des Großen, welcher, der Herr seines Jahrhunderts, eine neue Zeit schuf. Wir sind mit derselben nicht fortgeschritten, deshalb überflügelt sie uns [1].« Das Geheimnis von Napoleons Siegen lag offenbar in der neuen Staatsauffassung der Revolution, nicht nur in der Persönlichkeit eines großen Feldherren. Gegen die Kapitulanten von 1806, die kampflos die Festungen übergeben hatten, wurden aufgrund des Ortelsburger Publicandums vom 1. Dezember 1806 durch eine Immediat-Untersuchungskommission harte Urteile gefällt, darunter 7 Todesurteile (nicht vollstreckt) und für viele lebenslänglich

Festung, die erst nach 1814 durch Gnadenakte aufgehoben wurden. In diesem Akt der Selbstreinigung sind 208 Offiziere, darunter 17 Generäle, wegen Verrat, Feigheit oder Desertion aus der Armee ausgestoßen worden. Der Große Generalstab hat hundert Jahre später die Akten hierüber herausgegeben. Vor allen Dingen aber wurden sich alle Verantwortlichen darüber klar, daß die notwendigen Reformen der nach großen Leistungen starr gewordenen Staatsorganisation, die gleich nach dem Regierungsantritt Friedrich Wilhelm III. begonnen hatten, nicht weit genug gediehen waren. Nach 1786 hatte sich das Beamtentum zunehmend »aus einem der Idee des Staates ergebenen administrativen Stabe zur selbstbezogenen Bürokratie« verwandelt und ebenso das Heer aus einer militärischen Elite zu einer »durch Drill, Karriere und Tradition geformten privilegierten Kaste [2]«.

Immerhin hatten sich schon in Friedrich Wilhelm III. ersten Regierungsjahren Reformgedanken in verschiedenen Richtungen durchgesetzt. Es wurde erkannt, daß vor allem die bestehenden Maßstäbe zumal auf sozialem Gebiet nach Revision verlangten und die Erbuntertänigkeit mindestens für die seit dem Tage der Huldigung geborenen Kinder aufgehoben werden müsse. Der bürgerliche Kabinettsrat Beyme, der schon am Landrecht mitgearbeitet hatte, ist die treibende Kraft bei den vorbereitenden Entwürfen zur künftigen Bauernbefreiung gewesen. Zwischen 1799 und 1805 sind bereits 50 000 spannfähige Bauern der Staatsdomänen befreit worden, indem sie die Möglichkeit erhielten, persönliches Eigentum zu erlangen. Vor allen Dingen aber hatte sich der Aufstieg der Departementschefs im Generaldirektorium (nur noch sechs Departements statt acht) zu ressortmäßiger Selbständigkeit von Kabinettsministern vollzogen; die Kammern waren zu echten Verwaltungsbehörden der einzelnen Provinzen geworden. Weil aber noch die starke treibende Kraft fehlte, die später im Minister vom Stein gegeben war, konnte dies vor 1806 wieder dahin entarten, daß subalterne Kabinettsräte über die zu einer Art Ministerialdirektoren abgesunkenen Departementschefs hinweg die Berater des Königs und, ohne amtliche Verantwortung zu tragen, die tatsächlich Regierenden geworden waren.

Die Wegweiser zu durchgreifender Verwaltungsreform waren

also schon vor 1806 aufgestellt und ein Fundament erarbeitet, auf dem unter den gewandelten Verhältnissen einer vernichtenden Niederlage ganz neu aufgebaut werden konnte. Zwar fehlte in Preußen noch weitgehend ein selbstbewußtes, zu politischer Mitarbeit fähiges Bürgertum als Klasse oder Stand neben dem grundbesitzenden Adel, wohl aber gab es insbesondere in Ostpreußen unter dem Provinzialminister v. Schrötter – die Universität von Königsberg war ein Zentrum der Reformgesinnung – ein organisiertes Beamtentum als Träger der von der Aufklärung befruchteten neuhumanistischen Bildung. Noch hatte ihm politisches Selbstbewußtsein weithin gefehlt, aber nach 1806 sollte dieses Beamtentum zum Hauptträger der zeitgemäßen Reformideen werden.

Der alte Staat hatte schon früh und teilweise von weit her die meisten der nach 1806 maßgeblichen Persönlichkeiten der Reform an sich gezogen. Der Nassauische Reichsfreiherr H. F. Karl vom und zum Stein war Oberpräsident in Westfalen und seit 1804 Handelsminister und Chef der Seehandlung; der Hannoveraner Karl August von Hardenberg seit 1791 Provinzialminister für Franken, sein Mitarbeiter Karl von Altenstein aus Ansbach, seit 1799 im Generaldirektorium, wurde 1807 Finanzminister und 1817 Kultusminister, der niedersächsische Wachtmeisterssohn Gerhard Scharnhorst war seit 1801 in der Leitung der Berliner Kriegsakademie und seit 1804 stellvertretender Chef des Generalstabes, der Potsdamer Wilhelm von Humboldt war seit 1802 preußischer Resident in Rom und der Neumärker Karl Friedrich Beyme war vom Kammergericht 1798 ins Kabinett berufen worden. Ähnliches galt für den Berliner Prediger Schleiermacher, die Schulreformer Süvern und Nicolovius, den ostpreußischen Reformerkreis (Th. v. Schön, v. Schrötter, Staegemann, Frey) wie manche andere Mitarbeiter der Reform.

In den Jahren 1806–1813 ist das Preußen des 19. Jahrhunderts entstanden – aus der Verbindung des Neuhumanismus mit einer auf individuelle Verantwortung gestellten Staatsidee, die so viele Männer auch aus dem außerpreußischen Deutschland herangezogen hat. Friedrich Wilhelm III. hat nach Tilsit davon gesprochen, daß Preußen durch geistige Kräfte ersetzen müsse, was es an physischen verloren habe. Obwohl der König seiner nüchternen Natur nach in einem gewissen Gegensatz zu dem idealistischen Schwung der Reformer stand und ihren patriotischen Überschwang – zum Nutzen des Staates – immer wieder zu bremsen suchte, hat er unter dem Einfluß seiner der Reform zugeneigten Frau, der viel zu früh (19. Juli 1810) verstorbenen *Königin Luise,* und auf Rat des durch Napoleons Machtspruch entfernten Hardenberg den Reichsfreiherrn vom Stein am 10. Juli 1807 aufgefordert, an die Spitze des Staatsministeriums zu treten. Die 14 Monate der zweiten Steinschen Ministertätigkeit sollten der Beginn eines völligen Staatsumbaus werden. Es war der Rat von Hardenberg und Altenstein gewesen, daß nur ein Minister an der Spitze der ganzen Administration stehen sollte, eine Art Premierminister.

Vom Freiherrn vom Stein (1757–1831), in dem noch ein Stück alten ritterschaftlichen Reichsbewußtseins lebte, das sich mit den aus der französischen Revolutionsentwicklung gewonnenen Eindrücken und englischen Vorbildern verband, gingen starke moralische Energien und ein hohes nationalpolitisches Ethos aus. Weltbürgertum und Nationalstaat, altdeutsches Ständetum und demokratische Selbstverwaltung haben in seiner Person eine Synthese gefunden. Er hatte die Schwächen der preußischen Zentralverwaltung kennengelernt und aufgrund jahrelanger Erfahrungen kritisch beurteilt: »Unsere Minister sind beschränkt auf die Rolle erster Commis eines Bureaus, das die laufenden Geschäfte expediert. Ihre Stellung hat keine Achtung mehr, es gibt keinen Zusammenhang in den Geschäften [3].« Eine stärkere Zentralisierung der Staatsgewalt und die Einrichtung eines »Conseil« der wichtigsten Minister beim König schwebten ihm vor. Darüber hinaus war ihm zur Gewißheit geworden, daß ein Zeitenwandel eingetreten sei und bei aller traditionellen Orientierung die Meisterung der Zukunft doch von der Herstellung neuer Verbindungsformen zwischen Regierung und Volk abhängen würde, das durch Institutionen der Selbstverwaltung zunehmend politisch mündig werden müsse. Darum forderte er in seiner berühmten Nassauischen Denkschrift von 1807 »Belebung des Gemein-Geistes und Bürgersinns [4]«, damit durch Übung der selbstgestalterischen Kräfte der Nationalgeist durchdrungen und erneuert werden könne. In diesem Sinne schrieb er jetzt nach der Übernahme der Regierungsgeschäfte an Hardenberg am 8. Dezember 1807 aus Memel: »Ich halte es für wichtig, die Fesseln zu zerbrechen, durch welche die Bürokratie den Aufschwung der menschlichen Tätigkeit hemmt, jenen Geist der Habsucht, des schmutzigen Vorteils, jene Anhänglichkeit ans Mechanische zu zerstören, die diese Regierungsform beherrschen. Man muß die Nation daran gewöhnen, ihre eigenen Geschäfte zu verwalten und aus jenem Zustand der Kindheit herauszutreten, in dem eine immer unruhige, immer dienstfertige Regierung die Menschen halten will.... Der Übergang aus dem alten Zustand der Dinge in eine neue Ordnung darf nicht zu hastig sein, und man muß die Menschen nach und nach an selbständiges Handeln gewöhnen, ehe man sie zu großen Versammlungen beruft und ihnen große Interessen zur Diskussion anvertraut [5].«

Das große Reformwerk, das in der kurzen Ministerschaft Steins (September 1807 bis November 1808) begonnen wurde, stellt den Übergang vom Absolutismus zum Verfassungsstaat dar. Die sich in ihm ausdrückende neue Staatsgesinnung ist zu einer wirkenden Triebkraft der preußischen Geschichte des 19. Jahrhunderts geworden, auch wenn nur Weniges unverändert in seinem Sinne durchgeführt wurde und ihm mithin der wirkliche Erfolg versagt geblieben ist. In diesen 14 Monaten kamen nun in schneller Aufeinanderfolge eine Reihe einschneidender Verordnungen. So das mit der Aufhebung der Erbuntertänigkeit die Bauernbefreiung einleitende »Edikt, den erleichterten Besitz und den freien Gebrauch des Grundeigentums sowie die persönlichen Verhältnisse der Landbewohner betreffend [6]« vom 9. Oktober 1807, das die Sozialstruktur des flachen Landes entscheidend ändern sollte (vgl. Anhang). Bisher war der ostelbische Bauer als Lassit dem Gutsherrn dienst- und steuerpflichtig gewesen; der von ihm bewohnte Hof gehörte ihm nicht, sondern war ihm nur zur Nutzung überlassen als Entgelt für seine im übrigen unbezahlten Dienste. Nun sollte aber durch dieses Edikt – nach Entwürfen von Schön, Staegemann und Schrötter ausgearbeitet –, das die Privatbauern, das heißt das Gesinde und die Hintersassen der Gutsherren betraf, in den verbliebenen vier alten preußischen Provinzen eine grundlegende Reform der bäuerlichen Verhältnisse (Aufhebung der Erbuntertänigkeit, Freiheit vom Gesindedienst, Recht des Abzugs von der Scholle) bewirkt und gegen die Fronde des grundbesitzenden Adels ein freier Bauernstand geschaffen werden. Auch Bürgerlichen wurde der Erwerb von Adelsgütern freigegeben; die ständischen Schranken wurden mit der Freiheit des Güterverkehrs weitgehend durchbrochen und die alte ständische Dreiteilung (Adel – Bürger – Bauern) mit ihrer kastenartigen Abkapselung beseitigt. Stein nannte das Edikt in Aufzeichnungen für seinen Vortrag beim König am 8. Oktober »sehr wohltätig«, weil es dem Grundeigentümer »die freie Benützung seines Territorialeigentums erteilt und dem Landbauern die Befugnis, seine Kräfte frei zu gebrauchen«. Das Ziel war der Aufstieg eines künftigen Bauernstandes, indem die Reste des alten Feudalstaates aufgehoben wurden. Die Kehrseite war die, daß das gutsherrlich-bäuerliche Verhältnis auf eine Geldforderung reduziert war und die bisherige Fürsorgepflicht der Gutsherren für ihre Gutsuntertanen aufgehoben wurde; die Erbuntertänigkeit hatte auch ein patriarchalisches Band bedeutet, das oft sehr segensreich gewirkt hatte. F. A. L. v. d. Marwitz als Sprecher der frondierenden Adelsopposition, den Hardenberg vorübergehend auf Festung setzte, konnte daher später gegen den »landfremden« Reichsfreiherrn erklären: »Stein fing die Revolutionierung des Vaterlandes an, den Krieg der Besitzlosen gegen das Eigentum, der Industrie gegen den Ackerbau, des Beweglichen gegen das Stabile[7].« – Stein sind übrigens später (1822) selbst Bedenken gekommen, ob die Agrargesetze und in den Städten die Gewerbefreiheit nicht auch demoralisierend wirkten.

Der entscheidende Satz des Edikts mit Geltung für die ganze Monarchie bezog sich auf den 11. November 1810 (Martinitag), dem damals üblichen Endtermin für Dienst- und Pachtverträge in der Landwirtschaft: »Mit dem Martinitag eintausendachthundertzehn hört alle Gutsuntertänigkeit in unseren sämtlichen Staaten auf. Nach dem Martinitag 1810 gibt es nur noch freie Leute.« Es sollte also von dann ab in Preußen jede persönliche Dienstbarkeit aufhören und im Güterverkehr völlige Freiheit herrschen. Freilich blieb die wichtige Frage der Regulierung des Besitzrechtes und der dinglichen Verpflichtung der Bauern offen und noch ungeklärt. Hiervon hing aber die Entstehung eines wirklich freien Bauernstandes ab. Zwar hat Hardenberg im September 1811 Regulierungsedikte wegen der Ablösung der Frondienste erlassen, um den Bauern einen Teil der Scholle als freies Eigentum zu erhalten, aber infolge der Opposition des Landadels blieb dies auf dem Papier, und 1816 wurde diese kühne Reform teilweise wieder zurückgenommen (vgl. Kap. 10).

Weitere Reformgesetze Steins bezogen sich auf die Domänenveräußerung, einen Organisationsplan über die veränderte Verfassung der obersten Verfassungsbehörden mit der – von Altenstein empfohlenen – Bildung eines Staatsrates als exekutiver Spitze der Behördenorganisation (aber erst 1817 abgeändert als Konsultationsorgan eingeführt) und Disziplinarbestimmungen über die Beamtenschaft. Vor allem wurde im Zuge der Steinschen Reformen das alte Generaldirektorium durch das am Tage seiner Entlassung verordnete, aber nicht mehr publizierte Organisationsedikt vom 24. November 1808 (Neuregelung der Zentralbehörden) durch das kollegiale Staatsministerium mit fünf Ressortministern (Äußeres, Inneres, Krieg, Finanzen, Justiz) abgelöst[8]. Aus den Geheimen Räten des Großen Kurfürsten waren nunmehr Minister geworden, deren Ressorts klar voneinander abgegrenzt wurden. Dieses Staatsministerium modernen Stils war als eine selbständige und verantwortlich unter dem Staatsoberhaupt stehende Zentralbehörde konzipiert. Es gab also von jetzt ab echte Ministerverantwortlichkeit – zwar noch nicht vor einem Parlament, das es noch nicht gab, wohl aber vor dem Monarchen als der obersten Spitze des Staates. Die einzelnen Minister bekamen das Recht zum regelmäßigen Vortrag beim König und zur Kontrasignatur seiner Entschließungen eingeräumt. An die Stelle der bisherigen Kriegs- und Domänenkammern traten ab 1808 Provinzialregierungen, zuständig für die gesamte innere Verwaltung, einschließlich Schul- und Kirchensachen. Eine größere Versachlichung des Staatsaufbaus ergab sich aus alldem.

Durch die neue Städteordnung (vgl. Anhang), für die der Königsberger Polizeidirektor J. G. Frey einen Entwurf ausgearbeitet hatte, wurde – anknüpfend an die Überlieferung des älteren deutschen Städtewesens – als erster Grundsatz der politischen Freiheit allen städtischen Gemeinden Selbstverwaltung und Haushaltsautonomie gewährt und so dem Bürgertum seine politische Stellung zurückgegeben [9]. Die Städteordnung mit der Einführung der Selbstverwaltung als neuem Prinzip wurde am 19. November 1808 Gesetz und hat mit der Beseitigung der staatlichen Bevormundung und der Übertragung des Wahlrechts für den Magistrat an die von der Bürgerschaft zu wählenden Stadtverordneten den von Stein erstrebten Gemeinsinn belebt und die Bürgerschaft in überschaubaren Verhältnissen zur politischen Mitarbeit geführt. Steins Städteordnung wollte die verlorene mittelalterliche Stadtfreiheit auf der Grundlage einer modernen Gesellschaftsordnung erneuern. Die 18 »Großstädte« Preußens mit mehr als 20 000 Einwohnern umfaßten damals aber wenig mehr als 6 % der Gesamtbevölkerung; die Mittelstädte zwischen 6 000 und 20 000 Einwohnern etwa 7 %. Bis über die Mitte des Jahrhunderts hinaus ist Preußen ein reines Agrarland geblieben.

Die Neugestaltung der Provinzialverwaltung blieb ein Entwurf. Fünf Tage nach Verkündigung der Städteordnung mußte Stein unter Bewahrung des königlichen Vertrauens entlassen werden. Die Reformarbeit aber sollte verstärkt weitergehen. Ein von Stein beim Abgang vom Ministeramt hinterlassenes sogenanntes »Politisches Testament« – niedergeschrieben von Th. v. Schön – hatte noch die Einrichtung einer Nationalrepräsentation empfohlen – nicht um die Macht des Königs zu schwächen, sondern um sie zu verstärken –, ein Gedanke, der nicht mehr zur Ruhe kommen, Stein selbst aber später fraglich werden sollte. Dieses sogenannte Politische Testament wurde die Keimzelle des späteren liberalen Parteiprogramms.

Die stärker »westlich« und »liberal« orientierten Reformen des im Juni 1810 zum »Staatskanzler« ernannten Karl August von Hardenberg – das durch Kabinettsordre geschaffene Staatskanzleramt als ein allen ministeriellen Einwirkungen entzogenes machtvolles Exekutivorgan ging nach Hardenbergs Tod wieder ein – bestanden im wesentlichen in der Einführung der Gewerbefreiheit (1811), der bürgerlichen Gleichstellung der Juden (1812) und dem Gendarmerie-Edikt (1812), nach französischem Präfektensystem. Eingeleitet wurde aber Hardenbergs Reformgesetzgebung durch das wichtige Königliche Finanzedikt vom 27. Oktober 1810, das die ständische Verschiedenheit hinsichtlich der Besteuerung aufhob und für alle Bevölkerungsklassen die gleichen Steuergrundsätze einführte [10]. Nur teilweise gelang die Abschaffung der Grundsteuerbefreiung, wohl aber die des Zunftzwanges sowie die Einführung von Verbrauchs-, Stempel- und Luxussteuern. Der Zustand des Staates und der Finanzen sollte so verbessert werden; die Regierung appellierte mit Erfolg an den patriotischen Opfersinn der Bürger. Durch das Edikt vom 2. November 1810 wurden die Vorrechte der Zünfte beseitigt und die Gewerbefreiheit proklamiert, nach der jedermann fast jedes Gewerbe ergreifen konnte; Hardenberg war der Auffassung, daß man dem freien Spiel der Kräfte als großem Regulator durchaus vertrauen könne. Friedrich des Großen merkantilistischer Wirtschaftspolitik war durch die Liberalisierung ein Ende bereitet. Ferner wurde für Stadt und Land gleichmäßig geltend eine allgemeine Gewerbesteuer eingeführt, die ein Teil der von Hardenberg geplanten und zum Teil verwirklichten großen Finanz- und Steuerreform sein sollte, indem sie an die Stelle der bisherigen Abgabenvielheit einige wenige Hauptsteuern setzte – darunter die erste allgemeine staatliche Einkommensteuer. Auf vielen Seiten stieß dies auf heftige Opposition – zumal bei den von Marwitz vertretenen Ständen, die ihre Rechte und Interessen bedroht sahen. Das Finanzedikt enthielt übrigens am Schluß auch die erste königliche Zusage einer Konstitution für den preußischen Staat. (»Wir behalten Uns vor, der Nation eine zweckmäßig eingerichtete Repräsentation sowohl in den Provinzen als für das Ganze zu geben, deren Rat Wir gern benutzen werden.«) Tatsächlich eröffnete Hardenberg auch am 23. Februar 1811 eine von der Regierung aus Notabeln aller Provinzen ernannte Landesdeputiertenversammlung zur Beratung der Regulierung von Provinzial- und Kommunalschulden. Diese interimistische Nationalrepräsentation hat dann nochmal 1812/13 und 1814/15 in Berlin getagt und war somit Vorläuferin einer wirklichen Volksvertretung, die von einer künftig zu erlassenden Verfassung – vergeblich – erwartet wurde (vgl. Kap. 12).

Der stärker von Ideen der Aufklärung, des administrativen Bonapartismus und des Wirtschaftsliberalismus herkommende Hardenberg, der oft zugunsten Steins unterschätzt worden ist, wurzelte geistig wie seinem ganzen Lebensstil nach noch im 18. Jahrhundert beziehungsweise im Ançien Regime. Er war aber wie Stein ein Verfechter des konstitutionellen Repräsentationssystems, nur dachte er mehr bürokratisch-autoritär und strebte mit dem von ihm eingeführten Kanzlersystem eine starke zentralistische Staatsführung an, während Stein für eine Dezentralisierung der Staatsverwaltung eintrat und alte ständisch-korporative Formen durch Einrichtung demokratischer Selbstverwaltungen weiterentwickeln wollte. Als Staatsmann war Hardenberg, der mit 60 Jahren erst Staatskanzler wurde und stets mehr fiskalisch als weltanschaulich orientiert war, der größere Praktiker, er war vor allem beweglicher als Stein; seine große Konzessionsbereitschaft wurde oft mit Opportunismus identifiziert. Trotz solcher Wesens- und Anschauungsunterschiede war ihnen aber doch das Ethos der neuen Staatsgesinnung gemeinsam.

Hardenberg hat diesem Ethos in der Thronrede vom Februar 1811 so Ausdruck gegeben: »Das neue System – das einzige, wodurch Wohlstand gegründet werden kann – beruht darauf:

daß jeder Einwohner des Staates persönlich frei, seine Kräfte auch frei entwickeln und benutzen könne, ohne durch die Willkür eines anderen behindert zu werden;

daß niemand einseitig eine Last trage, die nicht gemeinsam und mit gleichen Kräften getragen werde;

daß die Gleichheit vor dem Gesetze einem jeden Staatsuntertanen gesichert sei, und daß Gerechtigkeit streng und pünktlich gehandhabt werde;

daß das Verdienst, in welchem Stande es sich finde, ungehindert emporstreben könne;

daß in die Verwaltung Einheit, Ordnung und Kraft gelegt werde;

daß endlich durch Erziehung, durch echte Religiosität und durch eine zweckmäßige Einrichtung *ein* Nationalgeist, *ein* Interesse und *ein* Sinn gebildet werde, auf dem unser Wohlstand und unsere Sicherheit fest gegründet werden können.

Allgemeine Gewerbefreiheit ist eine Hauptbedingung des Wohlstandes. Sie kann nur stattfinden, wo die Abgaben zwischen Stadt und Land völlig gleichgestellt sind [11].«

Die staatsbürgerliche Emanzipation und rechtliche Gleichstellung der Juden ist literarisch schon 30 Jahre früher durch eine Schrift von C. W. v. Dohm (Über die bürgerliche Verfassung der

Juden, 1781), der unter dem Einfluß Moses Mendelssohns stand, vorbereitet worden. Jetzt wurde die Emanzipation – nach französischem Vorbild – durch ein Edikt vom 11. März 1812 nach dem Entwurf Friedrich von Raumers proklamiert, in dem erklärt wurde, daß der Begriff »jüdische Nation« aufhöre. »Die Juden bilden nirgends mehr eine besondere Gemeinde, ausgenommen eine kirchliche«, hieß es in einer Ministerialverfügung vom 11. Juli 1812 [12]. Und Hardenberg, der ähnlich wie Wilhelm v. Humboldt viele Juden als Freunde hatte oder sonst begünstigte, erklärte: »Ich stimme für kein Gesetz der Juden, das mehr als die vier Worte enthält: gleiche Pflichten, gleiche Rechte.« Im Jahre 1812 gab es im Königreich Preußen knapp 70 000 Juden, die das Staatsbürgerrecht erhielten; auf das 1815 in den Staatsverband zurückkehrende Posen, wo zwei Fünftel aller Juden lebten, wurde die Emanzipation zunächst noch nicht ausgedehnt. Sie erhielten nur die Rechtsstellung »geschützter Untertanen«. Überhaupt gab es Widerstand in der Bevölkerung und einen verbreiteten »Salonantisemitismus« noch das ganze 19. Jahrhundert hindurch. Der Weg in die Lehr-, Kommunal- und Staatsämter hat sich den Juden nur sehr langsam geöffnet.

In den Befreiungskriegen zählte man 1813/14 mehr als 400 jüdische Kriegsfreiwillige; 72 Juden erhielten das Eiserne Kreuz für Kombattanten, 15 bekamen andere Auszeichnungen. Durch das Edikt von 1812 sind zahlreiche alteingesessene Judenfamilien zu Trägern des preußischen Staatsgedankens geworden. Ihre Nachkommen sollten im 19. und 20. Jahrhundert eine Rolle spielen wie die Familie des Malers Max Liebermann oder des Ministers Heinrich von Friedberg aus Märkisch-Friedland, das schon im 17. Jahrhundert eine starke jüdische Gemeinde hatte, ebenso die Rathenaus, seit 1733 ansässig in Prenzlau, die 1825 das Berliner Bürgerrecht erwarben, die Mendelssohns aus Dessau, Friedländers aus Königsberg oder die Nachkommen von Jakob Moses (1724–1802), des Oberlandesältesten sämtlicher Judenschaften in den preußischen Staaten, darunter der spätere Gouverneur von Straßburg, General Walter von Moßner oder Nachkommen des Berliner Bankiers Hirsch Nathan Bendix (1740 bis 1798), darunter der Admiral Felix von Bendemann und so noch viele andere.

Für die kommenden Ereignisse am wichtigsten aber wurde die Heeresreorganisation der Reformer. Sie konnte nur aufgrund der Vorarbeiten von Scharnhorst, Boyen und Gneisenau ins Werk gesetzt werden, deren Heeresreform die Abschaffung von Werbung und Körperstrafen, die Aufhebung der alten Befreiungen vom Waffendienst sowie die in den Volksheeren der französischen Revolution 1793 von Carnot erprobte Einführung der allgemeinen Wehrpflicht an Stelle des alten friderizianischen Söldnerheeres vorsah, um von den »unsicheren Kantonisten« loszukommen. Das alte Kantonsystem von 1733 hatte zu viele Ausnahmen vom Militärdienst gekannt, mit denen das Boyensche Dienstpflichtgesetz vom 4. September 1814 definitiv aufräumte[13]. Von jetzt ab hatte jeder waffenfähige Mann von seinem 20. Lebensjahre an drei Jahre bei der Fahne und zwei in der Reserve Dienst zu tun. Alle Wehrfähigen vom 17. bis zum 40. Lebensjahr, welche noch keinem Truppenkörper angehörten, bildeten die Landwehr, die als Uniform einen Rock aus blauem oder schwarzem Tuch trug, weite Leinenhosen und eine Tuchmütze, daran ein Kreuz aus weißem Blech mit der Inschrift: »Mit Gott für König und Vaterland«. Im Kriegsfall sollte aus allen 15–60jährigen, die weder zum stehenden Heer noch zur Landwehr gehörten, zum Zwecke der Heimatverteidigung ein Landsturm gebildet werden. Die ausländische Werbung fiel jetzt ganz fort.

Diese ganze Entwicklung war vorbereitet worden durch den eigentlich noch vom vorrevolutionären Geist des 18. Jahrhunderts herkommenden Gerhard Scharnhorst (1755–1813), der die schwierigsten politischen und militärischen Situationen einer sehr wirren und fast aussichtslos erscheinenden Besatzungszeit zu meistern verstanden hat.

Als Hannoverscher Offizier in den Interventionskriegen hatte Scharnhorst das französische Revolutionsheer kennen und schätzen gelernt, weil es den Verbündeten nicht nur durch moderne Strategie und Taktik, sondern auch durch den Geist des Enthusiasmus und der Nationalbegeisterung überlegen war. 1801 war er in preußische Dienste getreten und drei Jahre später in den Adelsstand erhoben worden. 1806 hatte er als Generalstabschef des Herzogs von Braunschweig an dem unglücklichen Feldzug teilgenommen, in dem der Staat Friedrich des Großen in wenigen

Tagen unterging. Die Stunde Null wurde aber zur Sternstunde Scharnhorsts, der zuerst mit der Leitung der schon im Juli 1807 einberufenen Militärreorganisationskommission betraut, Generaladjutant des Königs und schließlich 1809 leitende Persönlichkeit im neu errichteten Kriegsministerium wurde. Er legte die Fundamente zu der Heeresreorganisation, die im März 1813 zur Proklamation der allgemeinen Wehrpflicht führte, aber noch im Planungsstadium auf viel Widerstand gestoßen ist. Selbst Männer aus der Umgebung Steins wie Niebuhr, Sack und Vincke widersetzten sich ihr lange; letzterer hatte sie gar als das »Grab aller Kultur« bezeichnet.

In den Jahren zuvor, als die Einführung noch nicht möglich war – Napoleon hatte ja die Heeresbeschränkung auf 42 000 Mann erzwungen –, hatte Scharnhorst das sogenannte Krümpersystem geschaffen, das heißt einen ständigen Wechsel zu kurzfristiger Ausbildung eingezogener Rekruten, um immer weiteren Kreisen – etwa 36 000 Reservisten wurden so ausgebildet – mit der Heranziehung zum Waffendienst das Gefühl selbständiger nationaler Verpflichtung einzuflößen. Die Heeresreform, die von den 143 Generälen von 1806 nur zwei für 1813 übrig ließ (Blücher und Tauentzien), schuf nun wirklich ein »Volk in Waffen«, beseitigte die Bevorzugung des Adels und legte die Rechte und Pflichten des einfachen Mannes genau fest. Scharnhorsts überzeitliche Bedeutung liegt darin, die »Ehre des Soldaten« gesichert zu haben, der mit der allgemeinen Wehrpflicht etwas anderes wurde, als der alte Söldner der friderizianischen Armee.

Wie sich der Geist der Reform damals konkret für die Umerziehung des Offizierskorps ausgewirkt hat, möge die »Verordnung wegen der Militärstrafen« vom 3. August 1808 verdeutlichen, die unter anderem das berüchtigte Spießrutenlaufen abschaffte und so die »Freiheit der Rücken« sicherte, wie Gneisenau sagte. In ihr heißt es: »Die Erfahrung lehrt, daß Rekruten ohne Schläge im Exerzieren unterrichtet werden können. Einem Offizier, dem dies unausführbar scheinen möchte, mangelt entweder die nötige Darstellungsgabe oder der klare Begriff vom Exerzierunterricht. ... Die höheren Befehlshaber und die der Kompanien und Eskadrons sind dafür verantwortlich, daß ihre Untergebenen weder den Soldaten auf eine rohe Art behandeln, noch sich fernerhin die hie und da üblichen Beschimpfungen desselben erlauben [14].« Die Menschenwürde des – wie man später sagte – »Bürgers in Uniform« sollte sichergestellt werden.

Über das von Scharnhorst durchgesetzte Avancement der Bürgerlichen zu Offiziersstellen gab im Juli 1808 der damalige Oberstleutnant Neidhart von Gneisenau (1760–1831), der leidenschaftlichste Hasser Napoleons und neben dem Major von Grolman der revolutionärste der Reformer, eine Art Kommentar, in dem das Wesen der neuen Zeit vollends deutlich wird: »Die Geburt gibt kein Monopol für Verdienste; räumt man dieser zu viele Rechte ein, so schlafen im Schoße einer Nation eine Menge Kräfte unentwickelt und unbenutzt, und der aufstrebende Flügel des Genies wird durch drückende Verhältnisse gelähmt.... Man schließe ebenfalls dem Bürgerlichen die Triumphpforte auf, durch die das Vorurteil nur die Adligen einziehen lassen will. Die neue Zeit braucht mehr als alte Titel und Pergamente, sie braucht frische Tat und Kraft. Dies hat der Monarch erwogen, indem er... ein Verfahren aufhob, dem nur das Herkommen und der Nepotismus, keineswegs aber irgendein Gesetz das Wort redete [15].«

Folgerichtig hieß es daher im »Reglement über die Besetzung der Stellen der Portepéefähnriche und über die Wahl zum Offizier bei der Infanterie, Kavallerie und Artillerie« vom 6. August 1808: »Ein Anspruch auf Offiziersstellen sollen von nun an in Friedenszeiten die Kenntnisse und Bildung gewähren, in Kriegszeiten ausgezeichnete Tapferkeit und Überblick. Daher können alle Individuen aus der ganzen Nation, die diese Eigenschaften besitzen, auf die höchsten Ehrenstellen im Militär Anspruch machen. Aller bisher stattgehabte Vorzug des Standes hört beim Militär ganz auf, jeder hat gleiche Pflichten und gleiche Rechte [16].« So konnten trotz des Widerspruchs solcher Altkonservativer wie General Yorck oder Marwitz, die die Idee des Adels bedroht sahen und von »moderner Gleichmacherei« sprachen, auch bürgerliche Fähnriche gemäß der neuen Ordnung nach den vorgeschriebenen Prüfungen von den Hauptleuten und Stabsoffizieren zum Offizier gewählt und dem König präsentiert werden. Später nahm die Wahl nach dem militärischen Leistungsprinzip die Form der Beurteilung an, die die Würdigkeit des Portepéefähnrichs bestätigen sollte, in das Offizierskorps seines Regiments aufgenommen zu werden. Gleichwohl behielt die preußische Armee trotz Zulassung von gebildeten Bürgerlichen ihren aristokratisch-elitären Charakter und dies infolge ungeschriebener Ausleseprinzipien, die das Offizierskorps zu einem abgesonderten Stand in der Gesellschaft mit eigener Standesehre und Ehrengerichten werden ließ.

Scharnhorst, dem gegenüber sich selbst Gneisenau als »Pygmäe [17]« bezeichnete, war seiner Zeit auch noch mit einer anderen Erkenntnis weit voraus, nämlich, daß militärische Probleme ohne Lösung der politischen nicht zu meistern sind, daß der Offizier daher auch eine staatspolitische Aufgabe hat. Deshalb wurde von ihm 1810 die Allgemeine Kriegsschule in Berlin eingerichtet, später Kriegsakademie genannt. Damit hatte er die Voraussetzungen für eine neue Wehrverfassung geschaffen und das Gesicht des in den Befreiungskriegen geborenen Großen Generalstabs entscheidend geprägt. Seine Schüler Boyen und Grolman haben dieses Werk dann weitergeführt, nachdem er selbst als Blüchers Generalstabschef am 2. Mai 1813 bei Groß-Görschen schwer verwundet worden war. Statt die Wunden auszuheilen und sich zu schonen, war er nach Prag gefahren, um dort über Österreichs aktive Teilnahme an der Koalition gegen Napoleon zu verhandeln. Er ist in Prag am 28. Juni an Wundinfektion gestorben.

Ein moderner Historiker, Rudolf Stadelmann, hat über ihn geurteilt, daß das Eigentümliche an diesem Mann seine große innere Freiheit gewesen sei, die ihn zwischen und über den geschichtlichen Mächten von Preußentum und dem Aufstand der französischen Nation habe seinen Standpunkt einnehmen lassen. Dadurch sei er zu jener inneren Vorurteilsfreiheit fähig geworden, die ihn auch Gegensätze miteinander verbinden ließ [18]. – Ähnliches hat auch für Karl v. Clausewitz (1780–1831) zu gelten, der das mechanische Denken auf dem Gebiet der Kriegsführung überwand, selbst aber keine Truppen führen sollte, sondern als späterer Chef der Kriegsschule eher ein Mann der Theorie war. Sein Buch »Vom Kriege«, erwachsen aus den Erfahrungen mit Napoleon und den Napoleonischen Kriegen, hat seinen Ruhm bei allen Armeen der Welt dauerhaft begründet.

Alle diese ohne den Anstoß der französischen Revolution nicht möglich gewesenen Reformen hätten auf die Dauer nicht wirken können, wenn nicht gleichzeitig der Wandel des Zeitgeistes seinen Niederschlag auch in Reformen auf dem Gebiet der Volkserziehung und Bildung gefunden hätte. Die Wendung vom ästhetisch gefärbten Weltbürgertum zum politisch bewußten Nationalwillen hatte sich zumal in den hauptstädtischen Kreisen vollzogen. Fichtes »Reden an die deutsche Nation«, gehalten im Winter 1807/08 im Saal der Berliner Akademie in dem von den Franzosen besetzten Berlin, die den Widerstand gegen die Fremdherrschaft untermauern wollten, Ernst Moritz Arndts »Geist der Zeit« und Schleiermachers patriotische Predigten in der Dreifaltigkeitskirche spielten hierfür eine gewisse Rolle. Institutionell wichtig wurden eine Reihe von Neuberufungen, vor allem die Wilhelm von Humboldts Anfang 1809 an die Spitze des Kulturressorts im Innenministerium. Dieser »Minister des Geistes«, wie Stein nicht viel länger als ein Jahr im Amt, hat eine vom Denken des deutschen Idealismus geprägte, neue, den ganzen Menschen umfassende, universale Idee von Bildung und Wissenschaften – auch eine ganz neue Idee der Universität – in den preußischen Staat zu tragen versucht. Mit der Einheit von Forschung und Lehre nebst Freiheit derselben sollte die Universität nichts anderem als der Idee der Wahrheit dienstbar sein. »Zweckfreie Bildung« sollte das Lebensgesetz der Universitäten werden. Von den im Zeichen des Neuhumanismus stehenden Universitätsneugründung: 1810 Berlin – Fichte war ihr erster selbstgewählter Rektor –, 1812, nach Verlegung von Frankfurt/Oder Breslau und 1818 für das Rheinland an Stelle von Duisburg Bonn – alle drei Friedrich Wilhelm Universität genannt –, über die humanistischen Gymnasien bis zur Reform der Volksschulen und der Lehrerbildung im Geiste Pestalozzis erstreckte sich die reformerische Tätigkeit. Ihr Ziel war es, Hilfestellung zur Selbstentfaltung des Geistes von seiten des Staates zu geben und Preußen zu einem geistigen Kräftezentrum werden zu lassen. Ideen Schleiermachers haben das Werk befruchtet, Mitarbeiter, die Humboldts Werk nach dessen Abgang weiterführten, wie Nicolovius, Süvern und Natorp auf dem Gebiet der Volksschulen und der neuen Lehrerseminare, haben zum Gelingen beigetragen.

Humboldt aber, der mit Hardenberg nicht zusammenarbeiten konnte, wurde als Gesandter in Wien wieder im diplomatischen Dienst verwendet.

Allgemeine Bildung aus der Freiheit und Universalität des Geistes, ein auf die Entwicklung der Selbständigkeit gegründetes Erziehungssystem, Nationalerziehung durch humanistische Ziele sollten nach Humboldts großem Plan in jeder Gattung von Schulen verwirklicht werden. »Daß der preußische Beamten- und Militärstaat in seiner tiefsten Erniedrigung diesen reinen Zweck begreifen konnte, ist ein Zeichen der ganzen Spannungsweite jener Stunde der deutschen Geschichte [19].« Es gibt in der Geschichte wenig Zeiträume von gleicher geistiger Fruchtbarkeit, in der so viele bedeutende Individuen nebeneinander gewirkt und sich gemeinsam in den Dienst einer Sache gestellt haben: in den Dienst des für den Widerstand gegen Napoleon zu reformierenden preußischen Staats. Dadurch wurde der Geist der preußischen Erhebungszeit geprägt. Aber wie immer in geistigen Bewegungen war vieles vorausgegangen, ohne daß ein direktes Ursache-Wirkung-Gesetz bestehen müßte. Ohne Kant, Goethe und Schiller wären – so will es scheinen – Stein, Scharnhorst, Gneisenau und die anderen nicht vorstellbar. Andererseits darf man aber nicht die oft sehr verschiedenartig gelagerten und motivierten Reformmaßnahmen auf einen einheitlichen Nenner wie etwa Liberalisierung bringen wollen. Immerhin hat ihre Summe die Umgestaltung der Gesellschaftsordnung in einem mehr freiheitlichen Sinne befördert.

In einer Gedächtnisrede auf Friedrich Wilhelm III., die fast ein halbes Jahrhundert später der Staatsrechtslehrer F. J. Stahl als Rektor der Universität Berlin gehalten hat (1853), wurden die trotz manchen Widerstrebens schließlich doch vom König erlassenen Reformen folgendermaßen gewürdigt: »Er verlieh dem Bauernstande persönliche Unabhängigkeit und feste Besitzverhältnisse und dem ganzen bürgerlichen Stande gleiche Rechtsfähigkeit mit dem Adel, in Summa, er gründete das Staatsbürgertum in Preußen. Das ist der Kern dieser Reformen. Hierin erfüllte er das wirkliche Gebot seines Zeitalters: ... die Freiheit im Gehorsam [20].«

ZEHNTES KAPITEL
DIE BEFREIUNGSKRIEGE

Napoleon Bonaparte hatte im Oktober 1808 auf dem Kongreß zu Erfurt den Höhepunkt seines Ruhmes erreicht; ein glänzender Hof deutscher Fürsten war um ihn versammelt – auch Fürsten des Geistes wie Goethe und Wieland machten ihm ihre Aufwartung und erhielten das Kreuz der Ehrenlegion. Das Erfurter Parkett von Königen, Großherzögen, Fürsten und Marschällen – sie alle nur von seinen Gnaden lebend – war der äußerlich glanzvollste Höhepunkt der Machtstellung Napoleons. Mit Zar Alexander konnte der Frieden von Tilsit besiegelt und ein Versuch der Abgrenzung von Interessensphären unternommen werden. Der größere Teil Deutschlands war dem Grand Empire durch die Staaten des Rheinbundes eingegliedert worden; mancherlei Reformen der Verwaltung, der Finanzen und der Justiz (Code Napoléon) sind damals auch westlich der Elbe und in Süddeutschland eingeführt worden. Napoleon kommt das ungewollte Verdienst zu, mit der Rheinbundgründung den alten Reichsfeudalismus entrümpelt und Grundsätze moderner Staatsverfassung in Deutschland eingebürgert zu haben. Aber auf das Ganze gesehen stellte sich das französische Großraumgebilde Europa als eine Militärdiktatur in demokratischen Formen dar. Der Rheinbund war de facto eine »große französische Präfektur«; das Wort ist von dem bayrischen Staatsmann Montgelas geprägt worden. Napoleon, ideenreich als Staatsmann, groß als Feldherr, aber ohne innere Bindung und daher letztlich maßlos und zerstörend, hatte alle Möglichkeiten der Revolution in den Dienst seiner ehrgeizigen persönlichen Ziele gestellt. Die Familie Bonaparte – Brüder und Schwäger – saßen auf verschiedenen Thronen; Marie Louise, die Tochter des österreichischen Kaiser Franz, sollte im Frühjahr gegen ihren Willen seine Gemahlin werden, weil der große Sohn der Revolution durch diese Verbindung mit dem ältesten und angesehensten Fürstenhaus Europas einen Schein der Legitimität zu erhaschen hoffte. Von den Großen Fünf – dem System der Großen Mächte (Pentarchie) aus der zweiten Hälfte des 18. Jahrhunderts – waren als selbständig nur noch das durch die Kontinentalsperre – eine schon damals praktizierte Form des Wirtschaftskrieges – vom Kontinent abgeschnittene, aber dafür die Meere beherrschende England und das halb asiatische Rußland übriggeblieben.

Gleich nach Erfurt brach Napoleon mit einem großen Heer in das längst von Frankreich abhängig gewordene Spanien auf, um ausgebrochene Unruhen niederzuschlagen und seinen Bruder Joseph als König von Spanien im Triumph nach Madrid zu führen, während sein Schwager Joachim Murat in Neapel zum König gekrönt wurde. Portugal war nach Vertreibung der Dynastie Braganza schon 1807 durch Napoleon besetzt worden, um ein letztes Loch in der Küstenabsperrung gegen den englischen Handel zuzustopfen. Spanien war Durchmarschgebiet geworden, besondere Rücksichtslosigkeiten Napoleons hatten den spanischen Nationalstolz verletzt, und ein langwieriger Guerillakrieg war aufgeflackert. Während nun Napoleon in Spanien durch Kämpfe gehemmt zu sein schien, brach 1809 unter dem Reformer Graf Philipp Stadion – eine österreichische Parallelgestalt zu Stein –, der vergeblich auf eine allgemeine Erhebung Deutschlands hoffte und auf Unterstützung von Rußland, ein Aufstand Österreichs, angefacht durch die Erhebung von Tiroler Bauern, aus. Ihr Anführer, der Gastwirt Andreas Hofer, fiel durch Verrat in die Hände der Franzosen und wurde 1810 in Mantua erschossen. Zum erstenmal wurde der eiligst aus Spanien zurückgekehrte Napoleon in offener Feldschlacht bei Aspern nördlich von Wien vom Erzherzog Karl besiegt, aber die Revanche 6 Wochen später bei Wagram zwang Kaiser Franz zum vernichtenden Friedensschluß von Schönbrunn, bei dem große Gebiete (Salzburg, das Innviertel, Triest, die illyrischen Provinzen – Kroatien bis zur Save – und Galizien) abgetreten werden mußten. Die tapferen Tiroler aber wurden wieder an die Bayern ausgeliefert. Auch der österreichische Botschafter in Paris, Graf Clemens Metternich, der alsbald die Geschäfte an der Donau lenken und der eigentliche geistige Gegenspieler des großen Korsen werden sollte, hatte zum Nachgeben geraten; die Kaisertochter Marie Louise hatte den Frieden nicht mildern können. Selbst die Reichsstände in Schweden sahen sich genötigt, einen französischen Marschall, den der Familie Bonaparte verwandten Jean Baptiste Bernadotte, als Kronprinzen zu wählen. Das Haus Bernadotte hat sich als einziges Relikt der Napoleonzeit bis heute auf dem schwedischen Thron halten können, nachdem Napoleons einstiger Marschall als Karl XIV. Johann zum König gekrönt worden war. Selbst der Kirchenstaat wurde im Mai 1809 mit Frankreich vereinigt, Papst Pius VII. ins Exil geführt, und, als Napoleon 1811 ein Sohn geboren wurde, verlieh man diesem den Titel eines Königs von Rom; er ist jung als Herzog von Reichstadt 1832 gestorben.

Am letzten Tag des Jahres 1810 kündigte der Zar das Kontinentalsystem auf, das Napoleon gerade durch die Verbrennung aller englischen Waren zu verschärfen befohlen hatte; ein russisch-französischer Krieg kündigte sich an, dessen diplomatisch-militärische Vorbereitung sich aber bis in den Sommer 1812 hinzog. Schweden sollte in einem geheimen Bündnisvertrag von Petersburg (5. April 1812), in dem es Norwegen zugesichert bekam, auf Rußlands Seite aufschließen, da Marschall Bernadotte in Napoleon seinen Rivalen sah, während dieser sich auf die von ihm abhängigen Staaten in Deutschland und Italien weit mehr verlassen konnte. Es ist dem Kaiser freilich nicht verborgen geblieben, daß sich auch in den Rheinbundstaaten längst ein deutsches Nationalbewußtsein von unten her zu entwickeln begonnen hatte. Auch der Gefolgschaft Österreichs und Preußens, die ja nicht mehr frei optieren konnten, sondern de facto optiert worden waren, glaubte Napoleon sicher zu sein. Zwar wollten in Preußen die Patrioten wie Scharnhorst, Gneisenau, Boyen wiederholt den Freiheitskampf proklamieren, so 1808 beim spanischen Aufstand, der in Guerillakämpfen bis 1813 weiterschwelte bis zur Erledigung der Fremdherrschaft Joseph Bonapartes, und 1809 bei der Erhebung Österreichs, wo neben anderen Freikorpsführern (Oberst von Doernberg, der Herzog von Braunschweig-Oels mit seiner Schwarzen Schar) Major von Schill den Volksaufstand versuchte und zu Stralsund in einem Straßenkampf fiel, während seine Offiziere in Wesel als Gefangene standrechtlich erschossen wurden.

Auch 1811, als die Verwicklungen Frankreich–Rußland sichtbar wurden, schlugen die Wogen der Erwartung hoch, aber der König und Hardenberg, der durch Kabinettsordre vom 6. Juni 1810 zum Staatskanzler ernannt worden war (vgl. oben S. 122), blieben neutral, weil sie sich für einen Volkskrieg, gedeckt durch ein Waffenbündnis mit Rußland und Österreich, zu diesem Zeitpunkt noch keinen Erfolg ausrechnen konnten. Auf einen im August 1811 von Gneisenau eingereichten Plan der Vorbereitung eines Volksaufstandes schrieb der König auf den Rand »als Poesie gut« und hatte damit nicht so unrecht, wenn auch Gneisenau freimütig zu erwidern wagte, daß auf Poesie die Sicherheit der Throne gegründet sei. Aber schließlich lag Preußen geknebelt am Boden, alle Oder- und Weichselfestungen waren unter französischer Kontrolle. Der innere Operationsraum für eine Wahl zwischen Frankreich und Rußland war sehr klein. Immerhin wartete man so lange, bis der Korse Preußens Bundesgenossenschaft gegen Rußland erzwang. Die Regierung sah sich genötigt, auf die Seite Napoleons zu treten und durch eine Abmachung vom 24. Februar 1812 sogar ein Hilfskorps zu stellen, das die Hälfte der verbliebenen Truppen engagierte. Zahlreiche Offiziere gingen jetzt als verzweifelte Patrioten nach Rußland, wo Stein nach seiner Entlassung aus preußischen Diensten als Ratgeber des Zaren die Aufstellung einer deutschen Legion für den europäischen Befreiungskrieg betrieb; Boyen und Clausewitz waren die militärischen Sachverständigen.

Napoleon, der sich mit diesem Feldzug den Weg nach Indien zur Weltherrschaft öffnen wollte, glaubte im Sommer 1812 an einen kurzen Krieg mit Rußland, aber die Russen wichen in das weiträumige Innere des Landes zurück. Die Siege bei Smolensk und Borodino am 7. September 1812 über den russischen Marschall Kutusow und der Einzug in das brennende Moskau – die geheimnisvolle Stadt mit den vielen Kirchen und goldenen Kuppeln, die aber tagsdrauf von den Russen angezündet wurde – bedeuteten keine Kriegsentscheidung. Napoleon sah sich zu einem überstürzten Rückzug gezwungen. Die Große Armee (600 000 Mann – ein Drittel deutsche Soldaten, meist aus den Rheinbundstaaten) fiel der Weite des Landes, der Kälte dieses besonders strengen Winters, auf den man nicht vorbereitet war, und vor allem dem Hunger zum Opfer. Die Große Armee ist ein Opfer der russischen Kriegsführung geworden, die die weite Ebene als eine Napoleon bisher unbekannte Waffe gegen ihn eingesetzt hat; in den Schneefeldern Rußlands gingen die meisten Soldaten elend zugrunde. Nur Trümmer nicht mehr intakter Formationen – einige Tausend – gelangten in elendem Zustand über die Beresina und den Njemen und entkamen den sie verfolgenden Kosaken und Baschkiren.

In dieser ganz unvorhergesehenen, einmalig günstigen Situation entschloß sich ein preußischer General, auf eigene Faust zu handeln. Er befand sich zudem, abgeschnitten vom französischen Generalkommando, in einer militärisch ausweglosen Lage. Die historische Größe des General Yorck besteht darin, die preußisch-deutsche Schicksalsstunde richtig erkannt zu haben, weshalb das Signal von Tauroggen zu einem Markstein der Geschichte geworden ist.

Am 30. Dezember 1812 wurde auf der Poscheruner Mühle bei Tauroggen in Ostpreußen die berühmte Konvention zwischen dem russischen Generalmajor Diebitsch – auch er ein gebürtiger Deutscher – und dem Befehlshaber des 18 000 Mann starken preußischen Hilfskorps in der napoleonischen Rußlandarmee, General Yorck, abgeschlossen. Durch diese Konvention wurde der von Napoleon im Februar 1812 erzwungene preußische Bündnisvertrag faktisch annulliert und diese preußische Truppe für neutral erklärt. Dadurch sollte der König von Preußen die Handlungsfreiheit zwischen Franzosen und Russen wiedergewinnen. Napoleon erkannte sofort, daß die militärische Bedeutung dieses Schrittes gering, die politische aber ungeheuer sei. Tatsächlich ist er das Signal für die preußische Erhebung und den Beginn der Befreiungskriege geworden, durch die die Schmach der Niederlage von 1806 ausgelöscht und das Joch der napoleonischen Okkupation abgeschüttelt werden sollte.

Die Aktion des Generals Yorck außerhalb und entgegen der amtlichen Politik hat seinerzeit und noch lange danach die Gemüter sehr erregt, weil sie ohne ausdrücklichen Befehl – ob Yorck sich aufgrund einer früheren Ermächtigung für Eventualsituationen gedeckt fühlen konnte, ist zumindest ungewiß – aus eigener Verantwortung und Initiative unternommen wurde. Dabei war der konservative und streng königstreue Preuße Yorck weder ein ehrgeiziger politischer General noch ein aktiver Heeresreformer mit weitgespannten Zielen wie die Scharnhorst, Gneisenau oder Grolman, sondern er meinte nur, daß die Chancen der geschichtlichen Stunde nicht ungenützt verstreichen dürften, wie sie mit dem unerwarteten Zusammenbruch der ruhmreichen Grande Armée vor den Toren Moskaus im russischen Winter unvorhergesehen entstanden waren.

Yorck in Tauroggen wußte, wie J. G. Droysen in seiner Yorck-Monographie betont, daß er »wenn nicht gegen die ausdrückliche, so doch gegen die wahrscheinliche Willensmeinung des Königs handelte [1]«. Das Ringen um diesen Entschluß soll über Nacht sein Haar gebleicht haben. Das zum Wesen preußischer Haltung zugehörige Problem des Handelns in verantwortlicher Lage auch gegen den Befehl war zwei Jahre zuvor von einem Angehörigen einer anderen typisch preußischen Familie dichterisch gestaltet worden. (Heinrich von Kleists »Prinz von Homburg«.) Auch Yorck selbst war derlei nicht unbekannt. Schon als junger Leutnant hatte er im Bayrischen Erbfolgekrieg seinem Kommandeur die Achtung verweigert, weil dieser eine Altardecke gestohlen hatte. Das war damals mit seiner Entlassung geahndet worden. Jetzt, am Abend des Tages der Entscheidung, sollte Yorck ein denkwürdiges Schreiben an seinen Monarchen richten, in dem er seine Tat meldete und zu rechtfertigen suchte: »Ew. Majestät lege ich willig meinen Kopf zu Füßen, wenn ich gefehlt haben sollte; ich würde mit der freudigen Beruhigung sterben, wenigstens nicht als treuer Untertan und wahrer Preuße gefehlt zu haben. Jetzt oder nie ist der Zeitpunkt, wo Ew. Majestät sich von den übermächtigen Forderungen eines Alliierten losreißen können, dessen Pläne mit Preußen in einem mit Recht Besorgnis erregenden Dunkel gehüllt waren, wenn das Glück ihm treu geblieben wäre. Diese Absicht hat mich geleitet. Gebe Gott, daß sie zum Heile des Vaterlandes führt [1].«

Am 21. Dezember waren die berühmten französischen Garden, die 50 000 Mann stark vor wenigen Monaten siegesbewußt in Rußland eingezogen waren, zusammengeschmolzen auf die Stärke von wenig mehr als einem Bataillon in desolatem und zerlumptem Zustand in Königsberg angekommen. Die Trümmer der französischen Armee flüchteten in voller Auflösung, vielfach ohne Waffen, durch die preußischen Provinzen westwärts. Die intakte Division Yorck hatte den Befehl bekommen, ihre Flucht gegen die russischen Verfolger nach Möglichkeit abzudecken und Ostpreußen gegen die Russen zu halten.

Yorcks Entschluß hat die Befreiung Ostpreußens und die Erhebung gegen Napoleon eingeleitet, die östlich der Weichsel begann. Zunächst einmal wurde der vom Yorckschen Korps besetzte Teil Ostpreußens von den Russen als neutral erklärt, bis bald darauf als Beauftragter des Zaren der Freiherr vom Stein erschien und die Provinz in »vorläufige Verwaltung« nahm. Auch das war keine amtliche preußische Politik, sondern Ergebnis der vaterländischen Gesinnung. Am 5. Februar trat in Königsberg die Ständeversammlung zusammen. Burggraf Alexander von Dohna, einst als Minister Nachfolger des Frh. vom Stein, veranlaßte den Generallandtag, General Yorck um die Leitung der Verhandlungen zu bitten. Dieser ordnete – nunmehr als eine Art Generalgouverneur der Provinz – am 9. Februar ein von Dohna ausgearbeitetes Gesetz über die Landesbewaffnung und Errichtung einer »Landwehr« an. Name und Sache stammten von Clausewitz; bisher hatte man von »Nationalmiliz« gesprochen. So sollte von Ostpreußen her der Aufbruch der Nation in die Freiheitskriege seinen Anfang nehmen. Die Provinz stellte außer dem Yorckschen Korps 20 000 Mann Landwehr und 10 000 Mann Reserve auf. Was hier vorgegangen war, hat ein Jahr später der nachmalige ostpreußische Oberpräsident von Schön mit den Worten ausgedrückt, General Yorck habe »durch die Tauroggener Konvention dem Schicksal in die Räder gegriffen und sie zur anderen Richtung gebracht« [2].

In Potsdam und Berlin war man die ganze Zeit mit dem eigenmächtigen Schritt des Generals in keiner Weise einverstanden, widersprach er doch allzusehr dem vorsichtigen und zaudernden Temperament des Königs, der wie oft vorher, auch jetzt – mit Seitenblick auf Österreich – lieber zweigleisig fahren wollte. Außerdem wirkte bei Friedrich Wilhelm III. noch der Glaube an die Unüberwindlichkeit Napoleons lebhaft nach. Zudem standen ja auch die Franzosen noch im ganzen Land, und der König konnte mit Recht befürchten, in Potsdam ausgehoben und nach Frankreich abgeführt zu werden. Der Staatskanzler Hardenberg drückte die Lage und die Absichten der preußischen Politik in diesen kritischen Januartagen einem hannoveranischen Diplomaten gegenüber so aus: »Die Hauptsache ist, nicht zu früh gegen Frankreich kompromittiert zu werden, der General Yorck hat dem Faß den Boden ausgeschlagen.« Das war der Grund, der den König bestimmte, Yorck seines Kommandos zu entheben und den General von Kleist an seine Stelle zu setzen. Aber diese Ordre hat Yorck nie erreicht. Der König hatte zuerst sogar vorgehabt, Yorck vor ein Kriegsgericht zu stellen, er hat ihm auch späterhin seinen Disziplinbruch nie verziehen. Aber der Erfolg hat schließlich für die Richtigkeit des Yorckschen Schrittes entschieden.

Yorcks Aktion hat den Gang der Ereignisse beschleunigt und alsbald auch den königlichen Zauderer gezwungen, am 22. Januar 1813 in das sichere, da von den Franzosen nicht kontrollierte, Breslau abzureisen. Von dort aus kamen dann im Februar und März die entscheidenden Maßnahmen und Erlasse:

Am 28. Februar wurde in Kalisch mit dem Zaren Alexander ein Bündnisvertrag gegen Napoleon geschlossen, der die Wiederherstellung von Preußens Besitzstand vor 1806 mit Entschädigungen in Norddeutschland und selbst Vergrößerungen vorsah, damit ein zusammenhängendes Staatsgebiet mit Verbindungen nach Schlesien und Ostpreußen gewährleistet sein solle. Posen und Westpreußen sollten zurückkommen, auf das übrige Polen war zugunsten Rußlands verzichtet worden. Daß aber Preußen in diesem Militärbündnis zur Befreiung Europas tatsächlich eine Art Satellitenrolle spielte und von den anderen nach Lage der Dinge als ein zweitrangiges Staatswesen angesehen wurde, ist unverkennbar. Aber jetzt war alles in Bewegung geraten, nachdem auch Scharnhorst in Breslau eingetroffen war. Es wurden aus den von allen Seiten, auch aus dem rheinbündischen Deutschland zuströmenden Freiwilligen Freikorps aufgestellt, unter denen das Lützowsche das berühmteste wurde, in dem auch Theodor Körner diente mit »Leier und Schwert«. Die Lützower trugen schwarze Monturen, rote Kragen und Achselstücke mit gelben Knöpfen. Am 12. März kam der Parolebefehl, in dem General Yorck für vorwurfsfrei erklärt wurde. Es folgten am 17. März der Aufruf

»An mein Volk«, die allgemeine Dienstpflicht, der Befehl zur Bildung von Landwehr und Landsturm, durch die jeder 17. Einwohner des viereinhalb Millionen zählenden Königreichs Preußen zum Soldaten wurde, und schließlich, nachdem der Zar in Breslau eingezogen war, am 20. März die Kriegserklärung an Frankreich.

Der von dem Staatsrat von Hippel verfaßte »Aufruf an mein Volk« hat die Brücke zwischen Fürst und Volk geschlagen; es war ein volkstümlicher Akt der Krone. In ihm heißt es: »Es ist der letzte entscheidende Kampf, den wir bestehen für unsere Existenz, unsere Unabhängigkeit, unseren Wohlstand; keinen anderen Ausweg gibt es als einen ehrenvollen Frieden oder einen ruhmvollen Untergang. Auch diesem würdet ihr getrost entgegengehen um der Ehre willen, weil ehrlos ein Preuße und ein Deutscher nicht zu leben vermag[3]« (vgl. den vollständigen Text im Anhang S. 347 f.).

Dieser Aufruf hat das Zeichen zum Befreiungskrieg gegeben. Namentlich die gebildeten Schichten folgten ihm mit größter Begeisterung und Opferwilligkeit. Neben der Linienarmee und den am 3. Februar zumeist aus akademischer Jugend neu errichteten Abteilung der Freiwilligen Jäger (10 000 Mann) – anfangs durften sich diese Freiwilligen sogar ihre Führer selbst wählen – wurde eine Miliz gebildet: die Landwehr (120 000 Mann). Das am 21. April 1813 erlassene Landsturmedikt wollte sogar einen allgemeinen Volkskrieg organisieren. Die am 17. März für ganz Preußen angeordnete Einrichtung der Landwehr darf als die ideelle Krönung der preußischen Heeresreform (vgl. Kap. 9) angesprochen werden, insofern jetzt unter der Devise »Mit Gott für König und Vaterland« das ganze Volk in das Bündnis von Regierung und Nation aufgenommen war. Denn »alle Bewohner des Staates sind geborene Verteidiger desselben[4]« (Scharnhorst). Ein Feldheer von 280 000 Mann stand schließlich unter Waffen; es war dies eine große Leistung des klein gewordenen Preußen.

Schon am 10. März, am Geburtstag der verstorbenen Königin Luise, war das in Silber gefaßte Eiserne Kreuz gestiftet worden, das auch der dekorierte Landwehrmann auf seinem Tschako tragen sollte. In der Stiftungsurkunde heißt es: »Wir Friedrich Wilhelm, von Gottes Gnaden König von Preußen etc. etc. In der jetzigen großen Katastrophe, von welcher für das Vaterland alles abhängt, verdient der kräftige Sinn, der die Nation so hoch erhebt, durch ganz eigentümliche Monumente verehrt und verewigt zu werden.... Wir haben daher beschlossen, das Verdienst, welches in dem jetzt ausbrechenden Kriege entweder im wirklichen Kampf mit dem Feinde oder außerdem im Felde oder daheim, jedoch in Beziehung auf diesen großen Kampf um Freiheit und Selbständigkeit erworben wird, besonders auszuzeichnen und diese Auszeichnung nach *diesem* Kriege nicht weiter zu verleihen [5].« – Daher blieb das Eiserne Kreuz von 1813–1815 auch eine kostbare Besonderheit.

Dem entschlußschwachen und auch weiterhin zwiespältig gebliebenen König sind diese Schritte sehr schwergefallen. Es war keineswegs so, wie es die preußische Geschichtslegende will: »Der König rief, und alle, alle kamen!« Eher war es umgekehrt, wie ironisch gespottet wurde: »Alle, alle riefen, und der König kam immer noch nicht.« Friedrich Wilhelm wie den Hofkreisen – voran dem Herzog Karl von Mecklenburg, Bruder der Königin Luise und Chef des Gardekorps, sowie dem Polizeiminister Fürst Wittgenstein – erschien die allgemeine Volksbewaffnung als etwas sehr Bedenkliches. Durch Steins Berufung der Landstände sowie seine Verkündigung der Bildung von Landwehr und Landsturm hatte sie aber vom »liberalen« Ostpreußen her bereits begonnen. Der König und Herzog Karl, die in steter Furcht vor der Revolution lebten, befürchteten nämlich, daß der neue bürgerliche und »jakobinische« Geist der Landwehr auch in die alte königliche Berufsarmee eindringen könne. Als einmal Landwehr singend am Schloß vorbeiparadierte, soll der König herunterblickend finster bemerkt haben: »Da unten marschiert die bewaffnete Revolution.«

Inzwischen hatten am 4. März die letzten französischen Truppen die preußische Hauptstadt räumen müssen, und die nachrückenden Russen marschierten am gleichen Tage in Berlin ein. Karoline von Rochow berichtet über die Stimmung der Berliner Bevölkerung in diesen Tagen: »Namentlich brach eine enorme Begeisterung für die Russen hervor, denn man sah sie als unsere Retter und Befreier an. Jedem Kosaken lief man womöglich nach und fand alles an ihnen himmlisch, ihre eigentümliche Erscheinung, ihre Bärte, ihren Gesang [6].«

Aber so einhellig sind die Meinungen auch wieder nicht gewesen. Bis in die höhere Beamtenschaft Berlins gab es bei allem preußischen Patriotismus auch russenfeindliche Stimmungen, weil man eine Abhängigkeit von Rußland und russischer Protektion als ein gleich großes Übel ansah wie die Abhängigkeit von Frankreich. Hier sei nur ein bisher unbekannter Brief Agnes von Gerlachs, Gattin des damaligen Berliner Oberbürgermeisters, vom 6. März 1813 an ihre Dessauer Schwester, Marie von Raumer, mitgeteilt: »Das Kosakenvolk, Baschkiren etc. ist greuliches Volk. Der Fürst Repnin ist hier Gouverneur. Der Magistrat bewillkommnete ihn vorgestern um 5 Uhr. Mein Mann ging auch hin, dieser war sehr höflich gewesen und hatte meinem Mann dergestalt die Hand gedrückt, daß er hätte schreien mögen. Na, mein Bruder meinte, mit diesem Händedruck sei die Freundschaft der russischen Nation zu uns vollkommen dargestellt [7].«

Dieses mehr reservierte Verhalten gegenüber den russischen Verbündeten entsprach wohl auch eher dem tatsächlichen Rang des russisch-preußischen Bündnisses: Es war eine Allianz mit dem Ziele, die Vorherrschaft Napoleons über Europa zu brechen. Das Bündnis basierte mehr auf den wohlverstandenen beiderseitigen Interessen als auf selbstloser Hilfsbereitschaft. So war der Befreiungskrieg zunächst auch kein wirklicher Nationalkrieg, sondern ein vom Volke bejahtes militärisches Unternehmen verbündeter Kabinette. Die patriotische Bewegung, von der das nationale Moment stark betont wurde und die nun seit dem Aufruf »An mein Volk« mit der Kabinettspolitik zusammenging, wurde zwar der entscheidende Impuls zur siegreichen Beendigung des Krieges, aber spätestens auf dem Wiener Kongreß sollte sich zeigen, daß die Kabinettspolitik immer den Vorrang gehabt hatte.

Aber zurück zu den politisch-militärischen Ereignissen: Während von Breslau aus die preußischen Kriegsvorbereitungen getroffen wurden, war Napoleon nicht untätig gewesen. Schon im Frühjahr konnte er ein neues starkes Heer aus freilich noch mangelhaft ausgebildeten französischen Rekruten und Truppen der Rheinbundstaaten an die Elblinie heranführen. Reste der Großen Armee, die vor dem preußisch-russischen Druck immer weiter nach Westen hatten zurückweichen müssen, verstärkten die militärische Macht Napoleons.

Die Verbündeten suchten den Vormarsch Napoleons zu hemmen, verloren aber bei Großgörschen (2. Mai 1813) – Scharnhorst empfing hier die Wunde, der er, da er sich nicht schonte, wenig später in Prag erlag – und drei Wochen später bei Bautzen (20./21. Mai) zwei Schlachten, die allerdings auch dem Gegner schwere Verluste gebracht hatten. Die Folge war, daß die Verbündeten Sachsen räumen mußten – dessen König sich wieder ganz an Napoleon anschloß – und sich zum Rückzug nach Schlesien gezwungen sahen. Beide Seiten fühlten sich zu diesem Zeitpunkt nicht stark genug, den Krieg sofort mit Aussicht auf Erfolg weiterzuführen. So kam es am 4. Juni zur Annahme des von dem noch vermittelnden Österreich vorgeschlagenen Waffenstillstandes, der bis zum 20. Juli – später verlängert bis zum 10. August – dauern sollte.

Diese Zeit des Waffenstillstandes nutzten beide Seiten zu fieberhaften Rüstungen, aber auch zu diplomatischen Verhandlungen, um neue Bundesgenossen zu finden beziehungsweise einen letzten Versuch zu machen, den Frieden zu retten. Schon am 27. Mai hatten die Verbündeten mit Österreich zu Reichenbach eine Konvention unterzeichnet, die als Mindestforderung für eine Verständigung mit Napoleon unter anderem die Wiederherstellung Preußens und Österreichs in ihrer alten Machtstellung, die Auflösung des Rheinbundes und des Herzogtums Warschau vorsah. Auf dem in Prag zusammengetretenen Friedenskongreß zeigte sich Napoleon zu keinen Zugeständnissen bereit; vielmehr hoffte er immer noch, mit dem Zaren zu einer Sonderabmachung zu kommen und so die Alliierten zu spalten. Gegen diese hinhaltende Taktik des Korsen wandte sich Metternich mit einem kurzbefristeten Ultimatum. Nach Ablauf der Frist erklärte Österreich am 11. August Frankreich den Krieg – zur selben Zeit war auch der Waffenstillstand beendet.

Napoleon sah sich nun der größten bisher gegen ihn geschlossenen Koalition gegenüber: Zu den ursprünglichen Verbündeten Preußen und Rußland traten nun auch endgültig Schweden, Österreich und England. Er verfügte beim Wiederbeginn der Kämpfe auf deutschem Boden über etwa 460 000 Mann; sein Kriegsplan war, mit seiner Hauptmacht die Angriffe der verbündeten Armeen von Böhmen und Schlesien her in Sachsen abzuwarten und diese wenn möglich unter Ausnutzung der inneren Linie getrennt zu schlagen. Die Verbündeten verfügten insgesamt über eine Truppenstärke von 500 000 Mann. Ihr Kriegsplan sah die Bildung von drei Armeen vor, von denen die von Napoleon angegriffene sich langsam zurückziehen sollte, während die anderen vorrücken sollten, um den Gegner zu umfassen. Die Nordarmee unter Bernadotte stand in der Nähe Berlins, die Hauptarmee, gebildet aus der Masse der preußisch-russisch-österreichischen Truppen, bei der sich die drei verbündeten Monarchen und der Oberbefehlshaber des ganzen Feldzuges, Fürst Schwarzenberg, befanden, in Böhmen. Die Mitte der Aufstellung bildete die Schlesische Armee – zusammengesetzt aus russischen und preußischen Truppen – unter dem Kommando des preußischen Generals Leberecht von Blücher, dem als Generalstabschef Neithard von Gneisenau zur Seite stand.

Aus pommerschem Adel stammend, wurde Blücher, der sich schon unter Friedrich dem Großen als kühner Husarenführer ausgezeichnet hatte, zum volkstümlichsten Helden der Befreiungskriege. Unzufrieden mit dem »Fuchsschwänzen und Retirieren« nach den Plänen des übervorsichtigen österreichischen Feldherrn Schwarzenberg, suchte der »Marschall Vorwärts« oft auf eigene Faust die Schlacht und die Entscheidung. So wurde Blüchers Schlesische Armee nach dem Urteil von Clausewitz »die Spitze von Stahl in dem schwerfälligen eisernen Klotz, womit man den Koloß spaltete«.

Am 26. August errang Blücher an der Katzbach einen glänzenden Sieg über ein französisches Heer unter Macdonald, während Napoleon gleichzeitig die alliierte Hauptarmee nach einer zweitägigen Schlacht bei Dresden zum Rückzug nach Böhmen zwang. Allerdings gelang es Napoleon nicht, seinen Sieg völlig auszunutzen. Vielmehr wurde der zur Verlegung des Rückzugsweges der Hauptarmee über das Erzgebirge vorgestoßene Vandamme mit seinem Korps bei Kulm und Nollendorf am 30. August von dem preußischen General Kleist geschlagen und gefangengenommen. Auch Napoleons inzwischen mehrmals unternommene Versuche, im Norden eine Entscheidung durch einen Vorstoß gegen Berlin zu erzwingen, mißlangen.

So war die militärische Lage Napoleons seit Beginn des Sommerfeldzuges merklich schlechter geworden. Hinzu kamen auch noch politisch-diplomatische Rückschläge wie die weitere Festigung der Koalition durch die Teplitzer Verträge (9. September) und der Austritt Bayerns aus dem Rheinbund, der einer diplomatischen Meisterleistung Metternichs zu verdanken war. Trotzdem stand die wirkliche Entscheidung noch aus – Napoleon war noch nicht endgültig geschlagen. Auf diese letzte Entscheidung zielten die Operationen der Verbündeten, die schließlich Napoleon so umstellten, daß er zur Annahme der Schlacht bei Leipzig gezwungen wurde.

Am 16. Oktober 1813 begann die große »Völkerschlacht«, die über das Schicksal Deutschlands und damit auch Europas entscheiden sollte. Im Süden Leipzigs bei Wachau, wo sich Napoleon selbst und die Hauptarmee gegenüberstanden, blieb die Schlacht unentschieden, nördlich der Stadt aber gelang es Blücher, das Korps Marmont aus dem Dorf Möckern zu werfen und so einen ersten Erfolg zu erringen. Die beiden folgenden Tage verschlechterten die militärische Lage Napoleons immer mehr, da im Süden frisch herangeführte russische und österreichische Truppen, im Norden die Nordarmee eingreifen konnten. So sah sich Napoleon sogar gezwungen, während er Verteidigungsstellungen um Leipzig bezog und die Rückzugsstraßen nach Westen sicherte, einen Waffenstillstand anzubieten, der aber nicht angenommen wurde. Napoleon konnte sich zwar am 18. Oktober im großen und ganzen noch gegen die von allen Seiten anstürmenden Gegner behaupten, aber seine Lage wurde durch den Übergang sächsischer und württembergischer Truppen zu den Verbündeten und durch den sich immer mehr verengenden Operationsraum doch so kritisch, daß er sich in der Nacht zum Rückzug entschloß, während die Stadt noch hinhaltend verteidigt wurde. Am 19. Oktober fanden die Kämpfe durch die Eroberung Leipzigs ihr Ende. Der nach Westen fliehende Napoleon gelangte sicher hinter den schützenden Rhein, nachdem er bei Hanau den sich ihm entgegenwerfenden bayrischen General Wrede geschlagen hatte.

Der Sieg der Verbündeten bei Leipzig – die Verluste waren auf beiden Seiten beträchtlich gewesen – war nicht der größeren Feldherrnkunst, sondern der zahlenmäßigen Überlegenheit zu verdanken – etwa 250 000 Mann hatten den 160 000 Napoleons gegenübergestanden. Die politischen Folgen des Sieges waren groß. Der Rheinbund löste sich auf, seine ehemaligen Gliedstaaten schlossen sich den Verbündeten an und wurden sehr schonend behandelt. Nur Sachsen, dessen König in Leipzig gefangengenommen worden war, kam nicht so glimpflich davon. Es wurde, ehe sich sein Schicksal auf dem Wiener Kongreß endgültig entschied, einem Zentralverwaltungsdepartement unter der Leitung des Freiherrn vom Stein unterstellt. Mit Ausnahme weniger Festungen war damit Ende 1813 das ganze rechtsrheinische Deutschland befreit. Der preußische Armeebericht des Obersten von Müffling, später Generalfeldmarschall, schloß mit den Worten: »So hat die zweitägige Völkerschlacht vor Leipzig das Schicksal der Welt entschieden.«

Nach dem großen Erfolg bei Leipzig und der Befreiung des rechtsrheinischen Deutschland war eine Fortsetzung des Krieges durchaus noch nicht sicher. Kaiser Franz und Metternich wünschten keine völlige Vernichtung Frankreichs und auch nicht ein Abtreten Napoleons, damit weder Rußland noch Preußen zu mächtig würden und im Westen weiterhin eine ausreichend starke Kraft das europäische Gleichgewicht sicherte. Diesen Absichten Metternichs entsprachen dann auch die im November und Dezember 1813 zu Frankfurt am Main auf den Friedensverhandlungen unterbreiteten Vorschläge, die Frankreich seine »natürlichen Grenzen« – Rhein, Alpen, Pyrenäen – zugestanden, gegen die Anerkennung der Unabhängigkeit Deutschlands, Spaniens, Italiens und Hollands. Nicht die Meinung der preußischen Heeresleitung, die von Anfang an auf einem Einmarsch in Frankreich bestanden hatte, noch der Drang der Patrioten – an ihrer Spitze E. M. Arndt mit seiner Flugschrift »Der Rhein Deutschlands Strom, aber nicht Deutschlands Grenze« – entschied über die Fortführung des Krieges, sondern die starre Haltung Napoleons, der selbst diese milden Bedingungen ablehnte.

In drei Gruppen überschritten die Heere der Verbündeten den Rhein: die Hauptarmee unter Schwarzenberg bei Basel, um von dort das Plateau von Langres zu gewinnen, Teile der Nordarmee unter Bülow am Niederrhein, um über Holland nach Frankreich einzudringen, die Schlesische Armee Blüchers bei Kaub. Blüchers Rheinübergang in der Neujahrsnacht 1813/14 und sein Vormarsch über Saar, Mosel und Maas brachte die Befreiung auch des linksrheinischen Deutschland. Von einer entschlossenen Kriegsführung der Verbündeten konnte aber auch zu diesem Zeitpunkt keine Rede sein. Im Hauptquartier der immer noch bei Langres stehenden Hauptarmee herrschte Uneinigkeit über das weitere Vorgehen, die noch verstärkt wurde durch den Vorschlag Napoleons, der auf die Entzweiung der Verbündeten hoffte und Zeit gewinnen wollte, Friedensverhandlungen zu eröffnen. Ehe noch diese Verhandlungen aufgenommen wurden, war es aber durch eigenmächtiges Vorrücken Blüchers zu neuen Kämpfen gekommen. Blücher mußte sich, von Napoleon bei Brienne angegriffen, in Richtung auf die Hauptarmee zurückziehen, konnte aber wenige Tage später mit Unterstützung der Hauptarmee bei La Rothière (1. Februar) einen glänzenden Sieg über Napoleon erringen.

Damit schien gute Aussicht zu bestehen, daß Napoleon auf dem nun zusammentretenden Friedenskongreß in Chatillon die Bedingung der Verbündeten, sich auf die vorrevolutionären Grenzen Frankreichs zu beschränken, eingehen würde. Es gelang ihm aber, da sich die Armeen der Verbündeten nach dem Sieg wieder getrennt hatten, diese einzeln anzugreifen und zurückzuschlagen; besonders die Schlesische Armee mußte, da sie ohne Unterstützung blieb, einige empfindliche Niederlagen einstecken. In dieser ungewissen Situation – Napoleon forderte nun wieder ultimativ die »natürlichen Grenzen« Frankreichs, und im Hauptquartier erwog man schon den Rückzug – war es wieder Blücher, der durch einen kühnen Entschluß und unerwartete Bewegung die Entscheidung herbeiführte. Mit seiner geschwächten Armee marschierte er nach Norden, um sich mit der von Belgien anrückenden Nordarmee zu vereinigen und dann Paris anzugreifen. Napoleon eilte ihm nach, konnte die Vereinigung aber nicht mehr verhindern und erlitt bei Laon (9./10. März) eine schwere Niederlage.

Inzwischen rückte auch Schwarzenberg auf Drängen Friedrich Wilhelm III. endlich vor, und auch ihm gelang es, den Feind zurückzudrängen. Diese Erfolge und der Starrsinn Napoleons bei den gleichzeitig laufenden Friedensverhandlungen festigten die eben noch uneinige Koalition erneut. Im Vertrag von Chaumont schlossen sich die Verbündeten nochmals zusammen zur energischen Fortsetzung des Krieges mit dem Ziel, Frankreich in die vorrevolutionären Grenzen zurückzudrängen und die Unabhängigkeit der Nachbarstaaten zu garantieren. Nunmehr löste sich auch der Kongreß in Chatillon auf. Napoleon, der sich erneut gegen die Hauptarmee gewandt hatte, wurde am 20./21. März bei Bar-sur-Aube besiegt. Sein verzweifelter Versuch, durch einen Vorstoß nach Osten in den Rücken der Verbündeten zu fallen und diese von ihrem Vormarsch nach Paris abzuhalten, mißlang. Ohne sich um Napoleon weiter zu kümmern, rückten die Armeen auf Paris vor. Am 30. März erstürmte Blücher den Montmartre, und am folgenden Tag zogen die Verbündeten – an ihrer Spitze Zar Alexander und Friedrich Wilhelm III. – in die Stadt ein. Napoleon, der in Eilmärschen der Hauptarmee gefolgt war, kam zu spät; er sah keinen Ausweg mehr. Am 6. April dankte er in Fontainebleau bei Paris ab. Er erhielt die Insel Elba als souveränen Besitz zugewiesen.

Am 30. Mai 1814 wurde mit dem wiedererrichteten Königreich Frankreich – der Bruder des in der Revolutionszeit hingerichteten Ludwig XVI. war nach Frankreich zurückgekehrt – ein sehr maßvoller Friede unterzeichnet, denn den Verbündeten war daran gelegen, die neue Monarchie nicht zu schwer mit den Schulden der Revolution und Napoleons zu belasten. Die Neuordnung Europas aber sollte erst auf dem Wiener Kongreß erfolgen, der im Oktober zusammentrat. Hier in Wien entstand noch einmal das Bild einer von der Aristokratie bestimmten europäischen Staatenfamilie. Zar Alexander und Friedrich Wilhelm III., viele andere Fürsten und eine große Zahl von Staatsmännern hatten sich eingefunden. Preußen war durch Hardenberg und Wilhelm von Humboldt vertreten, Österreich durch Metternich, das Frankreich der »Legitimität« durch den wendigen Diplomaten Talleyrand, der die Uneinigkeit der Verbündeten geschickt ausnutzend bald großen Einfluß gewann, England durch den nüchternen Castlereagh. Auch Stein nahm als Berater Alexanders an den Verhandlungen teil.

Wie eine Bombe schlug in die schon 6 Monate andauernden Verhandlungen und Feiern des Wiener Kongresses die verwirrende Nachricht ein, daß Napoleon Elba verlassen habe und am 1. März auf französischem Boden gelandet sei. Der Realist Talleyrand äußerte sogleich die Meinung, daß dies kein »Ereignis« mehr sei, sondern nur eine »Neuigkeit«. So schnell es

Napoleon auch gelang, sich in Frankreich durchzusetzen – schon drei Wochen nach seiner Landung zog er unter dem Jubel der Bevölkerung in Paris ein –, seine Hoffnung, die Koalition der in Wien versammelten Mächte werde auseinanderfallen, erfüllte sich nicht. Die Verbündeten ächteten vielmehr Napoleon, und in einem erneuerten Bündnis verpflichteten sich Rußland, Österreich, England und Preußen zur Stellung von je 150 000 Mann, doch sind in den folgenden Kämpfen nur die Preußen unter Blücher und Gneisenau und die Engländer unter Wellington allein in Aktion getreten.

Nunmehr wollte Napoleon durch einen raschen Vorstoß über die holländische Grenze und durch die Vernichtung der dort stehenden verbündeten Streitkräfte seine zahlenmäßige Unterlegenheit vor der Vereinigung der gegnerischen Heere ausgleichen und im Vertrauen auf den Mythos seiner Unbesiegbarkeit so die Gegner entmutigen. Er warf sich mit seiner Hauptmacht bei Ligny (16. Juni 1815) auf Blücher und schlug ihn, während der Marschall Ney am gleichen Tag Wellington bei Quatrebas angriff und diesen dadurch hinderte, den Preußen Unterstützung zu bringen. Zwei Tage später wandte sich Napoleon, der in dem Glauben war, der geschlagene Blücher werde sich an den Rhein zurückziehen, gegen Wellington, der bei dem nordwestlich von Ligny gelegenen Waterloo den Kampf annahm, im Vertrauen darauf, daß ihm Blücher zur Hilfe eilen werde. Fast schien es, als solle Napoleon die Oberhand gewinnen – besorgt soll Wellington geäußert haben: »Die Preußen – oder die Nacht« –, als diese endlich dank Eingreifens Gneisenaus, der die bei Ligny geschlagenen Truppen in selbständigem Entschluß in Eilmärschen nordwärts führte, auf der rechten Flanke Napoleons erschienen. Damit war der Ausgang der Schlacht entschieden und Napoleons Schicksal endgültig besiegelt. Zur neuerlichen Abdankung gezwungen, lieferte sich der Kaiser den Engländern aus, die ihn jetzt als ihren Gefangenen nach der Insel St. Helena deportierten.

Der Wiener Kongreß, der am 9. Juni abgeschlossen werden konnte, endete nach langwierigen und wechselvollen Verhandlungen mit großen Veränderungen der Landkarte: Österreich räumte seine Reststellungen im Westen und Südwesten des alten Reiches, verzichtete auf Belgien, erhielt aber jenseits der Alpen zur Lombardei noch Venetien hinzu, während Preußen bis zur Mosel und Saar vorstieß, seine westlichen Gewinne aber zunächst als recht belastende Verpflichtungen empfand. Rußland war mit der Übernahme von Kongreßpolen und der übrigen preußischen Beute aus dem dritten Teilungsvertrag weit nach Westen hin ausgeschwenkt. Von Schweden hatte es schon 1809 Finnland übernommen, während das vormals dänische Norwegen unter Bernadotte – jetzt Karl XIV. Johann – in Personalunion vereinigt wurde. Englands Anteil an der Beute wurde neben einigen französischen und holländischen Kolonien die Insel Malta und das früher dänische Helgoland. In Frankreich unterschied Talleyrand wieder sehr bewußt zwischen vertraglichen Eroberungen und Eroberungen des Kaisers, auf die er mit der lakonischen Erklärung in Wien Verzicht leistete: »Frankreich legt keinen Wert auf sie.« So wurde Frankreich im zweiten Pariser Frieden vom 20. November 1815 wieder auf seine »natürlichen« Grenzen beschränkt, wenn auch der ganze Rhein nicht mehr als Westgrenze in Frage kam. Aber Elsaß und Lothringen blieben bei Frankreich, das eine angemessene Kriegsentschädigung (700 Millionen Franken) zahlen mußte und die geraubten Kunstschätze zurückzuerstatten hatte.

Für Preußen waren die territorialen Ergebnisse der Neuordnung durch den Wiener Kongreß, der in den meisten wesentlichen Fragen mit Kompromissen endete, in jedem Fall erheblich und dauerhaft. Zwar blieben im Osten von dem Erwerb aus den polnischen Teilungen nur Danzig, Thorn, das Kulmerland, Posen und der Netzedistrikt übrig, die als neue Provinz Posen organisiert wurden; an Rußland fiel der größte Teil des bisherigen Großherzogtums Warschau. Im Süden waren Ansbach und Bayreuth nicht mehr zurückgekehrt, da sie an Bayern gekommen waren. Im Ausgleich für Ostfriesland, das mit dem nördlichen Teil des Bistums Münster den Grafschaften Lingen und Bentheim an das Königreich Hannover fiel, waren aber endlich das so lange vergeblich begehrte Schwedisch-Vorpommern mit der Insel Rügen, die bisher noch nicht preußischen Teile Westfalens und des Rheinlandes sowie der nördliche Teil des Königreiches Sachsen mit Görlitz, Torgau, Wittenberg und Merseburg an Preußen gefallen; dieser wurde mit der Lausitz, mit Magdeburg und anderen Gebietsfetzen zur neuen Provinz Sachsen vereinigt. Am liebsten hätte man die Wiederkehr des kompromittierten Königreichs Sachsen ganz verhindert und den ständigen Nebenbuhler liquidiert, der sein Weiterbestehen nur dem alten Bundesgenossen Österreich zu verdanken hatte. Österreich nahm lieber Preußens begrenzte Stärkung an der Mosel, der Saar und am Mittelrhein durch Schaffung der aus fast 150 Einzelterritorien zusammengefügten neuen Provinz Rheinland in Kauf und war sogar froh, daß die preußische Militärmacht die »Wacht am Rhein« übernahm. Metternich schrieb seinem Kaiser zur Begründung: »Der Kampf, um Sachsen nur zum Teil zu retten, hat die größten Opfer gekostet und die Abtretung der Provinzen an der Mosel an Preußen zur Folge gehabt [8].«

Preußens Entschädigung am Rhein ist auch ein besonderer Wunsch Englands gewesen, das hierin eine Sicherung gegen Frankreich sah. Österreichs Rückzug ist schwerer zu verstehen. »Es ist von unermeßlicher Tragweite geworden, daß Österreich seine westdeutsche Funktion fallen gelassen hat. Die viele Jahrhunderte alte Reichsidee, die mit dem Wesen Österreichs verklammert war, konnte von einem ganz ostmitteleuropäischen Staate nicht mehr als ein Lebensprinzip vertreten werden [9].«

Tatsächlich ist Preußen durch diese großen Westterritorien, die zu den alten niederrheinischen Besitzungen hinzukamen, gesamtdeutschen Interessen eng verbunden worden und so allmählich auch in eine deutsche Aufgabe hineingewachsen. Allerdings kam es nicht zu einem geschlossenen Staatsgebiet, weil Hessen und Hannover sich zwischen die alten ostelbischen Kernprovinzen und die rheinisch-westfälischen Lande schoben. Durch den Wiener Kongreß hat sich die preußische Staatsstruktur völlig verändert – politisch, wirtschaftlich, konfessionell. Der ganze Ostteil des Staates Preußen – zusammengesetzt aus zahlreichen ehedem selbständigen Territorien – war zumeist protestantisch, der Westteil überwiegend katholisch. Die Landkarte zeigt den territorialen Besitzstand nach 1815 an.

Durch die westliche Verlagerung in das alte Reichsgebiet hinein sind dem preußischen Staat viele neue Aufgaben erwachsen. Die Einordnung der neuen Westgebiete, die überwiegend francophil orientiert und vor allen Dingen wie das Saarland mit seinen Kohlengruben und Stahlwerken viel stärker industrialisiert waren, vollzog sich nicht ohne Spannungen. Der Gang der preußischen Geschichte im 19. Jahrhundert ist dadurch erheblich mitbestimmt worden.

Zunächst einmal wurde das ganze preußische Staatsgebiet durch die der Steinschen Neuorganisation im wesentlichen folgende »Verordnung wegen verbesserter Einrichtung der Provinzialbehörden vom 30. April 1815« in 10 Provinzen (später 8) mit korporativer Eigenständigkeit eingeteilt, an deren Spitze Oberpräsidenten gestellt wurden, deren Einsetzung schon im Steinschen Organisationsplan von 1807 vorgesehen war. Schön in Ostpreußen, Sack in Pommern, Merckel in Schlesien und Vincke in Westfalen waren Männer der Reformzeit gewesen. Die Provinzen Rheinland – gebildet 1824 aus Jülich-Kleve-Berg (Regierungsbezirke Kleve, Düsseldorf und Köln) und Niederrhein (Regierungsbezirke Koblenz, Trier, Aachen) –, Westfalen mit über einer Million Einwohnern in drei annähernd gleich großen Regierungsbezirken, Sachsen und Posen sind neu geschaffen worden. Im ganzen war der Preußische Staat durch diese Neuordnung von 1815 auf 278 000 qkm und 10,4 Millionen Einwohner angewachsen. Der Eintritt der preußischen Monarchie in den Deutschen Bund, der in Wien neu gebildet wurde, macht es aber notwendig, die Erzählung des weiteren Verlaufs der preußischen Geschichte in diesen neugeschaffenen Rahmen hineinzustellen.

ELFTES KAPITEL
DIE ENTSCHEIDUNGEN DES JAHRES 1815

Das Jahr 1815 brachte nach dem Intermezzo der 100 Tage die definitive Beendigung der napoleonischen Ära, die den Verbündeten je länger, je mehr als eine Fortsetzung der französischen Revolution und ihrer Expansionstendenzen vorgekommen war. Napoleons Verbannung nach St. Helena in die Isolierstation erschien den meisten Europäern, die noch vor wenigen Jahren nahezu hypnotisiert auf die Erfolge des neuen Augustus und Weltimperators aus Korsika gestarrt hatten, als der Spruch des Weltgerichtes letzter Instanz, mit dem die Akten der Kriminalgerichtsbarkeit geschlossen wurden. In Wien tagte und tanzte aber indessen nicht nur der Kongreß der gekrönten Häupter Europas, sondern es fielen nach langem Tauziehen zwischen den Beteiligten auch Entscheidungen, die ein halbes Jahrhundert für Deutschland Bestand gehabt haben.

In der Gestalt des Deutschen Bundes wurde Deutschland als ein Staatenbund 39 souveräner Fürsten und freier Städte neu konstituiert. Über 30 Millionen Menschen lebten in den Territorien des Deutschen Bundes; Protestanten und Katholiken hielten sich ungefähr die Waage. Reine Konfessionsstaaten gab es bis auf die beiden Mecklenburgs nicht mehr. Überall sonst war die Bevölkerung jetzt konfessionell gemischt. Hunderte kleiner und kleinster Herrschaften waren durch Mediatisierung teils schon durch den Reichsdeputationshauptschluß von 1803, teils durch den Rheinbund von 1806 bereits aufgehoben, teils geschah es jetzt. Nur die wirklich lebensfähigen Staatengebilde waren übriggeblieben, aber sie wurden deutlich dominiert durch die beiden aus der napoleonischen Krise vergrößert hervorgegangenen Großstaaten: Österreich als deutsche Süd- und Südostvormacht und Preußen im nord- und ostdeutschen Raum. Die entgegengesetzten

Interessen der bestehengebliebenen Klein- und Mittelstaaten sollten durch Bündnisse ausgeglichen werden. Als ein Gesandtenkongreß knüpfte der Bundestag in Frankfurt am Main an den Regensburger Reichstag des alten Reiches, der von 1663–1806 als »immerwährender« Reichstag bestanden hatte, wieder an; in der Bundesversammlung sollte Österreich als Präsidialmacht den Vorsitz führen. Die ersten vier Artikel der von allen damaligen europäischen Großmächten garantierten Deutschen Bundesakte vom 8. Juni lauteten folgendermaßen:

»Im Namen der allerheiligsten und unteilbaren Dreieinigkeit:
Artikel 1. Die souveränen Fürsten und freien Städte Deutschlands ... vereinigen sich zu einem beständigen Bunde, welcher der Deutsche Bund heißen soll.
Artikel 2. Der Zweck desselben ist: Erhaltung der äußeren und inneren Sicherheit Deutschlands und der Unabhängigkeit und Unverletzlichkeit der einzelnen deutschen Staaten.
Artikel 3. Alle Bundesmitglieder haben als solche gleiche Rechte. Sie verpflichten sich alle gleichmäßig, die Bundesakte unverbrüchlich zu halten.
Artikel 4. Die Angelegenheiten des Bundes werden durch eine Bundesversammlung besorgt, in welcher alle Glieder desselben durch ihre Bevollmächtigten teils einzelne, teils Gesamtstimmen führen [1].«

Ferner bestimmte der Artikel 13, daß in allen Bundesstaaten eine landständische Verfassung stattfinden werde. Daher erließ Friedrich Wilhelm III. noch von Wien aus am 22. Mai die »Verordnung über die zu bildende Repräsentation des Volkes [2]«, die im § 1 den lapidaren Satz enthielt: »Es soll eine Repräsentation des Volkes gebildet werden« (vgl. Anhang). Eine Kommission sollte diese durch zeitgemäße Veränderungen der ständischen Provinzialverfassungen vorbereiten. Aber trotz mancher Bemühungen Hardenbergs, der einen gouvernementalen Liberalismus vertrat, ist das als Anerkennung der Waffentaten des preußischen Volkes in den Befreiungskriegen gemeinte »Verfassungsversprechen« nicht gehalten worden; des Königs inneres Widerstreben ließ die tatsächlich bestehenden Schwierigkeiten die Oberhand gewinnen. 1819 drehte sich mit den Karlsbader Beschlüssen gegen die »Demagogen« der Wind vollends, obwohl

Hardenberg am 3. Mai dieses Jahres dem König den Entwurf einer Kabinettsordre vorlegte, mit der er zur Ausarbeitung einer Verfassung beauftragt werden sollte. Es war vergeblich, die Gutachten der befragten Vertreter altständischer Adelsvorrechte (O. K. Fr. v. Voß, Wittgenstein etc.) lauteten negativ. Auch Metternichs hemmender Einfluß machte sich bemerkbar. Die ausgebliebene Nationalrepräsentation aber sollte als Ausdruck dafür, daß das Bündnis zwischen Nation und Regierung nicht zustande gekommen war, der liberalen Bewegung ungeahnten Auftrieb geben und schließlich zum Paulskirchenparlament von 1848 führen. Das aber eilt weit voraus.

Zunächst ging es darum, Deutschland nach dem 1806 erfolgten Untergang des alten Reiches – Kaiser Franz II., der 54. Herrscher seit Karl dem Großen, hatte ja die deutsche Kaiserkrone niedergelegt – eine neue zeitgemäße Gestalt zu geben – »zum Besten nicht nur Deutschlands, sondern auch des Gleichgewichts Europas«, wie es in Erinnerung an die alte Reichsaufgabe hieß. In den zwischen 1812 und 1815 erörterten Bundesplänen, z. B. in der Proklamation von Kalisch (28. Februar 1813), ist zweifellos die alte Reichsvorstellung wirksam gewesen, die mit ihrer universalen Orientierung etwas anderes bedeutete als die moderne nationale Staatsidee. Im Grunde stellte auch der Deutsche Bund von 1815 nichts anderes als die modernisierte Weiterführung des alten Reiches dar, nur daß die kaiserliche Spitze fortgefallen war. Auch die 41 Artikel Hardenbergs, die auf dem Wiener Kongreß beraten wurden und der Bundesverfassung zugrunde lagen, lassen dies klar erkennen.

Es ist auch notwendig, sich klarzumachen, daß von den wichtigsten damaligen Denkern und Politikern: Stein, Hardenberg, Humboldt, Metternich, der neue Deutsche Bund ganz bewußt als Fortsetzung des Reiches verstanden wurde, also weder die Nationalstaatsidee noch die politische Einheit bei ihnen im Vordergrund standen. Was Friedrich Meinecke »Weltbürgertum« und »Universalstaatsgedanken« nannte und etwa bei Stein wiederfinden wollte, war im Grunde nur die Weiterführung der alten Idee des Reiches als »Friedensstaat«, als überstaatlich-europäischer Ordnungsmacht. Im nationalen Stein steckt daher auch der universale, der Reichsidee und Europagedanken als den eigentlich deutschen Inhalt in den modernen preußischen Staat einfließen lassen wollte. Im Vergleich mit Bismarck war Stein, der dem Staat von der alten Reichsidee her überstaatliche Aufgaben zuschrieb, sicherlich der romantischere und weniger erfolgreiche Staatsmann; Metternich hat sogar das romantische Denken bei Stein als »über alle vorgestellten Maße hinaus[8]« erklärt. – Ähnlich hat aber auch der Bildungsaristokrat Wilhelm von Humboldt seine modernen nationalen Ideen aus dem Erbgut der alten Reichsidee heraus entwickelt, deren Eigenart die weltbürgerlichen, also übernationalen Züge waren, die auch den preußischen Staat der Reformzeit wie der Restaurationszeit geprägt haben. Übrigens stellte die Provinz Ostpreußen einen eigentümlichen Sonderfall regionalen Bewußtseins dar, da hier seit der Ordenszeit eine eigene staatliche Tradition bestand, das Land aber nach 1815 ebenso wie Westpreußen und Posen gar nicht zum Deutschen Bund gehörte. Diese Unabhängigkeit hat sich so ausgewirkt, daß sie Preußen über den Deutschen Bund hinaus den Charakter einer europäischen Macht gegeben hat. Ost- und Westpreußen wurden 1824 zu einer Provinz zusammengelegt und erst 1878 wieder verwaltungsmäßig getrennt. Von den Ländern des österreichischen Kaiserstaates gehörten Galizien, Ungarn, Kroatien, Venetien und die Lombardei ebenfalls nicht zum Deutschen Bund. Dafür waren aber fremde Mächte wie England durch Hannover – in Personalunion des Königshauses verbunden (bis 1837) –, Holland durch Luxemburg, Dänemark durch Holstein und Lauenburg Bundesangehörige, hatten also in wichtigen Fragen Einsprachemöglichkeiten und Mitbestimmungsrecht. Die Bundesakte war durch die internationale Garantie zugleich Bestandteil des Völkerrechts.

Zumal für die zentrale Gestalt des Zeitalters, den österreichischen Außenminister und späteren Staatskanzler Fürst Metternich, der ein föderalistisches System des europäischen Staatengleichgewichts verfocht, den »Friedensstaat Europa«, hat zu gelten, daß er im Deutschen Bund eine Fortsetzung der europäischen Traditionen des alten Reiches sah. Konkret hieß das für ihn, daß der neue Bund in Österreich, Preußen und Deutschland die Klein- und Mittelstaaten umfaßte, nur daß diesem neuen Deutschland der Kaiser fehlte. Metternich selbst hat den entscheidenden Unterschied später einmal so formuliert: »Reiche lassen sich ohne Oberhaupt nicht denken, während beim Staatenbunde ein Vereinigungspunkt genügt« (Denkschrift vom 10. November 1855)[4]. Zwar ist das föderative Prinzip das gleiche, aber die Kaiserwürde, für deren Neuerrichtung Stein im Februar 1815 noch einmal mit Nachdruck, aber vergeblich eingetreten war, unterscheidet Reich und Bund. Die Sehnsucht nach dem Kaisertum als Rechtsschutzgaranten für die Schwachen ist zumal bei den Kleinstaaten und den mediatisierten Landesherren immer lebendig geblieben – und zwar bis 1866 in der überkommenen habsburgisch-österreichischen Form. 1815 realisierte es sich nicht; es wäre wohl ein Schattenkaisertum geworden.

Die Zeitgenossen von 1815 haben im Deutschen Bund, der als ein Element der europäischen Stabilität gedacht war und der die Lebensordnung der Deutschen für ein halbes Jahrhundert bestimmen sollte, im allgemeinen keine rationale Notlösung gesehen, sondern einen tief in der deutschen Geschichte verwurzelten übernationalen Ordnungsauftrag verspürt. Auch Stein wie viele andere gingen davon aus und haben an eine künftige Eintracht von Preußen und Österreich geglaubt. Sie meinten, wie es Wilhelm von Humboldt in seiner Denkschrift vom 3. September 1816 formulierte, daß »das ganze Dasein des Bundes auf Erhaltung des Gleichgewichts durch innewohnende Schwerkraft berechnet« sei. Deutschland als »erobernder Staat« war noch für Humboldt »etwas, was kein echter Deutscher wollen kann[5]«. Der Deutsche Bund, überhaupt das Vertragswerk von 1814 und 1815 als die letzte Gemeinschaftsschöpfung der alten europäischen Führungsschicht, hat so lange auch die Sicherheit und Ruhe Europas garantieren können, bis die Explosivkräfte der Nationalbewegungen ihn zersprengt haben und 1871 auf der neuen nationalstaatlichen Basis von Preußen her ein ganz neues Reich, das zweite Kaiserreich, gegründet wurde.

Die Schaffung des Deutschen Bundes 1815, der von Preußen her gesehen eine außenpolitische Angelegenheit war, und die mit ihm bestehenden Verträge völkerrechtlicher Natur, dürfen nicht mit späteren Maßstäben gemessen werden, indem man etwa nationale Einheitsideen oder politische Emanzipationsbestrebungen des gerade erst zum Selbstbewußtsein erwachenden Bürgertums in sie hineinträgt. Freilich, schon Ernst Moritz Arndt, der die Einheit von Volk und Staat forderte, meinte in einer Flugschrift von 1815, daß die vaterländisch-volkhafte Gesinnung das Neue sei, aber auch eine neue Reichsspitze sei wünschbar, weil »der schlechteste Kaiser immer noch besser (sei) als der vollkommenste Zankbund«. Arndts Mißtrauen gegen den unpatriotischen Egoismus der vielen kleinen Fürstentümer hatte gute Gründe. Auch Stein, der vergeblich eine kollegiale Zentralgewalt mit einheitlicher Außenpolitik und Militärverfassung angestrebt hatte, sah in der unbeschränkten Souveränität der Gliedstaaten die Ursache der deutschen Schwäche und – wegen der vielen Abhängigkeiten und Unterdrückungen – auch des sittlichen Verfalls. Er hatte wie viele andere (zum Beispiel der Göttinger Historiker Arnold Heeren) vor allem die Schwäche eines Bundes ohne Oberhaupt, zumal für die gemeinsame Verteidigung, empfunden und noch manch anderes föderalistische Erbgut aus der alten Reichsverfassung als unheilvoll angesehen. Der Deutsche Bund hatte kein Organ für eine gemeinsame Außenpolitik, er kannte keine Exekutivgewalt, keine einheitliche Justiz, keine gemeinsame Währung und war vor allem bis 1834, als angeregt durch Friedrich List und durchgeführt durch den preußischen Finanzminister Friedrich v. Motz die Gründung des »Deutschen Zollvereins« gelang (vgl. S. 177), kein einheitliches Zoll- und Handelsgebiet. Der Ruf nach »Bundesreform« ist daher schon früh erhoben worden. Ein starkes Deutschland ist 1815 nicht erreicht worden, ist wohl auch nicht erreichbar gewesen.

Ganz anders wurden diese Mängel von den oft sehr künstlichen Neugründungen des Wiener Kongresses wie etwa Baden beurteilt, ja sie wurden geradezu als Vorteile interpretiert. Viele aufgeklärte Politiker, zumal des Frühliberalismus in Südwestdeutschland, huldigten dafür aber auch einer ganz rationalen Staatsidee, der die alten landschaftlichen Traditionen und ständischen Privilegien weithin zum Opfer fielen. Am Beginn des nationalstaatlichen Denkens stand für sie eine Verschmelzung des napoleonischen Rheinbundsystems mit Gedankengängen des aufgeklärten Absolutismus. Für die Konsolidierung ihrer eigenen Zukunft sahen die Mittelstaaten in einer möglichst lockeren deutschen Föderation die beste Garantie. Die Wiener Schlußakte vom 15. Mai 1820 hat dann die strittigen Bundeskompetenzen sowie den Umfang der Bundesgewalt geregelt und der Verfassung des Deutschen Bundes erst die endgültige Gestalt gegeben; die Wahrung des monarchischen Prinzips wurde den Gliedstaaten – die freien Städte ausgenommen – zur Pflicht gemacht (Art 57). Der Fürst von Gera-Reuß (Reuß jüngere Linie) hatte sicher recht, wenn er als Kleinstsouverän dem Kongreß für die Garantie seines Besitzstandes Dankbarkeit zollte und seinen Landessuperintendenten predigen ließ, daß der Deutsche Bund »die größte Wohltat sei, die man sich denken möge«.

Das Jahr 1815 brachte aber neben der Gründung des Deutschen Bundes noch einen anderen denkwürdigen Versuch; durch das Bündnis christlicher Monarchen wollte man zu einem überstaatlichen Rechtszustand kommen. Am 26. September 1815 schlossen Alexander von Rußland, Franz von Österreich und Friedrich Wilhelm von Preußen die »Heilige Allianz«, um das Kriegsbündnis der traditionellen Monarchien des christlichen Patriarchalismus gegen Napoleon zu einer dauernden Friedensorganisation umzuformen, die aber nicht nur Frankreich, sondern die gesamte europäische Politik kontrollieren sollte. In der Stiftungsurkunde dieser Alliance Européenne, mit der jede Form der Wiederholung napoleonischer Großraumpolitik verhindert werden sollte, gelobten die drei Monarchen »in einem brüderlichen und christlichen Bündnisvertrag« im Namen der heiligen und unteilbaren Dreieinigkeit einander, »ihre gegenseitigen Beziehungen auf die erhabenen Wahrheiten zu gründen, die die unvergängliche Religion des Erlösers lehrt [6]«. Die Monarchen versprachen, sich künftig getreu den Worten der Heiligen Schrift durch das Band einer unlöslichen fraternité einander verbunden zu fühlen, sich jederzeit gegenseitig Hilfe zu leisten, sich gegenüber ihren Untertanen als Familienväter zu fühlen, um die Religion, den Frieden und die Gerechtigkeit zu schützen. Die Monarchen erklärten, daß sie sich nur als Delegierte der Vorsehung betrachten, daß ihre Regierungen und Völker nichts anderes seien als die Glieder ein und derselben christlichen Nation und daß diese nation chrétienne nur einen einzigen Souverän besitze, nämlich den göttlichen Erlöser Jesus Christus. Alle Staaten wurden eingeladen, dieser Sainte Alliance beizutreten.

In diesem kurzen Dokument von drei Artikeln waren alle Gedanken der Restauration niedergelegt: die Unterwerfung des staatlichen Lebens unter die überkonfessionell gefaßten christlichen Moralprinzipien, das Bekenntnis zum patriarchalischen Regiment, zum Gottesgnadentum, zur Friedensidee und zu einem christlich-universalen Völkerbund, der alle Eroberungs- und Vergrößerungskriege der Staaten ächten sollte. Die Kundgebung war der unklaren theatralischen Natur des Zaren Alexander entsprungen, in dem sich Motive der europäischen Aufklärung mit solchen der christlichen Erweckungsbewegung kreuzten. Zudem stand der Zar damals unter dem Einfluß einer mystischen Schwärmerin, der Freifrau von Krüdener. Dem praktischen Kaiser Franz und dem prosaisch-nüchternen preußischen König war nicht ganz wohl dabei. Metternich, der große österreichische Staatsmann, hielt das ganze Dokument für unnütz. Obwohl er den Vertragstext in seiner Schlußredaktion schon weitgehend entromantisiert hatte, sprach er von einem »lauttönenden Nichts«, sein Sekretär Friedrich Gentz von einer »Theaterdekoration«. Alle mittleren und kleineren Staaten unterschrieben die Deklaration allmählich, wenn auch zögernd. Lediglich England blieb in einer Zwitterstellung, Amerika ganz abseits, und der Papst lehnte es ab, einem Bekenntnis beizutreten, das von der »Einheit der großen christlichen Kirche in ihren drei Gliedern« sprach und so den Unterschied der großen Konfessionen verwischte.

De facto hat die Heilige Allianz als eine anti- oder postrevolutionäre Deklaration nur wenig praktische Bedeutung gehabt. Sie stand auch außerhalb des eigentlichen Vertragswerks von 1815, mit dem das Konzert der Großmächte dirigiert werden sollte. Metternich stellte zufrieden fest, daß ihrer zwischen den Kabinetten niemals Erwähnung gemacht worden wäre noch hätte gemacht werden können. Dies entspricht aber nicht den Tatsachen. Konservatives politisches Denken auf dem Gebiet der Außenpolitik, der Gestaltung zwischenvölkischer Beziehungen, hat in der Heiligen Allianz ihren klassischen Ausdruck gefunden. Noch in der zweiten Jahrhunderthälfte haben die Gebrüder Gerlach in diesem Bündnissystem zur Aufrechterhaltung des Status quo auf der Basis von 1815 die Gegenmacht zu den Ideen von 1789 und somit gegenüber Absolutismus (Bonapartismus) sowie Revolution die Richtschnur für ihr eigenes politisches Handeln gesehen. So gewiß der europäische Universalstaatsgedanke christlicher Prägung in der Spätromantik wurzelt, hat dieser erste Staatenbund auf christlicher Basis den europäischen Frieden immerhin ungefähr vier Jahrzehnte zu sichern vermocht, was seine Nachfolger bei weitem nicht zuwege gebracht haben. Nachdem »die rechtmäßige und konstitutionelle Gewalt« der Bourbonen wiederhergestellt war, wurde auch Frankreich laut Punkt 3 des Protokolls über den Aachener Kongreß, das am 15. November 1818 unterzeichnet wurde, den übrigen Mächten wieder gleichgestellt und in das europäische Friedenssystem einbezogen.

Die sogenannte »Pentarchie«: Preußen, Österreich, Rußland, England, Frankreich – auch concert européen genannt –, die 1818 wieder in Erscheinung trat und an die Verhältnisse des 18. Jahrhunderts anknüpfte, hat immerhin das klassische Gleichgewicht der Mächte in Europa zu stabilisieren vermocht, indem sie als den Willen zu einer gemeinsamen Europapolitik das Interesse der Mächte gegen jeden Umsturz des Bestehenden etablierte. Die praktische Folgerung wurde das vom Zaren auf den Kongressen von Troppau, Laibach und Verona 1820–1822 durchgesetzte, jedoch in sich selbst höchst riskante Interventionsprinzip gegen die »Revolution«, Staaten wegen revolutionärer Veränderung im Inneren von der Allianz auszuschließen und sie gegebenenfalls mit Zwangsmitteln in den Schoß der Allianz zurückzuführen (Troppauer Protokoll vom 19. Nov. 1820). Hierfür sind die Formeln des Allianztraktats wieder herangezogen worden. Für die liberalen Kräfte Europas stellte sich dies alles immer nur unter der einen Perspektive dar, daß die absolutistischen Polizeistaaten sich verbündet hätten, um jede freiheitliche Regung in den Völkern, die nach einer Konstitution verlangen, mit Gewalt niederzuknüppeln. Diese höchst einseitige Betrachtungsweise dominiert bis heute in vielen Geschichtsbüchern.

Die Heilige Allianz hat auch insofern eine neue Ära der Politik heraufgeführt, als sie im Bündnisvertrag der Siegermächte den Schiedsgerichtsgedanken und die Kongreßidee durchsetzen wollte – gleichsam als Repräsentation des abendländischen Staatensystems, um einen Rechtszustand zwischen den Kabinetten zu schaffen und pochend auf die Solidarität der Kronen – die Bourbonen eingeschlossen – das nationale Machtstreben zurückzudrängen. Die Großmächte versuchten so mit der Wiener Schlußakte von 1820, die das Grundgesetz des Deutschen Bundes darstellt – in letzter Instanz, aber vergeblich –, den unterirdisch grollenden Geist der Rebellion und des Umsturzes zu bannen. In Neapel und in Spanien wurde dann das Interventionsprinzip oder Einmischungsrecht in die inneren Verhältnisse revolutionierter Staaten auch tatsächlich durchgesetzt, obwohl sich die englische Politik unter Lord Castlereagh zurückhielt. An der Interventionsfrage ist die Pentarchie spätestens mit dem Tode Alexander I. (1. Dezember 1825) kraftlos geworden und schließlich auch zerbrochen. Die Monroedoktrin von 1823 hatte dem Interventionsversuch der Heiligen Allianz in die südamerikanischen Revolutionskriege einen Riegel vorgeschoben. Am Präsidenten der USA ist sie also letzten Endes gescheitert. Ohne je formell widerrufen zu sein, hatte damit die Heilige Allianz als ein mit unzureichenden Mitteln eingeleiteter früher Versuch der Völkerunion zu bestehen aufgehört.

Die staatliche Ordnung des Europas der Wiener Verträge ist – etwa ab 1830 – zuerst an den Rändern brüchig geworden (griechischer Freiheitskampf, Abfall Belgiens von den Niederlanden, polnischer Aufstand). Dennoch hat die Politik Metternichs wenigstens die drei Ostmächte zusammenhalten können, das heißt Mitteleuropa. Der Weltfriede blieb so fast vierzig Jahre bis zum Krimkrieg erhalten; die überlieferte gesellschaftliche und staatliche Ordnung wurde gegen die Mächte des Umsturzes verteidigt. Sowohl in der Julirevolution von 1830 wie im Ansturm von 1848 ist im Resultat, auch wenn Metternich abtreten mußte und der Preußenkönig gedemütigt wurde, die europäische Ordnungsidee als Gegenposition gegen die Revolution und die internationalen Freiheitsgedanken verteidigt und gehalten worden. Gemäß den Worten des väterlichen Testaments sah noch Friedrich Wilhelm IV. in diesem »Bündnis der drei schwarzen Adler« die völkerrechtliche Leitlinie seiner Außenpolitik. Preußen ist daher auch gegen alle Verlockungen im Krimkrieg 1853–55 neutral geblieben. Der Staatsrechtslehrer Friedrich Julius Stahl gab dieser Entscheidung in der ersten preußischen Kammer am 25. April 1854 die Begründung, daß das bewußte Festhalten an der Heiligen Allianz das Bekenntnis zum Ideengut des alten Reiches sei (vgl. Kap. 14).

Erst als Bismarck sich von dieser »Ideenpolitik« bewußt abkehrte und zur neuen »Realpolitik« überging, fiel unter seinen wuchtigen Schlägen das alte europäische Staatensystem zusammen. Mit der Zerstörung seines Herzstücks, des Deutschen Bundes, in dem Ranke die von der Geschichte bestimmte deutsche Position schlechthin gesehen hatte, begann die europäische Neuordnung nach den veränderten Machtverhältnissen: das Werk Otto von Bismarcks. Noch 1852 hatte der große Historiker an Edwin von Manteuffel über die Fruchtbarkeit der Spannung Österreich-Preußen geschrieben: »Ihr Gegensatz ist ein Grundelement des deutschen Wesens und macht, wohl verstanden, beide stark[7].« Aber im Zeitalter Bismarcks, in dem die Nationalstaatsidee mächtig wurde, die auf dem Wiener Kongreß höchstens als »Vorahnung« dagewesen ist, war auch das Ende der Ideen von 1815 gekommen. Die Entscheidungen, die auf dem Wiener Kongreß gefallen waren, wurden mit dem Beschreiten des Weges aufgehoben, der fünfzig Jahre später von Olmütz nach Königgrätz geführt hat. Aber mit gewissen Schwankungen während des Krimkriegs hat der Ostmächtebund der drei schwarzen Adler als schicksalhafte Formation Europas von 1815 bis zum Jahre 1866, ja man kann sagen fast das ganze 19. Jahrhundert hindurch gehalten, bis 1890 von Berlin der sogenannte »Rückversicherungsvertrag« mit Rußland aufgekündigt wurde (vgl. Kap. 16, S. 276).

ZWÖLFTES KAPITEL
PREUSSENS ENTWICKLUNG
1815–1840

Der siegreiche Ausgang der Befreiungskriege hat sich auf die Durchführung der Ideen und Verordnungen der Reformzeit nicht günstig ausgewirkt. Im wesentlichen lebten sie nur in der neuen Städteordnung, in einer fortschrittlichen Wirtschaftspolitik, Steuer= und Zollgesetzgebung und einem starken Beamtenliberalismus weiter. Am folgenschwersten wurde der Rückschlag auf dem Gebiet der Agrargesetzgebung für die weiträumigen östlichen Provinzen. Im Verfolg des Edikts vom 9. Oktober 1807 (vgl. oben S. 119) war eine Regulierung der gutsherrlichen Verhältnisse (Regulierungsedikt vom 14. September 1811) von Staats wegen vorgenommen worden, die den spannfähigen Laßbauern (dienstpflichtigen Erbbauern) tatsächlich zum freien Eigentümer machte. Als Kehrseite der Umwandlung herrschaftlichen Obereigentums in freien Besitz spielte es sich aber ein, daß der Laßbauer die Ablösung der seinem Gutsherrn bisher geschuldeten Leistungen in Form einer jährlichen Geldrente oder sehr viel häufiger durch Abgabe eines Drittels oder gar der Hälfte seines Ackerbodens vornehmen mußte. Die adligen Gutsbesitzer aber standen dem Problem einer vermehrten Anbaufläche bei einer verminderten Zahl von Arbeitskräften gegenüber.

Die Opposition der Gutsherren hatte den Erfolg, daß ein neues Gesetz, die »Deklaration« der Regierung vom 29. Mai 1816 zum Befreiungsedikt von 1811, nur noch auf Antrag hin spannfähige bäuerliche Nahrungen als regulierungsfähig erklärte, die nicht spannfähigen Bauern (Kleinbauern) hingegen von der Regulierung ausschloß, ihre Arbeitskraft also dem Gutsherrn erhielt. An die Stelle der Kleinbauern, deren Grundstücke vom Gutsbesitzer eingezogen werden konnten, traten Gutstagelöhner. Nur die bäuerliche Oberschicht behielt somit ihren von Stein durchgesetzten Status. Hatte die »Regulierung« zu einer Ausdehnung des Gutsbesitzes in Ostelbien geführt, so entstand durch die »Deklaration« – sie blieb bis 1850 gültig – aus nichtregulierten Kleinbauern und Häuslern (besitzlose Gutstagelöhner) auf den Gütern eine neue Schicht besitzloser Landarbeiter, ein ländliches Proletariat. Damit war die innere Absicht der Stein-Hardenbergschen Reformen für das flache Land in ihr Gegenteil verkehrt, die Bauernbefreiung zugunsten des adligen Gutsbesitzes wieder eingeschränkt worden. Man hat berechnet, daß rund eine Million Hektar Bauernland nach 1816 an den Großgrundbesitz verlorengegangen sind [1].

Anders sahen die Verhältnisse in den westlichen Provinzen des Königreiches aus, in denen Handel, Gewerbe und Industrie überwogen. Hier waren die Sozialverhältnisse viel fortgeschrittener. Die ins reiche Rheinland gekommenen preußischen Verwaltungsbeamten wurden häufig etwas herablassend als »arme Hungerleider« angesehen. Stolz wies der Wortführer des rheinischen Liberalismus David Hansemann (1790–1864) in einer Denkschrift von 1830 auf die zahlreichen Unterschiede und die Vorbildlichkeit der Rheinprovinzen für die ganze Monarchie hin [2].

»Die Rheinprovinzen, diese echt germanischen Gaue, welchen niemals durch Eroberung eine drückende Leibeigenschaft wie in den meisten östlichen Provinzen aufgedrungen wurde – so daß die (frühere) französische Revolution hier weniger Feudallasten als in den meisten Teilen Frankreichs zu vertilgen fand –, sind nicht an Preußen überkommen, um experimentalisch zu versuchen, wie weit sich die Überbleibsel der Feudalzeit wohl mit dem neueren Kulturzustande vertrügen, sondern um zu zeigen, welches dieser letztere in den östlichen Provinzen sein werde, sobald einmal die Gewerbefreiheit und die Freiheit der Bauern ganz Wurzeln gefaßt haben, um zu beweisen, daß sich mit der Justiz als Institut, mit Öffentlichkeit und Mündlichkeit derselben, mit der Gleichheit vor dem Richter und dem Gesetze gar gut regieren lassen.«

Der Verfall der Reformideen fällt mit dem Stagnieren der Verfassungsideen zusammen. Am Anfang der preußischen Verfassungsentwicklung stand die Denkschrift des Freiherrn vom Stein über fehlerhafte Kabinettsorganisation vom 27. April 1806, in der es geheißen hatte: »Der preußische Staat hat keine Staatsverfassung, die oberste Gewalt ist nicht zwischen dem Oberhaupt und den Stellvertretern der Nation geteilt, der preußische Staat ist nichts als ein sehr neues Aggregat vieler einzelner durch Erbschaft, Kauf, Eroberung zusammengebrachter Provinzen. Die Stände einiger dieser Provinzen sind nur örtliche Korporationen[3].« Diesen Steinschen Leitgedanken, aus summierten Landesteilen einen Staat zu schaffen, hatte Hardenberg nach Steins Sturz aufgenommen und im Februar 1811 die erste interimistische Nationalrepräsentation aus Notablen der östlichen Provinzen nach Berlin zusammengerufen, die dann auch in den folgenden Jahren zur Beratung der Schuldenregulierung der einzelnen Provinzen getagt hatte (vgl. oben S. 123). Sie wurde eine der Ursachen für die Verordnung vom 22. Mai 1815, mit der der König das Versprechen einer schriftlichen Verfassungsurkunde mit repräsentativen Einrichtungen gab, sofern aus den Provinzialständen eine indirekt gewählte Landesrepräsentation entstehen solle. Vorangegangen waren Versprechungen an die neuen Provinzen, daß sie Provinzialverfassungen bekommen würden[4].

Dies ist die Vorgeschichte des Ringens um die preußische Staatsverfassung. Dazu kam harter politischer Zwang. Mit Recht sah der Staatskanzler Hardenberg nach 1815 seine Hauptaufgabe darin, die neuen Provinzen, Rheinland, Westfalen und Sachsen, mit den alten politisch wie wirtschaftlich zu einem Gesamtstaat zu verschmelzen. Dem sollte die Einheit der Gesetze, zumal der Steuerverfassung, den Weg bahnen. Zur Mitwirkung bei Erhebung der Steuern für den Gesamtstaat hielt Hardenberg die Schaffung Allgemeiner Landstände – von ihm auch »Reichsstände« genannt –, wie sie schon Stein auf dem ostpreußischen Provinziallandtag im Januar 1808 vorgeschlagen hatte, für unerläßlich. Es lag darin eine gewisse Distanzierung von den traditionellen Provinzialständen, die einst das Mitspracherecht über Steuerbewilligungen besessen hatten, aber in der absoluten Monarchie entmachtet worden waren und – obschon nicht aufgehoben – nur noch in Überresten existierten. Zudem waren sie immer mehr Ausdruck des Charakteristischen der einzelnen Landschaften geworden, während es Hardenberg um die Vereinheitlichung des preußischen Staatsaufbaus von der

Spitze her im freiheitlichen Sinne ging; er hatte selbst schon in seiner Rigaer Denkschrift von 1807 von einer erforderlichen Revolution von oben gesprochen als einer »Revolution im guten Sinne[5]«. Der Kernsatz seiner Konzeption für den preußischen Staat, den er schon 1807 formuliert hatte, lautete daher: »Demokratische Institutionen unter einer monarchischen Regierung – dieses scheint mir die angemessene Form für den gegenwärtigen Zeitgeist.« Dies liegt nicht so weit von dem »von republikanischen Einrichtungen umgebenen Thron« entfernt, mit welchem Wort Metternich die Restauration der Bourbonen in Frankreich charakterisierte[6].

Der rheinische Liberale J. F. Benzenberg schrieb 1818 an Gneisenau: »Die Wurzel unseres Unglücks besteht eigentlich darin, daß wir keine Staatsinstitution haben, in der der Fürst die Nation sieht. Nichts Großes steht ihm gegenüber[7].« – Das war richtig gesehen. Aber wie sollte das Problem gelöst werden? »Es galt eine Unsumme zentrifugaler Kräfte an den Gedanken, Preußen zu sein, zu gewöhnen; es galt die Ausländerei im Inland, die Kleinstaaterei im Großstaat zu bekämpfen. Sollte man die partikularistischen Vorurteile, die tausend verletzten örtlichen Interessen eines politisch noch gänzlich ungeschulten Volkes sogleich im parlamentarischen Kampfe aufeinanderplatzen lassen? Nein, vor dem Jahre 1820 etwa war ein preußischer Reichstag kaum möglich[8].« Da die Grundlagen der Verfassung noch gar nicht feststanden, konnte man die Krone auch noch nicht mit parlamentarischen Formen umgeben. Jedenfalls hätte dies ein sehr behutsames Vorgehen und eine längere Vorbereitungszeit des organischen Reifens erfordert. Die liberale Geschichtslegende, die sich immer nur über die reaktionäre Gesinnung der Männer am Hofe entrüstet, die in diesen Jahren nach 1815 einzig und allein die Einlösung des königlichen Verfassungsversprechens verhindert habe, muß doch wohl erheblich reduziert werden.

Die tatsächliche Entwicklung war folgende: Am 30. März 1817 erging eine Kabinettsordre, mit der eine Verfassungskommission aus Staatsbeamten zusammengesetzt wurde, die sich zunächst einmal auf einer Rundreise durch die Provinzen mit Befragung der Notablen einen Überblick über die noch vorhandenen ständischen Einrichtungen und die Reformwünsche in den einzelnen Provinzen verschaffen sollte; von ihren 22 Mitgliedern waren mindestens 13 erklärte Anhänger einer Gesamtstaatsverfassung. Angesichts der häufig unklaren Rechtslage zerstritt sich die Kommission aber bald und wurde schließlich wieder entlassen, da beim König immer mehr der Entschluß reifte, über Provinzialstände hinaus zunächst auf keine Art wirklicher Volksrepräsentation einzugehen. Nicht zuletzt hatte den König hierin eine Flugschrift von Görres über seine Unterredung mit Hardenberg auf Schloß Engers bestärkt, die auf ihn einen ungünstigen Eindruck gemacht hatte. Görres hatte dem Staatskanzler eine von 3 000 Rheinländern unterschriebene »Koblenzer Adresse« überreicht, mit der der König geradezu ultimativ an das Versprechen einer landständischen »Magna Charta« erinnert werden sollte. Als nun auch noch Wilhelm von Humboldt, der für die Behandlung ständischer Fragen wieder ins Ministerium des Inneren berufen worden war, eine aus direkten Volkswahlen sofort zu errichtende beschließende Volksvertretung forderte, ging dem vorsichtigeren und die Verhältnisse skeptischer beurteilenden Hardenberg die Sache zu weit. Aus Differenzen des taktischen Vorgehens wurden allmählich Grundsatzfragen, und ein Rivalenkampf entbrannte, der beide Männer, die eigentlich das gleiche wollten, schließlich aufrieb.

Auch Hardenberg hatte 1819 aufgrund einer Königlichen Kabinettsordre einen Verfassungsplan (Denkschrift »Ideen zu einer landständischen Verfassung in Preußen«) entwickelt, der die von Preußen übernommene Verpflichtung des Artikels 13 der Bundesakte einlösen sollte. Er wollte ebenfalls im Endergebnis eine echte Landesrepräsentation, die nicht nur beraten, sondern allmählich auch aktiv mitgestalten sollte. Humboldt lavierte nun aber äußerst ungeschickt, griff auch Hardenbergs Außenpolitik an, der sich gegenüber Metternich in der Teplitzer Punktation vom 1. August 1819 verpflichtet hatte, in der Frage einer Volksvertretung nur schrittweise vorzugehen: von Kreistagen über Provinziallandtage zu einem Zentralausschuß der Landesrepräsentanten. Die im guten Vordringen begriffene Verfassungsbewegung ist von den Extremisten des liberalen Bürgertums selbst vereitelt worden, indem ihre Ausschreitungen die Gegenwehr der verbündeten Regierungen, das heißt die sogenannten Karlsbader

Beschlüsse, erst erzeugt haben. Es war Besorgnis wegen des Metternichschen Erhaltungssystems, nicht Bösartigkeit. Und dem Staatskanzler blieb nach den Bestimmungen der Bundesakte, wenn Preußen nicht aus dem Deutschen Bund austreten wollte, gar nichts anderes übrig, als diese »Karlsbader Beschlüsse« für Preußen zu übernehmen. Es waren vier ohne Berücksichtigung der Abmilderungsversuche des preußischen Außenministers Bernstorff von den Gliedstaaten vereinbarte Bundesgesetze gegen die vermeintliche revolutionäre Umsturzpartei. Jahns Turnerschaft mit ihrem auch bei Hardenberg Anstoß erregenden Teutschtum, die aufgedeckten »Geheimen Gesellschaften«, die liberale Propaganda der Burschenschaften, zumal das Wartburgfest 17./18. Oktober 1817 und die Ermordung des Unterhaltungsschriftstellers Kotzebue, der russischer Staatsrat war, durch den Theologiestudenten Sand hatten diese Beschlüsse ausgelöst. Es handelte sich um die von Adam Müller vorgeschlagene Einsetzung von Kuratoren zur Überwachung der Universitäten, die Schaffung einer Zentraluntersuchungskommission in Mainz zur Aufdeckung »demagogischer« Umtriebe, um verschärfte Zensur für Zeitschriften und Broschüren auf zunächst 5 Jahre sowie um eine Exekutionsordnung zur Aufrechterhaltung der öffentlichen Sicherheit und Ordnung. Diese »reaktionären« oder von den Liberalen als »reaktionär« diffamierten Maßnahmen der bestehenden Ordnungsmächte wurden von Hardenberg durch ein Publikandum vom 18. Oktober 1819 übernommen, woraufhin es nach erbitterten Auseinandersetzungen schließlich Silvester 1819 zum Rücktritt der »liberalen« Minister Humboldt, Boyen und Beyme kam. Dem im Grunde freisinnig denkenden Hardenberg lagen diese Beschlüsse nicht, aber die nicht unbegründete allgemeine Revolutionsfurcht in den Kabinetten hatte auch ihn ergriffen. In Teplitz, wo er Metternich noch hätte widersprechen können, hatte er es aus Furcht vor unterirdischen Konspirationen der »Jacobiner« unterlassen und war auf Metternichs Linie des gesellschaftlichen Erhaltungssystems eingeschwenkt, da mit den »Schwarzen« oder »Unbedingten«, dem extremen Flügel der Burschenschaft, erstmalig die Existenz einer terroristischen Verschwörergruppe sichtbar geworden war. Außer ihrer Zerschlagung sollte es in der weiteren Folge auch zur Schließung der

Turnplätze, zur Gefangensetzung Jahns und Verurteilung in einem Gerichtsverfahren, zur Suspendierung Arndts von seinen Vorlesungen, zur Bespitzelung Schleiermachers, Ludens u. a. und zur Verurteilung zahlreicher Studenten in ordentlichen Gerichtsverfahren kommen, wie etwa Fritz Reuters zu 30 Jahren Festungshaft. Auch viele Konservative sahen hierin bedenkliche Maßregeln, die unnötig böses Blut machen mußten.

Wichtiger war noch, daß der um den Verlust weiterer Privilegien bangende märkische Adel sich mit der absolutistisch und teilweise auch antikonstitutionell gesinnten Hofpartei unter Wittgenstein, Ancillon und dem Herzog Karl von Mecklenburg verband und gegen eine gesamtstaatliche Verfassung votierte, weil nach Meinung dieser Männer Kreis- und Provinzialwirksamkeit vollauf genügen würde. Diese gouvernementalen Konservativen dachten, wie die Gutachten von Voß, Ancillon, Schuckmann im Nachlaß Wittgenstein zeigen [9], an Ständevertreter zur Unterstützung des Monarchen, aber nicht als Mitträger der Staatsgewalt. Der alte Marwitz bezeichnete es in einer Denkschrift für den Kronprinzen (1823) als eine »demagogische Erfindung [10]«, einem so zusammengesetzten Staate einen Reichstag geben zu wollen.

Auch der Kronprinz trat nun mehr oder weniger auf diese gouvernementale Seite über. Tatsächlich bahnte sich daher im Jahre 1820 ein Bündnis von Bürokratie und Großgrundbesitz an. Schließlich befahl eine Kabinettsordre vom 11. Juni 1821, sich auf die Beratung der Einrichtung von Provinzialständen zu beschränken. Als der in den letzten Jahren einsam und resigniert gewordene Hardenberg im November 1822 in Genua verstarb, hatte er bereits allen Einfluß in der Verfassungsfrage verloren. Sein Scheitern beendete das Zeitalter der Reformen.

Das Rahmengesetz, das schließlich am 5. Juni 1823 »im Geiste der älteren deutschen Verfassungen« erlassen wurde, ordnete für das Gesamtgebiet der Monarchie »historische« Provinzialstände an, »wie solche die Eigentümlichkeit des Staates und das wahre Bedürfnis der Zeit erfordern«. Die von den Provinzialständen gebildeten Landtage sollten aber unverbunden nebeneinander stehen. Die altständisch Orientierten sahen das damalige Preußen als eine Föderation von Provinzen und wollten beileibe keinen

Einheitsstaat. Die Regierung hatte sich diesen Standpunkt der konservativen Hofpartei zu eigen gemacht. 1828 wurden dann die Provinziallandtage auf dem Verordnungswege eingeführt. De facto waren aber die Provinziallandtage keine Wiederherstellung alten deutschen Rechts, sondern eine Neuschöpfung auf der Basis von Kompromissen. Gleichwohl sind sie als der Auftakt der konstitutionellen Bewegung in Preußen anzusehen. Die vom Gesetz vorausgesetzte altständische Dreiklassengliederung (Adel, Städter, Bauern) entsprach freilich nicht mehr den gewandelten soziologischen Verhältnissen. Der Adel als Körperschaft war für den Gesamtstaat politisch bedeutungslos geworden und kam nur noch auf der Landesebene in Betracht. Die Bürgerschaft als »dritter Stand« mit eigenem Selbstbewußtsein gab es erst in Ansätzen, am ehesten schon im Rheinland, wo er Träger der liberalen Verfassungsbewegung war – mit Görres und Benzenberg als Sprechern. Die für die Landtage allein anerkannten Stände waren reine Vertretungen des feudalen, des städtischen und des großbäuerlichen Besitzes mit klarer Bevorzugung des ritterschaftlichen Großgrundbesitzes. Überhaupt wurde Grundeigentum zur Bedingung der Standschaft gemacht. Der Plan einer Repräsentativverfassung der Nation als Erfüllung des königlichen Verfassungsversprechens war damit zu Grabe getragen, der richtige Zeitpunkt offenbar verpaßt worden. Die Provinzialstände als Ersatz für Volksvertretungen haben eine restaurative Verhüllung der gewandelten politischen und gesellschaftlichen Situation bedeutet, die eigentlich schon ganz neue Formen staatlichen Daseins erforderte. Aber bis Preußen ein konstitutioneller Staat wurde und neu gebildete politische Parteien die überalterten Stände ersetzen konnten, sollten noch zwei Jahrzehnte vergehen.

Einstweilen blieb Preußen noch trotz bester Verwaltungsabsichten seiner aufgeklärten Beamtenschaft ein bürokratisch regierter halbfeudaler Ordnungs- und Obrigkeitsstaat. Diese Weichenstellung ist in den Jahren 1815–1820 entschieden worden. Das von den Reformern gewünschte Hineinwachsen des Bürgertums in die staatspolitische Verantwortung unterblieb oder wurde verzögert. Die neuen Provinziallandtage besaßen lediglich Beratungs- und Petitionsrecht in Angelegenheiten ihrer Provinzen sowie rein kommunale Verwaltungsbefugnisse (wie Straßenbau, Armenwesen, Krankenhäuser etc.); für die Entfaltung seiner Aktivitäten und die politische Mitarbeit in der Selbstverwaltung erhielt das aufstrebende Bürgertum noch kaum Gelegenheit. Die Provinziallandtage waren »durchaus rationale Neuschöpfungen der absoluten Bürokratie, denen man einen altertümlichen Anstrich gegeben hatte – echte Erzeugnisse dieses Zeitalters der Restauration und der Neugotik [11]«. Selbst für den erstmals 1826 zusammengetretenen Landtag Westfalens trifft dies Urteil zu, dessen Marschall der alte Stein geworden war, der sich für die Vorrechte des eingesessenen Adels und die altständische Ordnung der Gesellschaft einsetzte. Es wäre schief, ihn deswegen einen Abtrünnigen von seinen Jugendidealen nennen zu wollen, aber auch er wurde jetzt vom Zeitgeist der Restauration bestimmt und lehnte noch in seinem letzten Lebensjahr auf dem dritten Westfälischen Provinziallandtag einen liberalen Vorstoß für die Einberufung von Reichsständen als »nicht an der Zeit« und »revolutionär« ab. Er gab sich jetzt als betont antiliberal [12].

Die Verfassungsfrage kam aber auch in den 30er Jahren nicht zur Ruhe. Die liberale Propaganda bezeichnet die preußische Staatsform des Vormärz gern als »absolute« Monarchie. Das war das Frankreich Napoleons, aber nicht der Staat Friedrich Wilhelm III., der auch ohne Beschränkung der Krone durch ein Parlament bereits vorkonstitutionellen Charakter hatte, weil die Krone an feste Rechtsordnungen gebunden war und das Prinzip der Selbstverwaltung weithin anerkannte. Schließlich war auch der Wille zur kontinuierlichen Weiterentwicklung allseitig vorhanden. Noch in seinem als Hausgesetz gemeinten späteren Testamentsentwurf von 1838 hat Friedrich Wilhelm III. die Erfüllung der Verheißungen von 1815 durch die Berufung eines »gemischten Reichstags« empfohlen, der zur Bewilligung von Staatsanleihen zusammengerufen werden und sich aus Mitgliedern der Provinzialstände und des Staatsrats zusammensetzen sollte. Der König wünschte die mit der französischen Julirevolution von 1830 sichtbar gewordene Gefahr rein liberaler Institutionen weitmöglichst zu bannen, zumal sich diese auch mit deutscher Nationalgesinnung »revolutionär« verknüpfen ließen.

Eine wirkliche Volksvertretung wären auch die nach diesem Mischplan konstruierten Generalstände nie geworden. Im übrigen wurde dem Nachfolger eine Selbstbeschränkung von Kronrechten untersagt, sofern einer solchen nicht sämtliche Agnaten (Mitglieder des königlichen Hauses) ihre Zustimmung geben würden.

Wesentlich günstiger ist es mit der Einrichtung des Staatsrates gegangen, der als Beratungskörperschaft des Königs und der Regierung durch Gesetz vom 20. März 1817 einberufen wurde [13]. Dieses vorkonstitutionelle Beamten- und Sachverständigenparlament sollte der Vorbereitung und Beratung neuer Gesetze dienen und somit die 1808 verheißene höchste Behörde darstellen. Die großjährigen Prinzen des königlichen Hauses, die Behördenspitzen – Staatsminister und Oberpräsidenten –, die Kommandierenden Generäle und 34 durch das Vertrauen des Königs berufene Männer gehörten ihm an. Sein faktischer Einfluß war insofern beschränkt, als seine Gutachten und Gesetzesentwürfe von der königlichen Bestätigung abhingen. Immerhin hatte dieses Beratungsorgan für die preußische Gesetzgebung effektive Bedeutung, denn kein wichtiges Gesetz wurde mehr ohne bzw. gegen seine Gutachten erlassen. Man hat den preußischen Staatsrat als das »Parlament des absoluten Beamtenstaates« bezeichnet; für den Zeitraum von 1817–1848 trifft dies zu. »Der Staatsrat war ohne Zweifel ein aristokratisches Organ, aber es war eine Aristokratie des Dienstes, die sich in ihm verkörperte [14].«

An der sonstigen Verwaltungsorganisation der Reformzeit wurde nicht allzuviel verändert. Von dem Ministerium für die Inneren Angelegenheiten wurde 1817 das Ministerium für Geistliche, Unterrichts- und Medizinalangelegenheiten abgezweigt. Dieses Kultusministerium ist von 1817 bis 1840 von Altenstein verwaltet worden, der sich zusammen mit dem ebenfalls von neuhumanistischen Ideen und Hegelscher Philosophie bestimmten Vortragenden Rat Johannes Schulze um die Entwicklung des preußischen Gymnasial- und Universitätswesens verdient gemacht hat. Von beiden sind so bedeutende Geister wie Hegel, Ranke, Savigny, Liebig und Boeckh durch ehrenvolle Berufungen an die Universität Berlin gebunden worden. Hegel, der im Konfliktfall stets für das Ministerium votierte und daher dem König sympathisch erschien, hatte sich in seinen letzten Lebensjahren konstitutioneller Ideen ziemlich entwöhnt und galt weithin als *der* preußische Staatsphilosoph.

Zeitweilig wurde vom Ministerium der Justiz ein solches für Gesetzesrevisionen abgespalten (1817–1819), das 1832 neu geschaffen wurde und in den 40er Jahren unter Savigny einige Bedeutung hatte. 1848 kamen dann noch eigene Ministerien für Handel und Gewerbe sowie für Landwirtschaft, Domänen und Forsten hinzu, womit die preußische Ministerialorganisation ihre endgültige Form gefunden hat. Die Provinzialbehörden oder Regierungen – endgültig acht – verblieben in ihrer 1808 gegebenen Stellung, wurden aber seit 1815 von Oberpräsidenten kontrolliert. Der preußische Oberpräsident soll, so hieß es in der Provinzialordnung von 1815, »der in der Provinz residierende ständige Kommissar und Vertrauensmann der Staatsregierung für alle Verwaltungszweige sein«. Die endgültige Instruktion für die genaue Bestimmung des Wirkungskreises der Oberpräsidenten wurde am 31. Dezember 1825 erlassen.

Das Finanzwesen wurde ebenfalls durch eine Reihe von Gesetzen geregelt, denen heftige Diskussionen im Staatsrat vorangingen, die 1817 zur Ersetzung des Finanzministers v. Bülow, eines Vetters von Hardenberg, durch den sparsamen Klewitz führte. Zur Regelung der durch den Krieg stark angewachsenen Staatsschulden – sie wurden auf 218 Millionen Taler festgesetzt – wurde 1820 eine besondere Staatsschuldenverwaltung gegründet, welche dem Staatsrat alljährlich Rechenschaft ablegen und keine neuen Anleihen ohne Zustimmung der künftigen reichsständischen Versammlung aufnehmen sollte. In der Verordnung über das Staatsschuldenwesen vom 17. Januar 1820 drückte Hardenberg zum letztenmal die Nennung der Reichsstände als das zukünftige Konstitutionsorgan durch. Auch die indirekten Steuern wurden jetzt neu geregelt, die im allgemeinen durch die Gemeinden erhoben werden sollten. Das Schwergewicht der direkten Steuern lag auf der Landbevölkerung, wie dies der agrarischen Struktur des Staates entsprach. Eine sogenannte Klassensteuer als Vorläuferin der späteren Einkommensteuer wurde eingeführt; die Akzise wurde durch Konsumtions- und Luxussteuern ersetzt. Auch ein einheitliches Münzsystem für den Gesamtstaat wurde geschaffen. Allmählich brachten so Klewitz und seine Nachfolger Motz (seit 1825) und Maassen (seit 1830) die Staatsfinanzen wieder in Ordnung. Ein Staatsschatz von 40 Millionen Talern sammelte sich an, da die bewährten Grundsätze der Sparsamkeit in der Verwaltung und Ausgabenkontrolle wieder eingeführt wurden. Das war dem überkommenen preußischen Beamtenethos zu verdanken, das auch nur den Anschein persönlicher Bereicherung verabscheute, weil Ämter nicht als Pfründen oder gar als Beute, sondern als königlicher Dienst und als persönliche Verpflichtung betrachtet wurden.

Überhaupt hat das Beamtentum der Restaurationszeit und des ganzen Vormärz in Verwaltung, Justiz, Kultur- und Wirtschaftspolitik bedeutende Leistungen vollbracht. Solange es keine preußische Verfassung gab, hat die Beamtenschaft als solche die Verfassung zu ersetzen vermocht, weil sie die Einheit und Kontinuität des Staates verbürgte. Ja, in Ermangelung einer Verfassung war die Verwaltung genötigt, »immer mehr zu sein als nur eine Verwaltung, nämlich der die Gesellschaft repräsentierende politisch richtungweisende Staatsträger[15]«. Seit der Reformzeit war das bürgerliche Element auch im höheren Beamtentum immer weiter vorgedrungen, um so die staatsbürgerliche Rechtsgleichheit zu demonstrieren. 1820 betrug der Anteil der bürgerlichen Beamten in den Regierungen und Oberpräsidien 75 %, der der Landräte 28 % im gesamtpreußischen Durchschnitt; in Ostpreußen dank dem Wirken des Oberpräsidenten von Schön 89 % respektive 34 %. Die preußische Beamtenschaft ist sich ihrer führenden Rolle auch stets bewußt gewesen und versuchte, ihren Apparat homogen zu erhalten. Daher konnte man in konservativen Kreisen Preußens auch stolz erklären: »Wir stellen eine gute Verwaltung auch noch über die beste Verfassung[16].« Das Beamtentum dieses fortschrittlichen Verwaltungsstaates war, wie es Hegel mit dem Recht der historischen Realitäten seiner Zeit in seiner »Rechtsphilosophie« (§§ 289–291) ausdrückte, zum »allgemeinen Stand« geworden, dessen persönliches Engagement mit den Interessen der Allgemeinheit zusammenfiel.

Für diesen Aufstieg einer bürokratischen Elite waren aber auch strenge Auslese- und Qualitätsmaßstäbe angelegt worden. Schon im Allgemeinen Preußischen Landrecht war bestimmt worden, daß niemandem ein Amt aufgetragen werden solle, der sich dazu nicht hinlänglich qualifiziert und Proben seiner Geschicklichkeit abgelegt habe (II, 70). Während der Reformzeit war sogar in der »Instruktion für die Regierungskollegien« vom 21. Dezember 1808 amtlich verordnet worden, »daß gegen Offizianten, welche ihr Amt lau verwalten oder andere Privatleidenschaften befriedigen, ohne Nachsicht und unbekümmert um Stand und Rang mit Energie verfahren werden müsse. Auch dürften keine Subjekte im Amt geduldet werden, die durch ihr Privatleben Gleichgültigkeit gegen Recht und Moralität an den Tag legten oder sich durch ihren Wandel, etwa Spiel oder Trunk, verächtlich machten [17]«.

Von seiten des Staates geschah auch nach 1815 alles, um die Beamtenschaft, die einen »ständeähnlichen Charakter [18]« angenommen hatte, mit erhöhten Rechtsgarantien auszustatten, indem die Bestimmungen des Allgemeinen Preußischen Landrechts über das Staatsdienerrecht ergänzt und präzisiert wurden. Der öffentlich-rechtliche Charakter des Amtsverhältnisses und die persönliche Sicherstellung des Beamten ist dann 1825 durch die Einführung der Pensionsberechtigung und 1844 durch ein neues Disziplinargesetz noch weiter verstärkt worden. Über die rechte Ausbildung höherer Verwaltungsbeamter haben in den 30er Jahren Maassen und Altenstein Denkschriften im neuhumanistischen Geist verfaßt, die aber unveröffentlicht geblieben sind [18a].

Wichtige Konsequenzen sollte das Zollgesetz vom 26. Mai 1818 bekommen, das durch den Finanzminister v. Bülow und den damaligen Generalsteuerdirektor K. G. Maassen aus dem altpreußischen Kleve vorbereitet worden war; es hat durch Aufhebung aller Binnenzölle den preußischen Staat zu einem einheitlichen Wirtschaftsgebiet gemacht, wodurch die kommende industrielle Entwicklung erst ermöglicht wurde. Man hat dieses Zollgesetz mit Recht eine »Meisterleistung der preußischen Verwaltungskunst [19]« genannt. Da sich zahlreiche Mittelstaaten, deren Gebiet ganz oder teilweise von Preußen umschlossen war, zwecks Vermeidung weiterer Erhebung von Durchgangszöllen an dieses Zollsystem anschlossen, kam es in den 20er Jahren zu einer Reihe einzelstaatlicher Zollvereinbarungen beziehungsweise

Zollunionen. Daraus entstand nach dem Anschluß auch süddeutscher Staaten am 1. Januar 1834 der Deutsche Zollverein, durch den die Zollschranken zwischen 18 deutschen Ländern mit 23 Millionen Einwohnern fortfielen. Die Gründung des Zollvereins, der zwei Drittel Deutschlands wirtschaftlich vereinigte, hat die Machtstellung Preußens im Deutschen Bund erheblich verstärkt.

Im engeren Sinne ist der Deutsche Zollverein ein Werk des Finanzministers Friedrich von Motz gewesen, der ihn, gestützt auf Denkschriften des Schwaben List, unter Ausgang von liberalen Freihandelsbedürfnissen der neuen preußischen Westprovinzen vorbereitet hatte. Wenn 1815 ein Kölner Bankier im Hinblick auf die fortgeschrittene Industrialisierung des Rheinlandes das ironische Wort gesprochen hatte: »Da heiraten wir aber in eine arme Familie hinein[19a]«, so sind dank der Erschließung der östlichen Provinzen als Absatzmärkte für die Kohle und die Eisenproduktion zumal des Saargebietes allmählich alle Glieder der Familie wohlhabender geworden. Ohne die den Absatz der preußischen Industrie und damit den Volkswohlstand hebende neue Zollverfassung wäre dies nicht möglich gewesen. »Die Grundtendenz der liberalen Zoll- und Gewerbepolitik zielte auf die Heranbildung einer selbstständigen Unternehmerschicht nach englischem Vorbild – ein Ziel, dem man durch die Gründung des Zollvereins näherrückte[20].« Deutschland wurde durch ihn weitgehend eine Wirtschaftseinheit; die großen Ereignisse der zweiten Hälfte des 19. Jahrhunderts: die politische Einigung sowie die Durchindustrialisierung des Reiches sind durch die Gründung des Zollvereins vorbereitet worden.

In diesen Zusammenhang gehört auch der Ausbau eines deutschen Eisenbahnnetzes, das nach Denkschriften des bekannten Nationalökonomen Friedrich List, der zum »Propheten des deutschen Industriestaates« werden sollte, vorbereitet wurde. Mangel an staatlichem Kapital – die Zusage von 1820, ohne Reichsstände keine neuen Anleihen aufzunehmen, wirkte sich jetzt höchst hemmend aus – zwang jedoch dazu, den Eisenbahnbau vorwiegend Privatleuten zu überlassen. Immerhin sollten 1838 die ersten Eisenbahnlinien von Berlin nach Potsdam und von Düsseldorf nach Erkrath eröffnet werden.

Das Heerwesen blieb auf der allgemeinen Wehrpflicht begründet, Kreisersatzkommissionen erledigten seit 1817 das Aushebungsgeschäft, doch wurde mit Rücksicht auf die Staatsfinanzen zumeist nur ein Drittel der Waffenpflichtigen alljährlich als Rekruten eingezogen. Man ging zunächst von einer Präsenzstärke von 115 000 Mann aus, die erst in den 30er Jahren erheblich erhöht werden sollte. Die 1815 geschaffene Einrichtung der Einjährig-Freiwilligen wurde beibehalten; Reserveoffiziere mit diesem Privileg, die den Typ des alten Landwehroffiziers allmählich verdrängten, wurden vom aktiven Offizierskorps kooptiert, in dem aber ein gewisser Liberalismus als Erbgut der Reformzeit noch lange verbreitet blieb. Die Militärgerichtsbarkeit wurde auf Disziplinarfälle und kriminell gravierende Straftaten beschränkt. Der Wortlaut des preußischen Fahneneides auf die Person des Königs als oberstem Landesherren – eine Vereidigung auf die Verfassung fand auch nach 1848 nicht statt – wurde durch Kabinettsordre vom 5. Juni 1831 festgelegt und blieb bis zum Ende der Monarchie unverändert (vgl. Anhang S. 357) [21].

Schließlich wäre noch des Kunstschaffens zu gedenken, das zwischen 1815–1840 in Preußen einen großen Aufschwung nahm. Große Kunstsammlungen und Museen entstanden oder wurden dank großzügiger Ankäufe bereichert, ebenso wie im Ausland wissenschaftliche Institute (für Archäologie 1829 in Rom) errichtet wurden. – Neben dem alten Gottfried Schadow wirkte jetzt in Berlin der jüngere Bildhauer Christian Rauch (1777 bis 1857), dem das Grabdenkmal der Königin Luise zu verdanken ist, das 1815 im Mausoleum der Grabkapelle des Schloßparks von Charlottenburg aufgestellt wurde. Auch Rauchs Grabdenkmal Friedrich Wilhelm III. kam dorthin, während die Bronzestatuen der Helden der Befreiungskriege (Bülow, Scharnhorst, Blücher, Gneisenau und Yorck) zu beiden Seiten der Alten und Neuen Wache aufgestellt wurden. Das bekannte Reiterdenkmal Friedrich des Großen Unter den Linden wurde nach dem Zweiten Weltkrieg in den Park von Sanssouci gebracht. Rauch ist wohl der bedeutendste Bildhauer des preußischen Klassizismus gewesen.

Noch wichtiger wurde das Wirken Karl Friedrich Schinkels (1781–1841) – wie Schadow ein Märker, aber »ein Märker mit der Seele eines Griechen«, wie Th. Fontane sagen sollte. Seine heroisch-monumentale Bauweise, die mit ihrer klassizistischen Formenstrenge Schönheit und Zweckmäßigkeit verband, hat von einem für Preußen charakteristischen Schinkelstil sprechen lassen, für den die Neue Wache in Berlin beispielhaft stand. F. Schnabel hat in seiner Deutschen Geschichte des 19. Jahrhunderts über Schinkel und sein Schaffen so geurteilt: »Er selbst war weicher als Preußentum und Klassizismus; sein Griechentum hatte zu viel vom deutschen Gemüt, er war ›verteufelt human‹ wie die Goethesche Iphigenie. ... Seine Werke machten den Versuch, in diesem Staate der nüchternen Tagesarbeit ein lebendiges Traditionsgefühl zu erwecken und vom Glanz und der Größe des alten Deutschlands einen Strahl auch in diesem nordischen Sparta aufleuchten zu lassen, ohne daß der schlichte, sparsame und bescheidene Sinn darüber verloren gehe. In Schinkel lebte der Geist der Reformzeit, der sich aus dem politischen Leben, wo er verfolgt wurde, in Kunst und Wissenschaft geflüchtet hatte [22].«

Wichtige Entwicklungen zwischen 1815 und dem Ende der Regierungszeit Friedrich Wilhelm III. haben sich zumal auf kirchlichem Gebiet vollzogen. Am 27. September 1817 ist durch Friedrich Wilhelm III., der in diesen Fragen von seinem Seelsorger, dem alten Königsberger lutherischen Prediger Borowski, beraten wurde – er wie der Reformierte F. S. G. Sack in Berlin waren 1816 zu Bischöfen ernannt worden –, die Preußische Union verkündet worden, durch die zwischen Reformierten und Lutheranern eine Kultusunion – nicht eine solche des Bekenntnisses – gestiftet wurde; genauer gesagt war es eine Verwaltungsunion mit gegenseitiger Kommunikantenzulassung [23]. Der König berief sich für sie auf die erklärte Intention seiner Vorfahren (vgl. Kap. 2). Am 300. Gedenktag der Reformation wurde durch Kanzelabkündigung diese wichtige kirchenpolitische Entscheidung, die ein Herzensanliegen des Königs war, für Preußen eingeführt, daß der Gottesdienst und das Abendmahl von nun ab gemeinsam sein sollen, ohne daß der Lehrbegriff der Lutheraner wie der Reformierten dadurch angetastet werden sollte. Am 30. Oktober 1817 versammelten sich in Berlin die Geistlichen, am folgenden Tage die Gemeindemitglieder beider

Kirchen zu gemeinsamer Abendmahlsfeier, wobei sich die Lutheraner statt des Gebrauchs der Hostie der reformierten Sitte des Brotbrechens fügen sollten.

Die verkündete neue Agende (Vorschriften für den Gottesdienst) enthielt nach Meinung des persönlich um die Verlebendigung und Vereinheitlichung der liturgischen Formen bemühten Königs, dem eigentlich nur eine Ausschmückung der Altäre mit Kruzifixen und Leuchtern vorschwebte, nichts dem Luthertum Abträgliches. Dennoch sollten Union und Agende von seiten strenger Lutheraner, die dissentierten und den Gehorsam verweigerten, sowie auch von den Pietisten erbittert bekämpft werden, weil der König kein Recht zu solchen liturgischen Anordnungen habe. Auch der gegen staatliche Machtsprüche und Uniformierungstendenzen allergische Schleiermacher, obwohl er schon 1804 in zwei Gutachten die Union als solche anempfohlen hatte, wurde jetzt ein heftiger Widersacher der Agende, zu deren Durchsetzung schließlich sogar Militär aufgeboten werden mußte. Es kam zu Absetzungen von Pastoren und 1837 sogar zu einer Massenauswanderung von Altlutheranern aus Schlesien und Pommern nach Nordamerika. Daß eine obrigkeitliche Erzwingung der Kultordnung vorgenommen werde, hatte viele fromme Gemüter empört und zum Widerstand gegen den »rationalistischen« Geist des neuen Staatskirchentums aufgereizt. »Die Welt erlebte ein doppeltes Schauspiel, erstlich daß sich der Staat der Intelligenz zu Religionsverfolgungen hinreißen ließ, und zum anderen, daß eine kleine Anzahl Menschen in ihrem Gewissen, das zudem in manchen Punkten irrte, gegen die Mittel eines absoluten Staates standhaft blieb [24].« Der König meinte jedoch, keinen Glaubenszwang ausgeübt und durch die Union keinesfalls die Bekenntnisse des 16. Jahrhunderts angetastet zu haben. Hinsichtlich der hochkirchlichen Formen habe er sich nur auf sein Empfehlungsrecht beschränkt. Die innere Schwierigkeit lag darin, daß eine stärker vom Luthertum bestimmte Unionskirche mit einem mehr vom Calvinismus geprägten Staat zusammengeraten war.

Der König, dessen kirchliche Gesinnung sich in den späteren Jahren immer mehr orthodoxen Positionen annäherte, mußte noch 1834 durch eine Kabinettsordre, gerichtet an den Kultusminister

Altenstein, »das Wesen und den Zweck der Union und Agende betreffend« die Feststellung wiederholen, daß der Beitritt zur Union freiwillig sei und das Recht der lutherischen Kirche in Preußen beziehungsweise die Autorität ihrer Bekenntnisschriften nicht angetastet werde. Nur die neue Agende – die alte war 1540 von Joachim II. eingeführt worden und hatte eine dem römischen Meßbuch weithin entsprechende Ordnung der Abendmahlfeier enthalten – sei verbindlich und müsse überall eingeführt werden, eben um die Union zu befördern. Noch in seinem Testament späterer Fassung erklärte der König: »Die erneuerte Agende ist der reinen evangelischen Lehre gemäß nach den Vorschriften der Reformatoren. – Ich verordne ferner, daß meine Nachfolger die Konsistorialverfassung aufrecht erhalten sollen. Sie stammt aus den Zeiten der Reformation, ist von den Landesherren vermöge ihres oberstbischöflichen Amtes eingeführt worden und hat sich seit Jahrhunderten bewährt [25].« Diese Anordnung über die Aufrechterhaltung der Union, der Agende und des Kirchenregiments sollte für die Kirchenpolitik des Kronprinzen und seinen Begriff des »Christlichen Staats« sehr wichtig werden (vgl. Kap. 13).

Eine weitere Kabinettsordre vom 7. Februar 1828 schrieb für alle preußischen Provinzen die Ernennung von Generalsuperintendenten mit bischofsgleicher Autorität vor; auch der im deutschen Protestantismus bisher unbekannte Bischofstitel wurde, wie gesagt, vom König verliehen – an den fast 90jährigen Borowski sogar der Erzbischofstitel mit verbundenem Erbadel –, um die episkopalistische Kirchenverfassung sichtbar zu machen. Dieser starken Betonung des zentralistisch-hierarchischen Elements entsprach eine, auch von Schleiermacher in einer Denkschrift von 1818 angegriffene Vernachlässigung der synodalen Institutionen, die lediglich im Westen der Monarchie festgehalten wurden. Die Rheinisch-Westfälische Kirchenordnung vom 5. März 1835 – uniert, wie von ihm gewünscht – baute auf der in diesen Landschaften altgewohnten Synodalverfassung auf, die vom König schon deshalb gestattet wurde, weil er so den Widerstand des reformierten Westens gegen die Union leichter zu überwinden glaubte. Im Hintergrund stand aber seine Auffassung, daß er als oberster Repräsentant des Staates sich nicht in das Eigenleben der Kirche einzumischen habe, wenngleich er als ihr oberster Herr die Pflicht fühlte, der Kirche bei der Erfüllung ihrer Sendung beizustehen. Das war der positive Inhalt seiner Religionspolitik.

Noch problematischer ist die Gestaltung des Verhältnisses zur Katholischen Kirche verlaufen, die im 19. Jahrhundert ein immer stärker ausgeprägtes Selbstbewußtsein entwickelte. 1821 war durch den damaligen preußischen Gesandten in Rom, dem Historiker B. G. Niebuhr, ein Konkordat verhandelt worden, das die Rechtsverhältnisse der katholischen Kirche in Preußen regeln sollte und ein weitreichendes Eingehen des konfessionell bewußt protestantischen Staates auf die Wünsche der Kurie hinsichtlich Errichtung neuer Erzbistümer und Bistümer in Preußen bedeutete. Papst Pius VII. erkannte mit seiner Zirkumskriptionsbulle »De salute animarum« die Einteilung der preußischen Diözesen an, daß »mit Hilfe der königlichen Macht und Freigebigkeit die Angelegenheiten der Religion auf die bestmögliche Weise« geordnet worden seien. Aber bei der Ausführung der Bulle sollte es ab 1837 zu schweren Auseinandersetzungen zwischen der katholischen Kirche und dem preußischen Staat kommen, die sich an dem unklaren päpstlichen Breve von 1838 über die gemischten Ehen entzündet hat, deren Einsegnung die Bischöfe verweigerten. Der äußere Höhepunkt des Konfliktes wurde die Verhaftung des unbeugsamen neuen Kölner Erzbischofs Clemens August Freiherr Droste zu Vischering (20. November 1837), der fast zwei Jahre auf der Festung Minden gefangengehalten wurde. Dieses rigorose Vorgehen der Staatsregierung, das Ahnungslosigkeit und Ungeschick in hohem Maße bewies, erregte zumal im Rheinland und in Westfalen viel böses Blut. Zahlreiche Flugschriften erschienen, unter ihnen der heftig polemisierende und die konfessionellen Leidenschaften aufpeitschende »Athanasius« von Joseph Görres. Die Erregung im katholischen Bevölkerungsteil – aber nicht nur in ihm – war groß. Auch im Osten kam es zur Absetzung des Erzbischofs Dunin von Posen-Gnesen. Erst durch den Regierungsantritt Friedrich Wilhelm IV., der alle staatlichen Forderungen in der Mischehenfrage zurückzog und auf einen Teil überlieferter Rechte der königlichen Kirchenhoheit verzichtete, ist der Konflikt beendet worden. Der preußische Staat hatte bisher unbekannten Problemen, die im ersten Anlauf auch falsch gelöst worden waren, gegenübergestanden. Das Kölner Dombaufest vom 4. September 1842 sollte den wiederhergestellten Frieden zwischen Kirche und Staat besiegeln. Ein Übereinkommen mit der Kurie sah vor: »Die Behandlung der gemischten Ehen bleibt einzig und allein der Entscheidung der Bischöfe vorbehalten, die Regierung wird sich der Einmischung enthalten [26].«

Die »Kölner Wirren« haben gezeigt, daß weder die katholische Kirche in Preußen, die selbst die Freiheitsforderungen des liberalen Bürgertums der Rheinprovinz für ihre Sache zu nutzen wußte, den Konflikt mit dem Staat scheute, noch die in die Defensive gedrängte Regierung vor Gewaltanwendung zurückschreckte, auch wenn dadurch die katholische Bevölkerung der neuen Provinz Rheinland dem Staat entfremdet wurde. Dieser erste preußische »Kulturkampf« hat übrigens auch das zukunftsreich erscheinende Bündnis der Katholiken mit der lutherischen Hochorthodoxie wieder zerbrechen lassen, wie es im »Berliner Politischen Wochenblatt« versucht worden war [27]. Hier hatten sich die konservativen Gebrüder von Gerlach, Carl v. Voß, Carl v. Canitz mit den konservativen Katholiken J. M. v. Radowitz und C. E. Jarcke seit 1831 zu einem überkonfessionellen Zusammenwirken für die noch unorganisierte Sache des Konservativismus zusammengefunden. Auch der Kronprinz, der an dem Ideal der Urkirche: Einheit in der Mannigfaltigkeit orientiert war, stand ganz auf dieser Linie.

Das letzte Jahrzehnt der 43jährigen Regierung Friedrich Wilhelm III. sollte so mit schweren Verdüsterungen zu Ende gehen. Die Zeitgenossen empfanden die 30er Jahre als eine Zeit der Erstarrung und Stagnation, der die Passivität und Lethargie des müde gewordenen Herrschers entsprach. Diesen quälten Ahnungen des aufziehenden Zeitalters der Industrialisierung und der Massen, wenn er zu seinen Ratgebern von den Gefahren der »Revolution« sprach. Im übrigen hatte das ministerielle Büro die Macht und die Funktionen des Herrschers übernommen. Der Ministerrat stand nach dem Fortfall des Staatskanzleramtes unter dem Vorsitz des ältesten Ministers. Kabinettsminister Graf Lottum übernahm den Vortrag beim König, während aus dem Hintergrund Fürst Wittgenstein (der schon 1814–1819 Polizeiminister gewesen war), als Minister des Königlichen Hauses (bis 1851) regierte. Von der »jungen Generation« des Kronprinzenkreises wurde er als »Bürokrat« und »Absolutist« abgelehnt. Man sprach gern vom System des »Kabinettsordre-Despotismus«, das sich schon dadurch entwikkeln konnte, daß in der Spätzeit dieser Regierung selbständige Charaktere unbeliebt waren, die oft durch nüchterne und langsame, an den Formen hängende Männer ersetzt wurden. Leopold von Gerlach spottete gegenüber seinem Freunde Canitz in einem Brief, daß die Minister im Vortrag beim König »bewußtlos« dabeisitzen [28]. Die wirklichen Entscheidungen fielen am allabendlichen Whisttisch des Hausministers, dessen Urgroßvater schon Hofmarschall des ersten Preußenkönigs gewesen war.

Auch in der Außenpolitik herrschte eine absolute Stagnation. Die Julirevolution von 1830 in Frankreich und ihre kontinentalen Nachwirkungen ließen das offizielle Preußen trotz der aufziehenden Gefahren an der Westgrenze (Entstehung des Königreichs Belgien) fast ganz unberührt. Nur Teile des liberalen Bürgertums hegten stärker als zuvor französische Sympathien. Der Erzieher des Kronprinzen, J. P. Ancillon, der von 1832–1837 Außenminister war und den auch Ranke hochgeschätzt hat, ging konform mit der Politik Metternichs und besaß nur ein Programm: die Bekämpfung alles »Revolutionären«, da er den Geist von 1789 tief verabscheute. Die Politik des österreichischen Staatskanzlers war in seinen Augen »genial« schlechthin [29]. Metternich, Ancillon und Wittgenstein, die noch in den Anschauungen des alten Europa wurzelten, vertraten eine bewußt konservative Weltanschauungspolitik [30]. Sie waren zwar gute Diagnostiker, aber schlechte Therapeuten, die gegen die von ihnen als unheimlich und staatszersetzend empfundenen Volksleidenschaften nur alte – veraltete – Heilmittel anzuwenden wußten.

Preußen unter dem von ständiger Revolutionsfurcht beseelten Ancillon war in diesen Jahren jedenfalls ein treuer Partner der Heiligen Allianz, überließ aber Österreich im Bund die erste Rolle und stellte sich auch beim Polnischen Aufstand von 1830/31 auf die Seite des Zaren als des Vorkämpfers der Legitimität, indem es den flüchtigen Polen das Asylrecht verweigerte. Auch in der national gemischten Provinz Posen herrschte ab 1830, als der liberale Oberpräsident Eduard von Flottwell an die Spitze der Provinz gestellt wurde, in Reaktion auf den von Posen=Polen unterstützten polnischen Aufstand ein härterer Kurs.

Beim preußischen Besitzergreifungspatent von 1815 waren der neuen Provinz Posen, die anfangs noch Großherzogtum genannt wurde, gewisse Sonderrechte eingeräumt worden. Der mit den Hohenzollern verschwägerte Fürst Anton Radziwill war von Hardenberg zum Statthalter der Provinz bestimmt worden und amtierte 1815–1830 neben dem Oberpräsidenten Zerboni; viele Landräte entstammten dem polnischen Adel. Die 1815 eingeführte Volksschulpflicht hat das Analphabetentum in Posen – damals konnte nur jeder fünfte Pole lesen und schreiben – rasch überwunden. Die den Polen erneut durch ein Reskript des von Herders Ideen über Volkssprache und Kulturnation bestimmten Kultusministers von Altenstein im Jahre 1822 gemachten Zusagen vollkommener Sprach- und Kulturautonomie wurden aber jetzt zurückgezogen. Dieses Reskript Altensteins, Schülers von Fichte und Humboldt, an die Regierung von Posen vom 23. Dezember 1822, das die Pflege und Förderung der polnischen Sprach- und Kulturautonomie als ein Interesse des preußischen Staats bezeichnet hatte, erlangte grundsätzliche Bedeutung: »Religion und Muttersprache sind die höchsten Heiligtümer einer Nation, in denen ihre ganze Gesinnungsart und Begriffsweise begründet sind. Eine Obrigkeit, die diese anerkennt, achtet und schützt, darf sicher sein, die Herzen der Untertanen zu gewinnen, welche sich aber gleichgültig dagegen zeigt oder gar Angriffe darauf erlaubt, die erbittert und entwürdigt die Nation und erschafft sich ungetreue und schlechte Untertanen[31].« In den dreißiger Jahren kamen aber unter Flottwell und in Westpreußen unter Schön bewußte Germanisierungstendenzen auf, die erst von der kommenden Regierung wieder aufgegeben wurden. 1842 stellte ein Schulregulativ die polnische Unterrichtssprache in den Volksschulen der überwiegend polnischen Gebietsteile erneut fest.

Im Jahre 1835 wurde auch das Bündnis von Kalisch mit dem Zaren Nikolaus I., der ja des Königs Schwiegersohn war, durch eine preußisch-russische Armeeverbrüderung zur Erinnerung an die Waffenbruderschaft vor 22 Jahren am gleichen Ort feierlich erneuert. Dem entsprach auch die testamentarische Mahnung an den Thronfolger: »Verabsäume nicht, die Eintracht unter den europäischen Mächten, so viel in Deinen Kräften, zu befördern. Vor allem aber mögen Preußen, Rußland und Österreich sich nie voneinander trennen; ihr Zusammenhalten ist als der Schlußstein der großen europäischen Allianz zu betrachten[32].«

Am 7. Juni 1840 ist das Leben Friedrich Wilhelm III. in der Stille zu Ende gegangen. Schon in früheren Jahren für seinen abgehackten Sprachstil berühmt, war er allmählich immer wortkarger geworden. Viel betrauert wurde er im Mausoleum zu Charlottenburg beigesetzt. Innerhalb und außerhalb Preußens herrschte die Ansicht, daß mit ihm ein Zeitalter an sein Ende gekommen sei und eine große Wende aller Dinge bevorstehe. Sie wurde nicht nur von den unterdrückten Liberalen, sondern auch von den in Rechtsideen denkenden Konservativen mit Ungeduld erwartet.

DREIZEHNTES KAPITEL
FRIEDRICH WILHELM IV. BIS 1848

Selten ist einem Thronwechsel mit so viel Erwartungen entgegengesehen worden wie dem von 1840. Die Hoffnungen, die von den verschiedensten Richtungen aus an die Person des neuen Königs geknüpft wurden, der übrigens als Kronprinz seit Ancillons Tod (19. April 1837) kaum noch Überblick über die Regierungsgeschäfte hatte, konnten gar nicht erfüllt werden, zumal der Kreis der Vertrauten des Kronprinzen, derer, die ihn wirklich kannten, klein gewesen war [1]. Ein großer Teil der Mißverständnisse, von denen seine ganze Regierungszeit begleitet war, rührt daher, daß Friedrich Wilhelm IV. Jugendzeit sich gegenläufig zum allgemeinen Zeitgeist vollzogen und ihn vom Denken der Mehrheit seiner Zeitgenossen weit entfernt hatte.

Da über diesen König unwahrscheinlich falsche Vorstellungen kursieren, die teils auf den Unverstand der Zeitgenossen, teils auf die Historiker des späteren Kaiserreiches zurückgehen, die nur den Erfolg als einzigen politisch-historischen Maßstab gelten lassen wollten, erscheinen mir aufgrund langjähriger Beschäftigung mit diesem König und seiner Zeit einige erklärende Sätze notwendig: Friedrich Wilhelm IV. ist nur aus dem Erlebnishintergrund der zwanziger Jahre zu verstehen, die er als den Kampf des christlichen Weltbildes mit dem Unglauben der Aufklärung erfahren hatte. Damals schied die »Erweckung« die Geister tiefer als politische Meinungen. Die Besonderheit der preußischen Erweckungsbewegung, die sich vor allem beim Landadel durchgesetzt hatte, bestand im tatkräftigen Verfechten der Überzeugung, daß das Christentum den Aufbau des Reiches Gottes in der Welt zum Auftrag habe, da das Christentum mehr sei als eine Lebensform persönlicher Frömmigkeit. Auch der Kronprinz glaubte an die Möglichkeit der diesseitigen Aufrichtung eines göttlich verklärten Staates, der sich auf dem wiedererweckten urchristlichen Glauben begründen solle. Seinen persönlichen Auftrag sah er in der Verwirklichung der wahren Kirche und eines christlichen Staates, die aufeinander hin angelegt sich unabhängig voneinander entfalten sollten. Das Wesen des »monarchischen Prinzips« sah er in dem Bündnis von Thron und Altar. Im Konfliktsfall aber häte ihm die christliche Kirche über dem preußischen Staat gestanden. Das war die lebenslange Weltanschauung Friedrich Wilhelm IV. und seines engeren Freundeskreises, die Weltanschauung des »anderen Preußen«, wie ich sie in früheren Darstellungen genannt habe.

Friedrich Wilhelm IV. war nicht der »Romantiker auf dem Throne der Caesaren«, wie ihn D. F. Strauß mit einem vernebelnden Schlagwort genannt hat, sondern ein Erweckter, dessen Christentum aus dem persönlichen Erlebnis stammt und um Heiligung und Erlösung kreist. Sein persönlicher Glaube, auf dem auch seine ökumenischen Pläne in der Kirchenpolitik aufbauen, war ganz unreflektiert-naiv; die Bibel war ihm die persönliche Kraftquelle und der Leitfaden für das praktische Handeln. Das Christentum aus dem Verstande, das christliche Denken des »Pantheisten« Hegel lehnte er zugunsten eines Christentums des Herzens ab. Skrupel oder Zweifel an der christlichen Heilswahrheit und Glaubenskrisen hat er nie kennengelernt, allem Rationalismus, der Bibelkritik oder der neuen historischen Theologie mit ihrer Quellen- und Literaturkritik blieb er fern. In seiner Kronprinzenzeit standen ihm die Herzenschristen Kottwitz und Goßner nahe, später E. W. Hengstenberg, dessen »Evangelische Kirchenzeitung« das sammelnde Zentrum der protestantischen Hochorthodoxie wurde. Seine Frau, die Königin Elisabeth, eine bayrische Prinzessin, die gläubige Protestantin geworden war, teilte voll und ganz seine religiösen Empfindungen.

In der Politik setzte er sich früh von Hardenberg und Wittgenstein als den »Alten« ab, weil sie »Absolutisten« und »Bürokraten« seien. Die große geschichtliche Gestalt war für ihn Zar Alexander und die von ihm inaugurierte »Heilige Allianz« das politische Werkzeug für den Sieg des Christentums. Auch daran hielt er lebenslänglich fest, während der Zeitgeist zumal nach der Jahrhundertmitte immer stärker danach strebte, sich vom Christentum zu emanzipieren und die Idee eines christlichen Staats in Preußen den »fortschrittlich« und »modern« Empfindenden immer unverständlicher wurde. Damit sind die Gründe seiner politischen Erfolglosigkeit vorab angedeutet, die einen Hauch persönlicher – und überpersönlicher – Tragik haben, weil mit diesem König das alte Preußen zu Ende gegangen ist.

Für eine gerechte Würdigung muß aber auch seine persönliche Eigenart in Rechnung gestellt werden: Friedrich Wilhelm IV. war vielseitig begabt, gemütvoll, geistig beweglich und daher oft unberechenbar. Seine leicht erregbare und nach allen Seiten hin ausschwärmende Phantasie überwog oft die Sicherheit des Urteils, er hatte aber einen durchaus realistischen Blick für Menschen, Dinge und Situationen; »romantisch« an seiner Natur war höchstens der Hang zur Selbstbespiegelung, die ironische Reflexion und die Schaustellung der eigenen Persönlichkeit. Sein Freund C. E. W. v. Canitz, der Außenminister der wichtigsten Vormärzjahre (1845 bis 48), hat aus intimer Kenntnis so über ihn geurteilt: »Wer diesen König kennt und selbst einigen Verstand und ein einigermaßen fühlendes Herz hat, der muß in ihm eine Vereinigung von reichbegabtem Geist und edel wohlwollendem Herzen erkennen, wie sie sich selten findet. – Friedrich Wilhelm IV. wäre ein seltener, liebenswürdiger, achtungswerter Mensch, wenn er auch kein König noch Fürst wäre. Er wäre das Ideal von König, wenn er fester die Dinge anfaßte, mit trocknerem, praktischerem Verstande das bald Auszuführende von dem unterschiede, was ihm als Ziel vorschwebt; wenn er dazu die rechten Leute sich aussuchte und mit denen, die dazu nicht taugen, weniger Umstände machte. – Er ist oft zu weich, so daß ihm die Dinge unter den Händen zerfließen und eine andere Gestalt annehmen, als er ihnen aufdrücken wollte[2].« Diese Weichheit, Zerfahrenheit und Entschlußschwäche aufgrund innerer Skrupel und seines zwiespältigen Wesens ist oft an ihm beklagt worden und auch Schuld daran, daß in der Lenkung der Staatsgeschäfte oft viel Leerlauf und Stagnation war. Als der neue König 45 Jahre alt nach einer viel zu langen Kronprinzenzeit den preußischen Thron bestieg, fand er sich vor eine Reihe von Problemen gestellt, die nach Lösung verlangten: die Frage der kirchlichen Erneuerung, das dilatorisch und unbefriedigend behandelte Konstitutionsproblem und die seit dem Zollverein aktuell gewordene Frage der nationalen

Einigung, die im nächsten Kapitel näher zu behandeln sein wird.

Friedrich Wilhelm IV. erste Regierungshandlungen bestanden im Abbau unpopulärer Maßnahmen des vorangegangenen Regimes. Die inhaftierten Erzbischöfe wurden freigelassen, eine katholische Abteilung im Kultusministerium wurde eingerichtet, die bis 1871 bestanden hat, die Verfolgung der Altlutheraner wurde beendet, gegenüber den Polen eine innere Befriedungspolitik eingeleitet, was aber eine 1846 aufgedeckte antipreußische Verschwörung in Posen unter Mieroslawski nicht mehr verhindern konnte. Die verhaßte Kommission zur Untersuchung demagogischer Umtriebe wurde aufgehoben, Arndt und Jahn – dieser erhielt noch nachträglich das Eiserne Kreuz – wurden rehabilitiert und zahlreiche Burschenschaftler, deren Gnadengesuche die Handakten der von seinem Freunde Carl v. Voß geleiteten Kanzlei des Kronprinzen gefüllt hatten, wurden jetzt, da er als König die Möglichkeit dazu hatte, im Zuge einer allgemeinen Amnestie für politische Vergehen in Freiheit gesetzt[3]. J. A. F. Eichhorn, Schleiermachers Freund und als »Demagoge« suspekt gewesen, wurde jetzt nach Altensteins Tod (14. Mai 1840) zu Wittgensteins Verdruß Kultusminister. Größen der Wissenschaft und Kunst wie Schelling, Rükkert, Tieck, Cornelius kamen nach Berlin. Der König selber war stark künstlerisch interessiert und begabt. Als Bauherr ist er vor allem in Berlin und Potsdam tätig geworden und war nach fachmännischem Urteil weit mehr als ein Laie. Auch der Wiederaufbau der Hohenzollernstammburg in Schwaben wurde im neugotischen Stil nach Plänen Stülers auf seine Anweisung hin ausgeführt. Das Geistesleben schien so einen neuen Aufschwung zu nehmen. Als nun auch noch die Gebrüder Grimm in die Preußische Akademie der Wissenschaften berufen wurden, der 1819 von seinem Vater entlassene Boyen wieder Kriegsminister wurde, Josias v. Bunsen sein Vertrauter und Alexander von Humboldt zum Staatsrat ernannt war, hätten die »Liberalen« in ihm ihren Monarchen sehen können, wenn nicht gleichzeitig auch entgegengesetzt erscheinende Maßnahmen erfolgt wären. Der neue König berief nämlich auch seine »pietistischen« Gesinnungsfreunde aus den Junkerkreisen in führende Stellungen und in seine unmittelbare Nähe, so den Grafen Anton Stolberg. Der fromme General von Thile, der »Bibelthile« genannt, wurde an Stelle des Grafen Lottum Kabinettsminister und Leopold von Gerlach persönlicher Adjutant des Königs. Das Volk begann sich über diese Doppelgesichtigkeit zu verwundern, ob denn der König nun liberal oder pietistisch zu regieren gedenke. Friedrich Wilhelm wollte beides, weil er keine Gegensätze sah. De facto waren es aber alles halbe Maßnahmen, die weder die »Rechten« noch die »Linken« befriedigen konnten, die bald Verfinsterungspläne jeder Art zu wittern und neue Wöllneriaden zu argwöhnen begannen.

Und nun begann der König Reden zu halten, etwas damals unerhört Neues und Merkwürdiges, denn öffentliche Königsreden waren im alten Obrigkeitsstaat bis dahin noch nicht vorgekommen. Und Friedrich Wilhelm III. war besonders wortkarg gewesen. Bei der Huldigungsfeier der Stände in Berlin sprach der König und 14 Tage später bei der Ablegung des Krönungseides in Königsberg zu aller Überraschung noch einmal. Aber es waren keine politischen Reden wie die Thronrede eines englischen Königs etwa, sondern eher den Staatsakt ausdrückende fromme Deklamationen, endend mit den Worten Josuas im Alten Testament: »Ich und mein Haus – wir wollen dem Herren dienen«. – »Solche Pfarrerspredigten bezeichnen nicht den Mann der Tat«, urteilte damals der Liberale Friedrich von Gagern[4]. In der Tat, der König überschätzte solche Reden und hat sie schon für Taten angesehen. Für ihn war ihr Sinn der einer Beschwörung: Der König und sein Volk sollen in eine engere Verbindung miteinander kommen, zu einer Einheit, einem corpus mysticum verschmelzen. – Der Berliner Volksmund aber nannte den neuen König zum Unterschied von seinem Vater, dem »Hochseligen«, bald den »Redseligen«. Und Karl Marx meinte bissig, daß ihn kein Berliner Handlungsreisender an Fülle vermeintlichen Wissens und an Geläufigkeit im Sprechen übertreffen würde[5].

Wie dachte Friedrich Wilhelm über sein königliches Amt? Er hat es in einem tiefen und sehr reinen Sinne als Gottesgnadentum aufgefaßt. Das Wort »König von Gottes Gnaden« ist ja später in Verruf und Lächerlichkeit gekommen; aber es muß hier, wo es als politischer Glaubenssatz in der neuen Geschichte wieder auftritt, in der vom König gemeinten rechten Weise verstanden werden. Dieser Erweckungschrist auf dem preußischen Thron hat das Königsamt lutherisch verstanden aus der Verantwortung der Obrigkeit vor Gott: daß der Monarch der erste Diener des Staates sei, wie Friedrich der Große es gelehrt hatte, war das genaue Gegenteil seiner Anschauung. In seinen Augen war der König wirklich »von Gottes Gnaden«, wobei er – so sagt Erich Eyck in seiner Bismarckbiographie zu Recht – diesen alten feierlichen Zusatz so verstand, »daß Gott denjenigen, den er König werden ließ, mit überirdischen Kräften ausstattete, die ihn – wie durch ein Wunder – geistig und seelisch weit über jeden anderen, auch den Höchstgestellten und den Vertrautesten, erhoben [6]«. – »Es gibt Dinge, die man nur als König weiß, die ich selbst als Kronprinz nicht gewußt und erst als König erfahren habe [7]«, äußerte er einmal zu seinem Freund und Vertrauten Karl Josias v. Bunsen, dem preußischen Gesandten in London. Und sein Adjutant, Leopold v. Gerlach, erklärte seufzend in einer die Art des Königs recht bezeichnenden Aufzeichnung (August 1850): »Der König hält seine Minister und auch mich für Rindvieh, schon darum, weil jene mit ihm kurrente und praktische Geschäfte abmachen, welche nie seinen Ideen entsprechen [8].« In der Tat erklärt sich ein gut Teil der Mißverständnisse aus der Unfähigkeit der meisten Menschen, sich in seine erhabenen Gedankengänge hineinzufinden.

Dieser Glaube an göttliche Begnadigung war gewiß die Kraftquelle, aus der der König lebte; sie hatte aber auch ihre weniger erfreuliche Kehrseite: nämlich Quietismus in entscheidenden Situationen, weil Gottes Wille ja doch alles zum rechten Ende bringen werde. Von hier aus erklärt sich auch seine völlige Passivität im Jahre 1848. Er nahm die Revolution als eine göttliche Bestrafung seiner eigenen Person hin, für die er Buße zu leisten habe.

Auf kirchlichem Gebiet wollte Friedrich Wilhelm IV. das Unionswerk seines Vaters in Richtung auf die »eine heilige, katholische und apostolische Kirche« des Glaubensbekenntnisses weiterführen, indem er im Endziel auch die Anglikanische und selbst die Römische Kirche zu einem Zusammengehen mit der Evangelischen Unionskirche Preußens bringen wollte. Zur »Erweckung« gehörte es auch, die konfessionellen Unterschiede nicht mehr so kraß zu betonen. Da die anglikanische Hochkirche wegen ihrer hierarchischen Ordnung bei unzweifelhaft protestantischem Bekenntnis sein geheimes Vorbild war, kam es hier auch unter starker Einwirkung

Bunsens zu einem praktischen Versuch – jedoch außerhalb Deutschlands – durch die Gründung des evangelischen Bistums Jerusalem, das preußisches und englisches Kirchentum verbinden sollte. Die Bischöfe sollten abwechselnd vom preußischen und vom englischen König ernannt werden. Der erste preußische Bischof Samuel Gobat hat tatsächlich von 1845–1879 in Jerusalem amtiert.

Was der in hierarchischen Kategorien denkende König auf dem Gebiet der Kirchenverfassung wirklich wollte, war die Zuendeführung der lutherischen Reformation durch die Beseitigung des landesherrlichen Bischofsamtes als eines provisorischen Notstandes der Reformationskirchen. Es sei daher im Gehorsam gegen die Anordnungen der Urkirche sein Entschluß, wie er sich bei der Bestätigung des Entwurfs der revidierten Kirchenordnung von Rheinland und Westfalen ausdrückte: »Meine ererbte Stellung und Autorität in der evangelischen Landeskirche allein in die rechten Hände niederlegen zu wollen [9].« »Rechte Hände« aber konnten für ihn nur in apostolischer Sukzession gestaltete episkopale Kirchen übersichtlichen Umfangs sein. Der König strebte also die Einsetzung von evangelischen Bischöfen an entsprechend der Zahl der preußischen Superintendenten, an ihrer Spitze der Fürsterzbischof von Magdeburg als Primas Germaniae; die erste Handauflegung sollte womöglich durch den Erzbischof von Canterbury erfolgen. Der König sollte als advocatus ecclesiae für diese deutsche Nationalkirche nur noch das Amt der Schirmherrschaft und das Bestätigungsrecht behalten, damit sich die evangelische Gesamtkirche Preußens unabhängig und frei entfalten könne. Orthodoxe wie Liberale haben diesen »Sommernachtstraum [10]« des Königs – so nannte er selber sein Projekt gegenüber Bunsen – abgelehnt.

Herausgekommen ist bei all dem schließlich nur die Einrichtung eines Oberkonsistoriums, das von der 1846 in der Berliner Schloßkapelle zusammengetretenen Generalsynode vorgeschlagen wurde. Der unionistische Evangelische Oberkirchenrat in Berlin wurde durch den Erlaß vom 29. Juni 1850 als selbständige Behörde konstituiert und hat sich trotz vieler Kompetenzschwierigkeiten und harter Kämpfe als lebensfähig erwiesen. Der Entwurf zu einer Kirchenverfassung, den die Synode ausgearbeitet hatte, wurde jedoch vom König als »zu demokratisch« verworfen, da die der Synode zugedachte Wahl von Kirchenbeamten den »Plebs« zum Herren der Kirchen machen würde [11]. Der synodale Gedanke überhaupt schien dem König wie der Stahl-Hengstenbergschen Orthodoxie ein Pendant zur parlamentarischen Demokratie zu sein, durch den der Contrat social und somit ein Element der Revolution in die Kirche eindringe.

Nach 1848 hat der König zwar hinsichtlich seiner apostolischen und episkopalen Kirchenverfassungspläne resigniert, doch hat er sie niemals aufgegeben, da sie der Kirche ja die Chance geben sollten, sich auf reformatorischer Bekenntnisgrundlage unabhängig vom Staat als ein »Bezirk der Freiheit für das Wirken des charismatischen Elements« segensreich zu entwickeln [12]. Da Friedrich Wilhelm das Ideal der urkirchlichen »Einheit in der Mannigfaltigkeit« vorschwebte, trat er für vollkommene Autonomie aller Einzelkirchen ein. Ein königliches Patent von 1847 sicherte daher dem Volke ausdrücklich die volle Bekenntnis- und Gewissensfreiheit und der Kirche die Selbstverwaltung, was den Bestimmungen des Preußischen Allgemeinen Landrechts voll entsprach. In den späteren Jahren traten für ihn die Bestrebungen der kirchlichen Mission, die Unternehmungen Fliedners und Wicherns sowie der Neubau von Kirchen, er ließ an 300 Kirchen bauen oder erneuern, sowie von Krankenhäusern – so das nach seiner Frau, der Königin Elisabeth, genannte Krankenhaus oder auch die Pflegestätte Bethanien mit Fliedners Kaiserswerther Diakonissen in Berlin – stärker in den Vordergrund.

Obwohl der König durch seinen allsonntäglichen Kirchenbesuch das Vorbild geben wollte und obwohl er persönlich seine Generäle und Minister zur Andacht anhielt, sind die Resultate dieser frommen Aktivität gering geblieben. »Sein sehnlichster Wunsch war, die Population wieder mit christlichem Leben und Glauben zu durchdringen [13].« Aber gleichwohl ist die Kirche nicht die geistliche Führungsmacht und das evangelische Pfarrhaus nicht das Bollwerk gegen die Revolution geworden. Auch die Verkirchlichung der Volksschule ist trotz staatlicher Reglementierung (Stiehlsche Regulative von 1853) nicht gelungen. Die Synthese von Evangelium und moderner Welt wurde nicht erreicht, sondern der religiöse Indifferentismus breitete sich zunehmend im Bürgertum aus, das sich dem vom »Jungen Deutschland« ausgegangenen Geist der aufgeklärten Verstandeskritik immer stärker zuwandte. So wenig wie die Gebildeten sind auch die entstehenden Arbeitermassen nicht von der Liebestätigkeit der Inneren Mission gewonnen worden, da die Kirche auf die neu gestellten sozialen Fragen letzten Endes keine Antwort zu geben wußte, sondern folgten schließlich dem Ruf des Kommunistischen Manifests. Die Verweltlichung der Kultur, die Autonomie aller Sachgebiete, der Relativismus der Werte und der Moral, die im späteren 19. Jahrhundert immer deutlicher ans Tageslicht traten, sind durch Friedrich Wilhelm IV. nicht verhindert worden, ja wurden vielleicht als Reaktion auf den »christlichen Staat« und auf die Tendenz zur Verkirchlichung des öffentlichen Lebens eher noch provoziert. Was dieser Christ auf dem Hohenzollernthrone gewollt und dargestellt hat, geriet überraschend schnell in Vergessenheit, wenn es überhaupt je richtig verstanden worden war. Das Häuflein der Getreuen aber, die diesen König in besonderem Sinne als ihren König geliebt haben, bis in die Nacht seiner Krankheit hinein, sollte rasch zusammenschmelzen.

Ähnlich wie Friedrich Wilhelm IV. eine Erneuerung der Kirche von oben nach unten vergeblich angestrebt hatte, ging es auch im staatlichen Bereich; wiederum stand der König im Widerspruch zu den mehr liberalen Tendenzen seiner Zeit. Wohl wollte er dem Volk das Recht auf Selbstverwaltung und Mitregierung nicht verweigern, aber gemäß seiner Weltanschauung sollte dies alles ihm als ein königliches Gnadengeschenk gewährt werden. In seinen Augen war dies ein großer Unterschied. Nun traten nach seinem Willen im Februar 1841 die 1828 gebildeten Provinziallandtage zusammen, als die derzeit einzige legitimierte Volksvertretung. Schon als Kronprinz hatte er an die Vereinigung der 8 Provinziallandtage zu einer Körperschaft gedacht, aber er sah in den preußischen Provinzen nur Fragmente des Reiches, die erst in Vereinigung mit dem übrigen Deutschland eine wirkliche Einheit werden, wie er zu Leopold von Gerlach sagte. Nunmehr gestand der König den Provinziallandtagen beschränkte Öffentlichkeit, zweijährige Periodizität und die Bildung von Ausschüssen zu, als sie am Gedenktag der Schlacht von Leipzig, am 18. Oktober 1842, in Berlin zusammentraten. Es war dies also die erste Sitzung für ganz Preußen seit 1815; sie zählte 98 Delegierte, fast die Hälfte aus den Standesherren und der Ritterschaft. Aber im Grunde hatten sie keinen Beratungsstoff und nur ganz unklare Kompetenzen; sie waren keine wirklichen General- oder Reichsstände für alle National-, Provinzial- und Kommunalangelegenheiten, sondern eine Konzession an die öffentliche Meinung, der aber halbe Lösungen nicht mehr genügten, sondern nur noch konstitutionell verankerte Kompetenzen, unter denen das volle Steuerbewilligungsrecht wohl das wichtigste war. Zwar hielt der König eine zu Herzen gehende Rede, in der er die Delegierten »unabhängige Ratgeber der Krone« nannte, aber Ratgeben und Beschließenkönnen war zweierlei. Namentlich das konstitutionell gesinnte rheinische Bürgertum – geführt von Beckerath, Camphausen und Hansemann –, das bereits große wirtschaftliche, aber nur geringe politische Bedeutung hatte, forderte schon mehr als provinzialständische Vertretungen, deren Fortbildung der König in Aussicht gestellt hatte: nämlich eine echte Nationalrepräsentation.

Ähnliche Stimmen kamen aus Königsberg mit seiner alten liberalen Tradition, die an das Verfassungsversprechen von 1815 erinnerten, das gültiges Staatsgesetz sei (Th. v. Schön: Woher und wohin?; Johann Jacoby: Vier Fragen, beantwortet von einem Ostpreußen). Schließlich entschied sich der König dazu, der Zeitstimmung ein Zugeständnis zu machen und berief – auch mit Rücksicht auf die angespannte Finanzlage des Staates – auf 1847 als eine Zusammenfassung aller 677 Mitglieder der acht Provinziallandtage den ersten »Vereinigten Landtag« Preußens in die alte Bischofsstadt Brandenburg ein, um »nach dem uralten Rechte deutscher Stände« neue Anleihen und Steuern zu bewilligen, »vielleicht« auch, um über einzelne wichtige Gesetze zu beraten. Das königliche Patent vom 3. Februar 1847 wurde gegen den Willen des Prinzen von Preußen und der meisten Minister ohne Gegenzeichnung erlassen; es wurde mit Recht als das Ende des Systems Metternichs empfunden. Mit diesem Datum hat das konstitutionelle Leben in Preußen begonnen. Sogar das Recht der freien Presseberichterstattung über die Verhandlungen des Landtags war zum erstenmal eingeräumt worden, so daß das ganze Volk am Gang der Debatten, in der auch königstreue Männer vom Boden des bestehenden Rechts aus ihren König offen kritisierten, erstmalig indirekt Anteil nehmen konnte. Das wirkte wie eine Schleusenöffnung.

Am 11. April eröffnete der König die Versammlung mit einer schwungvollen Thronrede. Was Hardenberg 1820 dem Vater vergeblich abzuringen suchte, war jetzt erreicht, aber es war zu spät gekommen und genügte den verwandelten Verhältnissen nicht mehr; denn die Rechte des Vereinigten Landtags: Begutachtung von Gesetzesentwürfen, das Bewilligungsrecht neuer Steuern und Staatsanleihen, jedoch nicht Kriegsanleihen, erschienen als nicht ausreichend. Es fehlten das Recht der Budgetbewilligung, die Regelmäßigkeit der Sessionen – der König versprach nur Einberufung im Bedarfsfall –, das Mitspracherecht in Heeres- und auswärtigen Angelegenheiten. Nur ein beschränktes Petitionsrecht war zugestanden worden. Eine geschriebene Verfassung war ausdrücklich verweigert worden, damit sich nicht »zwischen unseren Herrgott im Himmel und dieses Land ein beschriebenes Blatt gleichsam als eine zweite Vorsehung eindränge, um uns mit seinen Paragraphen zu regieren [14]«. Die Beratungen des Landtags etwa über die von den Abgeordneten mit zwei Drittel Mehrheit verworfene Anleihe für den Bau der Ostbahn versandeten schließlich in unfruchtbaren Prinzipienfragen, da es sich immer deutlicher herausstellte, daß es um die Beschränkung der königlichen Vollgewalt gehen sollte. Für den Geschmack Metternichs und des Zaren Nikolaus war Friedrich Wilhelm schon viel zu weit vorgeprellt. Und auch der König wünschte nicht, daß in Preußen an seiner Stelle schließlich »Majoritäten« regieren würden und sprach von »offenem Ungehorsam« der Liberalen, von »geheimer Verschwörung und erklärtem Abfall von allem, was guten Menschen heilig ist«. Die Konstitution oder das Staatsgrundgesetz – Konstitution war damals ein magisches Wort, eine schöpferische Parole – hielt er im Grunde für ein Erzeugnis der tief von ihm verabscheuten französischen Revolution, für eine Ungehorsamkeitsforderung des ihm so fragwürdigen liberalen Zeitgeistes. Für ihn kam weiterhin nur eine ständische Gliederung in Frage, die lediglich die landschaftliche Mannigfaltigkeit der preußischen Monarchie sichtbar machen sollte. – Der Vereinigte Landtag als Dauerinstitution erschien bei dieser Ausgangslage unhaltbar. Aber die Ausgangslage sollte sich überraschend schnell verändern.

Im Herbst 1847 mehrten sich die Anzeichen einer tiefgreifenden inneren Unruhe auch im außerpreußischen Deutschland. In Frankreich zeigten sich angesichts der dort herrschenden Korruption die Symptome eines bevorstehenden revolutionären Umsturzes, der dann im Februar 1848 mit der Ausrufung der Republik durch die vorläufige Regierung auch eintrat. Die Wellen der Februarrevolution, mit der das liberale Bürgertum zum Zuge kam, breiteten sich über ganz Mitteleuropa aus und gaben in allen deutschen Staaten den Anstoß dazu, daß sich überall eine liberale Volksbewegung formierte. In Wien brach die Revolution am 13. März aus und führte zur sofortigen Entlassung des Fürsten Metternich, der seit fast 40 Jahren Österreichs leitender Staatsmann gewesen war. Der gestürzte Haus-, Hof- und Staatskanzler floh nach England, während Kaiser Ferdinand eine liberale Verfassung versprechen mußte. Die Februarrevolution hat für den preußischen König neben der konstitutionellen auch die deutsche Frage aktualisiert, die nie aus seinem Gesichtskreis entschwunden war und nun zusammen mit der Verfassungsfrage gelöst werden sollte.

Friedrich Wilhelm IV. erließ nun am 18. März ein neues Patent, das den Vereinigten Landtag auf den 2. April beschleunigt einberief und statt des deutschen Staatenbundes einen Bundesstaat, eine deutsche Wehrverfassung und Flotte verhieß, dazu entsprechend den liberalen Zeitforderungen eine preußische Verfassung und die volle Pressefreiheit versprach. Aber wie so oft bei diesem König kam alles – der gute Wille und die rechte Einsicht – genau einen Posttag zu spät. Am Nachmittag dieses gleichen Tages, als sich eine schon in den Tagen davor durch fremde Agitatoren in öffentlichen Versammlungen erregte Menschenmenge vor dem Schlosse drängte, wurden versehentlich von den Soldaten zwei Schüsse abgefeuert, die das Signal der preußischen Märzrevolution werden sollten. Es kam am 18. März und auch am folgenden Tage zur Errichtung Hunderter von Barrikaden auf den Berliner Straßen und zu blutigen Straßenkämpfen, in denen das Militär siegreich blieb. Das Blutvergießen erschütterte den König jedoch so sehr, daß er in einem Aufruf »An meine lieben Berliner« von »unseligem Irrtum« sprach und den Rückzug der Truppen aus der Innenstadt verhieß, sofern die Aufständischen die Barrikaden räumten.

Auch ohne die tatsächliche Erfüllung dieser Bedingung kam es zum Entsetzen der Generäle aufgrund widersprüchlicher Anordnungen und mißverstandener Befehle – den Innenminister v. Bodelschwingh scheint eine gewisse Mitschuld zu belasten – zum Abzug des siegreich gebliebenen Militärs aus der Innenstadt, so daß der König schutzlos im Schloß zurückblieb. Mangel an Kaltblütigkeit, innere Unschlüssigkeit – der König sah einiges Berechtigte in den Volksforderungen – und die übliche Halbheit seiner Maßnahmen ließ es zu einer schweren Niederlage des Königtums kommen. Der König mußte vor den Särgen der Märzgefallenen, die in den Schloßhof gebracht worden waren, das Haupt entblößen, und ein zweites Mal bei der Bestattung der 216 gefallenen Barrikadenkämpfer im Friedrichshain mußte er dem endlosen Trauerzug vom Balkon des Berliner Schlosses aus die Reverenz erweisen. Am 21. März entschloß er sich der erstrebten Versöhnung mit dem Volke wegen zu einem Umritt unter schwarz-rot-goldenen Fahnen durch die fiebernde Stadt. Der Prinz von Preußen, der spätere Kaiser Wilhelm I., der als der eigentliche Träger des Widerstandes gegen die revolutionäre Volksbewegung galt und im Volk als »Kartätschenprinz« bezeichnet wurde, mußte mit falschem Paß nach England fliehen, um nicht die Thronfolge zu gefährden.

Der Rheinländer Ludolf Camphausen trat jetzt an die Spitze eines konstitutionellen Ministeriums mit David Hansemann als Finanzminister, um eine liberale Verfassung zu beraten und so die Märzverheißungen zu erfüllen. Eine preußische Nationalversammlung wurde aufgrund allgemeiner und gleicher Wahlen für den 1. Mai des Jahres ausgeschrieben. Als diese am 22. Mai in der Singakademie – später tagte sie im Schauspielhaus – zusammentrat, wurde sie aber sehr bald zu einem Spielball der demokratischen Linken, obschon diese nicht die zahlenmäßige Mehrheit besaß. Der von dem republikanisch gesinnten Obertribunalrat F. L. B. Waldeck und von dem Königsberger Arzt Johann Jacoby vertretene Radikalismus beherrschte dieses Parlament politischer Dilettanten immer mehr, so daß es zunehmend unter den agitatorischen Druck der revolutionären Straße (Demokratische Klubs und Arbeitervereine der Hauptstadt) geriet. Schließlich trat Camphausen zurück, aber auch sein Nachfolger, der ebenfalls gemäßigt liberale Rudolf v. Auerswald rieb sich im Kampf mit den doktrinären Theoretikern bald auf. Auch sein Nachfolger, der General von Pfuel, einst Jugendfreund Heinrich von Kleists, vermochte ebenfalls nur ein Übergangsministerium zu bilden. Das von ihm zusammengestellte Kabinett der »entwaffnenden Konzession«, wie gespottet wurde, konnte mit den renitenten Parlamentariern nicht fertig werden.

Inzwischen hatte sich das öffentliche Interesse längst nach Frankfurt am Main verlagert, wo seit dem 18. Mai die »Deutsche Nationalversammlung« als erstes gesamtdeutsches Parlament zusammengetreten war, um die künftige Reichsverfassung zu beraten. Ihre Mitglieder waren nach Ruf, Namen und Persönlichkeit – noch nicht nach Fraktionen – gewählt worden, aber die bürgerlich-liberal Gesinnten hatten in der Versammlung eine klare Mehrheit. Zwei Drittel dieser Honoratioren waren Akademiker, sie stellten die wirkliche Bildungselite des damaligen Deutschland dar – einen wahren Überreichtum an Individualität. Am 28. Juni wurde als Gesetzesbeschluß der Paulskirche die Einführung einer »Provisorischen Zentralgewalt« für Deutschland verkündet, um die erste Gesamtvertretung der Nation seit dem Untergang des alten Reiches festzustellen. Mit großer Mehrheit wurde auf Vorschlag Heinrich v. Gagerns, des Präsidenten der Nationalversammlung, der österreichische Erzherzog Johann zum »Reichsverweser« gewählt, auf den die Paulskirche die Eidesleistung verlangte, was für Preußen nicht in Frage kommen konnte. Als nun nach 11 Monaten eine starke erbkaiserliche Partei zu dem Entschluß gekommen war, dem preußischen König, der in den Märzstürmen erklärt hatte, daß Preußen künftig in Deutschland aufgehen solle, die deutsche Kaiserkrone anzubieten (vgl. Kap. 14), hatten sich aber die politischen Verhältnisse in Berlin schon erheblich verändert.

Als nämlich im Herbst des »tollen« Jahres der demokratische Elan abgeklungen war und immer deutlicher wurde, daß aus den Beratungen der preußischen Nationalversammlung über einen Verfassungsentwurf nach Art der belgischen Charte von 1831 wenig Brauchbares herauskommen werde, entschloß sich die inzwischen zu einer politischen Partei zusammengeschlossene Gegenbewegung der Konservativen, geschart um das am 1. Juli 1848 gegründete

Organ »Neue Preußische Zeitung« – nach dem Eisernen Kreuz im Kopfbild meist »Kreuzzeitung« genannt –, der Auflehnung der Krone gegen den Druck von unten sichtbare Gestalt zu geben. Es war insbesondere der Parteigründer Ernst Ludwig v. Gerlach, ein hoher Verwaltungsjurist, der auf einer Grundbesitzerversammlung (sog. Junkerparlament) für einen sozialen Konservativismus eingetreten war (vgl. S. 361 f.) und der jetzt zur Durchführung der »Gegenrevolution« auf einen militärischen Premier drang; er hat den Grafen Brandenburg, unehelichen Sohn Friedrich Wilhelms II. und bisher Kommandierenden General in Breslau, der am 2. November zum Ministerpräsidenten ernannt wurde, für das Amt vorgeschlagen. Otto v. Manteuffel wurde Innenminister und zwei Jahre später Brandenburgs Nachfolger. Wenige Tage, nachdem in Wien die Revolution niedergeschlagen worden war, ließ Brandenburgs »Ministerium der rettenden Tat« am 15. November den Oberkommandierenden in den Marken, General Wrangel, mit feldmarschmäßigen Truppen in Berlin einrücken. Wrangel verhängte das Kriegsrecht über die Stadt und verlegte die preußische Nationalversammlung nach Brandenburg an der Havel. Als diese zum Protest einen Steuerverweigerungsbeschluß faßte, löste der neue Ministerpräsident kurzerhand auf königliches Geheiß am 5. Dezember die Nationalversammlung auf, was zweifellos einen Staatsstreich darstellte, da der König nicht das Recht zur Auflösung besaß. Ein Interventionsversuch der Frankfurter Reichsgewalt, die Kommissare nach Berlin entsandte, blieb unbeachtet.

Am gleichen 5. Dezember aber wurde das Werk der »Gegenrevolution« dadurch gekrönt, daß von oben her als Absage an das Prinzip der Volkssouveränität, also aus königlicher Souveränität – eine Verfassung »oktroyiert« wurde – der Justizminister Rintelen und der Kultusminister Ladenberg waren offenbar die treibenden Kräfte im Hintergrund gewesen –, die aber zum Erstaunen vieler zahlreiche Bestimmungen des liberalen Entwurfs der Nationalversammlung enthielt, weshalb sie am Hof mit tendenziösem Spott die »Charte Waldeck« genannt wurde. Sogar das demokratische allgemeine und gleiche Wahlrecht der Verfassung der Volksrepräsentation war zunächst noch vorgesehen. Die Regierung berief zwei Kammern ein, mit denen die Verfassung endgültig beraten werden sollte. Offenbar meinten der König und seine Ratgeber, daß anders der »Staatsstreich«, das heißt der Verstoß gegen das zur gesetzlichen Pflicht gewordene Versprechen, die Verfassung durch Vereinbarung mit der Volksvertretung zu bewerkstelligen, nicht erträglich sein würde. Da eine Vereinbarung mit der radikalisierten Nationalversammlung unmöglich erschien, war in jedem Fall dieser rasche und entschlossene Übergang zum konstitutionellen System, durch den der verfassungslose Zustand beendigt wurde, ein Schritt nach vorn. Der Bruch mit den »Märzerrungenschaften« war vermieden worden. Aber auch die herrscherliche Macht und die volle Exekutivgewalt der Krone waren erhalten geblieben, konnten jedoch nur noch mit Maß, also im Rahmen konstitutioneller Beschränkungen ausgeübt werden. Die Oktroyierungspolitik der Krone vom Dezember 1848 hat eine gewisse Ähnlichkeit mit der als hohe Staatskunst gepriesenen Indemnitätsvorlage Bismarcks vom Sommer 1866: Erst siegen und dann doch den Besiegten das Berechtigte ihrer Forderung zugestehen. Die preußische Krone, deren Glanz Flecken erhalten hatte, gewann moralisch wie machtmäßig verlorenes Terrain zurück.

So endete das Jahr 1848, das auch in Österreich die Gegenrevolution zum Siege führte. Fürst Windischgraetz hatte im Oktober über Wien den Belagerungszustand verhängt, der schwachsinnige Kaiser Ferdinand hatte am 2. Dezember 1848 abgedankt zugunsten seines jungen Neffen Franz Joseph, der bis 1916 regieren sollte; an die Spitze des neuen Ministeriums war Fürst Felix Schwarzenberg getreten, der ganz machtstaatlich-österreichisch dachte und im März 1849 ebenfalls eine Verfassung oktroyierte. Keine deutsche Dynastie war gestürzt worden, alle 35 Dynastien waren bestehen geblieben, aber »alle diese Fürsten umgaben sich mit Parlamenten, sie gewährten Verfassungen und fingen damit die Revolution in ihren Staaten ab [15]«.

Die preußische Verfassungsentwicklung war aber noch nicht beendet. Die konservativen und restaurativen Kräfte bemühten sich erfolgreich, »der Charte Waldeck die Giftzähne auszuziehen«. Für die Verfassungsrevision hatte sich der König, um den Konstitutionalismus nicht zu gefährden, auf das Vereinbarungsprinzip festgelegt (Art. 112), daß die Verfassung nur in gemeinsamer Beratung von Kammer und Regierung revidiert werden könne. Gleichwohl oktroyierte ein an den Besitzstand, Einkommen und Steuerleistung gebundenes neues Wahlgesetz vom 30. Mai 1849 – im Grunde war es das alte der Provinziallandtage – das Dreiklassenwahlrecht, das viel böses Blut erregte und das auch Bismarck später eine »schädliche Institution«, »widersinnig und elend« genannt hat[16]. Immerhin leistete es der Regierung zunächst den Dienst, eine konservative Mehrheit bei den Neuwahlen zur zweiten Kammer sicherzustellen, die dem König die konservative Umarbeitung der oktroyierten Verfassung bewilligte. In der endgültigen Form ist dann die »revidierte« preußische Verfassung am 31. Januar 1850 vorgelegt worden[17]. Am 6. Februar leistete der König gemäß Vorschrift des Artikels 54,2 nach schwerem inneren Ringen den Verfassungseid (vgl. S. 365 f.). Die Verfassung blieb bis zum 9. November 1918 in Kraft. Die wichtigsten Artikel der preußischen Verfassungsurkunde, die zumeist althergekommene Einrichtungen kodifizierte, aber auch Anklänge an die belgische Charte von 1831 zeigte, werden im Anhang aufgeführt.

Die preußische Verfassung von 1850 begründete die zwischen Absolutismus und Parlamentarismus stehende Staatsform der *konstitutionellen Monarchie.* Sie bot auch eine zeitgemäße Lösung der Verfassungsfrage, indem sie die Staatsgewalt auf mehrere oberste Organe verteilte, der Krone aber den Vorrang ließ. Friedrich Wilhelm konnte sich sagen, daß der alte Wahlspruch a deo rex, a rege lex gewahrt geblieben war. Das monarchische Prinzip war der institutionelle Kern des preußischen Staatsrechts, der König (erbliches Königtum) wurde von der Verfassung als »unantastbar« erklärt. Die vollziehende Gewalt, Kommando- und auswärtige Gewalt war beim König, die Gesetzgebungsgewalt übten König und Kammern gemeinsam aus. Das von einem Ministerpräsidenten geleitete Ministerium war dem König und den Kammern gegenüber verantwortlich. Das Verordnungsrecht, die Möglichkeit, den Belagerungszustand zu verhängen, das Ernennungsrecht und Entlassungsrecht der Minister war beim König geblieben, doch bedurften alle königlichen Akte der Gegenzeichnung durch den leitenden Ministerialbeamten – den Ministerpräsident für das kollegial verfaßte Kabinett, den Fachminister für das Ressort –, um so die Verfassungsmäßigkeit der Regierungsmaßnahmen sicherzustellen. Diese Haftung bedeutete eine gewisse Abhängigkeit des Königs von den Ministern, sie hat etwaige absolutistische Gelüste der Krone sehr erschwert und dem alten Kabinettsordre-Despotismus ein Ende bereitet.

Institutionelle Garantien waren für einen unantastbaren Freiheitsbereich des Bürgers gegenüber Staatseingriffen und -übergriffen geschaffen worden. Die Verfassung garantierte als Grundrechte der preußischen Bürger Gleichheit vor dem Gesetz, Freiheit des religiösen Bekenntnisses, Freiheit der Presse und das Versammlungsrecht. Die Verfassung garantierte weiter eine moderne Gerichtsverfassung (Art. 86–97) und die Unabhängigkeit der richterlichen Gewalt, ferner die gemeindliche Selbstverwaltung (Art. 103), die Freiheit von Forschung und Lehre (Art. 26) usw.

Die preußische Verfassung sah nach englischem Vorbild, aber in starker Abweichung von ihm, auch ein Zweikammersystem für die Gesetzgebung vor. Die Erste Kammer – sie sollte nach des Königs Meinung ein Stück »ständischer Freiheit« repräsentieren – setzte sich laut Art. 65 aus geborenen Mitgliedern zusammen wie den volljährigen Prinzen des königlichen Hauses und mediatisierten Standesherren, aus gewählten, respektive delegierten Mitgliedern der verschiedenen Körperschaften und aus Personen, die vom König auf Lebenszeit ernannt wurden [18]. Die Erste Kammer wurde 1855 nach dem Vorbild des »House of Lords« in »Herrenhaus« umbenannt, jedoch traten jetzt an die Stelle der gewählten Mitglieder präsentierte, aber vom König ernannte Persönlichkeiten, so daß das Herrenhaus im wesentlichen eine Vertretung des preußischen Adels wurde. Bei aller späteren Reformbedürftigkeit der Einrichtung haben die Debatten dieses Herrenhauses, das bis 1918 bestehen blieb, stets ein bemerkenswert hohes geistiges und politisches Niveau besessen.

Die Zweite Kammer – seit 1855 Haus der Abgeordneten, später auch Landtag – wurde also gemäß dem Dreiklassensystem nach Steuerleistungen gebildet, und zwar wurde indirekt von »allen selbständigen Preußen« in »Urwahlen«, d. h. über Wahlmänner gewählt bei öffentlicher Stimmabgabe. Erst die Wahlmänner – jede Wählerklasse hatte die gleiche Zahl Wahlmänner – wählten die Abgeordneten. Die Wähler waren je nach ihrem Steueraufkommen in drei Klassen eingeteilt, von denen jede die gleiche Zahl

Wahlmänner zu wählen hatte. Der ersten Abteilung gehörten etwa sechs Prozent der Wähler, der zweiten etwa siebzehn Prozent und der dritten die restlichen fünfundsiebzig bis achtzig Prozent an.

Die Begründung dieses ungleichen Wahlrechts nach drei Steuerklassen, das der einstige Finanzminister v. Alvensleben vorgeschlagen hatte, wurde darin gesehen, daß denjenigen Staatsbürgern, die durch ihre Steuerleistung eine größere Verpflichtung gegen den Staat auf sich genommen hatten, auch größere Rechte eingeräumt werden sollten. Die praktische Auswirkung dieses Wahlrechts, das das Maß des politischen Einflusses von der sozialen Geltung des Wählers innerhalb der Gesellschaft abhängig machte, bestand in einer Privilegierung des großen Besitzes. Die wirkliche Volksmeinung konnte bei diesem Wahlmodus überhaupt nicht zum Ausdruck kommen, beziehungsweise festgestellt werden. Daher verbreitete sich unter den Wählern der dritten Klasse, also der großen Masse der Bevölkerung, zunehmend Wahlmüdigkeit und prinzipielle Wahlunlust.

Von dem Makel dieses seltsamen Wahlrechts für die Zweite Kammer abgesehen war die Verfassung von 1850 sehr modern. Das Zweikammernsystem unter dem Monarchen als dem höheren Dritten im Falle eines Konflikts zwischen den Kammern sollte der Gewaltenteilung dienen; freilich war auch die vom Volk zu wählende Zweite Kammer durch das beschriebene Wahlrecht mit stark traditionalistischen Kräften durchsetzt worden. Immerhin hat Preußen auch mit der im konservativen Sinne revidierten Verfassung den Anschluß an die politischen Gestaltungskräfte der Neuzeit zu gewinnen vermocht. Preußische Gesetzgebung und Verwaltungsorganisation sind für das 19. Jahrhundert in vieler Hinsicht vorbildlich geworden.

Das staatsrechtliche Fazit des Jahres 1848 hat E. R. Huber in seinem Werk so gezogen: »Nicht weniger eindeutig als Österreich überwand Preußen durch die Kette der staatsstreichartigen Aktionen vom November 1848 bis zum Mai 1849 die Epoche der Revolution. Die radikaldemokratischen Kräfte waren aus dem politischen Leben fürs erste ausgeschaltet; die liberale Bewegung, die im März 1848 zur Regierungsgewalt gelangt war, verlor ihre politische Position. Die vorkonstitutionellen Mächte: die Dynastie und der Hof, der Adel, das Offizierskorps und die hohe Bürokratie traten wieder in den Besitz der Staatsgewalt ein. Doch war trotz dieser äußeren Restauration der Absolutismus in Preußen endgültig gebrochen. Nicht nur die oktroyierte, sondern auch die revidierte Verfassung gründete sich auf die Institutionen und Prinzipien der neuen Zeit. Trotz der starken Praerogative des Königs, trotz der Sonderstellung der Armee und Verwaltung, trotz der Privilegien der feudalen und der bürgerlichen Besitzschichten fügte Preußen sich mit den Verfassungen von 1848 und 1850 in das System des konstitutionellen Verfassungs- und Rechtsstaats ein [19].«

VIERZEHNTES KAPITEL
DAS »REAKTIONSJAHRZEHNT«

In dem von der Forschung häufig vernachlässigten Jahrzehnt 1850 bis 1860 haben sich für Geschichte und Schicksal Preußens wichtige ideen- und sozialgeschichtliche Entwicklungen vollzogen, deren Darstellung dieses Kapitel ausführlicher werden läßt. Nach der liberalen Geschichtslegende stellen die 50er Jahre das schwärzeste Jahrzehnt der preußischen Geschichte dar. Dieses Urteil ist revisionsbedürftig. Immerhin begann das Jahrzehnt mit einem Gesetz vom 11. März 1850, das die alte Patrimonialgerichtsbarkeit aufhob und zusammen mit einer neuen Gemeinde-, Kreis- und Provinzialordnung auch eine moderne Gerichtsverfassung mit öffentlichen Verfahren und Schwurgerichten eingeführt hat. Die Kreisgerichte wurden den Oberlandesgerichten der einzelnen Provinzen – damals Appellationsgerichte genannt – unterstellt. Freilich gab es in der Verwaltungspraxis der 50er Jahre noch manche Rückschläge und Retardierungen, da zumal auf dem Lande ein monopolartiger Einfluß des Adels auf die staatliche Ämterbesetzung weiterbestand. Auch die Gutsherrschaft mit der Polizeiverwaltung auf dem Lande blieb im Osten der Monarchie weiterhin bestehen. Vorausgegangen war übrigens am 3. März 1850 ein Ablösungs- und Regulierungsedikt, das ausgesprochen kleinbauernfreundlich war und gegenüber Hardenbergs Deklarationsgesetz von 1816 durch die Ausdehnung der Ablösbarkeit bäuerlicher Lasten auch auf die Kleinbauern einen echten »Fortschritt« darstellte.

Das Verdikt »Reaktionsjahrzehnt« bezieht sich im Grunde auch mehr auf den Versuch der herrschenden Mächte, im Preußen dieser Jahre, den hochkommenden deutschen Nationalstaatswillen aus weltanschaulichen Gründen noch hintanzuhalten. Das alles überschattende Problem stellte die ungelöste »Deutsche Frage« dar. Die Frankfurter Nationalversammlung (vgl. Kap. 13), die das Jahr

1848 mit endlosen redereichen Beratungen über die Aufstellung von »Grundrechten des deutschen Volkes« zugebracht hatte, hatte sie inzwischen aktualisiert. Am 27. März 1849 war von der Paulskirche mit knapper Mehrheit die Erblichkeit der deutschen Kaiserwürde beschlossen worden; am nächsten Tag erklärten sich 290 Abgeordnete der Paulskirche – trotz mancher Bedenken gegen seine Person – für Friedrich Wilhelm IV. als deutschen Kaiser, während sich 248 Abgeordnete – überwiegend Parteigänger Österreichs, das schwer enttäuscht hatte – der Stimme enthielten. Durch diesen Wahlakt sollte also Friedrich Wilhelm an die Spitze der liberalen Bewegung gestellt werden.

Die Verlegenheit des Berliner Hofes war unbeschreiblich. Man beriet lange, was zu tun sei und wie die Delegation aus Frankfurt zu empfangen wäre. So, wie es der Oberkommandierende in den Marken, der spätere Generalfeldmarschall Wrangel, in unverfälschtem Berlinisch vorschlug »ihr nich rinlassen«, ging es nicht. Die Delegation, zu der immerhin Männer wie Ernst Moritz Arndt, der Historiker Friedrich Christian Dahlmann, der Jurist Georg Beseler und Gabriel Riesser, der Vorkämpfer der deutschen Juden, gehörten, wurde am 3. April 1849 erstmals empfangen. Der Präsident der Nationalversammlung und zugleich der Delegation, Eduard Simson, der auch 22 Jahre später in Versailles vor des Königs Bruder stehen sollte, sprach von den begeisterten Erwartungen des Vaterlandes« und von der Hoffnung auf einen »gesegneten Entschluß«. Aber nach einigem Hin und Her erfolgte drei Wochen später Friedrich Wilhelms endgültiges Nein. Diese Ablehnung vom 27. April traf alle deutschen »Patrioten«, die die Einheit des Reiches gewollt und mit dem Verfassungswerk der Paulskirche einen modernen Volksstaat angestrebt hatten, tief – am schwersten aber die kleindeutsche Partei der Erbkaiserlichen.

Daraufhin löste sich am 30. Mai die völlig resignierte Nationalversammlung auf; ein Rumpfparlament, das noch bis zum 18. Juni in Stuttgart weiterzutagen suchte, wurde, als es den Grundsatz der Volkssouveränität gegen die Regierungen ausrufen wollte, von Militär auseinandergesprengt, nachdem die ganze Machtlosigkeit dieser »provisorischen Zentralgewalt« an den Tag gekommen war. Franz Dingelstedt hatte mit seinem bissigen Epigramm recht behalten:

Zentralgewalt, Zentralgewalt
Wie mächtig das und prächtig schallt
Zum Unglück aber fehlt ihr halt
Bis jetzt noch Zentrum und Gewalt.

(Nacht und Morgen – neue Zeitgedichte, Stuttgart 1851)

Ein ausländischer Beobachter, der Sozialphilosoph und Diplomat Donoso Cortés, Marquis de Valdegamas – er war 1849 spanischer Gesandter in Berlin gewesen –, erklärte in einer Rede am 30. Januar 1850 vor dem spanischen Parlament in Madrid, daß die Deutschen ihr Paulskirchenparlament wie eine Dirne in einer Schenke hätten verenden lassen. Aus einer einjährigen Diskussion sei nichts Brauchbares herausgekommen, nur eitel Dunst, weil dieses Parlament nicht selbst regierte, noch sich regieren lassen wollte [1]. Der Vorwurf trifft weitgehend zu; zur Erklärung läßt sich höchstens sagen, daß der alte deutsche Hang zum Individualismus und zur Eigenbrötelei, dazu der Mangel an jeglicher parlamentarischer Erfahrung den Kenner der Menschen und Verhältnisse kaum etwas anderes hatten erwarten lassen.

Wir müssen nun aber fragen: Warum hatte Friedrich Wilhelm abgelehnt? Es sind zwei Gründe, die durch seine Weltanschauung bedingt waren: der eine war, daß er – so sehr er auch die deutsche Einheit wünschte – als König von Gottes Gnaden nicht die Krone aus den Händen des Volkes akzeptieren konnte. Die Nationalversammlung war für ihn eine aus der Revolution entstandene Größe, und die Annahme der Krone aus ihren Händen wäre die Anerkennung ihrer demokratischen Souveränität gewesen und also auch der von ihr beschlossenen Reichsverfassung. Er wolle sich aber nicht, wie er damals sagte, durch ein »Hundehalsband« an die Revolution anketten und leibeigen machen lassen. Als legitimistisch denkender Monarch hätte er die Krone nur aus den Händen ebenbürtiger Fürsten annehmen können. Um den von Frankfurt geforderten Preis des Volkskaisertums konnte er sich den deutschen Gedanken nicht zu eigen machen.

Seinem Vertrauten Karl Josias von Bunsen, der vor diesem Schritt der Nationalversammlung mit ihm im Briefwechsel stand, hatte er schon am 13. Dezember 1848 Sätze geschrieben, die aus der Reaktion auf die Demütigung vom März verstanden werden müssen: »Einen solchen imaginären Reif, aus Dreck und Letten gebacken, soll ein legitimer König von Gottes Gnaden und noch gar der König von Preußen sich geben lassen, der den Segen hat, wenn auch nicht die älteste, doch die edelste Krone, die niemand gestohlen worden ist, zu tragen? – Ich sage es Ihnen rund heraus: soll die tausendjährige Krone deutscher Nation, die 42 Jahre geruht hat, wieder einmal vergeben werden, so bin ich es und meinesgleichen, die sie vergeben werden. Und wehe dem, der sich anmaßt, was ihm nicht zukommt [2].« – In dieser Frage war übrigens auch der Bruder des Königs, der spätere König Wilhelm I., gleicher Meinung. Zu Simson äußerte er mit Bezug auf Ludwig Uhlands emphatischen Ausruf in der Nationalversammlung, daß kein Haupt über Deutschland leuchten werde, das nicht mit einem vollen Tropfen demokratischen Öls gesalbt sei: »Ja, das glaube ich auch, mit einem Tropfen. Hier aber haben wir davon eine ganze Flasche [3].«

Der zweite Grund tritt in den Schilderungen empörter Liberaler oft über Gebühr zurück. Diesem König von Preußen schien es grundsätzlich unmöglich und wider den heiligen Geist der deutschen Geschichte zu sein, daß ein Preußenkönig die ehrwürdige Kaiserkrone auf sein Haupt setzte, die nach historischem Recht nur dem Herrscher von Österreich gebühre. Friedrich Wilhelm IV. lebte tatsächlich noch ganz in der alten Reichsfürstentradition und war von allen preußischen Großmachtträumen weit entfernt, die er für hybrid ansah. Im Stil des Freiherrn vom Stein schrieb er dem preußischen Staat eine überstaatliche Aufgabe zu. Schon im März 1848 hatte er dem Freiherrn Max von Gagern auf einer Audienz erklärt: »Ich strebe nach keiner Krone, der goldene Reif soll nie meine Stirne schmücken. Wird, soll diese Krone, Deutschlands Krone, erstehen, so muß sie Österreichs Herrscher zieren und mit Freuden will ich das silberne Waschbecken dem Kaiser bei seiner Krönung halten [4].« Denn, schreibt er ein andermal dem Grafen Redern: »Österreich ist Deutschlands Haupt auch dann, wenn dieses Haupt die Verrichtungen des Hauptes nicht üben will [5].«

Das Tragische in der Geschichte dieses häufig so zögernden und zaghaften Königs ist, daß er immer wieder gezwungen wurde, gegen seine Prinzipien zu handeln, weil die Ereignisse sich als stärker erwiesen. So war es in der Verfassungsfrage gegangen, die der Prüfstein für die Frage der verantwortlichen Mitbeteiligung des Volkes an der Gestaltung seines politischen Schicksals war, und die der König als bedrohliches Anzeichen der Volkssouveränität abgelehnt hatte. Dann hatte er sie aber selber, wir wir sahen, mit Übernahme aller wesentlichen Punkte eines Verfassungsentwurfs der Liberalen »oktroyieren« müssen.

Ganz ähnlich ging es nunmehr mit den deutschen Plänen: Prinzipiell hatte Friedrich Wilhelm die Kaiserkrone für Preußen abgelehnt und damit alle gangbaren Wege zu einer deutschen Einheit zugeschüttet, obwohl er selber diese wollte. Und weil er sie wollte und eine gewisse Vormachtstellung Preußens auch gewahrt zu sehen wünschte, wurde er zu einer Politik getrieben, die praktisch zu einem norddeutschen Staatenbund unter preußischer Leitung führte, und die das, was er nicht wünschte, die Gefahr eines bewaffneten Konflikts mit Österreich, sehr nahe brachte.

Am 26. Mai 1849 schloß Josef Maria von Radowitz, des Königs geistreicher Freund und Vertrauter aus der Kronprinzenzeit, das sogenannte Dreikönigsbündnis mit Sachsen und Hannover ab, dem 28 deutsche Mittel- und Kleinstaaten – allerdings nicht Bayern und Württemberg – bis zum Sommer dieses Jahres beitraten. Es sollte ein Bundesstaat unter preußischer Führung errichtet werden, der mit Österreich in ein enges Unionsverhältnis treten würde. Radowitz hatte sogar bereits eine Verfassung ausgearbeitet, die ein Fürstenkolleg oder Staatenhaus und ein Volkshaus vorsah, war dabei aber auf viel Widerspruch gestoßen. Immerhin hatte sich ein Teil der alten erbkaiserlichen Partei der Paulskirche hinter ihn gestellt – jetzt nach dem Ort ihrer neuerlichen Zusammenkunft die »Gothaer« genannt –, weil Radowitz sich weitgehend an den Entwurf der Frankfurter Verfassung gehalten hatte. Im März 1850 kam es zum Unionsparlament in Erfurt und zur Annahme der Unionsverfassung, die die Gegner die »Charte Quasi-Gagern« nannten. Ein kleindeutscher Bundesstaat unter preußischer Führung als Kernstück eines größeren Bundes war gemeint. Für die Durchführung dieser Unionspolitik wurde Radowitz im Herbst 1850 auch offiziell zum Minister des Auswärtigen ernannt.

Radowitz, der seit 1836 Militärbevollmächtigter am Frankfurter Bundestag gewesen war und in der Paulskirche als Führer der Rechten und als Gründer einer katholischen Arbeitsgemeinschaft auftrat, war durch eine ausgeprägt mathematische Denkweise und durch zergliedernden Scharfsinn ausgezeichnet; aber zum Staatsmann fehlte ihm die praktische Ader und das rechte Augenmaß. Als gesellschaftlicher Diagnostiker war er sehr bedeutend. Er hat sozialpolitische Forderungen aufgestellt, die ihrer Zeit weit vorauseilten und hart an den Rand des Staatssozialismus herangingen. Daher darf man urteilen, daß der nichtpreußische Katholik Radowitz wohl der geistreichste Außenminister und die größte Kulturpersönlichkeit gewesen ist, die in Preußen gewirkt hat. Bismarcks bekannte Charakteristik von Radowitz aus »Gedanken und Erinnerungen«, daß er nur der »geschickte Garderobier der mittelalterlichen Phantasien« des Königs gewesen sei, ist ungerecht und hat ressentimentale Hintergründe.

Die Unionspolitik wurde jedoch ein schwerer Mißerfolg, für den Radowitz mit seinem königlichen Freund die Verantwortung trägt. Die Union scheiterte an der Intervention des Zaren Nikolaus und an der geschickteren Diplomatie Österreichs, das mit Erfolg an die partikularistischen Tendenzen der deutschen Mittelstaaten und an ihren Argwohn, von Preußen überspielt zu werden, anknüpfen konnte. Als es über der kurhessischen Frage zur Krise kam und Radowitz vor einer drohenden Bundesexekutive den König zur Mobilmachung bestimmte, da er für die Durchsetzung seiner Politik um der Ehre Preußens willen zum Appell an die Waffen gedrängt wurde und preußische Truppen unter dem General v. d. Groeben bereits in Hessen einmarschierten, sah sich der König gezwungen, ihn wegen des zu befürchtenden schlimmen Ausgangs am 2. November fallen zu lassen. Die Unionspolitik gegen Rußland mit den Waffen durchzusetzen, wozu Radowitz und der Prinz von Preußen rieten, wagte der König nicht.

Unter dem Druck eines von Rußland gedeckten österreichischen Ultimatums mußte am 29. November 1850 zwischen Manteuffel und Schwarzenberg – Brandenburg war am 6. November plötzlich verstorben – die »Punktation von Olmütz« abgeschlossen werden. Diese sah die beiderseitige Demobilisation vor und zwang Preußen dazu, sowohl die Bundesexekution in Hessen anzuerkennen, als auch die Unionspolitik endgültig zu beenden und zum Status quo des alten Bundestages unter österreichischem Vorsitz zurückzukehren. Das den konservativen Prinzipienpolitikern, zumal dem Kreis um die Gebrüder Gerlach, so wichtige »Hand in Hand mit Österreich« im Einverständnis auch mit Rußland war wiederhergestellt. Die Erhaltung des Friedens und der Sieg des alten Ordnungsbildes als erneuerter »Bund der drei schwarzen Adler« erschien ihnen letztlich wichtiger als ein preußischer Prestigeverlust. Praktisch war aber dem Zaren durch die Punktation von Olmütz ein Schiedsrichteramt in Mitteleuropa zugeschoben worden; das Abkommen war im wesentlichen der Mittlerrolle des russischen Botschafters in Berlin, Peter von Meyendorff, zu verdanken gewesen.

Ernst Ludwig von Gerlach hat für die Konservativen in der Rückschau diese Politik folgendermaßen begründet: »Preußens und Österreichs Einigkeit ist deutsche Einigkeit. Preußens und Österreichs Uneinigkeit ist Zerreißung von Deutschland und Untergang Preußens, Österreichs und Deutschlands. – Niemand hat so entschieden und erfolgreich als die Unsrigen 1849 und 1850 die widersinnigen und widerwärtigen Versuche bekämpft, Österreich aus Deutschland hinauszuweisen. Ohne den von uns ersehnten und errungenen Tag von Olmütz, den unsere Gegner noch jetzt schmähen, würde von deutschen Großstaaten heute überhaupt nicht mehr die Rede sein [6].«

Ähnlicher Auffassung war damals auch der junge Otto von Bismarck, ein am 1. April 1815 in der Altmark (Schönhausen) geborener Junker, der sich seine politischen Sporen als eine Art Adjutant der Gerlachs verdient hatte und der jetzt für die deutsche Position Österreichs (»Repräsentant und Erbe einer alten deutschen Macht, die oft und glorreich das deutsche Schwert geführt«) eintrat und den Vertrag von Olmütz in der Zweiten Kammer zu verteidigen unternahm. Er sah aber auch als ein Positivum, daß auf den an Olmütz anschließenden Dresdener Konferenzen Österreichs Vormachtstreben und die weitergehenden Pläne des Ministerpräsidenten Fürst Felix Schwarzenberg, das heißt Eintritt der ganzen Monarchie in den Deutschen Bund, zum Scheitern verurteilt wurden. Außerdem war ihm 1850 die Kriegsgefahr zu groß, die die Unionspolitik, also die Erreichung auch nur der kleindeutschen Einheit, mit Aussicht auf eine Niederlage auslösen konnte. Deutschland war eben immer noch allzusehr die Einflußsphäre fremder Mächte.

Tatsächlich wäre 1848–1850 die Reichsgründung auch bewußtseinsmäßig noch gar nicht reif gewesen, weder auf der Basis der Frankfurter noch auf der der Erfurter Unionsverfassung. Außerdem wäre auf friedlichen Wegen die Zustimmung der europäischen Mächte kaum zu erlangen gewesen, was nicht nur für Rußland, sondern auch für die Westmächte wegen der von der Paulskirche verlangten Eingliederung der Elbherzogtümer Schleswig und Holstein in den deutschen Gesamtstaat Geltung haben dürfte. Der eigene Versuch Schleswig-Holsteins 1848/49, sich an die deutsche Einigungsbewegung anzuschließen, war aus dem gleichen Grunde trotz preußischer Waffenhilfe fehlgeschlagen. In Olmütz mußte Preußen die Herzogtümer an Dänemark preisgeben; das Londoner Protokoll vom 8. Mai 1852 besiegelte die Verhältnisse, indem es das Erbfolgerecht des Hauses Glücksburg im dänischen Gesamtstaat feststellte. Die europäischen Mächte haben eine Störung des Gleichgewichts in Nordeuropa nicht tolerieren können.

Die Liberalen von 1850 aber konnten gar nicht anders, als über die »Schmach von Olmütz« ein bitteres Klagelied anstimmen, daß der auf die Ablehnung der Kaiserkrone gefolgte politische Versuch, Preußen an die Spitze Deutschlands zu stellen und das Reich neu zu begründen, nunmehr endgültig gescheitert schien. In den Kreisen der sogenannten »Wochenblattpartei« (vgl. unten) kam damals wegen Olmütz ein Schlagwort auf, das Hetzkampagnen einer viel späteren Zeit vorwegzunehmen schien: die »Novemberverräter« (von 1848) hätten der Nation die Schmach von Olmütz eingebrockt. Preußen werde als Neu- oder Westrußland von erblichen Statthaltern aus dem Hause Hohenzollern regiert, Rußlands moralische Herrschaft sei bis zum Rhein ausgedehnt worden, der Rubel rolle bis in die Vorzimmer des Königs usw. Noch Jahre später sprach der liberale Historiker Hermann Baumgarten die Empfindung vieler deutscher Patrioten jener Tage aus: »Die deutsche Frage legte sich schlafen, und die deutsche Ehre schlief neben ihr [7].«

Für die konservativen Männer am Hofe Friedrich Wilhelm IV., die auf den außenpolitischen Kurs des preußischen Staatsschiffes zwischen Olmütz und dem Krimkrieg maßgeblichen Einfluß hatten, ist die schon mehr als ein Menschenalter zurückliegende Waffenbruderschaft mit Österreichern, Russen und Engländern gegen Napoleon für ihr ganzes Leben das große und bestimmende Jugenderlebnis geblieben. In ihren Augen hatte die Wiener Schlußakte von 1820 eine neue Ära der Politik heraufgeführt, die die Kongreßidee als Repräsentation des abendländischen Staatensystems durchgesetzt hatte, um zwischen den Kabinetten einen Rechtszustand zu schaffen und von der Solidarität der Kronen her das nationalstaatliche Machtstreben zurückzudrängen (vgl. Kap. 11). Nach den Erschütterungen des Revolutionsjahres bedeutete ihnen Olmütz den wiedergewonnenen Anschluß an dieses alte Ordnungsbild. Kein einsichtiger Politiker konnte sich aber verhehlen, daß das machtausgeglichene Europa der Verträge von 1815 nicht mehr bestand. Rußlands unruhiges Expansionsstreben und das Wiedereinsetzen der französischen Hegemonialpolitik erforderten gerade von diesem Weltbild aus eine Verstärkung der europäischen Mitte. Daher war auch die Bundesreform, das heißt der föderalistische Zusammenschluß der deutschen Staaten im Herzen Europas zu einem starken Reich – stärker als der bisherige Bund – die für das sechste Jahrzehnt des 19. Jahrhunderts von der Geschichte gestellte Aufgabe.

Die diskutierende Geschichtsbetrachtung, die die Chancen und Lösungsmöglichkeiten einer jeden politischen Situation zu erörtern im Sinne hat, kann für diese Jahre nur folgende Alternative sehen: Einen deutschen Staatenbund von 70 Millionen, errichtet um ein vom deutschen Element geführtes zentralistisches Österreich – ganz so wie der Mitteleuropaplan des Fürsten Felix Schwarzenberg und des österreichischen Handelsministers Bruck dies vorsah – oder aber einen deutschen Bundesstaat unter preußischer Führung, der das preußische Übergewicht in Norddeutschland auch nach dem Scheitern der Radowitzschen Union zu behaupten und auszudehnen trachtete. Das sechste Jahrzehnt des Jahrhunderts brachte aber weder eine großösterreichische noch eine großpreußische Lösung. Auf den Dresdener Konferenzen vom Frühjahr 1851 versuchte Manteuffel zunächst noch, den Eintritt Gesamtösterreichs in den Bund nebst dem Schutz Lombardo-Venetiens gegen die preußische Parität im Bundesvorsitz, respektive das Alternat der Führungsspitze, auszuhandeln. Obschon Rußland anfänglich Schwarzenbergs Mitteleuropakonzeption zugeneigt war, machte der wachsende Widerstand der anderen Signatarmächte der Wiener Verträge von 1815 in Gemeinschaft mit den deutschen Mittelstaaten eine solche Lösung unmöglich. Und da auch Manteuffels Besorgnis zunahm, daß er mit seinem Vorschlag nur einem »Groß-Österreich« den Weg bereite, begnügte er sich mit einem geheimen Abkommen mit Österreich für den Fall eines Defensivkrieges (16. Mai 1851), nach außen aber entschied er sich dafür, den vormärzlichen Status quo des Frankfurter Bundestags wiederherzustellen. Die schließliche Wiederherstellung des Deutschen Bundes, wie sie Friedrich Wilhelm IV. am Herzen lag, bedeutete aber de facto kaum etwas anderes als ein Mittel, den inneren Zerfall Deutschlands zu verdecken und den kleineren Staaten Halt zu geben gegen die sie von innen her bedrohende demokratische Gefahr.

Die Verhandlungen am Frankfurter Bundestag sollten aber bald zeigen, daß sich Ausgangslage und Klima erheblich verändert hatten, da Schwarzenberg nicht geneigt war, Metternichs Politik der Kooperation: einträchtiges Zusammenwirken von Preußen und Österreich im Hinblick auf das übrige Deutschland, fortzusetzen. In den fünfziger Jahren riß ein immer krasser werdender Dualismus ein, der insbesondere von dem neuen Vertreter Preußens am Bundestag, seit dem 15. Juli 1851 Otto von Bismarck, zugespitzt wurde, weil dieser Preußen nicht zu einer Macht zweiten Grades degradieren lassen wollte, sondern es aus dem Schlepptau Österreichs herauszubringen suchte. Insbesondere Österreichs Beitritt zum Zollverein, den Bismarck 1852 zu verhindern wußte, war eine aktuelle Streitfrage. Natürlich wuchs durch diese Rivalität die Bedeutung der mittleren und kleineren Bundesmitglieder, die sich als eine von den Großmächten umworbene »dritte Kraft« empfanden und als solche (deutsche Trias) auch gern auftreten wollten. Der Deutsche Bund hatte an ihnen seine stärkste Stütze, da seine Aufrechterhaltung ihren sichersten Schutz darzustellen schien. Aber auch ihre Bäume wuchsen nicht in den Himmel. So war zum großen Verdruß der kleineren Staaten ein sogenannter »Reaktionsausschuß« in Frankfurt eingesetzt worden, der sich in die Verfassungsverhältnisse der Mitgliedsländer einmischte, um die 1848 gegebenen, zum Teil im demokratischen Sinne sehr weitgehenden Konstitutionen wieder abzubauen.

Die Grundstruktur der europäischen Staatengesellschaft war

durch die Ereignisse der Jahre 1848 bis 1850 nicht wesentlich verändert worden. Nur die Stellung Rußlands im Bund der drei schwarzen Adler war erheblich erstarkt. Die geheimen Fernziele Rußlands reichten weit, Karl Marx behauptete sogar in der *New York Daily Tribune* vom 12. April 1853: bis hin zu einer Westgrenze Rußlands »von Danzig oder Stettin bis Triest[8]«. Das sollte aber erst ein Jahrhundert später sichtbar werden. Damals jedenfalls fühlte sich Zar Nikolaus I. nur als der Schutzwächter der konservativ-monarchischen Ordnung gegenüber jedem Umsturz in Europa und somit als Nachfolger Metternichs in der Kontrolle der konservativen Elemente im Bündnis der Ostmonarchien. Nach allen Verstimmungen und Verwirrungen der Radowitzzeit fand im Mai 1851 in Warschau eine wirkliche Versöhnung zwischen den verschwägerten Souveränen und damit zwischen Preußen und Rußland statt. Rußland hatte noch im Vorjahr wegen des preußischen Konstitutionalismus eindeutig für Österreich optiert. Jetzt schrieb der Zar aber befriedigt an seinen preußischen Schwager: »daß unsere beiden Familien wie unsere beiden Armeen nur noch eine sind[9]«.

Auf der anderen Seite hatte sich in Frankreich am 2. Dezember 1851 durch den Staatsstreich Louis Bonapartes, des Neffen Napoleons I., der sich ein Jahr später zum neuen Kaiser der Franzosen ausrufen ließ, eine große Umwandlung vollzogen. Mit Louis Napoleon (Napoleon III.), der den Zeitgenossen als undurchsichtig und rätselhaft galt – die öffentliche Meinung reagierte sehr unterschiedlich –, war ein neuer unberechenbarer Faktor in die europäische Politik eingetreten[10].

Auch im territorialen Besitzstand Preußens hatte sich einiges verändert. Der einst durch Erbschaft (1707) an Preußen gekommene Schweizer Kanton Neuenburg (Neufchâtel) war durch die 1848 auch dort eingeführte Demokratie der preußischen Krone verlorengegangen; eine kleine royalistische Gruppe im Lande konnte nicht genügend abgestützt werden. Den König schmerzte der Verlust des kleinen Ländchens sehr; 1857 mußte er aber endgültig auf seine Souveränitätsrechte verzichten. Dafür hatte er 1850 die Hohenzollerschen Stammlande in Schwaben erworben, da der regierende Fürst Karl Anton laut Staatsvertrag vom 7. Dezember 1849 gegen eine Jahresrente sein Gebiet freiwillig an Preußen abgetreten hatte. – Ferner war 1853 am Jadebusen von Oldenburg ein Gebiet für die Anlage eines Kriegshafens (Wilhelmshafen) erworben worden; durch Ankauf von Kriegsschiffen wurde der Grund zu einer preußischen Kriegsflotte gelegt, deren erster Admiral Prinz Adalbert von Preußen wurde.

Innerhalb der Monarchie bereitete die Frage der polnischen Minderheit nach wie vor Schwierigkeiten, da der polnische Adel, zumal in der Provinz Posen, sich nur teilweise für die preußische Staatsidee gewinnen ließ. Die meisten Magnaten dachten nicht in Friedrich Wilhelms Sinn ständisch, sondern – ebenso wie die katholischen Bischöfe Polens – nationalistisch und hofften auf eine staatliche Renaissance; ihre Fühlung mit der polnischen Emigration in Paris und London blieb eng. Zwar hatte Friedrich Wilhelm IV. schon auf dem Posener Landtagsabschied vom 6. Juli 1841 erklärt, daß die deutsch, wallonisch, litauisch, polnisch redenden Untertanen ihm gleich liebe »preußische Landeskinder unter einer Krone« seien und es unter ihm keine Benachteiligung einzelner Nationalitäten geben werde (vgl. Kap. 12), doch diese Gefühle waren nur zögernd erwidert worden. 1846 und 1848 hatte es unter dem polnischen Nationalrevolutionär L. Mieroslawski Aufstände gegeben. Dennoch hielt die Regierung wegen der übernationalen Bestimmung des preußischen Staates an ihrer Versöhnungspolitik fest. Auf den Antrag eines deutschen Abgeordneten aus Posen, die Regierung solle für die Ausbreitung der deutschen Nationalität sorgen, erklärte Ministerpräsident Manteuffel am 13. Februar 1850 in der Zweiten Kammer unter dem Beifall des ganzen Hauses: »Das ist eine Aufgabe, die die Regierung nicht übernehmen kann. Wenn die deutsche Nationalität des Schutzes der Verwaltungsbehörden bedarf, um sich geltend zu machen, dann hat sie auf keine Zukunft zu rechnen [11].« Und Hermann Wagener als Sprecher der Konservativen meinte 1856 im Parlament: »Das Nationalitätsprinzip dient nur dazu, die europäischen Nationen wieder in Rassen aufzulösen und damit auf den Standpunkt der Barbaren zurückzuführen [12].« – Die preußische Nationalitätenpolitik unter Friedrich Wilhelm IV. war großzügig und undoktrinär: sie ließ daher die korporative Eingliederung verschiedener Nationalitäten in ein gemeinsames Staatsgefüge zu. Erst das Kaiserreich nach 1871 hat mit seinem immer deutlicher hervortretenden Germanisierungswillen die altpreußischen Traditionen abgebaut (vgl. Kap. 16). – Der preußische Staat unter Friedrich Wilhelm IV., der auf einer betont ethischen Grundlage beruhte (Stahl: Der Staat als sittliches Reich), war eben von der Konzeption des homogenen Nationalstaats noch weit entfernt.

In den fünfziger Jahren haben auch die großen weltweiten Entwicklungen der modernen Technik und Wirtschaft ihren Anfang genommen. Nur die wichtigsten Ereignisse können hier genannt werden: Die erste Weltausstellung, die einen Überblick über die neuen Industrieerzeugnisse gab, hatte 1851 in London stattgefunden. Im gleichen Jahr war das erste Seefunk-Telegraphenkabel von Dover nach Calais gelegt worden, 1853 begann Borsig in Berlin-Moabit ein Eisengroßwerk zu bauen; das Bessemerverfahren der Massenerzeugung von Flußstahl kam 1855/56 zur Anwendung; 1858 wurde das erste atlantische Kabel gelegt; 1859 der Suezkanal begonnen und das Jahr 1860 brachte gleich vier technische Großereignisse: Krupps erste Kanonenrohre aus Gußstahl, E. Lenoirs Gasmotor mit elektrischer Zündung, den Bau der ersten Rotationspresse und die Konstruktion des ersten Telefons durch Philipp Reis. Diese natürlich weit über Preußen hinausreichenden Geschehnisse lagen der beginnenden Industrialisierung zugrunde und haben das Bewußtsein und die Einstellung der im Produktionsprozeß stehenden Menschen erheblich verwandelt.

Im Zusammenhang hiermit stehen auch die sozialgeschichtlichen Veränderungen: Das sprunghafte Ansteigen der Bevölkerungszahlen hatte nach der Jahrhundertmitte begonnen; jährlich nahm die preußische Bevölkerung um 2–3 % zu. Die alte Ständegesellschaft hatte sich bereits in eine freie Wirtschaftsgesellschaft mit hoher sozialer Mobilität verwandelt. Wohlstand und Armut waren mit der Bevölkerungsvermehrung angewachsen; dem Mittelstand prophezeite Karl Marx, er werde zwischen Kapitalisten und Proletariat zerrieben.

Die Initiativen für eine gewerbliche Mittelstandspolitik nahmen in Preußen mit Raiffeisens Gründung ländlicher Darlehenskassen ab 1847 ihren Anfang, Schultze-Delitzsch gründete 1850 gewerbliche Kreditgenossenschaften auf der Grundlage der Selbsthilfe. Nachdem schon 1839 ein erstes Fabrikgesetz für Preußen die Beschäftigung von Kindern unter 9 Jahren verboten sowie die Nachts-

und Sonntagsbeschäftigung jugendlicher Arbeiter in den Fabriken und Bergwerken eingeschränkt hatte, wurde 1853 die eigentliche Kinderarbeit in einem Arbeitsaufsichtsgesetz grundsätzlich untersagt. Gesetzlicher Schutz gegen schrankenlose Ausbeutung war schon bei der ersten Kinderschutzdebatte, die am 6. Juli 1837 auf dem Rheinischen Provinziallandtag stattgefunden hat, gefordert worden[13]. Ebenso nahm der Kampf um Fabrikinspektorate und um den Normalarbeitstag, den späteren 8-Stunden-Tag, damals seinen Anfang. Allmählich entstand in Reaktion auf den »Pauperismus« das realistische Bewußtsein einer sozialen Frage, die über das karitative Fürsorgeproblem, das die pietistischen Konservativen bewegte (Sonntagsruhe, Nachtarbeit von Frauen und Kindern, Versicherungsschutz etc.), noch hinausreichte und die gesellschaftliche Situation der durch die Maschine im Arbeitsprozeß Freigesetzten sowie der neu entstehenden Fabrikarbeiterschaft umspannte.

Die an diesen Problemen und Notständen ansetzende Agitation des Breslauer Rechtsphilosophen Ferdinand Lassalle fand ihren Ausdruck in der Gründung des »Allgemeinen Deutschen Arbeitervereins« im Jahre 1863, der Keimzelle der späteren Sozialdemokratie. Zwischen Lassalle und Bismarck kam es – vermittelt durch Lothar Bucher – zu Gesprächen, die durch mehrere Wochen liefen, und 1864 wurden durch Hermann Wagener dem jüdischen Sozialistenführer sogar die Spalten der feudalen Kreuzzeitung für die Darlegung seines Standpunktes geöffnet. Wohl unter dem Einfluß dieser Kontaktnahmen erklärte Bismarck 1865 im Abgeordnetenhaus, daß die Könige von Preußen niemals vorzugsweise die Könige der Reichen gewesen seien. Der Versuch, die entstehende Arbeiterpartei für den preußischen Staat zu gewinnen – Wageners Plan, die Arbeiterschaft durch staatssozialistische Maßnahmen und in Front gegen die Bourgeoisie hinter Bismarck zu stellen –, verdichtete sich zwar einige Jahre später (November 1871) bis zu einer Anweisung Bismarcks an den preußischen Handelsminister von Itzenplitz, drang aber im Endresultat nicht durch. Nach Lassalles frühem Tod unterlag die Lassallesche Gründung, zunächst geführt von J. B. von Schweitzer, der internationalen Richtung der Eisenacher Sozialisten, die von Karl Marx, der 1848 aus Preußen nach England emigriert war, von seinem Londoner Exil aus dirigiert wurde. 1875 haben sich dann die Reste der Lassalleaner unter Hasenclever und Hasselmann mit den marxistischen Eisenachern unter Wilhelm Liebknecht und August Bebel auf einem Einigungsparteitag zu Gotha zur »Sozialdemokratischen Arbeiterpartei Deutschlands« vereinigt. Die Rückkehr der zunächst marxistisch-klassenkämpferisch gesinnten und von Bismarck als staatsfeindlich verfolgten Partei zur Lassalleschen Ursprungstradition und zum Hineinwachsen in den Preußischen Staat entwickelte sich nur langsam mit Rückschlägen durch 40 Jahre hindurch und hat schließlich dazu geführt, daß diese Partei nach 1918 das preußische Staatserbe übernehmen sollte. Doch greift dies schon weit voraus.

Wir wollen aber nun auf die für die fünfziger Jahre wichtigen parteipolitischen Gegensätze kommen, die sich auch auf die Außenpolitik erstreckten und schon in der Stellungnahme für oder gegen Olmütz deutlich geworden waren. Anläßlich des Krimkrieges sollten sie noch krasser zu Tage treten. Es waren damals noch Gegensätze wirklicher Weltanschauungen, die sich in der Bildung verschiedener Kammerfraktionen manifestierten, wie dies die Praxis des konstitutionellen Lebens nunmehr erforderte. Die Bedeutung der politischen Parteien sollte im Lauf des 19. Jahrhunderts immer größer werden.

Die Kreuzzeitungspartei der Hochkonservativen war von Ernst Ludwig von Gerlach, dem Bruder des Generaladjutanten, gegründet worden, der als der repräsentativste Vertreter einer geschlossenen konservativen Weltanschauung überhaupt zu gelten hat. Die Hochkonservativen unter dem doktrinären Gerichtspräsidenten Ludwig von Gerlach, dem dialektisch begabten und konzessionsbereiten Staatsrechtslehrer an der Berliner Universität, Friedrich Julius Stahl, und dem Hallensischen Historiker Heinrich Leo, einem tiefsinnigen und eigenwilligen Ultra, hatten in den Jahren 1850 bis 1857 ihre stärkste politische Auswirkung, obwohl die engere Kreuzzeitungsgruppe (»die kleine, aber mächtige Partei«) in der Zweiten Kammer von 1852 nur 26 von 329 Sitzen besetzt hielt; die Konservativen waren damals in zahlreiche Unterfraktionen aufgespalten. Die Hochkonservativen waren aber am Hofe durch die sogenannte »Kamarilla« der Generaladjutanten Gerlach und Rauch, der Hofmarschälle Massow und Keller, des Hausministers Anton Stolberg und des Kabinettsrats Marcus Niebuhr, Sohn des

Historikers, einflußreich vertreten. »Ministère occulte« war eine selbstironische Bezeichnung Leopold von Gerlachs; es handelte sich aber um keine Geheimverschwörung, sondern um ein besonderes Beratungsorgan des Königs, das dieser freilich oft genug gegen seine amtlichen Minister ausgespielt hat. Seine Existenz hing, wie Fritz Hartung zeigte, mit dem Charakter des Königs zusammen, der gegen das konstitutionelle Kabinett als moralisches Gegengewicht eine Art Zivilkabinett benötigte [14]. Seine schwer kontrollierbaren Einflüsse haben dem Ministerpräsidenten Manteuffel das Amtieren oft schwer gemacht.

Diese oft verkannte und daher genauer zu würdigende Gruppe der Hochkonservativen, zu der sich auch Otto von Bismarck noch in den ersten Jahren nach seiner 1851 erfolgten Ernennung zum Gesandten am Bundestag rechnete, war geistig ein Produkt der pietistischen Erweckungsbewegung der zwanziger Jahre, die sich inzwischen kirchlich-institutionell objektiviert hatte; dazu vertrat sie eine vom patriarchalischen Denken des Schweizer Staatsrechtslehrers Karl Ludwig von Haller bestimmte Legitimitätslehre. Der Konservativismus in Preußen war bewußte Reaktion auf die destruktiven Aktionen der Revolutionspartei. Dem König waren die Ideen dieser Richtung von Jugend an vertraut, im Staatsministerium standen ihr der Innenminister F. W. v. Westphalen – ein Schwager von Karl Marx – und der Kultusminister K. O. von Raumer nahe, während der Ministerpräsident Otto von Manteuffel eine andere, mehr gouvernementale Orientierung hatte.

Die Konservative Partei Preußens war in den fünfziger Jahren betont antinationalistisch gesonnen und lehnte wie alles Machtstaatsdenken auch jede großpreußische Machtpolitik ab, die die Grundlagen des Deutschen Bundes oder das Verhältnis der drei Ostmonarchien hätte gefährden können; Bismarck hat sich wegen dieser ihm zu starren Fixierung später von der Partei getrennt.

Für diese ganze Denkweise ist bezeichnend, daß sie wie der König den historisch begründeten Vorrang Österreichs in Deutschland anerkannte, während es gerade die Liberalen waren, die den preußischen Hegemonieanspruch verfochten. Die Konservativen haben das Nationalstaatsstreben als revolutionär und als unvereinbar mit der europäischen Ordnung abgelehnt, weil der Nationalismus die Staaten in ständige Kämpfe um nationales Prestige oder um

Volkstumsinteressen hineinreißen würde. Die Verträge von 1815 hätten aber schon den definitiven Interessenausgleich gebracht. Der wahre deutsche Nationalstaat bestehe gerade in dem historischen Pluralismus deutscher Einzelstaaten.

Die Konservative Partei Preußens hat aber auch jede Form des monarchischen Absolutismus verabscheut, weil der König durch seiner Untertanen Rechte beschränkt sei. Ihre Lehre zielte auf einen ständisch gegliederten konservativen Rechtsstaat ab, der auf die geschichtliche Überlieferung der preußischen Monarchie gegründet ist. – Ständischer Konstitutionalismus – oft wurde das englische Vorbild mit etwas zweifelhaftem Recht angerufen – sei etwas anderes als Interessenvertretung, nämlich die zuständliche Darstellung eines Volkes, gegliederter Organismus. Der Parteitheoretiker F. J. Stahl, dessen aktuelle Bedeutung darin bestand, den Konservativen durch seine Argumentation die Anerkennung des modernen Verfassungsstaates ermöglicht zu haben, hat den konservativen Konstitutionalismus staatsrechtlich so bestimmt, daß bei der – als notwendig anerkannten – Gewaltenteilung der König der hauptsächliche Machtträger bleibt, während das Parlament »Wächter und Garant der Verfassung« sein solle. Stahls Staatsrecht lehrte eine Monarchie mit quasi republikanischen Institutionen, indem er so zwischen den Zeitideen und dem konservativen Widerstand gegen die Revolution vermitteln zu können meinte. Sein »Christlicher Staat« war bereits eine Art Rückzugsgefecht, durch das er lediglich die christlichen Grundlagen der öffentlichen Ordnung festhalten zu können hoffte.

Gegenüber der »Revolution« haben sich die Konservativen bewußt als Verfechter der »Reaktion« angesehen, ohne deren Wirken Krone und Armee 1848 im »Abgrund der Revolution« versunken wären. Unter Gegenrevolution verstanden sie nach einem Wort des französischen Traditionalisten Joseph de Maistre das Gegenteil von Revolution: Autorität, Legitimität, historisches Recht. Der Durchsetzung demokratischer Prinzipien stemmte sich diese Gruppe deshalb entgegen, weil sie einen neuen, aus den Massen kommenden Absolutismus voraussah. Daher hat Ludwig von Gerlach es schon im Jahre 1851 als die staatsmännische Aufgabe der Zukunft bezeichnet, die Massen organisch aufzugliedern kraft der Amtsautorität der Regierenden und die Ansätze politischer Gestaltbildung in ihnen zu finden: »Die Masse als solche ist das Bewußtlose. Das Bewußtsein setzt Organisation voraus, und die Organisation tilgt das Massentum. – Wehe dem Staatsmann, der die Massen als Massen befragt. Es werden ihm wüste Antworten entgegenschallen. Wehe ihm, wenn er sie als Massen regieren will. Den Organismus in ihnen finden, den Samen dieses Organismus, und wäre er klein wie ein Senfkorn, wecken und befruchten mit der Weihe von oben –, das heißt eben regieren, das ist des Staatsmannes Aufgabe und hoher Beruf, dessen eigentliche Seele freilich wiederum die Weihe von oben selbst ist[15].« Für dieses von den meisten Historikern verkannte oder verzerrt wiedergegebene Ideengut muß auf die weitere Dokumentation des Anhangs verwiesen werden (S. 367 f.).

Die Konservative Partei der Jahre zwischen Olmütz und Krimkrieg war eine reine Weltanschauungspartei, die Ideenpolitik nach festen Prinzipien betrieb und der der Triumph des ideellen Prinzips wichtiger war als die Machtstellung und das Prestige des eigenen Staates. In den Kammerdebatten ist dies häufig zum Ausdruck gekommen, weshalb man wohl von einer historischen Einmaligkeit sprechen darf. Mit der Staatsregierung war die Kreuzzeitungspartei keineswegs identisch, oft genug stand sie im scharfen Widerspruch zu ihr. In ihrer reinen Form konnte sie nicht lange bestehen bleiben, zumal sie auch dem modernen Leben weithin fern blieb. So erkannten die Konservativen mit wenigen Ausnahmen nicht, daß die alten Stände längst auf dem Wege dazu waren, Klassen mit eigenem Klassenbewußtsein zu werden. Die bürgerliche Gesellschaft des mittleren 19. Jahrhunderts gliederte sich bereits eindeutig nach Erwerbsarten und Besitzverhältnissen.

Soziologisch gesehen handelte es sich bei den Konservativen im Kern um eine Organisation des ostelbischen Adels, der dem Beispiel des Bürgertums gefolgt und Partei geworden war, nachdem er sich als ständisches Element im Staat nicht mehr durchsetzen konnte. Da der Adel für seine politischen und sozialen Ideen am patriarchalischen Modell der Gutsherrschaft orientiert blieb, fand ein wirkliches Umdenken der alten Ideen in die moderne gesellschaftliche Situation nicht statt. Auf die im Zeitalter des Kapitalismus entstandenen Großbetriebe ließ sich das ständisch-organologische Idealbild vorkapitalistischer Sozialordnung nicht mehr anwenden. Der Widerwille allein gegen die liberal-kapitalistische Entwicklung mit Industrieentfaltung, Kapitalkonzentration und Großbanken, wie sie unter Hardenberg eingeleitet wurde, war auf die Dauer zweck- und ergebnislos, wenn sich auch viele Bauern und Handwerker gerade deshalb der Konservativen Partei anschlossen.

Eine eigene Sozialidee der Konservativen, wie sie von dem bisherigen Kreuzzeitungsredakteur, dem Justizrat Hermann Wagener in den sechziger Jahren vertreten wurde, der die »Arbeiterfrage« realistisch sah, die »steigende soziale und politische Bedeutung der Massen« zum Ausgang nahm und geradezu sozialistische Ideen entwickelte, mit denen er die Sozialkonservativen mit den Sozialdemokraten Lassallescher Richtung zum Kampf gegen die »Oligarchen des Geldkapitals« zusammenführen wollte, wurde nicht zum konservativen Gemeingut und konnte sich nicht durchsetzen[16]. Nach der Reichsgründung (vgl. Kap. 16) haben sich die Konservativen immer mehr zu einer agrarischen Interessenpartei entwickelt, die auf den raschen Übergang vom Agrar- zum Industriestaat am Jahrhundertende erst recht keine befriedigende Antwort mehr fanden.

Die Liberalen der fünfziger Jahre sind nur indirekt durch die sogenannte Wochenblattpartei (vgl. unten) vertreten gewesen. Die eigentlichen Verfechter der liberalen und demokratischen Ideen von 1848 waren in die Emigration nach London gegangen wie Lothar Bucher oder auch Karl Marx und Friedrich Engels, oder sie hatten sich bis auf eine kleine Gruppe gemäßigter Altliberaler unter Georg von Vincke von der Politik zurückgezogen und wegen des undemokratischen Wahlrechts zur Zweiten Kammer die Parole der Wahlabstinenz ausgegeben. Schon von hier aus betrachtet konnte die Kammerzusammensetzung kein wahres Spiegelbild der Volksmeinung geben, da die Liberalen in den Untergrund gegangen waren und dort untätig in der Wartestellung verblieben. 1849 hatte die »Linke« vor Einführung des Dreiklassenwahlrechts noch 40 % aller Stimmen auf sich ziehen können.

Die Energien des liberalen Bürgertums, zumal der westlichen Provinzen, haben sich statt dessen im Aufbau vieler neuer Fabriken und Wirtschaftsunternehmungen entfaltet. Dem gewaltigen industriellen Aufstieg, der sich in diesem Jahrzehnt vollzog, wurde von den neuen Handelsbanken (G. Mevissens Darmstädter Bank, Hansemanns Diskontogesellschaft, der Berliner Handelsgesellschaft – alle 1853–1856 gegründet) das benötigte Kapital zur Verfügung gestellt. An der Ruhr begann damals einer der größten Industriekomplexe der Erde zu entstehen. Da die meisten deutschen Kohlenlager in Preußen waren, dessen Eisenbahnnetz sehr rasch ein gut geschlossenes Verbindungssystem darstellte, nahm die wirtschaftliche Entwicklung hier ein besonders hektisches Tempo an.

Die kapitalistischen Interessen des großbürgerlichen Unternehmertums haben im übrigen auch frühzeitig die Trennung von Besitz und Bildung fördern helfen. Das Bildungsbürgertum als staatstragende Schicht, wie es etwa der ostpreußische Oberpräsident Theodor von Schön als ein Relikt der Reformzeit noch lange verkörpert hatte, war politisch immer einflußloser geworden. Von hier aus erklären sich die Worte der Mutlosigkeit, Verärgerung, ja Verbitterung, die wir in den Briefen der prominenten Bildungsliberalen finden wie bei dem Philosophen Rudolf Haym oder bei den Historikern M. Duncker, J. G. Droysen, H. v. Sybel und anderen. Für ihr eigentliches Anliegen, daß Preußen durch Entfaltung seiner Macht den deutschen Nationalstaat erzwingen solle, weil dieser Staat den sittlichen Beruf zur Lösung der deutschen Frage habe, war die Zeit noch nicht reif. Das preußische Reich als deutschnationale Aufgabe, wie es etwa Droysen als Leitbild vorschwebte, als er sich zur Abfassung seiner »Geschichte der preußischen Politik« entschloß, sollte erst ein Jahrzehnt später Gestalt annehmen. Aber da geschah es nicht im Geist des liberalen Bürgertums, nicht mit den hochgehaltenen Methoden des Parlamentarismus im Stil der Paulskirche.

Als Stellung zwischen »konservativer Reaktion« und »französischem Cäsarismus« war die liberale Idee der fünfziger Jahre, der »Professorenliberalismus«, wie man damals spöttisch sagte, in Preußen wirkungslos. Von dieser Tatsache aus erklärt sich der einem Dammbruch vergleichbare, geradezu überwältigende Erfolg, mit dem im Zuge der Neuen Ära die 1861 begründete »Deutsche Fortschrittspartei« die politische Arena betrat. Schon die erste Kammerwahl erbrachte ihr gleich 110 Mandate und machte sie zur weitaus stärksten Fraktion, weil das kapitalstarke liberale Bürgertum an der Wahl wieder teilgenommen hatte. Die weitere politische Entwicklung brachte es dann mit sich, daß auch die Mehrheit der Altliberalen – als Keimzelle der liberalen Parteibildung sind die »Erbkaiserlichen« von 1848, späteren »Gothaer« anzusprechen – die nationalen Einigungswünsche über die liberalen Prinzipien stellen sollten. Die Gründung der Nationalliberalen Partei 1867 und die weiteren Schicksale des Liberalismus sind im folgenden Kapitel zu skizzieren.

Das liberale Anliegen während der fünfziger Jahre war in den Kammern von dem linken Flügel des Konservativismus, den sogenannten »Liberalkonservativen« oder der »Wochenblattpartei« übernommen worden. Diese meist aus West- und Südwestdeutschen bestehende Gruppe hatte sich bei einem Konflikt über die Reaktivierung der Provinzialstände im Jahre 1851 von den Hochkonservativen abgesplittert und im »Preußischen Wochenblatt zur Besprechung politischer Tagesfragen« ein eigenes Organ geschaffen. Der Bonner Jurist M. A. von Bethmann-Hollweg, Großvater des späteren Reichskanzlers, war der Gründer und als heftiger Kritiker Manteuffels der eigentliche Inspirator. Graf Robert von der Goltz, der am leidenschaftlichsten auf eine preußische Großmachtpolitik drängte, und der aus Neuenburg stammende Diplomat Pourtalès, Schwiegersohn Bethmanns, die Barone Usedom und Bunsen gehörten zu ihr; der Kriegsminister von Bonin, der Prinz von Preußen – liberaler gesinnt als sein Bruder – und seine Frau Augusta standen ihr nahe. Koblenz, wo der Prinz damals ein Kommando hatte, wurde zu einer Art Hauptquartier. Bismarck sprach von einer »Coterie der Malkontenten«.

In den Jahren zwischen Olmütz und Krimkrieg fühlte sich die Wochenblattpartei als Vertreterin der nationalen Ehre, die durch den Olmützer Vertrag geschändet worden sei. Die oft maßlose Sprache, die sie führte, ist nur aus einer tiefen Beleidigung ihres Nationalgefühls zu verstehen. Denn die Preisgabe Schleswig-Holsteins, das Begräbnis der nationalstaatlichen Einheitshoffnung, die erzwungene Demobilisierung, die Übermacht des russischen Nachbarn und die Beeinträchtigung des preußischen Ansehens in Deutschland und Europa erklärten sie für logische Folgen der amtlichen preußischen Politik. Gerade die Argumente weltanschaulicher Art, die die Kreuzzeitungspartei für ihre Außenpolitik ins Feld zu führen pflegte, erschienen ihnen als Wurzel und Ursache allen Übels. Sie sprachen von der »Tendenzpolitik der unheilig-heiligen Allianz«, deren einziger praktischer Erfolg Rußlands moralische Herrschaft bis zum Rhein sei. Gegen den starren »fürstlichen Tugendbund des christlich-legitimistischen Absolutismus« (Usedom) empfahlen sie Bündnisse mit anderen europäischen Staaten, die Preußen seine Handlungsfreiheit wiedergeben würden. Hinzu kamen bei ihnen die alten liberalen Ressentiments innenpolitischer Natur, daß Rußland die Heimat der Reaktion und unversöhnlicher Feind alles konstitutionellen Lebens wäre, während England ihnen als der Musterstaat und als Hort der Freiheit schlechtweg galt. Die Wochenblattpartei befürwortete eine konsequente preußische Interessenpolitik, die antirussisch sein müsse. Um das russische Übergewicht zu brechen, verordneten sie bei Ausbruch des Krimkrieges ein enges Bündnis Preußens mit den Westmächten.

Zwischen Kreuzzeitungspartei und Wochenblattpartei, aber unabhängig von beiden, stand der amtierende Ministerpräsident der Jahre 1850–1858 Otto von Manteuffel, der ähnlich wie Hardenberg Vertreter eines mehr bürokratischen Staats- und Ordnungsprinzips war. Die Staatsgewalt sah er im Königtum, der Armee und der Beamtenschaft verkörpert; er war daher sowohl gegen liberale Fortschrittstendenzen wie auch gegen den Rückschritt zu einer feudalständischen Verfassung. Die Reaktivierung des Preußischen Staatsrats ab 1852 war im wesentlichen sein Werk. Manteuffel hat es auch verstanden, die Amtsstellung des preußischen Ministerpräsidenten durch eine Kabinettsordre vom 8. September 1852 erheblich zu verstärken, daß alle Immediatberichte der Minister an den König ausschließlich durch seine Hand gehen sollten, wovon nur die Berichte des Kriegsministers ausgenommen blieben. Bei der Entlassung Bismarcks 1890 sollte diese Kabinettsordre, auf deren Durchführung Bismarck bestand, erneut eine Rolle spielen.

Von Haus aus war der wenig an Prinzipien gebundene Manteuffel eine zu Kompromissen neigende Natur, dazu ein skeptischer Pessimist – »ein Pendant Schopenhauers unter den Staatsmännern der Zeit[17]« ist er genannt worden –, der zufolge seines bürokratischen Formalismus oft nur zu halben Entschlüssen kam. Seine Hauptaufgabe sah er darin, als uneigennütziger Diener des Königs von Preußen diesen vor ungangbaren Wegen zu warnen und zurückzuhalten. Die Aufgabe eines preußischen Ministers als Ratgeber seines Königs hat Manteuffel in einer Denkschrift vom Mai 1856 eindrucksvoll dargelegt (Anhang). Für sich selber sah er nur die Bestimmung, im Dienste verbraucht zu werden, da ja der König mit Geschick immer wieder versuchte, seine Freunde und Ratgeber: Manteuffel und Radowitz, Gerlach und Bunsen, gegeneinander auszuspielen und die amtliche Politik durch sprunghafte Einmischungen und Sondergesandtschaften – oft sogar hinter seinem Rücken – in Unordnung zu bringen. Angesichts des besonderen Charakters Friedrich Wilhelms IV. war der uneigennützige Manteuffel der ideale Ministerpräsident dieser Jahre. Für seine Königstreue und sein ausgeprägtes Staatsethos gibt das im Anhang abgedruckte Abschiedsschreiben ein eindrucksvolles Beispiel (S. 375).

Die oben geschilderten Kräfte und Richtungen sind insbesondere während des Krimkrieges deutlich hervorgetreten, da hier die Weltanschauungsparteien erneut auf das Gebiet der Außenpolitik übergriffen und zu klaren Frontbildungen führten. Der Krimkrieg ist zwischen den europäischen Kabinetten ausgebrochen, weil der Zar Nikolaus das alte russische Ziel einer Kontrolle über die Dardanellen durch Beherrschung Konstantinopels erreichen wollte. Unter dem Vorwand, ein russisches Protektorat über die orthodoxen Christen im Reich der Pforte ausüben zu müssen, hatte der Zar ein Ultimatum an den Sultan gerichtet, dessen Ablehnung ihm dazu diente, russische Truppen zur Befreiung der Balkanslawen (Serben und Bulgaren) in die damals zur Türkei gehörigen Donaufürstentümer Moldau und Walachei – das Gebiet des heutigen Rumäniens – einrücken zu lassen. Daraufhin kamen England und Frankreich der Türkei zu Hilfe und ließen ihre Flotten ins Schwarze Meer einlaufen. Zu diesem Konflikt, der Europa zu umspannen drohte, mußten auch Preußen und Österreich Stellung nehmen, zumal sich die Westmächte eifrig um ihre Bundesgenossenschaft bemühten.

Für die Liberalkonservativen war der Anschluß an die Westmächte eine weltanschauliche Forderung. In ihren Augen gaben die »orientalischen Verwicklungen«, wie man den Krieg auf dem Balkan nannte, gleichsam den Startschuß für eine Aktivierung der preußischen Außenpolitik durch neu einzugehende Allianzen ab. Im Spätherbst 1853 kam für die Wochenblattpolitiker die große

Chance, als der König den speziellen Vertrauten der Prinzessin von Preußen, Graf Pourtalès, mit der Behandlung der orientalischen Angelegenheiten im Auswärtigen Amt betraute und Manteuffel in seinem Bestreben, von der »kleinen aber mächtigen Partei« loszukommen, sich ganz den Vorstellungen ihrer Gruppe öffnete. Im Tauziehen der verschiedenen Richtungen sind sie in diesem Winter mehrmals dicht vor dem Ziel gewesen, das heißt dem Anschluß an die Westmächte. Ihr wohlberechnetes Argument, man könne anders den unterdrückten Christen der Türkei nicht zur Hilfe kommen, machte auf den König großen Eindruck. Aber maßlose Ungeschicklichkeiten psychologischer wie politischer Natur, die in völliger Verkennung des Möglichen und Erreichbaren von Pourtalès und Bunsen begangen wurden, haben im März 1854 zu ihrem Scheitern geführt. Graf Pourtalès stellte nämlich in einer Audienz am 2. März dem König ein Ultimatum, indem er erklärte, eine ihm angetragene Sondermission nach London nur annehmen zu können, wenn Friedrich Wilhelm zu einem förmlichen Bündnis mit den Westmächten und gegebenenfalls auch zum Krieg gegen Rußland bereit sei. Der König empfand dies als Erpressung, zudem als ein abgekartetes Spiel, da am nächsten Tag aus London, zusammen mit zwei Depeschen, eine unglaubliche Denkschrift des Gesandten Josias von Bunsen »Über die gegenwärtige Lage und Zukunft der russischen Crise« eintraf, in der eine neue Landkarte Europas mit stark zurückgeschobenen Grenzen Rußlands entworfen war. Rußland sollte zerteilt werden, die Ostseeprovinzen einschließlich Petersburg an Preußen und Schweden fallen; Großpolen als preußisches Protektorat wiederhergestellt werden etc. Dieses geheime Aufteilungsprogramm der Wochenblattpartei, das in der Bunsenschen Denkschrift zum Ausdruck kam – »Pläne von kindlicher Nacktheit«, urteilte Bismarck – erinnert stark an verwandte alldeutsche und nationalsozialistische Pläne der beiden letzten Kriege.

Daß hier eine unverantwortliche Privatpolitik hart am Rande des Amtsmißbrauchs getrieben wurde, war den maßgeblichen Männern am Berliner Hof klar. Der Sturz Bunsens war nicht mehr aufzuhalten. Seine verworrene Diplomatie und Pourtalès Heißblütigkeit haben damals den Liberalkonservativen das Konzept verdorben. Ebenso kam wenig später ihr Parteigänger, der Kriegsminister v. Bonin, wegen brutal-ungeschickter antirussischer Kammeräußerungen zu Fall, wodurch eine schon lange schwelende Unzufriedenheit des Prinzen von Preußen mit der Politik seines Bruders zum Ausbruch kam und zu einem schweren Konflikt im königlichen Hause führte. De facto aber waren zunächst einmal alle westlich orientierten Politiker, die des Prinzen Wilhelm Vertrauen besaßen, aus den praktischen Regierungsgeschäften entfernt.

Der Eindruck, den das Ganze in London machte, war sehr schlecht. Als nun der König »zur Erhaltung des Weltfriedens« den General Karl von der Groeben, der keine fremden Sprachen konnte, als seinen privaten Sondergesandten an die Themse sandte, um den Engländern die verworrene Situation zu erklären, spottete Lord Aberdeen: »Le Roi de Prusse, pour expliquer sa politique inexpliquable, a envoyé un homme, qui ne sait pas s'expliquer [18].«

Die Kreuzzeitungspartei hatte sich während all dieser Verwicklungen entgegen den üblichen Behauptungen, inauguriert durch Sybel, keineswegs einseitig russophil verhalten, weil ihre Mitglieder den zaristischen Absolutismus ablehnten. Bei einer Unterredung mit dem Zaren hatte sich Leopold von Gerlach geradezu als »liberal und als Verfechter einer freiheitlichen Staatsgesinnung« gefühlt; sein persönlicher Einfluß am Hof bei König und Königin gelangte übrigens ab Frühjahr 1854 auf den Höhepunkt. Er und seine Gesinnungsfreunde waren von der Wochenblattpartei ganz zu Unrecht als »Spreekosaken« verleumdet worden; sie waren mindestens so stark englisch wie russisch orientiert. Da aber die Konservativen nach wie vor an die internationale Solidarität der konservativen Prinzipien glaubten, wollten sie am Bündnis der drei schwarzen Adler so lange wie möglich festhalten. Ein spezielles, gegen die Westmächte gerichtetes Bündnisangebot des Zaren im Januar 1854 wurde auch von ihnen entschieden abgelehnt, wobei sehr negative Äußerungen fielen.

In der Krimkriegfrage war der König von widerstrebenden Gefühlen erfüllt. Einerseits sah er das Unrechtmäßige in der russischen Aggression gegen die Türkei, andererseits schmerzte es ihn, viele Millionen Christen unter »heidnischer« Herrschaft zu wissen. Erschien es ihm auch unmöglich, gegen das protestantische England Partei zu nehmen, so sah er doch England in einem Bündnis mit dem Heidentum (Türkei) und der Revolution (Napoleon), das er Bunsen gegenüber als »Inzest« bezeichnete. So konnte der König gar nicht anders, als in diesem »scheußlichen« Kriege neutral zu bleiben. Er ging damit nur den prinzipiell richtigen Weg.

Wohl aber wurde die am 20. April 1851 mit Österreich für drei Jahre getroffene Vereinbarung um weitere drei Jahre verlängert. Diesmal aber erhielt der Vertrag den Charakter eines Schutz- und Trutzbündnisses zur gemeinsamen Abwehr jeden Angriffes, wobei sich beide Seiten ihre deutschen und außerdeutschen Besitzungen garantierten, was über die Dresdener Abmachungen hinausging. Da sich Manteuffel noch in einem geheimen Zusatzartikel des Vertrages vom 20. 4. 1854 auf preußische Waffenhilfe auch für den Fall hatte festlegen lassen, daß Österreich die russische Räumung der Donaufürstentümer mit Gewalt durchsetzen müsse, war ein sehr gefährliches Engagement eingegangen worden. Vor den Folgen dieser Verpflichtung ist Preußen nur durch den weiteren Verlauf des Krimkrieges bewahrt geblieben.

Am 3. Juni 1854 richtete Österreich aus Selbsterhaltungsgründen ein bewaffnetes Ultimatum an Rußland zur Räumung der Donaufürstentümer, da diese sich nicht nur als ein russisches Ausfallstor nach Konstantinopel, sondern ebenfalls zur Bedrohung der Donaumonarchie verwenden ließen. Als gleichzeitig französische und englische Armeekorps in Konstantinopel landeten und 250 000 Österreicher in Galizien, der Bukowina und Siebenbürgen aufmarschiert waren, drohte eine vollständige Abriegelung der Balkanhalbinsel. Um den Balkan nicht zu einer Mausefalle für die russischen Truppen werden zu lassen, blieb dem Zaren nichts anderes übrig, als am 24. Juli den Befehl zur Räumung zu geben. Engländer und Franzosen verfolgten die russischen Truppen, landeten auf der Krim, schlugen sie und belagerten die Festung Sewastopol, die aber erst nach einjähriger Belagerung fiel. Unter dem Eindruck dieser Ereignisse erfolgte am 2. Dezember 1854, dem Jahrestag der Krönung Franz Josephs, auch noch ein förmliches Bündnis Österreichs mit den Westmächten. Diese Sprengung des Dreibundes hat Rußland den Österreichern nie vergessen. Jedenfalls war dies das definitive Ende des Bundes der drei schwarzen Adler oder des Restbestandes der Heiligen Allianz. Durch den Frieden von Paris (30. März 1856), der eine Entmilitarisierung des

Schwarzen Meeres vorsah (Pontusklausel), ist der Einfluß Rußlands weit zurückgedrängt worden. Louis Napoleon aber konnte als seinen Triumph verkünden: »Die Verträge von 1815 haben aufgehört zu existieren.«

Preußen war bewußt neutral geblieben. Diese Neutralität ist von Friedrich Julius Stahl in einer Rede vor der Ersten Kammer folgendermaßen begründet worden: »Ich und meine Freunde, wir wünschen die Nichtbeteiligung Preußens an dem gegenwärtigen Kampfe und wünschen, daß ohne Feindschaft gegen die Westmächte das alte Verhältnis zu Rußland gewahrt bleibe. – Ich muß von vornherein den sogenannten europäischen Standpunkt für die Beurteilung der Frage zurückweisen, der doch nichts anderes ist als der Standpunkt Englands und Frankreichs oder aber Rußlands. Ich vindiziere uns das Recht, sie einzig und allein vom preußischen, vom deutschen Standpunkt zu beurteilen. Wir wollen nicht russischen Interessen dienen – aber auch nicht den Rivalitäten der Westmächte und ihren Ansichten über die Verhältnisse Europas. Man ist hierzulande nicht sehr lüstern nach einem europäischen Konzert, in welchem England und Frankreich Kapellmeister sind und die Deutschen die Musikanten sein sollen. Es ist nicht das Interesse Preußens, daß sich Rußlands Macht vergrößere; aber es ist das wohlverstandene Interesse Preußens und Deutschlands, daß Rußlands bisherige Machtstellung ungebrochen und sein bisheriges Verhältnis zu Preußen unzerrissen bleibe [19].«

Stahl nannte diese Rede das »Fazit einer Politik nach höherem Prinzip«, das er den Argumenten der Wochenblattpartei und der englisch-französischen Presse entgegenhielt. Auch Bismarck hat Manteuffel damals zu dieser Politik geraten, freilich nicht aus ideologischen, sondern aus realpolitischen Erwägungen heraus. Er sah nicht zuletzt in der Abwendung von Österreichs Orientpolitik die Chance einer Verstärkung des preußischen Einflusses im Deutschen Bund. Noch Jahrzehnte später hat er in einer Rede Preußens Neutralität im Jahre 1854 als ein gar nicht hoch genug zu schätzendes persönliches Verdienst Friedrich Wilhelm IV. bezeichnet [20]. Dieser aber hatte nur wahr gemacht, was er in seiner Ansprache bei der Huldigungsfeier von 1840 verheißen hatte: »Ich will Frieden halten in meiner Zeit.«

Die Neutralitätspolitik Preußens im Krimkrieg sollte sich auszahlen, denn Bismarck konnte bei den Kriegen, die ein Jahrzehnt später von ihm geführt wurden, auf die wohlwollende Rückendeckung durch das von Österreich entfremdete Rußland zählen (vgl. Kap. 15). Es ist also ein bleibendes Verdienst Friedrich Wilhelm IV. und der Kreuzzeitungspartei, die Entscheidung weder für den Osten noch für den Westen gefällt, sondern gegen alle Drohungen und Verlockungen Preußens Neutralität im Krimkrieg durchgehalten und den freundschaftlichen Draht nach Petersburg nicht abgeschnitten zu haben.

Der Pariser Friede vom 30. März 1856, bei dem Frankreich als eine Art europäischer Schiedsmacht auftrat, bedeutet auch in der preußischen Geschichte einen tiefen Einschnitt, weil er das Signal zu einer vollständigen Umorientierung der preußischen Außenpolitik geworden ist. Einen Monat später erstattete Bismarck seinem Chef Manteuffel einen ausführlichen Lagebericht – seiner plastischen Sprache wegen von Bismarcks Verehrern »Prachtbericht[21]« genannt –, mit dem das Frankreich Louis Napoleons als neuer Bündnispartner für Preußen empfohlen wurde; gerade auch den deutschen Mittelstaaten müsse die Rheinbundchance[22]« endlich abgeschnitten werden. Der alte Dualismus Preußen-Österreich aber werde nur durch Krieg lösbar sein, nur dieser werde »die Uhr der Entwicklung auf ihre richtige Stunde stellen können«. Bismarck fuhr damals fort: »Ich will nur meine Überzeugung aussprechen, daß wir in nicht allzulanger Zeit für unsere Existenz gegen Österreich werden fechten müssen.«

So kraß wagte er sich zwar nicht gegenüber seinem alten antibonapartistischen Freund und Gönner Leopold von Gerlach auszudrücken, aber in einem theoretischen Briefwechsel, der durch die Aufnahme in »Gedanken und Erinnerungen« berühmt geworden ist, hat Bismarck ausgeführt, daß er jede Form von Prinzipienpolitik zugunsten der Staatsinteressen verwerfen müsse, daß er das Legitimitätsprinzip der Hochkonservativen für fadenscheinig und historisch nicht stichhaltig ansehe, vor allem aber – hinsichtlich der Beziehungen zu Louis Bonaparte –, daß er sich wegen ideologischer Tabus nicht 16 von 64 Brettfeldern für das politische Schachspiel verbieten lasse. Der General Gerlach aber mußte resignierend feststellen, daß Bismarck die Grunderfahrung seines Lebens: den weltanschaulichen Antibonapartismus offenbar deshalb nicht begreifen könne, weil er einer späteren Generation angehöre, der er nicht mehr zum Bildungsprinzip und Konstitutionselement der Weltanschauung geworden sei.

In der Tat ist Bismarcks Vorurteilsfreiheit und »Realismus«, der politische Zielsetzungen nicht an weltanschaulichen Hemmungen scheitern läßt, weithin das Merkmal einer neuen Generation gewesen, deren neuem Wirklichkeitsbewußtsein der später nationalliberal gewordene Jurist A. L. von Rochau in einer geistesgeschichtlich aufschlußreichen Schrift »Grundsätze der Realpolitik« (1853) Ausdruck gegeben hat, die den Primat des Handelns vor dem Denken feststellt. In den späten fünfziger Jahren hat sich der Übergang von der »Ideenpolitik« zur »Realpolitik« vollzogen.

Niemand konnte sich damals verhehlen, daß ein ganzes Zeitalter zu Ende ging. Leopold von Gerlach schrieb am 2. März 1856, dem ersten Todestag des Zaren Nikolaus, in sein Tagebuch, daß mit ihm eine Epoche abgeschlossen sei, und fuhr fort: »Bei dem König Friedrich Wilhelm IV. wird das noch in viel höherem Grade der Fall sein; alle die mittelalterlichen Traditionen hören mit ihm auf[23].« Und in der Tat, der Krimkrieg war der letzte Kabinettskrieg alten Stils; der Krieg von 1859 wurde der erste moderne Krieg der Geschichte, der wegen nationalistischer Volksbewegungen geführt worden ist. Den preußischen Konservativen erschien dieser Krieg daher auch als ein Unternehmen der Revolution. – Jedenfalls haben die beiden Kriege der fünfziger Jahre das europäische Gleichgewicht endgültig zerstört. Der Föderalist Konstantin Frantz drückte es so aus: »Die Pentarchie ist auf der Krim gestorben und am Mincio 1859 ist sie begraben worden[24].«

Friedrich Wilhelm IV., dessen Handlungsweise der Welt so oft als schwankend und wechselhaft erschienen war, während seine weltanschaulichen Leitmotive stets dieselben geblieben sind, trat im richtigen Moment von der Bildfläche ab. Im Juli 1857 traf ihn auf der Rückreise von einem Besuch bei Kaiser Franz Joseph in Pillnitz ein erster Schlaganfall, dem weitere folgten, die Lähmungserscheinungen des Sprachvermögens (Aphasie), später auch anderer Gehirnfunktionen nach sich zogen; mit Wahnsinn oder einer »aktualisierten psychopathischen Anlage« hatten diese Schlaganfälle nichts zu tun. Leopold Ranke schrieb in dieser Zeit an seinen Bruder: »Trübe Wolken ziehen an unserem Himmel.

Es ist, als wäre die ganze, einigermaßen einverstandene Gesellschaft, die hier beisammen ist, von dem Gefühl ihrer Hinfälligkeit ergriffen. Was sind wir noch, wenn dieses eine Leben schwindet? So viel Geist, Einsicht in alles, Sinn für alles – so viel Wohlwollen und Religion, so viel echte, allgemeine, großartige Bildung wird sich in einer Person nicht wieder vereinigt finden. Es war eine große Position dem Vernichtungsprozeß des Jahrhunderts gegenüber ergriffen. – Und gerade der Geist, der diesen großen Impuls in sich trug, muß durch ein körperliches Leiden umdüstert werden. Was sind wir? Der größte Gedanke hängt ab von einer Faser im Gehirn [25].«

Der Bruder Wilhelm übernahm die Stellvertretung des Königs erst ein Jahr später, als die dauernde Regierungsunfähigkeit seines Bruders wahrscheinlich geworden war, die Regentschaft. Das Sterben des Königs dauerte noch dreieinhalb Jahre, bis ihn am 2. Januar 1861 der Tod erlöste. Sein Adjutant Leopold von Gerlach folgte acht Tage nach seines Königs Tod diesem nach. Bismarck hat schöne Worte in »Gedanken und Erinnerungen« über seinen Tod gefunden: »Auch für den nach seiner Meinung irrenden König setzte er sich voll mit Leib und Leben ein, wie er schließlich seinen Tod dadurch fast eigenwillig herbeiführte, daß er hinter der Leiche seines Königs stundenlang in bloßem Kopfe, den Helm in der Hand, folgte. Dieser letzten formalen Hingebung des alten Dieners für die Leiche seines Herren unterlag seine schon länger angegriffene Gesundheit; er kam mit der Kopfrose nach Hause und starb nach wenigen Tagen. Durch sein Ende erinnert er an das Gefolge eines altgermanischen Fürsten, das freiwillig mit ihm stirbt [26].«

Daß eine Epoche zu Ende gegangen war, ersieht man auch daraus, daß die Hauptakteure, die sie getragen hatten, jetzt zu Beginn der »Neuen Ära« nacheinander von der Bühne abtraten. K. O. von Raumer und Marcus Niebuhr waren schon am 6. August 1859 resp. 8. Juli 1860 vorausgegangen, dem König und Gerlach folgten im Tode F. J. Stahl am 11. August 1861, L. G. von Thile am 24. August 1861, K. F. von Savigny am 25. Oktober 1861 und Carl von Voß am 3. Februar 1864 – und eine neue Zeit, die eine »Politik der wohlverstandenen Interessen« wünschte, konnte ihren Anfang nehmen.

Zurückblickend hat Ranke, der ganz in dieser Zeit des von ihm so verehrten Königs verwurzelt war, als Historiker folgendermaßen über diesen geurteilt: »Von den entgegengesetzten Bewegungen der Zeit wurde Friedrich Wilhelm IV. immer in seiner Seele betroffen. Er hatte vielleicht mehr Gemüt als der Staat ertragen kann. Seine ideale Anschauung stieß mit den Realitäten der Dinge vielfältig zusammen. Und in seiner persönlichen Eigenart lag etwas, das die Opposition erweckte. Er war entfernt davon, sich glücklich zu fühlen; seine meisten Allocutionen (sc. feierliche Ansprachen) der späteren Zeit haben einen schmerzlichen Zug an sich[27].«

FÜNFZEHNTES KAPITEL
KÖNIG WILHELM I. UND DIE BISMARCKSCHE REICHSGRÜNDUNG

Friedrich Wilhelm IV. war der letzte ausschließlich preußische König gewesen. Sein Bruder und Nachfolger Wilhelm I. sollte Deutscher Kaiser werden und Preußen in Deutschland aufgehen lassen. Daß es so kommen würde, war 1857, als der Prinz von Preußen die Stellvertretung seines erkrankten Bruders übernahm, in keiner Weise vorauszusehen. Im ersten Jahr der Stellvertretung lief aus Rücksicht auf den erkrankten König alles weiter wie bisher, aber die Übernahme der Regentschaft im Oktober 1858 hatte die sofortige Entlassung des Ministeriums Manteuffel zur Folge und die Berufung eines neuen liberaleren Ministeriums unter dem Fürsten K. A. von Hohenzollern-Sigmaringen, während Rudolf von Auerswald Minister ohne Geschäftsbereich wurde. Von der Wochenblattpartei wurden Bethmann-Hollweg als Kultusminister und Bonin wieder als Kriegsminister für kurze Zeit in das Kabinett aufgenommen, während der liberale Freiherr von Patow Minister der Finanzen wurde. Große Erwartungen knüpften sich an diesen Regierungswechsel. Der Prinzregent, der in seiner Ansprache an die neu ernannten Staatsminister erklärte, daß Preußen in Deutschland »moralische Eroberungen [1]« machen, aber auch »ein energisches Verhalten in der Politik« an den Tag legen müsse, erschien als die Verkörperung eines liberalen, aber auch eines nüchternen und härteren Preußens.

In den letzten durch Entschlußlosigkeit gekennzeichneten Jahren Friedrich Wilhelms IV. hatten viele Menschen das Empfinden gehabt, die Zeit stehe still. Selbst ein Hochkonservativer wie Heinrich Leo hatte das beklemmende Gefühl, daß man »trotz eines wohlintentionierten Fürsten und einer konservativen Majorität [2]« in den fünfziger Jahren keinen Schritt vorwärts gekommen sei, sondern die alles beherrschende sechste Großmacht: die Langeweile, den

Tag bestimme. Leopold von Ranke hatte von den »halkyonischen Jahren« der Windstille gesprochen. Dies alles sollte jetzt sehr rasch durch eine wahre Flut von Ereignissen anders werden; denn unter der Oberfläche waren nicht nur große Veränderungen in der sozialen Struktur, sondern auch große Umwandlungen der Denkweise vor sich gegangen, deren Ausdruck bisher verhindert worden war.

Im Frühjahr 1859 brach zwischen Österreich und Frankreich-Sardinien ein Krieg aus, in dem Wien Preußens Beistand anrief. Der Deutsche Bund blieb untätig, da er bundesrechtlich nicht zum Eingreifen verpflichtet war. Die öffentliche Meinung in Preußen, auch der Prinzregent, tendierten dahin, Österreich zu helfen, weil Frankreich sonst mit seinen auf das linke Rheinufer zielenden Annexionswünschen den Rhein bedrohen könne, der jetzt am Po verteidigt werden müsse. Dieser von dem piemontesischen Staatsmann Cavour geschürte Krieg war von der italienischen Nationalbewegung getragen und hatte auch deutlich nationalrevolutionäre Züge. Napoleon hatte die italienische Einigungsbewegung unter seinen Schutz genommen, da er durch sie Österreichs Stellung in der Lombardei zum Einsturz zu bringen hoffte. Ehe noch in Berlin die Entscheidung über Preußens Eingreifen gefallen war, kam es nach den österreichischen Niederlagen bei Magenta (4. Juni) und Solferino (24. Juni) am 8. Juli zum Waffenstillstand von Villafranca; im Verlauf der Verhandlungen mußte Österreich die Lombardei an Napoleon III. abtreten, der sie aber an Piemont weitergab, jedoch Nizza und Savoyen als Trinkgeld kassierte.

Nach italienischem Vorbild war 1859 von Altliberalen und gemäßigten Demokraten der »Deutsche Nationalverein« gegründet worden, der unter dem Protektorat des Herzogs Ernst von Koburg-Gotha Nord- und Süddeutsche umfaßte und ein liberales kleindeutsches Reich propagierte. Obwohl er bis zu 25 000 Mitglieder zählte, wurde er keine Volksbewegung; vielmehr erschöpfte er seine Kraft in gesamtdeutschen Schillerfeiern, Turner-, Sänger- und Schützenfesten. Die Hannoveraner Bennigsen und Miquel, die als nationalliberale Wortführer im Kaiserreich eine Rolle spielen sollten, betraten hier die politische Arena. Für das Bildungsbürgertum wurden 1859 von Rudolf Haym die »Preußischen Jahrbücher« gegründet.

Im Frühjahr 1860 legte der im Dezember des Vorjahrs ernannte neue Kriegsminister Albrecht von Roon zur Einleitung der notwendig gewordenen Heeresreform ein neues Kriegsdienstgesetz vor, das neben Truppenvermehrungen zwecks besserer Ausbildung der Rekruten eine erneute Festlegung der dreijährigen Dienstzeit vorsah. Die Zahl der ausgehobenen Rekruten sollte von 40 000 auf 63 000 vermehrt und die Friedensstärke des Heeres um 33 % erhöht werden Diese Gesetzesvorlage, die durch Denkschriften Roons seit 1858 verbreitet worden war, wurde aber von der heftig opponierenden Kammermehrheit verworfen. Den Liberalen mißfiel auch an Roons Heeresreform, daß er die durch Boyen – Kriegsminister 1814–1819 und 1841–1847, als Generalfeldmarschall verabschiedet – volkstümlich gemachte Landwehr ersten Aufgebots zugunsten von Feldarmee und Reserve zurückdrängen wollte, was dann allmählich auch geschehen ist. Die Regierung bestritt der Kammer aber das Recht der Ablehnung, da die Heeresreform, die längst fällig gewesen sei, zum Ermessensbereich der königlichen Kommandogewalt gehöre. Dies sei eine prinzipielle Frage, da sonst das königliche Heer zu einer Parlamentsarmee werden würde. In der Sache ging es um die König Wilhelm nach seinen fachmännischen Erfahrungen mit den Mobilmachungen von 1850 und 1859 als notwendig erschienene Modernisierung des Heeres und die Anpassung der Heeresstärke an die gewachsene Bevölkerungszahl. Die seit 1856 bestehende dreijährige Dienstzeit wurde allerdings von den Fachmilitärs verschieden beurteilt. Immerhin bewilligte die keineswegs böswillige Zweite Kammer die von der Regierung geforderten Mehrkosten von 9½ Millionen Talern, die durch eine 25%ige Steuererhöhung aufgebracht werden sollten – wenigstens für die Dauer eines Jahres.

Inzwischen war der Prinzregent nach dem Tode seines Bruders König geworden. Bei der Krönungsfeier in Königsberg – es war eine Selbstkrönung wie 1701, aber in demütiger Gesinnung; die letzte deutsche Krönung überhaupt – unterstrich Wilhelm I. auf das Nachdrücklichste die Wichtigkeit eines starken Heeres, da auch der Landtag von 1861 lediglich für eine provisorische Bewilligung der Heeresausgaben einzutreten bereit schien. Mit einer Kabinettsordre vom 18. Januar schränkte der König die konstitutionelle Gegenzeichnung in Heeresangelegenheiten ein, da er glaubte, dadurch die Armee aus den politischen Kämpfen heraushalten zu können.

Im Dezember 1861 fanden Neuwahlen zur Zweiten Kammer statt, die trotz schwacher Wahlbeteiligung einen eindeutigen Sieg der aus einem Teil der Altliberalen (Hoverbeck, Forckenbeck, Unruh etc.) und aus 48er Demokraten (Waldeck, Jacoby, Schultze-Delitzsch etc.) neugegründeten linksliberalen »Deutsche Fortschrittspartei« erbrachten, einer Partei schärferer Tonart, die jetzt mit 110 Abgeordneten zur stärksten Fraktion der Kammer wurde. Die Wahlen der fünfziger Jahre – vor allem die sogenannte »Landratskammer« (wegen ihrer 72 konservativen Landräte) von 1855 – hatten unter schwerer Wahlbeeinflussung gestanden, die bei dem vorgeschriebenen Wahlmodus der öffentlichen Stimmabgabe möglich war. Mit der Forderung an die Beamtenschaft, die Regierungspolitik zu vertreten, d. h. für die konservative Partei zu agitieren, war viel böses Blut erregt worden. Jetzt aber schmolzen die Konservativen auf ein Häuflein von 14 Abgeordneten zusammen; keiner ihrer parlamentarischen Führer war wiedergewählt worden. Mit dieser neuen Kammer schien eine Vereinbarung in der Streitfrage der dem König so wichtigen Heeresreform nicht möglich zu sein, nachdem sich die Fortschrittspartei auf zweijährige Dienstzeit und Erhaltung der Landwehr festgelegt hatte.

Als das Haus auf Antrag der Fortschrittspartei die Ausgabenpolitik der Regierung der parlamentarischen Kontrolle unterwerfen wollte, löste diese im März 1862 das Abgeordnetenhaus kurzerhand auf und beendete damit die »Neue Ära« und die Hoffnungen der Altliberalen. Das Ministerium Hohenzollern-Auerswald wurde von dem konservativeren Ministerium Hohenlohe-Ingelfingen abgelöst, Graf Albrecht Bernstorff, Bunsens Nachfolger in London, wurde Minister des Auswärtigen. Die gemäß der Verfassung ausgeschriebenen Neuwahlen im Mai erbrachten eine noch imposantere Mehrheit der liberalen Fraktionen – über 80 % aller Sitze –, die sich mit gutem Grund als Ausdruck des Volkswillens betrachten konnten.

Als nun das Abgeordnetenhaus, dessen Gesetzesvorlage über die Aufhebung der gutsherrlichen Polizei und eine neue Kreisordnung im Herrenhaus gerade zu scheitern drohte, zur Demonstration seiner oppositionellen Stellung am 23. September mit überwältigender Mehrheit sämtliche Mehrausgaben für die Armee aus dem Staatshaushalt strich, hatte sich dadurch der Kampf zwischen Fortschrittspartei und Regierung zu der Alternative: Parlamentarisches Regierungssystem – monarchische Praerogative zugespitzt. In dieser auf das äußerste gespannten Situation ist es auf Anraten Roons trotz anfänglichen Widerstrebens des Königs, der schon an Abdankung zugunsten seines ältesten Sohnes dachte, zur Berufung Otto von Bismarcks gekommen, der damals nach einer Petersburger Mission seit fünf Monaten als preußischer Gesandter in Paris amtierte. Hier hatte er sich übrigens von Napoleon III. sein eigenes Bild machen können, das realistischer war als das der meisten Zeitgenossen. Jetzt auf dem Höhepunkt der preußischen Staatskrise – der Kronprinz war schon aus Gotha herbeigeeilt – depeschierte Roon seinem Freunde nach Paris: »Periculum in mora. Depêchez-vous!« Am 23. September, dem Tage des Triumphes der Fortschrittler, wurde Bismarck zuerst interimistisch, dann am 8. Oktober endgültig zum Ministerpräsidenten und Minister des Auswärtigen ernannt, was als Kampfansage an das Parlament gemeint war und von diesem geradezu als Ankündigung des Staatsstreichs aufgefaßt wurde.

Bei der Unterredung mit dem König am 22. September im Schloß von Babelsberg erklärte Bismarck, daß er wie ein kurbrandenburgischer Vasall empfinde [3], der seinen Lehensherren in Gefahr sieht, und daß er als treuer Royalist dazu bereit sei, die eigenen Meinungen hintanzusetzen und den Kampf um das Militärbudget mit dem Abgeordnetenhaus auf Biegen oder Brechen durchzustehen: »Ich will lieber mit dem König untergehen als Ew. Majestät im Kampf mit der Parlamentsherrschaft im Stich lassen [4].«

Die Einlösung dieses Versprechens ließ nicht lange auf sich warten. Gleich in seiner ersten Rede vor der Budgetkommission des preußischen Abgeordnetenhauses am 30. September erklärte Bismarck: »Nicht durch Reden und Majoritätsbeschlüsse werden die großen Fragen der Zeit entschieden – das ist der große Fehler von 1848 und 1849 gewesen –, sondern durch Eisen und Blut [5].«

Dieser seinem vehementen Temperament entsprungene aufsehenerregende Satz, dessen mißdeutbare Überpointierung Bismarck später noch oft bereut hat, wirkte besonders schlecht auf die Königin Augusta, die von 1848 her eine alte Widersacherin Bismarcks war. Sie hatte bei ihrer Geburtstagsfeier in Baden-Baden so intensiv auf ihren Mann eingewirkt, daß Bismarck, der dem König bis Jüterbog entgegenfuhr, alle Mühe hatte, ihn im Eisenbahncoupé wieder »umzudrehen«; der von ihm in seine Lebenserinnerungen aufgenommene hochdramatische Bericht ist als ein literarisches Meisterstück zu bezeichnen und wird daher in den dokumentarischen Anhang (S. 377 f.) aufgenommen.

Am 13. Oktober wurde die Session des Abgeordnetenhauses geschlossen, da sich die Regierung der linken Mehrheit nicht fügen wollte. Bismarck war entschlossen, den Kampf um die Macht im Staat mit allen Mitteln zu führen, das heißt die Durchsetzung der Heeresreform nun auch ohne Bewilligung des Staatshaushalts durch die Zweite Kammer über die Bühne zu bringen. Der Etat für 1863 ist nicht gesetzmäßig zustande gekommen. Da der betreffende Artikel der Verfassung (Art. 99) keine Bestimmung darüber enthielt, was zu geschehen habe, wenn die drei für die Gesetzgebung zuständigen Organe nicht übereinstimmten, erklärte Bismarck, auf staatsrechtliche Gutachten gestützt, die schon vor seiner Berufung eingeholt worden waren, daß in der Verfassung eine Lücke bestehe (»Lückentheorie«), darum das volle Königsrecht wieder in Kraft treten müsse und die bestehenden Steuern weiter zu erheben seien. Damit war der preußische Verfassungskonflikt erst voll entbrannt. Das Parlament tobte, daß die Verfassung mutwillig verletzt worden sei, konnte aber nicht das Geringste erreichen, weil die Regierung unnachgiebig blieb und die faktische Macht in Händen hielt. Der Verwaltungsapparat lief ungestört weiter, da man des Beamtentums sicher sein konnte; vorübergehend wurde mit den Verordnungen vom 1. Juni 1863 die Pressefreiheit eingeschränkt.

Im Januar 1863 brach in Polen ein Aufstand aus, weil die Hoffnungen auf die Wiederherstellung eines polnischen Nationalstaats noch nicht erloschen waren. Da Bismarck diese für unvereinbar mit dem preußischen Staatsinteresse hielt, wollte er Rußland bei der Unterdrückung des Aufstandes Rückendeckung geben und schickte den General Gustav von Alvensleben in einer Sondermission nach Petersburg, der mit dem neuen russischen Reichskanzler Fürst Gortschakow gegenseitige Hilfeleistungen bei der Verfolgung polnischer Aufständischer vereinbarte (Konvention Alvensleben).

Damit gewann Preußen bei den dynastischen Kreisen am Zarenhof neue Sympathien und die preußisch-russische Freundschaft konnte gefestigt werden; das Verhältnis zu den francophilen Panslawisten und zu den deutschen Liberalen wurde dadurch jedoch verschärft.

Inzwischen war man in Wien zu dem Entschluß gekommen, den Deutschen Bund, der ganz und gar von der Einigkeit der beiden deutschen Großmächte abhing und abgesehen von dieser nur wenig Eigengewicht besaß, durchgreifend zu reformieren. Der Kaiserstaat an der Donau verfügte Anfang der sechziger Jahre in den mittel- und süddeutschen Ländern über größere Sympathien als das konservative Preußen; durch den Verfassungskonflikt war die Animosität gegen Preußen in ganz Deutschland stark angewachsen. Österreichs neuer Staatsminister von Schmerling stand im Rufe, liberalen Gedankengängen aufgeschlossen zu sein und hatte in der öffentlichen Meinung Deutschlands vor dem als reaktionär und undurchsichtig geltenden preußischen Ministerpräsidenten das entschiedene Prae. Kaiser Franz Joseph hat die Reichweite dieser Sympathien vielleicht überschätzt; auf alle Fälle hat er die Geschicklichkeit des konterkarierenden Bismarck unterbewertet. Jedenfalls griff die Wiener Regierung die in den liberalen Kreisen gärende deutsche Einheitssehnsucht durch einen praktischen Versuch auf und ließ im Sommer 1863 eine Denkschrift veröffentlichen, deren Anreger der ehrgeizige Schriftsteller Julius Fröbel war, ein 1848 zum Tode verurteilter Revolutionär, der sich nach seiner Begnadigung in einen großdeutschen Legitimisten verwandelt hatte. Darauf folgte die Einladung Kaiser Franz Josephs an alle Fürsten Deutschlands, auf den 16. August zu einem Fürstentag in Frankfurt am Main zusammenzukommen, der über die Reform des Deutschen Bundes beschließen sollte. Die alte Stadt der Kaiserwahlen und des Bundestages war gut österreichisch gesinnt, zumal auch in den Kassen der Frankfurter Bürgerschaft zahlreiche österreichische Schuldscheine lagen. In dem Einladungsschreiben hieß es, daß die gemeinsame Beratung über eine zeitgemäße Reorganisation des Bundes schon durch diese Ortswahl einen passenden Ausdruck finden solle.

Das österreichische Reformprojekt[6], das bis zum 15. August geheimgehalten worden war, sah folgende Maßnahmen vor:

1) Der Deutsche Bund wird in Zukunft von einem Fünferdirekto-

rium, bestehend aus Österreich, Preußen, Bayern und zwei von den Fürsten gewählten Mitgliedern geleitet werden.

2) Daneben wird ein föderativer Bundesrat bestehen, in dem Österreich und Preußen je drei Stimmen haben sollten.
3) In Direktorium und Bundesrat wird Österreich den Vorsitz führen.
4) Alle drei Jahre werden Delegierte der Landtage in öffentlicher Versammlung beratend zusammentreten, die Beschlüsse dieser Versammlung der Volksvertreter werden aber der Entscheidung der Fürsten unterstehen.
5) Ein Oberstes Bundesgericht wird eingerichtet werden.

Die Gegenleistung des Bundes an das Kaiserhaus solle in der Garantie der außerdeutschen Besitzungen Österreichs (Galizien, Venetien etc.) bestehen.

Zur Vorbereitung des Fürstentages war der preußische König Wilhelm in Badgastein, wo er sich gerade zur Kur aufhielt, von Franz Joseph aufgesucht worden. Bismarck berichtet in »Gedanken und Erinnerungen«, daß Wilhelm diesen unvorbereiteten Besuch zunächst als eine Überrumpelung empfunden habe und daß er selber seinen König, ungeachtet allen fürstlichen Korpsgeistes und aller dynastischer Sentimentalitäten, dazu gebracht habe, die halb schon gegebene Zusage seines Erscheinens in Frankfurt wieder zurückzuziehen und, noch ehe das offizielle Einladungsschreiben in Badgastein eintraf, abzutelegrafieren. Bismarck befürchtete nämlich eine Überrollung Preußens in Frankfurt, das dann leicht auf einen mittelstaatlichen Status herabgedrückt werden könnte. Schon 1862 hatte er dem Grafen Karolyi bedeutet, daß er zwar für eine Teilung der Interessensphären zu gewinnen sei, aber an Wiens Verständigungswillen nicht glaube, sondern eher an einen österreichischen Plan, Preußen im Bundestag zu majorisieren. Ferner meinte er, daß eine dualistische Bundesspitze, selbst wenn im Vorsitz ein Alternat zu erzielen wäre, nur den Kampf um die Hegemonie verewigen würde. Dazu würde auch ein schrankenloser Wettbewerb um die öffentliche Meinung der Mittelstaaten provoziert werden, wodurch das sogenannte »Dritte Deutschland« künstlich hochgespielt und jede Form preußischer Führungspolitik verhindert werde.

Die Meinung des »Dritten Deutschland« selber war gespalten.

Der Großherzog Friedrich von Baden, Schwiegersohn des preußischen Königs, liberal gesinnt, wollte erst überhaupt nicht kommen, ging dann aber doch zusammen mit seinem Außenminister Roggenbach, einem entschiedenen Bismarckgegner, hin. Eine Punktation für die Verhandlungen mußte der badische Bundestagsgesandte Robert von Mohl ausarbeiten, der 1848 Reichsjustizminister gewesen war. In Frankfurt forderte der Großherzog dann auch für den besonders heiklen Punkt Drei des Reformprojekts das Alternat, nach dem sich Preußen und Österreich im Vorsitz der Bundesorgane abwechseln sollten.

Ernst von Koburg war der Einladung nach Frankfurt begeistert gefolgt, weil er an der Einigung Deutschlands ehrlich mitschaffen wollte, und am positivsten drückte sich König Johann von Sachsen aus. Die Könige von Bayern, Württemberg und Hannover sekundierten dem Kaiser, weil sie ein möglichst einflußreiches Schiedsrichteramt im Sinne der Trias zu erreichen hofften, wenn jede der beiden Großmächte auf das Werben um ihre Stimmen angewiesen war und wenn gar auch für sie die Möglichkeit bestand, bei wechselndem Turnus einen Platz im Bundesdirektorium einzunehmen. Mecklenburg schlug sogar für die Reichsspitze, d. h. den Vorsitz im Bundesdirektorium, ein fürstliches Triumvirat vor. Solche Überlegungen hatte es übrigens schon auf dem Wiener Kongreß gegeben. Görres hatte sie damals in seinem »Rheinischen Merkur« ironisch mit dem Kinderspiel »Der Plumpsack geht um« verglichen.

Preußens Absage war eine große Enttäuschung für die anderen Teilnehmer der Versammlung. Die Bedenken, ohne Preußen bindende Abmachungen zu treffen, wurden immer stärker und zeigten die Grenzen des österreichischen Einflusses. Im Grunde hatte der Widerstand Bismarcks schon vor dem Zusammentritt der Fürsten und ihrer Minister die Weiche gestellt, daß es zu keinen grundlegenden Beschlüssen kommen würde.

In jedem Falle wurde es ein glänzendes Schauspiel. Vom 16. August bis zum 1. September 1863 entfaltete der Deutsche Bund in Frankfurt noch einmal, zum letzten Mal, seine ganze Pracht. Alle Straßen prangten im Fahnenschmuck, überall standen Ehrenwachen, der Bahnhof war nachts mit Fackeln erleuchtet. Die Bevölkerung meinte, es sei ein großes Frankfurter Volksfest, das den Wiener Kongreß von 1815 wiederholen, ja in den Schatten stellen solle. Ein Galadiner, das der Kaiser im Fürstlichen Thurn- und Taxisschen Palais in der Eschenheimer Gasse gab, eröffnete die Reihe glanzvoller Veranstaltungen. In der Tat war das Zusammenkommen von 31 Königen, Herzögen und Fürsten sowie der ersten Staatsmänner Deutschlands auch trotz Preußens Fehlen ein großes Ereignis und hatte die Erwartungen auf das höchste gespannt, als Franz Joseph unter Glockenläuten, Jubelhymnen und Böllerschüssen, von einer begeisterten Volksmenge begrüßt, in Frankfurt einzog.

Der junge Kaiser imponierte durch das große Präsidialtalent, mit dem er die Fürstenversammlung eröffnete und lenkte. Noch vor der Beratung über das österreichische Reformprojekt beantragte der Großherzog von Mecklenburg-Schwerin, König Wilhelm nochmals zur Teilnahme einzuladen, da es unangemessen sei, etwas ohne Preußen zu unternehmen. Die anderen Fürsten stimmten zu, und König Johann von Sachsen unternahm es, die Gesamteinladung des Fürstentages dem preußischen König persönlich zu überbringen. Am 19. August traf er bei diesem ein, der jetzt in Baden-Baden weilte.

König Wilhelm war tief beeindruckt, daß so viele Fürsten diese Einladung unterschrieben hatten. Kopfschüttelnd wiederholte er mehrmals: »Dreißig regierende Herren, ein König als Kurier.« Aber Bismarck blieb hart; er berichtet, daß er mit seinem königlichen Herren heiß gerungen habe, bis beide »in Folge der nervösen Spannung der Situation krankhaft erschöpft« waren. Schließlich gab Wilhelm dem König von Sachsen in einem Handschreiben an den Kaiser die definitive Absage mit; er lehnte also auch diese zweite, für ihn so ehrenvolle Einladung ab.

Die nochmalige Ablehnung vom 20. August, dazu ein ungeschicktes Promemoria des österreichischen Außenministers Rechberg, das mit der Forderung nach Österreichs ständigem Vorsitz im Direktorium das Mißtrauen verstärkte, veranlaßte die meisten Fürsten, ein rasches Ende der Verhandlungen herbeizuführen. Eine Schlußresolution am 1. September empfahl die Annahme der vom österreichischer Kaiser vorgelegten und am 1. September in Frankfurt beschlossenen Reformakte »unter Vorbehalt der Zustimmung aller Bundesstaaten«, das heißt also auch Preußens. Daß Preußen nicht kommen würde, war den Versammelten klar. Am 22. September 1863 erfolgte Preußens ausdrückliche Ablehnung. Damit war der Frankfurter Fürstentag gescheitert – »als der letzte von Ernst und echter Tragik erfüllte großdeutsche, von Österreich geleitete Versuch, dem alten Bund neue Lebenskräfte einzuflößen, wenn irgend möglich mit Preußen, wenn sich Preußen versagt, ohne die zweite deutsche Großmacht[7]«.

Zwar hatte der Gothaer in Frankfurt die Äußerung fallen lassen, daß sich deutsche Fürsten vielleicht nicht mehr in Freundschaft wiedersehen würden, aber kaum einer dachte ernsthaft an die Möglichkeit, daß der völlige Untergang des Deutschen Bundes dicht bevorstand. Niemand ahnte, daß der von den versammelten Fürsten als Primus inter pares anerkannte Kaiser von Österreich nach knapp drei Jahren endgültig aus ihrem Kreise werde ausscheiden müssen. Daß Deutschland dann durch Bismarck mit »Eisen und Blut« gereinigt wurde, ist das indirekte Ergebnis des Scheiterns von Frankfurt geworden.

Wenn Bismarck 1863 anders gewollt hätte, wäre vermutlich allen Schwierigkeiten zum Trotz eine gesamtdeutsche Union auf der Basis des Dualismus möglich gewesen, damals ein mächtiges 70-Millionen-Reich in Mitteleuropa, das dem Verlauf der Weltgeschichte wohl eine andere Richtung gegeben hätte. Diese Möglichkeit hat auch Bismarck nachträglich zugegeben. Wenn nämlich Österreichs deutscher Reformversuch geglückt wäre, hätte Preußens Weg nicht von Olmütz nach Königgrätz geführt und Österreich, das die Aufrechterhaltung des Status quo angesichts des allerorten erwachenden Nationalismus jeder anderen Lösung vorzog, wäre im Reich verblieben. Die 1848 gescheiterte Einigung Deutschlands wäre dann anders erfolgt als es 1871 geschah – gewiß auch von oben her durch die Fürsten des Deutschen Bundes, aber es wäre ein echter Ausgleich zwischen Preußen und Österreich vorausgegangen. Ein Deutschland mit Österreich wäre freilich unweigerlich ein Vielvölkerstaat geworden. Die durch die rapide wirtschaftliche Entfaltung angefachte allgemeine Strömung der sechziger Jahre drängte aber auf die Bildung kräftiger Nationalstaaten hin, daß möglichst jede Nation auch ihren eigenen Staat bilden sollte. Die Verfechter der alten universalistischen deutschen Reichsidee, die auch an Zahl immer geringer wurden, hatten keine Chance mehr.

Eine Bundesreform war also nicht erzielt, die Kluft zwischen Preußen und Österreich vielmehr verbreitert worden. Bismarcks Antrag auf Bundesreform drei Jahre später (9. April 1866), der erstmals das Dynamit des allgemeinen und direkten Wahlrechts für ein gesamtdeutsches Parlament vor die überraschte Öffentlichkeit brachte, war mehr ein taktisch gemeintes Verwirrungsmanöver, das ihn in den Augen vieler Zeitgenossen als »Bonapartisten« (Schüler Napoleons III.) abstempelte. Zunächst einmal wurde die ganze Frage der Bundesreform durch den Thronwechsel in Dänemark, der das Schleswig-Holsteinische Problem erneut aufwarf, aus dem öffentlichen Bewußtsein verdrängt. Im Londoner Protokoll von 1852 hatte der dänische König Frederik VII. feierlich versprochen, daß die kommende Gesamtstaatsverfassung die Autonomie der in Personalunion mit der Krone Dänemarks verbundenen Herzogtümer Schleswig und Holstein sicherstellen werde. Gleichwohl hatten die dänischen Versuche, Schleswig von Holstein abzutrennen und sich einzugliedern, niemals aufgehört. Ein am 30. März 1863 erlassenes Patent brach nunmehr amtlich das königliche Versprechen und gab Schleswig praktisch die Stellung einer dänischen Provinz, die von dem seit 1815 dem Deutschen Bund angehörenden Holstein abgetrennt werden sollte. Daß aber die Herzogtümer »up ewig ungedeelt« bleiben müssen, hatten die dänischen Könige schon im 15. Jahrhundert den damaligen Ständen gelobt. Die deutsche öffentliche Meinung empörte sich tief; zumal der »Deutsche Nationalverein« nahm sich des »heiligen Rechts der Herzogtümer auf ihre gemeinsame Unabhängigkeit« an, was die Wogen der nationalen und liberalen Begeisterung hochgehen ließ.

Der damit verbundene Rechtsstreit ging um die dänische Erbfolge, die durch das Londoner Protokoll zugunsten eines angeheirateten Neffen des 1863 verstorbenen Königs Frederik, und zwar des Prinzen Christian von Sonderburg-Glücksburg, geregelt worden war. Dieser »Protokollprinz«, wie es hämisch hieß, bestieg jetzt den dänischen Thron, während in den Herzogtümern, in denen die weibliche Thronfolge keine Geltung hatte, die Regierung von dem Erbprinzen Friedrich von Augustenburg beansprucht wurde. Dieser stützte sich freilich auf eine recht unklare und bestreitbare Rechtslage; prominente Staatsrechtler – 23 juristische

Fakultäten wurden um Gutachten gebeten – zückten damals ihre Feder, während der englische Premierminister Lord Palmerston über den verzwickten Rechtsstreit ironisch bemerkte: »Die schleswig-holsteinische Frage haben überhaupt nur drei Menschen wirklich verstanden: der Prinzregent Albert, aber der ist gestorben; ein deutscher Gelehrter, aber der ist darüber verrückt geworden, und ich selbst, aber ich habe die Sache leider vergessen [8].«

So bestreitbar auch der Anspruch des Augustenburgers sein mochte, politisch stand dahinter die Möglichkeit, Schleswig-Holstein von Dänemark abzutrennen und unter dem Erbprinzen von Augustenburg, den seine Anhänger Friedrich VIII. nannten – die Gegner nannten ihn seiner Zaghaftigkeit wegen Friedrich den Sachten –, als neuen Bundesstaat, es wäre der 37. gewesen, in den Deutschen Bund aufzunehmen. Aber die beiden deutschen Vormächte Preußen und Österreich wünschten dies im Grunde nicht, da ein neuer Mittelstaat doch nur gegen sie opponieren würde. Am 7. Dezember 1863 setzten sie am Frankfurter Bundestag gegen eine stattliche Minderheit, die zugunsten des Augustenburgers okkupieren wollte, die Bundesexekutive durch, bis zur Lösung des Erbfolgestreites Holstein als Pfand militärisch zu besetzen.

In der Silversternacht 1863/64 hat sich Bismarck gegenüber seinem Schwager hinsichtlich seiner eigentlichen Absichten so geäußert: »Die up ewig Ungedeelten müssen einmal Preußen werden. Das ist das Ziel, nach dem ich steuere; ob ich es erreiche, steht in Gottes Hand. Aber ich könnte nicht verantworten, preußisches Blut vergießen zu lassen, um einen neuen Mittelstaat zu schaffen. Die Halsstarrigkeit der Dänen wird uns wahrscheinlich schaffen, was wir brauchen, den Kriegsfall [9].«

Hier hatte also der preußische Ministerpräsident im vertraulichen Gespräch aus seinem Herzen keine Mördergrube gemacht. Genauso kam es auch. Im Januar 1864 forderten Preußen und Österreich in ultimativen Noten von Dänemark einen Widerruf seiner neuen Gesamtverfassung. Dies mußten die Dänen um des point d'honneur willen ablehnen; vergeblich warteten sie auf englische Unterstützung. Daraufhin begann am 1. Februar der deutsch-dänische Krieg, in dem 40 000 preußische und 20 000 österreichische Soldaten die Eider überschritten, um Schleswig zu besetzen. Der Oberkommandierende Generalfeldmarschall Wrangel wollte sich aber nicht mit dem Faustpfand Schleswig begnügen, sondern rückte entgegen dem ihm erteilten Befehl auch in Jütland ein und okkupierte die dänische Stadt Kolding.

Das wichtigste Kriegsereignis wurde am 18. April der Sturm auf die Schanzen von Düppel, zwischen Flensburg und Sonderburg an der Küste gelegen; es war die erste preußische Waffentat des noch rechtzeitig reformierten Heeres seit den Befreiungskriegen, die darum auch von der patriotischen Geschichtsschreibung und Kriegsdichtung weit über ihre tatsächliche Bedeutung hinaus verklärt wurde. Um Politik und Kriegsführung miteinander zu koordinieren, war von Bismarck ein großer militärischer Erfolg für notwendig gehalten worden, noch ehe in London eine internationale Konferenz zur Regelung der deutsch-dänischen Beziehungen zusammentrat. Darum mußte Düppel, das einer von Natur geschützten starken Festung zu vergleichen war und nur schwer angegriffen werden konnte, im Sturm genommen werden. Helmuth von Moltke als Chef des Generalstabs hatte darauf bestanden, und der eher als vorsichtig bekannte Prinz Friedrich Karl hatte den Sturm auf Düppel durchgeführt. Der 80jährige Generalfeldmarschall Wrangel war während dieser Aktionen wegen seiner Eigensinnigkeit praktisch kalt gestellt worden. Schließlich mußte ihm nach Meinungsverschiedenheiten mit Moltke auch formell der Oberbefehl entzogen werden, zugunsten des Prinzen Friedrich Karl. Wrangel wurde zum Trost in den Grafenstand erhoben.

Der Sturm auf die Düppeler Schanzen brachte noch nicht die Entscheidung des Krieges. Lediglich ein Waffenstillstand wurde vereinbart, während die überlegene dänische Flotte weiterhin die deutschen Küsten blockierte. Die in London unter dem Schutz der Großmächte zusammengetretene Friedenskonferenz ging, da sich die Dänen unklugerweise nicht nachgiebig zeigten, nach sechs Wochen ergebnisloser Verhandlungen am 26. Juni auseinander; auch die Frist für die vereinbarte Waffenruhe war jetzt abgelaufen. Am 28. Juni gingen preußische Truppen unter dem Befehl des Prinzen Friedrich Karl zum Angriff auf die Insel Alsen im Kleinen Belt über. Die dänische Flotte konnte nicht verhindern, daß die Preußen über den Alsensund setzten. Die Dänen mußten sich nach Fünen zurückziehen, während preußische und österreichische Truppen – letztere unter dem Befehl des Freiherrn von Gablenz –

ungeachtet eines englischen Einspruchs ganz Jütland bis zum Skagerrak besetzten, womit der Krieg entschieden war.

Die Dänen sahen sich nunmehr zum Waffenstillstand gezwungen und mußten am 30. Oktober in Wien einen Friedensvertrag unterzeichnen, der nach Verzicht des Dänenkönigs auf die Landeshoheit die Herzogtümer nebst Lauenburg zum »Kondominat« (Gemeinschaftsbesitz) Preußens und Österreichs machte, die auch gemeinsam auf Schloß Gottorp in Schleswig eine Landesregierung einsetzten, was die Schwierigkeiten aber nur vermehrte. Österreich schlug schließlich die Bildung eines besonderen Bundesstaates unter Erbprinz Friedrich vor, was Bismarck durch Forderungen zu verhindern wußte, die sowohl für Österreich als für den Augustenburger unannehmbar waren. Besprechungen in Schönbrunn über mögliche Kompensationen Österreichs für die Herzogtümer zwischen Bismarck und Rechberg im August 1864 verliefen ohne greifbare Ergebnisse. Schließlich wurde ein Jahr später in einer Konvention von Gastein am 14. August 1865 vereinbart, daß Schleswig von Preußen, Holstein von Österreich verwaltet werden, Lauenburg aber gegen 2 1/2 Millionen dänischer Taler an Preußen abgetreten werden sollte.

Die endgültige Lösung kam erst mit dem Krieg von 1866, der die Elbherzogtümer, um deren Selbstbestimmung man zwei Jahre vorher in den Krieg gezogen war, endgültig an Preußen fallen ließ. Österreich mußte sich im Prager Frieden vom 23. August 1866 damit einverstanden erklären (vgl. unten). Die offizielle Eingliederung Schleswig-Holsteins in den Preußischen Staat wurde im Januar 1867 vollzogen und der Freiherr von Scheel-Plessen als erster Oberpräsident eingesetzt. Der Erbprinz von Augustenburg aber, der die ganze Zeit von Bismarck nur als Schachfigur behandelt worden war, wurde jetzt endgültig depossediert; erst später wurde seinen Nachkommen eine finanzielle Entschädigung bewilligt. Freilich hat sich der Augustenburger insofern noch nachträglich rächen können, als er noch kurz vor seinem Tode (1880) seine Tochter Auguste Viktoria dem Manne verlobte, der 10 Jahre später Bismarck entlassen sollte.

Viele Schleswig-Holsteiner hatten damals und noch lange wegen der Beiseiteschiebung des Augustenburgers das schmerzliche Gefühl, daß an ihnen ein willkürlicher Rechtsbruch verübt worden sei. Theodor Storm, Klaus Groth und manche andere haben über die Vergewaltigung ihres Heimatlandes durch Preußen bittere Klage geführt und an ihrem Groll gegen Preußen noch lange festgehalten. Aber auch unter den an Rechtsideen orientierten preußischen Konservativen konnte man pessimistisch-reservierte Äußerungen hören. So warnte Ludwig von Gerlach auf einer Rede zum Jahresfest des Preußischen Volksvereins der Grafschaft Ravensberg im September 1864: »Suum cuique auf den Fahnen, Recht und Gerechtigkeit, Abscheu vor Revolution und Annexion im Munde – und im Herzen Ländergier, das ist Heuchelei, die Gottes Zorn auf uns herabzieht [10].« – Aber das Rad der Geschichte drehte sich weiter, und bald sollte sich zeigen, daß der Weg von Düppel über Königgrätz nach Sedan weiterführte und mit dem dänischen Krieg der erste Schritt zur Reichsgründung von 1871 getan worden war.

Der dänische Krieg hat die Auseinandersetzung von 1866 fast automatisch ausgelöst; die Verwaltung der Herzogtümer – ob gemeinsam oder getrennt – hatte sich als das Hauptobjekt des Streites erwiesen. Der preußische Gouverneur von Schleswig, Edwin von Manteuffel, sah sich genötigt, jede Augustenburger Propaganda für Änderung der bestehenden Zustände zu unterdrücken, während diese von den Österreichern geradezu gefördert wurde. Schließlich rief Österreich, das sich nach mehrfachen Schwankungen seiner Politik von Bismarck diplomatisch ausmanövriert fühlte, am 1. Juni 1866 den Bundestag um Entscheidung über Schleswig-Holsteins Schicksal an, was Bismarck sofort als einen Bruch der Gasteiner Konvention erklärte. Am 7. Juni rückten preußische Truppen in Holstein ein, worauf die Österreicher das Land verließen und in Frankfurt die Mobilisierung des Bundesheeres gegen Preußen beantragten. Bismarck erklärte, daß er die Annahme des Antrages als Kriegserklärung betrachten würde. Der Antrag wurde am 14. Juni angenommen, woraufhin der preußische Gesandte in Frankfurt den Deutschen Bund für aufgelöst erklärte.

Beide Mächte beschuldigten jetzt durch ihre Presse einander der Falschspielerei. Der österreichische Dichter Franz Grillparzer schrieb dem vielgeschmähten Dahingeschiedenen 1868 einen Nachruf:

Der Deutsche Bund war nicht schlecht von Haus
Gab euch Schutz in jeder Fährlichkeit
Nur setzt' er etwas Altmodisches voraus
Die Treue und die Ehrlichkeit [11].

Nachdem Österreich – diplomatisch falsch – mit der Mobilmachung begonnen hatte, brach nunmehr Mitte Juni, obwohl König Wilhelm bis zum letzten Augenblick widerstrebte, der deutsche Bruderkrieg aus. Offensichtlich waren die sich ausschließenden Führungsansprüche zweier Großmächte innerhalb des Deutschen Bundes nicht mehr zu vereinbaren. 1866 wurde ein Schicksalsjahr der preußischen Geschichte, da es die entscheidende Weichenstellung brachte. Der Krieg ist im übrigen gegen die öffentliche Meinung fast ganz Deutschlands geführt worden. Zu Österreich hielten der alte Bundesgenosse Sachsen, dazu das Königreich Hannover, Kurhessen, Nassau und die süddeutschen Staaten. Auf Preußens Seite standen nur Mecklenburg, Oldenburg und einige Thüringische Staaten. Bismarck hatte sich allerdings für den Kriegsfall der Neutralität Napoleons nach langwierigen Verhandlungen und sogar des italienischen Eingreifens gegen Österreich durch einen gegen das Grundgesetz des Deutschen Bundes (Art. 11) verstoßenden geheimen Bündnisvertrag vom 8. April versichert, in dem er dem Abgesandten des italienischen Ministerpräsidenten La Marmora zur Belohnung den Besitz Venetiens in Aussicht stellte. Für die Verteidigung Venetiens hatte Österreich vor 12 Jahren von Preußen eine Garantie erhalten; »nicht einmal die gesunden Knochen eines einzigen pommerschen Musketiers [12]« wollte Bismarck für sie opfern, wie er damals schon im Gespräch geäußert hatte. Jetzt gab er Venetien endgültig an Italien preis.

Man kann nicht sagen, daß Bismarck auf diesen Krieg planmäßig hingearbeitet hätte, die Schönbrunner Verhandlungen von 1864, die Gasteiner Konvention von 1865 und die Mission Gablenz 1866 – ein letzter Vermittlungsversuch auf der dualistischen Basis – würden dagegen sprechen. Bismarck hat sich vielmehr fast bis ganz zuletzt auch die Möglichkeit des anderen Weges einer friedlichen Vereinbarung offengehalten. Aber mit dem Ernstfall des Krieges gegen Österreich hatte er seit Mitte der fünfziger Jahre gerechnet, wie wir bei der Erörterung des »Prachtberichts« gesehen haben. Schon zwei Jahre vorher hatte er Manteuffel davor gewarnt, »daß wir unsere schmucke und seefeste Fregatte an das wurmstichige alte Orlogschiff von Österreich koppeln könnten [13]«.

Ja, schon 1853 stand ihm fest, wie er an Leopold von Gerlach schrieb: »Wir atmen einer dem anderen die Luft vor dem Munde fort, einer muß weichen oder vom anderen ›gewichen werden‹, bis dahin müssen wir Gegner sein [14].« – Jetzt ging es endgültig um das Weichen oder Gewichenwerden. – Napoleon III. seinerseits versprach sich viel davon, wenn sich die beiden Gegner gegenseitig aufreiben würden.

Die norddeutschen Bundesgenossen Österreichs wurden gleich zu Beginn des Krieges nacheinander unschädlich gemacht. Am 17. Juni wurde Hannover durch Truppen des Generals Vogel von Falckenstein, am 18. Juni Dresden und am 19. Kassel besetzt. Am Monatsende wurde die nach Thüringen zur Vereinigung mit den Bayern abmarschierte Hannoversche Armee nach dem für diese erfolgreichen Gefecht von Langensalza eingeschlossen und mußte kapitulieren. Gleichzeitig waren drei starke preußische Heeressäulen unter Prinz Friedrich Karl, Kronprinz Friedrich Wilhelm und Herwarth von Bittenfeld in Böhmen einmarschiert, die sich auf dem Schlachtfeld vereinigen sollten. Den Oberbefehl hatte König Wilhelm selber übernommen, wobei er vom Generalstabschef Moltke beraten wurde, dessen kühner Aufmarschplan mit weitgetrennten Heeren die Bedeutung des Großen Generalstabs begründet hat. Die preußische Infanterie erwies sich in Taktik und Bewaffnung (Zündnadelgewehr, das schneller feuern konnte als der österreichische Vorderlader) als entscheidend überlegen. Die Entscheidung des Krieges fiel schon am 3. Juli in offener Feldschlacht, die für die Preußen zeitweise kritisch stand, bei Königgrätz und Sadowa. Der österreichische Oberbefehlshaber Benedek mußte trotz tapferer Gegenwehr das Feld räumen und in Richtung auf Olmütz fliehen. Bald war ganz Böhmen, Mähren und halb Niederösterreich besetzt; auch die Streitkräfte der süddeutschen Staaten waren geschlagen, zersprengt und zurückgedrängt worden. Napoleon vermittelte jetzt auf Wunsch Franz Josephs zwischen den streitenden Parteien. Als Entgelt dafür trat Österreich das seit dem Wiener Kongreß ihm zugehörige Venetien via Frankreich an Italien ab, obwohl dieses am 24. Juni von den Österreichern bei Custozza geschlagen worden war. Am 26. Juli wurde in Nikolsburg ein Präliminarfriede abgeschlossen, am 23. August der definitive Friede in Prag.

Die maßvollen Friedensbedingungen waren ein Werk Bismarckscher Staatsmannskunst, der durch einen schnellen Friedensschluß den französischen Einmischungsabsichten zuvorkommen wollte. Österreich brauchte keinen Fußbreit Boden abzutreten, was König Wilhelm überhaupt nicht verstehen wollte. Er sprach deshalb von einem »schmählichen Frieden«. Auch die süddeutschen Staaten wurden glimpflich behandelt – sie mußten im wesentlichen nur bescheidene Kriegsentschädigungen zahlen –, weil Bismarck in ihnen die Bundesgenossen von morgen sah. Wohl aber mußte Österreich außer dem Verzicht auf seine Rechte an den Elbherzogtümern die Auflösung des Deutschen Bundes anerkennen, an dessen Stelle nunmehr – was Radowitz 1849/50 vergeblich versucht hatte – ein Norddeutscher Bund unter Preußens Führung treten sollte. Aber in Nord- und Mitteldeutschland kam es zu erheblichen preußischen Annexionen, denen sich König Wilhelm anfangs allerdings entgegenstellte. Zur territorialen Verbindung des immer noch nicht zusammenhängenden Staatsgebietes zwischen der Memel und der Saar wurden nämlich Hannover, Kurhessen, Nassau und die Freie Stadt Frankfurt jetzt mit Preußen vereinigt. Nur das Königreich Sachsen konnte seine politische Selbständigkeit bewahren. Das Staatsgebiet wuchs um 72 000 qkm mit 4,9 Millionen Einwohnern. Es umfaßte nun 350 000 qkm mit 24 Millionen. Die neue preußische Verwaltung hatte es aber noch auf lange mit dem Widerstand der ihren angestammten Fürstenhäusern treu bleibenden Bevölkerung zu tun; insbesondere in Hannover ist welfische Obstruktion noch lange – teilweise bis heute – spürbar, in Kurhessen unter den sogenannten »Renitenten« und zumal in Frankfurt, das brutal mißhandelt worden war.

Jacob Burckhardt hat den Krieg von 1866 und seinen Ausgang die »große deutsche Revolution[15]« genannt. Dies war auch der Fall, denn die preußischen Annexionen von Hannover, Kurhessen, Nassau und Frankfurt, denen übrigens alle Abgeordneten des preußischen Parlaments (bis auf 14) nachträglich zugestimmt haben, waren im wesentlichen revolutionärer Natur. Was einst Metternich befürchtet hatte, war eingetreten, nämlich, daß in Preußen Elemente hochkommen könnten, die mit Hilfe des deutschen Nationalgefühls den unzusammenhängenden Staatskörper Preußens auf revolutionärem Wege zu vergrößern und auszufüllen streben würden.

Die preußische Krone hatte in gewisser Weise ihre eigene Rechtsgrundlage durch die Annexion fremden Besitztums untergraben und die seit 1815 bestehenden Vertragsverhältnisse zertrümmert. Die Rechtsansprüche der bisherigen Souveräne wurden mit Geldsummen abgefunden, was als besonders erniedrigend empfunden wurde. Österreich war durch den »Bruderkrieg« aus Deutschland ausgeschlossen worden. Mehr als ein Viertel deutschen Ländergebietes mit 12 Millionen deutschen Menschen sollte 1866, respektive durch die Reichsgründung von 1871 staats- und völkerrechtlich Ausland werden. Jeder vor 1859 gedruckte geographische Atlas hat als deutsch auch die Lombardei, Tirol, Steiermark, Kärnten, ebenso wie Venedig und Triest oder Böhmen und Mähren bezeichnet. Solange ein friedlicher Dualismus von Preußen und Österreich möglich war – Ranke hatte ihn »ein natürliches Ergebnis der deutschen Entwicklung[16]« genannt –, hatte der Deutsche Bund das zersplitterte Mitteleuropa von der Nordsee bis zur Adria zusammenschließen können.

Die kleindeutsche Lösung sollte diesen deutschen Raum unwiderruflich auseinanderreißen und Österreich – 1867 bildete sich das Habsburgerreich zur Doppelmonarchie Österreich-Ungarn um – allmählich immer mehr zu einer slawisch-magyarischen Südostmacht werden lassen. Mit dem venetianischen Glacis der Alpen an der Adria verlor Deutschland als Ganzes den Schutz seiner Südgrenze und seinen einzigen Ausgang ins Mittelmeer und in den Orient. Österreich aber sah sich gedrängt, auf die Seite Frankreichs einzuschwenken, das wieder stärker nach dem linken Rheinufer drängte und sich seine Neutralität bezahlen lassen wollte, mit der bayrischen Pfalz, der Festung Mainz oder doch wenigstens dem nichtdeutschen Belgien. Denn Napoleon III. hatte auf lange Sicht eine Neugliederung Europas auf der Grundlage des revolutionären Nationalitätenprinzips im Sinne.

Damals schrieb der ultramontane Publizist Edmund Jörg: »Es ist kein Zweifel, daß das Nationalitätsprinzip in keiner Weise einen Anhaltspunkt bietet für die Wiederherstellung eines positiven Völkerrechts. Es bedingt seiner Natur nach ein ewiges Kriegen und Ändern, ein unaufhörliches Verrücken der Grenzsteine. Das Prinzip muß daher unbedingt herausgeschafft werden aus der Welt, wenn wieder eine stabile Ordnung eintreten soll [17].« Im Lauf der Jahre ist es auch Bismarck immer klarer geworden, daß der Nationalismus als völkisches Autonomieprinzip [18] zumal im Osten und Südosten Europas auf die Dauer alle historischen Verhältnisse revolutionieren müsse.

Innenpolitisch hielt Bismarck jetzt nach vierjähriger Dauer des Verfassungskonflikts die Zeit für gekommen, den rebellischen Landtag wieder auszusöhnen. Inzwischen hatten Neuwahlen stattgefunden, die auf den Siegestag von Königgrätz ausgeschrieben waren, und die den Konservativen einen Gewinn von 100 Sitzen, der Fortschrittspartei aber eine schwere Niederlage brachten. Die Stellung zu Bismarck zerrüttete und zerspaltete die Partei; die Mehrzahl unter Führung von E. Lasker und C. Twesten wollte sich auf den Boden der Tatsachen stellen und die doktrinären Bedenken beiseite schieben. Sie gründeten eine neue »Nationalliberale Partei«, während ihnen von rechts die sich seit 1867 vollziehende Parteineubildung der ebenso denkenden Freikonservativen entgegenkam, die das Erbe der Wochenblattpartei wieder aufnahm. Bismarck förderte diese ihm günstig erscheinende Entwicklung durch eine kluge Politik. Er brachte im Landtag eine Indemnitätsvorlage ein (Indemnität = Entlastung), mit der er für die budgetlose Zeit die nachträgliche Genehmigung einholte und damit freimütig zugab, verfassungswidrig regiert zu haben. Mit dieser Geste, die als »tätige Reue« angesehen wurde, hat er den größten Teil der Liberalen ausgesöhnt und für seine nationale Politik gewonnen; die Nationalliberalen begannen jetzt den Machtstandpunkt über alle verfassungsrechtlichen Erwägungen zu stellen. Sie sind dann auch die eigentliche Partei der Reichsgründung geworden.

In der Konservativen Partei, aus der Bismarck ja selber hervorgegangen war, war zunächst die Enttäuschung groß gewesen; auch die Konservativen waren durch diesen gegen ihre weltanschaulichen Prinzipien geführten Krieg gespalten worden. Der Finanzminister von Bodelschwingh war von seinem Amt zurückgetreten, weil er für den »sündhaften Bruderkrieg« die Mittel nicht bewilligen wollte, und der Parteigründer Ludwig von Gerlach war 1866 aus der Partei ausgetreten, weil sie nicht mehr zu ihren

Prinzipien stehen wollte. Er hat Bismarcks Politik des »Rechtsbruchs« als antichristliche Irrlehre in Artikeln und Broschüren mit tiefer sittlicher Empörung verurteilt und stand damit nicht allein. Nicht nur welfischer Adel, kurhessische Renitente und katholische Bischöfe (Ketteler), sondern auch die noch lebenden Minister Friedrich Wilhelms IV. wie Manteuffel und Westphalen sowie viele alte Preußen schlossen sich seiner Ansicht an.

Ein Jahr nach den Geschehnissen erklärte Gerlach in einem Brief an Heinrich Leo in einer für sein Denken und sein Ethos charakteristischen Form: »Daß Hannover, Nassau und Frankfurt ganz nach den Regeln der Naturgeschichte gefressen worden, daran habe ich nicht den leisesten Zweifel. Mein Schmerz ist kein sentimentaler Schmerz, daß es kein Hannover, Nassau und Frankfurt mehr gibt, sondern der Schmerz eines preußischen, deutschen Christen, daß meine Partei und mein Vaterland Preußen so schmählich die zehn Gebote Gottes verletzt und durch das Laster des Pseudopatriotismus Schaden an seiner Seele genommen und sein Gewissen befleckt hat [19].« Das in Rechtsideen denkende »andere Preußen«, für das ein Deutschland ohne Österreich nicht mehr Deutschland war, hatte keine Chancen mehr; gegen die der nationalen deutschen Einigung entgegenstrebenden und durch Bismarcks kriegerische Erfolge berauschten Zeitgenossen konnte es sich nicht mehr durchsetzen. Auch die Konservative Partei Preußens sollte in ihrer großen Mehrheit Bismarck zujubeln und Gerlachs Ideen verwerfen. Hermann Wagener drückte die Meinung der großen Mehrheit der Konservativen aus, wenn er erklärte, daß Preußen auf den Schlachtfeldern Böhmens das Recht zur Neuordnung Deutschlands errungen habe [20].

Auf Mitte Dezember 1866 wurde eine Vertreterversammlung des Norddeutschen Bundes einberufen, der inzwischen alle Gebiete nördlich des Mains umfaßte, um einen von Bismarck vorgelegten Verfassungsentwurf zu beraten, wie er aus den Putbuser Diktaten und Entwürfen (Oktober/November 1866) erwachsen war, an denen M. Duncker, H. Wagener, L. Bucher und M. Hepke beteiligt gewesen waren. Bei der Verfassung von 1866 ging es um das gleiche Grundanliegen, auf dem die Deutsche Reichsverfassung von 1871 gegründet worden ist: die nach allen Seiten ausgebaute und abgesicherte eindeutige Hegemonialstellung des Staates Preußen und seiner Krone innerhalb des größeren Bundesverbandes, weshalb wir jetzt nicht näher auf sie einzugehen brauchen. Ein Militärvertrag vom 4. Februar 1867 bestimmte die Einreihung der Bundestruppen in das preußische Heer, wobei nur für Sachsen Reservatrechte bewahrt blieben.

Auf die Dauer wurde wichtiger, daß Bismarck – beeindruckt vom »plebiszitären Caesarismus« Napoleons III. – als ein großes Geschenk an die Liberalen das Reichswahlgesetz der Paulskirche, das allgemeine, gleiche und direkte Wahlrecht für die Wahlen zum Norddeutschen Reichstag von oben her einführte. Damit gewann er die Zuneigung vieler alter »Achtundvierziger«. Für das künftige Reich war nunmehr ein ganz anderer Feststellungsmodus des Volkswillens verankert worden als für Preußen. Die Wahlen zum konstituierenden Reichstag ließen eine neue »Bundesstaatlich-Konstitutionelle Vereinigung« in Erscheinung treten, die aus Welfen, anderen Annektierten und Unzufriedenen sowie aus Ultramontanen unter Führung des Welfen Windthorst und des Westfalen Mallinckrodt bestand und das spätere Zentrum bildete (gegründet November 1870). Dieses Parlament nahm Bismarcks Entwurf der Bundesverfassung nach heftigen Diskussionen mit 40 Abänderungen am 17. April an und vertagte sich. Am 1. Juli trat diese in Kraft, zum Bundeskanzler wurde Otto von Bismarck ernannt.

Im Sommer 1867 wurden die alten Verträge mit den süddeutschen Staaten über den deutschen Binnenhandel erneuert und zur besseren Anpassung des schwerfällig gewordenen Zollvereins an die modernen wirtschaftlichen Bedürfnisse ein Zollparlament eingerichtet, das bis 1870 jedes Jahr zusammentrat. Bismarck entschied sich damals auch für eine freihändlerische Wirtschaftspolitik, die ein Jahrzehnt dauern sollte. Ebenfalls wurden mit jedem einzelnen der süddeutschen Staaten, die Napoleons Kompensationspläne (Rheinpolitik) kannten und sich vor französischen Gebietsforderungen fürchteten, im Sommer und Herbst 1867 geheime Schutz- und Trutzbündnisse abgeschlossen, um sie für einen kommenden Kriegsfall auch militärisch an Preußen zu binden. Sie verpflichteten sich, ihre Truppen nach preußischem Muster auszubilden.

Daß sich Napoleon – auf sein politisches Prestige bedacht – durch die Verstärkung der Machtstellung Preußens in Deutschland und Europa nach den beiden siegreichen Kriegen beunruhigt fühlen mußte, ist nicht verwunderlich. Seine Versuche, wenigstens das Ländchen Luxemburg von Holland käuflich zu erwerben – Luxemburg unter holländischer Oberhoheit hatte zum Deutschen Bund gehört, war aber dem Norddeutschen Bund nicht beigetreten –, konnten von Bismarck im Frühjahr 1867 zurückgewiesen werden. Nur die preußische Besatzung, die seit 1815 in dieser Bundesfestung war, mußte zurückgezogen werden; Luxemburgs Festungswerke wurden geschleift. Napoleon arbeitete jetzt auf die Bildung eines Dreibundes Frankreich–Österreich–Italien hin, dessen Spitze gegen Preußen gerichtet sein sollte, aber Österreichs neuer Ministerpräsident Beust, der einst die sächsische Politik geleitet hatte, scheute einen neuerlichen Konflikt mit Preußen.

Bismarck war sich schon seit längerem im klaren, daß die deutsche Einheit seit dem Nikolsburger Frieden ein Problem der Außenpolitik geworden war. Selbst vor dem Bündnis mit der Revolution würde er gegenüber ausländischen Pressionen nicht zurückscheuen, drohte in diesen Jahren Bismarck mehrfach. Rückblickend urteilte er: »Daß ein französischer Krieg auf den österreichischen folgen werde, lag in der historischen Konsequenz [21].«

Im Jahre 1869 spitzte sich die internationale Lage durch die Thronkandidatur des Erbprinzen Leopold aus der süddeutschen Linie Hohenzollern-Sigmaringen auf den vakanten spanischen Thron zu. Der Erbprinz hatte sich dazu nicht gedrängt und Bismarck die Sache nicht inauguriert, sah sie aber jetzt nicht ungern. Die Franzosen konnten natürlich nicht untätig zusehen, »daß eine fremde Macht einen ihrer Prinzen auf den Thron Karl V. setze«, wie der Marquis de Gramont in der Pariser Kammer feststellte. Obschon der Sigmaringer bereits auf die Kandidatur verzichtet hatte, wurde der französische Botschafter Benedetti bei König Wilhelm vorstellig, der gerade zur Kur in Bad Ems weilte. Die vom König geforderte schriftliche Zusage, daß er auch in aller Zukunft die Wiederholung der Kandidatur eines Hohenzollern nicht gestatten würde – Wilhelm hatte für die süddeutsche Linie keinerlei Weisungsrecht –, mußte dieser als unbillige Zumutung zurückweisen. Den telegraphischen Bericht über diese Vorgänge, den der Vertreter des Auswärtigen Ministeriums aus Ems nach Berlin sandte, hat Bismarck in einer propagandistisch höchst wirkungsvoll gekürzten und zugespitzten Form der Öffentlichkeit bekannt gegeben (Emser Depesche)[22]. Die deutsche Öffentlichkeit geriet in nationale Begeisterung, während der Kronrat in Paris entrüstet war und das Verhalten des Königs von Preußen, respektive Bismarcks am 19. Juli 1870 mit der Kriegserklärung beantwortete, wodurch Frankreich vor ganz Europa als Angreifer dastand. Rußland und England wahrten die Neutralität; Bismarck vermochte daher auch diesen Entscheidungskrieg als einen isolierten Krieg zu führen.

Der deutsch-französische Krieg von 1870/71, entsprungen aus diplomatischem Anlaß, wurde zu einem nationalen Krieg – anders als der Krieg der Kabinette von 1866, wie Moltke ihn genannt hatte. Die süddeutschen Staaten schlossen sich dem Norddeutschen Bunde gegen den auswärtigen Feind an. Im Unterschied zu 1813 standen diesmal keine Deutschen mehr unter französischen Fahnen. Die starken emotionalen Kräfte, die im nationalen Gedanken schlummern, haben in diesem ersten modernen Volkskrieg völkische Leidenschaften entfacht, die durch die Waffentaten und Siege der deutschen Heere mächtigen Auftrieb erhielten. Der Norddeutsche Reichstag hatte einstimmig die von der Regierung beantragte Kriegsanleihe von 120 Millionen Talern bewilligt.

Helmuth von Moltke, der neue Typus des planenden Generalstäblers, hatte den Aufmarschplan auch für diesen Krieg entworfen und die technischen Fortschritte des Jahrhunderts (z. B. Eisenbahn und Telegraph) für die offensive Strategie der Überlegenheit von Aufmarsch, Zahl und Organisation mit dem Ziel der Umfassung und Vernichtung des Gegners eingeplant. Am 4. August schlug die Armee des Kronprinzen bei Weißenburg Mac Mahon, den Sieger im italienischen Krieg von 1859, und nochmal zwei Tage später bei Wörth. In den Schlachten von Vionville-Mars-la-Tours und Gravelotte-St.Privat am 16. und 18. August wurden die anderen französischen Armeen geschlagen. General Bazaine mußte sich in die Festung Metz zurückziehen, die von der zweiten Armee unter Prinz Friedrich Karl belagert wurde und Ende Oktober kapitulierte. General Mac Mahon geriet bei Sedan in die Umklammerung der dritten und vierten deutschen Armee und mußte schon sechs Wochen nach Kriegsausbruch, am 2. September, mit dem ganzen Heer kapitulieren; unter den Gefangenen war auch

Kaiser Napoleon selbst, der in eine Ehrenhaft nach Kassel gebracht wurde. Moltkes Strategie der vollständigen Einkreisung und Vernichtung des Gegners erlebte ihren Triumph. Die nationalen Glücksempfindungen in ganz Deutschland hatten damit einen Höhepunkt erreicht, auch wenn in Paris die Republik proklamiert wurde und die neue Regierung der nationalen Verteidigung unter Jules Favre und Leon Gambetta den bisher unbekannten revolutionären »Volkskrieg« der levée en masse mit Erbitterung und einstweilen noch mit wechselndem Erfolg fortsetzte. Die eingeschlossene Hauptstadt Paris, in der bald Hungersnot herrschte, fiel nach einem – von Moltke nicht gewünschten – kurzen Bombardement am 28. Januar.

Der neue französische Kriegsminister Gambetta, der Paris im Luftballon verlassen hatte, mußte am 26. Februar einen Praeliminarfrieden schließen, dem schließlich nach schleppenden Verhandlungen am 10. Mai 1871 der Friede von Frankfurt am Main folgte. Das Elsaß (ohne Belfort, das aber noch am 16. Februar gefallen war) und der deutsche Teil von Lothringen (einschließlich der Festung Metz) mußten von Frankreich abgetreten werden, dem auch 5 Milliarden Francs Kriegsentschädigung, zahlbar binnen dreier Jahre, auferlegt wurden. Die politische Seite dieser zunächst von ihm selbst gewünschten und durchgesetzten französischen Gebietsabtretungen, der Einbezug der sogenannten »Reichslande«, ist Bismarck in der Folge immer problematischer erschienen. Er hat alsbald nach Kompensationen für Frankreich gesucht, ohne doch die Revancheidee der Franzosen einschläfern zu können. Am 22. März 1871, dem Geburtstag seines dankbaren Monarchen, wurde Bismarck in den Fürstenstand erhoben und erhielt den Sachsenwald – ein Gebiet von 27 000 Morgen – zum Geschenk; auch die neu ernannten Generalfeldmarschälle Moltke und Roon erhielten reiche Dotationen. Am 16. Juni hielt Kaiser Wilhelm an der Spitze seiner Truppen den feierlichen Einzug in Berlin.

Inzwischen war nämlich im fremden, besiegten Land das Deutsche Kaiserreich gegründet worden.

Parallel mit den kriegerischen gingen die diplomatischen Aktionen, die die politische Einheit Deutschlands zum Ziele hatten. Minister der süddeutschen Staaten erschienen im Oktober und November im Hauptquartier zu Versailles, um über den Eintritt ihrer

Länder in den auszuweitenden Norddeutschen Bund, beziehungsweise über die Errichtung eines neuen deutschen Bundesstaates, zu beraten. Für diesen Schritt wurde den Einzelstaaten erheblicher Spielraum gelassen und ihnen Sonderrechte zugebilligt, so Bayern als dem Staat mit stärkstem Selbstbewußtsein im Vertrag vom 23. November die Militärhoheit im Frieden, eigene Post- und Eisenbahnverwaltung und anderes mehr. Bismarcks staatsmännische Leistung bestand nicht zuletzt darin, angesichts der vielen dynastischen und föderalistischen Empfindlichkeiten seine Lösung der deutschen Frage mit viel Takt und Konzessionsbereitschaft durchgesetzt zu haben.

Am 18. Dezember 1870 empfing der 74jährige König Wilhelm eine Deputation des Norddeutschen Reichstags unter Führung des Königsberger Nationalliberalen Eduard Simson, desselben Präsidenten, dem sein Bruder die Annahme der Kaiserkrone ausgeschlagen hatte. Jetzt aber sollte der Vorgang vom 3. April 1849 durch die feierliche Erklärung ausgemerzt werden – die Adresse hatte Eduard Lasker entworfen – auch er ein preußischer Jude –, daß diesmal dem preußischen König die Kaiserwürde wunschgemäß von den deutschen Fürsten angeboten werde. Folgerichtig blieb die Volksvertretung vom Festakte selber ausgeschlossen, falls man nicht das Volk in den Abordnungen der Regimenter im Spiegelsaal vertreten sehen will. Aber das Kaiserreich war ja auch nicht durch das Volk, sondern von oben her zustande gekommen, nicht aus einer demokratischen Nationalversammlung hervorgegangen, sondern mit den Mitteln der alten Kabinettspolitik auf der Höhe der militärischen Erfolge erreicht worden.

Das neue Reich ist also nicht als ein zentralistischer Einheitsstaat entstanden, sondern als ein Bundesstaat von 22 Fürsten und drei freien Städten gegründet worden, die im Bundesrat ihre Vertretung fanden, der eine Art Fortsetzung des alten Frankfurter Bundestages darstellte und am ehesten einem Gesandtenkongreß der deutschen Bundesfürsten vergleichbar war. Der Bundesrat als das oberste Reichsorgan war der eigentliche Souverän.

Die Einheit des Reiches war dreifach verklammert worden: durch die bei den Hohenzollern erbliche Kaiserwürde unitarisch-demokratisch durch den Reichstag und förderalistisch-monarchisch eben durch den Bundesrat, in dem Preußen mit seinen 17 Vertreterstimmen von 58 nur schwer majorisiert werden konnte; 14 Gegenstimmen genügten bereits, um verfassungsändernde Anträge zu Fall zu bringen. Doch stand Preußen kaum je einer geschlossenen Phalanx der Bundesstaaten gegenüber. Jedenfalls war unter den vertragschließenden 25 Staaten wie schon zuvor im Norddeutschen Bund jetzt auch im Reich die dominierende Stellung Preußens sichergestellt worden; die föderativen Elemente in der neuen Reichsverfassung waren aber stärker betont als in der von 1867. Innere Verwaltung, Justiz, Kultur (Schule und Kirche) sowie einzelne Reservatrechte waren den Einzelstaaten (zumal Bayern) verblieben. Es waren dies gewiß Kompromisse; der Kronprinz aber sprach ironisch von einem »kunstvoll gefertigten Chaos [23]«.

Der eigentliche Reichsgründungsakt ist die Kaiserproklamation in Versailles am 18. Januar 1871 geworden. Hinter den Kulissen wurde bis zur letzten Stunde hart gerungen, denn es war schwierig, den greisen Preußenkönig zur Annahme des Titels »Deutscher Kaiser« zu bewegen, da er die Kaiserkrone gegenüber der preußischen Königskrone mit Recht als sekundär empfand (»Als Kaiser muß ich tun, was die anderen wollen, als König bin ich der Herr«, sagte er zu Bismarck) – und da er – wenn überhaupt – nur den Titel »Kaiser von Deutschland« annehmen wollte. König Wilhelm glaubte nämlich, daß die neue Krone nur ein »Scheinkaisertum« beinhalte, der Titel also nur eine andere Bezeichnung für Präsident wäre, da er ja nach der Verfassung nur den Reichskanzler zu ernennen hätte, aber an der Reichsgesetzgebung keinen Anteil haben würde. In die ihm näherliegende militärische Sprache übersetzt verglich er sich mit einem »Charaktermajor [24]«, das heißt einem Hauptmann, den man unter Ernennung zum Major in den Ruhestand versetzen will.

Von seiten Bismarcks geschah alles, ihm die Annahme der neuen Würde schmackhaft zu machen. Der anfangs heftig widerstrebende König Ludwig II. von Bayern wurde von Bismarck – unter Eingehen auf seine finanziellen Wünsche und Kalamitäten – zu einem Brief an Wilhelm bestimmt, dessen Entwurf er ihm übersandte, daß der Preußenkönig doch auf Wunsch der deutschen Fürsten in Ausübung der Bundespräsidialrechte von nun ab den Titel »Deutscher Kaiser« führen möchte. Der Sinn dieses sogenannten »Kaiserbriefes« war: »Die staatsrechtliche Grundlage des Reichs sollte ein

Fürstenbündnis sein, das dem Kaiser die Reichsgewalt delegierte [25].« Jedenfalls konnten nunmehr die Verfassungsorgane Bundesrat und Reichstag des Norddeutschen Bundes ihre alten Bezeichnungen: »Deutscher Bund« und »Bundespräsidium« in der neuen Reichsverfassung ersetzen durch »Deutsches Reich« und »Deutscher Kaiser«. Zwar war es am Vorabend erneut zu einem die Nerven zerreißenden Konflikt zwischen König Wilhelm und Bismarck gekommen. Am liebsten hätte König Wilhelm die Feier im Spiegelsaal noch im letzten Moment abgesagt. Er sprach davon, daß er das preußische Königtum zu Grabe tragen würde, wie Bismarck an Friedrich von Baden berichtete [26]. Aber schließlich war es dann am 18. Januar doch soweit – der Tag war bewußt gewählt worden als Gedenktag der Gründung des Königreiches Preußen 170 Jahre zuvor –, daß es unter voller Entfaltung militärischen Prunkes im Spiegelsaal des Schlosses von Versailles, in dem einst Ludwig XIV. regiert hatte, in Anwesenheit zahlreicher Fürsten, Minister und Feldherren der siegreichen Heere zur feierlichen Kaiserproklamation kommen konnte. König Wilhelm gab seine Annahme der Kaiserwürde nunmehr der ganzen deutschen Nation bekannt. Eine Krönung fand also nicht statt. Der Großherzog von Baden umging die dem König so leidige Titelfrage und brachte sein Hoch auf Kaiser Wilhelm aus. Anton von Werner hat die Szene in einem bekannten Kolossalgemälde festgehalten.

Die Erklärung König Wilhelms I. vom 18. Januar, mit der er die Annahme der Kaiserwürde bekanntgab, ist ein wesentliches Dokument der deutschen Geschichte, mit dem die Reichsidee von 1871 umrissen worden ist: »Nachdem die deutschen Fürsten und freien Städte den einmütigen Ruf an Uns gerichtet haben, mit Herstellung des Deutschen Reiches die seit mehr denn 60 Jahren ruhende Deutsche Kaiserwürde zu übernehmen und nachdem in der Verfassung des Deutschen Bundes die entsprechenden Bestimmungen vorgesehen sind, bekunden Wir hiermit, daß Wir es als eine Pflicht gegen das gemeinsame Vaterland betrachtet haben, diesem Rufe der verbündeten deutschen Fürsten und Städte Folge zu leisten und die deutsche Kaiserwürde anzunehmen. Demgemäß werden Wir und Unsre Nachfolger an der Krone Preußens fortan den Kaiserlichen Titel in Unseren Beziehungen und Angelegenheiten des Deutschen Reiches führen und hoffen zu Gott, daß es der Deutschen Nation gegeben sein werde, unter dem Wahrzeichen ihrer alten Herrlichkeit das Vaterland einer segensreichen Zukunft entgegenzuführen. Wir übernehmen die Kaiserliche Würde in dem Bewußtsein der Pflicht in deutscher Treue die Rechte des Reiches und seiner Glieder zu schützen, den Frieden zu wahren, die Unabhängigkeit Deutschlands, gestützt auf die geeinte Kraft seines Volkes, zu verteidigen. Wir nehmen sie an in der Hoffnung, daß dem deutschen Volke vergönnt sein wird, den Lohn seiner heißen und opfermütigen Kämpfe in dauerndem Frieden und innerhalb der Grenzen zu genießen, welche dem Vaterland die seit Jahrhunderten entbehrte Sicherung gegen erneute Angriffe Frankreichs gewähren. Uns aber und Unseren Nachfolgern an der Kaiserkrone wolle Gott verleihen, allzeit Mehrer des Deutschen Reiches zu sein, nicht an kriegerischen Eroberungen an den Gütern und Gaben des Friedens auf dem Gebiete nationaler Wohlfahrt, Freiheit und Gesittung [27].«

Mit der Aufnahme der alten Formel »semper augustus«, seit dem 13. Jahrhundert amtlich mit »allzeit Mehrer des Reiches« übersetzt, scheint diese mit großer Würde und innerer Kraft vorgetragene Erklärung eine Anknüpfung an das alte Reich ausdrükken zu wollen. Aber mehr als eine nominelle Anknüpfung an vergangenes Erbe darf man hierin nicht sehen. Rein titularisch knüpft der Name »Deutsches Reich« weit eher an die Bezeichnungen des Reichsdeputationshauptschlusses von 1803 an, der den Titel »Deutsches Reich« und nicht »Deutschland« gewählt hatte. Die eigentliche Erbschaft des alten Reiches, sein Universalismus und seine Katholizität, war ja nicht mit übernommen worden, da das kleindeutsche Reich kein übernationales Ordnungsgebilde, kein Staat mit einer überstaatlichen Aufgabe sein wollte. Das Reich von 1871 war – weniger der Absicht als den Umständen nach ein, in dem Zeitalter gemäßen Formen, neugebildeter Nationalstaat, der die seit Burschenschaft und Paulskirche unterirdisch rumorende Idee der deutschen Einigung zur Erfüllung gebracht hatte, ohne freilich mehr als cirka 70 Prozent aller Angehörigen des deutschen Volkstums respektive Sprachraums zu umfassen. Der Unterschied zum Deutschen Bund liegt auf der Hand. Metternich hatte ihn seinerzeit (vgl. S. 157) in einer Denkschrift dahin formuliert, daß zum Reich der Kaiser gehöre. Jetzt gab es wieder Kaiser und Reich. Aber nach dem Selbstverständnis der Gründungsgeneration hatte dieses Reich, dessen Staats- und Volkstumsgrenzen nicht zusammenfielen, weder einen völkischen Gehalt noch einen imperialen Sendungsauftrag. Auch in England kam niemand auf den Gedanken vom German Empire zu sprechen; »the Reich« hieß Deutschland fortan in der Sprache der amtlichen englischen Dokumente, um so das Singuläre dieses Phänomens zu bezeichnen.

Dieses neue Reich war also nicht vom deutschen Volk gegründet worden, sondern im Zuge von Verhandlungen der deutschen Fürsten zustande gekommen, also ganz anders als es die Paulskirche von 1848 gewollt hatte. 1871 war das Hauptproblem die Gewinnung der süddeutschen Bundesgenossen Preußens gegen Napoleon III. für die Erhebung des preußischen Königs zum deutschen Kaiser und damit für die Anerkennung der Vorrangstellung Preußens in Deutschland. Diese kleindeutsche Lösung – nach 1866 war keine andere mehr möglich – hat Österreich endgültig aus dem Reichsverband ausgeschlossen und die politische Teilung des deutschen Volkes bedeutet, weshalb sich eben sagen läßt, daß 1871 nicht die Vollendung des Deutschen Nationalstaats geworden ist. Bismarck selber hat weder einen Nationalstaat noch einen Einheitsstaat gründen wollen. Das nationalistische Denken und der spätere Pangermanismus sind dem Preußen Bismarck widrige Erscheinungen gewesen; jede völkische Propaganda jenseits der Reichsgrenzen hatte er sich verbeten.

Auf der anderen Seite ist zu urteilen, daß die Idee der deutschen Einheit, die der Leitstern aller Patrioten seit 1806 gewesen war, sich bei den Liberalen und Demokraten mit den seit 1789 wachgewordenen Freiheitsideen verbunden hatte und daß Bismarck diesen Ideen weit entgegengekommen war. Die Bismarcksche Reichsgründung von 1871 ist deshalb von der Mehrzahl der Deutschen als die Erfüllung der Sehnsucht von zwei Generationen verstanden worden. Wenn auch die Erfüllung anders gekommen war, als es sich die alten »Achtundvierziger« gedacht und gewünscht hatten, ließ doch die Wucht der geschaffenen Tatsachen auch den nationalen Liberalismus davon absehen, daß dieser einem Mann verdankt wurde, den man seiner Mittel und Methoden wegen lange Jahre mit steigender Erbitterung bekämpft hatte. Aber wer hätte auch acht Jahre vorher sich vorstellen können, daß Bismarck sich für das Werk der Reichsgründung auf das liberale Bürgertum stützen würde, während weite Kreise der Konservativen als Verfechter der preußischen Militärmonarchie auf Jahre hinaus gefühlsmäßige Gegner der Reichsgründung blieben. Das »größere Preußen«, der deutschpatriotische Traum des Nationalliberalismus, ist aus dem Professorengeist der sechziger Jahre durch den Sieg der deutschen Waffen zustande gekommen. Die Mehrheit der Nation sah daher in der Reichsgründung von 1871 »eine Erfüllung ihrer nationalen Wünsche und zugleich der deutschen Geschichte überhaupt [28]«.

Nachdem nun also der König von Preußen als Bundespräsident den Namen Deutscher Kaiser angenommen hatte und durch die neue Reichsverfassung vom 16. April die alten Begriffe Präsidium und Bund durch Kaiser und Reich ersetzt worden waren, haben diese Worte von ehrwürdig mythischem Klang die Phantasie vieler nationaler Bürger entzündet, die die kleindeutsche Schöpfung eines überragenden Staatsmannes als Wiedergeburt der alten glorreichen Kaiserzeit idealisiert und mythisiert haben. Schon Bismarck war klar gewesen, daß »in dem Worte Kaiser eine große Schwungkraft« liege, und ähnlich hatte Ranke in seinen Geschichtsdarstellungen vom alten Reich geurteilt, daß dieses eine Idee von magischer Kraft sei, die die Gemüter der Deutschen durchdringen könne. Aber in diesem Falle reichte die Wortmagie nicht aus, weil eben die alten Realitäten nicht mehr dahinterstanden. Das von Heinrich von Treitschke gefeierte »Heilige Preußische Reich deutscher Nation« hat es nie gegeben. Auch das zumal in Kreisen des Kulturprotestantismus geborene Wort vom »Evangelischen Kaisertum [29]«, das auch Bismarck aufnahm, war ein Ideologisierungsversuch, der keine reale Basis hatte und der auch ohne Folgen blieb. Denn das neue Kaisertum war paritätisch, und eine protestantische Herrscherweihe wäre 1871 in Anbetracht der konfessionellen Hemmungen gegen sakrale Akte auch bewußtseinsmäßig nicht mehr vollziehbar gewesen; es konnte sich immer nur um »ein christliches Laienkaisertum ohne jede theokratische Färbung handeln [30]«. Immerhin war es bezeichnend, wenn der damalige Metzer Divisionspfarrer und spätere Oberhofprediger Adolf Stoecker den Bogen von Luther zu Bismarck spannen wollte und einem Freunde schrieb: »Das Heilige Evangelische Reich deutscher Nation vollendet sich – in dem Sinne erkennen wir die Spur Gottes von 1517 bis 1871.«[31]

Mit berechtigtem Selbstgefühl war aber 1871 festzustellen, daß zum ersten Mal seit 1806, im Grunde seit Ausgang des Mittelalters Deutschland wieder als Reich in Erscheinung getreten war, als eine aus dem Bund von Einzelstaaten geeinigte Großmacht. Von der Festung Metz bis zur Garnison Stallupönen in Ostpreußen reichte damals das Deutsche Reich: eine Strecke viermal so lang wie die heutige von Aachen bis zur Zonengrenze bei Eisenach. Es umfaßte 220 % der Fläche der heutigen Bundesrepublik, wozu alsbald noch die weiträumigen Schutzgebiete in Afrika und im Stillen Ozean hinzukommen sollten. Eine alte Sehnsucht war 1871 in Erfüllung gegangen und das deutsche Volk aus seiner psychologischen Befangenheit gegenüber den anderen europäischen Großmächten befreit worden.

Zweifellos hat Bismarck mit der Reichsgründung die innere Tendenz des 19. Jahrhunderts zu starken Nationalstaaten hin aufgegriffen und vorangetrieben, indem er die vom Zeitgeist geforderte Politik vollzog und somit eine Zeitnotwendigkeit erfüllte. Man kann daher Heinrich von Sybel, den Historiker des zweiten Reiches, wohl verstehen, wenn er neun Tage nach der Reichsgründung einem Freunde schrieb und damit dem Bewußtsein seiner Generation den Ausdruck gab, im Zenit des eigenen Lebens zu stehen: »Wodurch hat man die Gnade Gottes verdient, so große und mächtige Dinge erleben zu dürfen? Und wie wird man nachher leben? Was zwanzig Jahre der Inhalt alles Wünschens und Strebens gewesen, das ist nun in so unendlich herrlicher Weise erfüllt. Woher soll man in meinen Lebensjahren noch einen neuen Inhalt für das weitere Leben nehmen?[32]« – das Gefühl der Erfüllung schien also den Nationalliberalen beseligend und lähmend zugleich zu sein.

Anders lag das bei vielen preußischen Altkonservativen, die die grauenvolle Ahnung gepackt hatte, daß sich auch in einem märkischen Junker das »Prinzip der Revolution« verkörpern könne. Sie haben sich im neuen Reich auch nie richtig zu Hause gefühlt, sondern den 18. Januar 1871 als das Ende des alten Preußens angesehen. Dies war insofern berechtigt, als das alte Königreich Preußen als ein selbständiges Gebilde mit diesem Datum zu bestehen aufgehört hat. Es gab von da an nur noch eine Nachgeschichte Preußens, das im deutschen Kaiserreich aufgegangen war.

DRITTER TEIL
PREUSSISCHE NACHGESCHICHTE

SECHZEHNTES KAPITEL
NACHGESCHICHTE PREUSSENS VON 1871 BIS ZUR GEGENWART

Eine wirkliche Geschichte Preußens nach 1871 kann hier nicht gegeben werden, nur die wichtigsten Begebenheiten und Zusammenhänge der Nachgeschichte Preußens sind hier zu skizzieren.

Mit der Gründung des Deutschen Reiches hatte der Preußische Staat als souveränes und unabhängiges Gebilde zu bestehen aufgehört. Er war mächtigster Gliedstaat des neuen Kaiserreiches geworden und von dessen Schicksal und Geschichte nunmehr unabtrennbar. »Preußen bis zur Reichsgründung Mitglied des europäischen Mächtekonzerts, war nunmehr in Europa mediatisiert als Bundesstaat des Deutschen Reiches. Das gleiche Los traf zwar auch die übrigen deutschen Staaten, aber Preußen wurde in seiner Eigenart stärker dadurch betroffen, weil es als selbständige, sich selbst genügende europäische Macht aufgetreten war [1].«

Zum Ausgleich für den Verlust seiner Selbständigkeit war Preußen die stärkste Kraft des neuen Reiches geworden, seine Vormacht war verfassungsmäßig eindeutig festgelegt. Wenn man die neuerworbenen Gebiete mitrechnet, war über 70 % des Reichsgebietes nebst der entsprechenden Einwohnerzahl (24,7 von 41,6 Millionen) preußisch. Der preußische König war jetzt deutscher Kaiser und der preußische Ministerpräsident und Minister des Auswärtigen Kanzler des Reiches, der für die Reichspolitik allein verantwortlich zeichnete, aber vom Reichstag weder vorgeschlagen noch gestürzt werden konnte. Die Ernennung des Reichskanzlers blieb dem Kaiser und König allein vorbehalten. In der Person und Doppelstellung Bismarcks, der sein Leben lang als Preuße empfand und dachte und ebenso wie Deutschland auch Europa von Preußen aus gesehen hat, war die Synthese vollkommen realisiert, der Grundsatz der preußischen Führung im Reich festgehalten. Erst nach Bismarcks Abgang sollte sich der Dualismus Reich – Preußen, den er in die

Verfassung hineingebaut, aber mit seiner Person überbrückt hatte, immer störender bemerkbar machen.

Mit der Reichsgründung begann sich das »Preußentum« infolge seiner starken Prägekraft über das gesamte Deutschtum zu lagern; häufig wurde dies – zumal in Süddeutschland – als »Aufpfropfung« empfunden und das Reich als ein »verlängertes Großpreußen« bezeichnet. Jedenfalls haben preußische Wertbegriffe, Leitbilder, Amtsvorstellungen und Institutionen das übrige Deutschland stark beeinflußt, Beamtenschaft und Offizierskorps der anderen Bundesstaaten weithin mit preußischer Staatsgesinnung erfüllt. Da schon seit mehr als hundert Jahren zahlreiche geborene Nichtpreußen in preußische Dienste getreten waren wie die Bülows und Bernstorffs aus Dänemark, die Radziwils und Radolins aus Polen und viele andere, die schon genannt wurden, so setzte sich dieser Prozeß jetzt durch Umkehrung im großen Stile fort, daß zahlreiche Preußen in Reichsdienste traten. Um das Reich von der preußischen Verwaltungsbürokratie unabhängig zu machen, hatte Bismarck von dem neugeschaffenen Reichskanzleramt aus als der obersten Reichsbehörde für die innere Verwaltung – bis 1876 von dem Freihändler R. von Delbrück geleitet – den Aufbau einer zentralen Behördenorganisation des Reiches in Angriff genommen.

Die »Verpreußung« des Reiches mußte aber notwendig auf Kosten der preußischen Substanz gehen; Vergröberungen und klischeehafte Veräußerlichungen konnten nicht lange ausbleiben. Die Gestalt des greisen Kaisers und Königs und seine ganze Denkweise paßten nicht mehr recht in die Zeit. Um dies zu verstehen, braucht man nur an die von ihm selbst formulierte »Allerhöchste Verordnung über die Ehrengerichte der Offiziere im Preußischen Heer« vom 2. Mai 1874 zu denken (vgl. Anhang). Sie gibt noch einmal ein eindrucksvolles Bild von der altpreußischen Schlichtheit und Bedürfnislosigkeit, die Prunkentfaltung und hemmungsloses Gewinnstreben tief verabscheut hat. Aber rasch sollte an die Stelle des altpreußischen Kerns viel Schein und Flitter treten. Der nach 1890 sichtbar werdende neue imperatorische Stil war dem alten königlich-preußischen in vielem geradezu entgegengesetzt, wie Graf Paul Yorck von Wartenburg, der philosophische Enkel des Tauroggener Yorck, bitter geklagt hat. Ein Wort wie das des alten Kaisers an die Feldgeistlichen von 1866: »Wenn Sie heimkommen, predigen Sie Demut[2]«, hätte der Enkel in dieser Schlichtheit nicht mehr sprechen können.

Auch die Preußen selber haben zur Aushöhlung ihres Wesenskerns erheblich beigetragen. Insbesondere nach 1900 wurde dies deutlich, als das schlechte Beispiel des Kaisers anfing, Schule zu machen. Übertriebenes militärisches Gebaren, Militarisierung auch des zivilen Lebens, eine seltsame Hofrangordnung, die den Leutnant noch über den Professor stellte, schroffes Auftreten und mangelndes Einfühlungsvermögen haben die Preußen nach 1871 in Süddeutschland, im Hannoverschen und in den neuerworbenen Reichslanden oft sehr unbeliebt gemacht. Schon Bismarck klagte, daß preußische Beamte nicht dafür berühmt seien, »in geschickter Weise Freunde zu gewinnen und unangenehme Dinge in liebenswürdiger Weise zu erledigen[3]«.

Schnauz- und Befehlston von Schalterbeamten gegenüber dem Publikum, arrogantes Auftreten und unbelehrbarer Dünkel, verknüpft mit Servilität gegenüber Mächtigeren – das alles waren Entartungserscheinungen, die Preußen oft bis zur Karikatur heruntersinken ließen. Freilich hat sich dies erst im Lauf der Zeit ergeben – vor allem in der Regierungszeit Wilhelms II. (1888–1918), des dritten und letzten deutschen Kaisers.

Zur Verpreußung des Reiches gehörte, daß das neue Reich in der Außen- wie in der Innenpolitik die Traditionen des alten Preußen zunächst zu einem Teil fortgeführt hat. Eine eigene preußische Außenpolitik konnte es freilich nicht mehr geben, da Preußen ganz von der Reichspolitik abhing, andererseits aber diese personell bestimmte. Das preußische Außenministerium wurde zum Auswärtigen Amt des Deutschen Reiches, die preußische Marine zur Reichsmarine, ebenso gingen wesentliche Gebiete der Wirtschafts- und Sozialpolitik auf das Reich über. Staatssekretäre der Reichsämter wurden in der Folgezeit immer häufiger zu Staatsministern ohne Geschäftsbereich oder zu preußischen Ministern ernannt. Diese »Staatssekretarisierung« sollte die politische Angleichung Preußens an das Reich sichern und eine spezifisch preußische Regierungspolitik hemmen. Aber immerhin bearbeitete in Würdigung der preußischen Militärtraditionen der preußische Kriegsminister das Militärwesen aller Bundesstaaten, nur die drei Königreiche (Bayern, Württemberg und Sachsen) ausgenommen.

Nach 1871 hat Bismarck das Reich für »saturiert« erklärt und daher seine Außenpolitik ganz auf die Sicherung des Bestehenden, die Aufrechterhaltung des Gleichgewichts und die Verhinderung feindlicher Koalitionen ausgerichtet. Der »cauchemar des coalitions[4]« (Alpdruck feindlicher Koalitionen) und damit die Sorge, daß das noch ungefestigte neue Reichsgebilde in die Gefahr eines Zweifrontenkrieges hineingeraten könne, hat ihn nie ganz verlassen. Daher versuchte er auch, wieder zur bewährten Friedenspolitik des Bündnisses der drei schwarzen Adler im Zeichen des »monarchischen Prinzips« zurückzukehren und dadurch Frankreich potentielle Bundesgenossen zu entziehen. Das Dreikaiserabkommen von 1872/73, das sich dann freilich nach dem Berliner Kongreß auf ein deutsch-österreichisches Bündnis reduzierte, dem 1882 noch Italien beitrat, und später der 1887 eingegangene, aber wegen der panslawistischen Strömungen in Petersburg geheimgehaltene Rückversicherungsvertrag – eine komplizierte Form der gleichzeitigen Verbundenheit mit Wien und Petersburg – waren ein Ausklang des Bundes der drei Ostmonarchien. Als dieser Vertrag, der ein der komplizierten Lage in Europa angepaßtes Neutralitätsversprechen für den Fall eines französischen Angriffs auf Deutschland und eines österreichischen auf Rußland darstellte, von Bismarcks Nachfolger Caprivi Anfang 1890 nicht verlängert wurde und die Bismarcksche Politik des vorsichtigen Konsolidierens aufgegeben wurde, da das Zeitalter sorglos wurde, klangen die Traditionen Altpreußens in der Außenpolitik des Reiches aus. Das Deutschland Wilhelm II., das von der Großmacht- zur Weltmachtstellung strebte, hat dann einen Imperialismus entwickelt, wie er zwar in der Zeit lag, mit dem die alte preußische Führungsschicht aber nicht mehr mitkam.

Wo in der Innenpolitik spezifisch preußische Traditionen zu erblicken sind, ist schwerer abzugrenzen. Im Grunde waren die großen Auseinandersetzungen während der Bismarckschen Kanzlerzeit keine preußischen Begebenheiten mehr, auch wenn sie, wie der Kulturkampf, in Preußen spielten. Die Streitobjekte im Kampf des Deutschen Reiches mit der Katholischen Kirche unterlagen der einzelstaatlichen Gesetzgebung. Der von den Liberalen begrüßte Kulturkampf – der Fortschrittler Rudolf Virchow hatte das Wort »Kampf für die Kultur« geprägt – unter dem neuen Kultusminister

Falck, der als Nationalliberaler an die Stelle des Konservativen von Mühler getreten war, begann mit einem Abbau alter preußischer Institutionen. So wurde die unter Friedrich Wilhelm IV. zur Förderung des konfessionellen Friedens eingerichtete katholische Abteilung des preußischen Kultusministeriums aufgehoben und durch das Schulaufsichtsgesetz vom 13. Februar 1872 die Orts- und Kreisschulinspektion auch der evangelischen Geistlichen beseitigt, die durch weltliche Schulinspektoren ersetzt wurden. Dies hat dann den offenen Bruch der streng kirchlich gesinnten Altkonservativen mit Bismarck herbeigeführt, die eine Trennung von Kirche und Schule unter Einschränkung der kirchlichen Selbständigkeit nicht akzeptieren konnten. Bismarcks weitere Maßnahmen wie das Verbot des einst von Friedrich dem Großen (vgl. oben S. 87) für Preußen zugelassenen Jesuitenordens, die sogenannten Maigesetze von 1873, die die Ausbildung und Anstellung der katholischen Geistlichen unter staatliche Kontrolle stellten – der Widerstand des Klerus wurde strafrechtlich geahndet – und die Einführung der obligatorischen Zivilehe im März 1874 haben die protestantische Orthodoxie in den gleichen Widerstand gegen den Staat hineingetrieben wie die katholische Kirche. Auch der Evangelische Oberkirchenrat richtete an den Landtag einen Protest, der ergebnislos verhallte. Mit dem alten Preußen und seinen Toleranztraditionen in der Behandlung von Kirchen und Glaubensbekenntnissen hatte die Bismarcksche Kulturkampfgesetzgebung nicht das geringste mehr zu tun. Freilich hatte der Kanzler keine Kirchen verfolgen wollen, sondern war nur um der Sicherung des Reiches willen der Ansicht, einen »innenpolitischen Praeventivkrieg[5]« gegen die von ihm für »reichsfeindlich« gehaltene Zentrumspartei führen zu müssen.

Der ursprünglich aus Bismarcks Gegensatz zur Zentrumspartei erwachsene Kulturkampf und die 1878 folgende Ausnahmegesetzgebung (Sozialistengesetze) gegen die »gemeingefährlichen Bestrebungen« der Sozialdemokratie, die als staatsfeindliche und revolutionäre Umsturzpartei galt, sind in ihren Auswirkungen die schwersten Passivposten der Bismarckschen Innenpolitik nach der Reichsgründung geworden. Beide endeten mit klaren Niederlagen des Kanzlers: Einmal war Bismarck mit administrativen Mitteln gegen eine geistliche Macht vorgegangen und hatte ohne Not die

Freiheit von Priestern und Gläubigen angetastet; auch die Abwicklung des Kulturkampfes durch die kirchenpolitischen Friedensgesetze von 1886 und 1887 konnten das Geschehene nicht mehr rückgängig machen. Die unheilbare Folge war, daß sich der katholische Bevölkerungsteil zumal im Rheinland in eine kühle Reserve gegen die Hohenzollernmonarchie gedrängt sah und lange Zeit voller Mißtrauen in ihr verharren sollte. Im Fall der Arbeiterbewegung hatte Bismarck es nicht verstanden, daß diese sich nicht nur wegen Lohn- und Tariffragen widersetzte, sondern sich auch gegen unwürdige Abhängigkeit zugunsten echter politischer Mitbestimmung mit Recht empört hatte. Bismarcks soziale Gesetzgebung mit der Einführung der staatlichen Kranken-, Unfalls- und Altersversicherung für den praktischen Arbeiterschutz war vorbildlich und modern; aber politisch blieb sie wegen der gleichzeitigen polizeilichen Unterdrückung der Arbeiterschaft unwirksam. Bismarck, der von ostelbischen Agrarverhältnissen her patriarchalisch auf die Industriearbeiterfrage sah, dachte gewiß nicht unsozial, aber undemokratisch. Die Folge seiner Politik wurde auch hier die Nichtintegration weiter Bevölkerungsschichten in den Staat; die Arbeiterschaft ist dem Kaiserreich bis 1914 innerlich fremd geblieben.

Es ist vielleicht nicht zufällig, daß es Arbeiterschutz und Sozialistengesetz gewesen sind, über die dann der Konflikt von 1890 entbrannte, der zur Entlassung Bismarcks durch den jungen Kaiser führte. Die SPD war in der Illegalität der achtziger Jahre – sie war zwar nicht verboten, aber jede Agitation war ihr untersagt worden – nur erstarkt und ging bei der Reichstagswahl von 1890 als die stärkste Partei hervor, was sie mit Abstand auch noch im letzten Friedensreichstag war; von der politischen Mitverantwortung blieb sie jedoch ausgeschaltet.

Noch schlimmer war wohl, daß Bismarck den Nationalliberalismus moralisch ausgehöhlt und zum Verrat an seinen Prinzipien gezwungen hatte, indem er die Partei drängte, die Sozialistengesetze gutzuheißen. Gleichwohl ließ Bismarck, der dem Parlamentarismus immer nur zurückhaltend gegenüberstand, die Liberalen fallen, nachdem er aufgrund der Erfahrungen mit der wirtschaftlichen Scheinblüte der »Gründerjahre«, die durch die 5 Milliarden französischer Kriegsentschädigung ausgelöst worden war, ab 1876 die liberale Handelspolitik abzubauen begonnen und 1879 die ersten Schutzzölle für Landwirtschaft und Industrie gegen den ausländischen Wettbewerb eingeführt hatte. Ostelbien gewann wieder den Vorrang vor Rhein und Ruhr, die Landwirtschaft vor den internationalen Interessen des Handels. Zusammenhängend mit der Wirtschaftsdepression nach 1877 war in diesen Jahren aber auch eine Abkehr der öffentlichen Meinung vom Liberalismus deutlich spürbar. Die große Nationalliberale Partei, mit der Bismarck im Zuge der allgemeinen Umorientierung seiner Innenpolitik in den Jahren 1878/79 gebrochen hatte, verlor ihre beherrschende Stellung und fiel schließlich auseinander; auch die linksliberale Fortschrittspartei splitterte sich auf, so daß der Liberalismus in den achtziger Jahren keine Chance mehr hatte, den verlorengegangenen Einfluß zurückzugewinnen.

Obwohl Kulturkampf, Sozialistengesetz und Geringachtung der Volksvertretung verhängnisvolle Belastungen des Werkes der Reichsgründung gewesen waren, war das neue Reich für das ganze deutsche Volk eine unumstößliche Bewußtseinstatsache geworden, und für die Lebensdauer von drei Generationen sollte das auch so bleiben. Eindrucksvoll für die ganze Welt zeigte es sich 1918, daß Bismarcks Werk lebensstark gewesen war, denn es hatte sowohl den Zusammenbruch des ersten Weltkriegs wie den Verlust der monarchischen Staatsform zu überdauern vermocht. Erst 1945 hat die »Rache für Sadowa [6]« Bismarcks Reich ereilt, wenn man dem Reichszerstörer Adolf Hitler seiner Herkunft wegen den ehrwürdigen Namen eines Österreichers überhaupt zubilligen will.

An der Gesetzgebungsarbeit des Reiches war der preußische Staat nach 1871 durch zahlreiche Vorlagen an den Bundesrat stark beteiligt. Es gab aber auch spezifisch preußische Gesetzgebungen wie die neue Kreisordnung des Innenministers Eulenburg vom 13. Dezember 1872, die die gutsherrliche Polizei und das Amt des Erbschulzen in den sechs östlichen Provinzen (außer Posen) endgültig beseitigte; seine Einsetzung erfolgte jetzt nicht mehr durch den Gutsherren, sondern durch Gemeindewahlen. Zwischen Kreis und Landgemeinde trat der Amtsbezirk als neue Instanz. Im Kreistag wurde die Übermacht der Gutsbesitzer stark eingeschränkt. Der Landrat mußte von jetzt ab ein Verwaltungsjurist sein, der vom Landratsamt aus in die höhere Verwaltungsbürokratie aufsteigen konnte. Dieses Gesetz, das die ländliche Selbstverwaltung schuf, war im Herrenhaus nur dadurch gegen den konservativen Widerstand durchzubringen, daß der König einen »Pairsschub« vornehmen mußte, indem er 25 neue Mitglieder, vorwiegend liberale Beamte, ernannte.

Ebenso diente die Provinzialordnung vom 29. Juni 1875 der Verwaltungsreform; mit ihr wurde die nötige Abgrenzung zwischen staatlicher Provinzialverwaltung und provinzieller Selbstverwaltung vorgenommen. Die Provinz sollte gleichzeitig Kommunalverband zur Selbstverwaltung ihrer Angelegenheiten wie Auftragsinstanz der allgemeinen Staatsverwaltung sein. Leiter der provinziellen Selbstverwaltung wurde der Landesdirektor beziehungsweise Landeshauptmann, der vom Provinziallandtag zu wählen war. Der Provinziallandtag wurde nicht mehr ständisch nach Besitzklassen zusammengesetzt, sondern durch die Kreistage bestellt. Ferner wurde die Stellung des Oberpräsidenten verändert, der zur Mittelsperson zwischen dem Ministerium und den Regierungen seiner Provinz wurde. Der Provinziallandtag mußte jetzt im regelmäßigen Turnus zusammentreten, um alle Kommunalangelegenheiten der Provinz zu beraten und alle die Provinz betreffenden Gesetzentwürfe zu begutachten. 1878 wurden Ost- und Westpreußen wieder zwei selbständige Provinzen unter eigenen Oberpräsidenten. Alle diese Gesetze, die der endgültigen Ausgestaltung der Selbstverwaltung in Preußen dienten und an den liberalen Geist der Reformzeit anknüpften, wurden allmählich auch auf die östlichen Provinzen ausgedehnt. Natürlich führte die Ausdehnung der Verwaltungsaufgaben sowohl in der Selbstverwaltung wie bei den Staatsaufsichtsbehörden zu einer Verstärkung des Berufsbeamtentums, das häufig stark bürokratisch-zentralistische Tendenzen zeigte. Der Instanzenzug ist durch die Reformen der siebziger Jahre nicht einfacher geworden; zumal die auf der Provinzialebene vom Amt des Regierungspräsidenten schwer abzugrenzende Verwaltung des Oberpräsidenten wurde eine »das bürokratische Vielregieren vermehrende Zwischeninstanz [7]«.

Ein echtes Minderheitenproblem kannte in Deutschland nur der Preußische Staat, der keine einheitliche nationale oder stammesmäßige Grundlage hatte, nunmehr aber Bestandteil des deutschen Nationalstaats geworden war; zumal seine polnische Minderheit

– 10 % der preußischen Gesamtbevölkerung – erwies sich als ein Problem und Hindernis für die Eindeutschung Preußens. In der 9. Sitzung des Parlaments der Reichsgründung von 1871 hatte der Sprecher der polnischen Fraktion noch erklärt, daß die Polen viel lieber preußisch bleiben wollten, als dem Deutschen Reich einverleibt zu werden. Ihre Dankbarkeit gegen das alte Preußen sollte bald ganz von der Furcht vor dem neuen Reich überdeckt werden. Der deutsch-patriotische Geist wirkte sich jetzt nämlich als bewußter Germanisierungswille aus; er schlug sich außer im Schulaufsichtsgesetz von 1872 in der Einführung der obligatorischen deutschen Unterrichtssprache (1873) und der Bestimmung des Deutschen als alleiniger Amts- und Geschäftssprache (1876) in den Ostprovinzen nieder und hob praktisch die vom alten Preußen zugestandene und praktizierte Kulturautonomie der polnischen Minderheit auf. Vergeblich hatte Ernst Ludwig von Gerlach im Kulturkampf gefordert: »Unter einer deutschen Kaiserkrone müssen auch nichtdeutsche Nationalitäten gleichberechtigt stehen können [8].« Deshalb müsse die Krone das polnische Volkstum mit Liebe pflegen (Landtagsrede vom 7. 2. 1873). Aber im Gegenteil, 1901 wurde sogar der deutsche Religionsunterricht für 250 000 Kinder polnischer Muttersprache angeordnet; polnischer Privatunterricht wurde mit Gefängnisstrafen bedroht und verfolgt. Auch dies war ein klarer Bruch mit der undoktrinären und großzügigen Nationalitätenpolitik des alten Königreichs Preußen. Das Ansiedlungsgesetz von 1886, die 1894 erfolgte Gründung des Ostmarkenvereins, der die planmäßige Ansiedlung von Deutschen in den polnischen Gebietsteilen betrieb, und das – freilich nur selten angewandte – Gesetz über die mögliche Enteignung polnischer Grundstücke von 1908 zur »Sicherung des gefährdeten Deutschtums« standen im Zeichen eines verblendeten Volkstumskampfes und bedeuteten einen klaren Bruch mit der konservativen Rechtsstaatsidee. Da die preußischen Konservativen beider Kammern diesen Gesetzen zugestimmt haben, zeigt dies nur an, daß sie sich selbst aufgegeben hatten. Wenige Jahre nach der Reichsgründung hatten sie als die »Partei Bismarcks sans phrase« begonnen deutschnational zu werden.

In den siebziger Jahren, der sogenannten nationalliberalen Ära in der Bismarckschen Politik, ist der Einfluß des Reiches auf

Preußen und die preußische Gesetzgebung wohl am stärksten gewesen. Die Auswirkungen der Eindeutschung Preußens wurden im allmählichen Verfall altpreußischer Institutionen sichtbar. »So wurde der Typus des altpreußischen Beamten mit seiner selbstlosen und disziplinierten Berufsauffassung in den Gründerjahren durch den Typus des freien Privatmanns verdrängt, der seinen Beruf nur noch nach seinen Verdienstmöglichkeiten bewertete[9].« Immerhin hat sich das in Preußen so tief eingewurzelte Beamtenethos lange zu erhalten vermocht. So wurde noch 1906 der seit fünf Jahren amtierende preußische Landwirtschaftsminister von Podbielski vom Kaiser entlassen, weil seine Gattin Aktien einer am afrikanischen Kolonialgeschäft beteiligten Firma besaß, bei der ohne Kenntnis des Ministers von einem anderen Ressort auf ein besonders günstiges Angebot hin Tropenkleidung bestellt worden war. Der Kaiser entließ den Minister, der ihm persönlich nahestand, obwohl dieser aus der Untersuchung ohne Makel hervorgegangen war, mit den Worten: »Auf einen preußischen Minister darf auch nicht der Schatten eines Verdachts fallen.« Aber die sich hier ausdrückende Gesinnung wurde den Zeitgenossen allmählich immer unverständlicher.

Zum Wandel des Zeitstils gehörte auch, daß in die Parlamente zunehmend der neue Typus politischer Geschäftsleute eindrang, der die bürgerlichen Honoratioren, die meist zur Fortschrittspartei gehört hatten, oder die an patriarchalische Vorstellungen gebundenen konservativen Edelleute immer mehr verdrängte. Die sozialen Grundlagen der alten Monarchie waren durch die Industrialisierung und die zunehmende Verstädterung der Landbevölkerung allmählich beseitigt worden. Der rasche Übergang vom Agrar- zum Industriestaat, die wachsende soziale Mobilität, das Anwachsen der Industriearbeitermassen, die Verdoppelung der großstädtischen Bevölkerung von 1871 bis 1900 usw. drückten sich auf allen Lebensgebieten aus und zeigten den großen Wandel der sozialen Struktur und des Zeitgeistes, auf den die bisherigen Staatsträger keine zulängliche Antwort hatten. Ostelbien behielt zwar immer noch den politischen Vorrang, aber sozial blieb es zurück. Das Junkertum paßte nicht mehr recht in die Zeit der Großunternehmer und Gewerkschaftsführer. Es zeigte sich immer deutlicher, daß Preußen im Grunde »vormodern« war; der preußische Adel des

20. Jahrhunderts in seiner großen Mehrheit blieb in einer älteren Begriffswelt und Lebensweise stehen, während der letzte Monarch vormodern und hypermodern zugleich gewesen ist. Aber der Wandlungsprozeß zum Industrialismus, zum Massenzeitalter und zur Demokratie blieb Adel wie Monarchen in der Tiefe fremd.

Der langanhaltende Widerwille der Altpreußen gegen das Reich hat sich einen bedeutsamen politischen Ausdruck nicht mehr zu geben vermocht. Er hatte aber von Anfang an bestanden. Schon die Reichsgründung war von ihnen als eine Beeinträchtigung Preußens empfunden worden, obwohl doch die von Bismarck konzipierte föderalistische Struktur des Reiches Reste der Sonderstellung und der Eigenart Preußens ganz gut bewahren ließ. Aber schon bald nach 1871 ging unter den Altpreußen das Wort um: »Der Bismarck ruiniert uns noch den ganzen preußischen Staat, das Reich bekommt Preußen nicht [10].« In Ostelbien hat man durch Jahrzehnte häufig nur Schwarz-Weiß geflaggt und vom Schwarz-Weiß-Rot des Reiches keine Notiz genommen. Bismarck selbst äußerte sich 1877 zu seinem Vertrauten, dem späteren preußischen Landwirtschaftsminister, Lucius von Ballhausen: »Der schlimmste Gegner des Reiches ist der preußische Partikularismus [11].« Auch die Berichte des bayrischen Bundesratsbevollmächtigten Graf Lerchenfeld lassen erkennen, wie stark die preußischen Widerstände gegen das Reich gewesen sind. Tatsächlich konnten sie sich aber nur noch in einem gewissen Ressortpartikularismus der preußischen Minister gegenüber den Reichsämtern Luft machen.

Im Jahre 1872 schien noch einmal eine Chance für größere preußische Selbständigkeit gekommen zu sein, als Bismarck das Amt des preußischen Ministerpräsidenten an Roon abtrat. Doch dieser erwies sich für ein solches Amt als wenig geeignet und trat nach zehn Monaten wieder zurück. Die Ämter des Ministerpräsidenten und des Reichskanzlers wurden wieder miteinander vereinigt, was die Unruhe über das Schicksal Preußens nur vergrößerte. Weil die preußischen »Partikularisten« nach den ohnmächtigen Protesten der Altkonservativen im Kulturkampf keine Chance eines politischen Widerstandes mehr sahen, machten sie ihrem Groll in persönlichen Verdächtigungen des Reichskanzlers Luft. Dies führte 1875 zu der »Deklarantenaktion«, daß Hunderte von Landadligen und konservativen Pfarrern der von Bismarck der Lüge und Verleumdung bezichtigten Kreuzzeitung – sie hatte Enthüllungsartikel über angebliche Geldgeschäfte Bismarcks aufgenommen – ihre Sympathie erklärten. Die Kreuzzeitung veröffentlichte die Namen und Adressen der mit ihr sympathisierenden Deklaranten, in denen Bismarck nunmehr seine ganz persönlichen Feinde sah und zu denen er jede menschliche Verbindung abbrach.

Die Mehrzahl der Konservativen aber hatte sich mit Bismarcks deutscher Politik und mit der Reichsgründung längst abgefunden und – wie schon zuvor die Freikonservativen, die sich nach 1871 »Reichspartei« nannten – 1876 die »Deutschkonservative Partei« gegründet. Ein Versuch Hermann Wageners, der Vortragender Rat im Staatsministerium und Hauptmentor Bismarcks in sozialpolitischen Fragen geworden war, nach 1871 eine Art nationale sozialistische Partei aus Sozialkonservativen und Lassalleanern zu gründen und dem Kanzler zur Verfügung zu stellen, war im Sommer 1872 gescheitert [12]. Ludwig von Gerlach war 1871 Ehrenmitglied der Zentrumspartei geworden, weil er nur noch hier eine Möglichkeit sah, »Politik aus dem Glauben« zu treiben; er wurde von ihr als orthodoxer Protestant 1873 in den preußischen Landtag und 1876 als Hospitant der Zentrumsfraktion in den Reichstag gewählt. Das Häuflein der Bismarck-feindlich gebliebenen Konservativen war zersplittert und zusammengeschmolzen; nur noch 6 der 70 konservativen Abgeordneten des Abgeordnetenhauses waren 1873 echte Altkonservative zu nennen.

Daß es sich bei den Altkonservativen aber nicht nur um Antibismarckfronde handelte, sondern um eine tieferliegende und langanhaltende Gegnerschaft der »Junker« und »Agrarier« gegangen ist, die über Bismarcks Zeitalter hinausreichte, zeigt die Besorgnis, die noch der dritte Reichskanzler, Chlodwig von Hohenlohe-Schillingfürst, empfunden hat, der als Süddeutscher und Liberaler in diesem Punkte hellhörig war und am 15. Dezember 1898 in sein Journal eintrug: »Ich muß dahin streben, Preußen beim Reich zu erhalten, denn alle diese Herren pfeifen auf das Reich und würden es lieber heute als morgen aufgeben.« Und sein Sohn Prinz Alexander schrieb an ihn: »Daß die Junker auf das Reich pfeifen, glaube ich auch. Ich erinnere mich, daß P. mir einmal vor ein paar Jahren im Union-Club auseinandergesetzt hat, wie sehr viel vorteilhafter es für Preußen wäre, wenn es wieder aus dem Reich austräte [13].«

Diese Stimmungen und Besorgnisse, daß das alte Preußen immer mehr ins »allgemeine Deutschtum« verschwinde, muß man vor Augen haben, wenn man verstehen will, warum die preußischen Konservativen als die eigentlich Überwundenen der Geschichte so erstaunlich hartnäckig und unbelehrbar an überholten und schädlichen Einrichtungen wie dem Dreiklassenwahlrecht festgehalten oder sich gegen eine zeitgemäße Form des Herrenhauses gesträubt haben. Sie hatten wider bessere politische Einsicht das Gefühl, daß sie einen letzten Rest des alten, ihnen so teueren Preußen aufgeben würden. Tatsächlich hat ihr Widerstand, der sich natürlich auch aus standesegoistischen Überlegungen ergab, nur das Ende des in der Verklammerung mit dem Kaiserreich immer noch bestehenden Königreiches Preußen mit herbeigeführt. In gewisser Weise freilich entsprach ihr Widerstreben und das Zögern der Staatsministerien nur altpreußischen Traditionen, wie wir sie bei der Behandlung des königlichen Verfassungsversprechens von 1815 kennengelernt haben. Erst revolutionäre Ereignisse mußten die Einlösung erzwingen. Das alte Preußen ist nicht reformiert worden, sondern wurde im Widerstand gegen den Zeitgeist überrannt und ging zugrunde. Die letzte Sitzung des Herrenhauses am 31. Oktober 1918 erbrachte unberührt von allen Ereignissen nochmals eine ergreifende Treuekundgebung für das angestammte Herrscherhaus. Das Sallustwort »quieta non movere«, das Bismarck 1891 zitiert hatte, war all die Jahre politischer Wahlspruch des Herrenhauses gewesen.

Die Debatten des preußischen Landtags, ausgelöst durch die an preußisches Staatserbe anknüpfende Steuerreform (gestaffelte Direktbesteuerung der Einkommen mit Selbstveranlagungspflicht) des Finanzministers v. Miquel, kreisten ab 1893 immer stärker um die von den Liberalen und Sozialdemokraten lautstark geforderte Abschaffung des indirekten (Wahlmänner) und öffentlichen Dreiklassenwahlrechts; erreicht wurde aber nur eine ungenügende Reform der Wahlkreiseinteilung. Der Gegensatz zwischen dem Reich mit seinem demokratischen Wahlrecht, das andere Parlamentszusammensetzungen brachte, und Preußen, das der sozialen Strukturveränderung keine Rechnung trug – für die neuen Industriegroßstädte waren ganze 10 neue Wahlkreise bewilligt worden – wurde immer krasser. Aber auch innerhalb Preußens nahm der Gegensatz zwischen dem durch die Mandatsverteilung vorherrschenden konservativ-agrarischen Ostelbien und dem städtisch-industriellen Westelbien mit seinem nationalliberal-katholisch-sozialistischen Übergewicht immer stärker zu.

Die Sozialdemokratie, die als parlamentarische Vertretung der Arbeiterklasse schon bei den Wahlen zum Reichstag von 1890 die meisten Wähler (1,5 Millionen) hatte, war im Reichstag bis 1912 auch die stärkste Fraktion geworden; im preußischen Landtag aber hat es bis 1908 überhaupt keine Sozialdemokraten gegeben. Erst da gelang es der Partei, 7 Mandate zu gewinnen; blutige Straßendemonstrationen für die Abschaffung dieses den Volkswillen verfälschenden Wahlrechts waren vorausgegangen. In den süddeutschen Landtagen war man schon am Jahrhundertbeginn zum gleichen, direkten und geheimen Wahlrecht übergegangen, das sich auch in einer dem Volkswillen entsprechenden Mandateverteilung niederschlug. Trotz aller Reformversuche Bülows und Bethmann-Hollwegs, der 1910 wenigstens die direkte Wahl einführen wollte, sowie interessanter Vorschläge der Nationalliberalen, das Pluralwahlrecht (Mehrstimmenwahlrecht, das neben der Steuerleistung auch Bildung und Beruf berücksichtigen wollte) nach abgewandeltem sächsischen Modell einzuführen, ist in Preußen alles beim alten geblieben. Selbst Wilhelm II. hatte zeitweilig eine bessere Einsicht, beugte sich aber vor dem Druck der Konservativen Partei. Immerhin hatte es in seiner Osterbotschaft vom 7. April 1917 an den Präsidenten des Staatsministeriums geheißen: »Nach meiner Überzeugung ist für das Klassenwahlrecht in Preußen kein Raum mehr.« Im entscheidenden Punkte freilich, ob auch in Preußen zukünftig gleiches Wahlrecht gelten solle, blieb die Fassung unklar.

Die Schuld an der Verzögerung einer notwendigen Entwicklung trugen ausschließlich die von einer Weltanschauungs- zur Interessenpartei abgesunkenen Konservativen, die nur noch an die Aufrechterhaltung ihres Sozialprestiges dachten, so daß ganz allgemein »konservativ« identifiziert werden konnte mit »sozialreaktionär«. Sogar noch im Mai 1918 wurde eine Wahlrechtsvorlage der Regierung, die der Osterbotschaft und der Julibotschaft des Monarchen vom Vorjahr entsprechen wollte, vom preußischen Landtag abgelehnt und verschleppt. Die Proklamierung des gleichen Wahlrechts auch für Preußen am 24. Oktober 1918 kam viel zu spät und machte zu diesem Zeitpunkt keinen Eindruck mehr.

Jedenfalls ist es durch dieses Wahlrecht gelungen, die Machtstellung der Konservativen in Preußen, den veränderten Zeitumständen zum Trotz, bis zum Ende des Königreiches zu behaupten, wobei gegen Sozialdemokratie und Gewerkschaften die Machtmittel und Methoden eines Polizeistaates – etwa zur Unterdrükkung von Streikbewegungen für Lohn- und Tariferhöhungen – bedenkenlos eingesetzt wurden. Für einen so bedeutenden Geist wie den Pfarrer Friedrich Naumann, der als National-Sozialer, dann als Freisinniger lebenslänglich um Arbeiterfrage und Sozialdemokratie bemüht war und die durch den sich rasch industrialisierenden Großstaat gestellten neuen Probleme richtig sah, schrumpfte allmählich das ganze Phänomen Preußen auf die eine aktuelle Frage des überständigen Wahlrechts zusammen, weil durch dieses die preußische Verfassung »eine beständige Demütigung der Bevölkerung [14]« geworden sei. Die konservative Renitenz in der Wahlrechtsfrage hat die politische Stimmung zweifellos radikalisiert. Der Nationalliberale Gustav Stresemann bedauerte noch 1917 in einer Reichstagsrede über die Reformbedürftigkeit des preußischen Herrenhauses, daß die rechte Übersetzung der altpreußischen Vorstellungen und Institutionen in eine veränderte Gegenwart ausgeblieben sei, was gerade echte Preußen tief schmerzen müsse [15]. Diese empfanden nämlich, daß Preußen schon seit langem gar nicht mehr in der Lage war, die ihm in der Bismarckschen Verfassung zugestandene Stellung als Hegemonialmacht zu behaupten. Obschon die politische Praxis häufig moderner gewesen ist als das rückständig gebliebene Staatssystem, muß man im Endeffekt doch dem harten Urteil zustimmen, das jüngst gefällt worden ist:

»An diesen Verhältnissen ist letztlich das Bismarckreich im ersten Weltkrieg gescheitert. Die Staatsform des Reichs hat ihre Bewährungsprobe nicht bestanden. Die Diskrepanz zwischen Theorie und Wirklichkeit wurde offenbar. Der Staat verlangte von seinen Bürgern, die in Wirklichkeit immer noch seine Untertanen waren, den Einsatz bis zum letzten, das letzte Opfer an Gut und Blut. Er verweigerte andererseits jedoch diesen Staatsbürgern in Uniform die primitivste Gleichheitsforderung des allgemeinen Wahlrechts. Das preußische Dreiklassenwahlrecht erwies sich als ein Anachronismus. – Die Forderung auf Reform des preußischen Wahlrechts ist im Grunde nichts weiter gewesen als eine logische Folgerung aus den Reformen Steins und Scharnhorsts und deren Fortführung, ein Ernstmachen mit dem Begriff des Staatsbürgers und der staatsbürgerlichen Mitverantwortung des einzelnen. Preußen hätte diesem Ruf nach Reform Folge leisten müssen, wenn es seinen Anspruch auf die Rolle als deutsche Führungsmacht noch oder wieder glaubhaft machen wollte [16].«

Der Umsturz vom 9. November 1918 nach einem blutigen Weltkrieg, in dem auch preußische Offiziere und Generäle noch einmal große Waffentaten vollbracht haben, hat das Ende des Königreichs Preußen gebracht, obwohl Wilhelm II. noch im letzten Augenblick die staatsrechtlich zwar unrealisierbare, aber vom geschichtlichen Ursprung her richtige Idee hatte, daß er die Kaiserwürde wohl ablegen könne, aber niemals als König von Preußen abdanken dürfe. Er hat es unter dem Zwang der Verhältnisse dann doch getan und damit die 500jährige Herrschaft der Hohenzollern in Brandenburg und seit 1701 in Preußen beendet. Das Königreich Preußen hörte in dem Augenblick zu bestehen auf, in dem der Monarch selber die Tradition der preußischen Königskrone und damit die Verantwortung aufgab und nach Holland fuhr, weil sein oberster militärischer Ratgeber, Generalfeldmarschall von Hindenburg, es geraten und sein letzter Reichskanzler, Prinz Max von Baden, die Abdankung des Kaisers voreilig verkündet hatte. In dieser Frage aber hätte es für den Monarchen bei allem konstitutionellen Denken keine Ratgeber und Reichskanzler geben dürfen.

Dieser tragische Ausklang der Monarchie ist erstaunlicherweise nicht das Ende des 1871 in das deutsche Kaiserreich eingesargten Staates Preußen geworden, sondern dieser sollte – entgegen allen Zeichen der Zeit – noch ein zweites Stadium postumer Existenz erleben. Die Monarchie verschwand, aber die Tradition des Bismarckreiches blieb bewahrt, und die offenkundig gewordenen Mängel seiner Verfassung ließen sich durch einen radikalen Um- und Neubau ausmerzen. Dem Königreiche folgte der republikanische Freistaat Preußen nach, der auf veränderter Basis und nach Aufhebung seiner bisherigen verfassungsmäßigen Vorrangstellung nochmals ein eigenstaatliches Bewußtsein entwickelte. Da die

Staaten nach einem – wohl von Heinrich Leo übernommenen – Bismarckwort »ihre dauernde Stütze nur in den Elementen finden können, welchen sie ihren Ursprung verdanken[17]«, waren diese Kräfte offenbar noch nicht erstorben. In den folgenden Jahren sollte sichtbar werden, daß die sozialdemokratischen Arbeiter Preußens, die im August 1914 begeistert zu den Waffen geeilt waren und deren Abgeordnete im Reichstag fast einstimmig die Kriegskredite bewilligt hatten, an die Stelle der alten Führungsschicht getreten waren und wegen der in ihr lebenden preußischen Disziplin dieses Staatserbe weiterzuführen vermochten. Diese Tatsache ist oft mißverstanden und später zumeist vergessen worden.

Angesichts der vielen Stimmen, die 1918 die Auflösung Preußens in einzelne Länder gefordert haben, wie das auch der unitarisch orientierte Entwurf zur Weimarer Reichsverfassung von Hugo Preuß vorsah, ist es durchaus erstaunlich zu nennen, daß Preußen sehr bald wieder die stärkste Kraft des Reiches geworden war. Im Rahmen der Weimarer Republik war die staatliche Autonomie Preußens wieder kräftiger geworden; es hatte jetzt sogar einen eigenen Ministerpräsidenten, der nicht mehr gleichzeitig Reichskanzler war. Ein eigener Staatspräsident, an den einige sogar dachten, konnte freilich mit Rücksicht auf die anderen deutschen Länder nicht durchgesetzt werden. Doch die Chancen, ein eigenes staatliches Bewußtsein zu entwickeln, waren jetzt trotz faktischer Machtverringerung eher größer als im Bismarckreich. Auch die alten Landesfarben schwarz-weiß waren erhalten geblieben.

Am 11. August 1919 ist die neue republikanische Reichsverfassung von Weimar verkündet worden und in Kraft getreten. Die neue preußische Verfassung dagegen ist erst zwei Jahre nach dem Zusammenbruch am 30. November 1920 Gesetz geworden. Erst mußte die Gestaltung der Reichsverfassung abgewartet werden, und es mußte auch klargestellt werden, daß der deutsche Einheitsstaat nicht zu erzielen war, für den sich sogar die preußische Landesversammlung am 15. Dezember 1919 ausgesprochen hatte. Einstweilen galt in Preußen eine Notverfassung, das vorläufige Gesetz zur Ordnung der Staatsgewalt, das die verfassunggebende Landesversammlung, die durch Wahlen vom 26. Januar 1919 zustande gekommen war, nach ganz kurzer Beratung am 20. März 1919 verabschiedet hatte. Dieses Parlament war von dem ersten sozialdemokratischen Ministerpräsidenten Paul Hirsch am 13. März 1919 mit den Worten eröffnet worden: »Preußens Aufgaben sind noch nicht erfüllt. Auf den Geist der Freiheit, der Ordnung und Arbeit gestützt, soll es noch einmal der deutschen Nation und ihrer künftigen friedlichen Größe dienen. Preußens beste Eigenschaften, Arbeitsamkeit und Pflichttreue, braucht auch das neue deutsche Reich zum Wiederaufbau. Das alte Preußen ist tot, es lebe das neue Preußen! [18]«

Die Situation des neuen Freistaats war nach innen und auch nach außen sehr verändert. In Versailles hatte Preußen den größten Teil der Zeche bezahlen müssen. Von den Reichslanden Elsaß-Lothringen abgesehen hatte Preußen alle Gebietsabtretungen zu leisten gehabt, die die Alliierten Deutschland auferlegt hatten. Es verlor mit Posen, großen Teilen von Westpreußen und Oberschlesien, dem Memelgebiet, dem rheinländischen Eupen-Malmedy sowie Nordschleswig 56 000 qkm und 4,6 Millionen Einwohner. Es war dazu von innen wie von außen auch phantastischen Aufteilungsplänen und separatistischen Tendenzen ausgesetzt, da es verschiedene Lostrennungsbestrebungen von Preußen gab, die im Rheinland, wo noch Reminiszenzen an den Kulturkampf nachwirkten, auf Jahre hinaus bedrohlich blieben. In der Weimarer Nationalversammlung trat Preußens neuer Innenminister Wolfgang Heine dem Reichsinnenminister Hugo Preuß entgegen und berief sich auf die moralischen Kräfte des preußischen Selbsterhaltungswillens: »Das Reich, das aufgebaut würde auf dem zerstückelten, zerrissenen und geschwächten Preußen, wäre selbst geschwächt, nicht nur an materiellen, sondern auch moralischen Kräften [19].« Und dieser Standpunkt, daß die Erhaltung eines ungeschwächten Preußen (Hirsch: »Preußen will nicht annektieren, aber auch nicht annektiert werden«) eine Lebensnotwendigkeit für das Reich sei, setzte sich allmählich durch; eine Zerlegung Preußens in autonome Provinzen hätte für das Reich keinen Kräftezuwachs bedeutet. Preußen sollte sich dann auch in den zwanziger Jahren als die stärkste Stütze des Reiches und seiner Außenpolitik erweisen. Am 25. März 1919 erklärte Ministerpräsident Hirsch vor der Landesversammlung: »Freiheit und Ordnung, das sind die Grundpfeiler, auf denen sich das neue Preußen aufzubauen hat. Aus dem alten Preußen, das für alle Zeit dahin ist, wollen wir in die Zukunft das hinübernehmen, was gut an ihm war: den schlichten Geist ernster Pflichterfüllung und den Geist nüchterner Sachlichkeit. Durch eine schwere Zeit muß unser Land hindurch. Das neue Preußen wird sich genau wie das alte wieder großhungern müssen [20].« In diesem altpreußischen Sinne des Durchhungerns hat dann der neue preußische Innenminister Karl Severing in der Notzeit der beginnenden Inflation am 5. September 1922 eine Verfügung zur Bekämpfung des Schlemmens in Gasthäusern, Dielen und Bars veröffentlicht.

Es war die in der Schule August Bebels – Sohn eines preußischen Feldwebels – herangewachsene Generation sozialdemokratischer Politiker wie Gustav Noske, Paul Hirsch, Otto Braun, Karl Severing, Wilhelm Sollmann etc., die die preußische Staatstradition weitergetragen und sich als zuverlässige Garanten des preußischen Selbstbehauptungs- und Widerstandswillens erwiesen haben. Gegen die Annahme des Versailler Vertrages erließ die preußische Staatsregierung am 12. Mai 1919 einen Aufruf, der mit den Sätzen schloß: »Dieser Friedensvertrag ist unannehmbar, seine Bedingungen sind selbst von dem entsagungsbereitesten Volk nicht zu ertragen. Wir erklären vor der Welt: Lieber tot als Sklav.« Aber der Versailler Vertrag mußte von der Reichsregierung angenommen werden, da die Unnachgiebigkeit der Alliierten sonst zur Okkupation weiter Strecken des noch besatzungsfreien Reichsgebietes geführt hätte.

Nach den preußischen Landtagswahlen von 1920 ist der aus der ostpreußischen Landarbeiterorganisation hervorgegangene Otto Braun Ministerpräsident geworden und es bis zum 20. Juli 1932 auch geblieben. Er wurde der stärkste Exponent des neu erwachten, freilich auch stark mit parteipolitischen Interessen verbundenen preußischen Staatsbewußtseins traditionellen Stils. Am 22. Juni 1922 erklärte er im Landtag: »Es ist in die Debatte das Wort geworfen worden: Preußen müsse sterben, damit das Reich leben könne. Das zeugt von einer völligen Verkennung der staatlichen Bedeutung Preußens für den Bestand des Reiches. – Wir sollten Preußen erhalten, wenn wir zu einem geschlossenen, einheitlichen Deutschen Reich kommen wollen [21].«

In der republikanischen Zeit hat sich die politische Bedeutung Preußens wie aller übrigen Länder insofern vermindert, als die

Verfassungsautonomie begrenzt und ihr Gesetzgebungsrecht eingeengt, hingegen den Zentralbehörden des Reiches nach 1918 vermehrte Befugnisse eingeräumt worden waren; nach Erzbergers Finanzreform ist dem Reich mit dem zentralen Aufbau einer leistungsfähigen Steuerverwaltung auch der direkte Zugriff auf die Steuerkraft der Länder eröffnet worden. Am fühlbarsten war der Verlust der Einkommensteuer, die Reichssteuer wurde. Der preußische Finanzminister Südekum hatte entschieden opponiert. Eine eigene preußische Außenpolitik hat es gemäß der Reichsverfassung weder nach 1871 noch nach 1918 gegeben. Politische Grundsatzentscheidungen Preußens gegen das Reich wären nach 1918 theoretisch wohl möglich gewesen, sind aber praktisch kaum vorgekommen, obwohl besonders in den späten zwanziger Jahren die Wege der Reichspolitik und der preußischen Politik oft auseinandergingen. Aber die Staatssekretäre der Reichskanzlei und des preußischen Innenministeriums haben meist gut zusammengearbeitet.

»Die preußische Regierung wollte den Staatskarren auf der Bahn demokratisch-republikanischer Entwicklung vorwärtsschieben und die Reichsregierung ihn rückwärtsziehen«, meinte Otto Braun mit Recht in seinem historischen Rückblick. Und Carl Severing betonte, daß Preußen es als Ehrenpflicht betrachtet habe, den Charakter des Reichs als Republik in den Massen populär zu machen, doch sei es bei diesem Bemühen vom Reich im Stich gelassen worden [22]. Dahin also hatte sich der Dualismus Reich–Preußen verschoben. Deshalb sind auch die verschiedenartigen Vorschläge einer Reichsreform auf dem Papier geblieben. Zwar war man auf allen Seiten überzeugt, daß die verfassungsrechtliche Struktur des Reiches auf die Dauer unhaltbar sei, aber das Spannungsverhältnis Reich–Länder blieb schon der süddeutschen föderalistischen Bestrebungen wegen – das zu dezentralisierende Reich als Staatenföderation – ohne Lösung. Dem Ministerpräsidenten Braun hingegen schwebte ein machtvolles zentralisiertes Preußen vor, das »den Kern für einen deutschen Einheitsstaat« bilden sollte, wie er sich am 23. Februar 1927 im Landtag ausdrückte. Und in der Tat stellte das Preußen der Weimarer Republik, an das sich 1922 noch Pyrmont und 1928 Waldeck angeschlossen hatte, noch immer das größte Machtpotential innerhalb Deutschlands dar. Drei Fünftel des gesamten Reichsgebietes und mehr als 60 Prozent der Bevölkerung gehörten weiterhin zu diesem größten Staat des Reiches.

Zwölf Jahre hindurch hat Preußen auch bei schrumpfender Koalitionsmehrheit eine stabil gebliebene demokratische Regierung der Weimarer Koalition gehabt, bestehend aus Sozialdemokraten, Freisinnigen (Linksliberalen), jetzt Deutsche Demokratische Partei genannt, und der zuerst zweckdemokratischen, später gesinnungsrepublikanischen katholischen Zentrumspartei, während im Reich die Regierungszusammensetzung oft wechselte und zum Schluß – das Kabinett Heinrich Brüning war die letzte demokratisch legitimierte Reichsregierung – sogar im System der Präsidialkabinette ohne und gegen das Parlament regiert worden ist. Der Musterstaat Preußen war in dieser Zeit die feste Bastion der demokratischen Republik – wie in Kaisers Zeiten noch immer die Klammer um das Deutsche Reich – und wurde erst nach der die Demokratie schwächenden Weltwirtschaftskrise durch einen Gewaltakt (Papens »Preußenschlag«) überrannt, als die Reichsspitze autoritär und diktatorisch geworden war.

Da hier aber nicht die Geschichte der Weimarer Republik erzählt wird, sowenig wie zuvor die des Kaiserreiches, sondern nur die Nachgeschichte Preußens skizziert werden soll – jetzt im Endstadium der Bismarckschen Reichsgründung –, ist lediglich noch die innere Verfassungsentwicklung des Preußischen Staates nach 1918 zu behandeln.

Die preußische Verfassung vom 30. November 1920 sah vor, daß der Landtag ohne Aussprache den Ministerpräsidenten zu wählen habe, der dann die übrigen Staatsminister ernennt. Die Befugnisse des Königs in der Exekutive waren laut Art. 82,1 der Verfassung auf die Staatsregierung übergegangen, die ein kollegiales Gremium der Minister unter dem Vorsitz des Ministerpräsidenten darstellte; das Staatsministerium respektive der Ministerrat stellte die oberste vollziehende Behörde dar (Art. 7 der Verfassung). Dem Volk als alleinigem Träger der Regierungsgewalt wurde das Recht zuerkannt, daß es während einer Wahlperiode auch die Möglichkeit haben müsse, in besonders wichtigen Fragen selber die Entscheidung zu treffen und unter Umständen auch die Auflösung des Parlaments herbeizuführen; zu diesem Zweck wurde nach dem Vorbild der Reichsverfassung das Volksbegehren und der Volksentscheid in die Verfassung eingefügt, das Recht der unmittelbaren Volksentscheidung jedoch fest umgrenzt. Die Auflösung des Landtages konnte nur durch eigenen Beschluß bei einfacher Mehrheit aller Abgeordneten, durch den genannten Volksentscheid oder durch den Beschluß eines Ausschusses erfolgen, dem der Ministerpräsident, der Landtagspräsident und der Präsident des Staatsrates angehörten. – Der Selbstverwaltung der Provinzen wurden weitgehende Rechte eingeräumt und die Staatsaufsicht genau umgrenzt.

Eine besondere Eigentümlichkeit der neuen preußischen Verfassung war – parallel zum Reichsrat, dessen preußische Vertreter übrigens zur Hälfte von den Provinzialausschüssen gewählt und entsandt wurden – die Einrichtung eines Staatsrats als Vertretung der Provinzen (an Zahl 14, vor 1918 waren es 12) bei der staatlichen Gesetzgebung und Verwaltung; auch seine Mitglieder wurden von den Provinziallandtagen gewählt. In verwandelter Form kam so das alte Herrenhaus wieder, nur war der neue Preußische Staatsrat nach Zusammensetzung und Funktion ein ganz anderes Gremium – anders auch als der alte von 1817. Auf jeden Fall war er eine Versammlung unabhängiger Männer, die über hervorragende Sachkenntnis verfügten.

Auf dem Gebiet der Gesetzgebung erhielt der Staatsrat ein aufschiebendes Veto gegen Gesetze, die vom Landtag beschlossen worden waren. Mehrmals wurde von diesem Recht Gebrauch gemacht, das erstemal im Juni 1922, als es um die Errichtung eines Großkraftwerkes in Hannover ging. Ein solcher Einspruch hatte dann die Folge, daß das Gesetz dem Landtag zur nochmaligen Beschlußfassung vorgelegt werden mußte. Der Staatsrat hatte weiter das Recht der Gesetzesinitiative, wodurch die Provinzen die Möglichkeit bekamen, ihrerseits mit Gesetzesvorschlägen an den Landtag heranzutreten. Das Staatsministerium wieder hatte die Pflicht, vor Einbringung von Gesetzesvorlagen dem Staatsrat Gelegenheit zur gutachtlichen Äußerung zu geben. Auch das Recht, über eine etwaige Landtagsauflösung einen Volksentscheid herbeizuführen, wurde dem Staatsrat zugebilligt.

Der preußische Staatsrat, dessen Vorsitzender die Weimarer Zeit hindurch der Kölner Oberbürgermeister Konrad Adenauer war, hat trotz seines im Vergleich mit dem Landtag geringen Wirkungsbereiches viel wertvolle Aufbauarbeit geleistet. So etwa 1924 durch sein Votum über die vorgeschlagene Vereinigung der Ämter des Oberpräsidenten und des Regierungspräsidenten am Sitz des Oberpräsidiums. Nach der geplanten Verwaltungsreform sollten die Zuständigkeiten fortfallen, in denen der Oberpräsident Beschwerdeinstanz gegen die Regierungsbehörde war; er sollte wieder wie vor der Regelung von 1884 ein politischer Vertrauensmann des Ministeriums in den Provinzen mit dem Recht werden, dem Regierungspräsidenten allgemeine Richtlinien auch politischer Natur zu geben. Gerade in dieser Frage hatte das Staatsministerium einen teilweise abweichenden Standpunkt vertreten. Der Graf zu Rantzau-Rastorf erklärte aber in der Staatsratssitzung vom 18. Juni 1924: »Den Rechten, die die Verfassung dem Staatsrat gegeben hat, entsprechen Pflichten. Es ist meiner Ansicht nach unsere Pflicht, mit aller Schärfe und ohne jeden Vorbehalt es zu tadeln, wenn das Staatsministerium in der Einbringung seiner Gesetzesvorlagen unserer Überzeugung nach verkehrt handelt [23].«

Preußen ist in den Jahren von Weimar die deutsche Musterrepublik gewesen; republikanisches Selbstbewußtsein hatte am Ende der 14 Jahre Republik eine Heimstätte nur noch im Freistaat Preußen, dessen besonderer Stolz immer noch sein Beamtenapparat, die vorbildliche kommunale Selbstverwaltung und der Aufbau einer starken Schutzpolizei waren. Hier war nämlich die ganze Zeit hindurch die Stabilität einer Weimarer Koalitionsregierung gewahrt geblieben – mit zwei kurzen Unterbrechungen zwölf Jahre lang unter Otto Braun und Carl Severing. Erst mit den Landtagswahlen vom 24. April 1932 war die Koalition eine Minderheitsregierung geworden, die am 20. Juli 1932 durch einen Staatsstreich des damaligen Reichskanzlers Franz von Papen, der sich zum Reichskommissar für Preußen ernennen ließ, am weiteren Amtieren gehindert worden ist. Zwar führte die Preußenregierung – sogar mit Erfolg – Klage vor dem Reichsgerichtshof, aber auf juristische Argumente kam es bereits nicht mehr an, weil rechtsstaatliches Denken allein ohne Einsatz von echten Machtmitteln zu diesem Zeitpunkt nicht mehr ausreichte. Nicht durch Hitler, nicht durch die Alliierten, sondern durch die rechtswidrige Aktion des konservativen Reichskabinetts (Papen-Gayl-Schleicher) ist die historische Existenz des Staates Preußen beendet worden.

An diesem 20. Juli 1932 war die »Mission des neuen Preußens, die Demokratie in Deutschland zu sichern und zu vertiefen [24]«, an ihr Ende gekommen, wie dies Otto Braun in seiner letzten Unterhaltung mit dem General von Schleicher festgestellt hat. Darum ist der 20. Juli 1932 mit größerem Recht als jedes andere Datum als der Tag zu nennen, an dem Preußen de facto zu bestehen aufgehört hat. An diesem Tage endete die Nachgeschichte Preußens und wenige Jahre später das Deutsche Reich. Aber auch das »rote Arbeiterpreußen« Otto Brauns, das sich freilich nur in Ansätzen hatte entfalten können, war noch ein Glied, das bisher letzte Glied, in der Geschichte des Preußischen Staates.

Die Maßnahmen, die nach dem Machtantritt Adolf Hitlers noch proklamiert worden sind, haben lediglich einem bereits eingetretenen Tatbestand die gesetzliche Legalisierung gegeben. Die Nationalsozialisten haben das von ihnen eroberte Deutsche Reich in »Reichsgaue« eingeteilt, die reine Verwaltungskörperschaften unter Reichsstatthaltern waren. Das Gesetz über den Neuaufbau des Reiches, das eine Reichsreform vortäuschte, vom 30. Januar 1934 und das Reichsstatthaltergesetz vom 30. Januar 1935 haben durch Gleichschaltung die Eigenstaatlichkeit der Länder beseitigt, deren Hoheitsrechte – nach Aufhebung der Volksvertretungen – auf das in einen Einheitsstaat umgewandelte Reich übergingen. Dies war das de jure Ende des Staates Preußen, das bisher noch ausgestanden hatte, wenn auch noch Reste des preußischen Behördenapparats wie das preußische Finanzministerium oder die Archivverwaltung gespenstischerweise sogar bis zum Ende des Dritten Reiches weiterexistiert haben.

Nach dem Ende des von Deutschland verlorenen Zweiten Weltkriegs haben die siegreichen Alliierten durch einen skurrilen Beschluß ihres Kontrollrates vom 25. Februar 1947 Preußen nochmals aufgelöst und gesetzlich verboten. Die offizielle Begründung des Auflösungsbeschlusses, daß der Staat Preußen »seit jeher der Träger des Militarismus und der Reaktion in Deutschland« gewesen sei, verriet nur die ganze Ahnungslosigkeit beziehungsweise auch Böswilligkeit einer Welt, die den wirklichen Staat Preußen nicht mehr gekannt, nicht mehr verstanden hat oder nicht mehr verstehen wollte.

Das historische Preußen, dem diese Darstellung gegolten hat, ist ein Staat gewesen, der von oben her gegründet worden war durch das Staatsdienertum seiner großen Könige und ihres Adels, durch die Armee und die Verwaltung seines Beamtentums. Sie haben mit der dynastischen Einheit die Grundlagen einer Staatsnation gelegt, die von Natur aus nicht vorhanden gewesen waren, aber sogar den Bestand der Monarchie überdauert haben, weshalb wir von einer »Nachgeschichte« Preußens sprechen konnten. Einzigartig war die Prägung eines besonderen geistigen Menschentypus, was in Deutschland immer ein seltenes Ereignis war. Hier liegt die eigentliche Faszination des Preußentums, die Unzulänglichkeit und Versagen, Irrtum und Schuld, von denen auch die Geschichte Preußens durchzogen ist, überdauern wird. Neben dem Dienstbegriff als einem überpersönlichen Ordnungsprinzip war einzigartig auch die Verbindung konservativer und liberaler Überzeugungen in diesem Rechtsstaat, der seit 1848 eine konstitutionelle Monarchie gewesen war. Die staatliche Führungsschicht hatte der landbesitzende Adel gestellt, dessen Söhne höhere Verwaltungsbeamte und Offiziere des Heeres geworden sind, die durch den Eid in einem gegenseitigen Treueverhältnis an ihren König geknüpft waren. »Das Preußentum hat zu allen Zeiten ein fast unheimliches Janusgesicht besessen. Es ist zugleich nach vorwärts und nach rückwärts gewandt. Es ist verbissen reaktionär und fast bodenlos modern. Es ist pietistisch und aufgeklärt, patriarchalisch und industriell, legitimistisch und revolutionär. Man kann es mit dem selben Recht zur Vormacht der Tradition und zum Pionier des kühnsten Unternehmungsgeistes erklären [25].«

Daß der Staat Preußen untergegangen ist, hat aber auch klar erkennbare Ursachen. In seiner überkommenen aristokratischen Form paßte er offensichtlich in das Zeitalter der Massenbewegungen und der Demokratien nicht mehr hinein. Was schon Radowitz nach 1848 erkannt hatte, daß die christliche Weihe der Kronen im Bewußtsein der modernen Massen erloschen sei, war an den Tag gekommen [26]. Der Glaube an das »Königtum von Gottes Gnaden«, der die eigentliche Stütze des alten Rechtes und der alten Freiheit gewesen ist, war durch Ersatzinstitute nicht auszufüllen. Zur Volkssouveränität und demokratischen Mehrheitswahlprinzipien lassen sich nur schwer noch Brücken schlagen. Infolgedessen weht der Zeit=

geist seither aus einer anderen Richtung. Die Anbetung des Zivilisationskomforts und der wirtschaftlichen Sicherheit ohne die freiwillige Übernahme staatsbürgerlicher Pflichten stehen im Gegensatz zum Geist des Preußentums.

Heute, da der Preußische Staat von der Landkarte Europas verschwunden ist, vermögen wir erst die klassischen Tugenden dieses Staates gerecht zu würdigen: saubere Verwaltung, unbestechliches Beamtentum, korruptionsarme Wirtschaft, gerechte Justiz, relativ geringe Kriminalität und betonte Sparsamkeit. Weil dieser Militär- und Beamtenstaat vorzügliche Leistungen aufzuweisen hatte, ist aber häufig auch die Neigung seiner Bürger zur frag- und kritiklosen Unterordnung gefördert worden. Auch Gutes kann sich unheilvoll auswirken. Säbelrasselnde Militaristen sind gewiß auch in diesem Lande zeitweise vorgekommen, aber Preußen, das von allen modernen Staaten mit die wenigsten Kriege geführt hat, für die zentrale Brutstätte des Militarismus zu halten, ist eine geschichtsferne Legende. An allen zwischen 1701 und 1933 geführten Kriegen ist, wie man ausgerechnet hat, Frankreich mit 28 %, England mit 23 %, Rußland mit 21 % und Preußen-Deutschland mit 8 % beteiligt gewesen. Kein preußischer König kann auch nur von fern mit Ludwig XIV. oder Napoleon I. verglichen werden, manche wie Friedrich Wilhelm IV. waren eher zu skrupelhaft. Nicht zufällig höhnte z. B. die Londoner Times von 1860 und gab damit die »öffentliche Meinung« des damaligen Europa über Preußen wieder, daß dieses Land sich lieber auf Konferenzen vertreten lasse, als daß es sich danach dränge, auf den Schlachtfeldern Europas zu erscheinen [27]. Dessenungeachtet bedurfte aber auch und gerade dieses Land, ohne natürliche Grenzen im Herzen Europas, eines starken Heeres, aber auf den preußischen Kanonen stand die Inschrift: »Ultima ratio regis«, was heißen sollte: Der Waffengang ist der letzte Ausweg.

Selbstloser Dienst, Gelten durch Leistung, Bescheidenheit und Kargheit –, das alles wurde in Preußen großgeschrieben, Maßlosigkeit der Ansprüche und protziges Auftreten wurden instinktiv verabscheut. Heute wissen die meisten Deutschen nicht mehr, was ihnen wirklich zusteht. Aber bis 1933 hatten diese Wertmaßstäbe Geltung und bestimmten die innere Haltung vieler Menschen.

Preußen heute stellt in erster Linie ein Übersetzungsproblem dar. »Preußen war der einzige deutsche Staat, der mehr als ein Staat war, mit dem sich eine Idee verknüpft hat, durch die Menschen gebunden wurden und vielleicht noch heute gebunden werden können. Überwindung der Massengesellschaft kann konkret nur heißen, daß Menschen auf ein Überindividuelles bezogen werden, durch das ihr Leben wieder Sinn erhält, daß die Menschen über sich hinausgehoben werden und daß die Herzen für eine Idee wieder höherschlagen können. Die preußische Idee hat nichts Rauschhaftes in sich, denn über dem Preußentum lacht nicht die Sonne des Südens, sondern es ist stets in die rauhe Luft der Pflichterfüllung eingetaucht gewesen. Über den preußischen Menschen steht der dauernde Zwang zur Leistung als harte sittliche Bewährungsprobe. Staatsdienst in Preußen war immer auch ein Stück Selbstverleugnung, aber das gehörte zur ›Idee‹ und wurde als sittliche Leistung angesehen. Derlei ist heute vollkommen unzeitgemäß – aber gefordert. Gerade die Unzeitgemäßheit ist paradoxerweise die größte Chance für Preußens Wiederkehr. Vielleicht wird man dies in der Zukunft klarer erkennen können [28].«

In der Bundesrepublik von heute, die 1949 als »Vereinigtes Wirtschaftsgebiet« ins Leben getreten ist, scheint die Erinnerung an diesen Staat fast ausgelöscht zu sein; sie ist von der Vorgeschichte der in ihr vereinigten Territorien her ganz überwiegend westlich orientiert. Ob der Staat Preußen in einer veränderten Form noch einmal wiederkehren wird, wenn es zur Wiedervereinigung zwischen West- und Mitteldeutschland kommen sollte und die Stammlande Brandenburg und Pommern – neben Sachsen-Anhalt – wieder frei über sich selbst bestimmen können, kann zur Stunde kein Mensch voraussehen. Und das endgültige Schicksal der Lande jenseits von Oder und Neiße ist ebenfalls eine offene Zukunftsfrage. Seit dem Verlust des Zweiten Weltkrieges, der zur Aufteilung Deutschlands führte, sind die Territorien des ehemaligen Staates Preußen viergeteilt: zwischen Rußland, Polen, sowjetisch besetzter Zone Deutschlands und der Bundesrepublik Deutschland. Mithin ist Preußen in einer ähnlichen Lage wie Polen zwischen 1795 und 1918. Polen ist wiedererstanden, weil seine Staatsidee über ein Jahrhundert hin am Leben blieb. Es könnte sein, daß Europa an Preußen Ähnliches erleben wird, da sich eine historische Wirklichkeit nicht verbieten und nicht auflösen läßt. Das Fehlen Preußens bedeutet, daß heute der Osten und der Westen Deutschlands unverbunden sind und dieser Staat seine europäische Funktion nicht mehr erfüllen kann, die in der Klammer- und Brückenbildung zwischen Ost und West bestanden hat. Preußen ist heute stumm, eine anonyme Macht, aber eine Macht, die wächst und die vielleicht wirksamer ist als viele andere Kräfte im heutigen Tagesgeschehen. Daher ist Preußen heute eine Geheimlosung der Wissenden geworden. Sie wissen darum, daß sich ein Deutschland ohne Preußen nicht recht lohnt. Das ist schon Walther Rathenau klar gewesen, als er 1919 schrieb: »Zieht Preußen von Deutschland ab. Was bleibt? Der Rheinbund – – Eine klerikale Republik [29].«

Das Datum, an dem das alte Preußen zum letzten Male sichtbar wurde, ist der 20. Juli 1944 gewesen, als im Endstadium des von Adolf Hitler entfesselten Zweiten Weltkrieges, der dem Deutschen Reich die Existenz gekostet hat, der preußische Adel zusammen mit den Arbeiterführern des Landes sich in letzter Stunde zum Aufstand gegen den Tyrannen entschloß. Es war dies ein letzter Ausklang der sittlichen Idee dieses Staates. Die Männer der Widerstandsbewegung gegen den Nationalsozialismus – Offiziere, Beamte, Gewerkschaftsführer –, die des Glockenspielmotivs der Potsdamer Garnisonskirche halber aufstanden, sind die Blutzeugen des wirklichen Preußentums in unserer Generation geworden. Fast alle klangvollen Familiennamen Preußens finden sich im Register der im Zuge der Hitlerschen Rachejustiz am Galgen Aufgehängten: Yorck und Moltke, Witzleben und Schulenburg, Schwerin und Stülpnagel, Dohna und Lehndorff und zahlreiche andere hoher und niederer Abkunft. Der Dichter Reinhold Schneider hat für das Ereignis des 20. Juli 1944 ergreifende Worte gefunden: »Die großen Zeichen löschen aus. Die Namen Moltke und Yorck zogen, noch einmal glorreich, durch den Feuerschein Ragnaröks ins Dunkel hinab, künftigem Rittertum die Bahn weisend. Das war noch einmal Preußen, aber nun Dienst der Entwaffneten, Glaube, Bekenntnis, Gewissen, stummes Opfer: Preußen jenseits des Ruhms. Adel ist nur noch Sein, nicht mehr Eigenschaft; er ist innerer Stand, nicht mehr Recht. Die letzte Form der Sichtbarkeit ist das umschleierte Leiden des königlichen Menschens [30].« Auch der letzte Wortführer des »Hauptvereins der preußischen Konservativen«, der durch die Jahre Weimars und des Hitlerreiches als ein Schattengebilde fortbestanden hatte, Ewald v. Kleist-Schmenzin, fiel noch am 15. April 1945 einem Hitlerschen Mordkommando zum Opfer. Seine letzten Aufzeichnungen galten Ewigkeitsfragen, wozu der Mensch auf Erden leben soll. Nach dem 20. Juli 1944 sind ganze Geschlechter des preußischen Adels, die bekannte Träger des alten Staates waren, nahezu ausgerottet worden. Aber auch ihr aller Opfer ist wie so vieles in der Geschichte Preußens zu spät gekommen. Der Widerstand gegen den Nationalsozialismus, der 1933 ausgeblieben war, hat elf Jahre später ein Geschick, das schon verhängt war, nicht mehr abwenden können. Überhaupt: Schicksal und Schuld, Glanz und Versagen, helles Licht und dunkle Schatten liegen in der Geschichte dieses Staates näher beieinander als wohl sonst bei historischen Entwicklungen zu beobachten ist.

STELLENNACHWEIS

STELLENNACHWEIS

1. Der Ordensstaat in Preußen

1 Goldbulle von Rimini (1226): Regesta Imperii V, ed. Ficker-Winkelmann, Nr. 1598 abgedr. auch in Quellen zur Geschichte des Deutschen Ordens, ed. W. Hubatsch, Göttingen 1954, 46 ff.
2 Titel eines Buches von Walter Hubatsch, Heidelberg 1953.
3 Landschaft westlich des Weichselunterlaufs, nördlich der Netze, nach 1919 etwa das Gebiet des polnischen Korridors.
4 P. Tschackert: Urkundenbuch zur Reformationsgeschichte des Herzogtums Preußen II, Leipzig 1890 Nr. 292.
5 L. v. Ranke: Zwölf Bücher preußischer Geschichte, Zweites Buch, Kap. 4 (Akademieausgabe) Bd. I, München 1930, 213.
6 E. L. v. Gerlach: Fünf Reden über die Kirchengesetze, Berlin 1873, 16.

·2. Die Schicksale Brandenburgs bis 1640

1 A. Möller van den Bruck: Der preußische Stil, München 1953, 13 f.
2 Johannes Schultze: Die Mark Brandenburg II, Berlin 1961, 75.
3 Nicolaus Leutinger: De Marchiae Brandenb. statu, Wittenberg 1587; in der Ausgabe Frankfurt 1729, liber I, § 8. Neu abgedruckt von Karl Fr. Pauli: Allgemeine Preußische Staatsgeschichte II, Halle 1761, 412; A. Müller: Geschichte der Reformation in der Mark Brandenburg, Berlin 1839, 91 f.
4 Läster- oder Toleranzedikt Johann Sigismunds vom 26. II. 1614: Chr. O. Mylius: Corpus Constitutionum Marchicarum I, Berlin 1737, 354 ff.
5 Confessio Sigismundi resp. Marchica vom 24. Februar 1614 (Mylius I, 473 f.) sowie vom 10. Mai 1616: Des Durchl. Fürsten Herrn Johann Sigismunds Bekenntnis in jetzigen ... in Streit gezogenen Punkten (Nachdruck Cüstrin 1695). Ferner: Reskripte vom 5. und 6. Februar 1615, abgedruckt bei H. Th. Wangemann: Johann Sigismundt und Paulus Gerhardt, Berlin 1884, 80 f.
6 A. Waddington:, zitiert nach B. v. Brentano: Sophie Charlotte und Danckelmann, Wiesbaden 1949, 73.

3. Der Große Kurfürst

1 Ranke: a. a. O. Drittes Buch Kap. 4 (I, 365).
2 Die Formulierung stammt von Otto Hintze; vgl. aber auch H. Rachel: Der Große Kurfürst und die Ostpreußischen Stände, Leipzig 1905.
3 Fritz Hartung: Handbuch für den Geschichtslehrer, Bd. V, 1 (Neuzeit 1648–1789), Leipzig 1932, 48.
4 G. Küntzel – M. Hass: Die politischen Testamente des Hohenzollern I, Leipzig 1919, 41–69.
5 Die Werke Friedrich des Großen, ed. G. B. Volz, Bd. I, (Denkwürdigkeiten zur Geschichte des Hauses Brandenburg), Berlin 1912, 13.

4. Preußen wird Königreich

1 Johannes von Besser: Preußische Krönungs-Geschichte oder Verlauf der Ceremonien, mit welchen Friedrich III., Churfürst zu Brandenburg, die Königliche Würde des Königreiches Preußen angenommen usw., Kölln an der Spree 1702 (Neudruck Berlin 1901). Vgl. auch Paul Stettiner: Zur Geschichte des preußischen Krönungsrituals und der Königsberger Krönung, Königsberg 1900, 80 ff.
2 Heinrich Leo: Was ist conservativ?, Halle 1864, 16 f. (auch in »Nominalistische Gedankenspäne«, Halle 1864, 66).
3 Möller van den Bruck: a. a. O. 55.
4 Ranke a. a. O., Viertes Buch, Kap. 4. (I, 509).

5. Friedrich Wilhelm I. – Der Soldatenkönig

1 »Preußens größter innerer König« – Gustav Schmoller einen Ausspruch Th. v. Schöns aufgreifend.
2 Klaus Deppermann: Der Hallesche Pietismus und der preußische Staat unter Friedrich III., Göttingen 1961, 176.
3 C. Hinrichs: Preußen als historisches Problem, Berlin 1964, 35 f.
4 G. Oestreich: Calvinismus, Neustoizismus und Preußentum, Jahrbuch für Geschichte Ost- und Mitteldeutschlands V (1956); ders: Politischer Neustoizismus und niederländische Bewegung in Europa und besonders in Brandenburg-Preußen, Groningen 1965.
5 O. Hintze: Geist und Epochen der preußischen Geschichte (Ges. Abh. III), Leipzig 1943, 315.
6 C. Hinrichs: a. a. O., 60.
7 H. Haussherr: Verwaltungseinheit und Ressorttrennung vom Ende des 17. bis zum Beginn des 19. Jahrh., Berlin 1953, 21.
8 Brief an den Etatsrat von Creutz vom 17. Juni 1718, zitiert nach den Akten der Ostpr. Domänen-Generalia von G. E. Knapp: die Bauernbefreiung und der Ursprung der Landarbeiter in den älteren Teilen Preußens II., Leipzig 1887, 5.

9 Fritz Hartung: Staatsbildende Kräfte der Neuzeit, Berlin 1961, 139.
10 W. Hubatsch: Das Zeitalter des Absolutismus 1600–1789, Braunschweig 1962, 163.
11 Ranke: a. a. O. Sechstes Buch Kap. 2 (II, 206).
12 Äußerung des Königs aus dem Jahre 1714, als sich zwei Beamte weigern wollten, einer Versetzung nach Tilsit Folge zu leisten.
13 Küntzel – Hass: a. a. O., 115.
14 Brief an Leopold von Dessau vom 28. Juli 1721 (Erg. Bd. Acta Borussica 1905, 179).
15 Denkwürdigkeiten zur Geschichte des Hauses Brandenburg (Werke ed. Volz I, 217)
16 Jochen Klepper: In Tormentis pinxit, Berlin 1938, 124.
17 Zitiert nach K. Ihlenfeld: Preußischer Choral, Berlin 1935, 28.

6. Friedrich der Große 1740–1763

1 C. Hinrichs: a. a. O., 57.
2 Preußen müsse sich vergrößern: Considérations sur l'état present du Corps politique de l'Europe (1738) und öfters.
3 Friedrich der Große: Geschichte meiner Zeit – 1746 (Werke I, 76).
4 Edith Simon: Friedrich der Große, Das Werden eines Königs, Tübingen 1963, 210.
5 Audienz vom 23. I. 1741; vgl. M. Schlenke: England und das friederizianische Preußen, München 1963, 110.
6 Stefan Skalweit: Frankreich und Friedrich der Große, Der Aufstieg Preußens in der öffentlichen Meinung des Ançien Regime, Göttingen 1952, 28 f.
7 C. v. Clausewitz: Hinterlassene Werke über Krieg und Kriegführung X, Berlin 1837, 32.
8 Ludwig Hahn: Geschichte des preußischen Vaterlandes, Berlin 1857, 319.
9 Darstellung der Kriege Friedrichs des Großen (diktiert auf St. Helena, ediert Corresp. de Napoléon I, Bd. 32, Paris 1870); deutsche Ausgabe von H. E. Friedrich, Berlin 1942, 378.
10 Ranke: Ansicht des siebenjährigen Krieges, SW XXX, 316.
11 Clausewitz X, 68.
12 Ranke: SW XXX, 317.
13 Napoleon a. a. O., 469.

7. Friedrich der Große 1763–1786

1 Willy Andreas: Friedrich der Große, Der siebenjährige Krieg und der Hubertusburger Friede, HZ Bd. 158 (1938) 226.
2 J. D. E. Preuß: Friedrich der Große, Eine Lebensgeschichte mit Urkunden III, Berlin 1833, 504.

3 Wilhelm Dilthey: Ges. Schr. XII, 155.
4 Allg. Konserv. Monatsschr. 1894, 12; abgedr. bei H. J. Schoeps: Das andere Preußen, Berlin 1963, 69 f.
5 Dilthey: a. a. O., 188.
6 C. G. Svarez: Entwurf eines Allgemeinen Gesetzbuches für die preußischen Staaten (1784) Einl. § 6; ebenso in den »Kronprinzenvorträgen«; vgl. auch A. Stölzel: C. G. Suarez, Berlin 1885, 308.
7 Dilthey: a. a. O., 202 nach Svarez: Vorträge über Recht und Staat von 1791 (Editio H. Conrad – G. Kleinheyer, Köln 1960, 236).
8 Ranke: SW Bd. LII, 355.
9 H. Conrad: Rechtsstaatliche Bestrebungen im Absolutismus Preußens und Österreichs am Ende des 18. Jahrhunderts, Köln 1961, 14 (AG für Forschung des Landes NRW, Heft 95).
10 Der Satz ist in verschiedenen Fassungen überliefert, auch durch G. H. Berenhorst: Nachlaß, ed. E. v. Bülow, Dessau 1845, 66 f. Vgl. E. Zeller: Friedrich der Große als Philosoph, Berlin 1886, 69 u. Anm. 200.
11 Exposé du Gouvernement Prussienne (1775) – Oeuvres, ed. J. D. E. Preuß, IX, 191.
12 Oeuvres XXIII, 89 (1760 zu Voltaire gesagt).
13 E. Simon: a. a. O., 271.
14 F. Hartung: Politische Testamente der Hohenzollern in »Volk und Staat in der deutschen Geschichte«, Leipzig 1940, 139.
15 Marginal des Königs um 1748 zur Instruktion für das Generaldirektorium, Acta Borussica, Behördenorganisation VII (Berlin 1904), 563.
16 Marion Gräfin Dönhoff: Namen die keiner mehr nennt, Düsseldorf 1962, 166 f.
17 Ranke: SW LII, 224.
18 H. v. Treitschke: Deutsche Geschichte im 19. Jahrhundert I, Leipzig 1928, 65.
19 Mirabeau: De la Monarchie Prussienne sous Frédéric le Grand, Bd. I., London 1788, 238.
20 Aus dem Nachlaß, ed. E. v. Bülow I, Dessau 1845, 187. Daß Mirabeau schon einen ähnlichen Satz gesagt hat, wie mehrere Militärschriftsteller ohne nähere Quellenangabe behaupten, konnte ich nicht nachweisen.
21 Ernst Brandes: Über den Einfluß und die Wirkungen des Zeitgeistes II, Hannover 1810, 35 f.
22 Brief Wilhelm von Humboldts an Nicolovius vom 10. VI. 1811, Ges. Schriften XVII, Berlin 1936, 136.
23 Karl Friedrich Koeppen: Friedrich der Große und seine Widersacher, Leipzig 1840.
24 Gerhard Ritter: Europa und die deutsche Frage, München 1948, 29.

8. Vom Tode Friedrich des Großen bis zum Frieden von Tilsit

1 Ranke: SW XXXI/XXXII, 198 f.
2 Goethe: Brief an seine Schwester Cornelia vom 18. X. 1766.
3 Ranke: SW XLVII, 19 zitiert nach den Lebenserinnerungen F. A. L. v. d. Marwitz, Berlin 1852, 99.
4 Brief Otto von Bismarcks an Leopold Gerlach vom 30. V. 1857 (Ges. Werke Friedrichsruher Ausgabe XIV, 473).
5 Vgl. Fr. Meusel: F. A. L. v. d. Marwitz Bd. I, Berlin 1908, 259 – Talleyrand: Mémoires I., Paris 1891, 316 nannte sie »Reine d'un autre temps«.
6 Hans Christoph von Gagern: Mein Antheil an der Politik I., Stuttgart 1823, 175.

9. Die Reformzeit

1 Brief an ihren Vater vom April 1808 (Königin Luise, Ein Leben in Briefen, ed. K. Griewank, Leipzig 1943, 338.
2 E. R. Huber: Deutsche Verfassungsgeschichte seit 1789 Bd. I, Stuttgart 1957, 97.
3 Zitiert nach E. Botzenhart: Freiherr vom Stein, Münster 1952, 21.
4 Nassauische Denkschrift von 1807: Stein Gesamtausgabe II, 1 Stuttgart 1959, 380 ff.
5 Brief an Hardenberg 8. XII. 1807: ebenda II, 2 Stuttgart 1960, 561.
6 Publ. aus den Preußischen Staatsarchiven XXX (Leipzig 1887), 210.
7 Marwitz I, ed. Fr. Meusel, Berlin 1908, 492 f.
8 Stein Gesamtausgabe II, 2, 910.
9 Sammlung der für die Kgl. Preuß. Staaten erschienenen Gesetze und Verordnungen 1806–10 (Berlin 1822), Nr. 57.
10 Gesetzes-Sammlung für das Königreich Preußen 1810, Nr. 2.
11 Hans Haussherr: Hardenberg, Eine politische Biographie, Bd. III, Köln 1965, 231 f.
12 Gesetzessammlung 1812, Nr. 80.
13 E. R. Huber: Dokumente zur deutschen Verfassungsgeschichte I, Stuttgart 1961, 53 f. – Verordnungen über Landwehr und Landsturm ebd. 50 ff.
14 Verordnung wegen Militärstrafen: Publ. aus den preußischen Staatsarchiven Bd. 94 (Leipzig 1938), Nr. 222 (Immediatbericht der Militär-Reorganisations-Commission vom 30. Juli 1808).
15 Ebenda Nr. 196.
16 Ebenda Nr. 177.
17 Geh. Preuß. Staatsarchiv, Rep. 92 (Kabinettsrat Albrecht) Nr. 75 – Brief von 1811.
18 Scharnhorst – Schicksal und geistige Welt, Wiesbaden 1952, 171.

19 Karl Dietrich Erdmann im Handbuch Rassow (Deutsche Geschichte im Überblick), Stuttgart 1953, 381.
20 Friedrich Julius Stahl: Siebzehn parlamentarische Reden, Berlin 1862, 251 f.

10. Die Befreiungskriege

1 J. G. Droysen: Das Leben des Feldmarschalls Grafen Yorck von Wartenburg Bd. I, Berlin 1851, 491.
2 Th. v. Schön: Aus den Papieren des Ministers ... von Schön I, Halle 1875, 172.
3 Aufruf an mein Volk: zuerst in Schlesische Zeitung vom 20. III. 1813, als Einblattdruck verbreitet, vgl. Urkunden der deutschen Erhebung, ed. Fr. Schulze, Berlin 1913.
4 Denkschrift der Militärreorganisations-Kommission vom 31. VIII. 1807, von Scharnhorst dem König überreicht.
5 Stiftung des Eisernen Kreuzes: ebd.
6 Caroline von Rochow: Vom Leben am preußischen Hofe 1815–1852, Berlin 1908, 51.
7 Vgl. H. J. Schoeps: Aus den Jahren preußischer Not und Erneuerung – Tagebücher der Gebrüder Gerlach und ihres Kreises 1805–1820, Berlin 1963, 410.
8 Schreiben vom 21. Sept. 1815, zitiert nach K. Griewank: Der Wiener Kongreß und die europäische Restauration, Leipzig 1954[2], 234.
9 H. v. Srbik: Deutsche Einheit I, München 1940, 203.

11. Die Entscheidungen des Jahres 1815

1 J. L. Klüber: Akten des Wiener Kongresses II, Erlangen 1815, 598 ff., Huber: Dokumente I, 75 ff.
2 W. Altmann: Ausgewählte Urkunden zur brandenburgisch-preußischen Verfassungs- und Verwaltungsgeschichte II, Berlin 1897, 88 f., Huber: Dokumente I, 56 f.
3 Metternich über Stein: »Die Lesung des Wirkens von Stein 1811–1814 (G. Pertz: Steins Leben) bringt mich zum Geständnis, daß ich wohl wußte, daß ich mit Phantasten der ärgsten Art zu tun hatte, aber an die Möglichkeit eines Phantasten im Ausmaß Steins nicht glaubte« (Brief aus Brüssel vom 6. V. 1851 an Graf Franz Hartig in Metternich-Hartig, ein Briefwechsel des Staatskanzlers aus dem Exil, ed. F. Hartig, Wien 1923, 118). Sehr interessant ist auch ein Brief Metternichs an Gagern vom 15. III. 1833 mit der Behauptung, daß Stein ihn gehaßt habe (GStA Berlin Rep. 192, VII, K 5).
4 Denkschrift Metternichs vom 10. XI. 1855: HZ 58 (1887), 382 f.
5 Wilhelm von Humboldt: Denkschriften, Ges. Schr. XII, 77.

6 Stiftungsurkunde der Hl. Allianz: abgedr. z. B. bei H. Hermelink: Das Christentum in der Menschheitsgeschichte Bd. I, Tübingen 1953, 307 f.

7 Ranke an Edwin von Manteuffel: Brief vom 12. VII. 1852 in Hoeft-Herzfeld: Leopold von Ranke – Neue Briefe, Hamburg 1949, 345.

12. Preußens Entwicklung 1815–1840

1 Finck von Finckenstein bei Reinhard Koselleck: Staat und Gesellschaft im deutschen Vormärz, ed. W. Conze, Stuttgart 1962, 97.

2 Denkschrift David Hansemann vom 30. XII. 1830: Joseph Hansen: Rheinische Briefe und Akten zur Geschichte der politischen Bewegung 1830–1850 Bd. I, Essen 1919, 76.

3 Stein Gesamtausgabe II, 1, 206–214.

4 Verfassungsversprechen v. 22 V. 1815 – Verordnung über die zu bildende Repräsentation des Volkes (Huber: Dokumente I, 56 f.)

5 Publ. aus den Pr. Staatsarchiven Bd. 93, Leipzig 1931, 304–363; der angezogene Satz S. 306.

6 Metternich über bourbonische Restauration: Nachgelassene Papiere III, Wien 1882, 529.

7 Brief vom 16. XI. 1818 in »Benzenberg, der Rheinländer und Preuße 1815–23, Politische Briefe aus den Anfängen der preußischen Verfassungsfrage«, ed. J. Heyderhoff, Bonn 1928, 106.

8 Paul Haacke: Der preußische Verfassungskampf vor 100 Jahren, Berlin 1921, 77.

9 Nachlaß Wittgenstein im GStA Berlin Rep. 192, VI, 1–2.

10 Vgl. Fr. Meusel: F. A. L. v. d. Marwitz, Bd. II, 2, Berlin 1913, 289.

11 Schnabel II, 289.

12 Vgl. W. Gembruch: Frhr. vom Stein im Zeitalter der Restauration, Wiesbaden 1960, 244 ff.

13 Huber: Dokumente, 62 ff.

14 E. R. Huber Verfassungsgeschichte I, 159.

15 Vgl. Kosellek a. a. O., 111.

16 Der Satz stellt vermutlich eine Variation von Alexander Pope: Essay on man (1733), Ep. 3, V 303/04 dar: »For forms of government let folls contest; Whate'er is best administer'd is best.«

17 Es handelt sich um den Paragraphen 44, zitiert nach Hartung: Studien zur Geschichte der preußischen Verwaltung Bd. II, Berlin 1943, 17.

18 Vgl. Henning von Bonin: Der Adel in der höheren Beamtenschaft der preußischen Monarchie, 1794–1806, Ein Beitrag zur Sozialstruktur des Preußischen Staates vor den Reformen, Diss. Göttingen 1961.

18a) Vgl. H. J. Schoeps: Ein Gutachten des Kultusministers von Altenstein, Zeitschrift für Paedagogik 1966, H. 3.

19 H. Oncken: Vorgeschichte und Begründung des Deutschen Zollvereins 1815–1934 Bd. I, Berlin 1934, Einf. XX.

19a) Der alte Bankier Abraham Schaaffhausen laut Justus Hashagen: Das Rheinland und die preußische Herrschaft, Essen 1924, 28.

20 R. Kosellek: a. a. O., 102.

21 Preußischer Fahneneid: Wortlaut bei K. von Helldorf: Dienstvorschriften der Königlich Preußischen Armee Bd. II, 2, Berlin 1884[4].

22 Franz Schnabel: Deutsche Geschichte etc. Bd. II, 371.

23 Urkundenbuch der evangelischen Union, ed. C. J. Nitzsch, Berlin 1853, 125 ff.

24 Art. Union (evangelische) in Hermann Wageners Staats- und Gesellschaftslexikon XXI, Berlin 1866, 40.

25 »Die erneuerte Agende ...«: GrPrGesch 35 (1925) 238 f.

26 C. Mirbt: Quellen zur Geschichte des Papsttums und des römischen Katholizismus, Tübingen 1934[5], 441.

27 Vgl. H. J. Schoeps: Studien zur unbekannten Religions- und Geistesgeschichte, Göttingen 1963, 243 ff.

28 Leopold von Gerlach: Brief an C. E. W. v. Canitz vom 25. II. 1837 – GStH Rep. 90 (v. Canitz) Nr. 11.

29 Ancillon am 23. IV. 1832 an Wittgenstein Rep. 192 VII, B. 1. .

30 Vgl. demnächst meine Edition von Briefen Metternichs an Wittgenstein in der Historischen Zeitschrift.

31 Vgl. M. Laubert: Die preußische Polenpolitik 1772–1914, Krakau 1944[3], 63 f; R. Craemer: Deutschtum im Völkerraum, Stuttgart 1938, 148 ff.

32 GStA Berlin III. Hauptabt. (Generalia) AAa Nr. 3; wurde 1840 von neuen König publiziert.

13. Friedrich Wilhelm IV. bis 1848

1 Vgl. die von mir im Jahrbuch der Stiftung Preußischer Kulturbesitz Bd. III, Berlin 1966 veröffentlichte Denkschrift von Gerlach aus dem Januar 1839.

2 Denkschriften des Frhr. C. E. W. von Canitz-Dallwitz aus dem Nachlaß Bd. II, Berlin 1888, 53.

3 GStA Berlin Rep. 90 C.

4 Zitiert nach Treitschke: Deutsche Geschichte Bd. V, Leipzig 1895, 52

5 So in der halbsozialistischen New York Daily Tribune Sept. 1851, abgedr. in Karl Marx (resp. Fr. Engels): Revolution und Contrerevolution in Deutschland, ed. K. Kautsky, Berlin 1895, 17. – Friedrich Wilhelm IV. wird von Karl Marx immer nur mit Schimpfworten bedacht, wie der »Impotente«, der »Dicke«, der »Rülps« etc.

6 Erich Eyck: Bismarck, Leben und Werk Bd. I, Zürich 1941, 60.

7 Berichtet von H. von Petersdorff: König Friedrich Wilhelm IV., Berlin 1900, 2.

8 Leopold von Gerlach: Denkwürdigkeiten Bd. I, Berlin 1893, 514.

9 KO. vom 13. Juni 1853, abgedr. bei Ludwig Richter: König Friedrich Wilhelm IV. und die Verfassung der evangelischen Kirche, Berlin 1861, 3.

10 Aus dem Briefwechsel Friedrich Wilhelm IV. mit Bunsen, Ranke SW 49/50, 382 ff.
11 Äußerung des Königs zu Fliedner, vgl. M. Gerhardt: Theodor Fliedner II, Leipzig 1937, 251 f.
12 Kurt Schmidt-Clausen: Vorweggenommene Einheit, Die Gründung des Bistums Jerusalem im Jahre 1841, Berlin 1965, 381.
13 Ranke SW 49/50, 575.
14 Reden und Trinksprüche König Friedrich Wilhelm IV., Leipzig 1855, 46.
15 Alexander Scharff: in Rassows Handbuch 436.
16 GW XV, 287; vgl. aber auch GW X, 356: »Ein widersinnigeres, elenderes Wahlrecht ist nicht in irgendeinem Staate ausgedacht worden« (Rede vom 28. III. 1867 im Norddeutschen Reichstag). Der Erfinder des Dreiklassenwahlsystems war vermutlich der Finanzminister von Alvensleben-Erxleben.
17 Preußische Verfassung vom 31. I. 1850: abgedruckt bei Huber: Dokumente I, 401–418.
18 Ebd. 418 ff.
19 E. R. Huber: Deutsche Verfassungsgeschichte der Neuzeit Bd. III, Stuttgart 1963, 53.

14. Das »Reaktionsjahrzehnt«

1 Donoso Cortés: Briefe, Reden und diplomatische Berichte ed. A, Maier, Köln 1950, 236.
2 Ranke SW IL/L, 494 f. (Aus dem Briefwechsel Friedrich Wilhelm IV. mit Bunsen), ebd. 519 auch das Wort vom »Hundehalsband« (Brief vom Ostersonntag 1849).
3 Eduard von Simson: Erinnerungen aus seinem Leben, ed. B. von Simson, Leipzig 1900, 189. – Uhlands Rede bei Fr. Wigard: Stenogr. Berichte über die Verhandlungen der Nationalversammlung zu Frankfurt a. M. VII, 204 f.
4 L. v. Pastor: Leben des Frhr. Max von Gagern, Kempten 1912, 232.
5 K. Haenchen: Revolutionsbriefe 1848, Berlin 1930, 23 f.
6 E. L. v. Gerlach: Kreuzzeitungs-Rundschau Dezember 1849.
7 Hermann Baumgarten: Der deutsche Liberalismus – Eine Selbstkritik, Preußische Jahrbücher Bd. 18 (1866), 578; aufgenommen in den Band Historische und Politische Aufsätze und Reden, ed. E. Marcks, Straßburg 1894, 109.
8 New York Daily Tribune vom 12. April 1853 (»Der wirkliche Streitpunkt in der Türkei«); vgl. zu dem Artikel auch das Buch: Marx contra Rußland, ed. J. A. Doerig Stuttgart 1960, 20.
9 Theodor Schiemann: Geschichte Rußlands unter Kaiser Nikolaus I., Bd. IV, Berlin 1919, 418.
10 Vgl. die Belege bei H. J. Schoeps: Das andere Preußen, Berlin 1963[3], 149 f; ferner H. Gollwitzer: Der Caesarismus Napoleon III.

im Widerhall der öffentlichen Meinung Deutschlands, HZ 173 (1952), 23–75.

11 Manteuffel in der 160. Sitzung der Zweiten Kammer, Sten. Ber. 1849/50, S. 2644.

12 23. Sitzung vom Februar 1856 (Sten. Ber. S. 351.)

13 E. R. Huber: Dokumente zur deutschen Verfassungsgeschichte Bd. I, Stuttgart 1961, 70 f.

14 Fritz Hartung: Verantwortliche Regierungen, Kabinette und Nebenregierungen im konstitutionellen Preußen 1848–1918, jetzt in: Volk und Staat in der deutschen Geschichte, Leipzig 1940, 230–338.

15 Ludwig von Gerlach: Kreuzzeitungs-Rundschau Juli 1851.

16 Vgl. H. J. Schoeps: Das andere Preußen, 246–276.

17 K. Enax: Otto von Manteuffel und die Reaktion in Preußen, Diss. Leipzig 1907, 44.

18 A. von Mutius: Graf Albert Pourtalès, Ein preußisch-deutscher Staatsmann, Berlin 1933, 38.

19 17 parlamentarische Reden a. a. O., 201 f.

20 Reichstagsrede vom 19. Februar 1878, GW XI, 531.

21 Lagebericht vom 26. April 1856: GW II, 138–145.

22 Ebenda II, 222.

23 Leopold von Gerlach: Denkwürdigkeiten II, 400.

24 Konstantin Frantz: Untersuchungen über das europäische Gleichgewicht, Berlin 1859, 37.

25 Ranke am 29. XI. 1857 an seinen Bruder Heinrich in »Neue Briefe«, Hamburg 1949, 390 f.

26 Bismarck über Leopold von Gerlach: Gedanken und Erinnerungen I, 47 (= GW XV, 37).

27 Ranke über Friedrich Wilhelm IV. in ADB VII., München 1877, 729 ff. (= SW LI/LII, 405 ff.)

15. König Wilhelm I. und die Bismarcksche Reichsgründung

1 Nationalzeitung Berlin, 25. XI. 1858 (Abendausgabe).

2 Heinrich Leo: Brief vom 5. III. 1860: Allg. Konserv. Monatsschr. 1894, II, 22.

3 R. v. Keudell: Fürst und Fürstin Bismarck, Erinnerungen aus den Jahren 1846 bis 1872, Berlin 1902, 110.

4 Bismarck GW XV, 177 f.

5 Bismarck GW III, 140.

6 Huber: Dokumente II, 117 f.

7 H. v. Srbik: Deutsche Einheit Bd. IV, München 1942, 40.

8 A. La Marmora: Ein wenig Licht über 1866, Mainz 1874, 30 f.

9 Bismarck GW VII, 83.

10 Rede zum Jahresfest des Preußischen Volksvereins der Grafschaft Ravensberg am 18. IX. 1864 (Sonderdruck des Gerlacharchivs Erlangen, S. 14).

11 Grillparzer: Sämtl. Werke, ed. P. Frank – K. Pörnbacher Bd. I, München 1960, 586.
12 Ludwig von Gerlach hat sich diese Äußerung Bismarcks gemerkt, der sie später noch mehrfach verwandt hat; vgl. Parlamentsrede vom 5. XII. 1876 (GW XI, 476).
13 Br. v. 15. II. 1854 – GW I, 427.
14 Bismarck GW XIV, 334.
15 Jacob Burckhardt: Weltgeschichtliche Betrachtungen, Ges. Werke, ed. Oeri-Dürr VII, Stuttgart 1929, 155; vgl. auch seinen Brief an Friedrich von Preen vom 26. IV. 1872.
16 Ranke: Brief an Edwin von Manteuffel vom 12. VII. 1852 – Hoeft-Herzfeld, 345.
17 Edmund Jörg: in Historisch-Politische Blätter Bd. 60 (1867), 982.
18 Bismarck GW VIII, 106.
19 Ludwig von Gerlach: Brief an Heinrich Leo vom 8. XII. 1867, abgedr. Schoeps, Das andere Preußen, 38.
20 Hermann Wagener: Berliner Revue 46 (1886), 12.
21 GW XV, 273.
22 Bismarck GW VI c, 369, 371.
23 Kaiser Friedrich III.: Kriegstagebuch 1870/71, ed. H. O. Meisner, Leipzig 1926, 305.
24 Ebenda 337.
25 »Kaiserbrief«: abgedr. bei E. R. Huber: Dokumente II, Stuttgart 1964, 278.
25 Huber: Verfassungsgeschichte III, 741.
26 Großherzog Friedrich I. von Baden und die deutsche Politik 1854–1871, ed. H. Oncken, Bd. II, Stuttgart 1927, 326.
27 Huber: Dokumente II, 285.
28 Theodor Schieder: Das deutsche Kaiserreich von 1871 als Nationalstaat, Köln 1961, 23.
29 Bismarcks Herrenhausrede vom 6. III. 1872 (= GW XI, 257).
30 So G. A. Rein: Die Revolution in der Politik Bismarcks, Göttingen 1957, 263.
31 Zitiert nach Walter Frank: Hofprediger Adolf Stoecker und die christlich-soziale Bewegung, Hamburg 1935 [2], 27 f.
32 Brief von Heinrich von Sybel an Hermann Baumgarten vom 27. 1. 1871, abgedruckt Heyderhoff-Wentzcke: Deutscher Liberalismus im Zeitalter Bismarcks, ein politischer Briefwechsel I, Bonn 1925, 494.

16. Nachgeschichte Preußens 1871 bis zur Gegenwart

1 K. E. Born: in Gebhardt, Handbuch der deutschen Geschichte III, Stuttgart 1963, 211.
2 Bernh. Rogge: Die evangelischen Geistlichen im Feldzug von 1866, Berlin 1867, 56.
3 Rede vom 16. V. 1873 (GW XI, 326).

4 Bismarck: Gedanken und Erinnerungen, Bd. II, Kap. 28 (Mutmaßung des russischen Gesandten auf dem Berliner Kongreß 1878).

5 H. Bornkamm: Die Staatsidee im Kulturkampf, HZ 170, 301 (Buchausgabe München 1950, 65).

6 Nach 1866 häufig erhobene Forderung französischer Revanchepolitiker, die zum Schlagwort wurde. – Sadowa ist ein Dorf an der Bistritz, nahe dem Schlachtfeld von Königgrätz.

7 F. Hartung: Staatsbildende Kräfte etc., 322.

8 E. L. von Gerlach: Kaiser und Papst, Berlin 1872, 39. – Ähnliches in Gerlachs Reichstagsrede vom 7. III. 1876.

9 Fr. Schinkel: im Vorwort zu seiner Marwitz-Auswahl »Preußischer Adel«, Breslau 1932.

10 Hans Goldschmidt: Das Reich und Preußen im Kampf um die Führung, Berlin 1931, 139.

11 Lucius von Ballhausen: Bismarck – Erinnerungen, Berlin 1921, 116. Vgl. auch Bismarcks Reden gegen ein »Großpreußen« im Abgeordnetenhaus vom 26. IV. 1876 und im Reichstag vom 22. XI. 1876.

12 Vgl. H. J. Schoeps, Das andere Preußen, 262 f.

13 Chlodwig von Hohenlohe-Schillingfürst: Denkwürdigkeiten der Reichskanzlerzeit, Stuttgart, 1931, 474.

14 Friedrich Naumann: Das blaue Buch von Vaterland und Freiheit, Leipzig 1913, 99.

15 Gustav Stresemann: Reichstagsrede vom 29. III. 1917, Reden und Schriften Bd. I, Dresden 1926, 174 ff.

16 R. Dietrich: in Preußen, Epochen und Probleme seiner Geschichte, Berlin 1964, 339 f.

17 Hamburger Nachrichten vom 9. III. 1898, zitiert nach Hermann Hofmann: Fürst Bismarck 1890–1898, Bd. II, Stuttgart 1914^2, 31. Vgl. Heinrich Leo: Nominalistische Gedankenspäne, Halle 1864, 56.

18 Paul Hirsch: Rede vom 13. III. 1919 bei Eröffnung der Landesversammlung (Sitzungsbericht 59): dazu vgl. auch von diesem: Der Weg der Sozialdemokratie zur Macht in Preußen, Berlin 1929.

19 Wolfgang Heine: Rede vom 3. III. 1919 in der Nationalversammlung in Weimar (Sten. Ber. S. 481); vgl. auch seine Reden vom 13. und 23. März 1919 in der preußischen Landesversammlung (Sitzungsberichte S. 9 und S. 628). Vgl. auch die Rede v. 16. XII. 1919 (100. Sitzung – Sten. Ber. 8209): »Immer wird der Geist Preußens, aus dem die deutsche Einheit entstanden ist – für das Wohlbefinden des Reiches die maßgebende Bedeutung haben«.

20 Paul Hirsch am 25. III. 1919 (10. Sitzung – Sten. Ber. 628) und die Erklärung der preußischen Staatsregierung am 12. V. 1919; vgl. H. J. Schoeps: Unbewältigte Geschichte/Stationen deutschen Schicksals seit 1763, Berlin 1964, 168 f.

21 Otto Braun: Von Weimar zu Hitler, New York 1940^2, 191.

22 Carl Severing: Mein Lebensweg II, Bielefeld 1950, 70.

23 Graf zu Rantzau-Rastorf: Preußischer Staatsrat 1924, 13. Sitzung (Sten. Ber. 410).
24 O. Braun a. a. O., 438.
25 Rudolf Stadelmann: Moltke und der Staat, Krefeld 1950, 395 f.
26 J. M. v. Radowitz: Neue Gespräche aus der Gegenwart über Staat und Kirche, Erfurt 1851, 69.
27 London Times 1860: wörtlicher Text bei W. Hubatsch: Der preußische Staat, Jahrbuch der Albertus-Universität Königsberg XII (Würzburg 1962), 147.
28 H. J. Schoeps: Preußen gestern und morgen, Stuttgart 1963, 32 f.
29 Walter Rathenau: Der neue Staat, Berlin 1919, 25.
30 Die Hohenzollern, Köln 1953, 277.

Abkürzungen

ADB	=	Allgemeine Deutsche Biographie
Diss.	=	Dissertation
FBrPrGesch	=	Forschungen zur Brandenburgischen und Preußischen Geschichte
GStA	=	Geheimes Staatsarchiv
GW	=	Gesammelte Werke
HZ	=	Historische Zeitschrift
KO	=	Kabinettsordre
PPrStA	=	Publikationen des preußischen Staatsarchivs
Rep	=	Repertorium
SW	=	Sämtliche Werke
Sten.Ber.	=	Stenographische Berichte
ZRGG	=	Zeitschrift für Religions- und Geistesgeschichte

ANHANG

ZEUGNISSE UND DOKUMENTE

Des Kaisers Vollmacht für Hermann von Salza

(Goldbulle von Rimini 1126)

Im Namen der heiligen und unteilbaren Dreifaltigkeit. Amen.

Friedrich II. von Gottes Gnaden Kaiser der Römer, allzeit erhaben, König von Jerusalem und Sizilien. Dazu hat Gott unser Kaisertum hoch über die Könige des Erdkreises gestellt und die Grenzen seiner Herrschaft über verschiedene Zonen der Welt ausgedehnt, auf daß unsere mühevolle Sorgfalt sich auf die Verherrlichung seines Namens in dieser Welt und auf die Verbreitung des Glaubens unter den Heiden richte, wie er denn das heilige römische Reich zur Predigt des Evangeliums geschaffen hat, damit wir nicht weniger die Unterwerfung wie die Bekehrung der Heiden erstreben: wir gewähren also die Gnade der Verleihung, durch die rechtgläubige Männer für die Unterwerfung barbarischer Völker und die Besserung des Gottesdienstes beständige, tägliche Mühen auf sich nehmen und Mittel und Leben unablässig einsetzen.

Daher wollen wir durch den Wortlaut dieses Schreibens allen Gegenwärtigen und Zukünftigen unseres Reiches kundtun, daß Bruder Hermann, der ehrwürdige Meister des heiligen Hauses vom Spitale St. Mariens der Deutschen zu Jerusalem, unser Getreuer, uns den ergebenen Willen seines Herzens genauer offenbart und vor uns dargelegt hat, daß unser Ergebener, Herzog von Massowien und Kujawien, versprochen und angeboten hat, ihn und seine Brüder mit dem sogenannten Kulmer Lande sowie in einem anderen Lande zwischen seiner Mark und dem Gebiet der Pruzzen auszustatten, und zwar so, daß sie die Mühe auf sich nehmen, standhaft in das Preußenland einzudringen und es zu Ehre und Ruhm des wahren Gottes in Besitz zu nehmen. –

Wir beachten die sichtbar bereite Frömmigkeit des Meisters, in der er die Erwerbung dieses Landes für sein Haus im Herrn glühend erstrebt, und die Tatsache, daß dieses Land in die Herrschaft des Reiches einbegriffen ist. Wir vertrauen auch auf die Klugheit des Meisters, der ein Mann ist mächtig in Werk und Wort und durch sein und seiner Brüder Bemühen kraftvoll beginnen und die Eroberung des

Landes mannhaft durchführen und nicht nutzlos vom Begonnenen ablassen wird, wie mehrere andere, die viel Mühe an die gleiche Sache verschwendeten, und während sie Fortschritte zu machen schienen, Fehlschläge erlitten: Daher haben wir dem Meister die Vollmacht erteilt, in das Preußenland mit den Kräften des Ordenshauses und mit allen Mitteln einzudringen, und überlassen und bestätigen dem Meister, seinen Nachfolgern und seinem Hause für immer sowohl besagtes Land, das er von dem Herzog gemäß seinem Versprechen erhalten wird und ein anderes Gebiet, das er ihnen geben wird, wie auch alles Land, das er mit Gottes Zutun in Preußen erobern wird, als ein altes und gebührliches Recht des Reiches an Bergen, Ebenen, Flüssen, Wäldern und am Meere, auch daß sie es frei von allem Dienst und Steuer und lastenfrei behalten und gegen niemanden verpflichtet sein sollen. – – –

Durch die Vollmacht dieser Urkunde verbieten wir, daß irgendein Fürst, Herzog, Markgraf, Graf, Dienstmann, Schulze, Vogt oder irgendeine andere Person, hoch oder nieder, geistlich oder weltlich, gegen den Wortlaut dieser unserer Verleihung und Bestätigung etwas zu unternehmen wagt; wer es aber wagt, der mag wissen, daß ihn eine Strafe von 100 Pfund Gold trifft, von denen die eine Hälfte unserer Kammer, die andere den Geschädigten zu zahlen ist.

Zur Erinnerung und steten Festigung dieser Genehmigung und Bestätigung ließen wir diese Urkunde herstellen und mit goldner, durch unsern Majestätsstempel aufgeprägter Bulle befestigen. Dies geschah im Jahr des Herrn 1226, im Monat März in der vierzehnten Indiktion unter der Herrschaft Herrn Friedrichs, von Gottes Gnaden erhabenstem Kaiser der Römer, dem allzeit Erhabenen, König von Jerusalem und Sizilien, im sechsten Regierungsjahre seines Kaisertums, dem ersten im Königreich Jerusalem und sechsundzwanzigsten im Königreich Sizilien. Amen.

Belehnung des Burggrafen Friedrich VI. mit der Kurwürde von Brandenburg

Die Belehnung des neuen Kurfürsten von Brandenburg fand am 18. April 1417 auf dem Marktplatz in Costnitz (Konstanz) statt. Der Kaiser hatte auf einer hohen Tribüne Platz genommen, zu beiden Seiten von ihm waren einige vornehme Geistliche; denn man liebte noch, die weltliche Gewalt in geistlicher Umgebung erscheinen zu sehen. Die anwesenden Herren hatten indes den Markgrafen aus seiner Wohnung abgeholt. Aus ihrer Mitte begaben sich zuerst die Kurfürsten von der Pfalz und von Sachsen, jener mit dem Zepter, dieser mit dem Schwerte, auf die Tribüne und stellten sich, ihre Abzeichen hochhaltend, neben den König. Dann stieg Markgraf Friedrich herauf, in der Mitte zweier Bannerträger; sie haben ihre Knie gesenkt, als sie die oberste Stiege betraten, und dann nochmals unmittelbar vor dem

König. Der Kanzler verlas eine Urkunde, in welcher die Rechte der Würde, mit der Friedrich belehnt werden sollte, und auch die Pflichten, welche er dagegen zu erfüllen habe, aufgezählt wurden: »Herr Kurfürst des Heiligen Römischen Reiches«, sagte der König, »lieber Oheim, wollt Ihr das beschwören?« »Mächtiger König, gerne«, antwortete Friedrich und leistete den Eid. Hierauf nahm der König die Banner von Brandenburg und Nürnberg aus den Händen der Ritter und übergab sie dem Markgrafen; durch den Oberlehnsherren gleichsam geweiht, kamen sie an die Ritter zurück. Von den Pfalzgrafen empfing der König das Zepter des Erzkämmerers und den Reichsapfel und legte beide in Friedrichs Hände. Einerseits war eine anerkannte Reichsgewalt und mit ihr die Einheit der Christenheit wiederhergestellt: andererseits die Mark Brandenburg beruhigt und im Besitz des Burggrafen von Nürnberg befestigt, der durch seine Erhebung zur Kurwürde zugleich einen gesetzlichen Anteil an der Reichsverwaltung erhielt. Mit dem Lande wurde eine Würde erworben, welche nach der königlichen die höchste im Reiche war; es war ein integrierender Moment der historischen Entwicklung, die sich eben vollzog.

Leopold von Ranke, 12 Bücher Preußischer Geschichte, 2. Buch, Kapitel 1.

Aus dem politischen Testament des Großen Kurfürsten

Nun ist und besteht zuvörderst die rechte Tugend eines rechtschaffenen Regenten darin, daß er Gott, der ihn erschaffen und zu einem Herrn und Regenten so vieler Lande und Leute gesetzt, recht von Herzen fürchte, liebe und vor Augen habe, sein allein seligmachendes Wort die wahre Richtschnur seiner ganzen Regierung und Lebens sein lasse, dieweil darin die rechte, Gott wohlgefällige Regierungskunst und höchste Politika begriffen ist. – – –

Gegen die Armen sei freigebig, es ist auch Christi Befehl; dadurch sammelt Ihr Euch einen unvergänglichen Schatz im Himmel, welchen keine Motten oder Rost fressen oder Diebe nachgraben werden. Was nun die Religion und der Kirche Bau in Euren Landen betrifft und welcher Gestalt Ihr solchen bestmöglichst zu führen habt, so ist vornehmlich dahin zu sehen und zu trachten, auf daß die *reformierte Religion,* welche auf das wahre Wort Gottes und auf die Symbola der Apostel allein gegründet und ohne Menschen Zusatz ist, in allen Euren Landen möge fortgepflanzt werden, doch solchergestalt, daß es nicht mit Zwangsmitteln oder Entziehung der lutherischen Kirche und Abgang deren Renten und Einkünfte geschehe, sondern aus Euren eigenen Mitteln, solchen Bau der reformierten Kirche hieran verwandt, den Kammergefällen zu keinem Abspruch gereichen, sondern Gott wird solches vielfältig belohnen und reichlicher wieder ersetzen und vergelten. – – –

Eure von Gott untergebenen Untertanen müßt Ihr ohne Ansehung der Religion als ein rechter Landesvater lieben, ihren Nutzen und Bestes in billigen Dingen allzeit gern zu befördern suchen, die Commercia überall in Aufnahme bringen und auf mehrere Peuplierung insonderheit der Kur Brandenburg gedenken.

Die liebe *Justicia* lasset Euch in allen Euren Landen höchlichst befohlen sein und sehet dahin, damit sowohl den Armen als Reichen ohne Ansehung der Person Recht verschafft werde und daß die Prozesse beschleunigt und nicht aufgehalten werden mögen, denn das befestigt die Stelle der Regenten. – – –

Im *Rat* höret fleißig zu, notiert alle der Räte Bedenken wohl und lasset daneben fleißig Protokoll halten, konkludiert in Gegenwart der Räte in wichtigen Dingen und da Verschwiegenheit vonnöten, nichts, sondern nehmet solches zu bedenken anheim, lasset nochmals einen oder den anderen Geheimen Rat und einen Sekretarium zu Euch kommen, überlegt nochmals alle Vota, so da geführt worden sind, und resolviert darauf und seid gleich den Bienen, die den besten Saft aus den Blumen saugen. – – –

Dieweil auch der Höchste das Haus Brandenburg vor anderen Häusern im Römischen Reich mit vielen und stattlichen Ländern so reichlich gesegnet und (dieses) daher viel Feinde hat, so solchen Segen dem Hause herzlich mißgönnen, und da sie über kurz oder lang eine Gelegenheit erlangen oder fähig werden könnten, ihr böses Vornehmen zur Verringerung des Hauses ins Werk zu richten und selbiges außer aller Konsideration zu bringen, nicht unterlassen würden, so ist dahin allezeit zu sehen, daß Ihr mit allen Kurfürsten, Fürsten und Ständen des Reichs, so viel nur immer möglich Ihr in guter Vertraulichkeit, Freundschaft und Korrespondenz lebt und ihnen keine Ursache zu einigem Widerwillen gebt und guter Friede unterhalten werde. Und weil Gott unser Haus mit vielen Ländern reichlich gesegnet, so habt Ihr auf deren Konservation allein zu denken und hütet Euch, daß Ihr durch Appetierung mehrerer Länder nicht großen Neid und Feindschaft auf Euch ladet und dadurch auch, was Ihr schon habt, in Gefahr setzt, jedoch daß Ihr Euch keineswegs von Euren Ländern, Grenzen oder wohl hergebrachten Gerechtigkeiten etwas entziehen oder nehmen lassen wollt. – – –

Gute *Alliancen* habt Ihr sowohl in als außer dem Römischen Reich zu machen, denn dieses kann von keinem übelgenommen werden, auch ist solches kraft des Münsterschen und Osnabrückschen Friedens einem Reichsstand zugelassen worden. – – –

Es steht auch zu vermuten, daß die Schweden nicht unterlassen werden, über kurz oder lang, wenn sie nur bequeme Gelegenheit dazu haben können, sich Eurer *Seehäfen*, so an der Ostsee gelegen, mit List oder Gewalt zu bemächtigen, denn danach haben sie gebuhlt, solange ich regiert habe; derhalben Ihr ein gutes wachendes Auge auf Eure Häfen haben müßt. – – –

Was für Ursachen unsere Vorfahren, die Kurfürsten von Brandenburg, gehabt, mit der Krone *Frankreich* in guter Korrespondenz und in Alliance zu stehen, davon wird Euch das Archiv den besten Bericht abstatten und habt Ihr Euch daraus informieren zu lassen. Auf solche Art könnt Ihr Euch, wie vor diesem unsere Vorfahren getan, mit Frankreich auch alliieren, jedoch daß Ihr den Respekt, welchen Ihr als ein Kurfürst auf das Reich und den Kaiser haben müßt, nicht außer Augen setzt. – – –

Allianzen sind zwar gut, aber *eigene Kraft* noch besser. Darauf kann man sich sicherer verlassen, und ist ein Herr in keiner Konsideration, wenn er selber nicht Mittel und Volk hat, denn das hat mich von der Zeit, daß ich's also gehalten, Gott sei gedankt, konsiderabel gemacht und beklage allzeit, daß ich im Anfang meiner Regierung zu meinem höchsten Nachteil mich davon ableiten lassen und wider meinen Willen anderer Rat gefolgt. – – –

Nehmet Euch wohl in acht, daß Ihr nicht gar zu weitläufigen Hofstaat haltet, sondern zieht denselben nach Gelegenheit der Zeit ein und reguliert allemal die Ausgabe nach den Einkünften und lasset die Rechnungsführer alle Jahre fleißig Rechnung ablegen. – – –

Ich bin versichert, daß, wenn Ihr nach meinem Tode zur Regierung kommen werdet, Ihr alsdann meiner, wenn ich schon verrottet sein werde, bei vorfallenden Dingen oftmals gedenken werdet. Ich mag von diesen Materien aus gewissen Ursachen nicht mehr melden, ich habe sie zeit meiner Regierung kennengelernt. Gott gebe, daß Ihr nicht noch etwas Mehreres lernen möget, welches ich von Herzen wünsche. Seid verständig und weise und nehmet Euch wohl in acht!

Im Jahre 1667, den 16./26. Mai in Kölln an der Spree.

gez. Friedrich Wilhelm, Kurfürst

G. Küntzel – M. Hass, Die politischen Testamente der Hohenzollern I, Leipzig 1919, 41–69.

Asyl der Religionsverfolgten

Wir, Friedrich Wilhelm, von Gottes Gnaden usw., tun kund und geben jedermann hiermit zu wissen:

Nachdem die harten Verfolgungen und rigorosen Maßnahmen, mit denen man bisher in dem Königreich Frankreich wider Unsere der evangelisch-reformierten Religion zugetanenen Glaubensgenossen verfahren, viel Familien veranlaßt, ihren Stab zu versetzen und aus demselben Königreich hinweg in andere Lande sich zu begeben, daß Wir daher aus gerechtem Mitleiden, welches Wir mit solchen Unseren wegen des heiligen Evangeliums und dessen reiner Lehre angefochtenen und bedrängten Glaubensgenossen billig haben müssen, bewogen werden, vermittels dieses von Uns eigenhändig unterschriebenen Ediktes denselben eine sichere und freie Zufluchtsstätte in allen Unseren Ländern und Provinzen in Gnaden anzubieten und ihnen daneben kundzutun, was für

Gerechtigkeiten, Freiheiten und Prärogativen Wir ihnen zuzugestehen gnädigst gesonnen sind, um dadurch die große Not und Trübsal, womit es dem Allerhöchsten nach seinem allein weisen, unerforschlichen Rat gefallen hat, einen so ansehnlichen Teil seiner Kirche heimzusuchen, auf einige Weise zu erleichtern und erträglicher zu machen.

Des Großen Kurfürsten Edikt von Potsdam 1685 über die Aufnahme der französischen Réfugiés.

Einführung des Finanzprüfungswesens

So geht unsere gnädigste Intention und Willensmeinung anfänglich und zum ersten dahin, daß unsere Geheime Hofkammer auf die in allen und jeden Provinzen bestellten Kammern fleißige Aufsicht haben, wann bei denselbigen einige Confusiones oder Unordnungen einschleichen wollten, die daran zeitig erinnern und zu fleißiger Beobachtung ihrer Pflichten aufmuntern solle . . .

Instruktion des Großen Kurfürsten für die Hofkammer von 1689 nach Kurt Breysig: Geschichte der brandenburgischen Finanzen, Darstellung u. Akten I, Leipzig 1895, S. 414.

Die Krönung Friedrichs I. von 1701

Wir wollen die Zeremonien derselben nicht schildern: Sie haben für unser Gefühl, wenn wir davon lesen, etwas Überladenes. Doch hat das Selbstergreifen der Krone eine Würde, welche der Tatsache entspricht und sie ausdrückt. Daß die Salbung nicht vorangeht, sondern nachfolgt, und zwar durch zwei eben hierzu zu Bischöfen erhobene Geistliche, drückt eine Unabhängigkeit der weltlichen Macht von der geistlichen aus, wie sie vielleicht, ausgenommen bei der Krönung des Kaisers Friedrich II. in Jerusalem, früher bei keiner anderen Krönung hervorgetreten ist. Das geistliche Element erschien in der einzigen Selbständigkeit, welche ihm in protestantischen Staaten geblieben, der Lehre und Ermahnung. Der Propst zu Berlin legte aus dem Beispiel Christi und Davids dar, daß die Regierung eines Königs zur Ehre Gottes und zum Besten der Untertanen geführt werden müsse. Er bezeichnet als das vornehmste Prinzip, das Regenten wissen sollen, dieses, daß sie um der Untertanen, nicht die Untertanen um ihretwillen in der Welt sind. Er ermahnt zum Gebet, daß Gott diesen Grundsatz allen Regenten tief ins Herz drücken möge. Auch die Stiftung des Schwarzen-Adler-Ordens, die er Krönung unmittelbar voranging, hat einen Bezug auf Pflichten des Königtums. Jenes »Suum cuique« in den Insignien desselben bezieht sich, wie Lamberty, der es selber angegeben hat, versichert, auf die Definition einer guten Regierung, in der den Guten sowohl wie den Bösen nach ihrem Verdienst geschehe; Lorbeer und Blitz bedeuten Belohnung und Strafe. Der Gedanke wenigstens ist großartig und eines Herrschers würdig.

Leopold von Ranke, 12 Bücher Preußischer Geschichte, 4. Buch, Kapitel 4.

Der Schwarze Adlerorden

Bei schwieriger innerer und äußerer Lage hatte sich die Erinnerung und das Bewußtsein vom Staat des Deutschen Ordens in Preußen erhalten, bis 1701 dann auch von preußischer Seite der Traditionszusammenhang mit dem Ordensstaat wiederhergestellt wurde: Das tat sich kund in der Stiftung des hohen Ordens vom Schwarzen Adler, »der an den einst vom Kaiser verliehenen Reichsadler im Wappenschilde der alten Hochmeister anknüpfte«. Der schwarze preußische »friderizianische« Adler, der in Staatswappen, Dienstsiegel und Flagge mit unwesentlichen Stilisierungen noch bis in die neueste Zeit geführt wurde, ist eine unmittelbare Übernahme aus dem Deutschordensstaat und wurde an die Stelle des kurbrandenburgischen Roten Adlers gesetzt. Wahrscheinlich ist ebenso die Annahme der schwarzweißen Landesfarben aus den Ordensüberlieferungen herzuleiten, wenngleich der Wappenschild der Hohenzollern schon seit jeher schwarzsilberne Farben zeigte. Auch über das Verhältnis von Königskrönung und Stiftung des Schwarzen Adlerordens zum ehemaligen Deutschordensstaat herrscht eine vielfältige historische Kontroverse. In dem Bericht des Oberhofzeremonienmeisters von Besser heißt es von dem »neuen Ritterorden vom Schwarzen oder Preußischen Adler« lediglich: »Es ist bekannt, daß Könige zum Beweis dieser Ihrer Macht und Tugend bei Ihren Krönungen Ritter zu schlagen pflegen. Insgemein sind es nur bloße Ritter ohne Orden und ohne Ordenszeichen. Aber seine Majestät, die der allerersten Krönung Ihres Hauses ein ewiges Andenken stiften wollen, hat es für ratsam erachtet, einen rechten völligen Orden einzusetzen; und zwar so einen, der tüchtig wäre, sowohl die Neigung Ihres eigenen Königlichen Herzens als auch die Pflicht derer von Ihr angenommenen Ritter recht auszudrücken. Hierzu konnte sich nichts Besseres denn der Orden vom Adler schicken [1].« Rudolf Craemer sieht in dem neuen Orden von 1701 eine Art protestantische Säkularisierung des vergangenen: »An den protestantischen Gehalt der Ordenspolemik wurde damals der Wahlspruch des Schwarzen Adlerordens, eines neuen menschlicheren Rittertums, wie man meinte, geknüpft und evangelisch begründet, das alte Suum cuique [2].«

Walther Hubatsch: Kreuzritterstaat und Hohenzollernmonarchie. Zur Frage der Fortdauer des Deutschen Ordens in Preußen, in: Festschrift für Hans Rothfels, Droste-Verlag, Düsseldorf 1951, S. 194 f.

1 *Johann von Besser, Preußische Krönungs-Geschichte, oder Verlauf der Ceremonien, mit welchen Friedrich der Dritte, Churfürst zu Brandenburg, die Königl. Würde d. Königr. Preußen angenommen . . . Cölln a. d. Spree 1702. Neudruck: 1901.*

2 *Rudolf Craemer, Deutschtum im Völkerraum I, Stuttgart 1938, S. 66.*

Das Leitbild des preußischen Offiziers

»Um folgende Eigenschaften hat der Offizier sich zu bemühen:
Gottesfurcht, Klugheit, Herzhaftigkeit, Verachtung des Todes,
Nüchternheit, Wachsamkeit,
Geduld, innerliches Vergnügen und Zufriedenheit mit sich selber,
unveränderliche Treue gegen seinen Herr,
Gehorsam und Respekt gegen die Vorgesetzten, Aufmerksamkeit. Er soll danach trachten, sich Falkenaugen und leise Ohren zuzulegen, auch nichts zu vergessen, was man einmal gesehen und gehört.
Er braucht Feindschaft und Haß gegen die Weichheit und schnöden Listen,
aber Begierde, Ruhm und Ehre zu erlangen.
Er darf kein Räsoneur sein,
muß seinen Dienst und seine Schuldigkeit ohne Fehler verrichten,
muß Wissenschaften besitzen oder sich bestreben, deren zu erlangen.
Fähnrich und Feldmarschall stehen als des Königs Offiziere in der Ehre völlig gleich.«

Dienstvorschrift des Soldatenkönigs als Nachruf auf seinen Generaladjutanten
Oberst August v. Koeppen, 1717.

Der Soldatenkönig über die Problematik des Krieges

Wenn während Eurer Regierung sich der Fall ereignen sollte, müßt Ihr Eure Anwartschaft verteidigen mit Eurer ganzen Macht und nicht nachlassen, denn sie ist gerecht, und Gott steht den gerechten Sachen bei. – Kurfürst Friedrich Wilhelm hat eine rechte Flor und Aufnahme in unser Haus gebracht, mein Vater hat die königliche Würde gebracht, ich habe Land und Armee in Ordnung gebracht; an Euch, mein lieber Nachfolger ist es, was Eure Vorfahren angefangen haben, zu erhalten und die Länder, auf die Ihr Anspruch habt, herbeizuschaffen, da sie unserem Hause von Gott und Rechts wegen zustehen. Betet zu Gott und fangt nie einen ungerechten Krieg an, aber wozu Ihr ein Recht habt, davon lasset nicht ab, denn gerechte Sachen wird Gott segnen, aber eine ungerechte Sache wird Gott verlassen, dessen seid versichert! Mein lieber Nachfolger muß seine schöne Armee nicht für Geld und Subsidien dem Kaiser, England oder Holland geben. Eure gerechten Ansprüche müßt Ihr fordern, wie ich es getan habe. – Aber mein lieber Nachfolger, ich bitte Euch, keinen ungerechten Krieg anzufangen, denn Gott hat ungerechte Kriege verboten und Ihr müßt immer Rechenschaft ablegen für jeden Menschen, der in einem ungerechten Krieg gefallen ist. Bedenket, daß Gottes Gericht scharf ist. Lest die Geschichte, da werdet Ihr sehen, daß ungerechte Kriege nicht gut abgelaufen sind. Da habt Ihr Ludwig XIV., König in Frankreich, den König August von Polen, den König von Bayern zum Beispiel und noch mehr: Die beiden sind von Land und Leuten verjagt und dazu entthront worden, denn sie haben einen ungerechten Krieg angefangen. Seid versichert, daß Gott das Herz der Armee gibt, aber auch wieder von den Soldaten nimmt. Als der König August seinen ungerechten Krieg angefangen hatte, waren die Soldaten der Sächsischen Armee so furchtsam, daß sie in vielen Schlachten von den Schweden geschlagen worden sind. Ihre Furcht war so groß, daß sie nicht stehenbleiben und fechten wollten. Da kann mein lieber Nachfolger Gottes Hand sehen. Die Sachsen sind sonst brave Leute, die in Brabant und im Reich stets tüchtig gedient haben; aber sobald ihr König im ungerechten Krieg stand, war ihr Herz fort. Also bitte ich meinen lieben Nachfolger, keinen ungerechten Krieg anzufangen, damit der liebe Gott Euch und Eure Armee beständig segne und Bravour gebe. Ihr seid zwar ein großer Herr auf der Erden, aber Ihr müßt für alles unrechtmäßige Blut, das Ihr vergießt, vor Gott Rechenschaft ablegen. Das ist eine harte Sache; also bitte ich Euch, haltet Euer Gewissen rein vor Gott, dann werdet Ihr eine glückliche Regierung führen.

Aus dem Testament von 1722 an den Thronfolger.

Die politischen Testamente der Hohenzollern, ed. G. Küntzel – M. Hass, Leipzig 1919.

Friedrich Wilhelm I. über eine Union der beiden evangelischen Kirchen im Jahre 1727

Ich bin in der reformierten Religion geboren und erzogen, ich werde auch darinnen leben und sterben. Aber die Lutheraner liebe ich auch und gehe lieber in ihre als in unsere Kirche. Sie werden auch nicht sagen können, daß ich ihnen was zuleide täte. Aber sie müssen sich nicht untereinander verketzern und disputieren, sondern einig leben, und wollte ich viel drum geben, daß sie recht könnten vereinigt werden. Aber das will nun noch nicht sein. Sie müssen sich aber vertragen!

Äußerung des Königs nach dem Tagebuch des Professors J. A. Freylinghausen, ed. B. Krieger, Berlin 1900, 106.

Aus Briefen Friedrich Wilhelms I. an den Kaiserlichen Gesandten Graf Seckendorff

1731: Enfin, es gehe, wie es wolle, soll der Kaiser an mir einen getreuen Freund haben, und auf 50 000 Mann kann er rechnen, als ob es seine eigenen Völker, (und zwar) in der ganzen Welt, ausgenommen Italia, ist verflucht ungesund, adieu mon cher ami.

1733: Meine Feinde mögen tun, was sie wollen, so gehe ich nit ab vom Kaiser, oder der Kaiser muß mich mit Füßen wegstoßen, sonsten ich mit Treu und Blut sein bin und bis in mein Grab verbleibe.

Im selben Jahr an den alten Dessauer:

Indessen werde mir mit dem Kaiser auf einen anderen Fuß setzen und nit viele gute Worte geben, zu probieren, ob dies besser gehen wird als mit gute höfliche Worte. Er hat mir nötig und hat nicht das Herz, es merken zu lassen. Italien und Lombardei wird wohl in ein paar Monaten in französischen Händen sein. Der Kaiser ist in einer Situation, die curieux ist, durch seine eigene Schuld, denn wenn man in der Welt was will dirigieren, wills die Feder nicht machen, wo es nicht mit Force der Armeen souteniert wird, als dieses Exempel klar ist.

Bei Tafel: Man negligiert mich, der Kaiser traktiert mich und alle Reichsfürsten wie Schubiaks, welches ich gewiß nicht an den Kaiser verschuldet, da ich niemals mit Frankreich chipotiert, und examiniere ich mich immer, ob ich auch nur einen einzigen Gedanken gehabt, womit ich des Kaisers Interesse zu nahe getreten. Allein ich mag mich prüfen, wie ich will, so kann ich nichts finden.

Eduard Vehse: Geschichte des preußischen Hofes, III, Hamburg 1851, 102 f.

Der erste Diener seines Staates

Der Fürst von echter Art ist nicht da zum Genießen, sondern zum Arbeiten. Das erste Gefühl, das er haben muß, ist das der Vaterlandsliebe, und das einzige Ziel, auf das er seinen Willen zu richten hat, seine Eigenliebe, seine Leidenschaften; ihm muß er dienstbar machen, ist: für das Wohl seines Staates Großes und Heilsames zu leisten. Diesem Zwecke muß er alles, was persönlich an ihm ist, unterwerfen, was ihm an guten Gedanken, brauchbaren Mitteln und tüchtigen Männern zur Verfügung steht.

Die Gerechtigkeit muß die Hauptsorge eines Fürsten sein, das Wohl seines Volkes muß jedem anderen Interesse vorangehen. Der Herrscher, weit entfernt, der unbeschränkte Herr seines Volkes zu sein, ist selbst nichts anderes als sein erster Diener.

Friedrich II: Antimacchiavell, 1739.

Der Herrscher repräsentiert den Staat; er und sein Volk bilden bloß einen einzigen Körper, der nur insoweit glücklich sein kann, als Eintracht die einzelnen Glieder zusammenhält. Der Fürst ist für den Staat, den er regiert, dasselbe, was das Haupt für den Körper ist: Er muß für die Allgemeinheit sehen, denken und handeln, um ihr jeglichen wünschenswerten Vorteil zu verschaffen ... Er muß sich sorgsam und eingehend über Stärke und Schwäche seines Landes unterrichten und zwar ebensogut im Hinblick auf die Geldquellen wie auf die Bevölkerungsmenge, die Finanzen, den Handel, die Gesetze und den Geist der Nation, die er regieren soll.

Friedrich II.: Regierungsformen und Herrscherpflichten, 1777.

Friedrich der Große beginnt die Schlesischen Kriege

Mein teurer Podewils! Ich habe den Rubikon überschritten mit fliegenden Fahnen und unter dem Schlag der Trommeln. Meine Truppen sind voll guten Willens, die Offiziere voll Ehrgeiz, und unsere Generale dürsten nach Ruhm. Alles wird nach unseren Wünschen gehen, und ich habe Ursache, alles mögliche Gute von dieser Unternehmung zu erwarten.

Schicken Sie mir Bülow, sagen Sie ihm viel Liebes und lassen Sie ihn seines Herrn eigenen Vorteil sehen, kurz, benützen wir die Kenntnis des menschlichen Herzens, lassen wir zu unseren Gunsten das Interesse, den Ehrgeiz, die Liebe, den Ruhm und alle Triebfedern, welche die Seele bewegen können, wirken. Entweder will ich untergehen oder Ehre von diesem Unternehmen haben; mein Herz sagt mir das Beste von der Welt voraus, kurz, ein gewisser Instinkt, dessen Grund uns unbekannt ist, verkündigt mir Glück und Erfolg, und ich werde nicht wieder in Berlin erscheinen, ohne mich des Blutes würdig gemacht zu haben, aus dem ich stamme, und der Soldaten, die ich die Ehre habe zu befehlen. Leben Sie wohl, ich empfehle Sie der Obhut Gottes.

16. Dezember 1740. Friedrich.

Übersetzung aus dem Französischen, Brief an den Etats- und Kabinettsminister v. Podewils.

Über die tiefere Ursache des siebenjährigen Krieges

Dieser Krieg ist entbrannt nicht um ein mittelmäßiges oder vorübergehendes Interesse, nicht um ein paar Waffenplätze oder kleine Provinzen mehr oder weniger, sondern um Sein oder Nichtsein der neuen Monarchie, die der König von Preußen mit einer Kunst und einer Schlagfertigkeit in die Höhe gebracht hat, welche die eine Hälfte von Europa überrascht und die andere getäuscht haben. Der Krieg ist entstanden, um zu entscheiden, ob diese neue Monarchie, zusammengesetzt aus verschiedenen Bestandteilen, noch ohne die ganze, für sie notwendige Festigkeit und Ausdehnung, aber ganz und gar militärisch und mit der ganzen Begehrlichkeit eines jugendlichen mageren Körpers, bestehen wird; ob das Reich zwei Häupter haben und der Norden Deutschlands einen Fürsten behalten soll, der aus seinen Staaten ein Lager und aus seinem Volk ein Heer gemacht hat und der, wofern man ihm Muße läßt, seine Staatsgrenzen abzurunden und zu befestigen, als Schiedsrichter der großen europäischen Angelegenheiten dastehen und für das Gleichgewicht zwischen den Mächten den Ausschlag geben würde.

Äußerung des dänischen Kriegsministers Graf Bernstorff im Jahre 1759 – zitiert nach Gustav Mendelssohn-Bartholdy: König Friedrich der Große in seinen Briefen und Erlassen, München 1913, 292.

Der König vor der Schlacht bei Leuthen

»Messieurs! Ich werde morgen auf den Feind losgehen und ihm ein Treffen liefern; da auf diese Schlacht alles für diese Kampagne ankommen und sie entscheiden wird, wer von Schlesien Herr sein soll, so habe ich Euch vor mich kommen lassen, um zu sagen, daß ich von einem jeden erwarte, daß er seine Schuldigkeit aufs genaueste erfüllen und sein Äußerstes tun werde.

Ich verlange, daß ein jeder auf seinem Posten genau auf das Kommando merke und seinen Untergebenen mit unerschrockenem Mut und Tapferkeit vorgehe; kurz, daß ein jeder dem Feinde mit dem Vorsatze unter die Augen trete: entweder zu siegen oder zu sterben. Seid Ihr alle so gesinnt wie ich, so bin ich des Sieges gewiß.

Ich bin von der Stärke und Schwäche des Feindes unterrichtet und werde alle Korps so anführen, daß sie mit Vorteil fechten können; es wird dann nur auf Euch ankommen, mit entschlossenem Mut und alter preußischer Tapferkeit zu streiten.

Wer von Euch verzagt ist, Leben und Blut nicht aufopfern will, der trete heraus, ehe er andere verzagt macht! Er trete heraus! Er soll ohne Umstände und Vorwurf gleich auf der Stelle seinen Abschied haben!«

4. Dezember 1757. Friedrich II.

Anekdoten und Charakterzüge aus dem Leben Friedrichs des Zweiten, Bd. I, Berlin 1786, S. 32 ff.

Bekannter ist die längere Fassung mit der Erklärung, daß er »gegen alle Regeln der Kunst die fast dreimal stärkere Armee des Herzogs Carl angreifen« werde, nebst den strengen Strafandrohungen an Truppen, die etwa versagen sollten.

Ein Grabstein in der Mark[1]

Sah Friedrichs Heldenzeit und kämpfte mit ihm in allen seinen Kriegen. Wählte Ungnade, wo Gehorsam nicht Ehre brachte.

Über den Adel

(Aus dem Politischen Testament Friedrich d. Gr. 1752)

Ein Gegenstand der Politik des Herrschers in diesem Staat ist es, den Adel zu schützen. Denn welcher Schicksalswechsel auch eintritt, er wird

1 *Johann Friedrich Adolf von der Marwitz (1723–1781) in Friedersdorf war im Februar 1761 dem Befehl Friedrichs II., Schloß Hubertusburg auszuplündern, nicht nachgekommen, sondern hatte den Abschied begehrt, »weil sich dies allenfalls für Offiziere eines Freibataillons schicken würde, nicht aber für den Kommandeur von Seiner Majestät Gensd'armes«. – Die gleiche Geschichte wird von der Familie von Saldern für ihren Ahnherrn in Anspruch genommen, der dies als »mit Eid und Ehre unvereinbar« abgelehnt habe. Tatsächlich ist das Schloß durch das Freibataillon des Oberst Guichard geplündert worden.*

vielleicht einen reicheren, aber niemals einen wertvolleren oder treueren Stand zur Verfügung haben. Um die Adeligen in ihrem Besitz zu erhalten, gilt es die Bürger zu hindern, daß sie Adelsgüter erwerben, und sie zu ermuntern, daß sie ihr Geld in den Handel stecken. Wenn dann ein Edelmann genötigt ist, seine Liegenschaften zu veräußern, werden sich nur Adelige bereitfinden, sie zu kaufen. Ebenso wichtig ist es, den Adel daran zu hindern, daß er anderwärts Dienste nimmt. Man muß ihnen Korpsgeist und Nationalgefühl einhauchen. Dafür habe ich gearbeitet. Im ersten meiner Kriege habe ich mir alle erdenkliche Mühe gegeben, um dem Namen Preußens Glanz zu leihen und dadurch alle Offiziere daran zu erinnern, aus welcher Provinz sie auch stammen mögen, sie seien Preußen, und alle Provinzen, sie mögen noch so stark getrennt erscheinen, bilden einen Gesamtkörper. So muß es sein, daß der Adel seine Dienste vorzugsweise dem Vaterland weiht und nicht irgendeiner andern Macht, welche es auch sei. Deshalb haben wir strenge Gesetze gegen die Edelleute erlassen, die es sich einfallen ließen, ohne Erlaubnis anderswo Dienste zu nehmen. Aber da doch viele Edelleute ein müßiges Leben dem Waffenruhme vorziehen, wird es notwendig, Auszeichnungen und Bevorzugungen für die bereit zu halten, welche Dienste tun, unter Ausschluß derer, die sich den Diensten entziehen. Von Zeit zu Zeit muß man die jungen Edelleute aus Pommern, Preußen und Oberschlesien zusammenziehen, um sie in Kadettenanstalten und von da in die Truppenkörper zu entsenden.

Die Werke Friedrichs d. Gr., ed. Volz, Bd. VII, 115 ff.

Friedrichs II. Religionstoleranz

In einer Eingabe vom 22. Juni 1740 bitten der Etatsminister v. Brand und der Präsident des Konsistoriums v. Reichenbach die 1732 auf Kosten des Königs von Preußen in der Residenz eingerichteten Schulen für römisch-katholische Soldatenkinder wegen verbotener Proselytenmacherei aufzuheben. Der große König gab als Marginal auf den Eingabeakt folgenden Entscheid:

Die Religionen müssen alle tolerieret werden, und muß der Fiskal nur das Auge darauf haben, daß keine der anderen Abbruch tue, denn hier muß ein jeder nach seiner Fasson selig werden. (1740)

Auf eine Anfrage des Generaldirektoriums, ob ein Katholik das Bürgerrecht erwerben dürfe:

Alle Religionen sind gleich und gut, wenn nur die Leute, so sie professiren, ehrliche Leute sind. Und wenn Türken und Heiden kämen und wollten das Land peuplieren, so wollen wir ihnen Moscheen und Kirchen bauen. Ein jeder kann bei mir glauben, was er will, wenn er nur ehrlich ist. (1740)

Randbemerkungen Friedrichs d. Gr., Bd., I., hrsg. v. Borchardt, Potsdam 1937, 82 f.

Der Staat und die Konfessionen

Katholiken, Lutheraner, Reformierte, Juden und zahlreiche andere christliche Sekten wohnen in Preußen und leben friedlich beieinander. Wenn der Herrscher aus falschem Eifer auf den Einfall käme, eine dieser Religionen zu bevorzugen, so würden sich sofort Parteien bilden und heftige Dispute ausbrechen. Allmählich würden Verfolgungen beginnen, und schließlich würden die Anhänger der verfolgten Religion ihr Vaterland verlassen. Tausende von Untertanen würden unsere Nachbarn mit ihrem Gewerbefleiß bereichern und deren Volkszahl vermehren.

Ich bin neutral zwischen Rom und Genf. Will Rom sich an Genf vergreifen, so zieht es den kürzeren. Will Genf Rom unterdrücken, so wird Genf verdammt. Auf diese Weise kann ich dem religiösen Haß steuern, indem ich allen Parteien Mäßigung predige. Ich suche aber auch Einigkeit unter ihnen zu stiften, indem ich ihnen vorhalte, daß sie Mitbürger eines Staates sind, und daß man einen Mann im roten Kleide ebenso lieben kann wie einen, der ein graues Gewand trägt.

Aus dem Testament Friedrichs II. von 1752.

Rechtsgrundsätze

(Aus Briefen Friedrich d. Gr. an Voltaire.)

(Es) empört mich aber die barbarische Gewohnheit, daß man Verurteilte foltert, ehe man sie zum Tode führt. Das ist eine ganz unnütze Grausamkeit. Die Tortur haben wir ganz abgeschafft.

Man muß die Gerichtshöfe des Reichs verpflichten, kein Todesurteil zu vollziehen, ehe nicht ein höheres Tribunal das Verfahren revidiert und ihren Wahrspruch bestätigt hat.

In dem Verhältnis, wie die Völker gebildeter werden, muß man ihre Gesetze mildern.

Der Denkart der weisesten Gesetzgeber zufolge glaube ich, daß es besser ist, Verbrechen zu verhüten, als sie zu bestrafen.

Es ist besser, einen Straffälligen am Leben zu lassen als einen Unschuldigen hinzurichten.

Wenn man sein Urteil über eine Sache so lange aufschiebt, bis man ganz davon unterrichtet ist, so verliert man nichts und behält seine Gewissensruhe. Und darauf muß jeder rechtschaffene Mann denken. Ein Richter, der schikanieren tut, muß härter als ein Straßenräuber bestraft werden. Denn man vertraut sich dem erstern, und vor letzterm kann man sich hüten.

Die Sache ist: man soll überhaupt nichts zerstören.

Nein! Das ist viel zu gelinde gesprochen für ein solches großes Verbrechen, und die öffentliche Sicherheit vor das Publikum verdient mehr Attention. Besonders in Preußen, da müssen besonders scharfe Exempel statuiert werden.

Derjenige, der einen andern ums Leben bringt, muß notwendig wieder am Leben bestraft werden.

Ich mache mir nichts aus einem Manne von Geist, wenn er nicht auch dabei ein redlicher Mann ist.

Briefwechsel Friedrichs d. Großen mit Voltaire, ed. R. Koser – H. Droysen, Bd. III, Leipzig 1911.

Gleichheit vor dem Recht

Denn Sie müssen wissen, daß der geringste Bauer, ja, was noch mehr ist, der Bettler ebensowohl ein Mensch ist, wie Seine Majestät sind, und dem alle Justiz muß widerfahren werden. Indem vor der Justiz alle Leute gleich sind, es mag sein ein Prinz, der wider einen Bauern klagt, oder auch umgekehrt, so ist der Prinz vor der Justiz dem Bauern gleich; und bei solchen Gelegenheiten muß pur nach der Gerechtigkeit verfahren werden, ohne Ansehen der Person: Darnach mögen sich die Justiz-Collegia in allen Provinzen nur zu richten haben, und wo sie nicht mit der Justiz ohne alles Ansehen der Person und des Standes gerade durchgehen, sondern die natürliche Billigkeit bei Seite setzen, so sollen sie es mit Sr. K. M. zu tun kriegen. Denn ein Justiz-Collegium, das Ungerechtigkeiten ausübt, ist gefährlicher und schlimmer als eine Diebesbande; vor der kann man sich schützen; aber vor Schelmen, die den Mantel der Justiz gebrauchen, um ihre üblen Passiones auszuführen, vor denen kann sich kein Mensch hüten. Die sind ärger als die größten Spitzbuben, die in der Welt sind, und meritieren eine doppelte Bestrafung.

Friedrich.

Friedrich der Große am 11. Dezember 1779 an das Kammergericht im Prozeß des Müllers Arnold.

Denn Ich will, daß in Meinen Landen einem jeden, er sei vornehm oder gering, prompte Gerechtigkeit widerfahre, und nicht zum faveur eines Größeren gedrückt, sondern einem jeden ohne Unterschied des Standes und ohne alles Ansehen der Person eine unparteiische Justiz administriert werden soll.

Aus einem Brief an den Etatsminister Freiherrn von Zedlitz vom gleichen Tage.
J. D. E. Preuss: Friedrich der Große, eine Lebensgeschichte mit Urkunden Band III, Berlin 1833, 494 f., 504.

Friedrichs Justiz

Auf den Antrag eines Grafen von Reder, ihn gegen ein ungünstiges Gerichtsurteil in Schutz zu nehmen:

Er kann keine Violance von mir fordern. Meine Schuldigkeit ist, die Gesetze zu unterstützen und nicht umzuwerfen.

Im Prozeß des Müllers Arnold schreibt der König auf den Rand eines Kabinettschreibens an den Minister von Zedlitz:

Ein Justitiarius, der schikanieren tut, muß härter als ein Straßenräuber bestraft werden, denn man vertraut sich dem ersteren an und vor letzterem muß man sich hüten.

Die Randbemerkungen Friedrichs d. Gr., hrsg. v. Borchardt, Bd. I, Potsdam 1937, S. 97.

Über Recht und Macht

Der Regent also, welcher durch Machtsprüche die Erkenntnisse seiner Gerichte aufheben oder abändern wollte, würde einer seiner ersten Pflichten, einen jeden bei dem Seinigen zu stützen, entgegenhandeln. Machtsprüche wirken weder Rechte noch Verbindlichkeiten. Daher ist es ein ebenso weiser als für die Sicherheit des Eigentums und die Freiheit der preußischen Untertanen höchst wohltätiger Grundsatz, daß die Rechtsangelegenheiten derselben nur nach den Gesetzen des Staates von den vom Staat bestellten Gerichten untersucht und entschieden werden, daß Machtsprüche nie eine rechtliche Wirkung haben sollen und daß der Souverän dergleichen weder selbst tun noch es seinen Ministern gestatten wolle.

Aus Vorträgen des Geh. Oberjustizrats C. G. Suarez 1791/92 vor dem Kronprinzen: A. Stölzel: Carl Gottlieb Suarez, Berlin 1885, 280 f., 312 f.

Die staatlichen Gelder gehören nicht dem König

»Lebe er wohl, er sieht mich nicht wieder. Ich werde Ihnen sagen, wie es nach meinem Tode gehen wird. Es wird ein lustiges Leben bei Hofe werden. Mein Neffe wird den Schatz verschwenden, die Armee ausarten lassen. Die Weiber werden regieren, und der Staat wird zugrunde gehen.

Dann trete er auf und sage dem König: ‚Das geht nicht. Der Schatz ist dem Lande, nicht Ihnen!'

Und wenn mein Neffe dann auffährt, dann sage er ihm: ‚Der alte König hat es so befohlen!'

Vielleicht hilft das. Hört er?«

Abschiedsworte Friedrichs des Großen bei seiner lezten Inspektionsreise in Schlesien Herbst 1785 an den Minister für Schlesien, den Grafen Hoym.

Otto Krohse-Weber, Sieben Preußen, Gütersloh 1942, S. 342.

Grundgedanken des Allgemeinen Preußischen Landrechts von 1794

Die allgemeinen Rechte der Menschen gründen sich auf die natürliche Freiheit, sein eigenes Wohl, ohne die Kränkung der Rechte eines anderen suchen und befördern zu können.

Das Wohl des Staates überhaupt, und seiner Einwohner insbesonders, ist der Zweck der bürgerlichen Vereinigung und das allgemeine Ziel der Gesetze.

Die Gesetze und Verordnungen des Staates dürfen die natürlichen Rechte nicht weiter beschränken, als der gemeinschaftliche Endzweck erfordert.

Ein jedes Mitglied des Staates ist das Wohl und die Sicherheit des gemeinen Wesens nach dem Verhältnis seines Standes und Vermögens zu unterstützen verpflichtet.

Einzelne Rechte und Vorteile der Mitglieder des Staates müssen den Rechten und Pflichten zur Beförderung des gemeinschaftlichen Wohles nachstehen.

Jeder Einwohner des Staates ist den Schutz desselben für seine Person und sein Vermögen zu fordern berechtigt.

Die Gesetze des Staates verbinden alle Mitglieder desselben ohne Unterschied des Ranges, Standes und Geschlechts.

Die Pflicht des Staates, für die Sicherheit seiner Einwohner, ihrer Personen und ihres Vermögens zu sorgen, ist der Grund der demselben zukommenden und allgemeinen Gerichtsbarkeit.

Sowohl dem Staat als seinen Bürgern müssen die wechselseitigen Zusagen heilig sein.

Durch Machtsprüche soll niemand an seinem Recht gekränkt sein.

Das Gesetz erhält seine Verbindlichkeit erst von der Zeit an, da es gehörig bekanntgemacht worden.

Neue Gesetze können auf schon vorher vorgefallene Handlungen und Begebenheiten nicht angewandt werden.

Bestimmungen des Landrechts über Religionstoleranz

Teil II, Titel 11: Von den Rechten und Pflichten der Kirchen und geistlichen Gesellschaften.

§ 1. Die Begriffe der Einwohner des Staats von Gott und göttlichen Dingen, der Glaube und der innere Gottesdienst können kein Gegenstand von Zwangsgesetzen sein.

§ 2. Jedem Einwohner im Staat muß eine vollkommene Glaubens- und Gewissensfreiheit gestattet werden.

§ 3. Niemand ist schuldig, über seine Privatmeinungen in Religionssachen Vorschriften vom Staat anzunehmen.

§ 4. Niemand soll wegen seiner Religionsmeinungen beunruhigt, zur Rechenschaft gezogen, verspottet oder gar verfolgt werden.

§ 44. Unter dem Vorwand des Religionseifers darf niemand den Hausfrieden stören oder Familienrechte kränken.

Titel 12: Von niederen und höheren Schulen.

§ 1. Schulen und Universitäten sind Veranstaltungen des Staates, welche den Unterricht der Jugend in nützlichen Kenntnissen und Wissenschaften zur Absicht haben.

§ 2. Dergleichen Anstalten sollen nur mit Vorwissen und Genehmigung des Staates errichtet werden.

§ 10. Niemandem soll wegen Verschiedenheit des Glaubensbekenntnisses der Zutritt in öffentliche Schulen versagt werden.

Allgemeines Landrecht: Ausg. mit Komm. und Anm. v. C. F. Koch (Berlin–Leipzig 1886[8]).

III.

Edikt, den erleichterten Besitz und den freien Gebrauch des Grundeigentums sowie die persönlichen Verhältnisse der Landbewohner betreffend, vom 9. Oktober 1807:

Durch dieses Edikt sollte in den vier alten preußischen Provinzen eine grundlegende Reform der bäuerlichen Verhältnisse (Aufhebung der Erbuntertänigkeit, Freiheit vom Gesindedienst, Recht des Abzugs von der Scholle) bewirkt und gegen die Fronde des grundbesitzenden Adels ein freier Bauernstand geschaffen werden. Stein nennt das Edikt in Aufzeichnungen für seinen Vortrag beim König am 8. Oktober »sehr wohltätig«, weil es dem Grundeigentümer »die freie Benützung seines Territorialeigentums erteilt und dem Landbauer die Befugnis, seine Kräfte frei zu gebrauchen«.

Wir Friedrich Wilhelm, von Gottes Gnaden König von Preussen usw. tun kund und fügen hiermit zu wissen: Nach eingetretenem Frieden hat uns die Vorsorge für den gesunkenen Wohlstand Unserer getreuen Untertanen, dessen baldigste Wiederherstellung und möglichste Erhöhung vor allem beschäftigt. Wir haben hierbei erwogen, ... dass es ebensowohl den unerlässlichen Forderungen der Gerechtigkeit als den Grundsätzen einer wohlgeordneten Staatswirtschaft gemäss sei, alles zu entfernen, was den einzelnen bisher hinderte, den Wohlstand zu erlangen, den er nach dem Mass seiner Kräfte zu erreichen fähig war. Wir haben ferner erwogen, dass die vorhandenen Beschränkungen, teils in Besitz und Genuss des Grundeigentums, teils in den persönlichen Verhältnissen des Landarbeiters, Unserer wohlwollenden Absicht vorzüglich entgegenwirken und der Wiederherstellung der Kultur eine grosse Kraft seiner Tätigkeit entziehen, jene, indem sie auf den Wert des Grundeigentums und den Kredit des Grundbesitzers einen höchst schädlichen Einfluss haben, diese, indem sie den Wert der Arbeit verringern. Wir wollen daher beides auf diejenigen Schranken zurückführen, welche das gemeinsame Wohl nötig macht, und verordnen daher folgendes:

§ 1. Freiheit des Güterverkehrs. Jeder Einwohner unserer Staaten ist, ohne alle Einschränkung in Beziehung auf den Staat, zum eigentümlichen und Pfandbesitz unbeweglicher Gegenstände aller Art berechtigt; der Edelmann also nicht nur zum Besitz adeliger, sondern auch unadeliger, bürgerlicher und bäuerlicher Güter aller Art, und der Bürger und Bauer zum Besitz nicht bloss bürgerlicher, bäuerlicher und anderer unadeliger, sondern auch adeliger Grundstücke, ohne dass der eine oder der andere zu irgendeinem Gütererwerb einer besonderen Erlaubnis bedarf, wenngleich nach wie vor jede Besitzveränderung den Behörden angezeigt werden muss.

§ 2. Freie Wahl des Gewerbes, Jeder Edelmann ist ohne allen Nachteil seines Standes befugt, bürgerliche Gewerbe zu treiben; und jeder Bürger oder Bauer ist berechtigt, aus dem Bauern- in den Bürger- und aus dem Bürger- in den Bauernstand zu treten.

§ 6. Einziehung und Zusammenschlagung der Bauerngüter. Wenn ein Gutsbesitzer meint, die auf einem Gute vorhandenen einzelnen Bauernhöfe oder ländlichen Besitzungen, welche nicht erblich, erbpacht- oder erbzinsweise ausgetan sind, nicht wiederherstellen oder erhalten zu können, so ist er verpflichtet, sich deshalb bei der Kammer der Provinz zu melden, mit deren Zustimmung die Zusammenziehung sowohl mehrerer Höfe in eine bäuerliche Besitzung als mit Vorwerksgrundstücken gestattet werden soll, sobald auf dem Gute keine Erbuntertänigkeit mehr stattfindet.

§ 7. Werden die Bauernhöfe aber erblich, erbpacht- oder erbzinsweise besessen, so muss, bevor von deren Einziehung oder einer Veränderung in Absicht der dazugehörigen Grundstücke die Rede sein kann, zuerst das Recht des bisherigen Besitzers, sei es durch Veräusserung desselben an die Gutsherrschaft oder auf einem anderen gesetzlichen Wege, erloschen sein. In diesem Falle treten auch in Absicht solcher Güter die Bestimmungen des § 6 ein.

§ 10. Auflösung der Gutsuntertänigkeit. Nach dem Datum dieser Verordnung entsteht fernerhin kein Untertänigkeitsverhältnis, weder durch Geburt noch durch Heirat, noch durch Übernahme einer untertänigen Stelle, noch durch Vertrag.

§ 11. Mit der Publikation der gegenwärtigen Verordnung hört das bisherige Untertänigkeitsverhältnis derjenigen Untertanen und ihrer Weiber und Kinder, welche ihre Bauerngüter erblich oder eigentümlich oder erbzinsweise oder erbpächtlich besitzen, wechselseitig gänzlich auf.

§ 12. Mit dem Martinitage eintausendachthundertzehn[1] hört alle Guts-

1 *11. November, damals der übliche Endtermin für Dienst- und Pachtverträge in der Landwirtschaft.*

untertänigkeit in unseren sämtlichen Staaten auf. Nach dem Martinitage 1810 gibt es nur freie Leute, so wie solches auf den Domänen in allen unseren Provinzen schon der Fall ist, bei denen aber, wie sich von selbst versteht, alle Verbindlichkeiten, die ihnen als freien Leuten vermöge des Besitzes eines Grundstückes oder vermöge eines besonderen Vertrages obliegen, in Kraft bleiben.

Publikationen aus den Preußischen Staatsarchiven, Bd. XXX (Leipzig 1887), 210.

Aus den Lebenserinnerungen des Generals von der Marwitz:

Stein, fing ... die Revolutionierung des Vaterlandes an, den Krieg der Besitzlosen gegen das Eigentum, der Industrie gegen den Ackerbau, des Beweglichen gegen das Stabile, des krassen Materialismus gegen die von Gott eingeführte Ordnung, des (eingebildeten) Nutzens gegen das Recht, des Augenblicks gegen die Vergangenheit und Zukunft ... Er machte den Anfang zu seiner sogenannten Regeneration des preussischen Staates mit allerhand auf die Rousseauschen und Montesquieuschen Theorien gegründeten Gesetzen, solchen wie sie aus der französischen Revolution samt dem Schaden, den sie angerichtet, längst bekannt waren ... Es erschien also am 9. Oktober 1807 das Edikt über die persönlichen Verhältnisse der Landbewohner und den freien Gebrauch des Grundeigentums. Schon diese fremdartige Benennung und Erschaffung einer Menschenklasse, die in der Art gar nicht existierte, ist bemerkenswert. Es gab auf dem Lande königliche Domänen, Edelleute und untertänige Bauern, alle mit ganz verschiedenen Rechten und Pflichten; und in den Provinzen, die uns nach dem Frieden geblieben waren, nur an äusserst wenigen Orten Bauern mit freiem Eigentum. Dies waren also sehr bestimmt unterschiedene Klassen, die noch niemals kollektive Landbewohner genannt worden waren, da es nicht auf den Platz ankam, wo ihr Haus stand, sondern auf ihre Rechtsverhältnisse.

Im Eingang wurde, genau ebenso, wie Trugot dreissig Jahre früher in dem ersten revolutionären Edikt Ludwig XVI. unterschreiben liess, als Zweck des Gesetzes der grössere Wohlstand angegeben, der dadurch erreicht werden würde. Wenn die französische Kontribution darauf hätte warten sollen, so wäre sie heute noch nicht bezahlt ...

Zum Schluß folgte der pomphafte Ausruf: »Mit dem Martinitag 1810 gibt es also in Unseren Staaten nur freie Leute!«, worüber die Ideologen und Philosophanten von der Garonne bis zum Niemen ein Loblied anstimmten und den Minister Stein verherrlichten – gleich als ob bis dahin irgendwo in unserem Lande Sklaverei oder Leibeigenschaft existiert hätte! Letztere fing vielmehr alsbald zu entstehen an, nämlich Leibeigenschaft des kleinen Besitzers gegen den Gläubiger, des Armen und Kranken gegen die Polizei und Armenanstalten, denn mit der Pflichtigkeit war natürlich die Verpflichtung des Schutzherren zur Vorsorge aufgehoben.

Friedrich Meusel: F. A. L. v. d. Marwitz, I (Berlin 1908), 492 ff.

Aus der Ordnung für sämtliche Städte der preußischen Monarchie vom 19. November 1808:

§ 1. Dem Staate und den von solchem angeordneten Behörden bleibt das oberste Aufsichtsrecht über die Städte, ihre Verfassung und ihr Vermögen ...

§ 47. Der Magistrat des Ortes ist der Vorsteher der Stadt, dessen Befehlen die Stadtgemeinde unterworfen ist. Seine Mitglieder und die Subjekte zu den öffentlichen Stadtämtern wählt und präsentiert die Bürgerschaft.

§ 48. Die Bürgerschaft selbst wird in allen Angelegenheiten des Gemeinwesens durch Stadtverordnete vertreten. Sie ist befugt, dieselben aus ihrer Mitte zu wählen.

§ 73. Die Wahl der Stadtverordneten nach Ordnungen, Zünften und Korporationen in den Bürgerschaften wird dagegen hierdurch völlig aufgehoben. Es nehmen an der Wahl alle stimmfähigen Bürger Anteil, und es wirkt jeder lediglich als Mitglied der Stadtgemeine ohne alle Beziehung auf Zünfte, Stand, Korporation und Sekte.

§ 108. Die Stadtverordneten erhalten durch die Wahl die unbeschränkte Vollmacht, in allen Angelegenheiten des Gemeinwesens der Stadt die Bürgergemeine zu vertreten, sämtliche Gemeineangelegenheiten für sie zu besorgen und in betreff des gemeinschaftlichen Vermögens, der Rechte und der Verbindlichkeiten der Stadt und der Bürgerschaft namens derselben verbindende Erklärungen abzugeben.

§ 110. Die Stadtverordneten sind berechtigt, alle diese Angelegenheiten ohne Rücksprache mit der Gemeine abzumachen ... Sie bedürfen dazu weder einer besonderen Instruktion oder Vollmacht der Bürgerschaft, noch sind sie verpflichtet, derselben über ihre Beschlüsse Rechenschaft zu geben. Das Gesetz und ihre Wahl sind ihre Vollmacht, ihre Überzeugung und ihre Ansicht vom gemeinen Besten der Stadt ihre Instruktionen, ihr Gewissen aber die Behörde, der sie deshalb Rechenschaft zu geben haben. Sie sind im vollsten Sinne Vertreter der ganzen Bürgerschaft, mithin so wenig Vertreter des einzelnen Bezirks, der sie gewählt hat, noch einer Korporation, Zunft usw., der sie zufällig angehören.

§ 114. Alle Stadtverordnetenstellen müssen unentgeltlich verwaltet werden, und es wird jede Remuneration einzelner Stadtverordneter um so mehr ausdrücklich untersagt, als die Annahme solcher Remunerationen ohnehin schon Mangel an Gemeinsinn verraten würde.

§ 152. Sämtliche Mitglieder der Magistrate mit Ausschluß des Oberbürgermeisters, werden namens der Stadtgemeine von den Stadtverordneten gewählt und von der Provinzialbehörde bestätigt.

§ 153. Zu dem Posten des Oberbürgermeisters sollen hingegen drei Kandidaten von der Stadtverordnetenversammlung präsentiert werden, wovon einer durch landesherrliche Bestätigung zum Oberbürgermeister ernannt wird.

Samml. der für die Kgl. preuß. Staaten erschienenen Gesetze und Verordnungen, 1806–1810 (Berlin 1822), Nr. 57.

Geist der Selbstverwaltung

Hat man sich überzeugt, daß das Verdrängen der Nation von jeder Teilnahme an der Verwaltung öffentlicher Angelegenheiten den Gemeingeist erstickt und daß dessen Stelle eine Verwaltung durch besoldete Behörden nicht ersetzt, so muß eine Veränderung in der Verfassung erfolgen.

Das zudringliche Eingreifen der Staatsbehörden in Privat- und Gemeindeangelegenheiten muß aufhören, und dessen Stelle nimmt die Tätigkeit des Bürgers ein, der nicht in Formen und Papier lebt, sondern kräftig handelt, weil ihn seine Verhältnisse in das wirkliche Leben hinrufen und zur Teilnahme an dem Gewirre der menschlichen Angelegenheiten nötigen.

Man muß bemüht sein, die ganze Masse der in der Nation vorhandenen Kräfte auf die Besorgung ihrer Angelegenheiten zu lenken, denn sie ist mit ihrer Lage und ihren Bedürfnissen am besten bekannt, und auf diese Art nimmt die Verwaltung eine in dieser Lage gemäße Richtung und kommt in Übereinstimmung mit der Kultur der Nation.

Es wird die Gesetzgebung einer Nation mangelhaft bleiben, wenn sie sich allein aus den Ansichten der Geschäftsleute oder der Gelehrten bildet. – Die ersteren sind mit der Besorgung des Einzelnen so sehr überladen, daß sie die Übersicht des Ganzen verlieren, und so sehr an das Erlernte, Positive gewöhnt, daß sie allem Fortschreiten abgeneigt sind; die letzteren sind vom wirklichen Geschäftsleben zu sehr entfernt, um etwas Nützliches leisten zu können.

Hat eine Nation sich über den Zustand der Sinnlichkeit erhoben, hat sie sich eine bedeutende Masse von Kenntnissen erworben, genießt sie einen mächtigen Grad von Denkfreiheit, so richtet sie ihre Aufmerksamkeit auf ihre eigenen National- und Kommunalangelegenheiten.

Frhr. vom Stein: Gesamtausgabe, Briefe, amtl. Schriften, Bd. III (Berlin 1932), 524.

Edikt betreffend die bürgerlichen Verhältnisse der Juden in dem Preußischen Staaten, vom 11ten März 1812.

Wir Friedrich Wilhelm, von Gottes Gnaden König von Preußen usw. haben beschlossen, den jüdischen Glaubensgenossen in Unserer Monarchie eine neue, der allgemeinen Wohlfahrt angemessene Verfassung zu ertheilen, erklären alle bisherige, durch das gegenwärtige Edikt nicht bestätigte Gesetze und Vorschriften für die Juden für aufgehoben und verordnen wie folget:

§ 1. Die in Unsern Staaten jetzt wohnhaften, mit General-Privilegien, Naturalisations-Patenten, Schutzbriefen und Konzessionen versehenen Juden und deren Familien sind für Einländer und Preußische Staatsbürger zu achten.

§ 2. Die Fortdauer dieser ihnen beigelegten Eigenschaft als Einländer und Staatsbürger wird aber nur unter der Verpflichtung gestattet: daß sie fest bestimmte Familien=Namen führen, und daß sie nicht nur bei Führung ihrer Handelsbücher, sondern auch bei Abfassung ihrer Verträge und rechtlichen Willens=Erklärungen der deutschen oder einer andern lebenden Sprache, und bei ihren Namens=Unterschriften keiner andern, als deutscher oder lateinischer Schriftzüge sich bedienen sollen.

§ 3. Binnen sechs Monaten, von dem Tage der Publikation dieses Edikts an gerechnet, muß ein jeder geschützte oder konzessionierte Jude vor der Obrigkeit seines Wohnorts sich erklären, welchen Familien=Namen er beständig führen will. Mit diesem Namen ist er, sowohl in öffentlichen Verhandlungen und Ausfertigungen, als im gemeinen Leben, gleich einem jedem andern Staatsbürger, zu benennen.

§ 4. Nach erfolgter Erklärung und Bestimmung seines Familien=Namens erhält ein jeder von der Regierung der Provinz, in welcher er seinen Wohnsitz hat, ein Zeugniß, daß der ein Einländer und Staatsbürger sey, welches Zeugniß für ihn und seine Nachkommen künftig statt des Schutzbriefes dient.

§ 5. Nähere Anweisungen zu dem Verfahren der Polizei=Behörden und Regierungen wegen der Bestimmung der Familien=Namen, der öffentlichen Bekanntmachung derselben durch die Amtsblätter und der Aufnahme und Fortführung der Hauptverzeichnisse aller in der Provinz vorhandenen jüdischen Familien bleiben einer besondern Instruktion vorbehalten.

§ 6. Diejenigen Juden, welche den Vorschriften § 2 und 3 zuwider handeln, sollen als *fremde Juden* angesehen und behandelt werden.

§ 7. Die für Einländer zu achtende Juden hingegen sollen, in sofern diese Verordnung nichts Abweichendes enthält, gleiche bürgerliche Rechte und Freiheiten mit den Christen genießen.

§ 8. Sie können daher akademische Lehr= und Schul= auch Gemeinde=Aemter, zu welchen sie sich geschickt gemacht haben, verwalten.

§ 9. In wie fern die Juden zu andern öffentlichen Bedienungen und Staats=Aemtern zugelassen werden können, behalten Wir Uns vor, in der Folge der Zeit, gesetzlich zu bestimmen.

§ 10. Es stehet ihnen frei, in Städten sowohl als auf dem platten Lande sich niederzulassen.

§ 11. Sie können Grundstücke jeder Art, gleich den christlichen Einwohnern, erwerben, auch alle erlaubten Gewerbe mit Beobachtung der allgemeinen gesetzlichen Vorschriften treiben.

§ 12. Zu der aus dem Staatsbürgerrechte fließenden Gewerbefreiheit, gehöret auch der Handel.

...

§ 28. Da, nach den allgemeinen Rechtsgrundsätzen, neue Gesetze auf vergangene Fälle nicht bezogen werden können, so sind die Streitigkeiten über Handlungen, Begebenheiten und Gegenstände, welche das bürgerliche Privatrecht der Juden betreffen, und sich vor der Publikation der gegenwärtigen Verordnung ereignet haben, nach den Gesetzen zu beurtheilen, die bis zur Publikation dieses Edikts verbindend waren, wenn nicht etwa die bei jenen Handlungen, Begebenheiten und Gegenständen Interessierten, in so fern sie dazu rechtlich befugt sind, sich durch eine rechtsgultige Willenserklärung den Bestimmungen der Gegenwärtigen Verordnung, nach deren Publikation, unterworfen haben sollten.

...

§ 39. Die nöthigen Bestimmungen wegen des kirchlichen Zustandes und der Verbesserung des Unterrichts der Juden, werden vorbehalten, und es sollen bei der Erwägung derselben, Männer des jüdischen Glaubensbekenntnisses, die wegen ihrer Kenntnisse und Rechtschaffenheit das öffentliche Vertrauen genießen, zugezogen und mit ihrem Gutachten vernommen werden.

Hiernach haben sich Unsere sämmtliche Staats-Behörden und Unterthanen zu richten. Gegeben Berlin, den 11ten März 1812.

Friedrich Wilhelm.

Hardenberg. Kircheisen.

(Gesetz-Sammlung für die Königlichen Preußischen Staaten)

Aus dem Hardenbergschen Edikt von 1812

Zu Scharnhorsts Heeresreform

Da die allgemeine Militär-Konskription in der Folge junge Leute von guter Erziehung und feinem Ehrgefühl als gemeine Soldaten unter die Fahnen stellen wird, so ist mit Zuversicht zu erwarten, daß diese nicht nur selbst ihren Vorgesetzten willig folgen und durch gute Applikation den Militärdienst leicht erlernen, sondern eben hierdurch auch ihren Kameraden aus den weniger gebildeten Ständen ein Beispiel vernünftigen Gehorsams und wirksamer Anwendung ihrer Kräfte und Fähigkeiten geben und zu ihrer Ausbildung mitwirken werden und daß daher mit einer gelinden Behandlung Ordnung und Disziplin in der Armee werden erhalten werden können. Seine Königliche Majestät versehen Sich zu den Offizieren, daß sie sich ihre ehrenvolle Bestimmung, die Erzieher und Anführer eines achtbaren Teils der Nation zu sein, immer vergegenwärtigen und, wenn auch durch den Weg der Konskription, ein rohes Individuum unter ihre Befehle kommen sollte, lieber suchen werden, solches im Anfange durch zutrauliches Zureden und Verdeutlichung der ihm obliegenden Pflichten und erst dann, wenn dieses sanftere Verfahren nichts fruchtet, durch verständige Anwendung der erlaubten Bestrafungsarten in ihren verschiedenen Abstufungen zu bessern.

Die Erfahrung lehrt, daß Rekruten ohne Schläge im Exerzieren unterrichtet werden können. Einem Offizier, dem dies unausführbar scheinen möchte, mangelt entweder die nötige Darstellungsgabe oder der klare Begriff vom Exerzierunterricht in seinem Fortschreiten vom Leichteren zum Schwereren, folglich die für seinen Posten unentbehrliche Ausbildung.

Die höheren Befehlshaber und die der Kompanien und Eskadrons sind dafür verantwortlich, daß ihre Untergebenen weder den Soldaten auf eine rohe Art behandeln noch sich fernerhin das hie und da übliche Schimpfen desselben erlauben.

Verordnung wegen der Militärstrafen vom 3. August 1808.

Der Geist der Armee und der Sold

Eine Armee, die auf ihrem eigenen Grund und Boden für ihr höchstes Interesse ficht, kann und muß nicht wie ein Haufen Söldner betrachtet werden, welcher seine feile Haut für bares Geld zu Markte trägt. Die höchste Entsagung in allen Dingen des Luxus und Überflusses muß der Geist dieser Armee sein. Dann sind aber die hohen Gehalte nicht nötig, womit man jetzt in den hohen Stellungen lange Dienste zu belohnen oder das Talent zu fesseln glaubt. Der Kampf fürs Vaterland ist der höchste Lohn fürs Verdienst, der mächtigste Reiz fürs Talent.

Aus der Bekenntnisschrift Carl v. Clausewitz' von 1812.
Carl v. Clausewitz: Politische Schriften und Briefe, hrsg. von Hans Rothfels, München 1922, S. 105.

Urkunde über die Stiftung des Eisernen Kreuzes

Wir Friedrich Wilhelm, von Gottes Gnaden König von Preußen usw. usw. In der jetzigen großen Katastrophe, von welcher für das Vaterland alles abhängt, verdient der kräftige Sinn, der die Nation so hoch erhebt, durch ganz eigentümliche Monumente verehrt und verewigt zu werden. Daß die Standhaftigkeit, mit welcher das Volk die unwiderstehlichen Übel einer eisernen Zeit ertrug, nicht zu Kleinmütigkeit herabsank, bewährt der hohe Mut, welcher jetzt jede Brust belebt und welcher, nur auf Religion und auf treue Anhänglichkeit an König und Vaterland sich stützend, ausharren konnte.

Wir haben daher beschlossen, das Verdienst, welches in dem jetzt ausbrechenden Kriege entweder im wirklichen Kampf mit dem Feinde oder außerdem im Felde oder daheim, jedoch in Beziehung auf diesen großen Kampf um Freiheit und Selbständigkeit, erworben wird, besonders auszuzeichnen und diese Auszeichnung nach *diesem* Kriege nicht weiter zu verleihen.

Dem gemäß verordnen Wir wie folgt:

1. Die nur für diesen Krieg bestehende Auszeichnung des Verdienstes unserer Untertanen um das Vaterland ist

das Eiserne Kreuz

von zwei Klassen und einem Großkreuz.

2. Beide Klassen haben ein ganz gleiches in Silber gefaßtes schwarzes Kreuz von Gußeisen, die Vorderseite ohne Inschrift, die Kehrseite zu oberst Unseren Namenszug F. W. mit der Krone, in der Mitte drei Eichenblätter und unten die Jahreszahl 1813. Und beide Klassen werden an einem schwarzen Band mit weißer Einfassung, wenn das Verdienst im Kampf mit dem Feind erworben ist, und an einem weißen Band mit schwarzer Einfassung, wenn dies nicht der Fall ist, im Knopfloch getragen; die erste Klasse hat neben dieser Dekoration noch ein Kreuz von schwarzem Bande mit weißer Einfassung auf der linken Brust; und das Großkreuz, noch einmal so groß als das der beiden Klassen, wird an dem schwarzen Bande mit weißer Einfassung um den Hals getragen.

3. Die Militär-Ehrenzeichen erster und zweiter Klasse werden während der Dauer *dieses* Krieges nicht ausgegeben; auch wird die Erteilung des Roten Adlerordens zweiter und dritter Klasse so wie des Ordens Pourlemérite, bis auf einige einzelne Fälle, in der Regel suspendiert. Das Eiserne Kreuz ersetzt diese Orden und Ehrenzeichen und wird durchgängig von Höheren und Geringeren auf gleiche Weise in den angeordneten zwei Klassen getragen. Der Orden Pourlemérite wird in außerordentlichen Fällen mit drei goldenen Eichenblättern am Ringe erteilt.

4. Die zweite Klasse des Eisernen Kreuzes soll durchgängig zuerst verliehen werden; die erste kann nicht erfolgen, als wenn die zweite schon erworben war.

5. Daraus folgt, daß auch diejenigen, welche Orden oder Ehrenzeichen schon besitzen und sich in diesem Kriege auszeichnen, zunächst nur das Eiserne Kreuz zweiter Klasse erhalten können.

6. Das Großkreuz kann ausschließlich nur für eine gewonnene entscheidende Schlacht, nach welcher der Feind seine Position verlassen mußte, desgleichen für die Wegnahme einer bedeutenden Festung, oder für die anhaltende Verteidigung einer Festung, die nicht in feindliche Hände fällt, der Kommandierende erhalten.

7. Die jetzt schon vorhandenen Orden und Ehrenzeichen werden mit die aber fernerhin nicht weiter vermehrt werden kann.

8. Alle Vorzüge, die bisher mit dem Besitz des Ehrenzeichens erster und zweiter Klasse verbunden waren, gehen auf das Eiserne Kreuz über. Der Soldat, der jetzt schon das Ehrenzeichen zweiter Klasse besitzt, kann bei anderweitiger Auszeichnung nur zuerst das Eiserne Kreuz der zweiten Klasse erhalten; jedoch erhält er mit demselben zugleich die mit dem Besitz des Ehrenzeichens verbundene monatliche Zulage, die aber fernerhi nicht weiter vermehrt werden kann.

9. In Rücksicht der Art des verwirkten Verlusts dieser Auszeichnung hat es bei den in Ansehung Unserer übrigen Orden und Ehrenzeichen gegebenen Vorschriften sein Bewenden.

Urkundlich unter Unserer allerhöchsteigenhändigen Unterschrift und beigedruckten königlichen Insiegel.

Gegeben Breslau, den 10ten März 1813. Friedrich Wilhelm.

Aufruf Friedrich Wilhelms III.

An mein Volk!

So wenig für mein treues Volk als für Deutsche, bedarf es einer Rechenschaft über die Ursachen des Krieges, welcher jetzt beginnt. Klar liegen sie dem unverblendeten Europa vor Augen. – Wir erlagen unter der Übermacht Frankreichs. Der Frieden, der die Hälfte meinter Untertanen mir entriß, gab uns seine Segnungen nicht; denn er schlug uns tiefere Wunden als selbst der Krieg. Das Mark des Landes ward ausgesogen, die Hauptfestungen blieben vom Feind besetzt, der Ackerbau ward gelähmt so wie der sonst so hoch gebrachte Kunstfleiß unserer Städte. Die Freiheit des Handels ward gehemmt, und dadurch die Quelle des Erwerbs und des Wohlstandes verstopft. Das Land ward ein Raub der Verarmung. – Durch die strengste Erfüllung eingegangener Verbindlichkeiten hoffte ich, meinem Volke Erleichterung zu bereiten und den französischen Kaiser endlich zu überzeugen, daß es sein eigener Vorteil sei, Preußen seine Unabhängigkeit zu lassen. Aber meine reinsten Absichten wurden durch Übermut und Treulosigkeit vereitelt, und nur zu deutlich sahen wir, daß des Kaisers Verträge mehr noch als seine Kriege uns langsam verderben mußten. Jetzt ist der Augenblick gekommen, wo alle Täuschung über unseren Zustand aufhört. – Brandenburger, Preußen, Schlesier, Pommern, Litauer! Ihr wißt, was Ihr seit fast sieben Jahren erduldet habt, Ihr wißt, was Euer trauriges Los ist, wenn wir den beginnenden Kampf nicht ehrenvoll enden. Erinnert Euch an die Vorzeit, an den Großen Kurfürsten, den Großen Friedrich. Bleibt eingedenk der Güter, die unter ihnen unsere Vorfahren blutig erkämpften: Gewissensfreiheit, Ehre, Unabhängigkeit, Handel, Kunstfleiß und Wissenschaft. Gedenkt des großen Beispiels unserer mächtigen Verbündeten, der Russen, gedenkt der Spanier, der Portugiesen. Selbst kleinere Völker sind für gleiche Güter gegen mächtigere Feinde in den Kampf gezogen und haben den Sieg errungen. Erinnert Euch an die heldenmütigen Schweizer und Niederländer.

Große Opfer werden von allen Ständen gefordert werden: Denn, unser Beginnen ist groß, und nicht geringe die Zahl und die Mittel unserer Feinde. Ihr werdet jene lieber bringen für das Vaterland, für Euren angeborenen König als für einen fremden Herrscher, der, wie so viele Beispiele lehren, Eure Söhne und Eure letzten Kräfte Zwecken widmen würde, die Euch ganz fremd sind. Vertrauen auf Gott, Ausdauer, Mut, und der mächtige Beistand unserer Bundesgenossen werden unseren Anstrengungen siegreichen Lohn gewähren. Aber, welche Opfer auch von einzelnen gefordert werden mögen, sie wiegen die heiligen Güter nicht auf, für die wir sie hingeben, für die wir streiten und siegen müssen, wenn wir nicht aufhören wollen, Preußen und Deutsche zu sein.

Es ist der letzte entscheidende Kampf, den wir bestehen für unsere Existenz, unsere Unabhängigkeit, unseren Wohlstand; keinen anderen

Ausweg gibt es als einen ehrenvollen Frieden oder einen ruhmvollen Untergang. Auch diesem würdet Ihr getrost entgegen gehen um der Ehre willen, weil ehrlos der Preuße und der Deutsche nicht zu leben vermag. Allein, wir dürfen mit Zuversicht vertrauen: Gott und unser fester Wille werden unserer gerechten Sache den Sieg verleihen, mit ihm einen sicheren, glorreichen Frieden und die Wiederkehr einer glücklichen Zeit.

Breslau, den 17. März 1813. Friedrich Wilhelm.

Beim Einmarsch nach Frankreich 1814

An die Franzosen!

Franzosen! Wir sind mitten unter Euch. Euer Kaiser hat uns gezwungen über den Rhein zu gehen. Wir haben die alten Grenzen Eures Landes überschritten und bis ins Herz Frankreichs haben wir vordringen müssen, um, wenn es sein muß, mit unserem Blute den Frieden zu erkaufen, der für Euch so notwendig ist wie für das ganze Europa. Euer Oberhaupt allein verweigert ihn den erschöpften Völkern. Euer Oberhaupt, dem Ihr Eure Freiheit, Eure Wohlfahrt, Euer Glück anvertraut habt. Euer Oberhaupt allein ist's, der Euch den Krieg bringt, der die gesegneten Gefilde Frankreichs in Schlachtfelder verwandelt. Eine Umwälzung voller Schrecken drohte einst, Euch in die Barbarei zurückzuwerfen. Sie ist vergessen, aber nimmer möge sie wiederkehren! Die Herrschaft eines Tyrannen ist ihr gefolgt, doch nicht, um Eure Wunden zu heilen, sondern nur, um Euch noch grausamere, noch empfindlichere zuzufügen. Benutzt den günstigen Augenblick! Findet die Tatkraft wieder, die Ihr braucht; wir bitten Euch darum, denn keineswegs sehen wir Euch als unsere Feinde an. Brecht Eure Ketten, und Ihr werdet endlich der gesetzlichen Ordnung und Euch selbst wiedergegeben sein. Die Völker werden Euch wieder achten und lieben, und ein Jahrhundert des Glücks wird zwanzig Jahre voller Leiden vergessen lassen. Die Vorsehung hat es zugelassen, daß Unmenschen ein unschuldvolles Volk züchtigen, hat zugelassen, daß ein Ehrensüchtiger Ströme von französischem Blut vergoß. Aber dieselbe Vorsehung ist es auch, die das Leben des Heiligen Vaters gerettet hat, der die Vaterlandsliebe der Nachbarvölker erweckt und die Herzen der verbündeten Herrscher zu *einem* Willen vereint hat. Unerschütterlich ist dieser Wille. Die Kraft hat ihn erzeugt, der Mut hält ihn aufrecht, die Macht ist seine Sicherheit, der Friede ist sein Ziel. Wir wollen Frankreich gewiß nicht zerstückeln. Frankreich wird immer sich selbst angehören. Die Herrscher wollen keine Eroberungen machen, sondern jedem das Seine geben. Wir wollen auch nicht die Übel rächen, die Eure Kriege unserem Vaterland getan. Eure Religion, Eure Weiber und Kinder, Euer Gut und Eigentum wird geachtet werden. Jeder Soldat, der einer Ausschweifung überführt wird, soll streng bestraft werden; ich verspreche es Euch.

Wir kämpfen nur gegen die Heere, nicht gegen die friedlichen Bewohner dieses Landes. Vertrauensvoll wendet Euch mit Euren Klagen an mich, ich werde sie abstellen, und weder durch meine Truppen noch durch Eure Beamten sollt Ihr belästigt werden. Doch unseren Unternehmungen setzt keinen Widerstand entgegen und die Soldaten nehmt gut auf, die auf dem Pfade der Ehre sich ein Recht auf Eure Dankbarkeit erwerben. Eure Ruhe, Euer Friede und Verkehr, ja Euer eigenes Glück ist es, das wir begründen, wenn wir das unsrige sichern. Ich bürge Euch dafür. Würde denn auch ein Fürst von Ehre, ein großer Anführer, ein Franzose von Geburt, mit seinem Heere nach Frankreich kommen, wenn er Euch nicht glücklich machen wollte? Unter Euch wird er in neuem Glanze strahlen. Sein Stern hat ihn bestimmt, für Euer Glück zu kämpfen, nachdem er für Euren Ruhm so oft gefochten. An der Spitze von 80 000 Mann frischer Truppen kommt der Kronprinz von Schweden, um mit dem Ölzweig des Friedens die Lorbeeren zu krönen, die er am Busen seines Vaterlandes sich neu pflücken wird.

Hauptquartier zu Laon, den 24. Febr. 1814. *von Bülow.*

(Bekanntmachung des Generals von Bülow, Oberbefehlshabers des dritten Korps der schlesischen Armee.)
Übersetzung aus dem Französischen.

Die preußische Nation

In der jetzigen preußischen Nation sind eine Menge kleiner Völkerschaften vereinigt. Ihre Eigentümlichkeiten sind unverändert, Westfälinger, Niederländer, Friesen, Pommern und Märker haben ihren Charakter nicht aufzuopfern gebraucht, um Preußen zu sein. Sie gehören einer Nation an, deren Namen sie mit Stolz aussprechen. Von dem Ganzen geht Kraft in die Einzelnen.

B. G. Niebuhr: Preußens Recht gegen den sächsischen Hof, Berlin 1814, 78.

Über Preußen 1815

Die Natur des preußischen Staates ist sehr eigentümlich. Es gehört zu dieser Natur Wachstum, Ehre, Tapferkeit, großer Verstand – seinerzeit auch Ordnung und haushälterische Sparsamkeit und selbst liberale Ideen in politischer und religiöser Hinsicht. – Die Werke des großen Königs sind davon so voll als seine Laufbahn. Der Bedarf, die Notwendigkeit sogar, die geographische Lage, die aufgelegte Rolle, der Ruhm sind lauter vehicula – Ursachen –, Pfade, die dahin führen, zu großem Anspruch, will ich sagen. Ich bin überzeugt, daß wenn ich heute in diese Monarchie völlig eintreten sollte, so würde ich ganz von derselbigen Farbe der dezidierten Preußen sein.

Hans Christoph von Gagern: Mein Antheil an der Politik II, Stuttgart 1826, 494 f.

Europäische und deutsche Macht

Preußen ist zugleich europäische und deutsche Macht. Es gehört zugleich dem System der fünf Mächte an, dem durch eine welthistorische Kombination die Entscheidung über die wichtigsten Streitfragen und Irrungen zugefallen ist, und der engeren, auf dem alten Deutschen Reich beruhenden Verbindung, aus der es hervorgegangen ist und die es noch immer umgibt. – Die preußische Geschichte ist die eigentümliche Zusammensetzung einer deutschen Territorialgeschichte und der Geschichte eines Fürstenhauses, dem es gelingt, sich in deutschen und europäischen Konflikten geltend zu machen und einen großen unabhängigen Staat zu gründen. Würde man alle die Länder vereinigen, die den preußischen Staat bilden, so würde man diesen doch noch nicht verstehen, noch verständlich sein.

Aus dem Nachlaß Leopold von Rankes, mitgeteilt von Paul Joachimsen in der Akademieausgabe der zwölf Bücher Preußischer Geschichte III, München 1930, 484.

Das »Verfassungsversprechen«

Wir Friedrich Wilhelm, von Gottes Gnaden König von Preußen usw.

... Die Geschichte des preussischen Staats zeigt zwar, dass der wohltätige Zustand bürgerlicher Freiheit und die Dauer einer gerechten, auf Ordnung gegründeten Verwaltung in den Eigenschaften der Regenten und in ihrer Eintracht mit dem Volke bisher diejenige Sicherheit fanden, die sich bei der Unvollkommenheit und dem Unbestande menschlicher Einrichtungen erreichen läßt. Damit sie jedoch desto fester begründet, der preussischen Nation ein Pfand Unseres Vertrauens gegeben und der Nachkommenschaft die Grundsätze, nach welchen Unsere Vorfahren und Wir selbst die Regierung Unseres Reichs mit ernstlicher Vorsorge für das Glück Unserer Untertanen geführt haben, treu überliefert und verittelst einer schriftlichen Urkunde als Verfassung des preussischen Reichs dauerhaft bewahrt werden, haben Wir Nachstehendes beschlossen:

§ 1. Es soll eine Repräsentation des Volkes gebildet werden.

§ 2. Zu diesem Zwecke sind: a) die Provinzialstände da, wo sie mit mehr oder minder Wirksamkeit noch vorhanden sind, herzustellen und dem Bedürfnisse der Zeit gemäss einzurichten; b) wo gegenwärtig keine Provinzialstände vorhanden, sind sie anzuordnen.

§ 3. Aus den Provinzialständen wird die Versammlung der Landesrepräsentanten gewählt, die in Berlin ihren Sitz haben soll.

§ 4. Die Wirksamkeit der Landesrepräsentanten erstreckt sich auf die Beratung über alle Gegenstände der Gesetzgebung, welche die persönlichen und Eigentumsrechte der Staatsbürger mit Einschluss der Besteuerung betreffen.

§ 7. Sie soll am ersten September dieses Jahres zusammentreten.

§ 8. Unser Staatskanzler ist mit der Vollziehung dieser Verordnung beauftragt und hat Uns die Arbeiten der Kommission demnächst vorzulegen. Er ernennt die Mitglieder derselben und führt darin den Vorsitz, ist aber befugt, in Verhinderungsfällen einen Stellvertreter für sich zu bestellen.

Urkundlich unter Unserer höchsteigenhändigen Unterschrift und beigedrucktem Königl. Insiegel.

So geschehen Wien, den 22sten Mai 1815.

Friedrich Wilhelm
C. Fürst von Hardenberg

W. Altmann: Ausgew. Urkunden zur Brandenburgisch-Preußischen Verfassungs- und Verwaltungsgeschichte, II (Berlin 1897), 87 f.

Die Notwendigkeit einer Staatsverfassung

Die Bildung einer Staatsverfassung halte ich für den preußischen Staat für eine ohnerläßliche Bedingung seiner Erhaltung und Entwicklung. Ihm fehlt geographische Einheit, Volkseinheit, denn er besteht aus reinen Slawen, aus germanisierten Slawen, aus Sachsen, aus Franken – Religionsfreiheit, denn zwei Fünftel seiner Bevölkerung sind Katholiken –, und diesen Mängeln kann nur durch Bildung eines Vereinigungspunktes für alle diese fremdartigen Teile abgeholfen werden, einer Nationalanstalt, wo alle zusammentreten und über die gemeinschaftlichen Angelegenheiten sich beraten. Soll eine Verfassung gebildet werden, so muß sie geschichtlich sein, wir müssen sie nicht erfinden, wir müssen sie entwickeln. Es ist ein sonderbarer Widerspruch, in den die verfallen, welche der Meinung sind, der Deutsche sei noch nicht reif zu einer Verfassung. Finden sich Menschen zu Staatsbeamten in hinlänglicher Menge, warum sollen sich denn nicht Menschen zu Abgeordneten in einer Ständeversammlung finden?

Frhr. vom Stein: Beurteilung der Verordnung über die Oberpraesidien, 20. August 1816 – Gesamtausg. Briefe und Amtliche Schriften V (Stuttgart 1964), 538 f.

Allerhöchste Königliche Cabinets-Ordre die Vereinigung der lutherischen und reformierten Kirche, vom 27sten September 1817 betreffend

Schon Meine in Gott ruhenden erleuchteten Vorfahren, der Kurfürst Johann Sigismund, der Kurfürst Georg Wilhelm, der große Kurfürst König Friedrich I. und König Friedrich Wilhelm I. haben, wie die Geschichte ihrer Regierung und ihres Lebens beweiset, mit frommen Ernst es sich angelegen sein lassen, die beiden getrennten protestantischen Kirchen, die reformierte und lutherische, zu einer evangelisch-christlichen in Ihrem Lande zu vereinigen. Ihr Andenken und Ihre heilsame Absicht ehrend, schließe Ich Mich gern an Sie an, und wünsche ein Gott gefälliges Werk, welches in dem damaligen unglücklichen Sekten-Geiste unüberwindliche Schwierigkeiten fand, unter dem Einfluß eines besseren Geistes, welcher das Außerwesentliche beseitigt, und die Hauptsache im Christentum, worin beide Confessionen eins sind, festhält, zur Ehre Gottes und zum Heil der christlichen Kirche, in Meinen Staaten zu Stande gebracht und bei der bevorstehenden Säcular-Feier der Reformation damit den Anfang gemacht zu sehen! Eine solche wahrhaft religiöse Vereinigung der beiden, nur noch durch äußere Unterschiede getrennten protestantischen Kirchen, ist den großen Zwecken des Christentums gemäß; sie entspricht den ersten Absichten der Reformatoren; sie liegt im Geiste des Protestantismus; sie befördert den kirchlichen Sinn; sie ist heilsam in der häuslichen Frömmigkeit; sie wird die Quelle vieler nützlichen, oft nur durch den Unterschied der Confessionen bisher gehemmten Verbesserungen in Kirchen und Schulen.

Dieser heilsamen, schon so lange und jetzt wieder so laut gewünschten und so oft vergeblich versuchten Vereinigung, in welcher die reformierte nicht zu lutherischen und diese nicht zu jener übergehet, sondern beide eine neu belebte, evangelisch-christliche Kirche im Geiste ihres heiligen Stifters werden, stehet kein in der Natur der Sache liegendes Hindernis mehr entgegen, sobald beide Teile nur ernstlich und redlich in wahrhaft christlichem Sinne sie wollen, und von diesem erzeugt, würde sie würdig den Dank aussprechen, welchen wir der göttlichen Vorsehung für den unschätzbaren Segen der Reformation schuldig sind, und das Andenken ihrer großen Stifter, in der Fortsetzung ihres unsterblichen Werkes, durch die Tat ehren.

Aber so sehr Ich wünschen muß, daß die reformierte und lutherische Kirche in Meinen Staaten diese Meine wohlgeprüfte Überzeugung mit Mir teilen möge, so weit bin Ich, ihre Rechte und Freiheit achtend, davon entfernt, sie aufdringen und in dieser Angelegenheit etwas verfügen und bestimmen zu wollen. Auch hat diese Union nur dann einen wahren Wert, wenn weder Überredung noch Indifferentismus an ihr Teil haben, wenn sie aus der Freiheit eigener Überzeugung rein hervorgeht, und sie nicht nur eine Vereinigung mit der äußeren Form ist, sondern in der Einigkeit der Herzen, nach echt biblischen Grundsätzen, ihre Wurzeln und Lebenskräfte hat.

So wie Ich Selbst in diesem Geiste das bevorstehende Säcularfest der Reformation, in der Vereinigung der bisherigen reformierten und lutherischen Hof und Garnison-Gemeine zu Potsdam, zu einer evangelisch-christlichen Gemeinde feiern und mit derselben das heilige Abendmahl genießen werde: so hoffe Ich, daß dies Mein eigenes Beispiel wohltuend auf alle protestantischen Gemeinen in Meinem Lande wirken, und eine allgemeine Nachfolge im Geiste und in der Wahrheit finden möge. Der weisen Leitung der Kosistorien, dem frommen Eifer der Geistlichen und ihrer Synoden überlasse Ich die äußere übereinstimmende Form der Vereinigung, überzeugt, daß die Gemeinen in echt-christlichem Sinn dem gern folgen werden, und daß überall, wo der Blick nur ernst und aufrichtig, ohne alle unlautere Nebenabsichten auf das Wesentliche und die große heilige Sache selbst gerichtet ist, auch leicht die Form sich finden, und so das Äußere aus dem Innern, einfach, würdevoll und wahr von selbst hervorgehen wird. Möchte der verheißene Zeitpunkt nicht mehr ferne sein, wo unter einem gemeinschaftlichen Hirten, alles in einem Glauben, in einer Liebe und in einer Hoffnung sich zu einer Herde bilden wird!

Potsdam, den 27sten September 1817.

Friedrich Wilhelm.

An die Konsistorien, Synoden und
Superintendenturen.

Urkundenbuch der evangelischen Union, ed. C. J. Nitzsch, Berlin 1853, 125 ff.

Zollverein

Um die neuen westlichen Gebiete Preußens auch wirtschaftlich mit den Stammländern enger zu verknüpfen, wurden durch das Zollgesetz vom 26. Mai 1818 alle Binnenzölle aufgehoben und der Preußische Staat zu einem einheitlichen Wirtschaftsgebiet erklärt. Auf der Ostermesse 1819 in Frankfurt a. M. wurde von Friedrich List (1789–1846) der »Allgemeine Deutsche Handels- und Gewerbeverein« gegründet, der sich mit einer Bittschrift an den Bundestag wandte, in der es heißt:

Vereinheitlichung der Wirtschaft

Vernünftige Freiheit ist die Bedingung aller physischen und geistigen Entwicklung des Menschen. Wie der menschliche Geist niedergehalten wird durch Bande des Gedankenverkehrs, so wird der Wohlstand der Völker gebeugt durch Fesseln, welche der Produktion und dem Verkehr materieller Güter angelegt werden. – Achtunddreißig Zoll- und Mautlinien in Deutschland lähmen den Verkehr im Inneren und bringen ungefähr dieselbe Wirkung hervor, wie wenn jedes Glied des menschlichen Körpers unterbunden wird, damit das Blut ja nicht in ein anderes überfließe. Um von Hamburg nach Österreich, von Berlin in die Schweiz zu handeln, hat man zehn Staaten zu durchschneiden, zehn Zoll- und Mautordnungen zu studieren, zehnmal Durchgangszoll zu bezahlen. Wer aber das Unglück hat, auf einer Grenze zu wohnen, wo drei oder vier Staaten zusammenstoßen, der verlebt sein ganzes Leben mitten unter feindlich gesinnten Zöllnern und Mautnern, der hat kein Vaterland. Trostlos ist dieser Zustand für Männer, welche Wirken und handeln möchten. Mit neidischen Blicken sehen sie hinüber über den Rhein, wo ein großes Volk vom Kanal bis an das Mittelländische Meer, vom Rhein bis an die Pyrenäen, von der Grenze Hollands bis Italien auf freien Flüssen und offenen Landstraßen Handel treibt, ohne einem Mautner zu begegnen.

Zoll und Maut können wie der Krieg nur als Verteidigung gerechtfertigt werden. Je kleiner aber der Staat ist, welcher eine Maut errichtet, desto größer das Übel, desto mehr würgt sie die Regsamkeit des Volkes, desto größer die Erhebungskosten; denn kleine Staaten liegen überall an der Grenze. Daher sind diese achtunddreißig Mautlinien dem Volke Deutschlands ungleich schädlicher als eine Douanenlinie an Deutschlands Grenzen, wenn auch die Zollsätze dort dreimal höher wären. Und so geht denn die Kraft derselben Deutschen, die zur Zeit der Hansa unter dem Schutz eigener Kriegsschiffe den Welthandel trieben, durch achtunddreißig Maut- und Zollsysteme zugrunde. –

Frankfurt a. M., den 14. IV. 1819

Professor List
als Bevollmächtigter des Allgemeinen
Deutschen Handels- und Gewerbevereins
in Frankfurt

In den zwanziger Jahren waren einzelstaatliche Zollvereinbarungen geschlossen (Preußen-Hessen, Bayern-Württemberg) und Ansprüche Österreichs über den Deutschen Bund angemeldet worden. Im Juni 1829 überreichte der preußische Finanzminister Friedrich von Motz (1775–1830) seinem König ein

Memoire über die Wichtigkeit der Zoll- und Handelsverträge für Preußen:

Wenn es staatswissenschaftliche Wahrheit ist, daß Zölle nur die Folge politischer Trennung verschiedener Staaten sind, so muß es auch Wahrheit sein, daß Einigung dieser Staaten zu einem Zoll- und Handelsverbande zugleich auch Einigung zu einem und demselben politischen System mit sich führt. – Preußen muß heute wünschen, mit allen den Staaten, die nur von wahrhaft deutschem Interesse geleitet und Preußen mit offenem Vertrauen ergeben sind, nicht aber etwa den Besitz deutscher Provinzen bloß als Vehikel für Förderung der Interessen ihrer größeren auswärtigen Deutschlands Interesse fremden Staatskörper zu benutzen streben, in jeder Beziehung, politisch und kommerziell, sich recht innig und recht enge zu verbinden. – In dieser, auf gleichem Interesse und natürlicher Grundlage ruhenden und sich notwendig in der Mitte von Deutschland erweiternden Verbindung wird erst wieder ein in Wahrheit verbündetes, von innen und von außen festes und freies Deutschland unter dem Schutz und Schirm von Preußen bestehen. Möge nur das noch Fehlende weiter ergänzt und das schon Erworbene mit umsichtiger Sorgfalt noch weiter ausgebildet und festgehalten werden!

Heinrich v. Treitschke: Aus den Papieren des Staatsministers von Motz, in: Historische und Politische Aufsätze, IV (Leipzig 1920, 2. Aufl.), 189 f.

Dieses Motzsche Memorandum läßt klar die im Ursprung einseitig preußische – noch nicht etwa gesamtdeutsche – Interessennahme am Zollverein erkennen, die hier sogar eine frühe antiösterreichische Zu-

spitzung erfährt. Durch die Initiative der staatlichen Bürokratie – speziell Motz und sein Amtsnachfolger Maassen – kam es am 30. März 1833 zur vertraglichen Gründung des »Deutschen Zollvereins«, durch den die Zollschranken zwischen achtzehn deutschen Staaten mit dreiundzwanzigeinhalb Millionen Einwohner wegfielen. Deutschland wurde so ein einheitliches Wirtschaftsgebiet.

Gründung des Deutschen Zollvereins

Preußen, Kurhessen, Hessen-Darmstadt, Bayern, Württemberg und Sachsen schließen folgenden Vertrag:

Art. 4. In dem Gebiete der betreffenden Staaten sollen übereinstimmende Gesetze über Eingangs-, Ausgangs- und Durchgangsabgaben bestehen.

Art. 6. Mit der Ausführung des gegenwärtigen Vertrages tritt zwischen den genannten Staaten Freiheit des Handels und Verkehrs und zugleich Gemeinschaft der Einnahmen der Zölle ein, wie beide in den folgenden Artikeln bestimmt werden.

Art. 7. Es hören von diesem Zeitpunkt an alle Eingangs-, Ausgangs- und Durchgangsabgaben an den gemeinschaftlichen Landesgrenzen des bisherigen preußisch-hessischen und des bisherigen bayrisch-württembergischen Zollvereines, ingleichen des Königsreichs Sachsen auf.

Art. 13. Chausseegelder oder andere statt derselben bestehende Abgaben ... ebenso Pflaster-, Damm-, Brücken- und Fährgelder sollen nur in dem Betrage beigehalten oder neu eingeführt werden können, als sie den gewöhnlichen Herstellungs- und Unterhaltungskosten angemessen sind.

Art. 14. Die genannten Regierungen wollen dahin wirken, daß in ihren Landen ein gleiches Münz-, Maß- und Gewichtssystem in Anwendung komme.

Art. 18. Die genannten Staaten wollen auch fernerhin gemeinschaftlich dahin wirken, daß ... der Befugnis der Untertanen des einen Staates, in dem anderen Arbeit und Erwerb zu suchen, möglichst freier Spielraum gegeben werde.

Art. 19. Die preußischen Seehäfen sollen dem Handel der Untertanen sämtlicher Vereinsstaaten gegen völlig gleiche Abgaben, wie solche von den preußischen Untertanen entrichtet werden, offenstehen.

Art. 22. Der Ertrag der in die Gemeinschaft fallenden Abgaben wird nach Abzug der Unkosten – unter den vereinigten Staaten nach dem Verhältnis der Bevölkerung – verteilt.

Art. 38. Für den Fall, daß andere deutsche Staaten den Wunsch zu erkennen geben sollten, in den Zollverein aufgenommen zu werden, erklären sich die Kontrahenten bereit, diesem Wunsche ... Folge zu geben.

Gesetzessammlung für die Preußischen Staaten 1833, 210 ff.

In dem Streit um die Tarifgestaltung des Zollvereins hat der Mitbegründer des deutschen Eisenbahnsystems, der geniale Schwabe Friedrich List – Professor der »Staatswissenschaft« –, seine Lehre von der durch Schutzzölle (»Erziehungszölle«) zu sichernden nationalen Wirtschaft durchgesetzt.

Nationalwirtschaft und Schutzzoll

Man kann als Regel aufstellen, daß eine Nation um so reicher und mächtiger ist, je mehr sie Manufakturprodukte exportiert, je mehr sie Rohstoffe importiert und je mehr sie an Produkten der heißen Zone konsumiert.

Das Douanensystem als Mittel, die ökonomische Entwicklung der Nation vermittelst der Regulierung des auswärtigen Handels zu fördern, muß stets das Prinzip der industriellen Erziehung der Nation zur Richtschnur nehmen. Die nationalökonomische Erziehung der auf einer niedrigen Stufe der Intelligenz und Kultur stehenden oder der im Verhältnis zu dem Umfang und der Produktivität ihres Territoriums an Bevölkerung noch armen Nationen wird am besten durch freien Handel mit sehr kultivierten, reichen und gewerbefleißigen Nationen gefördert. Jede Beschränkung des Handels einer solchen Nation, in der Absicht angeordnet, um bei ihr eine Manufakturkraft zu pflanzen, ist voreilig und wirkt nicht nur auf die Wohlfahrt der gesamten Menschheit, sondern auch auf die Fortschritte der Nation selbst ungünstig. Erst alsdann, wenn die intellektuelle, politische und ökonomische Erziehung der Nation infolge des freien Handels so weit gediehen ist, daß sie durch die Einbuße fremder Manufakturwaren und durch den Mangel an hinlänglichem Absatz für ihre Produkte in ihren weiteren Fortschritten aufgehalten und behindert wird, sind Schutzmaßregeln zu rechtfertigen. –

Wenn der Schutzzoll für einige Zeit die inländischen Manufakturwaren verteuert, so gewährte er in Zukunft wohlfeilere Preise infolge der inländischen Konkurrenz; denn eine zur vollständigen Ausbildung gelangte Industrie kann die Preise ihrer Fabrikate um so viel wohlfeiler stellen, als die Verführung der Rohstoffe und Lebensmittel und die Einführung der Fabrikate an Transport- und Handelsgewinsten kostet.

Friedrich List: Das nationale System der politischen Ökonomie, Werke, V (Berlin 1928), 217 ff.

Staatspflichten der Militärpersonen

Da in einem rein monarchischen Staate wie dem preußischen die Staatsgewalt sich in der Person des Monarchen konzentriert, so lassen sich die Standespflichten der Militärpersonen auf die beiden Pflichten der unbedingten Treue gegen den König und des unbedingten Gehorsams gegen dessen unmittelbare oder mittelbare Befehle zurückführen, indem sich aus ihnen alle anderen militärischen Standespflichten ... herleiten lassen.

(Handbuch für das Militärrecht, 1826, § 479)

Aus dem Testament Friedrich Wilhelms III. vom 1. Dezember 1827:

Verabsäume nicht, die Eintracht unter den europäischen Mächten, so viel in Deinen Kräften, zu befördern. Vor allem aber mögen Preußen, Rußland und Österreich sich nie voneinander trennen; ihr Zusammenhalten ist als der Schlußstein der großen europäischen Allianz zu betrachten.

Reden und Trinksprüche Friedrich Wilhelms IV., a.a.O., 5.

Preußischer Fahneneid[1]

Ich schwöre zu Gott dem Allwissenden und Allmächtigen einen leiblichen Eid, daß ich Seiner Majestät dem König von Preußen, meinem allergnädigsten Landesherren, in allen Vorfällen, zu Lande und zu Wasser, Kriegs- und Friedenszeiten und an welchen Orten es immer sei, treu und redlich dienen, Allerhöchstdero Nutzen und Bestes befördern, Schaden und Nachteil aber abwenden, die mir vorgelesenen Kriegsartikel und die mir erteilten Vorschriften und Befehle genau befolgen und mich so betragen will, wie es einem rechtschaffenen, unverzagten, pflicht- und ehrliebenden Soldaten eignet und gebühret.

Text nach K. v. Helldorf: Dienstvorschriften der Königlich Preußischen Armee, Berlin 1884[4] (Bd. II, 2).

Allerhöchste Cabinets-Ordre vom 28. Februar 1834, das Wesen und den Zweck der Union und Agende betreffend

Es hat Mein gerechtes Mißfallen erregen müssen, daß von einigen Gegnern des kirchlichen Friedens der Versuch gemacht worden ist, durch die Mißdeutungen und unrichtigen Ansichten, in welchen sie hinsichtlich des Wesens und des Zwecks der Union und Agende befangen sind, auch andere irre zu leiten. Zwar läßt sich von der Kraft der Wahrheit und dem gesunden Urteile so vieler Wohlunterrichteten hoffen, daß

1 *Die Pflicht zum Fahneneid beruhte auf einem Akt der königlichen Kommandogewalt, sie war weder im Wehrgesetz von 1814 noch in der Staatsverfassung von 1850 begründet, sondern beruhte ausschließlich auf einer Königlichen Kabinettsordre vom 5. Juni 1831, die die Form eines Armeebefehls hatte. Dieser Fahneneid blieb in Kraft bis zum 9. November 1918.*

dieses unlautere Beginnen im Ganzen erfolglos sein, und daß es durch die pünktliche Ausführung der Befehle, welche ich in Meiner Ordre vom heutige Tage, behufs der Beseitigung separatistischer Unordnungen Ihnen erteilt habe, gelingen werde, auch die Wenigen, die sich durch falsche Vorspiegelungen haben täuschen lassen, von ihrem Abwege zurückzubringen. Damit jedoch eine richtige Beurteilung der in Rede stehenden Angelegenheit auch denen erleichtert werde, deren Bedenklichkeiten aus Gewissensängstlichkeit entstehen, wird es zweckdienlich sein, daß die Hauptgrundsätze, nach welchen die Einführung der Agende und die Beförderung der Union zu leiten, Ich Sie bei wiederholten Veranlassungen angewiesen habe, im Zusammenhange bekannt gemacht werden.

Die Union bezweckt und bedeutet kein Aufgeben des bisherigen Glaubensbekenntnisses, auch ist die Autorität, welche die Bekenntnisschriften der beiden evangelischen Konfessionen bisher gehabt, durch sie nicht aufgehoben worden. Durch den Beitritt zu ihr wird nur der Geist der Mäßigung und Milde ausgedrückt, welcher die Verschiedenheit einzelner Lehrpunkte der andern Konfession nicht mehr als den Grund gelten läßt, ihr die äußerliche kirchliche Gemeinschaft zu versagen. Der Beitritt zur Union ist Sache des freien Entschlusses, und es ist daher eine irrige Meinung, daß an die Einführung der erneuerten Agende notwendig auch der Beitritt zur Union geknüpft sei, oder indirekt durch sie bewirkt werde. Jene beruht auf den von Mir erlassenen Anordnungen; dieser geht nach Obigem aus der freien Entschließung eines Jeden hervor. Die Agende steht mit der Union nur insofern im Zusammenhange, daß die darin vorgeschriebene Ordnung des Gottesdienstes und die für kirchliche Amtshandlungen aufgenommenen Formulare, weil sie schriftgemäß sind, ohne Anstoß und Beschwerde auch in solchen Gemeinden, die aus beiderlei Konfessions-Verwandten bestehen, zu gemeinsamer Förderung christlicher Gottesfurcht und Gottseligkeit, in Anwendung kommen können. Sie ist auch keineswegs bestimmt, in der evangelischen Kirche an die Stelle der Bekenntnisschriften zu treten, oder diesen in gleicher Eigenschaft beigesellt zu werden, sondern hat lediglich den Zweck, für den öffentlichen Gottesdienst und die amtlichen Verrichtungen der Geistlichen eine dem Geiste der Bekenntnisschriften entsprechende Ordnung, die sich auf die Autorität der evangelischen Agenden aus den ersten Zeiten der Reformation gründet, festzustellen und alle schädliche Willkür und Verwirrung davon fernzuhalten; mithin ist das Begehren derer, welche aus Abneigung gegen die Union auch der Agende widerstreben, als unstatthaft, ernstlich und kräftig abzuweisen. Auch in nicht unierten Kirchen muß der Gebrauch der Landes-Agende unter den für jede Provinz besonders zugelassenen Modifikationen stattfinden, am wenigsten aber – weil es am unchristlichsten sein würde – darf gestattet werden, daß die Feinde der Union, im Gegensatz zu den Freunden derselben, als eine besondere Religionsgesellschaft sich konstituieren.

Ich beauftrage Sie, gegenwärtigen Erlaß durch die Regierungs-Amtsblätter zur öffentlichen Kenntnis zu bringen.

Berlin, den 28. Februar 1834.

Friedrich Wilhelm.

An den

Staatsminister Freiherrn von Altenstein.

v. Kamptz: Annalen der Preußischen inneren Staatsverwaltung Bd. 18, Berlin 1834, 74.

J. F. Benzenberg an den Kronprinzen Friedrich Wilhelm

Düsseldorf, den 11. Oktober 1834

Die Gehälter der Diplomaten sind zu ungeheuer. Talleyrand bezahlt 49 000 Thaler für das Hotel Valençay und hat 30 000 Thaler Gehalt. Der englische Gesandte in Petersburg bezieht 75 000 Thaler. Der General von Boyen schreibt mir, daß Friedrich der Große seinem Gesandten in Paris nur 6 000 Thaler gegeben hat und als Ludwig XVI. das erste Kind geboren ward und alle Bothschaften große Feste gaben, so verlangte der preußische vom König einen außerordentlichen Zuschuß. Der König antwortete: »In Teufels Namen nein. Mein Gesandter soll sich nicht durch Feste, sondern durch seinen Geist auszeichnen«. . . .

Sparen und nichts als sparen, das ist es, was außer dem Waffenruhme das Haus Hohenzollern so groß gemacht hat. S. M. der König leben ganz einfach, der Thronerbe lebt noch einfacher. Alle Prinzen des Hauses leben einfach. Und dies von einem Vermögen der königlichen Domains, welches 7 Millionen Thaler ist.

Gott erhalte den König und sein Hohes Haus.

Benzenberg

(Preuß. GStA Rep. 90 C, I, 46 – ungedruckt)

Theodor von Schön: Aus seiner Schrift »Woher und wohin? Oder der preußische Landtag im Jahre 1840« (1841)

Im Jahre 1840 fragte der König vor seiner Huldigung: »Welche Zusicherungen wollt ihr preußischen Stände bestätigt haben?« Und der Landtag antwortete: »Nur die Vollführung dessen, was im Jahre 1815 und späterhin in ständischer Hinsicht zugesagt ist, und zwar wünschen wir Generalstände, die auf Erfordern Rat geben, damit die obersten Administrationsbeamten der ständischen Versammlung gegenüber nicht wie bei den Provinziallandtagen über die Landtage zu stehen kommen.« Und wer gab diese Antwort? Nicht eigentum- und heimatlose Menschen, nicht gedankenleere Jünglinge, nicht momentan aufbrausende Geister, die nur blindhin nach Neuerungen haschen. Begüterte Männer, Männer mit Urteil und gereifter Erfahrung, Männer in grauen Haaren stellten den Antrag, und zwar solche, welche, wenn ihr Verlangen zur Anarchie oder auch nur entfernt zur Illoyalität hinführen könnte, dadurch mehr verlieren würden, als das regierende Haus zu befürchten haben dürfte.... Und gegen wen ist der Antrag gestellt? Mit nichten gegen den Souverän, wohl aber gegen die Werkzeuge des Gouvernements, welche die Kulturentwicklung im Volke hemmen, das Volk in Unmündigkeit festhalten wollen und sich allein nur als Vollmündige betrachten.

Wohin, so dürfte man fragen, würde der Antrag führen? Zunächst und vor allem werden die Generalstände die Verwaltung aller Angelegenheiten, welche nicht Gouvernements-, sondern National- und Kommunalsachen sind, sich zueignen ... Auf den Charakter und die Stimmung des Volkes wird dies den wohltätigsten Einfluß haben. Dem Souverän selbst gibt die ständische Repräsentation für die Würdigkeit und Tüchtigkeit seiner Beamten unfehlbar den besten, vielleicht den einzigen bleibend wirksamen Prüfstein. Wer vor die Stände zu treten hat, wer Rechenschaft über seine Verwaltung vor ihnen ablegen muß, kann nicht unwissend und kopflos sein, böser Wille aber muß schnell zuschanden werden. Um so sicherer kann dann der Souverän darauf vertrauen, daß er stets zum rechten Amte den rechten Mann gewählt habe; was für ihn und den Staat ein unschätzbares Glück ist, im öffentlichen Leben der ständischen Repräsentation finden alle Kabalen und Polizeikünste stets ein schnelles Ende. Nicht minder segensreich wirken die Generalstände auf den Geist der Gesetzgebung. Wer will und kann es leugnen, daß jetzt bei jeder vom Gouvernement ausgehenden Maßregel stets das Mißtrauen erwacht, ob die Beamten die Lage der Sache richtig erkannt und die Verhältnisse gehörig erwogen haben? Ganz anders, wenn die Maßregeln von den Generalständen erörtert werden. In Ihnen konzentriert sich die Kenntnis der Verhältnisse und Bedürfnisse des gesamten Volkes, und schon darum haben auch die mit von ihnen ausgehenden Gesetze stets die Meinung des Volkes für sich ... Die Zeit der sogenannten väterlichen oder Patrimonialregierung, für welche das Volk aus einer Masse Unmündiger bestehen und sich beliebig leiten und führen lassen soll, läßt sich nicht zurückführen. Wenn man die Zeit nicht nimmt, wie sie ist, und das Gute daraus ergreift und es in seiner Entwicklung fördert, dann straft die Zeit.

Der Wert einer Verfassungsurkunde

Aus Friedrich Wilhelm IV. Rede bei Eröffnung des Vereinigten Landtags zu Berlin am 11. April 1847

Es sehen viele, und unter ihnen sehr redliche Männer, unser Heil in der Verwandlung des natürlichen Verhältnisses zwischen Fürst und Volk in ein konventionelles Verhältnis, durch Urkunden verbrieft, durch Eide besiegelt.

Möchte doch das Beispiel des einen glücklichen Landes, dessen Verfassung die Jahrhunderte und eine Erbweisheit ohnegleichen, aber kein Stück Papier gemacht haben, für uns unverloren sein und die Achtung finden, die es verdient! Finden andere Länder auf anderem Wege als jenes Volk und wir, nämlich auf dem Wege »gemachter und gegebener« Konstitutionen, ihr Glück, so müssen und wollen wir ihr Glück aufrichtig und brüderlich mit ihnen preisen. Wir wollen mit gerechtester Bewunderung das erhabene Beispiel betrachten, wenn es einem starken Willen, eiserner Konsequenz und hoher Weisheit gelingt, Bedenkliches in diesen Zuständen aufzuhalten, zurückzudrängen, zu beschwichtigen, vor allem dann, wenn es zum Heile Deutschlands und zur Aufrechterhaltung des europäischen Friedens gereicht. *Preußen* aber kann diese Zustände nicht ertragen. Fragen Sie mich: warum, so antworte ich: Werfen Sie einen Blick auf die Karte von Europa, auf die Lage unseres Landes, auf unsere Zusammensetzung, folgen Sie den Linien unserer Grenzen, wägen Sie die Macht unserer Nachbarn, vor allem tun Sie einen geistigen Blick in unsere Geschichte! Es ist Gottes Wohlgefallen gewesen, Preußen durch das Schwert groß zu machen, durch das Schwert des Krieges nach außen, durch das Schwert des Geistes nach innen. Aber wahrlich nicht des *verneinenden Geistes* der Zeit, sondern des Geistes der *Ordnung und Zucht.* Ich spreche es aus: Wie im Feldlager ohne die allerdringendste Gefahr und größte Torheit nur *ein* Wille gebieten darf, so können dieses Landes Geschicke, soll es nicht augenblicklich von seiner Höhe fallen, nur von *einem* Willen geleitet werden. –

Es drängt mich zu der feierlichen Erklärung, daß es keiner Macht der Erde je gelingen soll, mich zu bewegen, das *natürliche,* gerade bei uns durch seine innere Wahrheit so mächtig machende *Verhältnis zwischen Fürst und Volk in ein konventionelles, konstitutionelles zu wandeln,* und daß ich es nie und nimmermehr zugeben werde, daß sich *zwischen unseren Herrgott im Himmel und dieses Land ein beschriebenes Blatt gleichsam als eine zweite Vorsehung eindränge, um uns mit seinen Paragraphen zu regieren und durch sie die alte, heilige Treue zu ersetzen.* Zwischen uns sei Wahrheit. Von *einer* Schwäche weiß ich mich gänzlich frei. Ich strebe *nicht* nach eitler Volksgunst. (Und wer könnte das, der sich durch die Geschichte hat belehren lassen?) Ich strebe allein danach, meine Pflicht nach bestem Wissen und nach meinem Gewissen zu erfüllen und den Dank meines Volkes zu verdienen, sollte er mir auch nimmer zuteil werden. . . .

Reden und Trinksprüche Friedrich Wilhelm IV., Leipzig 1855, 44 ff.

Das Eigentum als Amt

Es kommt allerdings auf Wahrung der Interessen des Eigentums an. Aber die Kraft der Interessen sind die Rechte und die von der

Revolution bedrohten Rechte können nur aus den obersten Gesichtspunkten, aus den großen politischen Fragen, verteidigt werden. Eigentum selbst ist ein politischer Begriff, ein Amt von Gott gestiftet, um sein Gesetz, das Reich seines Gesetzes, den Staat, zu erhalten. Es ist immer in engster Verbindung zu denken mit den Pflichten, welche daraus zu erfüllen sind; nur in dieser Verbindung, nur als Amt, ist es heilig. So wie der Adel nicht um der Edelleute, sondern um des Staates willen da ist, so ist auch der Reichtum nicht um der Reichen, sondern um der Armen willen da. Genuß ohne Pflicht, Eigentum als bloßes Mittel des Genusses ist nicht heilig, sondern schmutzig. Wäre das Eigentum nichts als das, so hätte der Kommunismus recht. Daher darf der Verein die jetzt bedrohten Rechte – Patronat, Polizei, Gerichtsbarkeit – nicht aufgeben; denn diese Rechte sind mehr Pflichten als Rechte. Der Verdacht des Eigennutzes würde sonst den Verein mit Grund treffen. Es kann sein, daß diese Rechte im Sturm der Zeit in ihrer jetzigen Gestalt untergehen. Aber dies ist kein Grund, sie aufzugeben. Sie haben einen unvergänglichen Kern. Dieser Kern besteht in den auf dem großen Grundbesitz seiner Natur nach haftenden Pflichten, die sich bei uns in jenen Rechten verkörpert haben ... Überhaupt wäre zu wünschen, daß der Ausschuß des Vereins auch solche Vorschläge machte, die der Konservativen Partei etwas kosten. Ein französischer Schriftsteller definiert den Adel so: adelig ist, wer dem Staate umsonst dient. Es wäre eine edle und vielleicht wohl ausführbare Aufgabe des großen Grundbesitzes, den Städten einen Teil ihres Proletariats tilgen zu helfen. Bloß konservieren, diese negative Haltung – die Front gegen den Mist, den Rücken gegen die Ansprüche machenden Staat – ist eine Stellung, die allenfalls dem Bauern verziehen werden kann und jetzt auch ihm nicht mehr. Aufopfern, zu Felde ziehen, erobern, ohnehin die stärkste Form der Verteidigung – den Rücken gegen den Mist, die Front gegen den Feind – das ist adelig. Dies ist aber ein Adel, der nicht allein den vielen hier Versammelten, schönen alten Namen, denen, welche seit Jahrhunderten auf den preußischen Schlachtfeldern geblutet haben, gebührt. Er kann auch von denen, die wie der Redende keinen solchen Namen führen, von jedem Bürger oder Bauern, von jedem Preußen, der sein Vaterland liebt, erworben werden, und keine Nationalversammlung kann diesen Adel abschaffen. Vergessen wir nicht, daß es der edle Beruf des Adels ist, die ganze Nation zu adeln.

Ernst Ludwig v. Gerlachs Rede vor dem »Junkerparlament« (Grundbesitzerversammlung) in Berlin am 18. August 1848 nach dem Bericht der Kreuzzeitung.

Aus Ludwig Uhlands Rede in der Paulskirche Frankfurt am 23. Januar 1849

... Ich gestehe, einmal geträumt zu haben, daß der großartige Aufschwung der deutschen Nation auch bedeutende politische Charaktere hervorrufen werde und daß hinfort nur die Hervorragendsten an der Spitze des deutschen Gesamtstaates stehen werden. Dies ist nur möglich durch Wahl, nicht durch Erbgang... Die einmalige Wahl, vermöge welcher das zum Oberhaupt erwählte Oberhaupt die Würde vererben würde, diese erste Wahl ist ein letzter Wille, ein besonders feierlicher Verzicht auf das Wahlrecht. Ich hoffe, Sie werden diesen Verzicht nicht aussprechen; er steht im Widerspruch mit dem Geiste, durch den Sie hierher gerufen sind. Die Revolution und ein Erbkaiser – das ist ein Jüngling mit grauen Haaren.

Ich lege noch meine Hand auf die alte, offene Wunde, den Ausschluß Österreichs. Ausschluß, das ist doch das aufrichtige Wort, denn wenn ein deutsches Erbkaisertum ohne Österreich beschlossen wird, so ist nicht abzusehen, wie irgend einmal Österreich noch zu Deutschland treten würde... Eine wahre Einigung muß alle deutschen Ländergebiete zusammenfassen. Das ist eine stümperhafte Einheit, die ein Drittel der deutschen Länder außerhalb der Einigung läßt. Daß es schwierig ist, Österreich mit dem übrigen Deutschland zu vereinigen, wissen wir alle; aber es scheint, manche nehmen es auch zu leicht, auf Österreich zu verzichten. Manchmal, wenn in diesem Saal österreichische Abgeordnete sprachen, und wenn sie gar nicht in meinem Sinne redeten, war mir doch, als ob ich eine Stimme von den Tiroler Bergen vernähme oder das adriatische Meer rauschen hörte. Wie verengt sich unser Gesichtskreis, wenn Österreich von uns ausgeschieden ist... Welche Einbuße wir an Macht, an Gebiet, an Volkszahl erleiden würden, das ist hinreichend erörtert; ich füge nur eines bei: Deutschland würde ärmer um alle die Kraft des Geistes und Gemütes, die in einer deutschen Bevölkerung von 8 Millionen lebendig ist. Ich glaube, daß, wenn wir mit einem Bundesstaat ohne Österreich nach Hause kommen, unser Werk nicht überall wird gelobt werden... Zum Schluß, meine Herren: Verwerfen Sie die Erblichkeit, schaffen Sie keinen herrschenden Einzelstaat, stoßen Sie Österreich nicht ab! Retten Sie das Wahlrecht, dieses kostbare Volksrecht, dieses letzte fortwirkende Wahrzeichen des volksmäßigen Ursprungs der neuen Gewalt. Glauben Sie, es wird kein Haupt über Deutschland leuchten, das nicht mit einem vollen Tropfen demokratischen Öles gesalbt ist!

Stenographische Berichte über die Verhandlungen der Nationalversammlung zu Frankfurt am Main, ed. Fr. Wigard Bd. VII, 214 f.

Aus der Preußischen Verfassungsurkunde vom 31. Januar 1850:

Art. 1. Alle Landesteile der Monarchie in ihrem gegenwärtigen Umfange bilden das preußische Staatsgebiet.

Art. 4. Alle Preußen sind vor dem Gesetz gleich. Standesvorrechte finden nicht statt.

Art. 5. Die persönliche Freiheit ist gewährleistet.

Art. 6. Die Wohnung ist unverletzlich.

Art. 9. Das Eigentum ist unverletzlich.

Art. 12. Die Freiheit des religiösen Bekenntnisses, der Vereinigung zu Religionsgesellschaften ... wird gewährleistet.

Art. 15. Die evangelische und die römisch-katholische Kirche sowie jede andere Religionsgesellschaft ordnet und verwaltet ihre Angelegenheiten selbständig.

Art. 19. Die Einführung der Zivilehe erfolgt nach Maßgabe eines besonderen Gesetzes, das auch die Führung der Zivilstandsregister regelt.

Art. 20. Die Wissenschaft und ihre Lehre ist frei.

Art. 27. Jeder Preuße hat das Recht, durch Wort, Schrift, Druck und bildliche Darstellung seine Meinung frei zu äußern.

Art. 29. Alle Preußen sind berechtigt, sich ohne vorgängige obrigkeitliche Erlaubnis friedlich und ohne Waffen in geschlossenen Räumen zu versammeln.

Art. 30. Alle Preußen haben das Recht, sich zu solchen Zwecken, welche den Strafgesetzen nicht zuwiderlaufen, in Gesellschaften zu vereinigen.

Art. 33. Das Briefgeheimnis ist unverletzlich.

Art. 34. Alle Preußen sind wehrpflichtig.

Art. 42. Aufgehoben ohne Entschädigung sind:

1. Die Gerichtsherrlichkeit, die gutsherrliche Polizei und obrigkeitliche Gewalt sowie die gewissen Grundstücken zustehenden Hoheitsrechte und Privilegien;

2. die aus diesen Befugnissen ... herstammenden Verpflichtungen.

Art. 43. Die Person des Königs ist unverletzlich.

Art. 44. Die Minister des Königs sind verantwortlich. Alle Regierungsakte des Königs bedürfen zu ihrer Gültigkeit der Gegenzeichnung eines Ministers.

Art. 45. Dem Könige allein steht die vollziehende Gewalt zu. Er ernennt und entläßt die Minister.

Art. 46. Der König führt den Oberbefehl über das Heer.

Art. 48. Der König hat das Recht, Krieg zu erklären und Frieden zu schließen.

Art. 62. Die gesetzgebende Gewalt wird gemeinschaftlich durch den König und durch zwei Kammern ausgeübt. (Zusatz vom 30. Mai 1855: Die erste Kammer wird fortan das Herrenhaus, die zweite Kammer das Haus der Abgeordneten genannt.)

Die Übereinstimmung des Königs und beider Kammern ist zu jedem Gesetz erforderlich.

Art. 70. Jeder Preuße, welcher das 25. Lebensjahr vollendet hat und in der Gemeinde, in welcher er seinen Wohnsitz hat, die Befähigung zu Gemeindewahlen besitzt, ist stimmberechtigter Urwähler.

Art. 71[1]. Auf jede Vollzahl von 250 Seelen der Bevölkerung ist ein Wahlmann zu wählen. Die Urwähler werden nach Maßgabe der von ihnen zu entrichtenden direkten Staatssteuern in drei Abteilungen geteilt, und zwar in der Art, daß auf jede Abteilung ein Drittel der Gesamtsumme der Steuerbeträge aller Urwähler fällt. Die Gesamtsumme wird berechnet:

a) gemeindeweise, falls die Gemeinde einen Urwahlbezirk für sich bildet;

b) bezirksweise, falls der Urwahlbezirk aus mehreren Gemeinden zusammengesetzt ist.

Die erste Abteilung besteht aus denjenigen Urwählern, auf welche die höchsten Steuerbeträge bis zum Belaufe eines Drittels der Gesamtsteuer fallen.

Die zweite Abteilung besteht aus denjenigen Urwählern, auf welche die nächstniedrigen Steuerbeträge bis zur Grenze des 2. Drittels fallen.

Die dritte Abteilung besteht aus den am niedrigsten besteuerten Urwählern, auf welche das letzte Drittel fällt.

Jede Abteilung wählt besonders, und zwar ein Drittel der zu wählenden Wahlmänner.

Art. 72. Die Abgeordneten werden durch die Wahlmänner gewählt.

Art. 86. Die richterliche Gewalt wird im Namen des Königs durch unabhängige, keiner anderen Autorität als der des Gesetzes unterworfene Gerichte ausgeübt.

Art. 99. Alle Einnahmen und Ausgaben des Staates müssen für jedes Jahr im voraus veranschlagt und auf den Staatshaushaltsetat gebracht werden. Letzterer wird jährlich durch ein Gesetz festgestellt.

Art. 108. Eine Vereidigung des Heeres auf die Verfassung findet nicht statt.

W. Altmann: a.a.O., II, 153 ff.

Aus Friedrich Wilhelms IV. Rede beim Eid auf die Verfassung am 6. Februar 1850:

Ich bitte um Ihre Aufmerksamkeit. Was ich sagen werde, sind meine eigensten Worte; denn ich erscheine heute vor Ihnen wie nie zuvor und nie nachher. Ich bin hier ... nicht gedeckt durch die Verantwortlichkeit meiner höchsten Räte, sondern als ich selbst allein, als ein Mann von Ehre, der sein ... Ja geben will, vollkräftig und bedächtig ... Und so erkläre ich, Gott ist des Zeuge, daß mein Gelöbnis auf die Verfassung treu, wahrhaftig und ohne Rückhalt ist. Allein, Leben und

1 *Das im Artikel 71 festgelegte Dreiklassenwahlrecht hat in Preußen bis zum 9. November 1918 bestanden. Dieses an den Besitzstand gebundene Wahlrecht ist immer wieder abgelehnt und schärfstens bekämpft worden. Insbesondere die Sozialdemokratie sah in ihm ein Mittel des Klassenkampfes von oben. Schon ihre Keimzelle, der 1863 von Ferdinand Lassalle gegründete »Allgemeine Deutsche Arbeiterverein«, nahm die Herstellung des allgemeinen, gleichen und direkten Wahlrechts an erster Stelle in sein Programm auf.*

Segen der Verfassung ... hängen von der Erfüllung unabweislicher Bedingungen ab.

Sie, meine Herren, müssen mir helfen wider die, ... so die königlich verliehene Freiheit zum Deckel der Bosheit machen und dieselbe gegen ihren Urheber kehren, gegen die von Gott eingesetzte Obrigkeit; wider die, welche diese Urkunde gleichsam als Ersatz der göttlichen Vorsehung ... betrachten möchten ... Mit einem Worte, seine Lebensbedingung ist die: daß mir das Regieren mit diesem Gesetze möglich gemacht werde – denn in Preußen muß der König regieren, und ich regiere nicht, weil es also mein Wohlgefallen ist, Gott weiß es, sondern weil es Gottes Ordnung ist; darum aber will ich auch regieren. – Ein freies Volk unter einem freien Könige, das war meine Losung seit zehn Jahren, das ist sie heute und soll es bleiben, solange ich atme ...

Jetzt aber, indem ich die Verfassungsurkunde kraft königlicher Machtvollkommenheit hiermit bestätige, gelobe ich feierlich, wahrhaftig und ausdrücklich vor Gott und Menschen, die Verfassung meines Landes und Reiches zu halten und in Übereinstimmung mit ihr und den Gesetzen zu regieren. – Ja! Ja! – das will ich, so mir Gott helfe! ...

Und nun befehle ich das bestätigte Gesetz in die Hände des allmächtigen Gottes, dessen Walten in der Geschichte Preußens handgreiflich zu erkennen ist, auf daß er aus diesem Menschenwerke ein Werkzeug des Heils machen wolle für unser teures Vaterland: nämlich die Geltendmachung Seiner heiligen Rechte und Ordnungen! – Also sei es!

Reden und Trinksprüche S. M. Friedrich Wilhelm IV., Königs von Preußen (Leipzig 1855), 116 ff.

An König Friedrich August II. von Sachsen am 10. April 1849:

Versteh mich recht: Ihr Könige usw. sollt mich wählen, nicht die Paulskirche. Ich will Euer Kommissar sein, allein in Eurem Namen die Autorität des Bundestages führen. Ich hasse Trugbild und Verwesung. Darum will ich weder Reichs- noch Verweser sein, wohl aber Euer, der rechtmäßigen Obrigkeiten unseres unglücklichen Teutschlands »Statthalter« ... Durch mein Wort an die Deputation, »heilige Rechte nicht kränken und Teutschland nicht zerteilen zu wollen«, habe ich Frankfurt abgesagt und bin – Euer Diener, wenn Ihr mich wollt.

Preußische Jahrbücher, Bd. 227 (Berlin 1932), 143.

Ansprache des Präsidenten Simson an den zum deutschen Kaiser gewählten König Friedrich Wilhelm IV. von Preußen:

Die verfassunggebende deutsche Nationalversammlung ... hat ... die erbliche Kaiserwürde auf S. Königliche Majestät von Preußen übertragen. Sie hat dabei das feste Vertrauen ausgesprochen, daß die Fürsten und Volksstämme Deutschlands großherzig und patriotisch in Übereinstimmung mit der Nationalversammlung die Verwirklichung dieser von ihr gefaßten Beschlüsse mit aller Kraft fördern werden. Sie hat endlich den Beschluß gefaßt, den erwählten Kaiser durch eine Deputation aus ihrer Mitte ehrfurchtsvoll einzuladen, die auf ihn gefallene Wahl auf Grundlage der Verfassung annehmen zu wollen. In der Vollziehung dieses Auftrages stehen vor Ew. Majestät der Präsident der Reichsversammlung und 32 ihrer Mitglieder in der ehrfurchtsvollen Zuversicht, daß Ew. Majestät geruhen werden, die begeisterten Erwartungen des Vaterlandes, welche Ew. Majestät als den Schirm und Schutz seiner Einheit, Freiheit und Macht zum Oberhaupt des Reiches erkoren hat, durch einen gesegneten Entschluß zur glücklichen Erfüllung zu führen.

O. Jäger-F. Moldenhauer: Auswahl wichtiger Aktenstücke z. Gesch. des 19. Jhs. (Leipzig 1893), 261.

Erlaß des Königs von Preußen betr. die deutsche Kaiserkrone, am 15. Mai 1849:

... Ich habe auf das Anerbieten einer Krone seitens der deutschen Nationalversammlung eine zustimmende Antwort nicht erteilen können, weil die Versammlung nicht das Recht hatte, die Krone, welche sie mir bot, ohne Zustimmung der deutschen Regierungen zu vergeben, weil sie mir unter der Bedingung der Annahme einer Verfassung angetragen war, welche mit den Rechten und der Sicherheit der deutschen Staaten nicht vereinbar war ...

Reden und Trinksprüche Friedrich Wilhelms IV., a.a.O., 108.

Konservative Prinzipien Ernst Ludwig von Gerlachs

Überwindung der Revolution:

Wir sollten der Revolution immer mit Rechtsideen, nie mit bloßen Ordnungs- und Sicherheitstendenzen entgegentreten.

Aus: Politische Monatsrundschau der Kreuzzeitung Berlin, Oktober 1848.

Der König:

Unser Programm ist der selbständige König, nicht der absolute König, den es in Deutschland nie gegeben hat, wo aller Absolutismus stets nur Usurpation war, sondern der durch seiner Untertanen Rechte beschränkte König. Februar 1849

Deutsche Nation:

Die deutsche Nation, diese Mutter aller germanischen Nationalitäten, diese Nation, in deren Schoss tausend Jahre lang die Idee des Reiches gelebt hat, des Reiches, welches, weit hinausgreifend über die engen Schranken der Nationalität, ... der Realisierung des Reiches Gottes auf Erden nachstrebte im Wettkampf mit der Kirche, diese Nation kann nicht bloss national sein in dem Sinne, wie der Franzose und Engländer es ist. Der Deutsche ist als solcher wesentlich nicht bloss Glied einer Nation im Gegensatz zu anderen Nationen, sondern noch in einem anderen Sinne als andere Christen Weltbürger, Genosse des Reiches Gottes. Das Reich Gottes ist sein Vaterland. September 1849

Die Heiligkeit des Eigentums:

Es genügt nicht, daß wir die Heiligkeit des Eigentums proklamieren und immer wieder proklamieren. Das Eigentum ist nur heilig als Amt von Gott. Es ist nur heilig wegen der Pflichten, in Beziehung auf die Pflichten und in engster Verbindung mit den Pflichten, die darauf haften. Es ist nur heilig in den Händen derer, die nicht für sich besitzen. Wie der Adel nicht um der Edelleute, so ist der Besitz nicht um der Besitzenden willen da. Abgelöst von den göttlichen Institutionen, ohne die darauf haftende Amtspflicht, ist das Eigentum nicht heilig, sondern wie alle Selbstsucht unheilig, ja schmutzig. Der Kommunismus ist eine Absurdität. Aber nicht minder absurd ist der selbstsüchtige Konservatismus, der für seine Selbstsucht den Schutz der Obrigkeit von des Gottes Gnaden anruft, der die Liebe selbst, mithin die Quelle aller Selbstverleugnung ist. Dem Konservatismus gegenüber, der das Eigentum nur als Genußmittel konservieren will, ist der Kommunismus in seinem Rechte. Und niemand tut ihm mehr Vorschub, als wer das Eigentum von den darauf haftenden obrigkeitlichen und menschlichen Pflichten möglichst trennt, es dem Pauperismus schroff ung isoliert entgegenstellt und selbst dem Grundeigentum, seiner innersten Natur entgegen, den Hände und Herz schwärzenden mißtrauischen Egoismus des baren Geldes aufdrückt, welches davonrollt, sobald es eine Gefahr von weitem sieht oder an seine Pflichten erinnert wird.

Kreuzzeitungs-Rundschau, Mai 1850.

Die Armee:

Ohne das Institut der Lieutenants – so spottete neulich eine revolutionäre Zeitung – könnte nach der Meinung der Kreuzzeitungs-Partei der Preussische Staat nicht bestehen. Wir bekennen uns freudig zu dieser verspotteten Meinung. Die Lieutenants sind fundamentaler als die Kammern. Ohne die Lieutenants, die bei kurzem Solde und geringem Avancement für alle standesgemäss ertragenen Entbehrungen nichts weiter fordern als das in ihren Familien seit vielen Generationen einheimische Vorrecht, sich, sowie ein Krieg ausbricht, in grossen Massen totschiessen zu lassen, ohne solche Lieutenants ... kann die preussische Armee nicht bestehen. Sie muß eben, um preussisch und um Armee zu bleiben, das Brot des Königs von Preussen essen und nicht das Brot der zweiten Kammer. März 1851

Allerhöchster Erlaß, die Verhältnisse des Evangelischen Oberkirchenrats betreffend, vom 6. März 1852

Aus der Mir mittelst Berichts vom 29. Dezember v. J. überreichten Denkschrift ersehe Ich, daß der Evangelische Oberkirchenrat die amtliche Verpflichtung der Kirchenbehörden, in Beziehung auf Union und Konfession, in dem Sinne und Geist der Bekenntnistreue aufgefaßt hat, von welchem Meines, in Gott ruhenden, Herrn Vaters Majestät, nach Seiner in den Kabinetts-Ordres vom 27. September 1817 und vom 28. Februar 1834 bezeugten Auffassung, bei Förderung des in der Geschichte christlicher Kirche hochwichtigen Werkes der Union geleitet worden ist. Sowohl nach den erwähnten Erlassen des hochseligen Königs, als auch nach oft wiederholten Äußerungen desselben gegen Mich, steht unzweifelhaft fest, daß die Union nach Seinen Absichten nicht den Übergang der einen Konfession zur andern und noch viel weniger die Bildung eines neuen, dritten Bekenntnisses herbeiführen sollte, wohl aber aus dem Verlangen hervorgegangen ist, die traurigen Schranken, welche damals die Vereinigung von Mitgliedern beider Konfessionen am Tische des Herrn gegenseitig verboten, für alle diejenigen aufzuheben, welche sich im lebendigen Gefühl ihrer Gemeinschaft in Christo nach dieser Gemeinschaft sehnten, und beide Bekenntnisse zu Einer evangelischen Landeskirche zu vereinigen. Wenn die daraus für die Stellung des Kirchenregiments sich ergebenden Normen im Laufe der Zeit von der Verwaltung häufig mißverstanden und verkannt worden sind, so gereicht es Mir zur besonderen Befriedigung, hierdurch anzuerkennen, daß der Evangelische Oberkirchenrat seit dem Eintritt in seinen schweren Beruf ernstlich bemüht gewesen ist, die Ansichten aufzuklären und für die wahren Grundsätze der Union ein richtiges Verständnis vorzubereiten.

Ich halte aber auch dafür, daß es nunmehr an der Zeit ist, diesen Grundsätzen in der Gestaltung der Kirchenbehörden einen bestimmten und für die letzteren selbst maßgebenden Ausdruck zu verleihen und dadurch die Bürgschaft zu geben, daß in dem Regiment der evangelischen Landeskirche ebensosehr die mit Gottes Gnade in der Union geknüpfte Gemeinschaft der beiden evangelischen Konfessionen aufrecht erhalten, wie auch die Selbständigkeit jedes der beiden Bekenntnisse gesichert werden soll. Demgemäß erteile Ich hierdurch den nachstehenden, Mir von dem Evangelischen Oberkirchenrate vorgetragenen Grundsätzen meine Genehmigung:

1. Der Evangelische Oberkirchenrat ist verpflichtet, ebensowohl die evangelische Landeskirche in ihrer Gesamtheit zu verwalten und zu vertreten, als das Recht der verschiedenen Konfessionen und die auf dem Grunde desselben ruhenden Einrichtungen zu schützen und zu pflegen.

2. Der Evangelische Oberkirchenrat besteht aus Gliedern beider Konfessionen. Es können aber nur solche Personen in denselben aufgenommen werden, welche das Zusammenwirken von Gliedern beider Konfessionen im Regimente mit ihrem Gewissen vereinbar finden.

3. Der Evangelische Oberkirchenrat beschließt in den zu seiner Entscheidung gelangenden Angelegenheiten kollegialisch nach Stimmenmehrheit seiner Mitglieder. Wenn aber eine vorliegende Angelegenheit der Art ist, daß die Entscheidung nur aus einem der beiden Bekenntnisse geschöpft werden kann, so soll die konfessionelle Vorfrage nicht nach den Stimmen sämtlicher Mitglieder, sondern allein nach den Stimmen der Mitglieder des betreffenden Bekenntnisses entschieden werden und diese Entscheidung dem Gesamtbeschluß des Kollegiums als Grundlage dienen. Dieses Verfahrens ist in den betreffenden Ausfertigungen zu gedenken.

Ich beauftrage demgemäß den Evangelischen Oberkirchenrat, sich nach vorstehenden Grundsätzen in Zukunft zu achten, sowie auch diesen Meinen Erlaß den Provinzial-Konsistorien zur Nchachtung mitzuteilen und für deren Verfahren, in Gemeinschaft mit Meinem Minister der geistlichen usw. Angelegenheiten eine Instruktion vorzubereiten, welche Mir zur Genehmigung vorzulegen ist.

Charlottenburg, den 6. März 1852.

Friedrich Wilhelm.

An den Evangelischen Oberkirchenrat.

(Ministerial-Blatt für die innere Verwaltung. 1852, S. 135)

Der preußische Katholik

Wer der katholischen Kirche und Preußen zugleich angehört, beiden aus voller Überzeugung und tiefster Seele, der wird vor der Welt einen schweren Stand haben. Ist es ihm beschieden, daß er handelnd eingreifen, daß er in großen Momenten mit seiner Person hervortreten muß, so wird er dem Argwohn, der Mißdeutung, der Gehässigkeit auf jedem seiner Schritte begegnen. Nicht die strengste Gewissenhaftigkeit, nicht die besonnenste Vorsicht wird ihn schützen, vielmehr nur das Mißtrauen steigern und verbreiten.

Die katholische »Partei« wird jenem preußischen Katholiken vorwerfen, er opfere die Interessen der Kirche dem Ruhme und der Größe Preußens. Auch diejenigen, die an seiner kirchlichen Aufrichtigkeit nicht irre geworden, werden mindestens betrauern, daß er sich nicht zur vollen Höhe »katholischer Weltanschauung« erheben wolle oder könne. – Die preußische »Partei« wird denselben katholischen Preußen verdächtigen, er suche statt des Vorteiles seines Staates nur die Verherrlichung seiner Kirche. Sollte einer von diesen Anklägern von der Nichtigkeit des Verdachtes vollauf Kenntnis haben, er wird im Interesse der Partei sich die bequeme Waffe nicht versagen. Man wird eher zu den geheimnisvollen Kombinationen seine Zuflucht nehmen als zu dem naheliegenden Schlusse, daß eine von beiden Anklagen entschieden falsch sein müsse. Ich versteige mich noch nicht einmal zu dem Urteile, daß beide Anklagen schlechthin falsch sind, denn dieses Urteil ist zu einfach, weil es wahr ist.

Aus den Fragmenten des Joseph Maria von Radowitz,
Ges. Schriften IV, Berlin 1853, S. 301.

Allgemeiner Marine-Befehl Nr. 1 für die preußische Flotte Wilhelmshaven Ende 1853

Ich habe Veranlassung, die Officiere der Marine dringend darauf aufmerksam zu machen, wie der wahrhaft militärische Gehorsam den entschiedensten Willen der pünktlichen Ausführung der Befehle ohne Gedanken des Vorbehalts, der spitzfindigen Klügelei, die Verbannung jeder Lauigkeit verlangt; andrerseits ihre Pflicht als Officiere durchaus erheischt: sich mit dem Geist der ihnen ertheilten Befehle und Instruktionen vertraut zu machen, damit sie ihnen einen Anhalt für nicht darin vorgesehene Fälle gewähren. Das Streben, nur Verantwortlichkeiten von sich abzulehnen, ob auch das allgemeine und Marine-Interesse dabei leide, ist eines Officiers durchaus unwürdig, läßt keine entschlossene Tat zu, kann keine Marine groß machen, ist mit der wahren Disciplin für den Officier nicht vereinbar. Die Disciplin der Marine ist

aber die ihrer Officiere.

Ober-Commando der Marine
(gez.) W. Adalbert, Prinz von Preußen

Gerechtigkeit

Der vornehmste Zweck des Staates ist das Recht und die Gerechtigkeit. Das Recht ist der hauptsächlichste Bestandteil der ihm aufgetragenen Gebote, es ist die Lebensordnung des Volkes zur Erhaltung von Gottes Weltordnung. Das Recht aber in dieser, seiner wahren Bedeutung hat zu seinem Gehalt und Wesen die Zehn Gebote. Es ist die freie Anwendung dieser von Gott an den einzelnen Menschen und für die einzelnen Handlungen erlassenen Gebote auf die Ordnung des Gemeinzustandes und für die Institution. – Es ist der oberste Zweck des Staates – und ist der Kern in der Stellung der Obrigkeit –, Erhalter und Rächer der Zehn Gebote zu sein. Er ist, wie die Älteren sagen: »Hüter beider Tafeln«.

Friedrich Julius Stahl: Die Philosophie des Rechts.
Band II, 2, Freiburg 1854, S. 145 f.

Die Aufgabe eines preußischen Ministers

Kein preußisches Ministerium und kein preußischer Minister darf jemals daran denken, sich selbst an die Stelle königlicher Macht zu setzen, aber andererseits wird ein preußischer Minister der Krone keine Dienste mehr leisten können, wenn er weder die Fähigkeit noch den Willen besitzt, objektiv zu sein und mit treuer Gewissenhaftigkeit auf jede Gefahr hin seinen Rat zu geben. Andererseits wird ein Ministerium, das den Zwiespalt in sich selbst trägt und dadurch kraftlos wird, aufhören, dem König das zu sein, was es sein soll: der Arm seines Willens. Es mag in der Stellung eines Monarchen die Versuchung leicht vorhanden sein, daß er eigentlich gar keiner Minister bedürfte, welche ein selbständiges Urteil haben, daß vielmehr die Minister nur Personen sind, welche Befehle empfangen, um sie durch Unterbehörden und Unterorgane wieder ausführen zu lassen. Eine solche Auffassung dürfte indessen weder richtig noch auch in ihren Konsequenzen frei von Bedenken sein. Es unterliegt zwar keinem Zweifel, daß die Minister des Königs ihm ebensogut wie alle anderen Beamten zu Gehorsam verpflichtet sind, und daß sie schließlich seine Befehle auszuführen haben. Je bereitwilliger ich das anerkenne, und, wie ich hinzufügen darf, je mehr ich nach dieser Erkenntnis gehandelt habe, um so weniger darf ich es auch auszusprechen scheuen, daß ich den Gehorsam des Ministers doch eigentlich eben deshalb, weil er ihn mit allen anderen Beamten des Königs teilt, nicht für seine charakteristische Eigenschaft halte. Niemals haben gehorsame Minister die Dynastien oder Staaten vor dem Untergange bewahren können, ebensowenig wie der geschickteste Leibarzt seinem königlichen Herrn helfen kann, wenn von ihm nicht ein zu beachtender Rat, sondern nur Gehorsam verlangt wird. Das Erste, was man von einem Minister zu verlangen hat, ist, daß er die Befähigung besitze, die Situation und die einzelnen Verhältnisse richtig zu beurteilen; die Gewissenhaftigkeit, mit Selbstverleugnung seinen Rat über das zu geben, was zu tun sei, und die Bereitwilligkeit, den Mut und die Fähigkeit, für die Erfolge, namentlich, wenn sie momentan ungünstig sind, mit seiner Person einzutreten. Das Letztere wird er aber immer nur dann können, wenn er allgemein Achtung und Vertrauen besitzt. In einem Staate vor allem, der nur durch die Intelligenz und Energie des Willens seiner Leiter groß und mächtig geworden ist, wird man mit Ministern ohne jene Eigenschaften, selbst wenn sie die gehorsamsten wären, niemals etwas ausrichten können ...

Aus einer Denkschrift des Ministerpräsidenten O. v. Manteuffel für den König vom Mai 1856, in: Unter Friedrich Wilhelm IV., Denkwürdigkeiten des Ministerpräsidenten Otto Frhrn. v. Manteuffel, Bd. III, Berlin 1901, S. 103.

Aus Bismarcks »Prachtbericht« vom 26. April 1856 an Manteuffel:

Ohne mich in gewagte Konjekturen über die mutmaßliche Dauer des neuen Friedens einzulassen, darf ich doch als ein Symptom des geringen Vertrauens zu derselben das besorgliche Unbehagen hervorheben, mit welchem die meisten europäischen Kabinette in die Zukunft blikken, auch nachdem der Friede gesichert ist. Alle, die Großen wie die Kleinen, suchen sich einstweilen in Erwartung der Dinge, welche kommen können, die Freundschaft Frankreichs zu erhalten, und der Kaiser Napoleon, so neu und so schmal auch die Grundlagen seiner Dynastie in Frankreich selbst sind, hat die Wahl unter den zu seiner Disposition stehenden Bündnissen ... Die deutschen Mittelstaaten sind nach wie vor bereit, sich derjenigen der deutschen Großmächte zu fügen, welche die meiste Aussicht auf Frankreichs Beistand hat, und den letzteren zu suchen, wenn die Umstände es rätlich erscheinen lassen. Nicht minder legt England Wert auf die Fortdauer der guten Beziehungen zu Frankreich ... Ebenso dürfte Louis Napoleon vorderhand durch den Zustand seiner Finanzen und durch die Besorgnis vor Verlegenheit im Innern in Schach gehalten sein ... Es ist kaum anzunehmen, daß er den Krieg jemals um des Krieges willen suchen wird ... Für den Fall, daß er des Krieges bedürfen sollte, denke ich mir, daß er sich eine Frage offen hält, welche jederzeit eine nicht allzu mutwillige und ungerechte Veranlassung zu Händeln liefern kann. Hierzu eignet sich die italienische Frage jetzt vorzugsweise ...

Können wir uns nun nötigenfalls im Bunde mit Österreich gegen Osten und Westen wehren? ... Österreich ist in der Offensive nicht zu verachten, in der Defensive aber, im eigenen Lande von Osten und Westen angegriffen, halte ich das heutige Österreich für schwach, und leicht kann auf den ersten glücklichen Stoß des Gegners ins Innere das ganze künstliche Bauwerk des zentralisierten Schreiberregiments ... wie ein Kartenhaus zusammenfallen. Aber wenn ich auch von dieser Gefahr absehe, so liegt die größere darin, daß die Seele eines preußisch-österreichischen Bündnisses, auch in der größten gemeinsamen Gefahr, das Gegenteil von alledem sein würde, was ein Bündnis fest macht. Gegenseitiges politisches Mißtrauen, militärische und politische Eifersucht ..., das alles würde zwischen uns jetzt stärker und lähmender sein als in irgendeinem schlecht assortierten Bündnis der Vergangenheit. Kein General würde dem anderen den Sieg gönnen, bis es zu spät wäre ... Nach der Wiener Politik ist einmal Deutschland zu eng für uns beide; solange ein ehrliches Arrangement über den Einfluß eines jeden in Deutschland nicht getroffen und ausgeführt ist, pflügen wir beide denselben streitigen Acker, und so lange bleibt Österreich der einzige Staat, an den wir nachhaltig verlieren und von dem wir nachhaltig gewinnen können ... Wir haben eine große Anzahl streitender Interessen, die keiner von uns aufgeben kann, ohne auf die Mission, an die er für sich glaubt, zu verzichten ... Selbst der schwerste Druck von außen, die dringendste Gefahr der Existenz beider, vermochte 1813 und 1849 das Eisen nicht zu schmieden. Der deutsche Dualismus hat seit tausend Jahren gelegentlich, seit Karl V. in jedem Jahrhundert regelmäßig in einem größeren inneren Krieg seine gegenseitigen Beziehungen reguliert, und auch in diesem Jahrhundert wird kein anderes als dieses Mittel die Uhr der Entwicklung auf ihre richtige Stunde stellen können. Ich beabsichtige mit diesem Raisonnement keineswegs zu dem Schlusse zu gelangen, daß wir jetzt unsere Politik darauf richten sollen, die Entscheidung zwischen uns und Österreich unter möglichst günstigen Umständen herbeizuführen. Ich will nur meine Überzeugung aussprechen, daß wir in nicht zu langer Zeit für unsere Existenz gegen Österreich werden fechten müssen.

Im weiteren Text stehen noch Äußerungen, die für Bismarcks bis zur Aversion zunehmende Skepsis gegen Österreich als Bündnispartner schon zu diesem frühen Zeitpunkt charakteristisch sind:

Österreich wird den Don Juan bei allen Kabinetten spielen, wenn es einen so stämmigen Leporello wie Preußen produzieren kann, und getreu dieser Rolle wird es stets bereit sein, sich auf unsere Kosten aus der Klemme zu ziehen und uns darin zu lassen. Bleibt Frieden, so wird es uns aus Dankbarkeit für unsere bundesfreundliche Gesinnung im Punkte der Solidarität der deutschen Interessen beim Worte zu halten suchen, um uns den Zollverein aus der Hand zu winden. Wird Krieg, so wird es sich durch alle in seiner Taschebefindlichen Garantie-Verträge nicht abhalten lassen, sich mit ebensoviel Geschmeidigkeit als Unverschämtheit auf der Seite anzubringen, wo es die beste Aussicht auf Vorteil hat und namentlich auf Herrschaft in Deutschland, deren es bei seiner dermaligen germanisierenden Zentralisation mehr als früher bedarf... Wir würden nichts erreichen als, gebunden an einen so unberechenbaren und übelwollenden Passagier wie Österreich, in das unbekannte Land der Zukunft einsam zu reisen.

Bismarck: Ges. Werke (Friedrichsruher Ausg.), Bd. II, 138 ff.

Des Petersburger Gesandten Otto von Bismarcks Politik der wohlverstandenen Interessen (1860):

In betreff der *inneren* preußischen Politik bin ich nicht bloß aus Gewohnheit, sondern aus Überzeugung und aus Utilitätsgründen so konservativ, als mir mein Landes- und Lehnsherr irgend gestattet, und gehe grundsätzlich bis in die Vendée, quand même[1], d. h. auch für einen König, dessen Politik mir nicht gefiele; aber nur für *meinen* König. In betreff der Zustände aller anderen Länder aber erkenne ich

1 *In der Vendée brach 1793 nach der Hinrichtung des Bourbonenkönigs Ludwig XVI. ein royalistischer Aufstand aus.*

keine Art *prinzipieller* Verbindlichkeit für die Politik eines Preußen an; ich betrachte sie lediglich nach Maßgabe ihrer Nützlichkeit für preußische Zwecke. Nach meiner Ansicht beschränkt sich die *Pflicht* eines preußischen Monarchen, Rechtsschutz zu üben, auf die ihm von Gott gezogenen Grenzen des deutschen Reiches. Die auswärtige Politik ist nur Mittel, der preußischen Krone die Kraft, den eigenen Untertanen Rechtsschutz gewähren zu können, zu erhalten, zu sichern, zu vermehren, und ich halte dafür, daß wir uns bei Umwälzungen im Auslande nicht zu fragen haben, was in der Sache nach neapolitanischem, französischem, österreichischem Rechte Rechtens sei, sondern daß wir unsere Parteinahme danach einrichten, welche Gestaltung des Auslandes die günstigste sei für die Machstellung und Sicherheit der Krone Preußens. Das Schwert unserer Gerechtigkeit kann nicht über die ganze Welt reichen, wenn es in fernen Ländern wirken soll, so schwächt sich seine Kraft zu Haus ...

Brief an Minister Frhr. v. Schleinitz v. 10. Dezember 1860, in: Bismarck, Ges. Werke, III, 147 f.

Abschiedsschreiben des Ministerpräsidenten Otto v. Manteuffel, November 1858

Was nun die mir allergnädigst zugedachten Auszeichnungen [1] betrifft, so wollen Ew. K. H. mir darüber eine freimütige Äußerung gestatten, zu welcher ich mich um so mehr gedrungen fühle, als ich annehmen zu dürfen glaube, daß es nicht in der Absicht liegt, meinen Wünschen entgegen Verfügungen zu treffen. Meine persönlichen Wünsche habe ich stets schweigen lassen, wo es sich um das Interesse des Königs und des Landes handelte. Jetzt, wo ich in das Privatleben zurückkehre, nehme ich es als ein Recht für mich in Anspruch, meinen eigenen Gefühlen wieder Rechnung zu tragen in Dingen, die nur meine Person und deren Verhältnisse betreffen. Ich kann die Rangerteilung, die Majoratsstiftung, die Mitgliedschaft des Herrenhauses für mich nicht wünschen. Mit alleruntertänigstem Dank würde ich es anerkennen, wenn meine nicht leichtverdiente Pension mir bewilligt würde.

Als ich vor zehn Jahren das Amt eines Ministers übernahm, geschah es aus Liebe zu meinem König und zum Vaterland, aus angestammter Treue ohne jede Aussicht auf äußere Anerkennung und Belohnung. Ich will – das bin ich meiner Vergangenheit und meinem Sohne schuldig – auch aus den jetzigen Verhältnissen ohne äußere Zeichen der Anerkennung ausscheiden. Ew. K. H. bitte ich daher inständigst, von den mir zugedachten Auszeichnungen Abstand zu nehmen. Der Zweck, den Ew. K. H.

1 *Der Prinzregent hatte Manteuffel mit Handschreiben die Erhebung in den Grafenstand, die Stiftung eines erblichen Majorats und die Berufung in das Herrenhaus auf Lebenszeit angekündigt.*

damit erreichen wollten, ist durch das gnädige Handschreiben vom 3. d. M. erreicht.

Unter Friedrich Wilhelm IV. – Denkwürdigkeiten des Ministerpräsidenten Otto v. Manteuffel, Bd. III, Berlin 1901, 335 f.

Das außenpolitische Programm König Wilhelms I.

Und so kommen wir zu Preußens politischer Stellung nach außen. Preußen muß mit allen Großmächten im freundschaftlichsten Vernehmen stehen, ohne sich fremden Einflüssen hinzugeben und ohne sich die Hände frühzeitig durch Traktate zu binden. Mit allen übrigen Mächten ist das freundliche Verhältnis geboten. In Deutschland muß Preußen moralische Eroberungen machen, durch eine weise Gesetzgebung bei sich, durch Hebung aller sittlichen Elemente und durch Ergreifung von Einigungselementen, wie der Zollverband es ist, der indes einer Reform wird unterworfen werden müssen. – Die Welt muß wissen, daß Preußen überall das Recht zu schützen bereit ist. Ein festes, konsequentes und, wenn es sein muß, energisches Verhalten in der Politik, gepaart mit Klugheit und Besonnenheit, muß Preußen das politische Ansehen und die Machtstellung verschaffen, die es durch seine materielle Macht allein nicht zu erreichen imstande ist ...

Aus der Ansprache als Prinzregent vom 8. November 1858 an die neuernannten Staatsminister.

Roon folgt des Königs Ruf und wird Kriegsminister

Meine Bereitwilligkeit ist eine tiefseufzende, die sich der Schwere einer scheinbar unlöslichen Aufgabe und der Gefahren des nicht unwahrscheinlichen Schiffbruchs wohl bewußt ist. Ehrgeiz und Habgier wirken dabei, soviel ich weiß, nicht mit. Ein Menschenkind meiner Art *kann gar nicht anders* als mit Gottes Hilfe auch das Schwerste und Gefährlichste versuchen, wenn es sich wie hier (Reorganisation der Armee, Konfliktzeit) um das Wichtigste und Höchste handelt, was es in eines Mannes Lebensberuf gibt: um die politische Gesundheit seines Vaterlandes. Es gilt, Großes zu leisten, nur ein Schelm denkt immer an sich. Das Reformwerk ist eine Existenzfrage für Preußen, es *muß* vollbracht werden!

Brief an Cl. Th. Perthes vom 1. Dezember 1859, in Denkwürdigkeiten aus dem Leben des Generalfeldmarschalls Kriegsminister Grafen von Roon, Breslau 1892, S. 373 f.

Leopold von Gerlach (Generaladjutant des Königs):

Die Heilige Allianz war es, die den Wiederaufbau eines festen Rechtes unter den Völkern als ihre vornehmste Aufgabe erkannte. Gelöst hat sie diese Aufgabe allerdings nicht; aber auch mit dem bloßen Versuch ihrer Lösung hat sie vierzig Jahre den Frieden erhalten, einen bis dahin unbekannten Wohlstand erzeugt und ein Maß von Freiheit gebracht, für welches kein Beispiel in der Geschichte vorhanden ist, wenn man die Freiheit nicht als etwas Selbständiges, sondern in fester Gebundenheit zur Ordnung und Gesetzlichkeit denkt.

In: Kreuzzeitung v. 22. August 1860; abgedr. bei H. J. Schoeps: Das Andere Preußen, 255.

Bismarck spricht mit König Wilhelm auf der Fahrt von Jüterbog nach Berlin (1863)

In den ersten Tagen des Oktobers fuhr ich dem Könige, der sich am 30. September, dem Geburtstage seiner Gemahlin, nach Baden-Baden begeben hatte, bis Jüterbog entgegen und erwartete ihn in dem noch unfertigen, von Reisenden dritter Klasse und Handwerkern gefüllten Bahnhofe, im Dunkeln auf einer umgestürzten Schiebkarre sitzend. Meine Absicht, indem ich die Gelegenheit zu einer Unterredung suchte, war, Se. Majestät über eine Aufsehn erregende Äußerung zu beruhigen, welche ich am 30. September in der Budgetkommission getan hatte und die zwar nicht stenographiert, aber in den Zeitungen ziemlich getreu wiedergegeben war.

Ich hatte für Leute, die weniger erbittert und von Ehrgeiz verblendet waren, deutlich genug gesagt, wo ich hinaus wollte. Preußen könne – das war der Sinn meiner Rede – wie schon ein Blick auf die Karte zeige, mit seinem schmalen langgestreckten Leibe die Rüstung, deren Deutschland zu seiner Sicherheit bedürfe, allein nicht länger tragen; diese müsse sich auf alle Deutschen gleichmäßig verteilen. Dem Ziele würden wir nicht durch Reden, Vereine, Majoritätsbeschlüsse näher kommen, sondern es werde ein ernster Kampf nicht zu vermeiden sein, ein Kampf, der nur durch Eisen und Blut erledigt werden könne. Um uns darin Erfolg zu sichern, müßten die Abgeordneten das möglichst große Gewicht von Eisen und Blut in die Hand des Königs von Preußen legen, damit er es nach seinem Ermessen in die eine oder andere Waagschale werfen könne. Ich hatte demselben Gedanken schon im Abgeordnetenhause 1849 Schramm gegenüber auf der Tribüne Ausdruck gegeben bei Gelegenheit einer Amnestiedebatte.

Roon, der zugegen war, sprach beim Nachhausegehn seine Unzufriedenheit mit meinen Äußerungen aus, sagte unter anderm, er hielte dergleichen »geistreiche Exkurse« unserer Sache nicht für förderlich. Meine eignen Gedanken bewegten sich zwischen dem Wunsche, Abgeordnete für eine energische nationale Politik zu gewinnen, und der Gefahr, den König in seiner vorsichtigen und gewaltsame Mittel scheuenden Veranlagung mißtrauisch gegen mich und meine Absichten zu machen. Um dem vermutlichen Eindruck der Presse auf ihn beizeiten entgegenzuwirken, fuhr ich ihm nach Jüterbog entgegen.

Ich hatte einige Mühe, durch Erkundigungen bei kurz angebundenen

Schaffnern des fahrplanmäßigen Zuges den Wagen zu ermitteln, in dem der König allein in einem gewöhnlichen Coupé erster Klasse saß.

Er war unter der Nachwirkung des Verkehrs mit seiner Gemahlin sichtlich in gedrückter Stimmung, und als ich um die Erlaubnis bat, die Vorgänge während seiner Abwesenheit klarzulegen, unterbracht er mich mit den Worten:

»Ich sehe ganz genau voraus, wie das alles endigen wird. Da, vor dem Opernplatz, unter meinen Fenstern, wird man Ihnen den Kopf abschlagen und etwas später mir«....

Als er schwieg, antwortete ich mit der kurzen Phrase »Et aprés, Sire?« – »Ja, aprés, dann sind wir tot!« erwiderte der König. »Ja«, fuhr ich fort, »dann sind wir tot, aber sterben müssen wir früher oder später doch, und können wir anständiger umkommen? Ich selbst im Kampfe für die Sache meines Königs, und Eure Majestät, indem Sie Ihre Königlichen Rechte von Gottes Gnaden mit dem eigenen Blute besiegeln, ob auf dem Schafott oder auf dem Schlachtfelde, ändert nicht an dem rühmlichen Einsetzen von Leib und Leben für die von Gottes Gnaden verliehenen Rechte.... Eure Majestät sind in der Notwendigkeit zu fechten, Sie können nicht kapitulieren, Sie müssen, und wenn es mit körperlicher Gefahr wäre, der Vergewaltigung entgegentreten«.

Je länger ich in diesem Sinne sprach, desto mehr belebte sich der König und fühlte sich in die Rolle des für Königtum und Vaterland kämpfenden Offiziers hinein.... Er fühlte sich bei dem Portepée gefaßt und in der Lage eines Offiziers, der die Aufgabe hat, einen bestimmten Posten auf Tod und Leben zu behaupten, gleichviel, ob er darauf umkommt oder nicht. Damit war er auf einen seinem ganzen Gedankengange vertrauten Weg eingestellt und fand in wenigen Minuten die Sicherheit wieder, um die er in Baden gebracht worden war, und selbst seine Heiterkeit. Das Leben für König und Vaterland einzusetzen, war die Pflicht des preußischen Offiziers, um so mehr die des Königs als des ersten Offiziers im Lande.... Der Beweis der Richtigkeit meiner Beurteilung ergab sich daraus, daß der König, den ich in Jüterbog matt, niedergeschlagen und entmutigt gefunden hatte, schon vor der Ankunft in Berlin in eine heitere, man kann sagen fröhliche und kampflustige Stimmung geriet, die sich den empfangenden Ministern und Beamten gegenüber auf das Unzweideutigste erkennbar machte.

(Otto v. Bismarck: Gedanken und Erinnerungen, Buch II, Cap. 1)

Die Monarchie vor dem Massenproblem

Wer das monarchische Prinzip bedroht, das sind nicht die breiten Schichten der Bevölkerung, die aus Bedürfnis und Instinkt stets monarchisch sind, das sind die Oligarchen des Geldkapitals sowie die an deren Leine laufenden katilinarischen Existenzen der Literatur und die wechselverbundenen freisinnigen Größen des Bürokratismus. Diesen gegenüber wird die Regierung nur alsdann nachhaltig Feld gewinnen, wenn sie es versteht, sich in dem rechten Sinne »an die Spitze der Bewegung zu stellen«, d. h. sich vorweg derjenigen Frage in der rechten Weise zu bemächtigen, bei welcher nach staatsmännischer Voraussicht die gegenwärtige Bewegung notwendig anlangen muß.

Welche aber diese Frage sei, das ist unschwer zu erkennen, wenn man angesichts unserer jetzigen Verfassungszustände die Tatsache der steigenden sozialen und politischen Bedeutung der Bevölkerungsmassen ernsthaft in das Auge faßt ... Es ist die »Soziale Frage« oder – wie man sie heute in ihrer prägnantesten Form zu nennen pflegt – die sogenannte »Arbeiterfrage«.

Eine positive und praktische Behandlung der Arbeiterfrage aber, einer ganz neuen Frage durch die alten Organe, würde nichts weiter sein als ein komischer Versuch. Man kann leichter mit einem schweren Frachtwagen im Sande Galopp fahren als die Arbeiterfrage lösen mit Männern und Organen, die derselben fremd und feindlich gegenüberstehen. Man füllt eben nicht »neuen Most in alte Schläuche«, und wenn man ein fehlerhaftes System aus den Angeln heben will, so kann dies nur dadurch geschehen, daß man einen festen Punkt außerhalb desselben zu finden weiß.

Auszüge aus einer Denkschrift Hermann Wageners für Bismarck vom 14. August 1863, abgedr. bei Walter Vogel: Bismarcks Arbeiterversicherung, Braunschweig 1951, S. 120 f.

Das soziale Königtum

Die Könige von Preußen sind niemals vorzugsweise die Könige der Reichen gewesen. Schon Friedrich der Große als Kronprinz sagte: »Quand je serais roi, je serais un vrai roi des gueux.« Ein König der Geusen. Er nahm sich den Schutz der Armut vor. Dieser Grundsatz ist von unseren Königen auch in der Folgezeit bestätigt worden. An ihrem Throne hat dasjenige Leiden stets Zuflucht und Gehör gefunden, welches in Lagen entstand, wo das geschriebene Gesetz mit dem natürlichen Menschenrecht in Widerspruch geriet.

Unsere Könige haben die Emanzipation der Leibeignen herbeigeführt, sie haben einen blühenden Bauernstand geschaffen; es ist möglich, daß es ihnen auch gelingen werde – das ernste Bestreben dazu ist vorhanden –, zur Verbesserung der Lage der Arbeiter beizutragen.

Aus Bismarcks Rede vom 15. Februar 1865 im Hause der Abgeordneten Ges. Werke X, 232 f.

Hat bei Königgrätz der preußische Schulmeister gesiegt?

Man hat nun gesagt, der Schulmeister habe unsere Schlachten gewonnen. Das bloße Wissen erhebt aber den Menschen noch nicht auf den Standpunkt, wo er bereit ist, das Leben einzusetzen für eine Idee, für Pflichterfüllung, für Ehre und Vaterland; dazu gehört die ganze Erziehung des Menschen. Nicht der Schulmeister, sondern der Erzieher, der Militärstand hat unsere Schlachten gewonnen, der die Nation erzogen hat zu körperlicher Rüstigkeit und geistiger Frische, zu Vaterlandsliebe und Mannhaftigkeit. Wir können die Armee demnach schon im Innern nicht entbehren zur Erziehung der Nation, um wieviel weniger nach außen.

Helmuth v. Moltke: Ausgewählte Werke, ed. F. v. Schmerfeld, I, Berlin 1925, S. 29.

Liberales Ideengut

Der Staat des Friedens und der Liberalität:

Die Entwicklung des preussischen Staates zeigt binnen 150 Jahren kaum 25 Kriegsjahre, während in der französischen, russischen und österreichischen Geschichte, wenn man von 1714 zu zählen beginnt, eine solche Ziffer schon vor 1789 erreicht wird. Der Staat, welcher den Umfang seines Gebietes in bedeutenderem Verhältnisse als alle seine Nachbarn vergrössert hat, ist zugleich der friedfertigste unter den grossen Mächten Europas gewesen. Der Grund dieser auffallenden Erscheinung ist derselbe, der auch heute die Erfolge der preussischen Politik geschafft hat. Die preussische Geschichte ist nur scheinbar eine Reihe dynastischer Eroberungen. Sie ist in Wahrheit eine naturgemässe, allmählich voranschreitende, ihrem Wesen nach defensive Vereinigung der deutschen Nation. Sie wird diesen Charakter auch fernerhin behalten ... Sie wird, je weiter Preussen in seiner deutschen Aufgabe voranschreitet, sich immer mehr mit liberalen Richtungen erfüllen und mit der Vollendung der deutschen Einheit der Zentralisation der Verwaltung vollständig den Rücken wenden.

Schon jetzt enthält der preussische Staat ungleich mehr Elemente des Selfgovernment, als es dem Fremden bei einer solchen Heeresverfassung möglich erscheint. Die Städte werden von gewählten Obrigkeiten verwaltet, die Einwirkung der Regierung beschränkt sich dabei auf eine Aufsicht, welche nach dem Gesetz nicht bloss das Interesse der Staatsgewalt, sondern in gleichem Masse die Interessen der Steuerpflichtigen zu schirmen bestimmt ist. ... Wenn man dazunimmt, dass in keinem Land Europas die kirchlichen Behörden aller Konfessionen sich einer grösseren Unabhängigkeit erfreuen als in Preussen, dass sämtliche Universitäten des Landes korporative Einrichtungen und einen hohen Grad von Selbstverwaltung haben und dass der König weder bei den Linien- noch bei den Landwehrtruppen jemanden zum Offizier macht, der nicht von dem Offizierskorps des Regiments vorgeschlagen wäre, so sieht man wohl die mannigfaltigen Keime politischer Selbstbestimmung, von welcher das innere Leben dieses Staates erfüllt ist.

Heinrich v. Sybel: Vorträge und Aufsätze (Berlin 1885[8]), 294 f. (Abfassung 1866).

Preußischer Rechtsstaat

Ich mag gewesen sein, wo ich wollte, stets habe ich schon von weitem den schwarz-weißen Schlagbaum in meinem Herzen mit Freuden begrüßt und habe stets das Gefühl der vollkommenen Rechtssicherheit gehabt, sowie ich meinen ersten Schritt durch diesen Schlagbaum hindurch gemacht habe. Nicht England und nicht Frankreich, kein anderes Land kann sich von Anbeginn mit unserem preußischen Vaterlande in bezug auf die Handhabung des Rechtes messen und vergleichen. Deshalb lassen Sie die Argumentation fort, als wollten Sie jetzt hier erst das Recht und die Gerechtigkeit für uns zurechtmachen und wäre der Rechtsstaat etwas, was Sie sich auszudenken hätten und worin wir nicht schon seit Jahrhunderten lebten.

(Hermann Wagener in einer Parlamentsdebatte des Norddeutschen Reichstags am 19. März 1870)

NACHGESCHICHTE PREUSSENS

Die konservative Fronde gegen Bismarck

Zu 1866: Hüten wir uns vor der scheußlichen Irrlehre, als umfaßten Gottes heilige Gebote nicht auch die Gebiete der Politik, der Diplomatie und des Krieges und als hätten diese Gebiete kein höheres Gesetz als patriotischen Egoismus. – Justitia fundamentum regnorum!

(Ludwig v. Gerlach: Krieg und Bundesreform)

Jetzt also steht Europa nicht mehr auf dem »Boden der Verträge von 1815«, sondern, wie seit 1866 die dreiste Phrase lautet, auf dem »Boden der Erfolge und Tatsachen«, auf demselben Boden, auf dem der erste Napoleon stand und recht fest zu stehen wähnte, als er den einen Fuß in Moskau und den anderen in Spanien hatte. Aber dieser Boden ist, wie sich damals zeigte und jetzt wieder zeigt, bröckelig wie die Tatsachen selbst, kein Wunder, daß er wankt. Nur Wahrheit, Gerechtigkeit und Treue gewähren einen festen Boden für den Frieden. Sie sind von Ewigkeit und bleiben in Ewigkeit.

(Ludwig v. Gerlach: Deutschland um Neujahr 1870)

Das Kaisertum als Begriff kommt erst zu seinem vollen Recht, wenn es wirklich eine Mehrheit von Nationen beherrscht oder wenigstens eine solche Beherrschung zuläßt und anbahnt.

(Reichstagsrede Ludwig v. Gerlachs vom 7. März 1876)

Der preußische Richter

Der Rechtsprechung ist mein ganzes Leben gewidmet gewesen. Es ist für mich eine heilige Pflicht, jedes gute Recht – es stehe der einen oder anderen Religion, dem einen oder anderen Menschen, der einen oder anderen Partei zu – jedes gute Recht zur Geltung zu bringen, soweit ich kann. Ich verletze mein Gewissen, wenn ich es nicht tue. Ich kann fehlen und fehle oft, aber der Wille muß immer da sein, sonst bin ich nicht wert, daß ich in meinem Amt bleibe.

Ludwig v. Gerlach:
Fünf Reden über die Kirchengesetze, Berlin 1873, S. 15.

Die Ehre des Offiziers

»... Ich erwarte daher von dem gesamten Offizierskorps Meines Heeres, daß ihm, wie bisher so auch in Zukunft, die Ehre das höchste Kleinod sein wird; dieselbe rein und fleckenlos zu erhalten, muß die heiligste Pflicht des ganzen Standes wie des Einzelnen bleiben.

Der Offizier soll bestrebt sein, nur diejenigen Kreise für seinen Umgang zu wählen, in denen gute Sitte herrschend ist, und darf am wenigsten an öffentlichen Orten aus dem Auge lassen, daß er nicht bloß als gebildeter Mann, sondern auch als Träger der Ehre und der gesteigerten Pflichten seines Standes auftritt.

Von allen Handlungen, welche dem Ruf des Einzelnen oder der Genossenschaft nachteilig werden können, besonders von allen Ausschweifungen, Trunk und Hazardspiel, von der Übernahme solcher Verpflichtungen, mit denen auch nur der Schein unredlichen Benehmens verbunden sein könnte, von hazardmäßigem Börsenspiel, von der Teilnahme an Erwerbsgesellschaften, deren Zweck nicht unantastbar und deren Ruf nicht tadellos ist, sowie überhaupt von jedem Streben nach Gewinn auf einem Wege, dessen Lauterkeit nicht klar erkennbar ist, muß der Offizier sich weit abhalten.

Sein Ehrenwort darf er nie leichtsinnig verpfänden.

Je mehr anderwärts Luxus und Wohlleben um sich greifen, um so ernster tritt an den Offiziersstand die Pflicht heran, nie zu vergessen, daß es nicht materielle Güter sind, welche ihm die hochgeehrte Stellung im Staat erworben haben und erhalten werden. Nicht nur, daß die kriegerische Tüchtigkeit des Offiziers durch eine verweichlichende Lebensweise beeinträchtigt werden könnte, sondern völlige Erschütterung des Grund und Bodens, worauf der Offiziersstand steht, ist die Gefahr, welche das Streben nach Gewinn und Wohlleben mit sich bringen würde.

Wilhelm I. R.

Allerhöchste Verordnung über die Ehrengerichte der Offiziere im Preußischen Heer vom 2. Mai 1874.

Liberalismus im Offizierskorps

Es ist von jeher sehr viel Liberalismus in dem Offizierskorps gewesen. Die Begünstigung, die man auf jede Weise der Ausbildung des Einzelnen zuteil werden ließ, mußte dies befördern, und so huldigt bis auf den heutigen Tag die Armee zum entschieden größten Teil dem Liberalismus, aber nicht dem Radikalismus. Die Armee ist viel zu loyal gesinnt, um je daran zu denken, den der Bevölkerung gemachten Versprechungen auch nur ein Jota entziehen zu wollen.

(Julius von Hartmann: Lebenserinnerungen, Bd. II, Berlin 1882, 164 f)

Gneisenaus und meines Vaters Liberalismus bestand darin, daß sie die Verfassung herbeiwünschten, die König Friedrich Wilhelm so lange versprochen hatte. Mein Liberalismus aber hat sich noch immer mit den Pflichten eines preußischen Offiziers vertragen so gut wie Gneisenaus, und ich erachte das als ein Lob und keinen Tadel.

(Albrecht von Stosch: Denkwürdigkeiten, ed. U. v. Stosch, Stuttgart 1904[3], 14)

Preußische Juden

Ich, der ich an der entferntesten Grenze der Monarchie geboren bin, unter einer sprachlich gemischten Bevölkerung, in einer sozialen Klasse, welche nicht gewohnt war, von der Sonne der Gunst beschienen zu sein, zu einer Zeit, wo meinen Glaubensgenossen die wesentlichsten Rechte noch nicht gewährt waren, – nie bin ich anders erzogen worden als in dem Gefühl der Treue und der persönlichen Anhänglichkeit an den König, auch in diesen äußersten Grenzen des Reiches sprachlich gemischter Bevölkerung habe ich bei den Untertanen kein anderes Gefühl vorgefunden.... Es ist der uns gemeinsame König, der nicht wünscht, König einer Partei zu sein oder ... einer bevorzugten Klasse, sondern der bis zum letzten Untertanen erwartet, daß er ihm gleiche Liebe und Treue entgegenbringt.

(Eduard Lasker in einer Parlamentsdebatte des Deutschen Reichstags am 25. Januar 1882)

Gegen Machtpolitik

Jede Großmacht, die außerhalb ihrer Interessensphäre auf die Politik der anderen Länder zu drücken und einzuwirken und die Dinge zu leiten sucht, die periklitiert außerhalb des Gebietes, welches Gott ihr angewiesen hat, die treibt Machtpolitik und nicht Interessenpolitik, die wirtschaftet auf Prestige hin. Wir werden das nicht tun –.

Aus Bismarcks Reichstagsrede vom 6. Februar 1888, Gesammelte Werke XIII, S. 335.

Gehorsam

»Überhaupt – Gehorsam ist Prinzip, aber der Mann steht über dem Prinzip.«

Moltke im Gespräch mit dem Historiker H. Friedjung
am 22. September 1889, nach:
Moltke, Gespräche, ed. E. Kessel, Hamburg 1943[3], S. 218.

Preußischer Wahlspruch

Viel leisten, wenig hervortreten, mehr sein als scheinen!

General der Kavallerie Alfred Graf von Schlieffen (1903)

Preußischer Adel

Der preußische Adel ist eine Erscheinung für sich, gleichgültig ob es sich um den wirtschaftlich beschränkten staatstreuen Stand der Junker oder um die Schicht der großen Grundbesitzer, der großen Herren, handelt. Die Besiedlung der Ostmark erfolgte einst durch Deutsche aller Stämme, das Gesetz nach dem sie angetreten, war der Ordensgeist. Der preußische Staat, spät entstanden, hatte offene kontinentale Grenzen, und diese Grenzen waren immer bedroht. Für die Existenz dieses Staates war darum Bereitschaft nötig; der Bereitschaftsszustand kennt nur Befehl und Gehorsam. Dauert er lange an, so bildet er einen Menschenschlag aus, der in seinen besten Vertretern pflicht- und verantwortungstreu, schlicht, streng, zuchtvoll und verhalten ist. Auf diesen Typus hin ist der preußische Adel erzogen worden. Das Maß dieses Vorbildes war das alte ritterliche Gesetz des Schwertadels, das Gesetz auch vorbildlichen Beamtentums. Seine Bedingung war der karge Staat, der eine seltene Form des Staatssozialismus im frührömischen Sinne ausgebildet, hat, eine geistig-sittliche Gemeinschaft auf Gedeih und Verderb, eine Grenzmarkgesinnung, die nirgends stärker war als in Ostpreußen.

(Carl J. Burckhardt im Vorwort zu »Das Dohnaschloss Schlobitten« ed. C. Grommelt, Stuttgart 1962)

Das Nachleben Preußens

Mit dem Aufgehen in dem größeren Deutschen Reich von 1871, dem manche altpreußischen Kräfte in einer Empfindung der Gegensätzlichkeit dieses neuen Gebildes zur preußischen Linie widerstrebten, ist Preußen in den Strom des weiteren deutschen Geschehens einbezogen worden, hat ihm wichtige und wertvolle Elemente seiner Tradition weitergegeben, ist aber in seiner besonderen Eigenart allmählich doch von den neuen Kräften überlagert und teilweise sogar in eine gegensätzliche Stellung gebracht worden. Das preußische Staatsgebilde der Weimarer Epoche stellt einen Nachklang dar. Der große Atem, der sich über sonst in Deutschland so leicht emporsteigende Partikularitäten erhob, die disziplinierte Gesinnung, die Ost und West verbindende Ausrichtung, das blieb erhalten und wirkte fort. Aber noch entschiedener war nun alle politische Führung auf das Reich übergegangen, und der Versuch, aus dem preußischen Staatswesen einen modernen sozialistisch beeinflußten Bau zu formen, ist im wesentlichen doch, soweit er bewußt erfolgte, gegen die Traditionen des älteren Preußens unternommen worden.

Wenn es einen letzten, reinen Klang der alten sittlich gefaßten und strengen preußischen Idee gegeben hat, so war es die Tat des 20. Juli 1944. Um sie sammeln sich nicht nur noch einmal die vielen großen Familiennamen der preußischen Geschichte, in ihr spricht, und nun auch in den Vertretern, von anderer, gewerkschaftlicher oder liberaler Seite, ein eigentliches tiefes Ethos des Staates, das sich der Entwürdigung der Herrschaft zur Tyrannei, der Verachtung und Verantwortung der Regierenden, der Leugnung des überparteilichen Ganzen des Staates überhaupt durch das Regime einer Partei und einer aufgezwungenen Ideologie entgegenwarf. Um eine Würdigung dieses Geschehens kommt keine Deutung des preußischen Staatsgedankens herum. An ihr scheiden sich einfache Fortführung der überhitzten nationalen Gedanken der zwanziger und dreißiger Jahre und Bewußtsein der sittlichen Grundlagen der preußisch-deutschen Staatstradition, scheidet sich der Wille zu neuen staatlichen Wegen von einem falschen Verdecken der Abgründe des Dritten Reiches.

Ulrich Scheuner: Deutsche Staatstradition und deutscher Osten, im Jahrbuch der Albertus-Universität zu Königsberg, Bd. III, Kitzingen 1953, S. 4.

Das Opfer

Daß es der Osten Europas war, in dem der Krieg sich entschied, daß es der Osten Deutschlands war, über den die furchtbarste Not kam, das war kein Zufall. Auf den Osten hin war Preußen ausgerichtet, vor dem Osten hatte es versagt, im Osten mußte die Entscheidung fallen, nicht nur militärisch und politisch, sondern jetzt auch sozial. Das Land jenseits der Oder, das nicht rechtzeitig zu einem deutschen Bauernland umgewandelt wurde, ist heute eine Wüste. In dem Lande zwischen Elbe und Oder hat eine radikale »Agrarreform« den sozialen Umsturz vollendet, die Herrenschicht von Besitz und Betrieb verjagt. Die Totenopfer sind größer als bei allen anderen Volksschichten, der Sturz ist tiefer. Er zwang zur Umstellung auf neue Berufe und Lebensformen und trifft Menschen besonders hart, die gewohnt und fähig waren, zu führen. Dem deutschen Leben der Zukunft wird ein wesentlicher Zug fehlen: das breite Leben der großen Güter, der herrschaftliche Stil überhaupt; das Enge und Kleinliche, das immer eine besondere deutsche Gefahr war, wird noch bedrohlicher. Wenn wir nun den Verlust sehen, werden wir diese Gefahr niemals überwinden. Nur dann wird ein Unglück fruchtbar für einen Menschen und für ein Volk, wenn es bewußt als Opfer genommen wird. Darum ist es entscheidend wichtig für die Zukunft Deutschlands, daß am Ende Preußens nicht nur der Untergang steht, auch nicht der Untergang mit schweigender Würde, den viele gefunden haben – sondern ein bewußtes Opfer: die Tat des 20. Juli 1944. So weit hatte sich der Adel drängen lassen, daß ihm nur *ein* Weg übrigblieb, der seiner Haltung und Überlieferung ganz unangemessen war: Putsch und Attentat. Nicht zuletzt daran ist der Versuch gescheitert, daß das innere Widerstreben gegen diese Art des Handelns die Sicherheit der Durchführung lähmte. Und das hat mancher vorher gewußt, der dann den Tod durch den Strang gefunden hat. Aber daß eine Reihe der besten Männer Preußens mit der Überlieferung der besten Namen: Yorck und Witzleben, Moltke und Schulenburg, Trott und Haeften, in *einer* Front mit der Arbeiterschaft und mit den Rechtlichsten und Mutigsten des Bürgertums diesen Aufstand gewagt haben – das bedeutet eine Sühne für das Versagen der Schicht, eine Versöhnung preußischer Sonderart und gesamtdeutschen Wesens. Wer diese Edelleute gekannt hat, ihren Mut, ihre Einsicht, ihre sichere Gläubigkeit, die spürt heute schon, daß ihr Erbe nicht nur eine Aufgabe, sondern auch eine große Kraft ist.

Otto Heinrich v. d. Gablentz: Die Tragik des Preußentums, München 1948, S. 103 f.

Die Sühne

Durch alle Schmach hindurch, mit der die Marschälle, und nicht nur sie, den Namen des deutschen Heeres beflecken ließen, wirkt um so leuchtender der Ruf der Beck und Olbricht, der Tresckow und Oster, der Hammerstein und Thomas und mancher anderen der hohen und niederen Offiziere, die kein Sieg verblendete, kein Rittergut korrumpierte, die nur ein Maßstab leitete: die fromme Sitte und die heilige Ehre. Und durch alle geschichtliche Schuld hindurch, die der deutsche Adel in der Zeit Bismarcks und Wilhelm II. und noch in den Anfängen der Nazis auf sich lud, strahlt sühnend das Opfer derer, die ihre Mörder als die »Grafenclique« zu verfemen suchten, – das Opfer der Stauffenberg und York und Schulenburg, der Lehndorff und Schwerin und Moltke und ihrer vielen schon namenlosen Freunde. Seit der berühmten Augustnacht von 1789, in der der französische Adel auf seine Vorrechte verzichtete, hat niemals mehr ein ganzer Stand die gleiche heroische Opferkraft bewiesen wie hier der deutsche Adel in seiner besten Jugend zur Stunde, da ihm die Schicksalsglocke schlug.

Edgar Salin: Die Tragödie der deutschen Gegenrevolution, Zeitschrift für Religions- und Geistesgeschichte I (1948), 205 f.

ZEITTABELLE

1226–1525 *Staat des deutschen Ritterordens in Preußen.*

1525 führt Hochmeister Albrecht von Brandenburg die Reformation ein: Preußen rechts der Weichsel wird weltliches Herzogtum, Preußen links der Weichsel mit Danzig, Elbing und Ermland gehört vom 2. Thorner Frieden 1466–1772 bzw. 1793 zum Königreich Polen.

1134–1320 *Das Haus Askanien regiert in Brandenburg.*

1134 Erbbelehnung Albrechts des Bären (1134–1168) mit der Nordmark.

1157 Eroberung Brandenburgs; Albrecht nennt sich Markgraf von Brandenburg.

ca. 1230 Berlin und Cölln erhalten Stadtrecht.

1250 Erwerbung der Uckermark; Erwerbung des Landes Lebus und anschließend der Neumark.

1253 Gründung von Frankfurt/Oder.

1308–1319 Markgraf Woldemar vereinigt alle brandenburgischen Landesteile.

1323–1373 *Brandenburg fällt als erledigtes Reichslehen an das Reich und geht an das Haus Wittelsbach über.*

1348–1352 Auftreten des falschen Woldemar.

1356 Goldene Bulle, Bestätigung der brandenburgischen Kurwürde.

1373 Otto VI. (der Faule) tritt im Vertrag von Fürstenwalde die Mark an das Luxemburger Kaiserhaus ab.

1373–1415 *Die Luxemburger* (Karl IV. 1373–78; Sigismund 1378–88, 1411–15; Jobst von Mähren 1388–1411) *regieren die Mark.*

1412 Einsetzung des Burggrafen Friedrich VI. von Nürnberg aus dem Geschlechte Hohenzollern als Verweser der Mark Brandenburg.

1414 Unterwerfung der Quitzows.

1415 Übertragung der Kurfürstenwürde; Huldigung der Stände in Berlin.

1415–1918 *Die Hohenzollern regieren in Brandenburg (und Preußen)*

1415–1440 Friedrich I.

1417 Feierliche Belehnung Friedrichs anläßlich des Konstanzer Konzils als Markgraf und Kurfürst von Brandenburg.

1440–1470 Friedrich II. (Eisenzahn).

1442 Unterwerfung von Berlin-Cölln, Schloßbau in Cölln.

1454 Rückerwerbung der Neumark.

1470–1486 Albrecht Achilles.

1473 Ewige Erbordnung (Dispositio Achillea).

1486–1499 Johannes Cicero.

1493 Vergleich mit Pommern.

1499–1535 Joachim I. Nestor.

1506 Gründung der Universität Frankfurt/Oder.

1524 Heimfall der Herrschaft Ruppin.

1528 Übertritt der Kurfürstin Elisabeth zur Reformation.

1535–1571 Joachim II. Hector.

1537 Heiratsverbindung und Erbvertrag mit dem Herzog von Liegnitz, Brieg und Wohlau.

1539 Übertritt Brandenburgs zur Reformation.

1540 Neue Kirchenordnung.

1568 Mitbelehnung mit Preußen.

1571–1598 Johann Georg.

1598–1608 Joachim Friedrich.

1604 Begründung des Geheimen Rats.

1608–1619 Johann Sigismund.

1609 Tod des letzten Herzogs von Jülich; Beginn des Erbfolgestreites um Jülich, Kleve und Berg, Mark und Ravensberg.

1613 Der Kurfürst wird reformiert.

1618 Tod des letzten Herzogs von Preußen; Huldigung der ostpreußischen Stände; Preußen fällt auf dem Wege der Erbschaft an Brandenburg als Lehen der Krone Polen.

1619–1640 Georg Wilhelm.

1631 Anschluß an die Schweden.

1640–1688 Friedrich Wilhelm, der Große Kurfürst.

1648 Hinterpommern kommt im westfälischen Frieden an Brandenburg, Anspruch auf ganz Pommern anerkannt.

1656–1660 Teilnahme am Schwedisch-Polnischen Krieg.

1660 Friede zu Oliva, Souveränität Preußens (Befreiung von polnischer Lehenshoheit).

1675 Sieg bei Fehrbellin über die Schweden.

1679 Vertreibung der Schweden aus Preußen, Friede von Saint Germain.

1685 Edikt von Potsdam: Aufnahme der Réfugiés (Hugenotten — reformierte Franzosen) in Brandenburg.

1688–1713 Friedrich III., als König Friedrich I.

1694 Stiftung der Universität Halle.

1700 Errichtung der Akademie der Wissenschaften.

1701 Königsberger Krönung zum König *in* Preußen.
Stiftung des Schwarzen Adlerordens.

1713–1740 Friedrich Wilhelm I.

1715 Preußen schließt sich den Gegnern Karls XII. von Schweden an.

1717 Kadettenkorps zu Berlin gegründet (1722 Waisenhaus zu Potsdam, 1727 Charité in Berlin).

1720 Preußen erhält im Frieden von Stockholm (2. Nordischer Krieg) Vorpommern mit Stettin sowie Usedom und Wollin

1723 Gründung des Generaldirektoriums; Neuordnung der Verwaltung fundiert die absolute Monarchie.

1740–1786 Friedrich II., genannt der Große.

1740 Tod Kaiser Karls VI., durch pragmatische Sanktion (weibliche Erbfolge) kommt Maria Theresia auf den Thron.

1740–1742 Erster schlesischer Krieg zur Durchsetzung der preußischen Erbvertragsansprüche von 1537 auf Schlesien (Schlachten bei Mollwitz und Chotositz, Friede zu Berlin).

1744 Ostfriesland fällt durch Erbschaft an Preußen.

1744–1745 Zweiter schlesischer Krieg; Siege von Hohenfriedeberg und Kesselsdorf; Friede zu Dresden (Anerkennung der pragmatischen Sanktion, Gewährleistung des Besitzes von Schlesien).

1756–1763 Siebenjähriger Krieg im Bündnis mit England und einigen Kleinstaaten gegen die Allianz: Österreich – Frankreich – Rußland – Schweden – Sachsen.

1756 Sieg über die Österreicher bei Lobositz, Gefangennahme der Sachsen bei Pirna.

1757 Eroberung Böhmens durch die Schlacht bei Prag, Rückzug infolge Niederlage bei Kolin, Sieg über die Franzosen bei Roßbach, Gewinn Schlesiens durch Sieg bei Leuthen. Die Russen siegen bei Groß-Jägerndorf.

1758 Sieg bei Zorndorf über die Russen, Überfall durch die Österreicher bei Hochkirch.

1759 Schlacht bei Kunersdorf gegen Russen und Österreicher geht verloren.

1760 Berlin vorübergehend von Russen erobert; Siege bei Liegnitz und Torgau gegen Österreicher und Sachsen.

1762 England fällt ab, Friedrich sprengt aber Einkreisungsring durch Friedensschluß und Bündnis mit dem neuen Kaiser von Rußland.

1763 Friede zu Hubertusburg; Friedrich behält Schlesien.

1772 Erste Teilung Polens. Preußen erhält Westpreußen und Netzedistrikt. Friedrich König *von* Preußen.

1778 Bayerischer Erbfolgekrieg (Kartoffelkrieg).

1785 Deutscher Fürstenbund durch Friedrich gestiftet.

1786–1797 Friedrich Wilhelm II.

1788 Wöllnersches Religionsedikt.

1792 Heimfall von Ansbach und Bayreuth; Stiftung des roten Adlerordens.

1793 Teilnahme am 1. Koalitionskrieg gegen Frankreich, Zweite Teilung Polens (Danzig, Thorn nebst »Südpreußen« mit Posen, Gnesen und Kalisch kommen an Preußen).

1794 Erlaß des Allgemeinen Preußischen Landrechts.

1795 Preußen schließt den Sonderfrieden von Basel. Dritte Teilung Polens; auch Warschau und Umgebung fallen an Preußen. Njemen wird Grenze gegen Rußland, Weichsel gegen Österreich.

1797–1840 Friedrich Wilhelm III.

1803 Regensburger Reichsdeputationshauptschluß; Erwerb von Münster, Paderborn und Hildesheim.

1805 Freundschaftsbund mit Zar Alexander am Grabe Friedrichs des Großen (bewaffnete Neutralität); Vertrag zu Schönbrunn.

1806 Auflösung des Heiligen Römischen Reiches deutscher Nation; Errichtung des Rheinbundes; Niederlage von Jena und Auerstedt; Napoleon in Potsdam und Berlin.

1807 Friede zu Tilsit; Aufhebung der Erbuntertänigkeit der Bauern; Neuorganisation der Staatsbehörden.

1808 Neue Städteordnung.

1809 Huldvolle Entlassung Steins; Altenstein Finanzminister.

1810 Hardenberg Staatskanzler; Gewerbefreiheit; Universitäten in Berlin und Breslau gegründet; Tod der Königin Luise (geb. 1776).

1812 Konvention Yorcks zu Tauroggen nach Zusammenbruch des napoleonischen Rußlandfeldzugs.

1813 Vertrag mit Rußland; Einführung der allgemeinen Wehrpflicht; Aufruf Friedrich Wilhelm III., »An mein Volk«; Siege bei Großbeeren und an der Katzbach, Völkerschlacht bei Leipzig.

1814 Übergang Blüchers über den Rhein; Einzug der Verbündeten in Paris; Verbannung Napoleons nach Elba, erster Pariser Friede, Wiener Kongreß.

1815 Rückkehr Napoleons, Schlachten bei Ligny und Belle-Alliance, Verbannung nach St. Helena; Zweiter Pariser Friede: Preußen erhält Nordsachsen mit Niederlausitz sowie das restliche Rheinland und Westfalen, verzichtet auf Ansbach-Bayreuth; Gründung des Deutschen Bundes, Sitz der Bundesversammlung in Frankfurt; Teilnahme an der Hl. Allianz.

1817 Einrichtung des Staatsrates; Aufruf zur Union der lutherischen und reformierten Kirchen.

1820 Wiener Schlußakte als Grundgesetz des Deutschen Bundes.

1824 Ost- und Westpreußen zu einer Provinz vereinigt; 1878 wieder getrennt.

1830 Durchführung der Union.

1832 Anfänge des Deutschen Zollvereins.

1837 Kölner Kirchenwirren.

1840–1861 Friedrich Wilhelm IV.

1842 Beendigung der Kirchenwirren, Grundsteinlegung zum Fortbau des Kölner Doms.

1847 Vereinigter Landtag einberufen.

1848 Märzrevolution in Berlin, Konstitution in Preußen.

1849 Frankfurter Nationalversammlung wählt den preußischen König zum Erbkaiser, Friedrich Wilhelm IV. lehnt die Kaiserkrone ab; Krieg in Schleswig-Holstein; Dreikönigsbündnis, Versammlung zu Erfurt; Preußen erwirbt das Land Hohenzollern.

1850 Scheitern großpreußischer Pläne, Punktation von Olmütz, Freie Konferenzen zu Dresden, Erneuerung des Deutschen Bundes, Erlaß der revidierten Verfassung.

1853 Erwerb von Wilhelmshaven.

1854–1855 Neutralität Preußens im Krimkrieg.

1858 Erkrankung Friedrich Wilhelm IV., Einrichtung der Regentschaft.

1861–1888 Wilhelm I.

1862 Berufung Bismarcks zum Ministerpräsidenten.

1862–1866 Konfliktzeit.

1864 Preußisch-Dänischer Krieg; Abtrennung der Herzogtümer Schleswig und Holstein von Dänemark.

1866 Preußisch-Österreichischer Krieg. Sieg bei Königgrätz, Friede von Nikolsburg und Prag, Hannover, Kurhessen, Nassau, Frankfurt/M. und die Herzogtümer werden der preußischen Monarchie einverleibt. Auflösung des Deutschen Bundes, Einberufung des Norddeutschen Reichstags, Österreich gehört nicht mehr zu Deutschland.

1867 Abfindung aller Rechtsansprüche der früheren Souveräne von Hannover, Nassau und Hessen mit Geldsummen.

1870–1871 Deutsch-Französischer Krieg. Siege bei Mars la Tour, Gravelotte, Sedan usw., französische Kapitulation. Am 18. Januar 1871 Wilhelm I. zum deutschen Kaiser gekrönt im Spiegelsaal des königlichen Schlosses zu Versailles.

1918 Absetzung Wilhelm II. als König von Preußen. Preußen wird republikanischer Freistaat.

1932 Reichsexekution gegen Preußen. Absetzung der letzten verfassungsmäßigen preußischen Regierung.

1935 Preußen wird durch das nationalsozialistische Reichsstatthaltergesetz gleichgeschaltet.

1947 Alliierter Kontrollratsbeschluß über die Auflösung des nicht mehr bestehenden preußischen Staates.

ÜBERSICHT ÜBER DAS WACHSTUM DES PREUSSISCHEN STAATES UNTER DEN HOHENZOLLERN (SEIT 1415)

I. Unter Kurfürst Friedrich I. (1414–1440):

Altmark	80,61	QM.
Prignitz	61,10	„
Der größte Teil der Uckermark	51,64	„
Mittelmark	230,03	„
Zusammen:	423,38	QM.
Ansbach und Bayreuth	112,00	„
Im ganzen:	535,38	QM.
	(29,478 qkm)	

II. Unter Kurfürst Friedrich II. (1440–1470):

Neumark	150,40	QM.
Ein Teil der Uckermark	13,50	„
Die böhmischen Lehen Kottbus, Peitz, Teupitz, Bärfelde durch Kauf	22,30	„
Wernigerode durch Kauf (1450)	4,64	„

Größe des Staates: 726,22 QM. (39,985 qkm).

III. Unter Kurfürst Albrecht Achilles (1470–1486):

Löcknitz (1472) und Vierraden in der Uckermark (1479) durch Vertrag mit Pommern	5,00	QM.
Die Neumark durch Krossen, Züllichau, Sommerfeld, Bobersberg im Frieden zu Kamenz (1482) vergrößert	33,52	„
Zu Ansbach erworben	3,00	„

Größe des Staates: 767,74 QM. (42,272 qkm).

IV. Unter Kurfürst Johann Cicero
(1486–1499):

Herrschaft Zossen durch Kauf	7,50 QM.

Durch Teilung gingen Ansbach und Bayreuth verloren.
Es verblieben 660,24 QM. (36,353 qkm).

V. Unter Kurfürst Joachim I.
(1499–1535):

Grafschaft Ruppin als eingezogenes Lehen	32,27 QM.

Größe des Staates: 692,51 QM. (38,130 qkm).

VI. Unter Kurfürst Johann Georg
(1571–1598):

Die böhmischen Lehen Beeskow und Storkow	23,31 QM.

Größe des Staates: 715,82 QM. (39,413 qkm).

VII. Unter Kurfürst Johann Sigismund
(1608–1619):

Durch Erbschaft (1609):	
Herzogtum Kleve	32,58 QM.
Grafschaft Ravensberg	16,62 "
Grafschaft Mark mit Limburg	50,14 "
Herzogtum Preußen	657,13 "

Größe des Staates: 1 472,29 QM. (81,064 qkm).

VIII. Unter dem Großen Kurfürsten
(1640–1688):

Im Westfälischen Frieden:	
Hinterpommern mit Kammin	347,28 QM.
Herzogtum Magdeburg, Fürstentum Halberstadt mit Mansfeld-Hohenstein	148,67 "
Fürstentum Minden	21,76 "
Herrschaften Lauenburg und Bütow (1657) als polnische Lehen	15,00 "
Kreis Schwiebus (1686)	8,00 "

Größe des Staates: 2 013 QM. (110,836 qkm).
mit 1 500 000 Einwohnern.

DIE TERRITORIALE ENTWICKLUNG PREUSSENS
1688–1866

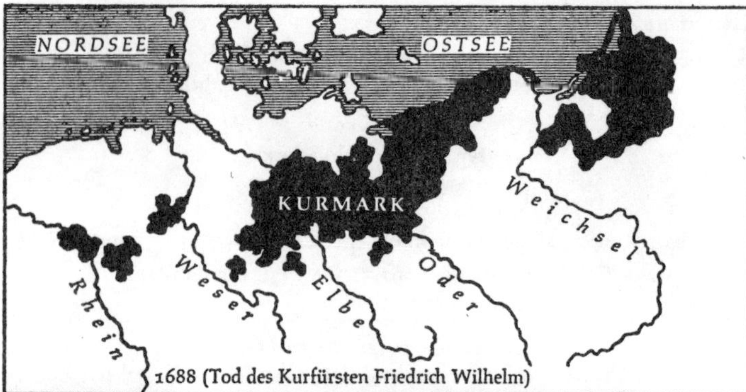

1688 (Tod des Kurfürsten Friedrich Wilhelm)

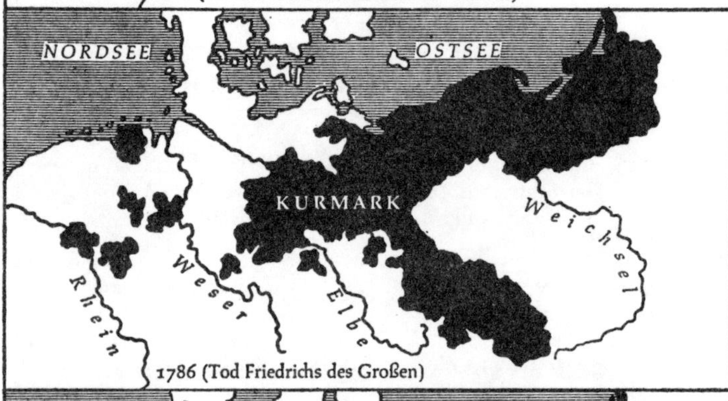

1786 (Tod Friedrichs des Großen)

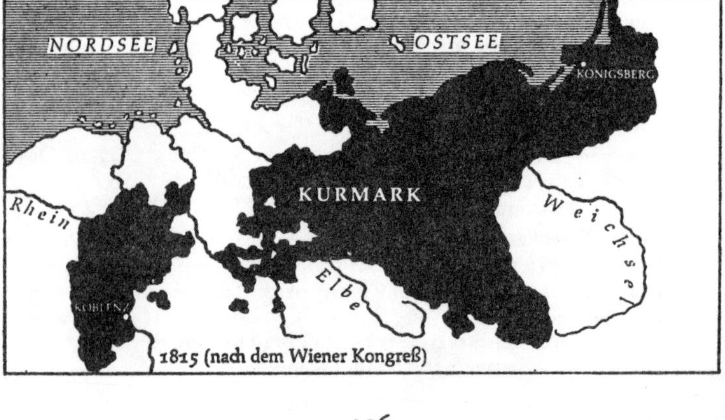

1815 (nach dem Wiener Kongreß)

1866 (nach dem österreichisch-preußischen Krieg)

IX. *Unter Kurfürst Friedrich III. oder König Friedrich I.* (1688–1713):

Fürstentum Mörs	oranische Erbschaft (1707)	3,97	QM.
Grafschaft Lingen		13,26	„
Tauroggen und Serrey, Grafschaft Tecklenburg durch Kauf (1707)		7,49	„
Neuenburg und Valengin durch Erbschaft (1707)		13,95	„

Abtretung von Schwiebus (1694) 8,00 QM. – verblieben 2 043,67 QM. (112,524 qkm) mit 1 650 000 Einwohnern.

X. *Unter König Friedrich Wilhelm I.* (1713–1740):

Ein Teil des Herzogtums Geldern im Utrechter Frieden (1713)	21,94	QM.
Im Frieden von Stockholm (1720) Vorpommern bis an die Peene mit Stettin, Usedom, Wollin	94,33	„

Größe des Staates: 2 159,94 QM. (118,926 qkm) mit 2 240 000 Einwohnern.

XI. *Unter König Friedrich II.* (1740–1786):

Herzogtum Schlesien mit der Grafschaft Glatz (1742) . .	680,43	QM.
Fürstentum Ostfriesland (1744)	54,26	„
Westpreußen (ohne Danzig und Thorn) nebst dem Netzedistrikt	644,99	„

Größe des Staates: 3 539,62 QM. (194,891 qkm) mit 5 430 000 Einwohnern.

XII. Unter König Friedrich Wilhelm II. (1786–1797):

Rückfall der Stammlande Ansbach und Bayreuth (1791), jetzt	159,18	QM.
Polnische Erwerbungen 1793 und 1795:		
Neu-Ostpreußen	818,53	„
Südpreußen	1 014,97	„
Neuschlesien	40,94	„
Thorn	4,48	„
Danzig	17,26	„
Dagegen Abtretungen jenseits des Rheins	43,42	„

Größe des Staates: 5 551,56 QM. (305,669 qkm)
mit 8 687 000 Einwohnern

XIII. Unter König Friedrich Wilhelm III. (1797–1815):

Erwerbungen im Frieden von Lüneville (1801) und durch den Reichsdeputationshauptschluß (1803):

Erfurt und Nieder-Kranichfeld	12,99	QM.
Eichsfeld	20,81	„
Mühlhausen und Nordhausen	5,00	„
Fürstentum Hildesheim und Goslar	30,16	„
Fürstentum Paderborn	44,05	„
Teile des Fürstentums Münster	54,31	„
Quedlinburg und Elten	2,25	„
Essen und Werden	3,75	„
1806: Kurfürstentum Hannover	575,63	„

Größe des Staates 6 300,54 QM. (346,908 qkm).

Abtretungen im Tilsiter Frieden (1807):

Alles Land westlich der Elbe, die polnischen Erwerbungen von 1793 und 1795, der größere Teil des Netzedistrikts und Kottbus	3 430,78	QM.

Verblieben: 2 869,76 QM. mit 4 940 000 Einwohnern.

Wiedererworben durch den Wiener Kongreß (1815):

Alle Landesteile, die vor 1807 preußisch gewesen waren, außer Ansbach, Bayreuth, Hildesheim, Ostfriesland, Neuschlesien, Neu-Ostpreußen u. dem östlichen Teil Südpreußens	1 108,84	QM.
Dazu Neuvorpommern (durch Tausch von Dänemark gegen Lauenburg)	79,68	„
Von Sachsen	378,51	„
Von Westfalen	24,14	„
Mediatisierte Fürstentümer und Herrschaften	73,86	„

Von Hessen-Darmstadt	76,75	QM.
Vom Herzogtum Berg	58,74	"
Von Nassau	11,62	"
Von Wied und Sayn	22,92	"
Kreis Wetzlar	10,44	"
Vom Großherzogtum Frankfurt	0,22	"
Von Frankreich: Linksrheinisches Gebiet mit Saarbrücken und Saarlouis	370,54	"

Bestand des Staates: 5 049,80 QM. (278,042 qkm)
mit 10 400 000 Einwohnern.

XIV. Veränderungen zwischen 1815 und 1861:

Fürstentum Lichtenberg durch Kauf von Sachsen-Koburg-Gotha (1834)	10,50	QM.
Fürstentümer Hohenzollern durch Staatsvertrag (1850	21,15	"
Der lippe-detmoldische Anteil an Lippstadt durch Kauf (1849)	0,05	"
Das Gebiet am Jadebusen durch den Kauf von Oldenburg	0,25	"
Dagegen wurden Neuenburg und Valengin aufgegeben (1854)	13,95	"

Bestand des Staates: 5 067,75 QM. (279,030 qkm)
mit 19 600 000 Einwohnern.

XV. Unter König Wilhelm I.
(1861–1888):

In Besitz genommen wurden nach den Friedensschlüssen von 1866:

Königreich Hannover	698,72	QM.
Kurfürstentum Hessen	172,85	"
Herzogtum Nassau	85,19	"
Frankfurt a. M.	1,59	"
Herzogtümer Schleswig und Holstein ohne das Amt Ahrensböck (1,499 qkm), das an Oldenburg abgetreten wurde	320,40	"
Teile von Bayern (Orb, Gersfeld, Kaulsdorf)	10,05	"
Teile vom Großherzogtum Hessen, einschließlich Hessen-Homburg	19,92	"
1876 wurde Lauenburg einverleibt	21,29	"
Zusammen:	1 330,01	QM.
	(73,230 qkm).	

Bestand des Staates: 6 397,76 QM. (352,260 qkm)
mit 29,2 Millionen Einwohnern (1888).

DIE PREUSSISCHEN MINISTER VON 1848–1918

Ministerpräsidenten

Graf Adolf Heinrich v. Arnim-Boitzenburg (19. bis 29. März 1848); Ludolf Camphausen (29. März bis 20. Juni 1848); Rudolf v. Auerswald (25. Juni bis 21. Sept. 1848); v. Pfuel (21. Sept. bis 1. Nov. 1848); Graf v. Brandenburg (1. Nov. 1848 bis 6. Nov. 1850); Frh. Otto v. Manteuffel (4. Dez. 1850 bis 6. Nov. 1858); Fürst Karl Anton von Hohenzollern-Sigmaringen (6. Nov. 1858 bis 11. März 1862); neben ihm Rudolf v. Auerswald als Minister ohne Geschäftsbereich (6. Nov. 1858 bis 17. März 1862); Prinz Adolf zu Hohenlohe-Ingelfingen (11. März bis 23. Sept. 1862); Otto v. Bismarck[1] (23. Sept., endgültig 8. Okt. 1862 bis 21. Dez. 1872); Graf v. Roon (1. Jan. bis 9. Nov. 1873); Fürst Otto v. Bismarck[1] (9. Nov. 1873 bis 18. März 1890); Graf v. Caprivi[1] (20. März 1890 bis 23. März 1892); Graf Botho zu Eulenburg (23. März 1892 bis 26. Okt. 1894); Fürst Chlodwig zu Hohenlohe-Schillingsfürst[1] (29. Okt. 1894 bis 17. Okt. 1900); Fürst Bernhard v. Bülow[1] (17. Okt. 1900 bis 14. Juli 1909); Theobald v. Bethmann Hollweg[1] (14. Juli 1909 bis 14. Juli 1917); Michaelis[1] (14. Juli bis 1. Nov. 1917); Graf v. Hertling[1] (1. Nov. 1917 bis 3. Okt. 1918).

Vizepräsidenten des Staatsministeriums

Otto Camphausen (1873–78); Graf (Fürst) Otto zu Stolberg-Wernigerode[2] (1878–81); Robert v. Puttkamer (1881–88); v. Boetticher[2] (1888–97); v. Miquel (1897–1901); Theobald v. Bethmann Hollweg[2] (1907–09); Clemens v. Delbrück[2] (1914–16); v. Breitenbach (1916/17); Robert Friedberg (1917/18).

Minister der auswärtigen Angelegenheiten

Graf Adolf Heinrich v. Arnim-Boitzenburg (März 1848); Frh. Heinrich Alexander v. Arnim (März bis Juni 1848); Frh. v. Schleinitz (Juni 1848); Rudolf v. Auerswald (Juni bis Sept. 1848); Graf v. Dönhoff (Sept. bis Nov. 1848); Graf v. Brandenburg (Nov. bis Dez. 1848); Graf Heinrich

1 Zugleich Reichskanzler.
2 Zugleich Vizekanzler (allgem. Stellvertreter des Reichskanzlers).

Friedrich v. Arnim (Febr. bis April 1849); Graf v. Brandenburg (April bis Juli 1849); Frh. v. Schleinitz (1849/50); v. Radowitz (Sept. bis Nov. 1850); Frh. Otto v. Manteuffel (1850–58); Frh. v. Schleinitz (1858–61); Graf v. Bernstorff (1861/62); Fürst Otto v. Bismarck[1] (1862–90); Graf v. Caprivi[1] (1890–94); Fürst Chlodwig zu Hohenlohe-Schillingsfürst[1] (1894–1901); Fürst Bernhard v. Bülow[1] (1901–09); Theobald v. Bethmann Hollweg[1] (1909–17); Michaelis[1] (Juli bis Nov. 1917); Graf v. Hertling[1] (1917/18); Prinz Max von Baden[1] (Okt. bis Nov. 1918).

Minister des Innern

Alfred v. Auerswald (März bis Juni 1848); Kühlvetter (Juli bis Sept. 1848); v. Eichmann (Sept. bis Nov. 1848); Frh. Otto v. Manteuffel (1848–50); v. Westphalen (1850–58); v. Flottwell (1858/59); Graf v. Schwerin-Putzar (1859/62); Gustav Wilhelm v. Jarow (März bis Dez. 1862); Graf Friedrich zu Eulenburg (1862–78); Graf Botho zu Eulenburg (1878–81); Robert v. Puttkamer (1881–88); Herrfurth (1888–92); Graf Botho zu Eulenburg (1892–94); v. Köller (1894/95); Frh. v. d. Recke v. d. Horst (1895–99); Frh. v. Rheinbaben (1899–1901); Frh. Hans v. Hammerstein (1901–05); Theobald v. Bethmann Hollweg (1905–07); Friedrich v. Moltke (1907–10); v. Dallwitz (1910–14); v. Loebell (1914–17); Drews (1917/18).

Finanzminister

Hansemann (März bis Sept. 1848); Gustav v. Bonin (Sept. bis Nov. 1848); v. Rabe (1849–51); Karl v. Bodelschwingh (1851–58); Frh. v. Patow (1858–62); Frh. v. d. Heydt (März bis Sept. 1862); Karl v. Bodelschwingh (1862–66); Frh. v. d. Heydt (1866–69); Otto Camphausen (1869–78); Hobrecht (1878/79); Bitter (1879–82); v. Scholz (1882–90); v. Miquel (1890–1901); Frh. v. Rheinbaben (1901–10);Lentze (1910–17); Hergt (1917/18).

Kriegsminister

v. Rohr (März 1848); Graf v. Kanitz (April bis Juni 1848); Frh. v. Schreckenstein (Juni bis Sept. 1848); v. Pfuel (Sept. bis Nov. 1848); v. Strotha (1848–50); v. Stockhausen (1850/51); Eduard v. Bonin (1852–54); Graf v. Waldersee (1854–58); Eduard v. Bonin (1858/59); Graf v. Roon (1859–73); v. Kameke (1873–83); Paul Bronsart v. Schellendorf (1883–89); v. Verdy du Vernois (1889/90); v. Kaltenborn-Stachau (1890–93); Walter Bronsart v. Schellendorf (1893–96); Heinrich v. Goßler (1896–1903); v. Einem gen. v. Rothmaler (1903–09); v. Heeringen (1909–13); v. Falkenhayn (1913–15); Wild v. Hohenborn (1915/16); Hermann v. Stein (1916–18); Scheüch (seit Okt. 1918).

1 Zugleich Reichskanzler.

Justizminister

Bornemann (März bis Juni 1848); Maerker (Juni bis Sept. 1848); Kisker (Sept. bis Nov. 1848); Rintelen (1848/49); Simons (1849–60); v. Bernuth (1860–62); Graf zur Lippe-Biesterfeld (1862–67); Leonhardt (1867–79); Heinrich v. Friedberg (1879–89); v. Schelling (1889–94); v. Schönstedt (1894–1905); v. Beseler (1905–17); Spahn (1917/18).

Kultusminister

(Minister der Geistlichen, Unterrichts- und Medizinalangelegenheiten)
Graf v. Schwerin-Putzar (März bis Juni 1848); Rodbertus (Juni bis Juli 1848); v. Ladenberg (1848–50); v. Raumer (1850–58); Moritz August v. Bethmann Hollweg (1858–62); v. Mühler (1862–72); Falk (1872–79); Robert v. Puttkamer (1879–81); Gustav v. Goßler (1881–91); Graf v. Zedlitz-Trützschler (1891/92); Bosse (1892–99); v. Studt (1899–1907); Holle (1907–09); v. Trott zu Solz (1909–17); Friedrich Schmidt-Ott (1917/18).

Landwirtschaftsminister

Gierke (Juni bis Sept. 1848); Frh. Otto v. Manteuffel (1848–50); v. Westphalen (1850–54); Frh. Karl v. Manteuffel (1854–58); Graf v. Pückler (1858–62); Graf v. Itzenplitz (März bis Dez. 1862); v. Selchow (1862–73); Graf v. Königsmarck (Jan. bis Dez. 1873); v. Achenbach (1873/74); Friedenthal (1874–79); Frh. Lucius v. Ballhausen (1879–90); v. Heyden-Cadow (1890–94); Frh. Ernst v. Hammerstein-Loxten (1894–1901); v. Podbielski (1901–06); Bernd v. Arnim-Kriewen (1906–10); Frh. v. Schorlemer-Lieser (1910–17); v. Eisenhart-Rothe (1917/18).

Handelsminister

Milde (Juni bis Sept. 1848); Frh. v. d. Heydt (1848–62); v. Holzbrinck (Mai bis Okt. 1862); Graf v. Itzenplitz (1862–73); v. Achenbach (1873–78); v. Maybach (1878/79); v. Hofmann (1879/80); Fürst Otto v. Bismarck (1880–90); Frh. v. Berlepsch (1890–96); Brefeld (1896–1901); v. Möller (1901–05); Clemens v. Delbrück (1905–09); v. Sydow (1909–18); Fischbeck (seit Okt. 1918).

Minister der öffentlichen Arbeiten

v. Maybach (1879–91); v. Thielen (1891–1902); v. Budde (1902–06); v. Breitenbach (1906–18).

Die preußischen Ministerien seit 1918

Abk.: Dem. = Demokratische Partei (Staatspartei), Dnat. Vp. = Deutschnationale Volkspartei, D. Vp. = Deutsche Volkspartei, Natsoz. = Nationalsozialistische Deutsche Arbeiterpartei, Soz. = Sozialdemokratische Partei, Unabh. = Unabhängige Sozialdemokratische Partei, Z. = Zentrum.

Vorläufige Regierung

(14. Nov. 1918 bis 20. März 1919)

Vorsitz: Hirsch (Soz.) und Stroebel (Unabh., bis 4. Jan. 1919); Inneres: Hirsch und Breitscheid (Unabh., bis 4. Jan. 1919); Finanzen: Südekum (Soz.) und Simon (Unabh., bis 4. Jan. 1919); Justiz: Heine (Soz., seit 27. Nov. 1918) und Rosenfeld (Unabh., bis 4. Jan. 1919); Wissenschaft, Kunst und Volksbildung: Haenisch (Soz.) und Adolf Hoffmann (Unabh., bis 4. Jan. 1919); Landwirtschaft: Otto Braun (Soz.) und Hofer (Unabh., bis 4. Jan. 1919); Handel: Fischbeck (Dem.); Öffentl. Arbeiten: Hoff (Fachminister); Krieg: bis 2. Jan. 1919 Scheüch (Fachminister), dann Reinhardt (Fachminister); ohne Geschäftsbereich: Eugen Ernst (Soz.).

Kabinett Hirsch

(25. März 1919 bis 26. März 1920)

Ministerpräsident: Hirsch (Soz.); Inneres: Heine (Soz.); Finanzen: Südekum (Soz.); Justiz: Am Zehnhoff (Z.); Wissenschaft, Kunst und Volksbildung: Haenisch (Soz.); Landwirtschaft: Otto Braun (Soz.); Handel: Fischbeck (Dem.); Volkswohlfahrt: Stegerwald (Z.); Öffentl. Arbeiten: Oeser (Dem.); Krieg: Reinhardt (Fachminister, bis 18. Sept. 1919).

Erstes Kabinett Braun

(29. März 1920 bis 10. März 1921)

Ministerpräsident und Landwirtschaft: Otto Braun (Soz.); Inneres: Severing (Soz.); Finanzen: Lüdemann (Soz.); Justiz: Am Zehnhoff (Z.); Wissenschaft, Kunst und Volksbildung: Haenisch (Soz.); Handel: Fischbeck (Dem.); Volkswohlfahrt: Stegerwald (Z.); Öffentl. Arbeiten: Oeser (Dem.).

Kabinett Stegerwald

(21. April bis 1. Nov. 1921)

Ministerpräsident und Volkswohlfahrt: Stegerwald (Z.); Inneres: Dominicus (Dem.); Finanzen: Sämisch (Fachminister); Justiz: Am Zehnhoff (Z.); Wissenschaft, Kunst und Volksbildung: Carl Heinrich Becker (Dem., Fachminister); Landwirtschaft: Warmbold (Fachminister); Handel: Fischbeck (Dem.).

Zweites Kabinett Braun

(7. Nov. 1921 bis 23. Jan. 1925)

Ministerpräsident: Otto Braun (Soz.); Inneres: Severing (Soz.); Finanzen: Ernst v. Richter (D. Vp., bis 6. Jan. 1925); Justiz: Am Zehnhoff

(Z.); Wissenschaft, Kunst und Volksbildung: Boelitz (D. Vp., bis 6. Jan. 1925); Landwirtschaft: Wendorff (Dem.); Handel: Siering (Soz.); Volkswohlfahrt: Hirtsiefer (Z.).

Kabinett Marx

(18. bis 20. Febr. 1925)

Ministerpräsident: Marx (Z.); Inneres: Severing (Soz.); Finanzen: Höpker-Aschoff (Dem.); Justiz: Am Zehnhoff (Z.); Wissenschaft, Kunst und Volksbildung: Carl Heinrich Becker (Dem., Fachminister); Landwirtschaft: Steiger (Z.); Handel: Schreiber (Dem.); Volkswohlfahrt: Hirtsiefer (Z.).

Drittes Kabinett Braun

(4. April 1925 bis 20. Juli 1932)

Ministerpräsident: Otto Braun (Soz.); Inneres: bis 6. Okt. 1926 Severing (Soz.), dann bis 28. Febr. 1930 Grzesinski (Soz.), dann bis 21. Okt. 1930 Waentig (Soz.), dann wieder Severing; Finanzen: bis 12. Okt. 1931 Höpker-Aschoff (Dem.), dann Klepper (Soz.); Justiz: bis 5. März 1927 Am Zehnhoff (Z.), dann Hermann Schmidt (Z.); Wissenschaft, Kunst und Volksbildung: bis 30. Jan. 1930 Carl Heinrich Becker (Dem., Fachminister), dann Grimme (Soz., Fachminister); Landwirtschaft: Steiger (Z.); Handel: Schreiber (Dem.); Volkswohlfahrt: Hirtsiefer (Z.).

Kabinett Göring

(seit 11. April 1933)

Ministerpräsident und Inneres: Göring (Natsoz.); Finanzen: Popitz (Fachminister); Justiz: Kerrl (Natsoz.); Wissenschaft, Kunst und Volksbildung: Rust (Natsoz.); Landwirtschaft (kommissarisch) und Wirtschaft (kommissarisch): Hugenberg (Dnat. Vp.).

DER FINANZBEDARF DES ABSOLUTISTISCHEN STAATES

Das englische Budget:	Millionen Goldmark		Millionen Bevölkerung	also pro Kopf Goldmark
unter			etwa	3,2
Heinrich VIII.	8		2,5	2,8
Elisabeth	10		3,5	10–15
Cromwell	40–60		4,0	30
Königin Anna	170		5,5	38
in den Jahren 1739–1748 . .	251		6,5	66
„ „ „ 1755–1763 . .	467		7,0	62
„ „ „ 1776–1786 . .	496		8,0	37
„ „ „ 1787–1793 . .	338		9,0	156
„ „ „ 1794–1817 . .	1427	(England allein)	9,1	89,0
		(mit Schottland und Irland)	16,0	

Das preußische Budget:		Millionen Goldmark	Millionen Bevölkerung	pro Kopf Goldmark
unter				
Georg Wilhelm	1620–1624	1,3	0,8	1,6
Kurfürst Friedrich Wilhelm	1640–1644	2,4	1,0	2,4
„ „ „	1688	11,5	1,5	7,1
König Friedrich Wilhelm I.	1713	14,4	1,6	9,0
„ „ „	1740	22,0	2,2	10,0
König Friedrich II.	1750–1756	36,0	3,5	10,0
„ „	1756–1763	74,4	3,5	fast 24,0
„ „	1786	69,0	5,8	12,0
König Friedrich Wilhelm III.	1804	93,0	10,7	8,7
„ „ „	1806–1820	150,9	1808–1814 4,6	37,7
„ „ „	1820–1830	168,3	12,0	14,0

Das österreichische Budget: unter		Millionen Goldmark		bei etwa Mill. Seelen	also pro Kopf etwas über
Kaiser Maximilian I.	1507	6,5		4,0–5,0	1,0 GM
Ferdinand I.	1566	8,0–9,0		7,0	1,2 „
Ferdinand II.	1624	17,0		8,0	2,1 „
Leopold I.	1700	39,2		16,0	2,45 „
Karl VI.	1718–1730	100,0		20,0	5,0 „
Maria Theresia	1740	50,0		16,0	3,1 „
„ „	1756	119,7		16,0	7,5 „
Josef II.	1781	131,9		19,0	fast 7,0 „
„	1790	228,0		19,0	12,0 „
Franz I.	1792–1798	268,0	(Ausgabe)		10,4 „
		150,0	(Einnahme)	25,8	6,0 „

BIBLIOGRAPHIE
ZUR PREUSSISCHEN GESCHICHTE

Allgemeine Literatur

Acta Borussica, Denkmäler der preußischen Staatsverwaltung im 18. Jahrhundert, ed. Sybel-Schmoller, Abt. I., 4 Bde., Abt. II, 15 Bde., nebst Ergänzungsbd., (Akten 1701–72) Berlin 1892–1936.

Altmann, Wilhelm: Aus geschichtlichen Urkunden zur brandenburgisch-preußischen Verfassungs- und Verwaltungsgeschichte, 2 Bde. (bis (1849), Berlin 1897.

Berner, Ernst: Geschichte des preußischen Staates, Bonn 1896 [2] (reich illustriert).

Braubach, Max: Der Aufstieg Brandenburg-Preußens, 1640–1815, Freiburg 1933.

Craig, Gordon A.: The Politics of the Prussian Army 1640–1945, Oxford 1955.

Droysen, Johann Gustav: Geschichte der preußischen Politik, 5. Bde., Berlin 1855–1886 (reicht bis 1756).

Erscheinungsformen des preußischen Absolutismus, Texte eingeleitet und zusammengestellt von Peter Baumgart, Germering 1966.

Forschungen zur Brandenburgisch-preußischen Geschichte, Bd. 1–55, Berlin 1888–1943.

Giese, Friedrich: Preußische Rechtsgeschichte, Berlin 1920.

Görlitz, Walter: Die Junker, Adel und Bauern im deutschen Osten, Glücksburg 1956.

Hartung, Fritz: Studien zur Geschichte der preußischen Verwaltung, 3 Teile, Berlin 1942–1948.

Hartung, Fritz: Volk und Staat in der deutschen Geschichte, Leipzig 1940.

Hartung, Fritz: Staatsbildende Kräfte der Neuzeit, Berlin 1961.

Helfritz, Hans: Geschichte der preußischen Heeresverwaltung, Berlin 1938.

Hintze, Otto: Die Hohenzollern und ihr Werk, Berlin 1915.

Hintze, Otto: Gesammelte Abhandlungen zur Staats-Rechts- und Sozialgeschichte Preußens, 3 Bde., ed. G. Oestreich, Göttingen 1962–1967 [2].

Hohenzollern-Jahrbuch, 20 Bde., Berlin 1897–1916.

Hubatsch, Walther: Das Zeitalter des Absolutismus, Braunschweig 1962.
Hubatsch, Walther: Die Hohenzollern in der Geschichte, Bonn 1961.
Huber, Ernst Rudolf: Deutsche Verfassungsgeschichte seit 1789, 3 Bde., Stuttgart 1957–1963.
Huber, Ernst Rudolf: Dokumente zur deutschen Verfassungsgeschichte, 2 Bde., Stuttgart 1959–1961.
Isaacsohn, Siegfried: Geschichte des preußischen Beamtentums von den Anfängen bis auf die Gegenwart, 3 Bde., Berlin 1874–1884 (reicht bis Friedrich den Großen).
Israel, Friedrich: Brandenburgisch-Preußische Geschichte, 2 Bde. (Aus Natur und Geisteswelt, 440–441), Leipzig 1916, 1918 (heute noch lesbar).
Jany, Curt: Geschichte der preußischen Armee bis zum Jahre 1807, 5 Bde., Berlin 1928–1937.
Kaehler, Siegfried A.: Studien zur deutschen Geschichte des 19. und 20. Jahrhunderts, Göttingen 1961.
Koser, Reinhold: Geschichte der brandenburgisch-preußischen Politik, Stuttgart 1913.
Laubert, Manfred: Die preußische Polenpolitik von 1772–1914, Krakau 1944 [3].
Lehmann, Max und Granier, Hermann: Preußen und die katholische Kirche seit 1640, 9 Bde., Leipzig 1878–1902 (behandelt den Gegenstand bis 1807).
Lorck, Carl v.: Preußisches Rokoko, Oldenburg 1964.
Meinecke, Friedrich: Preußen und Deutschland im 19. und 20. Jahrhundert, München 1918.
Meinecke, Friedrich: Weltbürgertum und Nationalstaat, ed. H. Herzfeld, München 1963 [7].
Moeller van den Bruck, Arthur: Der preußische Stil, München 1953 [4].
Muret, Erich: Geschichte der Französischen Kolonie in Brandenburg-Preußen, Berlin 1885.
Oertzen, Friedrich Wilhelm v.: Junker. Preußischer Adel im Jahrhundert des Liberalismus, Oldenburg 1939.
Ohmke, Charlotte: Das preußische Grundrecht der Religionsfreiheit in seiner Entstehung und Auswirkung auf das spätere Recht. Jur.-Diss. Erlangen 1953.
Osten-Sacken, Ottomar von der: Preußens Heer von seinen Anfängen bis zur Gegenwart, 3 Bde., Berlin 1911–1914.
Preradovic, Nicolaus von: Die Führungsschichten in Österreich und Preußen 1804–1918, Wiesbaden 1955.
Preußen, Epochen und Probleme seiner Geschichte, ed. Richard Dietrich, Berlin 1964.
Priesdorff, Kurt von: Soldatisches Führertum, Biographien der Generäle der brandenburgisch-preußischen Armee, 10 Bde., Hamburg 1937–1940.

Prutz, Hans: Preußische Geschichte, 4 Bde., Stuttgart 1899–1901.

Ranke, Leopold von: Sämtliche Werke, Bd. 1–54, Leipzig 1867–1890.

Ranke, Leopold von: Zwölf Bücher preußischer Geschichte in 5 Bänden (reicht bis 1745), kritische Ausgabe in 3 Bänden von G. Küntzel (Akademieausgabe), München 1930.

Rhode, Gotthied: Kleine Geschichte Polens – ein Überblick, Darmstadt 1966.

Ritter, Gerhard: Staatskunst und Kriegshandwerk. Das Problem des »Militarismus« in Deutschland I (1740–1890), München 1954, II, München 1960.

Ritthaler, Anton: Die Hohenzollern, ein Bildwerk. Bonn 1961.

Rothfels, Hans: Ostraum, Preußentum und Reichsgedanke, Leipzig 1935.

Scheuner, Ulrich: Der Staatsgedanke Preußens, Köln 1965.

Schieder, Theodor: Staat und Gesellschaft im Wandel unserer Zeit. Studien zur Geschichte des 19. und 20. Jahrhunderts, München 1958.

Schmidt, Eberhard: Rechtsentwicklung in Preußen, Berlin 1929 (ansprechender kurzer Abriß). (2. Aufl. 1960).

Schmidt, Eberhard: Kammergericht und Rechtsstaat, Berlin 1968.

Schmoller, Gustav: Preußische Verfassungs, Verwaltungs- und Finanzgeschichte, Berlin 1921.

Schnabel, Franz: Deutsche Geschichte im 19. Jahrhundert, 4 Bde., Freiburg 1929–1937 (reicht bis 1848).

Schnee, Heinrich: Die Hoffinanz und der moderne Staat. Bd. I: Die Institution des Hoffaktorentums in Brandenburg-Preußen, Berlin 1953.

Schneider, Franz: Geschichte der formellen Staatswirtschaft von Brandenburg-Preußen, Berlin 1952.

Schoeps, Hans Joachim: Das war Preußen. Zeugnisse der Jahrhunderte. Eine Anthologie, Berlin 1964 ².

Schoeps, Hans Joachim: Neue Quellen zur preußischen Geschichte des 19. Jahrhunderts, Berlin 1968.

Schrader, Kurt: Die Verwaltung Berlins von der Residenzstadt des Kurfürsten Friedrich Wilhelm bis zur Reichshauptstadt, Diss. Berlin-Ost 1963.

Schultze, Johannes: Forschungen zur brandenburgischen und preußischen Geschichte, Berlin 1964.

Srbik, Heinrich von: Deutsche Einheit, Idee und Wirklichkeit vom Heiligen Reich bis Königgraetz, 4 Bde., München 1935–1942 (wichtig für den Zeitraum 1806–1866; Bd. I, II bis 1859, Bd. III, IV 1859–1866; vom österreichischen Standpunkt aus).

Die politischen Testamente der Hohenzollern, ed. G. Küntzel und M. Hass, 2 Bde., Leipzig 1919.

Thadden, Rudolf von: Die brandenburgisch-preußischen Hofprediger im 17. und 18. Jahrhundert, Berlin 1959.

Treitschke, Heinrich von: Deutsche Geschichte im 19. Jahrhundert, 5 Bde., Leipzig 1879–1894 (reicht bis 1848).

SPEZIELLE LITERATUR ZU DEN EINZELNEN KAPITELN*

1. *Der Ordensstaat in Preußen*

Caspar Erich: Hermann von Salza und die Gründung des Deutschordensstaates in Preußen, Tübingen 1924.

Forstreuter Kurt: Vom Ordensstaat zum Fürstentum, Geistige und politische Wandlungen im Deutschordensstaate Preußen unter den Hochmeistern Friedrich und Albrecht 1498–1525, Kitzingen 1951.

ten Haaf, Rudolf: Kurze Bibliographie zur Geschichte des deutschen Ordens, Kitzingen 1949.

Helm, Karl – Ziesemer, Walter: Die Literatur des deutschen Ritterordens, Gießen 1951.

Hubatsch, Walter: Europäische Briefe im Reformationszeitalter, 200 ausgewählte Briefe an Markgraf Albrecht von Brandenburg-Ansbach Herzog in Preußen, Kitzingen 1949.

Hubatsch, Walter: Kreuzritterstaat und Hohenzollernmonarchie, Zur Frage der Fortdauer des Deutschen Ordens in Preußen (Festschrift für Hans Rothfels) ed. W. Conze, Düsseldorf 1951.

Hubatsch, Walter: Eckpfeiler Europas, Probleme des Preußenlandes in geschichtlicher Sicht, Heidelberg 1953.

Hubatsch. Walter: Quellen zur Geschichte des Deutschen Ordens, Göttingen 1954.

Krollmann, Christian: Politische Geschichte des deutschen Ordens, Königsberg 1932.

Maschke, Erich: Der deutsche Ordensstaat, Gestalten seiner großen Meister, Hamburg 1935.

Selle, Götz v.: Geschichte der Albertus Universität zu Königsberg, Leer 1956².

Stengel, Edmund Ernst: Hochmeister und Reich, Weimar 1938.

Thielen, Peter G.: Die Kultur am Hofe Herzog Albrechts von Preußen, Göttingen 1953.

Tummler, P. Marian: Der Deutsche Orden im Werden, Wachsen und Wirken bis 1400, Wien 1955.

2. *Die Schicksale Brandenburgs bis 1640*

Acta Brandenburgica, Regierungsakten seit Begründung des Geheimen Rats 1604–08, ed. V. Klinkenborg, 4 Bd. Berlin 1927–30.

Delius, Friedrich: Die Reformation des Kurfürsten Joachim II. im Jahre 1539 (Theologia Viatorum V), Berlin 1954.

* Die Literaturangaben stellen nur eine Auswahl dar. Nicht alle im Stellennachweis zitierten Bücher kehren in diesem Literaturverzeichnis wieder, das sich auf die wichtigsten Spezialarbeiten beschränkt.
Werke, deren Inhalt sich über mehrere Kapitel erstreckt, werden zumeist nur einmal aufgeführt.

Holtze, Friedrich: Geschichte der Mark Brandenburg, Berlin 1912.
Hoppe, Willy: Die Mark Brandenburg, Wettin und Magdeburg, Ausgewählte Aufsätze, Köln 1965.
Mylius, Christian O.: Corpus constitutionum Marchicarum 6 Bd. (bis 1736) Berlin 1736–41.
Raumer, Georg Wilhelm von: Codex diplomaticus Brandenburgensis 2. Bd. (bis 1540) Berlin 1832–1833.
Riedel, Adolf Friedrich: Codex diplomaticus Brandenburgensis 41 Bde. (hauptsächlich 1300–1600) Berlin 1838–1869.
Schultze, Johannes: Die Mark Brandenburg 4 Bd., Berlin 1961–1963.
Stutz, Ulrich: Johann Sigismund von Brandenburg und das Reformationsrecht, Sb. Preuß. Akad. d. Wiss., Phil.-Hist. Kl., Berlin 1922.
Wischhöfer, Horst: Die ostpreußischen Stände im letzten Jahrzehnt vor dem Regierungsantritt des Großen Kurfürsten, Göttingen 1958.
Zscharnack, Leopold: Das Werk Martin Luthers in der Mark Brandenburg von Joachim I. bis zum Großen Kurfürsten, Berlin 1917.

3. Der Große Kurfürst

Breysig, Kurt: Geschichte der Brandenburgischen Finanzen 1640–1697, I, Leipzig 1895.
Carsten, Francis L.: The Origins of Prussia, Oxford 1954, dt. Köln 1968.
Erbe, Helmuth: Die Hugenotten in Deutschland, Essen 1937.
Flaskamp, Franz: Die Religions- und Kirchenpolitik des Großen Kurfürsten nach ihren persönlichen Bedingungen (Historisches Jahrbuch 45), Bonn 1925.
Oestreich, Gerhard: Der brandenburgisch-preußische Geheime Rat am Regierungsantritt des Großen Kurfürsten bis zur Neuordnung im Jahre 1651, Diss. Berlin 1936 (Würzburg 1937).
Petersdorff, Hermann von: Der Große Kurfürst, Berlin 1939².
Philippson, Martin: Der Große Kurfürst Friedrich Wilhelm von Brandenburg, 3 Bde., Berlin 1897–1903.
Protokolle und Relationen des brandenburgischen Geheimen Rates aus der Zeit des Kurfürsten Friedrichs Wilhelm, ed. v. Meinardus, 7 Bde. 1640–1666, Leipzig 1889–1919.
Rachel, Hugo: Der Große Kurfürst, und die ostpreußischen Stände, Leipzig 1905.
Schevill, Ferdinand: The Great Elector, Chicago 1947.
Unger, Wolfgang von: Feldmarschall Derfflinger, Berlin 1896.
Urkunden und Aktenstücke zur Geschichte des Kurfürsten Friedrich Wilhelm von Brandenburg, 23 Bde., Berlin 1864–1930.
Urkunden und Aktenstücke zur Geschichte der inneren Politik Kurfürst Friedrich Wilhelms von Brandenburg 3 Bde., Berlin 1895–1915.
Waddington, Albert: Le grand Électeur Fréderic Guillaume de Brandenburg, Sa Politique extérieure 1640–1688, Paris 1905–1908.
Weinberg, Johannes: Die Kirchenpolitik des Großen Kurfürsten in Preußen, Würzburg 1963.

4. *Preußen wird Königreich*

Berney, Arnold: König Friedrich I. und das Haus Habsburg 1701–1707, München 1927.

Besser, Johannes von: Preußische Krönungsgeschichte, Cölln an der Spree 1712. (Neudruck Berlin 1901).

Deppermann, Klaus: Der Hallesche Pietismus und der preußische Staat und Friedrich III., Göttingen 1961.

Hassinger, Erich: Brandenburg-Preußen, Rußland und Schweden 1700 bis 1713, München 1953.

Hinrichs, Carl: Preußen als historisches Problem, Berlin 1964.

Schieder, Theodor: Die preußische Königskrönung von 1701 und die politische Ideengeschichte, (Altpreußische Forschungen XII) Königsberg 1935.

5. *Friedrich Wilhelm I.*

Dorwart, Reinhold A.: The administrative Reforms of Frederic William I. of Prussia Cambridge, Mass. 1953.

Hinrichs, Carl: Der Kronprinzenprozeß (mit teilweisem Abdruck der Prozeßakten), Hamburg 1936.

Hinrichs, Carl: Friedrich Wilhelm I. König in Preußen, Jugend und Aufstieg (nur Bd. I bis 1713), Hamburg 1941.

Hinrichs, Carl: Preußen als historisches Problem, Berlin 1964.

Hoven, Jupp: Der preußische Offizier des 18. Jahrhunderts, Diss. Leipzig 1936.

Klepper, Joachim: In tormentis pinxit, Briefe und Bilder Friedrich Wilhelm I., Stuttgart 1938.

Linnebach, Karl: König Friedrich Wilhelm I. und Fürst Leopold zu Anhalt-Dessau, Berlin 1907.

Östreich, Gerhard: Calvinismus, Neustoizismus und Preußentum, (Jahrbuch für die Geschichte Ost- und Mitteldeutschlands V), Berlin 1956.

Östreich, Gerhard: Politischer Neustoizismus und niederländische Bewegung in Europa und besonders in Brandenburg-Preußen, Groningen 1956.

Terveen, Fritz: Gesamtstaat und Retablissement, Der Wiederaufbau des nördlichen Ostpreußen und Friedrich Wilhelm I., Göttingen 1954.

Wagner, Fritz: Friedrich Wilhelm I., Tradition und Persönlichkeit (HZ 181 – 1956).

6.–7. *Friedrich der Große*

Andreas, Willy: Friedrich der Große und der 7jährige Krieg, Leipzig 1940.

Berney, Arnold: Friedrich der Große, Entwicklungsgeschichte eines Staatsmannes (bis 1756), Tübingen 1934.

Büchsel, Hans Wilhelm: Das Volk im Staatsdenken Friedrich des Großen, Breslau 1937.

Bußmann, Walter: Friedrich der Große im Wandel des europäischen Urteils (Rothfels-Festschrift) Düsseldorf 1951.
Conrad, Hermann: Rechtsstaatliche Bestrebungen im Absolutismus Preußens und Österreichs am Ende des 18. Jahrhunderts, Köln 1961.
Dilthey, Wilhelm: Ges. Schr. III (Friedrich der Große und die deutsche Aufklärung), Leipzig 1942.
Ellwein, Th. – Brückmann, W.: Friedrich der Große im Spiegel der Nachwelt, ZRGG I (1947).
Froese, Ulrich: Das Kolonialwerk Friedrich des Großen, Heidelberg 1938.
Oeuvres Fréderic le Grand, ed. J. D. E. Preuß., 30 Bde., Berlin 1846–1857.
Die Werke Friedrich des Großen, ed. G. B. Volz, 10 Bände, Berlin 1912–1914.
Gooch, George Peabody: Frederic the Great, New York 1947; dt. Göttingen 1951.
Hartung, Fritz: Die politischen Testamente der Hohenzollern, in: Volk und Staat in der deutschen Geschichte, Leipzig 1940.
Jacobs: Hans Haimar: Friedrich der Große und die Idee des Vaterlandes, Berlin 1939.
Kluth, Rolf: Die Ehrauffassung im preußischen Heer des 18. Jahrh., Berlin 1941.
Koser, Reinhold: Friedrich der Große I–III, 1921–1925[7]; IV, Stuttgart 1914[5].
Meinecke, Friedrich: Die Idee der Staatsraison in der neueren Geschichte München 1957 (Kap. über Friedrich den Großen).
Prott, Jürgen von: Staat und Volk in den Schriften Friedrich des Großen, Berlin 1937.
Ranke, Leopold von: Friedrich II. – Ansicht des siebenjährigen Krieges, GW 30.
Ranke, Leopold von: Die deutschen Mächte und der Fürstenbund – Deutsche Geschichte von 1780–1790 (GW 31–32).
Ritter, Gerhard: Friedrich der Große, Heidelberg 1954[3].
Schlenke, Manfred: England und das friderizianische Preußen 1740–1763, Freiburg 1963.
Schmidt, Eberhard: Staat und Recht in Theorie und Praxis Friedrich des Großen, Leipzig 1936.
Simon, Edith: Friedrich der Große, Das Werden eines Königs, Tübingen 1963.
Skalweit, Stephan: Frankreich und Friedrich der Große, Der Aufstieg Preußens in der öffentlichen Meinung des Ançien Regime, Göttingen 1952.
Spranger, Eduard: Der Philosoph von Sanssouci, Heidelberg 1962[2].
Volz, Gustav Bertold: Friedrich der Große im Spiegel seiner Zeit I–III, Berlin 1926–1927.

Waddington, Richard: La Guerre de 7 Ans, I–V, Paris 1899–1914.
Ziekursch, Johannes: Sachsen und Preußen um die Mitte des 18. Jahrhunderts, Breslau 1904.

8. Vom Tode Friedrich des Großen bis zum Frieden von Tilsit

Bissing, Frh. W. M. v.: Friedrich Wilhelm II., König von Preußen, ein Lebensbild, Berlin 1967.
Bonin, Henning von: Der Adel in der höheren Beamtenschaft in der preußischen Monarchie 1794–1806, Ein Beitrag zur Sozialstruktur des Preußischen Staates vor den Reformen, Diss. Göttingen 1961.
Bussenius, Charlotte: Die preußische Verwaltung in Süd- und Neuostpreußen 1793–1806, Heidelberg 1960.
Conrad, Hermann: Die geistigen Grundlagen des Allgemeinen Landrechts für die preußischen Staaten von 1794, Köln 1958.
Dilthey, Wilhelm: Ges. Schr. Bl. XII (Das Allgemeine Landrecht), Leipzig 1936
Erdmann, Karl Dietrich: Die Umgestaltung Deutschlands im Zeitalter der französischen Revolution und Napoleons 1786–1815 (Handbuch Rassow), Stuttgart 1952.
Goltz, Colmar von der: Von Rossbach bis Jena, Berlin 1906. Von Jena bis Preußisch-Eylau, Berlin 1907.
Griewank, Karl: Hardenberg und die preußische Politik 1804–1806, F. Br. Pr. Gesch. 47 (1935).
Hintze, Otto: Preußische Reformbestrebungen vor 1806 in: Ges. Abh. III (Leipzig 1943).
Koser, Reinhard: Die preußische Politik 1786–1806 in: Zur preußischen und deutschen Geschichte, Stuttgart 1921.
Lettow-Vorbeck, Oskar von: Der Krieg von 1806 bis 1807 I–IV, Berlin 1891–1896.
Raumer, Kurt von: Deutschland um 1800, Krise und Neugestaltung 1789–1815, Handbuch der Deutschen Geschichte ed. L. Just III, 1, Konstanz 1961 ff.
Ranke, Leopold von: Ursprung und Beginn der Revolutionskriege – 1875 (SW 45).
Ranke, Leopold von: Denkwürdigkeiten des Staatskanzlers Fürsten von Hardenberg I–V, 1877–1881 (SW 46–48).
Real, Willy: Von Potsdam nach Basel, Eine Studie zur Geschichte der Beziehungen Preußens zu den europäischen Mächten, Basel 1958.
Ruppel-Kuhfuß, Elisabeth: Das Generaldirektorium unter der Regierung Friedrich Wilhelm II., Würzburg 1937.
Svarez, Carl Gottlieb: Vorträge über Recht und Staat von 1791, ed. H. Conrad-G. Kleinheyer, Köln 1960.
Tschirsch, Otto: Geschichte der öffentlichen Meinung in Preußen vom Baseler Frieden bis zum Zusammenbruch des Staates I–III, Weimar 1933–1934.

Berenhorst, Georg Heinrich von: Betrachtungen über die Kriegskunst, Leipzig 1798. – Aus dem Nachlaß, ed. E. von Bülow, Dessau 1845.
Botzenhart, Erich: Die Staats- und Reformideen des Frhrn. vom Stein, Tübingen 1927.
Bourgoing, Jean de: Vom Wiener Kongreß, Zeit und Sittenbilder, Brünn 1943.
Butterfield, Herbert: The System of Peace, Tactics of Napoleon 1806–1808, Cambridge 1929.
Clausewitz, Carl von: Vom Kriege, ed. W. Hahlweg, Bonn 1952[16].
Conrady, Emil von: Leben und Wirken des Generals Carl von Grolman Bd. III, Berlin 1894–1896.
Czygan, Paul: Zur Geschichte der Tagesliteratur während der Freiheitskriege 2 Bde., Leipzig 1911.
Delbrück, Hans: Das Leben des GFM Graf Neithardt von Gneisenau 2 Bde., Berlin 1920[4].
Droysen, Johann Gustav: Das Leben des GFM Graf Yorck von Wartenburg, 2 Bde., Berlin 1913.
Droysen, Johann Gustav: Vorlesungen über die Freiheitskriege 2 Bde., Berlin 1886.
Friederich, Rudolf: Die Befreiungskriege 1813–1815, 4 Bde., Berlin 1913[4].
Freund, Ismar: Die Emanzipation der Juden in Preußen, 2 Bde., Berlin 1912.
Granier, Hermann: Berichte aus der Berliner Franzosenzeit 1807–1809, PPrStA Bd. 88, Leipzig 1913.
Griewank, Karl: Gneisenau, Ein Leben in Briefen, Leipzig 1939.
Griewank, Karl: Königin Luise, Ein Leben in Briefen, Leipzig 1943.
Griewank, Karl: Der Wiener Kongreß und die Restauration 1814–1815, Leipzig 1954[2].
Hahlweg, Werner: Carl von Clausewitz, Göttingen 1957.
Hassel, Paul: Geschichte der preußischen Politik 1807–1815, Bd. 1 (bis Ende 1808), PPrStA Bd. 6, Leipzig 1881.
Haussherr, Hans: Hardenberg, Eine politische Biographie, 3 Bde., Köln 1965 ff.
Humboldt, Wilhelm von: Ges. Schr. (Akademieausgabe) besonders Bd. 5 (Politische Briefe) 1936; X–XII (Denkschriften etc.).
Kähler, Siegfried A.: Wilhelm von Humboldt und der Staat, München 1927.
Klüber, Johannes L.: Acten des Wiener Kongresses, 8 Bde., Erlangen 1815–1818; Ergänzungsband 1935. (Enthält u. a. die Urkunden des Deutschen Bundes, eine umfassende historische Monographie des Deutschen Bundes fehlt.)
Knapp, Georg Friedrich: Die Bauernbefreiung und der Ursprung der Landarbeiter in den älteren Teilen Preußens, 2 Bde., Leipzig 1927[2].
Kochendörffer, Heinrich: Vincke, 2 Bde. (unvollst.), Soest 1932–1933.

Lehmann, Max: Scharnhorst 2 Bde., Leipzig 1886–1887.
Lehmann, Max: Frhr. vom Stein 3 Bde., Leipzig 1902–1905.
Marwitz, Friedrich August Ludwig von der: Schriften, ed. Friedrich Meusel 3 Bde., Berlin 1908–1913.
Meinecke, Friedrich: Leben des GFM Hermann von Boyen, 2 Bde., Stuttgart 1896–1899.
Meinecke, Friedrich: Das Zeitalter der deutschen Erhebung 1795–1815, Berlin 1924[3].
Müsebeck, Ernst: Ernst Moritz Arndt I (1769–1815), Gotha 1913.
Müsebeck, Ernst: Schleiermacher in der Geschichte der Staatsidee und des Nationalbewußtseins, Berlin 1927.
1806 – Das preußische Offizierskorps und die Untersuchung der Kriegsereignisse, hrsg. v. Großen Generalstab, Berlin 1906.
Pirenne, Henri: La Sainte Alliance, 2 Bde., Neufchâtel 1946–1949.
Raack, Richard C.: The Fall of Stein, Cambridge Mass. 1965.
Ritter, Gerhard: Stein, Eine politische Biographie, Stuttgart 1958.
Schaeder, Hildegard: Die dritte Koalition und die Heilige Allianz, Königsberg 1934.
Schön, Theodor von: Aus den Papieren des Ministers und Burggrafen von Marienburg Th. v. Schön 4 Bde., Berlin 1879; weitere Beiträge und Nachträge, Berlin 1881.
Schoeps, Hans Joachim: Aus den Jahren preußischer Not und Erneuerung, Tagebücher und Briefe der Gebrüder Gerlach und ihres Kreises 1805–1820, Berlin 1963.
Schoeps, Hans Joachim: Carl Friedrich Beyme mit Proben aus seinem ungedr. Briefwechsel (Festschrift für Manfred Schröter), München 1965.
Schoeps, Hans Joachim: Aus der Tätigkeit Ludwig Natorps in der Reformzeit, Zeitschr. f. Kirchengesch. 1966.
Schwarz, Walter: Die Heilige Allianz, Tragik eines europäischen Friedensbundes, Stuttgart 1935.
Shanaham, William O.: Prussian Military Reforms, 1786–1813, New York 1945.
Stadelmann, Rudolf: Scharnhorst, Schicksal und geistige Welt, Wiesbaden 1952.
Stein, Frhr. vom: Gesamtausgabe, Briefe und amtliche Schriften, ed. E. Botzenhart-W. Hubatsch, Stuttgart 1957 ff.
Stulz, Paul: Fremdherrschaft und Befreiungskampf, Berlin-Ost 1960.
Thielen, Peter G.: Karl August v. Hardenberg, Köln 1967.
Tiedemann, Helmut: Der deutsche Kaisergedanke vor und nach dem Wiener Kongreß, Breslau 1932.
Ulmann, Heinrich: Geschichte der Befreiungskriege 1813–1814 2 Bde., München 1914.
Unger, Wolfgang von: Blücher 2 Bde., Berlin 1906–1908.
Urkunden der deutschen Erhebung. Originalwiedergabe in Faksimiledrucken der wichtigsten Aufrufe, Erlasse, Flugschriften, Lieder und Zeitungsnummern, ed. Fr. Schulze, Berlin 1913.

Valjavec, Fritz: Die Entstehung der politischen Strömungen in Deutschland 1770–1815, München 1951.

Vaupel, Richard: Die Reorganisation des preußischen Staates unter Stein und Hardenberg (Verwaltungs- und Behördenreform 1806–07) PPrSTA, Bd. 94, Leipzig 1938.

Winter, Georg: Die Reorganisation des preußischen Staates unter Stein und Hardenberg (Das preußische Heer bis 1808) PPrSTA, Bd. 93, Leipzig 1931.

Wohlfeil, Rainer: Vom Stehenden Heer des Absolutismus zur Allgemeinen Wehrpflicht 1789–1814 (Handbuch der dt. Militärgesch. Bd. 1, Frankfurt 1964.

12. Preußens Entwicklung 1815–1840

Dehio, Ludwig: Wittgenstein und das letzte Jahrzehnt Friedrich Wilhelm III. FBrPrGesch Bd. 35 (1923).

Foerster, Erich: Die Entstehung der preußischen Landeskirche unter der Regierung Friedrich Wilhelm III. 2 Bde., Tübingen 1905–1907.

Gembruch, Werner: Frh. vom Stein im Zeitalter der Restauration, Wiesbaden 1960.

Geppert, Walter: Das Wesen der preußischen Union, Diss. Erlangen 1939.

Grabower, Rudolf: Preußens Steuern vor und nach den Befreiungskriegen, Berlin 1932.

Haake, Paul: J. P. F. Ancillon und Kronprinz Friedrich Wilhelm IV. von Preußen, Berlin 1920.

Haake, Paul: Der preußische Verfassungskampf vor 100 Jahren, München 1921.

Hansen, Joseph: Das Rheinland und Preußen, Bonn 1918.

Hartung, Fritz: Studien zur Geschichte der preußischen Verwaltung, T. 1–3, Abh. d. Preuß. Akad. d. Wiss., Berlin 1941–1948.

Hermelink, Heinrich: Das Christentum in der Menschheitsreligion Bd. 1–2, Stuttgart 1951 u. 1953.

Heyderhoff, Julius: Johann Friedrich Benzenberg, Der erste Rheinische Liberale, Düsseldorf 1909.

Kantzenbach, Friedrich Wilhelm: Die Erweckungsbewegung, Neuendettelsau 1957.

Kessel, Eberhard: Wilhelm v. Humboldt, Idee und Wirklichkeit, Stuttgart 1967.

Klein, Ernst: Von der Reform zur Restauration, Finanzpolitik und Reformgesetzgebung des preußischen Staatskanzlers K. A. von Hardenberg, Berlin 1965.

Koselleck, Reinhard: Preußen zwischen Reform und Revolution, Stuttgart 1967.

Lill, Reinhard: Die Beilegung der Kölner Wirren 1840–42, Düsseldorf 1962.

Marcks, Erich: Der Aufstieg des Reiches, Deutsche Geschichte von 1807 bis 1871 Bd. 1, Stuttgart 1936.

Müsebeck, Ernst: Das Preußische Kultusministerium vor 100 Jahren, Stuttgart 1918.

Oncken, Hermann: Historische und politische Aufsätze und Reden 2 Bde., München 1914.

Das Rheinland in preußischer Zeit, ed. W. Först, Köln 1965.

Schneider, Hans: Der Preußische Staatsrat 1817–1918, Ein Beitrag zur Verfassungs= und Rechtsgeschichte Preußens, München 1952.

Schoeps, Hans Joachim: Zur Geschichte Preußens im 19. Jahrhundert, Ein Quellenheft, Düsseldorf 1955.

Schoeps, Hans Joachim: Neue Briefe zur Gründung des Berliner Politischen Wochenblatts, in: Studien zur unbekannten Religions= und Geistesgeschichte, Göttingen 1963.

Schroers, Heinrich: Die Kölner Wirren, 1837, Berlin 1927.

Simon, Walter M.: The Failure of the Prussian Reform Movement 1807–1819, Ithaka 1955.

Srbik, Heinrich von: Metternich 3 Bde., München 1957 [3].

Treue, Wilhelm: Wirtschaftszustände und Wirtschaftspolitik in Preußen 1815–1825, Stuttgart 1937.

Varrentrapp, Carl: Johannes Schulze und das höhere preußische Unterrichtswesen in seiner Zeit, Leipzig 1889.

Wendland, Walter: Die Religiosität und die kirchenpolitischen Grundsätze Friedrich Wilhelm III. in ihrer Bedeutung für die Geschichte der kirchlichen Restauration, Gießen 1909.

Vorgeschichte und Begründung des Deutschen Zollvereins 1815–34, Akten der Staaten des Deutschen Bundes etc., ed. W. v. Eisenhardt=Rothe n. A. Ritthaler, 3 Bde., Berlin 1934.

13.–14. *Friedrich Wilhelm IV.*

Andreas, Willy: Die russische Diplomatie und die Politik Friedrich Wilhelm IV. von Preußen, Berlin 1927.

Bergsträsser, Ludwig: Geschichte der politischen Parteien in Deutschland, München 1960 [10].

Borries, Kurt: Preußen im Krimkrieg, Stuttgart 1930.

Canitz und Dallwitz, Carl Ernst Wilhelm von: Denkschriften, Berlin 1888.

Dehio, Ludwig: Friedrich Wilhelm IV., ein Baukünstler der Romantik, München 1961.

Eyck, Erich: Bismarck, Leben und Werk, Bd. 1, Zürich 1941.

Friedrich Wilhelm IV.: Reden und Trinksprüche, Leipzig 1855.

Friese, Christian: Rußland und Preußen vom Krimkrieg bis zum polnischen Aufstand, Berlin 1931.

Gerlach, Ernst Ludwig von: Aufzeichnungen aus seinem Leben, 2 Bde., Schwerin 1903.

Gerlach, Ernst Ludwig von: Monatrsrundschauen der Kreuzzeitung 5 Bde., Berlin 1849–53.

Gerlach, Leopold von: Denkwürdigkeiten aus seinem Leben, 2 Bde., Berlin 1891–1892.
Gollwitzer, Heinz: Der Caesarismus Napoleon III. im Widerhall der öffentlichen Meinung Deutschlands, HZ 173 (1952).
Grundmann, Werner: Die Rechtsanschauung von E. L. v. Gerlach, Diss. Tübingen 1953.
Haenchen, Karl: Revolutionsbriefe 1848, Berlin 1930.
Hannay, Eberhard: Der Gedanke der Wiedervereinigung der Konfessionen in den Anfängen der konservativen Bewegung, Diss. Berlin 1936.
Hundert Jahre Evangelischer Oberkirchenrat der Altpreußischen Union, ed. O. Söhngen, Berlin 1950.
Kupisch, Karl: Zwischen Idealismus und Massendemokratie, Eine Geschichte der evangelischen Kirche in Deutschland von 1815–1945, Berlin 1955.
Lewalter, Ernst: Friedrich Wilhelm IV., Das Schicksal eines Geistes, Berlin 1938.
Manteuffel, Otto von: Unter Friedrich Wilhelm IV. – Denkwürdigkeiten des Ministerpräsidenten, 2 Bde., Berlin 1901.
Manteuffel, Otto von: Preußens auswärtige Politik 1850–1858, 3 Bde., Berlin 1902.
Meinecke, Friedrich: Radowitz und die deutsche Revolution, Berlin 1913.
Meyer, Arnold Oskar: Bismarcks Kampf mit Österreich im Bundestag in Frankfurt, Berlin 1927.
Mutius, Albert von: Graf Albert Pourtalès, ein preußisch-deutscher Staatsmann, Berlin 1933.
Petersdorff, Hermann von: König Friedrich Wilhelm IV., Stuttgart 1900.
Petersdorff, Hermann von: Kleist-Retzow, Stuttgart 1907.
Radowitz, Joseph Maria v.: Ges. Schr., 5 Bde., Berlin 1852–53.
Radowitz, Joseph Maria v.: Nachgelassene Briefe und Aufzeichnungen zur Geschichte der Jahre 1848–1853, 2 Bde., Stuttgart 1922.
Ranke, Leopold von: Friedrich Wilhelm IV., Briefwechsel mit Bunsen, SW. Bd. 49–50; Charakterzeichnung des Königs, Bd. 51–52.
Rassow, Peter: Der Konflikt König Friedrich Wilhelm IV. mit dem Prinzen von Preußen 1854, Wiesbaden 1961.
Reumont, Alfred: Aus König Friedrich Wilhelm IV. gesunden und kranken Tagen, Leipzig 1885.
Schaper, Ewald: Die geistespolitischen Voraussetzungen der Kirchenpolitik Friedrich Wilhelm IV. von Preußen, Stuttgart 1938.
Scharff, Alexander: Die europäischen Großmächte und die deutsche Revolution von 1848, Leipzig 1942.
Schoeps, Hans Joachim: Das andere Preußen, Berlin 1963 [3].
Shanaham, William O.: Der deutsche Protestantismus vor der sozialen Frage, 1815–1871, München 1962.

Stadelmann, Rudolf: Soziale und politische Geschichte der Revolution von 1848, München 1948.
Stahl, Friedrich Julius: Der christliche Staat und sein Verhältnis zu Deismus und Judentum, Berlin 1847.
Stahl, Friedrich Julius: Siebzehn parlamentarische Reden, Berlin 1862.
Stahl, Friedrich Julius: Die Kirchenverfassung nach Lehre und Recht der Protestanten, Erlangen 1862[2].
Stahl, Friedrich Julius: Der Protestantismus als politisches Prinzip, Berlin 1863[4].
Stahl, Friedrich Julius: Die gegenwärtigen Parteien in Staat und Kirche, Berlin 1863[2].
Stolberg-Wernigerode, Otto von: Graf Anton zu Stolberg-Wernigerode, ein Freund und Ratgeber Friedrich Wilhelm IV., München 1926.
Stolberg-Wernigerode, Otto von: Robert H. von der Goltz, Berlin 1941.
Wagener, Hermann: Die Politik Friedrich Wilhelm IV., Berlin 1883.
Wagener, Hermann: Erlebtes 2 Bde., Berlin 1884.
Wangemann, Herbert Theodor: Sieben Bücher preußischer Kirchengeschichte, 3 Bde., Berlin 1859–1860; Nachtragsband Berlin 1861.

15. König Wilhelm I. und die Bismarcksche Reichsgründung

Anderson, Eugene N.: The Social and Political Conflict in Prussia 1858–64, Nebraska 1954.
Becker, Otto: Bismarcks Ringen um Deutschlands Gestaltung, ed. A. Scharff, Heidelberg 1957.
Bismarck, Otto von: Gesammelte Werke (Friedrichruher Ausgabe), 19 Bde., Berlin 1924–1932.
Brandenburg, Erich: Die Reichsgründung, 2 Bde., Leipzig 1922[2].
Bronsart von Schellendorff, Paul: Geheimes Kriegstagebuch 1870/71, ed. P. Rassow, Bonn 1954.
Burck, Wolfgang: »Kaiser« und »Reich«; Der Niederschlag des Kampfes um den deutschen Einheitsgedanken in der Bismarckschen Verfassung, Diss. Leipzig 1936.
Bußmann, Walter: Das Zeitalter Bismarcks (Handbuch Just), Konstanz 1958.
Dittrich, Jochen: Bismarck, Frankreich und die spanische Kronkandidatur der Hohenzollern, München 1962.
Eyck, Erich: Bismarck, Leben und Werk, Bd. II, Zürich 1943.
Hahn, Adalbert: Die Berliner, Revue, Ein Beitrag zur Geschichte der konservativen Partei 1855–1875, Diss. Berlin 1934.
Haller, Johannes: Bismarcks Friedensschlüsse, Stuttgart 1916.
Hauser, Oswald: Preußische Staatsraison und nationaler Gedanke, Neumünster 1960 (behandelt die preußische Verwaltung von Schleswig-Holstein nach 1864).

Hedicke, Eberhard: Die Stellung Preußens zum Reich unter der alten und der neuen Reichsverfassung, Diss. Halle 1929.
Heyderhoff, Julius – Wentzcke, Paul. Deutscher Liberalismus im Zeitalter Bismarcks, 2 Bde., Bonn 1925–1926.
Kaminski, Kurt: Verfassung und Verfassungskonflikte in Preußen 1862 –1866, Königsberg 1938.
Kessel, Eberhard: Gastein, H. Z. 176 (1953).
Keudell, Robert von: Fürst und Fürstin Bismarck, Erinnerungen aus den Jahren 1846–1872, Berlin 1901.
Kober, Heinz: Studien zur Rechtsanschauung Bismarcks, Tübingen 1961.
Marcks, Erich: Der Aufstieg des Reiches, 2 Bde., Stuttgart 1936.
Meyer, Arnold Oskar: Bismarck, Der Mensch und der Staatsmann, Stuttgart 1949 [2].
Muralt, Leonhard von: Bismarcks Reichsgründung vom Ausland gesehen, Stuttgart 1947.
Muralt, Leonhard von: Bismarcks Verantwortlichkeit, Göttingen 1955.
Rein, Gustav: Die Revolution in der Politik Bismarcks, Göttingen 1957.
Reiners, Ludwig: Bismarck 2 Bde., München 1957/58.
Ritter, Gerhard: Die preußischen Konservativen und Bismarcks deutsche Politik 1858–1876, Heidelberg 1913.
Rothfels, Hans: Bismarck, der Osten und das Reich, Darmstadt 1960.
Saile, Wolfgang: Hermann Wagener und sein Verhältnis zu Bismarck, Tübingen 1958.
Scheel, Otto: Bismarcks Wille zu Deutschland in den Friedensschlüssen von 1866, Breslau 1934.
Scheller, Hans: Der Frankfurter Fürstentag, Diss. Leipzig 1930.
Stadelmann, Rudolf: Das Jahr 1865 und das Problem von Bismarcks deutscher Politik, München 1923.
Stadelmann, Rudolf: Moltke und der Staat, Krefeld 1950.
Sybel, Heinrich von: Die Begründung des Deutschen Reiches durch Wilhelm I., 7 Bde., München 1889–1894.
Valentin, Veit: Bismarcks Reichsgründung im Urteil englischer Diplomaten, Amsterdam 1937.
Wertheimer, Eduard von: Bismarck im politischen Kampf, Berlin 1930.
Zechlin, Egmont: Bismarck und die Grundlegung der deutschen Großmacht, Stuttgart 1930.

16. Nachgeschichte Preußens 1871 bis zur Gegenwart

Born, Karl Ernst: Staat und Sozialpolitik seit Bismarcks Sturz, 2 Bde., Wiesbaden 1957–59.
Born, Karl Erich: Von der Reichsgründung bis zum Ausbruch des Ersten Weltkrieges (Gebhards Handbuch III), Stuttgart 1963.
Born, Karl Erich: Preußen und Deutschland im Kaiserreich, Tübingen 1967.

Bornkamm, Heinrich: Die Staatsidee im Kulturkampf, München 1950.
Brabeck, Richard: Die Gleichschaltung Preußens, Diss. Köln 1941.
Brandenburg, Erich: Von Bismarck zum Weltkrieg, Leipzig 1939 [2].
Braun, Otto: Von Weimar zu Hitler, New York 1940 [2].
Brecht, Arnold: Vorspiel zum Schweigen, Das Ende der deutschen Republik, Wien 1948.
Brecht, Arnold: Föderalismus, Regionalismus und die Teilung Preußens, Bonn 1949.
Constabel, Adelheid: Die Vorgeschichte des Kulturkampfes, Berlin-Ost 1965.
Dietzel, Hans: Die preußischen Wahlrechtsreformbestrebungen von der Aktivierung des Dreiklassenwahlrechts bis zum Beginn des Weltkriegs, Diss. Köln 1934.
Eyck, Erich: Bismarck Leben und Werk Bd. III, Zürich 1944.
Eyck, Erich: Das persönliche Regiment Wilhelm II., Zürich 1948.
Eyck, Erich: Geschichte der Weimarer Republik, Zürich 1954.
Gerlach, Ernst Ludwig von: Das neue deutsche Reich, Berlin 1871.
Gerlach, Ernst Ludwig von: Kaiser und Papst, Berlin 1872.
Gerlach, Ernst Ludwig von: Die Civilehe und der Reichskanzler, Berlin 1874.
Goldschmidt, Hans: Das Reich und Preußen im Kampf um die Führung, Berlin 1931.
Hartung, Fritz: Preußen und Deutsches Reich seit 1871, Berlin 1932.
Hartung, Fritz: Deutsche Geschichte 1871 bis 1919, Stuttgart 1952.
Heffter, Heinrich: Deutsche Selbstverwaltung im 19. Jahrhundert, Stuttgart 1950.
Hirsch, Paul: Der Weg der Sozialdemokratie zur Macht in Preußen, Berlin 1929.
Kardorff, Siegfried von: Bismarck im Kampf um sein Werk, Berlin 1934 (behandelt u. a. auch den Kulturkampf).
Kramer, Gustav: Die Stellung des Präsidenten Ludwig von Gerlach zum politischen Katholizismus, Breslau 1931.
Kube, Horst: Geschichtliche Entwicklung der Stellung der preußischen Oberpräsidenten, Diss. Berlin 1939.
Land, Hanne-Lore: Die Konservativen und die preußische Polenpolitik 1886–1912, Diss. Berlin 1963.
Lerchenfeld-Koefering, Hugo Graf von: Erinnerungen und Denkwürdigkeiten 1883–1925, Leipzig 1935.
Lünig, Christa: Studien zum preußischen Herrenhaus 1890–1918, Diss. Göttingen 1956.
Mettenheim, Karl Friedrich von: Der preußische Staatsrat, Jena 1929.
Morsey, Rudolf: Die oberste Reichsverwaltung unter Bismarck 1871 bis 1890, München 1957.
Naumann, Friedrich: Demokratie und Kaisertum, Berlin 1904.

Oldenburg-Januschau, Elard von: Erinnerungen, Leipzig 1936.
Patemann, Reinhard: Der Kampf um die preußische Wahlreform im Ersten Weltkrieg, Düsseldorf 1964.
Schieder, Theodor: Das deutsche Kaiserreich von 1871 als Nationalstaat, Köln 1961.
Schieder, Theodor: Das Reich unter der Führung Bismarcks 1871–1890 (Gebhards Handbuch III), Stuttgart 1963.
Schoeps, Hans Joachim: Unbewältigte Geschichte, Berlin 1963.
Schoppmeier, Karl Heinz: Der Einfluß Preußens auf die Gesetzgebung des Reiches, Berlin 1929.
Schulz, Gerhard: Zwischen Demokratie und Diktatur, Berlin 1963.
Schwarz, Albert: Die Weimarer Republik (Handbuch Just IV, 3), Konstanz o. J.
Schwarz, Hans: Die preußische Frage, Berlin 1932.
Severing, Carl: Mein Lebensweg, 2 Bde., Bielefeld 1950.
Stapel, Wilhelm: Preußen muß sein, Hamburg 1932.
Trumpp, Thomas: Franz von Papen, Der preußisch-deutsche Dualismus und die NSDAP in Preußen, Diss. Tübingen 1963.
Wahl, Adalbert: Deutsche Geschichte von der Reichsgründung bis zum Ausbruch des Weltkriegs, 4 Bde., Stuttgart 1925–1936.
Westarp, Kuno Graf: Konservative Politik im letzten Jahrzehnt des Kaiserreichs 2 Bde., Berlin 1935.
Westarp, Kuno, Graf: Das Ende der Monarchie ed. W. Conze, Berlin 1952.
Winnig, August: Das Reich als Republik 1918–1928, Stuttgart 1928.
Zeller, Winfried: Geist der Freiheit – Der 20. Juli 1944, München 1964[2].
Ziekursch, Johannes: Geschichte des neuen deutschen Kaiserreichs, 3 Bde., Frankfurt 1925–1930.
Zimmermann, Ludwig: Deutsche Außenpolitik in der Ära der Weimarer Republik, Göttingen 1958.
Zimmermann, Wilhelm: Die Entstehung der provinzialen Selbstverwaltung in Preußen 1848–1875, Berlin 1932.
Zmarzlik, Hans-Günter: Bethmann Hollweg als Reichskanzler 1909–1914, Düsseldorf 1957.

Die Karten auf den Seiten 396 und 397 zeichnete Gerd Wardin
nach Karl Wolf „Karten zur Geschichte Preußens",
Meyers Großes Konversations-Lexikon, 6. Auflage, 16. Band, Leipzig 1909.

HANS-JOACHIM SCHOEPS

PREUSSEN

BILDER UND ZEUGNISSE

Mit 230 Abbildungen

WAS WAR PREUSSEN?

Eine Stimme aus dem Jahr 1914

»Was stellen wir uns unter Preußen vor, und was ist Preußen?

Die einen stellen sich vor: Junker mit Reitstiefeln und Hundepeitschen, die jährlich nur ein Buch kaufen, den Kalender. Polnische Zuckerrübenhacker, elende Schulhäuser, hungernde Lehrer. Leutnants mit schnarrender Stimme, schnauzende Unteroffiziere, schneidige Staatsanwälte, Pastoren, die an einen leibhaftigen Teufel mit Schwanz und Pferdefuß glauben. Jeder zweite Einwohner ein Schutzmann. Siegesallee, Himmeldonnerwetterpolitik. Und wenn man Münchner ist: das Land, von dem die vielen Sachsen kommen.

Die anderen: Pünktliche Eisenbahnen, saubere Straßen, flottes Geschäft, stramme Haltung, aufgeweckte Jungen und Mädel. Lustige Militärmusik. Prompte, wenn auch schnoddrige Zungenfertigkeit, unternehmungslustig zupackende Hände, kräftige Ellenbogen.

Die dritten: Mannentreue gegen den gnädigsten Kurfürsten und Herrn. Doktor Martin Luthers Bibel in schwieliger Bauernhand. Roggenbrot und dicke Milch im Schapp. Eiserner Fleiß, der Land und Moor in fruchtbare Felder verwandelt. Treu in den hergebrachten Ständen dahinlebende Menschen. Landwehrmänner, die im Kampfesmut mit dem Kolben dreinschlagen, einer gegen zehn.

Die vierten: Das Vaterland Friedrichs des Großen und Kants. Das erwählte Vaterland Fichtes und Arndts. Das Land, wo Minister zu Hegels Füßen saßen. Die Kirche, in der Schleiermacher predigte. Die Universität, an der Jakob Grimm, Treitschke, Mommsen lehrten. Schlüters und Schinkels Bauten und Denkmäler. Chodowieckis Stiche, Menzels Bilder, Scharnhorsts, Clausewitzens und Moltkes Heer.
Jeder hat seinen Vorstellungskreis von Preußen. Wer hat den richtigen? Eine Wirklichkeit ist nie mit einem Blick erschöpft. Nehmt alles in allem, so habt ihr die Wirklichkeit.«
So hieß es 1914 in einer angesehenen Kulturzeitschrift, in der die Frage nach dem Wesen Preußens gestellt worden war[1]. Die verschiedenen Vorstellungskreise bezogen sich auf erfahrbare und erlebte Realität. Heute, mehr als 20 Jahre nach der offiziell dekretierten Auflösung ist Preußen, das schon viel früher sein Gesicht verloren hatte, eine unbekannte Größe geworden. Auch die besondere und einmalige Staatsidee Preußens wurde apokryph. Hier soll versucht werden, wichtige Wesenszüge des alten Preußen im Anschluß an die geschichtliche Darstellung zur Einstimmung auf diesen Bildband herauszustellen.

Die Preußen kein Volk

Die Preußen sind nicht von Geblüt ein Volk, sondern sie sind ein von ihren Königen geschaffenes und erzogenes Volk. Ein preußisches Vaterland hat es nie gegeben, sondern Vaterland war in Preußen das Gesetz, das den Staat macht, wie es der alte Kottwitz in Heinrich von Kleists Traumdichtung »Prinz von Homburg« ausdrückt:

Herr, das Gesetz, das höchste, oberste, ...
Das ist das Vaterland, das ist die Krone,
Das bist Du selber, dessen Haupt sie trägt.

Preuße ist man nicht von Geblüt, sondern wird es durch Bekenntnis. Stein, Hardenberg, Fichte, Hegel, Scharnhorst, Gneisenau, Stahl und viele andere waren nicht Geburtspreußen, sondern Bekenntnispreußen. Preußen als historische Größe entstand nach einer längeren Vorgeschichte erst 1618, als die damals Brandenburgischen Lande nebst neu erworbenen rheinischen Enklaven (Kleve, Mark, Ravensberg) mit dem damaligen Ordensstaat, dem Herzogtum Preußen (spätere Provinz Ostpreußen) vereinigt wurden. Mit der Krönung in Königsberg am 18. Januar 1701 begann erst das Zusammenwachsen zum preußischen Staat. So entstand allmählich auch eine Staatsnation, die es von Natur aus nicht gegeben hatte.

Durch das gezielte Erziehungswerk der Könige — zumal Friedrich Wilhelms I. und Friedrichs des Großen — prägten sich in diesem neuen Staatsvolk bestimmte Eigenschaften und Tugenden aus. Mit Recht konnte daher der Hallensische Historiker Heinrich Leo bemerken:

»Das preußische Volk, soweit es preußische Herzen hat, ist ein Volk, obwohl die Untertanen auch nur polnisch, litauisch oder wallonisch reden. Denn sie sind durch die gemeinschaftliche Seele, aus welcher Preußens Könige Preußen erzeugt, geboren und gegliedert haben, durch Opferwilligkeit für das gemeinsame preußische Vaterland, auf das innigste, geistigste und wirklichste verbunden, und wer kein solches preußisches Herz hat, ist kein wirklicher Preuße, auch wenn er sich für gewisse Tätigkeiten von Preußen bezahlen läßt. ... Pectus facit Borussum.«[2]

Preußen hat daher immer auch starke Anziehungskraft auf Menschen anderer deutscher Landschaften und auf Ausländer ausüben können, die, einmal ins Land gekommen, rasch zu Preußen umgeprägt wurden. Dieser Prozeß hatte schon unter Friedrich I. begonnen, der für hohe Staatsstellungen bewußt ausländischen Adel heranzog[3]. Ähnlich wie die Vereinigten Staaten von Amerika Menschen aus ganz Europa anzogen und trotz verschiedener Abstammung rasch zu Amerikanern machten, verhielt es sich auch mit dem Preußischen Staat vom Großen Kurfürsten bis zu Friedrich dem Großen; den anderen Deutschen erschien er daher häufig als ein Kolonialland im Osten. Friedrich der Große war übrigens einer der ersten europäischen Souveräne, der nach der von Jefferson entworfenen Unabhängigkeitserklärung der englischen Kolonien vom 4. Juli 1776 die geschaffenen Verhältnisse diplomatisch anerkannte. Ein Offizier Friedrichs, F. W. von Steuben, wurde 1778 von Washington zum Generalinspektor des Bundesheeres ernannt; er schuf die Felddienstordnung der amerikanischen Armee, die lange in Kraft blieb. Im September 1785 schloß Friedrich mit den USA einen sehr bemerkenswerten Freundschaftsvertrag ab, um dem Seehandel auch in Kriegszeiten größere Freiheit zu sichern und Grundsätze der Humanität in der Kriegsführung lange vor Genfer und Haager Konventionen festzulegen[4]. Die beiden modernsten Staaten der Welt fanden also früh zueinander.

Auch unter den Nachfolgern Friedrichs des Großen nahm die Anziehungskraft Preußens, das zahlreiche Deutsche anderer Stämme leicht zu assimilieren vermochte, eher noch zu, Offensichtlich ging nur von Preußen ein echter politischer Gestaltungswille aus, während bei den kleinen und mittleren Mächten in Deutschland Lethargie herrschte und allein der Wunsch, das Bestehende aufrechtzuerhalten. Das ist gerade während der Napoleonischen Herrschaft in der Rheinbundzeit einem so wachen und kritischen Beobachter wie dem Nassauischen Reichsfreiherrn vom Stein[5] klargeworden, der noch im alten ritterschaftlichen Reichsbewußtsein lebte, aber schon 1784 in preußische Dienste getreten war. Auch Bismarck, der sich gern als »Stockpreuße« und »kurbrandenburgischer Vasall« bezeichnete, hat in seinen »Gedanken und Erinnerungen« zugegeben: »Unsere erfolgreichsten Feldherrn Blücher, Moltke, Gneisenau, Goeben waren keine preußischen Urprodukte, so vom Zivildienste Stein, Hardenberg Motz und Grolman[6].« Von einem modernen Historiker ist diese Ausstrahlungskraft Preußens dahin charakterisiert worden, daß dieser Staat das Glück gehabt habe, von dem Sachsen Lessing glorifiziert, von dem Nassauer Stein regeneriert und von dem Schwaben Hegel dogmatisiert worden zu sein[7]. Selbst in die höchsten Stellen des Staates hat man ohne Bedenken Ausländer berufen, wie Hardenberg selbst, und dann wieder auf dessen Veranlassung 1818 den dänischen Gesandten in Berlin Graf Bernstorff, der unmittelbar aus dänischen Diensten zum preußischen Minister des Äußeren ernannt wurde. Zwischen 1815 und 1848 hat sich zudem ein neues preußisches Staatsbewußtsein gebildet, von Bismarck das »spezifische Preußentum« genannt[8]. Sogar Ignaz Döllinger, der katholische Theologe und Historiker, hat ein gewisses preußisches Etwas den liberalen Abgeordneten des Paulskirchenparlaments, die aus Preußen stammten, nachgesagt, weil es ihm auffällig war[9]. An solchen Impressionen zeigt sich die starke Prägekraft des Preußischen. Prägung ererbt man nicht, sie war in Preußen stets Ergebnis von Zucht und Erziehung. Prägung verleiht aber auch Physiognomie. Daher ist es allen Beobachtern immer wieder aufgefallen, daß die Menschen in Zucht genommen und große Vor- und Leitbilder aufgestellt worden waren. Aber gemeint war stets die libertas oboedientiae, die Freiheit im Gehorsam; alles andere — etwa unterwürfige Dienstwilligkeit — war Mißverständnis, das freilich oft gefährlich nahelag.

Preußen war eine Staatsnation. Deshalb würde man niemals auf seinem Boden, wie Ernst Ludwig von Gerlach erklärte, die Nationalität zum obersten Prinzip der Staatenbildung erheben können[10]. Daher ist Preußen auch niemals nationalistisch gewesen. So sah es auch nicht in seinen mehr als 14 % Polen, Masuren und Kaschuben (Volkszählung von 1861) eine zu germanisierende Minderheit — sondern, wie es in der Zeit des Absolutismus hieß — »Untertanen polnischer Zunge«. Und diese waren auf keinen Fall anders zu behandeln als die »Untertanen deutscher Zunge«[11]. Die königliche Proklamation vom 15. Mai 1815 für das Großherzogtum Posen sicherte der polnischen Nationalität die volle Sprach- und Kulturautonomie zu. Bis zu Friedrich Wilhelm IV. haben die preußischen Könige noch die polnische Sprache beherrscht. Erst die nationalliberalen Vorstellungen westlichen Ursprungs haben nach 1871 die alten preußischen Maximen in der Nationalitätenpolitik verfälscht. Vorher in der anationalen preußischen Zeit hingegen hat man der polnischen, kaschubischen und litauischen Minderheit die eigene Sprache gelassen und sie nach den Prinzipien des Landrechts behandelt, indem man ihr Kirchen- und Schulwesen in pflegliche Fürsorge nahm. Es war der von westlichen Ideen unabhängige Lösungsversuch des preußischen Staates gewesen, die polnischen Untertanen durch eine großzügige Versöhnungspolitik in den Staat zu integrieren. Deshalb war es auch nur folgerichtig, wenn in der 9. Sitzung des Parlaments der Reichsgründung von 1871 der Sprecher der polnischen Fraktion von Krzyzanowksky aufstand und erklärte: »Wir wollen, meine Herren, bis Gott anders über uns bestimmt, unter preußischer Herrschaft bleiben, aber dem deutschen Reich wollen wir nicht einverleibt sein[12].«

Was war nun der reale Grund für solche Sympathien, die ja nicht nur von den Vertretern völkischer Minderheiten geäußert wurden? Es war dies, daß das alte Preußen ein wirklicher Rechtsstaat gewesen ist. Mit gutem Grund konnte der konservative Abgeordnete Hermann Wagener am 19. März 1870 im Norddeutschen Reichstag feststellen: »Ich mag gewesen sein, wo ich wollte, stets habe ich schon von weitem den schwarz-weißen Schlagbaum in meinem Herzen mit Freuden begrüßt und stets habe ich das Gefühl der vollkommenen Rechtssicherheit gehabt, sowie ich meinen ersten Schritt durch diesen Schlagbaum hindurch gemacht habe. Nicht England und nicht Frankreich, kein anderes Land kann sich von Anbeginn mit unserem preußischen Vaterlande in bezug auf die Handhabung des Rechtes messen und vergleichen«.

Die neue Rechtshandhabung ist durch die Reformen der Justiz eingeleitet worden, die Friedrich der Große in die Wege geleitet hat. An der von seinem Großvater gegründeten Universität Halle war durch Thomasius, Christian Wolff und andere ein preußisches Naturrecht ausgebildet worden, charakterisiert durch die Verbindung von positivem Offenbarungsglauben mit den Grundsätzen praktischer Vernunft. Wilhelm Dilthey[13] hat hierüber so geurteilt: »In Halle bildete sich eine aus dem Geist des preußischen Staates entstandene selbständige Richtung des Naturrechts und der daraus gegründeten Jurisprudenz. Thomasius, Wolff, Böhmer und viele Geringere verbreiten die Rechtsauffassung dieser Schule durch ihre Schriften überallhin. Sie bilden die Beamten aus, die durch die Einheit und den nationalen Charakter ihrer Geistesrichtung geeignet sind, das lang stockende Gesetzgebungswerk Preußens zu vollenden.«

Christian Wolff hat nicht nur auf den »Soldatenkönig«, sondern auch auf Friedrich den Großen schon in der Kronprinzenzeit – zumindest als theoretischer Denker – Einfluß gehabt[14], naturrechtliche Anschauungen waren auch dem Herrscher vertraut, der aber ebensosehr sein Leben lang von der eingewurzelten Bosheit des menschlichen Herzens überzeugt blieb. Für Friedrichs Rechtsgesinnung und seinen Willen, diese zu institutionalisieren, ist sein berühmter Brief vom 11. Dezember 1779 an den Etatminister von Zedlitz bezeichnend, in dem er das Prinzip der unbedingten Gleichheit vor dem Recht postulierte: »Denn Ich will, daß in Meinen Landen, einem jeden, er sei vornehm oder gering, prompte Gerechtigkeit widerfahre und er nicht zum faveur eines Größeren gedrücket, sondern einem jeden ohne Unterschied des Standes und ohne Ansehen der Person eine unparteiische Justiz administriret werden soll.«

Das von Friedrich dem Großen angeordnete und vom Geheimen Oberjustizrat C. G. Svarez (1746–1798) aus Schlesien[15] unter der Ägide des Großkanzlers von Carmer vorbereitete »Allgemeine Preußische Landrecht« von 1794 drückt die allgemeinen Prinzipien des Rechtsstaates in der Einleitung so aus: »Die Gesetze binden alle Mitglieder des Staates ohne Unterschied des Standes, Ranges oder Geschlechtes. Jeder Einwohner des Staates ist Schutz für seine Person und sein Vermögen zu fordern berechtigt« (§ 76). Mit diesen Sätzen ist die Gleichheit der Bürger vor dem Gesetz entschieden worden, wodurch erst unser moderner Begriff des Staatsbürgers möglich wurde. Obwohl das Landrecht in weiten Strecken – etwa den die Ständegesellschaft betreffenden Teilen – rasch antiquiert wurde, ist es doch die klassische Rechtsschöpfung Preußens geworden. Es hat den Weg zum Konstitutionalismus und zur Grundlegung des Rechtsstaates im Sinne des aufgeklärten Absolutismus eröffnet. Den Bürgern wurden natürliche, grundsätzlich unentziehbare Rechte zuerkannt. Der Grundrechtskatalog der Einleitung bedeutete ein Novum: eine konstitutionelle Gesetzgebung. Das Landrecht ist fast gleichzeitig mit der Annahme der amerikanischen Verfassung unter George Washington im Jahre 1787 verkündet worden und stellt somit den preußisch-deutschen Beitrag zur »Déclaration des Droits des Hommes« dar.

Damit waren aber auch die aus der Zeit des unbeschränkten Absolutismus überkommenen königlichen Machtansprüche ausdrücklich verboten worden. Das Allgemeine Preußische Landrecht als Staatsgrundgesetz regelte so noch vor der französischen Revolution auch Stellung und Rechte des Königs; Rechtsstreitigkeiten zwischen König und Untertanen wurden an die ordentlichen Gerichte verwiesen. Das Wort, das nach der Legende der Müller von Sanssouci zu seinem Monarchen gesprochen haben soll: »Sire, es gibt noch ein Kammergericht in Preußen«, entsprach der Rechtslage.

Für die Unabhängigkeit der preußischen Gerichte selbst gegenüber der Person des Monarchen findet man erstaunliche Beispiele bis in die späteste Zeit der Monarchie. So gibt es die Akten eines höchst seltsamen Prozesses, der die Gerichte in Elbing und Marienwerder in den Jahren 1912/13 beschäftigt hat. Wilhelm II. war von seinem Domänenpächter in Cadinen verklagt worden, weil ihn der Kaiser unter beleidigenden Bemerkungen öffentlich in seiner Berufsehre gekränkt hatte, nur um ihn aus dem Pachtverhältnis vorzeitig entlassen zu können. Der Kaiser überklagte den Prozeß, der durch drei Instanzen ging bis zum Reichsgericht in Leipzig, und das Urteil lautete in Elbing, Marienwerder, Leipzig immer wieder gleich, der Kaiser habe gegen Treu und Glauben verstoßen und die von ihm ausgesprochene kurzfristige Kündigung des Pächters sei ungültig. Das war im Jahre 1913. So unabhängig waren damals die Gerichte. Der Kaiser besann sich übrigens am Ende darauf, daß er der König von Preußen sei, und zahlte dem von ihm beleidigten Manne freiwillig ein hohes Schmerzensgeld[16]. Das strenge rechtsstaatliche Denken ist es, das heute vielen Menschen vor Augen steht, wenn sie sich an Preußen erinnern. Es drückt sich etwa in dem Selbstbekenntnis Ludwig von Gerlachs aus, der an seinem Lebensabend auf seine Laufbahn als hoher preußischer Richter so zurücksieht: »Der Rechtsprechung ist mein ganzes Leben gewidmet gewesen. Es ist für mich eine heilige Pflicht, jedes gute Recht, es stehe der einen oder anderen Religion, dem einen oder anderen Menschen, der einen oder anderen Partei zu —, jedes gute Recht zur Geltung zu bringen, soweit ich kann. Ich verletze mein Gewissen, wenn ich es nicht tue. Ich kann fehlen und fehle oft, aber der Wille muß immer da sein, sonst bin ich nicht wert, daß ich in meinem Amte bleibe[17].« Der bürgerlich-rechtliche Teil des Allgemeinen Landrechts blieb in Preußen bis 1900 in Kraft; das Verwaltungsrecht wurde mit vielen seiner wichtigsten Bestimmungen erst 1931 in ein moderner gefaßtes Gesetz übernommen[18]. So hat die friderizianische Staats- und Rechtsformung mit ihrem sauberen Beamtentum Deutschland über Jena und Auerstädt, aber auch noch über 1918 hinaus in seinem sittlichen und politischen Bestande erhalten können. Ja, nach 1918 zeigte es sich, daß dieser Rechtsstaat von der Sozialdemokratie übernommen werden konnte. Ihre Staatsgesinnung bewies, daß die ärmsten Söhne dieses Staates in Zeiten der Not auch seine getreuesten gewesen sind. Es war die neue sozialdemokratische Staatsregierung, die sich 1919 den weit verbreiteten Forderungen nach Auflösung des Staates Preußen mit Erfolg widersetzt hat.

Preußische Toleranz

Das dem Landrecht zugrunde liegende Toleranzprinzip hatte in Brandenburg-Preußen eine alte Tradition, die bis auf den Übertritt des Kurfürsten Johann Sigismund zum Calvinismus im Jahre 1613 zurückging, womit der Kurfürst in der Konfession von der Mehrheit seiner Untertanen abwich. Der Kurfürst beließ diesen aber ihr lutherisches Bekenntnis unter Verzicht auf das ihm zustehende Regalrecht des Glaubenszwanges mit folgender Erklärung: »Auch wollen Seine Kurfürstlichen Gnaden zu diesem Bekenntnis keinen Untertanen öffentlich oder heimlich zwingen, sondern den Kurs und Lauf der Wahrheit Gott allein befehlen, weil es nicht an Rennen und Laufen, sondern an Gottes Erbarmen gelegen ist.« Diese denkwürdigen Worte der Confessio Sigismundi, zwei Jahre vor Ausbruch des Dreißigjährigen Krieges, stellten gegenüber allem bisherigen Brauch einen großen Fortschritt auf dem Wege zu moderner Toleranz dar.

Da Toleranz bei den gemischten Konfessionsverhältnissen die Grundlage dieses Staates war, wurde Brandenburg-Preußen ein Asyl der Religionsverfolgten. Durch das Edikt von Potsdam, erlassen am 8. November 1685, hat der Große Kurfürst den französischen Réfugiés als seinen eigenen Glaubensbrüdern Asylrecht gewährt: »da wir aus gerechtem Mitleiden, welches Wir mit unseren angefochtenen und bedrängten Glaubensgenossen billig haben müssen, bewogen werden, denenselben eine sichere Retraite in alle Unsere Lande zu offerieren.« Gab es für den französischen Merkantilisten Colbert nur eine Form von Reichtum: Geld, so empfahl der märkische Colbert das für Brandenburg-Preußen so charakteristische Mittel der »Peuplierung«. »Menschen halte ich vor den größten Reichtum«, sollte es dann im Testament Friedrich Wilhelms I. heißen. Mehr als 20 000 Franzosen, denen freie Ortswahl zugestanden worden war — zumeist waren es kapitalkräftige und gelehrte Leute —, strömten vor und erst recht nach 1685 in sein Land. In der Hauptstadt Berlin gab es bald eine starke französische Kolonie — im Jahre 1700 bildeten die Hugenotten 20 % der Bevölkerung —, die für den gewerblichen und wirtschaftlichen Aufstieg des Staates große Bedeutung bekamen. Den Hugenotten waren 1671 Juden vorangegangen. Um ihres Glaubens willen verfolgte Waldenser und Mennoniten strömten in das durch die Pest entvölkerte Ostpreußen, wohin 1731 auch noch 18 000 Salzburger kamen, die vom dortigen Erzbischof Firmian unter Androhung der Todesstrafe zur Auswanderung gezwungen worden waren, weil sie vom lutherischen Bekenntnis nicht lassen wollten. Erst durch die alliierten Abmachungen gegen Ende des Zweiten Weltkrieges wurden die Nachkommen jener Religionsflüchtlinge verjagt, denen Friedrich Wilhelm und seine Nachfolger Schutz und Asyl gewährt hatten. Religiöse und wirtschaftliche Erwägungen hatten bei allen diesen Maßnahmen zum Nutzen des Staates zusammengewirkt.

Schon im Jahre seines Regierungsantrittes (1740) erklärte Friedrich der Große zu einer Vorlage der Behörden, ob die Weiterführung der Schulen für römisch-katholische Soldatenkinder zu verweigern sei[19], durch Marginal: »Die Religionen müssen alle toleriret werden und muß der Fiskal nur das Auge darauf haben, daß keine der anderen Abbruch tue, da hier muß ein jeder nach seiner Façon selig werden.« Im gleichen Jahre erwiderte er auf eine Anfrage des Generaldirektoriums, ob ein Katholik das Bürgerrecht erwerben dürfe, folgendes: »Alle Religionen sind gleich und gut, wenn nur die Leute, so sie bekennen, ehrliche Leute sind. Und wenn Türken und Heiden kämen und wollten das Land peuplieren, so wollen wir ihnen Moscheen und Kirchen bauen.«

Dabei ist zu bedenken, daß Friedrich wegen der Weigerung der Kurie, die Krönung von 1701 auf dem Boden des alten Ordensstaates anzuerkennen, im Römischen Staatskalender immer nur als Marquis de Brandenbourg figurierte. Das änderte sich erst 1788 für den Nachfolger.

Die Toleranz war unter Friedrich dem Großen in der Praxis jedoch nur innerchristlich: sie bezog zwar die Sekten mit ein, aber nicht die Juden. Das Generaljudenreglement von 1750 war noch ganz mittelalterlich orientiert. Für die Juden kam erst 1812 die Zeit der staatsbürgerlichen Gleichberechtigung, die ihnen auch zu diesem Zeitpunkt in vielen anderen Staaten noch versagt war, mußten doch selbst in manchen Städten der freien Schweiz Juden vor Einbruch der Dunkelheit die Stadt verlassen haben. Hardenberg, der wie Wilhelm von Humboldt mit vielen Juden befreundet war, erklärte: »Ich stimme für kein Gesetz der Juden, das mehr als die vier Worte enthält: gleiche Pflichten, gleiche Rechte[20]!«

Preußisches Beamtentum

Die Gleichheit aller Staatsbürger vor dem Gesetz war ein Prinzip, das sich in den europäischen Staaten erst allmählich durchgesetzt hat. In Preußen dachte das aufgeklärte Berufsbeamtentum des 18. Jahrhunderts, das von lutherischer Berufslehre, Kantischer Pflichtethik und der Erziehungsarbeit der Könige geformt worden war, häufig fortschrittlicher als der Monarch. Der neue Beamtengeist hat sich aus der von Friedrich Wilhelm I. seit 1713 aufgebauten Behördenorganisation entwickelt. Durch die für alle höheren Behörden eingeführte kollegialische Verfassung wurde die gegenseitige Haftung zum Prinzip erhoben. »Einer soll für alle und alle für einen responsable sein«, hieß es in der Instruktion von 1723 für die kurmärkische Kammer. Schon Christian Thomasius hatte aus fürstlichen Bedienten wirkliche Staatsdiener machen wollen[21]. Und Christian Wolff hatte in seiner »Politik« (§ 493)[22] den Beamten als Fachmann im Dienst der Allgemeinheit bestimmt, der aufrichtig, treu und gerecht seine Pflicht tun soll. Schon der erste Minister des Generaldirektoriums, General von Grumbkow, war wie mancher andere ein bekannter Verehrer der Wolffschen Aufklärungsphilosophie. Dadurch wurde Preußen der einzige größere deutsche Staat, der — wenn auch nicht immer gut regiert — doch stets korrekt verwaltet wurde.

Der bürokratische Polizei- und Wohlfahrtsstaat des aufgeklärten Absolutismus, der sich als Förderer des allgemeinen Wohls und Fürsorger der Bevölkerung verstand und daher eine humane Verwaltungspraxis nach vernünftigen Grundsätzen betrieb, hat sich nach der französischen Revolution und unter den Einflüssen der Reformer zu Beginn des 19. Jahrhunderts allmählich in den Staat des Frühkonstitutionalismus umgewandelt. Mindestens seitdem war erklärtermaßen das Ethos des preußischen Beamtentums als Stand, in den der König selbst hineinberief, mit der Idee des Rechtsstaates verknüpft.

Der Beamte, wie er von diesem Staat gemeint war und wie es ihn Jahrhunderte hindurch gegeben hat, biß sich eher den kleinen Finger ab, als daß er eine Unterschlagung begangen hätte[23]. Preußisch wurde gleichbedeutend mit sauber, anständig, gerecht und pflichtgetreu. »Travailler pour le Roi de Prusse«, nannten anfangs die Franzosen es, wenn einer umsonst, vergeblich gearbeitet hatte[24]. Später wollte die sprichwörtliche Redewendung ausdrücken, daß einer eine

Sache um ihrer selbst willen tat ohne Aussicht auf Avancement oder Belohnung. In dieselbe Richtung weist das Sprichwort: »Être Prussien est un honneur, mais pas un plaisir.«

Dieses integre Beamtentum war seit dem 17. Jahrhundert neben dem Offizierskorps die tragende Säule dieses Staates geworden. So konnte es denn während der Regierungszeit Friedrich Wilhelms III. heißen: »Wir haben in unserem Vaterlande die Zeit erlebt, in welcher jene längst erkannte Wahrheit bis zu einem früher und anderwärts noch unerreichten Grade zur Wirklichkeit geworden, daß der Staat der beste sei, in welchem bei möglichster Schonung und Beförderung der Freiheit und des Wohlbefindens jedes einzelnen doch das Ganze mit sicherer und kräftiger Hand gehalten und geleitet wird, so daß das Ganze nicht dem einzelnen zur Beute werde, der einzelne aber auch nicht im Ganzen untersinken kann. Das ist kein Bauern-, kein Kaufmanns-, kein Adels-, aber auch kein militärischer Staat! Das ist der preußische Staat[25]!«

»Mehr vor die Ehre als um Besoldung« hatte es schon bei Friedrich Wilhelm I. anläßlich der Instruktion von 1722 an das Generaldirektorium geheißen. Offiziere und Beamte, die ihre sachliche Befähigung durch Amtsprüfungen nachweisen mußten, wurden in Preußen stets lächerlich gering besoldet.

Über das Amt im Staatsdienst sagt das Allgemeine Preußische Landrecht: »Niemandem soll ein Amt aufgetragen werden, der sich dazu nicht hinlänglich qualifiziert und Proben seiner Geschicklichkeit abgelegt hat« (II, § 70.). »Niemand soll sein Amt zur Beleidigung oder Bevormundung anderer mißbrauchen« (II, § 86).

In der Instruktion für die Regierungskollegien vom 21. Dezember 1808 heißt es alsdann zwecks Einstellung eingerissener Mißstände im Paragraphen 44, daß gegen Offizianten, welche ihr Amt lau verwalten oder darin Eigennutz oder Privatleidenschaften befriedigen, ohne Nachsicht und unbekümmert um Stand und Rang mit Energie verfahren werden müsse. »Auch dürfen keine Subjekte im Amt geduldet werden, die durch ihr Privatleben Gleichgültigkeit gegen Recht und Moralität an den Tag legen oder sich durch ihren Wandel, etwa Spiel oder Trunk, verächtlich machen[26].«

Wenn sich das Grundgesetz der Bonner Bundesrepublik im Artikel 33 zu den »hergebrachten Grundsätzen des Berufsbeamtentums« bekennt, wie sie auch schon in der Weimarer Verfassung verankert waren, so kann man zureichend genau angeben, worin sie tatsächlich bestanden haben und heute noch bestehen. Es waren und sind nämlich uneigennützige Hingabe an den Dienst, ein hohes Maß an Nüchternheit und Sachlichkeit in der Urteilsbildung — auch wenn politisch die Wellen hoch gehen —, gewissenhafte Pflichterfüllung und absolute Unbestechlichkeit, ferner die allem äußeren Pomp abgewandte Schlichtheit des Auftretens, wie sie sich in Graf Schlieffens Preußischem Wahlspruch ausdrückte, mit dem er das Wesen Moltkes charakterisieren wollte: »Viel leisten, wenig hervortreten, mehr sein als scheinen.«

Es war ferner der Wille zur Sparsamkeit, der sich immer an die untere Grenze dessen hielt, was als »standesgemäßes Auftreten« galt, denn die selbstlose Hingabe an das Amt und damit an den Staat, das war der Inhalt des spezifisch preußischen Beamtenethos. Wie dieses tatsächlich ausgesehen hat, möge man aus dem beispielhaften Abschiedsschreiben des bei Beginn der Neuen Ära im November 1858 aus dem Amt scheidenden Ministerpräsidenten Otto von Manteuffel ersehen, das in seinen nach dem Tode erschienenen »Denkwürdigkeiten«[27] veröffentlicht wurde. Der

Prinzregent, alsdann König Wilhelm I., hatte ihm mit Handschreiben die Erhebung in den Grafenstand, die Stiftung eines erblichen Majorats und die Berufung in das Herrenhaus auf Lebenszeit angekündigt. Wie nun die angebliche preußische Titelsucht und Karrieremacherei tatsächlich aussah, zeigt Manteuffels Antwort:

»Was nun die mir allergnädigst zugedachten Auszeichnungen betrifft, so wollen EwKH mir darüber eine freimütige Äußerung gestatten, zu welcher ich mich um so mehr gedrungen fühle, als ich annehmen zu dürfen glaube, daß es nicht in der Absicht liegt, meinen Wünschen entgegen Verfügungen zu treffen. Meine persönlichen Wünsche habe ich stets schweigen lassen, wo es sich um das Interesse des Königs und des Landes handelte. Jetzt, wo ich in das Privatleben zurückkehre, nehme ich es als ein Recht für mich in Anspruch, meinen eigenen Gefühlen wieder Rechnung zu tragen in Dingen, die nur meine Person und deren Verhältnisse betreffen. Ich kann die Rangerteilung, die Majoratsstiftung, die Mitgliedschaft des Herrenhauses für mich nicht wünschen. Mit alleruntertänigstem Danke würde ich es anerkennen, wenn meine nicht leicht verdiente Pension mir bewilligt würde.

Als ich vor zehn Jahren das Amt eines Ministers übernahm, geschah es aus Liebe zu meinem König und zum Vaterlande, aus angestammter Treue, ohne jede Aussicht auf äußere Anerkennung und Belohnung. Ich will — das bin ich meiner Vergangenheit und meinem Sohne schuldig — auch aus den jetzigen Verhältnissen ohne äußere Zeichen der Anerkennung ausscheiden. EwKH bitte ich daher inständigst, von den mir zugedachten Auszeichnungen Abstand zu nehmen. Der Zweck, den EwKH damit erreichen wollten, ist durch das gnädige Handschreiben vom 3. des Monats erreicht.«

Das war die Antwort eines preußischen Edelmannes. Im 19. Jahrhundert war eine solche Haltung offenbar verbreiteter als heute — gerade auch unter den großen Unternehmern und Wirtschaftsführern mit ihrem preußisch-kargen Lebensstil. Theodor Fontane hat dieses heute in den Schatten getretene Ethos verschiedenen Figuren seines Romans »Der Stechlin« — freilich mit unterschiedlicher Absicht der Charakterisierung — in den Mund gelegt: »Wir wissen, was wir zu tun haben. Dienst ist alles, und Schneidigkeit ist nur Renommisterei. Und das ist alles, was bei uns am niedrigsten gilt. Die wirklich Vornehmen gehorchen nicht einem Machthaber, sondern dem Gefühl der Pflicht. Was uns obliegt, ist nicht die Lust des Lebens, auch nicht einmal die Liebe, die wirkliche, sondern lediglich die Pflicht. Es ist dies außerdem etwas speziell Preußisches. Wir sind dadurch vor anderen Nationen ausgezeichnet, und selbst bei denen, die es nicht begreifen und übel wollen, dämmert die Vorstellung von unserer daraus entspringenden Überlegenheit.«

Preußische Tugenden

Damit ist schon erkennbar geworden, um was die eigentlich »preußischen Tugenden« kreisen. Ihre Achse ist ein strenger und herber Begriff des »Im-Dienste-Seins«, der sich zunächst einmal als Selbstzucht und Härte — mehr gegen sich selbst als gegen andere — auswirkt. Oswald Spengler[28] hat es einmal so formuliert: »Dienen — das ist altpreußischer Stil ... Zur preußischen Art gehört es, daß der Einzelwille im Gesamtwillen aufgeht. Das Offizierskorps, das Beamtentum, die Arbeiterschaft Bebels handeln ... als überpersönliche Einheit ...« Das mag auch der Grund gewesen sein, weshalb Preußen beim biedermännischen Spießer so verhaßt gewesen ist. Ein anderer Schriftsteller meinte: »Der preußische Spießer ist kein Biedermann, sondern ein Feldwebel. Preußen ist eine Atmosphäre, in der selbst der Spießer ›im Dienst‹ ist[29].« Damit hing auch die Verachtung der Klüngelpolitik zusammen, da man ja Politik von der Sache her zu treiben suchte, in deren Dienst man stand. Dieses Im-Dienst-Sein, auch und gerade des Herrschers, der sich dem Staatszweck zu beugen habe, hat schon Friedrich der Große stark empfunden. In seinem »Antimacchiavell« (1739) hat er es so ausgedrückt: »Der Herrscher, weit entfernt, der unbeschränkte Herr seines Volkes zu sein, ist selbst nichts anderes als sein erster Diener.«

Mit dieser Dienstauffassung und diesem sittlich begründeten Pflichtgefühl hängen auch die altpreußische Sparsamkeit und uneigennützige Gewissenhaftigkeit zusammen, für deren Sichtbarmachung Friedrich Wilhelm I., Preußens »größter innerer König«, wie der Nationalökonom Gustav Schmoller einmal sagte[30], eine modellhafte Institution geschaffen hat. Im Jahre 1714 gründete er zur Finanzkontrolle über alle Einnahmen und Ausgaben des Staates die preußische Oberrechnungskammer in Potsdam, bei der alles bis auf den Pfennig stimmen mußte. Der König revidierte persönlich alle Jahre die Etats und setzte die Besoldung seiner Beamten fest. So wurde die preußische Beamtenschaft zu Sparsamkeit, zu Fleiß und uneigennütziger Pflichterfüllung von ihren Königen erzogen. Noch in der vorbildlichen Regelung des hohen Staatsschuldenwesens nach den Befreiungskriegen durch Hardenbergs und Rothers Steuerreformen hat sich dies eindrucksvoll ausgewirkt.

Zum Wesen des Preußentums gehörte auch das Maßhaltenkönnen aus dem an der Erfahrung orientierten Wissen um die inneren Grenzen. Als Roon dem Ruf seines Königs folgte und Kriegsminister wurde, schrieb er an einen

Freund: »Meine Bereitwilligkeit ist eine tiefseufzende, die sich der Schwere einer scheinbar unlöslichen Aufgabe und der Gefahren des nicht unwahrscheinlichen Schiffbruchs wohl bewußt ist. Ehrgeiz und Habgier wirken dabei, soviel ich weiß, nicht mit ... Es gilt Großes zu leisten, nur ein Schelm denkt immer an sich[31].«

Für die altpreußische Einfachheit und Bescheidenheit bezeichnend ist die noch von Kaiser Wilhelm I. persönlich formulierte »Allerhöchste Verordnung über die Ehrengerichte der Offiziere im preußischen Heer« vom 2. Mai 1874: »Je mehr anderwärts Luxus und Wohlergehen um sich greifen, um so ernster tritt an den Offiziersstand die Pflicht heran, nie zu vergessen, daß es nicht materielle Güter sind, welche ihm die hochgeehrte Stellung im Staat erworben haben und erhalten werden. Nicht nur, daß die kriegerische Tüchtigkeit des Offiziers durch eine verweichlichte Lebensweise beeinträchtigt werden könnte, sondern völlige Erschütterung des Grund und Boden, auf dem der Offiziersstand steht, ist die Gefahr, welche das Streben nach Gewinn und Wohlleben mit sich bringen würde.«

Zu den preußischen Tugenden gehörte aber nicht zuletzt der ausgeprägte Sinn für Ordnung und ein von innen her geordnetes Leben. Es ist wieder Theodor Fontane, der treffend das Wesentliche mit dem ihm eigenen, leicht ironischen Unterton ausgedrückt hat: »Wenn unsere märkischen Leute sich verheiraten, so reden sie nicht von Leidenschaft und Liebe, sie sagen nur: ›Ich muß doch meine Ordnung haben‹, und das ist ein schöner Zug im Leben unseres Volkes und nicht einmal prosaisch, denn Ordnung ist viel und mitunter alles[32].«

Die Schilderung der »preußischen Tugenden« fällt zusammen mit der Frage nach der preußischen Eigenart. Eine der gültigsten Antworten hat wohl Generaloberst Hans von

Seeckt in seiner Studie über den älteren Moltke gegeben: »Wie ist nun eigentlich diese preußische Eigenart? Sie ist in erster Linie bezeichnet durch den preußischen Staatsbegriff. Er unterscheidet sich ebensosehr von der englisch-liberalen Staatsauffassung, die in dem Staat den Versicherungsagenten für das Geschäft sieht, wie von der marxistischen, die ihren Endzweck im mechanisierten Bienenstaat findet. Der preußische Staat ist aufgebaut auf der Gegenseitigkeit der Leistungen, auf der Hingabe jedes einzelnen seiner Glieder an das Wohl der Gesamtheit und zugleich auf der Aufgabe der den Staat leitenden Macht, sie zum Wohl jedes einzelnen zu benutzen. So wird der Staat in Preußen nicht zum leeren Begriff, nicht zu einer philosophisch oder sophistisch begründeten abstrakten Idee, sondern zu einem durchbluteten, lebenden Gebilde. So wird der Staat mit jedem seiner Glieder eins; in jedem von ihnen lebt der ganze Staat Preußen. Dieser Staat ist ganz auf Pflicht gebaut, ebenso auf die Pflicht seiner Bürger gegen den Staat wie die des Staates gegen seine Bürger. Dieses Staatsgefühl trägt in sich die hohe Verantwortung beider und damit jedes einzelnen. Dieses Preußentum ist der Inbegriff der Freiheit. Im englisch-liberalen Staat wird der einzelne zum Sklaven des Wohlergehens; der einzige Gradmesser in ihm ist das Geld. Im marxistischen Staat verschwindet der einzelne in der Masse, er wird zum Sklaven einer Idee ohne Blut; im Fürstenstaat des Macchiavelli wird der Untertan das Werkzeug des einen Herrn, der ihm seine Gunst nach Maßgabe des eigenen Vorteils zumißt. Im preußischen Staatsbegriff lebt die freiwillige, also freie Einordnung in ein Gefüge, dessen notwendiger Bestandteil jeder einzelne ist. ›L'état c'est moi‹ ist der Wahlspruch jedes Preußen[33].«

In seiner Schrift »Moltke, ein Vorbild«, aus der eben zitiert wurde, hat Seeckt die preußische Armee »das größte Kunstwerk, das Staatskunst geschaffen hat«, genannt. Sicher sah er richtig, daß es die kolonisatorischen Aufgaben Brandenburg—Preußens waren, die dazu zwangen, den ganzen Staatsaufbau eng mit dem des Heeres zu verknüpfen. Diese Tatsache hat den Vorwurf des Militarismus herausgefordert, ein Schlagwort eigentümlicher Herkunft[34]. Angeblich soll ja schon Mirabeau behauptet haben: »Das nationale Gewerbe Preußens ist der Krieg[35].« Jedoch erst in unserem Jahrhundert ist daraus das zur Schablone erstarrte Zerrbild geworden, zu dem freilich manche Mißstände des Wilhelminischen Zeitalters Veranlassung gegeben haben: Preußen sei die Verkörperung eines Militarismus gewesen, der ständig mit dem Säbel rasselte und ohne Not blank ziehen wollte mit der erklärten Absicht, das Individuum zugunsten des Staates dauernd zu vergewaltigen. So ungefähr wird das Wesen Preußens von »The Pocket Oxford Dictionary of Current English« von 1939 definiert. Hier dürfte wohl das Wesentliche völlig verkannt worden sein; nachweislich haben Scharnhorst, Gneisenau, Clausewitz anderes gewollt und verwirklicht als Gamaschendienst und Griffekloppen auf dem Kasernenhof. Kadavergehorsam dürfte nämlich das gerade Gegenteil vom preußischen Soldatentum gewesen sein. Es ist doch bezeichnend, daß die großen Gestalten der preußischen Militärgeschichte Rebellen gewesen sind wie der Reitergeneral Seydlitz, der 1758 bei Zorndorf Friedrichs des Großen strikter Ordre zuwiderhandelte, aber den Sieg über die Russen errang, wie 1812 Yorck von Tauroggen, wie literarisch in Kleists Traumspiel »Prinz von Homburg« der alte Kottwitz, der die Re-

bellion rechtfertigte, indem er Vaterland und Krone über den Buchstaben des Armeebefehls stellte.
Dieser Sinn für Unabhängigkeit nach oben und für freiwillige Übernahme von Verantwortung hat das preußische Offizierskorps geprägt. Klassisch ist der Bericht des Prinzen Friedrich Karl: »Wie einst ein Stabsoffizier ruhig einen erhaltenen Befehl ausführte, wurde er von einem hochgestellten General mit den Worten angelassen: ›Herr, dazu hat Sie der König zum Stabsoffizier gemacht, daß Sie wissen müssen, wann Sie *nicht* zu gehorchen haben‹[36].« Wie charakteristisch ist es, daß man in Preußen gerade zu solchen Männern aufsah bis hin zu den Gestalten des 20. Juli, dem Generaloberst Beck, zuvor Chef des Generalstabes, und zu Generalfeldmarschall v. Witzleben, den Hitler am Galgen aufknüpfen ließ. Auf die Haltung der Männer des 20. Juli 1944 fällt ein helles Licht von dem Brief her, den General *Yorck* von Wartenburg – kein Revolutionär, allenfalls ein konservativer Reformer[37] – am 3. Februar 1813 aus Tilsit an Friedrich Wilhelm III. schrieb, um sich wegen seiner Eigenmächtigkeit vor seinem König zu verantworten. Aus eigenem Entschluß hatte Yorck das preußische Korps aus dem Zusammenbruch des napoleonischen Rußlandfeldzuges herausgelöst und dadurch die politische Lage entscheidend geändert. Sein Brief an den König ist als ein klassisches preußisches Dokument zu bezeichnen:
»Der Schritt, den ich getan, ist ohne Befehl Euerer Majestät geschehen. Die Umstände und wichtige Rücksichten müssen ihn aber für die Mit- und Nachwelt rechtfertigen, selbst dann, wenn die Politik erheischt, daß meine Person verurteilt werden muß ... Euere Königliche Majestät kennen mich als einen ruhigen, kalten, sich in die Politik nicht mischenden Mann. So lange alles im gewöhnlichen Gang ging, mußte jeder treue Diener den Zeitumständen folgen:

das war seine Pflicht. Die Zeitumstände aber haben ein ganz anderes Verhältnis herbeigeführt, und es ist ebenfalls Pflicht, diese nie wieder zurückkehrenden Verhältnisse zu benutzen ... Ich erwarte nun sehnsuchtsvoll den Ausspruch Eurer Majestät, ob ich gegen den wirklichen Feind vorrücken oder ob die politischen Verhältnisse erheischen, daß Eure Majestät mich verurteilen. Beides werde ich mit treuer Hingebung erwarteten, und ich schwöre Eurer Königlichen Majestät, daß ich auf dem Sandhaufen ebenso ruhig wie auf dem Schlachtfeld, auf dem ich grau geworden bin, die Kugel erwarten werde. Ich bitte daher Eure Majestät um die Gnade, bei dem Urteil, das gefällt werden muß, auf meine Person keine Rücksicht nehmen zu lassen. Auf welche Art ich sterbe, ich sterbe immer wie Eurer Majestät alleruntertänigster und getreuester Untertan Yorck[38].«

Was nun die mit dem Vorwurf »Militarismus« speziell gemeinte angebliche Kriegslüsternheit des preußischen Offizierskorps anlangt, so sehen die tatsächlichen Verhältnisse ganz anders aus, auch schon bei dem sogenannten Soldatenkönig, dem gern das Bündnis von Pietismus und Kaserne als Ausgeburt einer Mesalliance angekreidet wird, obwohl er alles andere als kriegslüstern gewesen ist. Überhaupt braucht Preußen hinsichtlich der Anzahl geführter Kriege den Vergleich mit den Großmächten Europas nicht zu scheuen. So wies schon Heinrich von *Sybel* darauf hin, daß Preußen innerhalb von 150 Jahren kaum 25 Jahre Krieg geführt hat, während in der französischen, russischen und österreichischen Geschichte, wenn man von 1714 an zu zählen beginnt, eine solche Zahl schon vor 1789 erreicht wird[39]. Kein preußischer König kann mit Ludwig IV. oder Napoleon I. auch nur von fern verglichen werden. Manche wie Friedrich Wilhelm IV. waren eher zu skrupelhaft. Nicht zufällig höhnte die Londoner »Times« von

1860 und gab damit die öffentliche Meinung Europas über das damalige Preußen wieder: dieses Land lasse sich lieber auf den Konferenzen vertreten, als daß es sich danach dränge, auf den Schlachtfeldern zu erscheinen. Auch noch Bismarck wußte seine Kriege aus diplomatischem Geschick isoliert zu führen und im Augenblick des Sieges Maß zu halten. Aber gleichwohl bedurfte dieses »Königreich der Grenzen«, das von der Maas bis an die Memel verstreute Besitzungen im Herzen Europas zu sichern hatte, stets auch eines starken Heeres. Aber auf den preußischen Kanonen stand bezeichnenderweise die Inschrift: »Ultima ratio regis«, was kurz und bündig übersetzt hieß: »Der Waffengang ist der letzte Ausweg und nicht der erste.«

Der Feldwebel Himmelstoß, der auf dem Kasernenhof Rekruten schleift, ist erst eine Entartung der Wilhelminischen Zeit gewesen, dessen sich die politische Karikatur gern überdimensional bediente. Das von Scharnhorst geprägte Offizierskorps, in dem Yorck einen Orden und Marwitz eine Erneuerung des Rittertums sah[40], der Generalstab unter Moltke und Schlieffen, später unter Seeckt und Beck war von einer geradezu hochgezüchteten Geistigkeit.

Wie schon der Soldatenkönig über Kriege wirklich gedacht hat, ergibt sich aus seinem Politischen Testament von 1722, an das sich sein Sohn, der »Große König«, der im Zeitstil ohne Kriegserklärung in Schlesien und Sachsen einfallen sollte, allerdings dann doch nicht gehalten hat:

»Mein lieber Nachfolger, ich bitte Euch, keinen ungerechten Krieg anzufangen, denn Gott hat ungerechte Kriege verboten. Lest die Geschichte, da werdet Ihr sehen, daß ungerechte Kriege nicht gut abgelaufen sind. Da kann Mein lieber Nachfolger Gottes Hand sehen ... Ihr seid zwar ein großer Herr auf der Erden, aber Ihr müßt für alles unrechtmäßige Blut, das Ihr vergießt, vor Gott Rechenschaft ablegen, das ist eine harte Sache. Also bitte ich Euch, haltet Euer Gewissen rein vor Gott, dann werdet Ihr eine glückliche Regierung führen.« Die Sprache eines »Militaristen« aus Gesinnung ist das schwerlich.

Preußische Geistigkeit

Preußen hat in der ersten Hälfte des 19. Jahrhunderts den Ruf gehabt, ein Schirmherr der Kultur und des Geistes zu sein. Kein Geringerer als der Philosoph Hegel erklärte noch vor seiner Berufung nach Preußen in einer Heidelberger Antrittsvorlesung von 1816: »Der preußische Staat ist es . . ., der auf Intelligenz gebaut ist.« (XVII, 20). Ähnlich hatte Madame de Staël in der Vorrede ihres Buches »De l'Allemagne« (1813), das große Breitenwirkung hatte, Preußen »la patrie de la pensée« genannt. Daher zeugt es von erstaunlicher Geschichtsblindheit, wenn immer wieder behauptet wird, Preußen sei eine Oase kultureller Barbarei gewesen. Richtig ist lediglich, daß die Durchdringung von preußischem Staat und deutscher Nationalliteratur erst spät erfolgt ist, da diese am Hof Friedrichs des Großen keine Heimstätte hatte und die französische höher gestellt wurde. Wenn aber der Schriftsteller Emil Ludwig seinerzeit behauptet hat, Preußen sei stets völlig amusisch und im Vergleich zu anderen deutschen Staaten kulturell steril gewesen, habe nicht einmal einen einzigen großen Dicher hervorgebracht, so mag es hier genügen, auf einen der größten deutschen Dramatiker hinzuweisen: Heinrich von Kleist, der seiner Herkunft nach ein typisch ostelbischer Preuße war, ebenso wie die Romantiker Achim von Arnim, Fouqué oder Eichendorff oder auf andere Art E. T. A. Hoffmann, der skurrile Kammergerichtsrat der Romantik.

Von einer spezifisch preußischen Literatur würde sich aber gleichwohl mit geringerem Rechte sprechen lassen als etwa von der schwäbischen. Eine Literaturgeschichte der Provinzen, also eine märkische, ostpreußische oder schlesische Literaturgeschichte ließe sich wohl schreiben und ist geschrieben worden. Aber eine preußische Dichtung und Literatur gibt es nicht, sondern nur eine preußische Haltung, die sich auch literarisch niedergeschlagen hat. Wenn man nämlich eine Novelle von Kleist liest oder Denkschriften von Generalstäblern, dann empfindet man stark, daß man preußische Dokumente vor sich hat. In dieser glasklaren Sprache fehlen die Superlative und alle überflüssigen Beiworte. Mit der Sprache steht es wie mit der klaren Linienführung Schinkelscher Bauten: sie spiegelt nur die allem Pompösen abgeneigte Schlichtheit und Sachlichkeit der preußischen Menschen wider. Weder das Zeitalter Kaiser Wilhelms II. noch Adolf Hitlers Drittes Reich haben die Grundlinien des preußischen Charakters verändern können.

In dem Potsdamer Wilhelm von Humboldt, dessen Anliegen die Synthese von Macht und Geist gewesen ist, hatte das Preußen Friedrich Wilhelms III. eine Persönlichkeit als Kultusminister gehabt, der man an Bedeutung und geistiger Weite nur wenige in anderen Ländern an die Seite stellen kann. In seinem Ministerjahr 1809 brachte er den Antrag zur Errichtung der Friedrich-Wilhelms-Universität Berlin ein, damit »der Staat durch geistige Kräfte ersetzen soll, was er an materiellen verloren hat«[41]. Sie erhielt das Prinz-Heinrichs-Palais Unter den Linden zugewiesen. Im Jahre 1812 erschien die unter Humboldt angeordnete neue Reifeprüfungsordnung für die preußischen Gymnasien im neuhumanistischen Sinne. Vorangegangen war freilich schon die vom Kanzler der Universität Halle angeregte Einführung des Abiturientenexamens[42] im Jahre 1788 und noch ein Jahr früher auf Betreiben des Ministers von Zedlitz die Einrichtung des zentralen Oberschulkollegiums als der höchsten unmittelbar unter dem König stehenden Behörde für das Bildungs- und Erziehungswesen. Zedlitz, dem Kant seine »Kritik der reinen Vernunft« gewidmet hatte, wies der höheren Schule die Aufgabe zu, die Grundlagen der allgemeinen Geistes- und Charakterbildung zu legen. Als nun auch noch das Allgemeine Landrecht sämtliche preußischen Schulen und Hochschulen zu Staatsanstalten erklärte, die allen Kindern ohne Unterschied der Konfession — auch den Juden — offenstehen sollten, hatte damit das Zeitalter der Reformen von der Erneuerung des Bildungswesens aus seinen Anfang genommen, das 1806 nur eine kurze Unterbrechung erleiden sollte.

Das preußische Modell hat auf die meisten deutschen Länder eingewirkt, doch haben die neuhumanistischen Reformen in Bayern auf dem Gebiet des Gymnasialwesens und der Lehrerausbildung unter Niethammer und Thiersch eine gewisse Eigenständigkeit aufzuweisen. Auf das Ganze gesehen kann man aber urteilen, daß Preußen nach 1815 kulturpolitisch in Europa führend wurde, als sich das Erbe der preußischen Aufklärung in einer Erneuerung des humanen Geistes niederschlug, der allgemeine Bildung aus freiheitlicher Gesinnung, aber auch die Selbstverantwortung des Studenten für sein Studium proklamierte. Unter Wilhelm von Humboldt sind Neuhumanismus und Romantik durch Schule, Wissenschaft und Kunstpflege tief in das öffentliche Leben der Nation eingedrungen. Ebenso ist unter den Nachfolgern Altenstein, Eichhorn und Raumer für den Ausbau der Universitäten, des Schulwesens, der Museen und des Kunstbesitzes viel getan worden. Seit dem Ankauf der Sammlung Giustiniani 1815 (Gemälde der italienischen

Frührenaissance) für Berlin ist der Staat vielfach als großzügiger Mäzen aufgetreten. In der Republik nach 1918 hat Preußen in dem Islamisten C. H. Becker erneut einen Kultusminister gehabt, der klassische preußische Kulturtradition in seiner Person verkörperte. Auf kulturellem Gebiet ist der preußische Staat seit Gründung der Akademie der Künste (1696) und der Sozietät der Wissenschaften (1700) immer weltoffen gewesen, seine Gelehrten, Künstler und Grandseigneurs haben in der internationalen Republik der Geister durchaus bestehen können.

Was nun die preußische Baukunst und Architektur betrifft, so zeugen von ihrem Geist zahlreiche Abbildungen dieses Bandes. Viele der bedeutendsten Barockbauten Deutschlands, die von dem großen Baumeister und Bildhauer Andreas Schlüter (1660–1714) – gebürtig aus Danzig – errichtet wurden, standen in der preußischen Hauptstadt: das Königsschloß mit dem berühmten Westportal Eosander von Göthes, der hier den Septimius Severusbogen frei nachzubilden versucht hatte, ferner von Schlüter das wuchtige Reiterstandbild des Großen Kurfürsten auf der Schloßbrücke (jetzt vor dem Schloß Charlottenburg), die Reliefs am Zeughaus, die Paläste der Wilhelmstraße, die Sophienkirche, die Kanzel der Marienkirche. Das von Eosander von Göthe geschaffene Gartenschloß Monbijou wurde im zweiten Weltkrieg völlig zerstört.

Eine Generation später schuf der Märker Georg Wenzeslaus von Knobelsdorff (1699–1753) die Innenräume und die Gartenanlagen des graziös-anmutigen Schlosses Rheinsberg, in dem Friedrich der Große die schönsten Tage seiner Kronprinzenzeit verbrachte, sowie Sanssouci, ein »Traum aus dem Sand« genannt, wo Friedrichs Tafelrunde die erlesensten Geister seiner Zeit zu kultivierter Geselligkeit versammelte.

Nach Schlüter und Knobelsdorff, Langhans und Gilly erstand eine neue Generation von Baumeistern. Johann Gottfried Schadow (1764–1850) schuf unter anderem das Standbild Friedrichs des Großen in Stettin, das Zietens und des alten Dessauers in Berlin, das Viergespann mit der Viktoria auf dem von Carl G. Langhans errichteten Brandenburger Tor[43] sowie für den jung verstorbenen Sohn Friedrich Wilhelms II., den Grafen von der Mark, das anmutige Grabdenkmal eines Knaben in der Dorotheenstädtischen Kirche in Berlin.

Von Karl Friedrich Schinkel (1781–1841), den man den Baumeister des preußischen Klassizismus genannt hat, stammen die Neue Wache, das Königliche Schauspielhaus, die Werdersche Kirche, das Alte Museum, der Umbau von Schloß Tegel für Wilhelm von Humboldt und der Beginn von Schloß Babelsberg. Berlin sollte durch den Schinkelstil eines bewegten Klassizismus zum Sparta und Athen des Nordens werden: »die Seele griechisch, der Geist altfritzisch, der Charakter märkisch«, wie Fontane gesagt hat.

Moeller van den Bruck hat in seinem Buch »Der preußische Stil« von einer »monumentalen Baugesinnung« gesprochen, die einer Neigung zur Antike entsprungen sei: »eine Wahlverwandtschaft, die zur Stilverwandtschaft führte«. »Durch Monumentalität des Wirklichen ersetzte Preußen die Romantik der Träume.« Insbesondere der strenge Klassizismus des Schinkelstils ist »preußisch« genannt worden. Der Bildhauer Christian Rauch (1777 bis 1857), dem das berühmte Reiterdenkmal Friedrichs des Großen (enthüllt 1851) – einst Unter den Linden – und die Marmorstandbilder der Generäle vor der Neuen Wache zu verdanken sind, hielt sich sieben entscheidende Entwicklungsjahre in Rom auf, und über den Bildhauer Schadow hat Theodor Fontane gesagt, er habe die »Mark Brandenburg und Athen abwechselnd als seine Heimat« angesehen[44]. Erst der veräußerlichte Kunstgeschmack des Wilhelminischen Zeitalters hat den bei aller Monumentalität schlichten »Schinkelstil« verdrängt, weil es mit ihm nichts mehr anfangen konnte. Der Wilhelminische »Molkereistil« trat an seine Stelle.

Nur wenige Bauten dieser vergangenen Zeit Friedrich Wilhelms III. haben die Zerstörungen des zweiten Weltkrieges unbeschädigt überstanden. Aber noch immer stehen auf dem Gelände West-Berlins große preußische Baudenkmäler, wie Schloß Tegel, Schloß Bellevue im Tiergarten (heute Berliner Amtssitz des Bundespräsidenten) und vor allem das Schloß Charlottenburg, erbaut von Eosander von Göthe (Mittelbau) für Sophie Charlotte, die Frau des ersten Preußenkönigs. In dem schönen Park befindet sich das nach Schinkels Entwurf von Heinrich Gentz erbaute Mausoleum mit dem Sarkophag der Königin Luise von Rauch. Auch das Herz ihres Sohnes, des Königs Friedrich Wilhelms IV., wurde hier in einer Urne beigesetzt.

Kritik an Preußen

Schon an anderer Stelle ist ausgeführt worden, wie Preußen nach der Reichsgründung von 1871 in der Substanz verändert wurde, sich an das Reich verausgabte und schließlich um seinen eigenen sittlichen Gehalt gekommen ist, wenn es auch im deutschen Rahmen noch weiterlebte. Offenbar lag im Wesen des Preußentums die Möglichkeit, im tiefsten mißverstanden zu werden, wohl auch sich selber mißzuverstehen. So haben sich denn mit den preußischen »Tugenden« auch immer die »Untugenden« entwickelt.

Unter der Decke der äußerlichen Disziplinierung konnten

sich auch schlimme Neigungen und Triebkräfte entwickeln. Überhaupt wuchs nach der Jahrhundertwende die Zahl derjenigen, die dazu neigten, den Inhalt über der Form zu vergessen, und die dann leicht die Tugenden mißbrauchten, bis sie in ihr Gegenteil pervertiert waren. Das sind die Schattenseiten Preußens, die eine gerechte Würdigung nicht verschweigen darf. So konnte aus stolzem Selbstbewußtsein leicht Überheblichkeit werden, die Standesdünkel und unerfreulichen Kastengeist nach sich zog, aus Ordnungsliebe konnte Pedanterie erwachsen, ja Pflichterfüllung konnte geradezu bis zur Unmenschlichkeit entarten, wenn sie nicht mehr sittlich sanktioniert war. Großsprecherei, Offiziersdünkel und lähmende Anmaßung breiteten sich aus. In einer Zeit, in der die großen Handels- und Industrievermögen entstanden, hat sich auch das Gesicht des preußischen Offizierskorps verändert. »Der preußische Offizier in der guten alten Zeit war sparsam, nüchtern, oft unbemittelt gewesen. Nun drang die bürgerliche Plutokratie in das Offizierskorps ein. Zum Monokel und zum Reitpferd kam der Champagner, kam das Spiel mit hohen Einsätzen, kam die geschnürte und geschniegelte Eleganz des preußisch-deutschen Offiziers, wie er in Witzzeitschriften so gern karikiert wurde[45].« Am Ende stand dann das Zerrbild Preußens im Simplizissimus: der brüllende Feldwebel, der schnauzende Subalternbeamte und der halb schwachsinnige Krautjunker mit Monokel und zerhackter Visage.

Auch der Vorwurf des Militarismus, von dem wir oben sprachen, hat eine gewisse Berechtigung, da nach 1871 das Unvermögen zunahm, zwischen dem Militär und seinem Standesdenken und der modernen Industriegesellschaft ziviler Artung einen gesunden Ausgleich zu finden. Daß hier freilich seit langem schon eine ungelöste Spannung vorlag, hatte bereits Madame de Staël bei aller Bewunderung für

Friedrich den Großen und den Staat des ausgehenden 18. Jahrhunderts konstatiert. Auch in der friderizianischen Armee hat es übertriebenen Drill und Auswüchse der Gewalttätigkeit, wie das Spießrutenlaufen, gegeben, von dem etwa Uli Bräkers »Armer Mann im Tockenburg« (1788) berichtet. Bräker, ein Schweizer Hirtenjunge, war selber Diener eines preußischen Werbeoffiziers, wurde angeworben und war bei Lobositz flüchtig geworden. Diese Militärstrafe, wahrscheinlich von dem Schweden Gustav Adolf eingeführt, war im 18. Jahrhundert keine preußische Besonderheit; sie ist von Scharnhorst aufgehoben worden. Später haben sich die Spannungen zwischen Militär und Bürgertum aber noch verschärft. Im Wilhelminischen Zeitalter haben sich dann Verhältnisse der Militarisierung des zivilen Lebens entwickelt, die von dem Historiker Friedrich Meinecke nach den schmerzlichen Erfahrungen zweier Weltkriege so kritisiert wurden: »Der preußische Leutnant ging als junger Gott, der bürgerliche Reserveleutnant wenigstens als Halbgott durch die Welt. Zum Reserveoffizier mußte man es bringen, um in der großbürgerlichen Welt und vor allem in der Staatsverwaltung voll zu gelten. So drang der Militarismus in das bürgerliche Leben ein, so kam es zu einem konventionellen Borussismus, zu einer naiven Selbstbewunderung preußischen Wesens, damit auch zu einer bedenklichen Verengerung des geistigen und politischen Blickfeldes. Alles war zu einer starren Konvention zusammengeschmolzen[46].«

Ebenso muß unter den »Untugenden« auch die oft ins Auge fallende große Starrheit der preußischen Bürger genannt werden, die mit der künstlichen Enge ihrer vom Staat bestimmten Begriffswelt zusammenhängt. Ihr psychologisches Unvermögen, sich in fremde Lebensbedingungen hineinzuversetzen, ihre Unfähigkeit, fremde Völker, ja andere deutsche Volksstämme, zu verstehen, die Fehleinschätzung bzw. Überschätzung der eigenen Kräfte – das alles hat immer wieder böses Blut gemacht und oft einen echten Preußenhaß hervorgerufen. Schon Bismarck hat im Deutschen Reichstag am 16. Mai 1873 einmal festgestellt: »Dafür sind mindestens wir Norddeutschen und namentlich preußische Beamte nicht berühmt, in geschickter Weise Freunde zu gewinnen und unangenehme Dinge in liebenswürdiger Weise zu erledigen[47].«

Der Herrenanspruch, mit dem die Preußen anderen deutschen Stämmen gegenüber häufig aufgetreten sind, gestützt auf die Erfolge, die ihr Staat vorweisen und die man messen konnte, hat in den weniger staatsbewußten süddeutschen Ländern, deren mehr kulturelle Leistungen sich nicht im gleichen Sinne messen ließen, oft eine negative Reaktion hervorgerufen. Vielleicht war es lange Zeit so, daß größerer Charme und Eleganz bei den Süddeutschen und bei den Österreichern lagen, die politisch formenden Kräfte aber beim preußischen Staat. Für diese Stimmung südlich des Mains ist eine Äußerung des Mainzers Ludwig Bamberger aus dem Jahre 1866 charakteristisch, der das gefürchtete Preußentum so beschrieben hat: »Es ist der Gesamtbegriff von steifer Eleganz und abstoßender Grazie, die Kunst sich unnötig verhaßt zu machen und jede Tugend mit einem Stachelkranz von Unausstehlichkeit zu umgeben – das ist es, wovor man jetzt wie vor siebzehn Jahren südlich vom Main zurückschaudert[48].« – Außerdem konnte in Süddeutschland mit einigem Recht darauf hingewiesen werden, daß alles, was wir hier preußische Tugenden nannten, bei anderen deutschen Stämmen ebenso vorkam und vielleicht gerade bei den Preußen, wenn sie der Selbstüberschätzung verfielen, in Gefahr stand zu verkümmern.

Aber auch in Preußen selber wurden diese unheilvollen Entwicklungen von nachdenklichen und tiefer sehenden Menschen früh erkannt. Hierfür ließen sich manche Stimmen anführen von Ludwig von Gerlach bis Paul Yorck von Wartenburg, daß Preußen Deutschlands Einigung mit dem eigenen Formenverlust und mit der Auflösung des preußischen Stils habe bezahlen müssen, da immer mehr Schein und Flitter an die Stelle des alten Kerns getreten sei. Das neue Reich, das zu einem Industriestaat mit imperialer Tendenz geworden war, zuletzt repräsentiert durch einen oft allzu lauten und großsprecherischen Monarchen, war offensichtlich nach einem anderen Gesetz angetreten als das alte Preußen mit seiner Abneigung gegen große Worte. Hinzu kam, daß der alten Führungsschicht durch die sozialen und gesellschaftlichen Veränderungen die wirtschaftlichen Grundlagen entzogen worden waren, auch wenn sie sich an Vergehendes noch eine Zeitlang festzuklammern wußte. Dasselbe gilt auch für die nachlassende Wirkkraft der alten Leitbilder.

Neuerdings ist auch eine Äußerung Moeller van den Brucks über die Folgen der Reichsgründung für Preußen bekanntgeworden, die einiges Interesse in Anspruch nehmen kann: »Preußen wurde das Opfer von Deutschland. Der Zusammenbruch begann mit Selbstentfremdung, mit einer völligen Verkennung der eigenen Werte. Jetzt (gemeint 1871!) verleugnete Preußen seine Vergangenheit, ... seine Entpreußung begann[49].« Darüber hinaus läßt sich sogar fragen, ob nicht die preußischen Tugenden überhaupt nur in bestimmten Klimaten gedeihen: in Zeiten der Not und Beschränkung, während sie in Zeiten der Macht, der Fülle und des Wohlstandes leicht ins Gegenteil entarten. Das wäre dann aber eher eine Frage nach den Eigentümlichkeiten des deutschen Nationalcharakters.

Oft wird an den Historiker die Frage gestellt, was sich denn nun aus der Geschichte lernen lasse. Diese Frage ist schon von Hegel zurückgewiesen worden: »Was die Erfahrung aber und die Geschichte lehren, ist dieses, daß Völker und Regierungen niemals etwas aus der Geschichte gelernt und nach Lehren, die aus derselben zu ziehen gewesen wären, gehandelt haben[50].« Das Wesen des Geschichtlichen ist ja in der Einmaligkeit, Unvergleichlichkeit und Unwiederholbarkeit eines jeden historischen Vorgangs zu erblicken. Deshalb kann man aus der Geschichte nichts lernen in der Absicht, es nunmehr praktisch selber anzuwenden. Hegel fährt daher auch fort: »Im Gedränge der Weltbegebenheiten hilft nicht ein allgemeiner Grundsatz, nicht das Erinnern an ähnliche Verhältnisse; denn so etwas wie eine fahle Erinnerung hat keine Kraft gegen die Lebendigkeit und Freiheit der Gegenwart. Das Bildende der Geschichte ist etwas ganz anderes als die daraus hergenommenen Reflexionen.« Der Nachwelt ist in jedem Fall aufgegeben, das Phänomen zu erkennen und zu verstehen. Solches Verstehen und Erkennen ist dann freilich doch Lehre und Belehrung. Der Staat Preußen, dessen Geschichte heute abgeschlossen vor uns liegt, war eine große Gestalt des politischen Lebens. Über seine Lebenszeit hinaus kann er Sinnbild und Leitbild sein, von dem auch über Leerstrecken hinweg noch geistmächtige Impulse ausgehen können bis hinein in künftig zu gestaltende Aufgaben.

Hier kann in einem letzten Abschnitt nur noch versucht werden, aus einigen besonders auffälligen Entwicklungslinien dieses Staates lehrhafte Feststellungen zu gewinnen: Als die Hohenzollern mit der Mark Brandenburg belehnt wurden, konnten weder der Kaiser noch der neue Kurfürst die Folgen dieses Schrittes voraussehen. Es ist die kluge und beharrliche Politik des kleinen brandenburgischen Kurhauses gewesen, die zum Aufstieg aus Dürftigkeit und Armut zur Überflügelung mächtigerer Nachbarn sowie zur Abrundung und Ausweitung des Territorialbesitzes geführt hat. Insbesondere war noch aus der Reformationszeit her Kursachsen Brandenburgs eigentlicher Nebenbuhler. Die Rivalität verschärfte sich, als August der Starke, vier Jahre bevor der Hohenzoller König in Preußen wurde, die polnische Krone erhielt. Erst mit dem Dresdener Frieden von 1745 war entschieden, daß Sachsen von Preußen überflügelt worden war. – Oder man bedenke, wie lange Brandenburg auf den sehnlich erstrebten Erwerb Pommerns warten mußte, aber das Ziel hat man nie aus dem Auge verloren. Als der Große Kurfürst 1679 den Frieden von St. Germain unterzeichnete und Pommern an Schweden wieder herausgeben mußte, rief er das Virgilwort (Aeneis IV, 625) aus: Exoriare aliquis nostris ex ossibus ultor (Aus unseren Gebeinen wird ein Rächer entstehen). Der Enkel wurde der Rächer, und erst der Urenkel konnte die 1679 als magere Entschädigung verheißene Anwartschaft auf das Fürstentum Ostfriesland wirklich einlösen.

Der Aufstieg Preußens in Deutschland und schließlich zur deutschen Führungsmacht ist überaus langsam vor sich gegangen. Preußen hat sich ehrlich großgehungert. Karl Marx hat sich über dieses langsame Tempo lustig gemacht, wenn er in einem Brief aus London vom 2. Dezember 1856 an seinen Freund Friedrich Engels schrieb: Die französische Geschichte sei die Entstehungsgeschichte einer Nation, die österreichische führte immerhin zu einer imperialen Hausmacht. »Nichts von alledem in Preußen. Es hat sich keine einzige slawische Nation unterjocht, brachte es nicht einmal fertig, in 500 Jahren Pommern zu bekommen bis schließlich im Austausch. Überhaupt eigentliche Eroberungen hat die Markgrafschaft Brandenburg – so wie die Hohenzollern sie überkommen – nie gemacht mit Ausnahme von Schlesien, weil dies ihre einzige Eroberung ist, heißt Friedrich der Zweite wohl ›der Einzige‹[51].«

Um des Erwerbs Schlesiens willen hat Friedrich der Große, ohne den Preußen wohl ein nicht allzuviel bedeutender Mittelstaat geblieben wäre, drei Kriege führen müssen, in denen er die Existenz Preußens aufs Spiel setzte und ihn eigentlich nur glückliche Zufälle die Zerreißprobe bestehen ließen. Friedrich hatte es verstanden – ähnlich wie später noch einmal Bismarck – die Remisstellung zwischen den Großmächten zur Stärkung seines Staates auszunutzen. Aber zwanzig Jahre später brach der friderizianische Staat wie ein Kartenhaus zusammen, weil der Große König die Kräfte seines Landes überspannt hatte und kein kongenialer Nachfolger vorhanden war. Preußen hat aber die Krisen der Napoleonzeit überlebt, so aussichtslos die Lage 1806/07 ausgesehen hatte. Die frühverstorbene Königin Luise wurde zur Seele des Widerstandes der Patrioten. Vergeblich versuchte sie bei Napoleon glimpfliche Friedensbedingungen für Preußen zu erreichen. Die Königin war es, die die Bedeutung des Reichsfreiherrn vom Stein erkannt hat, der – ein Jahr lang leitender Minister – die wichtigste Gestalt der preußischen Reformen wurde. Stein begann das Werk der Bauernbefreiung und der Städteordnung, Hardenberg im neu geschaffenen Amt des Staatskanzlers setzte die Gewerbefreiheit, die Reform der Steuern und die bürgerliche Gleichstellung der Juden durch. Scharnhorst, Sohn eines Wachtmeisters aus Hannover, wurde Leiter des Kriegsdepartements und setzte die große Heeresreform ins Werk, Gneisenau erkämpfte das Avancement der Bürgerlichen zu Offiziersstellen, und Boyen konnte 1813 das Ge-

setz über die Einführung der allgemeinen Wehrpflicht an Stelle des friderizianischen Söldnerheeres erreichen.
Inzwischen zog Napoleon, der ein Weltreich errichten wollte, mit der Großen Armee nach Rußland, wo sie in der Kälte des Winters 1812/13 in den endlosen Ebenen zugrunde ging, während die zurückweichenden Russen ihre Hauptstadt Moskau anzündeten. Diese Gelegenheit ergriff der Kommandant des preußischen Hilfskorps in der napoleonischen Rußlandarmee, General Yorck, und schloß mit dem russischen Generalmajor Diebitsch, einem gebürtigen Deutschen, die Konvention auf der Poscheruner Mühle bei Tauroggen ohne Wissen des zaudernden Königs, um diesen mit sich fortzureißen. Dieses Signal von Tauroggen führte zum Aufbruch in die Freiheitskriege. Am 10. März 1813 stiftete der König das Eiserne Kreuz; das »Gott mit uns« erschien auf den preußischen Koppelschlössern. Der siebzig Jahre alte Blücher, »Marschall Vorwärts«, wurde Oberbefehlshaber der Schlesischen Armee; neben ihm stand als Berater und Planer Gneisenau. Nach den Kämpfen an der Katzbach, bei Nollendorf, Möckern kam es zur Völkerschlacht bei Leipzig, wo Napoleon am 18. Oktober 1813 den Heeren der verbündeten Preußen, Österreicher und Russen unterlag. Der märkische Dichter Georg Ludwig Hesekiel läßt den alten Blücher als Grund der Siege angeben:

Der Preußen große Tapferkeit,
Freund Gneisenaus Besonnenheit,
Von mir ein bißchen Verwegenheit
Und Gottes große Barmherzigkeit.

Fünfzig Jahre später wurde auf dem Kreuzberg in Berlin für die Gefallenen der Freiheitskriege ein Ehrenmal enthüllt.
So hatte dank der Reformer Preußens Weg von Jena nach

Leipzig geführt, und auf dem Wiener Kongreß errang Preußen durch die Ausbreitung seines Territoriums an Rhein, Mosel und Saar einen geachteten Platz im alten Reichsgebiet, nunmehr umgestaltet zum Deutschen Bund. Wie im 17. und 18. Jahrhundert mit Sachsen um die Führung in Norddeutschland gerungen worden war, so wurde im Halbjahrhundert des Deutschen Bundes, der als ein »Friedensbund Europas« gemeint war, Österreich der Rivale im Kampf um die Vorherrschaft im Deutschen Bund, bis es diplomatisch und militärisch durch Bismarck ausmanövriert war. Otto von Bismarck hat seit seinen Frankfurter Erfahrungen den Deutschen Bund für altersschwach gehalten und wollte ihn schon 1863 nicht mehr wiederbelebt sehen oder nur eine solche Bundesreform anerkennen, die im Interesse preußischer Machterweiterung lag. Deshalb hat Preußens Weg von Olmütz nach Königgrätz geführt.

Die kriegerischen Ereignisse des Jahres 1866 waren aber mehr als eine Feldbereinigung, weil sie einmal vermeidbar und zudem das Werk eines einzigen Mannes waren, von Bismarck ertrotzt gegen seinen Monarchen, die politischen Parteien und die öffentliche Meinung. Zum anderen wurde das seit der Napoleonzeit verpönte Prinzip der gewaltsamen Annexionen durchgesetzt, obschon bis zum letzten Augenblick auch andere föderative Lösungen möglich gewesen wären, was Bismarck damals selber zugegeben hat[52]. Dies alles hat zum Untergang des alten Preußen und 1871 zu seinem Aufgehen im Deutschen Reich geführt, das bewußt ein Nationalstaat sein wollte. Innerhalb einer sich wandelnden Welt des Industrialismus, der Technik und des Verkehrs mußten die alten preußischen Traditionen langsam ebenso erlöschen, wie institutionell die auswärtigen Missionen Preußens nach 1871 — bis auf die beim Vatikan — erloschen waren. Das von Bismarck aus Deutschland herausgedrängte Österreich hat im Widerspruch zu allen liberalen Zeitidealen den nationalistischen Ambitionen seiner Völkerschaften immerhin bis 1918 erfolgreich Widerstand geleistet.

Zum Abschluß sei noch einmal auf die seltsame Doppelgesichtigkeit hingewiesen, die dem Staat Preußen immer angehaftet und in der sich wohl auch sein Wesen ausgedrückt hat. Preußen war trotz und gerade wegen seiner starken obrigkeitlich-militärisch-bürokratischen Tradition ungewöhnlich modern, indem seine Staatsmänner kommende Entwicklungen früher als andere erkannten und dann auch unbekümmert vorwegnahmen. Im 18. Jahrhundert war es der Zeitgeist der Aufklärung, der in den Absolutismus einbrach und diesen von innen her überwand, denn der aufgeklärte Absolutismus war schon kein wirklicher Absolutismus mehr. Unter Friedrich dem Großen war Preußen jedenfalls der fortschrittlichste und modernste Staat Europas. Dies wußten auch die Franzosen von Voltaire bis Mirabeau.

Dieses der Entwicklung Voraussein hat sich auf dem Gebiet des gesellschaftlichen Umbaus im Zeitalter der Stein-Hardenbergschen Reformen wiederholt, in dem das preußische Volk zur Mitverantwortung herangezogen wurde. Die von Hardenberg gewünschte echte politische Mitbestimmung wurde dem Bürgertum im Rahmen des Vorkonstitutionalismus freilich noch nicht gewährt, weshalb man die Reformzeit auch nicht verklären soll. Andererseits waren aber am Beginn des 19. Jahrhunderts die Probleme der modernen Industriegesellschaft noch in keiner Weise voraussehbar. Aber Bildungs- und Heeresreform, Städteneuordnung und Agrargesetzgebung der Jahre 1807/08 waren in jedem Fall Marksteine auf dem Weg der preußischen Modernität, wenn auch ein so bedeutender Staatsmann wie der

Freiherr vom Stein nicht als eine Vorläufergestalt des Liberalismus gesehen werden darf; er war viel eher ein fortschrittlicher Konservativer. Immerhin war die Reform der ländlichen Verhältnisse in seinem Ministerjahr mit dem Ziel eines freien Bauernstandes sehr modern. Die russische Bauernbefreiung — in Rußland von wirklicher Leibeigenschaft — kam erst mehr als fünfzig Jahre nach der preußischen Agrarreform, nämlich 1861 unter Zar Alexander II. In Preußen war vielmehr die bis 1808 übliche Erbuntertänigkeit generell aufgehoben worden[53], nachdem der Begriff der Leibeigenschaft mit seinen möglichen Rechtsfolgen für Ostpreußen schon 1719 unter Friedrich Wilhelm I. abgeschafft worden war.

Was schließlich Bismarcks Lösung der deutschen Frage in den sechziger Jahren betrifft, so war sie die politische Konsequenz aus einem tiefgehenden weltanschaulichen Umwandlungsprozeß, in dem etwa seit dem Krimkrieg die an obersten Glaubensprinzipien orientierte Ideenpolitik in eine nach den reinen Machtinteressen orientierte Realpolitik umgeschlagen war, die bis an den Rand des Zynismus gehen konnte. Bismarck griff Tendenzen des Zeitgeistes auf, weil er ihnen voraus war. Im Jahre 1866 fand für Preußen die entscheidende historische Weichenstellung statt. Sie bedeutete ebenso einen neuen politischen Stil, der die Landkarte Europas veränderte wie er auch Preußen von innen her revolutionierte. Und schließlich war Bismarcks Sozialgesetzgebung der achtziger Jahre damals die modernste der Welt und eilte der allgemeinen Entwicklung ebenso voraus, obwohl er andererseits — dies die negative Kehrseite — den Arbeitern das nationale Mitspracherecht verweigerte und überhaupt durch seine Geringschätzung des Parlaments die unaufhaltbare politische Entwicklung zur Demokratie verzögert hat[54]. Letztlich ist dies nur die Konsequenz aus dem

Verfassungskonflikt von 1863 gewesen, in dem Bismarck das Schwergewicht seiner Person gegen den »Volksstaat« zugunsten des »Obrigkeitsstaats« in die Waagschale gelegt hatte.

Überhaupt läßt sich am Lebenswerk Otto von Bismarcks gut aufzeigen, wie der die Geschichte gestaltende Mensch auch den Zeitgeist zu lenken vermag, indem er sich der Entwicklungen bedient, die schon im Gange sind. So hat Bismarck bewußt die Tendenz des 19. Jahrhunderts zur demokratischen Staatsgestaltung aufgegriffen und zu einem Teil rasch erfüllt, etwa durch das moderne Wahlrecht für den Reichstag, zu einem anderen Teil aber auch abgeschnitten, indem er den Einfluß des Parlaments schon in der Norddeutschen Bundesverfassung von 1867 auf ein Maß eindämmte, das bis 1918 nicht mehr überschritten werden konnte. Die zu späte Parlamentarisierung des Reiches hat dann die Hohenzollern auch die preußische Königskrone gekostet.

Hier sehen wir nämlich ein merkwürdiges Gesetz der Verspätung in der Geschichte Preußens walten, wonach heilsame und notwendige Entwicklungen im institutionellen Bereich so lange verschleppt und bewußt verzögert wurden, bis es zu spät war und sie dann nicht mehr heilsam wirken konnten. Das gilt für das Verfassungsversprechen des preußischen Königs von 1815, für die ausgebliebene Reform des Dreiklassenwahlrechts von 1850, für den Umbau des Herrenhauses und schließlich auch noch für den Widerstand des Preußentums gegen Adolf Hitler, der 1933 versäumt wurde und 1944 zu spät kam, wo er nur noch eine Hinrichtungsorgie auszulösen vermochte und im Scheitern den Untergang besiegelte[55].

So war Preußen immer »modern« und »reaktionär« zugleich, Vorbild und Warnung, trug als Staat auch in der glänzendsten Entfaltung immer schon den Keim des Niedergangs in sich. Bismarck, der ähnlich wie Friedrich der Große eine preußische Schicksalsgestalt war und der den Staat an eine historische Grenze heranführte, hat in stillen Stunden viel über Preußens Schicksal nachgedacht, das er im Lichte seines stark ausgeprägten persönlichen Vorsehungsglaubens sah: »Gott, der die Welt und Preußen halten und zerschlagen kann, weiß, warum es so sein muß . . . Wie Gott will. Er wird wissen, wie lange Preußen bestehen soll. Aber leid ist mir's sehr, wenn es aufhört, das weiß Gott[56].«

ANMERKUNGEN

1 Der Kunstwart, 2. Februarheft 1914 (Christoph *Wienecke:* Was ist Preußen?).

2 Volksblatt für Stadt und Land, Halle 1866, Sp. 1302.

3 So stammte der Oberhofmarschall August von Wittgenstein aus der Wetterau, der andere Günstling GFM Graf Wartensleben aus Sachsen–Gotha, der Kammerpräsident v. Chwalkowski aus Posen, der Geheime Rat von Schweinitz aus Schlesien. – Es hat dieselben Erscheinungen aber auch schon in der Kurfürstenzeit gegeben, da die Hohenzollern auswärtigen Adel in den hohen Ratsstellen als Gegengewicht gegen die landständischen Kräfte benötigten.

4 George Washington schrieb am 31. Juli 1786 an einen französischen Diplomaten (Comte de Rochambeau): »Der Freundschaftsvertrag zwischen dem König von Preußen und den United States steht am Anfang einer neuen Ära internationaler Verhandlungen. Er ist in vielen seiner Artikel völlig neuartig. Das ist der liberalste Vertrag, der je zwischen unabhängigen Mächten geschlossen wurde.« – Vgl. Henry M. *Adams:* Die Beziehungen zwischen Preußen und den Vereinigten Staaten 1775–1800, Jahrbuch der Albertus Universität zu Königsberg, Würzburg 1960, 118.

5 Vgl. Steins Brief an H. v. Gagern vom 9. Juni 1822 (Alte Gesamtausgabe von Stein: Ges. Werke VI, ed. E. Botzenhart, Berlin 1937, 101).

6 Ges. Werke (Friedrichsruher Ausgabe), XV, 8.

7 Vgl. Paul *Joachimsen:* Vom deutschen Volk zum deutschen Staat, Göttingen 1956, 74.

8 Rede in der Zweiten Kammer vom 6. Sept. 1848. – Ges. Werke XI, 39.

9 »Mir fiel, sobald man auf Preußens Stellung und Aufgabe zu sprechen kam, die merkwürdige Übereinstimmung auch bei den am weitesten auseinandergehenden Männern auf ... eine gewisse allgemein verbreitete Überzeugung von der Rolle, die Preußen von der Vorsehung angewiesen sei« (J. *Friedrich:* Ignaz von Döllinger, II, München 1899, 497).

10 Deutschland um Neujahr 1870, Berlin 1871, 14.

11 Unter Bezug auf die Ordre Friedrich Wilhelms IV. vom 12. Juni 1841 an Minister v. Rochow stellt die neueste Arbeit über diese Frage fest: »Für die preußische Staatsverwaltung waren alle Einwohner zunächst einmal preußische Untertanen, sodann katholische und evangelische Christen oder Juden und zuletzt Deutsche und Polen« (Irene *Berger:* Die preußische Verwaltung des Regierungsbezirks Bromberg 1815–1847, Köln 1966, 158). Von älteren Arbei-

ten vgl. Friedrich *Schinkel:* Polen, Preußen und Deutschland, Dresden 1931, 46 ff. sowie W. *Frauendienst:* Preußisches Staatsbewußtsein und deutscher Nationalismus. Das östliche Deutschland, Würzburg 1959, 322 ff.

12 Sten. Ber. über die Verhandlungen des Deutschen Reichstags, Bd. I, 99 (Sitzung vom 1. April 1871).

13 Ges. Schriften, VII, Leipzig 1942², 182.

14 Vgl. Werner *Frauendienst:* Christian Wolff als Staatsdenker, Berlin 1927, 54 ff. Zwar hat Friedrich nicht seine »Politik«, wohl aber seine »Logik« im Jahre 1736 durchstudiert.

15 Sehr beachtlich ist die Schilderung, die C. G. *Svarez* in den Vorträgen 1791/92 zur Unterweisung des Kronprinzen und späteren Königs Friedrich Wilhelm II. vom Wesen des preußischen Staates gegeben hat.
»Die regelmäßige Ordnung in der ganzen Staatsverwaltung, die strengste Aufsicht auf eine prompte und unparteiische Rechtspflege, die stets wachsame Vorsorge, daß nicht ein Stand, eine Klasse der Nation die Rechte der anderen schmälere, daß der Ärmere und Niedere von seinem reichen und mächtigeren Mitbürger nicht unterdrückt werde, die unermüdete Sorgfalt für Gründung und Unterstützung gemeinnütziger Anstalten, wodurch der Wohlstand der Particuliers befördert, wodurch der Landbau, Manufakturen und Fabriken in Aufnahme gebracht werden können, die Achtung der bürgerlichen Freiheit, für die Rechte und das Eigentum der Untertanen, endlich die vollkommenste Religions- und Gewissensfreiheit« (Vorträge über Recht und Staat von C. G. Svarez, Köln–Opladen 1960, 89).

16 Über diesen Fall des Pächters H. *Sohst* auf Vorwerk Rehberg vgl. Die Zukunft, ed. Maximilian *Harden*, Ausg. v. 8. März 1913.

17 Fünf Reden über die Kirchengesetze, Berlin 1873, 15.

18 Manche rechtsschöpferischen Bestimmungen des Allgemeinen Landrechts wie die über Aufopferungs- bzw. Entschädigungsansprüche (§§ 74, 75 Einl.) wirken sogar bis in die Entscheidungen des heutigen Bundesgerichtshofs hinein, vgl. das Urteil vom 19. 12. 1953 (BGHZ 9, 83; ferner 24, 44; 25, 238; 36, 379 u. ö.).

19 Der Etatsminister v. Brand und der Konsistorialpräsident von Reichenbach hatten nämlich in einer Eingabe vom 22. Juni 1740 dem König vorgeschlagen, die auf seine Kosten eingerichteten Schulen für römisch-katholische Soldatenkinder wegen verbotener Proselytenmacherei aufzuheben.

20 Edikt vom 11. März 1812 (Entwurf Friedrich v. Raumer); vgl. Paul *Rieger*, Zur Jahrhundertfeier des Judenedikts, Berlin 1912, 24.

21 vgl. Erik *Wolf:* Große Rechtsdenker, Tübingen 1944, 395.

22 Das Werk heißt eigentlich: »Vernünftige Gedanken vom gesellschaftlichen Leben der Menschen etc.«, Halle 1721. – W. *Frauendienst:* a. a. O. nennt es ein »Lehrbuch der preußischen Verwaltungspraxis« (120).

23 Ausführlicher hierzu und zum folgenden noch mein Vortrag »Preußen gestern und morgen«, Stuttgart 1963, 16 ff.

24 Der Ursprung dieser Redensart ist wahrscheinlich in einem Spottgedicht auf den Prinzen Soubise zu suchen, das nach der Schlacht von Roßbach von den Parisern mit dem Refrain gesungen wurde:

Il a travaillé, il a travaillé
pour le Roi de Prusse.

Von anderen wird das Wort auf den Kardinal Fleury zurückgeführt, der 1726–1743 Premier- und Außenminister Ludwigs XV. war.

25 Preußische Provinzialblätter oder Vaterländisches Archiv für Wissenschaft Bd. XIII, Königsberg 1835, 317.

26 Zitiert nach Fritz *Hartung:* Studien zur Geschichte der preußischen Verwaltung II, Berlin 1943, 17.

27 Unter Friedrich Wilhelm IV. – Denkwürdigkeiten des Ministerpräsidenten Otto von Manteuffel, III, Berlin 1901, 335 f.

28 Preußentum und Sozialismus, Berlin 1923, 37.

29 Wilhelm *Stapel:* Preußen muß sein, Berlin 1932.

30 Preußische Jahrbücher 26 (1870), 16. Schmoller nahm damit eine Formulierung des Oberpräsidenten Th. v. *Schön* auf, die dieser in einem Bericht vom 6. März 1816 gebraucht hatte.

31 Brief an Cl. Th. Perthes vom 1. Dez. 1859 in: Denkwürdigkeiten aus dem Leben des GFM, Kriegsministers Grafen von *Roon,* Breslau 1892, 372 f.

32 Irrungen und Wirrungen, Berlin 1889, SW III, München 1959, 171.

33 Moltke. Ein Vorbild, Berlin 1931, 27 f.

34 Militarismus als polemisches Schlagwort gegen Preußen tauchte zuerst, wie mein Schüler Erhard *Asmus* in seiner Dissertation »Untersuchungen zur Begriffsgeschichte des ›Militarismus‹ im Spiegel der publizistischen Diskussion« (Erlangen 1951) nachgewiesen hat, bei den bayerischen Ultramontanen seit dem preußischen Heereskonflikt auf, wurde von den Sozialdemokraten aufgenommen und in den beiden Weltkriegen ein propagandistischer Terminus der Alliierten. Gemeint ist die Vorherrschaft militaristischer Denk- und Verhaltensweisen im öffentlichen Leben.

35 Das Wort findet sich in der »Monarchie Prussienne« nicht, sondern ist eine Formulierung, die Mirabeaus Tendenz wiedergibt. Stephan *Skalweit:* Frankreich und Friedrich der Große, Bonn 1952, nennt

das Schlagwort »eine tendenziöse Entstellung der Inhaltsangabe des 7. Buches« (183).

36 Über Entstehung und Entwicklung des preußischen Offiziersgeistes (Stettin 1860), abgedruckt bei K. *Demeter:* Das deutsche Offizierkorps in Gesellschaft und Staat, Frankfurt 1962², 236. – Vgl. auch Rudolf *Eilhard:* (Pseud. für Rolf Schierenberg) Widerstandsrecht und Sitte der Opposition im klassischen Preußen, Castrum Peregrini Heft 47, Amsterdam 1961, 15 f.

37 So charakterisiert ihn eine neue amerikanische Untersuchung (Peter *Paret:* Yorck and the Era of Prussian Reform 1807–1815, Princeton 1966).

38 Joh. Gustav *Droysen:* Das Leben des FM. Grafen Yorck von Wartenburg, I, Berlin 1854, 430 ff.

39 Vorträge und Aufsätze, Berlin 1885³, 294 f (Abfassung 1864).

40 Vgl. F. A. L. v. d. *Marwitz:* Nachrichten aus meinem Leben (geschrieben 1837): »In der Tat hat es niemals eine Institution gegeben, in welcher das Rittertum ähnlicher wiederaufgelebt wäre, als in dem Offiziersstabe Friedrichs II. Dieselbe Entsagung jedes persönlichen Vorteils, jedes Gewinstes, jeder Bequemlichkeit – ja jeder Begehrlichkeit, wenn ihm nur die Ehre blieb. Dagegen jede Aufopferung für diese, für seinen König, für sein Vaterland, für seine Kameraden, für die Ehre der preußischen Waffen. Im Herzen Pflichtgefühl und Treue, für den eigenen Leib keine Sorge« (ed. Fr. Meusel I, Berlin 1908, 512).

41 Diese Worte hatte Friedrich Wilhelm III. am 10. August 1807 in Memel zu einer Deputation gesprochen, die ihn um eine Verlegung der Universität Halle gebeten hatte. Sie sind von Th. A. H. *Schmalz,* u. a. in seiner Berliner Rektoratsrede vom 3. August 1811, zitiert und dadurch überliefert worden.

42 Das Ansehen der Universitäten sollte gehoben werden, indem man durch die Einführung einer Reifeprüfung vor dem Schulabgang die Universitäten vor dem Zudrang unwissender und unfähiger Studenten schützen wollte. Vgl. Paul *Schwartz:* Die Gelehrtenschulen Preußens unter dem Oberschulkollegium und das Abiturientenexamen I, Berlin 1910, 67.

43 Die Quadriga war von Schadow modelliert, 1794 aufgestellt, von Napoleon 1806 als Siegesbeute nach Paris mitgenommen und von Blücher 1814 zurückgeholt worden. Jetzt wurde der Stab der Siegesgöttin – nach Schinkels Entwurf – mit dem Eisernen Kreuz und dem preußischen Adler versehen.

44 Wanderungen durch die Mark Brandenburg IV: Spreeland, Kap. Saalow.

45 Golo *Mann:* Wilhelm II., München 1964, 10.

46 Die deutsche Katastrophe, Betrachtungen und Erinnerungen, Wiesbaden 1946, 25.

47 GW I, 326.

48 Ges. Schr. III, Berlin 1895, 335.

49 Mitgeteilt nach Gesprächen mit der Witwe von Fritz *Stern:* Kulturpessimismus als politische Gefahr, Bonn 1963, 256.

50 Vorlesungen über die Philosophie der Geschichte, Jubiläumsausgabe XI, 31 bzw. Ausgabe Lasson I, 174.

51 Marx–Engels Gesamtausgabe III, 2, Berlin 1930, 158.

52 Noch in seiner Instruktion an den Botschafter Graf Goltz in Paris vom 5. Juli 1866 hieß es, daß ihm eine Preußen günstige Bundesreform genauso willkommen sei wie ein unmittelbarer Erwerb der fraglichen Länder (Hannover, Kurhessen, Nassau). »Unser politisches Bedürfnis beschränkt sich auf die Disposition über die Kräfte Norddeutschlands unter irgendeiner Form« (GW VI, 44). Das bedeutet, daß die Annexionen für den Weg zum deutschen Nationalstaat nicht notwendig waren und auch ein ententeartiges Zusammengehen mit Hannover möglich gewesen wäre, etwa im Stil des Radowitzschen Dreikönigsbündnisses von 1849. Viel welfischer Preußenhaß hätte vermieden werden können. Freilich war der schließliche Souveränitätsverlust des Königreichs Hannover auch selbstverschuldete Folge einer engstirnigen Politik.

53 Mit Recht erklärte Marwitz 1811: »Die Erbuntertänigkeit war kein Rest der Sklaverei ... war vielmehr ein patriarchalisches Band, welches den Bauern an den Edelmann knüpfte« (Ausg. Fr. Meusel II, 1, 240).

54 Das hat Bismarck nach seinem Abgang sogar selber eingesehen. Einer Abordnung der Universität Jena erklärte er 1892: »Vielleicht habe ich selbst unbewußt dazu beigetragen, den Einfluß des Parlaments auf sein jetziges Niveau herabzudrücken, aber ich wünsche nicht, daß er auf die Dauer auf demselben bleibt« (GW XIII, 470).

55 Der letzte Inhaber eines preußischen Ministeramtes – in praxi war es nur noch eine Abwicklungsstelle –, der Finanzminister Johannes *Popitz,* stieß fast zwangsläufig zu den Verschwörern gegen Hitler und verlor ebenfalls das Leben.

56 Brief an Albrecht von Roon vom 21. Januar 1864 – GW XIV, 2, 661.

Der Ordensstaat in Preußen

Die Geschichte des Ordensstaates reicht bis in das frühe 13. Jahrhundert zurück. Die Ritter des Deutschen Ordens folgten im Jahre 1225 dem Ruf des polnischen Herzogs Konrad von Masowien, der ihnen das Kulmer Land und andere Grenzgebiete versprach, und übernahmen den Glaubenskampf gegen die heidnischen Pruzzen. Kaiser Friedrich II. bestätigte den überlassenen Besitz und ermächtigte 1226 den Hochmeister Hermann von Salza († 1239) mit der »Goldbulle von Rimini« zur Herrschaft. Acht Jahre später nahm auch der Papst das Ordensland unter seinen Schutz. Damit war ein völlig autonomer Staat geschaffen, der neben der Hanse zur entscheidenden Macht im Nordosten Europas wurde. Unter dem Hochmeister Winrich von Kniprode (1351–1382) stand der Orden auf der Höhe seiner wirtschaftlichen und kulturellen Blüte; um das Jahr 1400 hatte er seine größte Ausdehnung erreicht. Seine Macht erstreckte sich damals von der Neumark über Pommerellen mit Danzig, Preußen, Kurland, Semgallen und Livland bis nach Estland. Der Orden unterlag aber bald der erstarkenden polnisch-litauischen Union. Von der Niederlage in der Schlacht bei Tannenberg (15. Juli 1410) konnte sich der im Innern durch Verfall und Sonderinteressen der Stände geschwächte Staat nie mehr erholen. Mit dem zweiten Thorner Frieden (1466) geriet der Reststaat, dessen Sitz von der Marienburg nach Königsberg verlegt werden mußte, unter die Lehenshoheit der polnischen Krone. Der letzte Hochmeister, Albrecht von Brandenburg-Ansbach, der 1510 gewählt worden war, schloß sich der Reformation an und wandelte sein Herrschaftsgebiet 1525 in ein erbliches Herzogtum um. Schon im Jahre 1568 erhielt Kurfürst Joachim II. von Brandenburg eine Mitbelehnung. Nach dem Tod des letzten Herzogs, Albrecht Friedrich (1618), konnte Brandenburg das Preußenland auf dem Wege der Erbschaft übernehmen.

Brandenburg vor den Hohenzollern

Nach einer wechselvollen Vorgeschichte dieses Grenzgebietes wurde im Jahr 1134 die Nordmark von Kaiser Lothar III. als erbliches Lehen an den Askanier Albrecht den Bären verliehen, der durch Eroberungen seine Herrschaft über ganz Brandenburg ausdehnen konnte. Schon sein Sohn Otto I. bekleidete das erbliche Amt eines Erzkämmerers des Heiligen Römischen Reiches, aus dem später das Kurrecht der Brandenburgischen Markgrafen hervorging. Die Askanier herrschten fast zweihundert Jahre in der Mark und dehnten ihren Herrschaftsbereich weit über die Grenzen Brandenburgs aus. Nach dem Aussterben des brandenburgischen Zweiges der Askanier regierten im Land Wittelsbacher, die die Mark später an das Haus Luxemburg abtraten. Brandenburg verfiel immer mehr der Anarchie. Die wahre Herrschaft übten einige alteingesessene märkische Adelsfamilien aus, die das Land ausbeuteten. Eine entscheidende Wende trat erst ein, als der Burggraf Friedrich IV. von Nürnberg aus dem Hause Hohenzollern zum Statthalter ernannt wurde. Ihm gelang es bald, seine Herrschaft gegen den frondierenden Adel zu festigen und später auch die Städte zu unterwerfen. Nach der Übertragung der Kurwürde im Jahr 1415 erfolgte die Belehnung Friedrichs zwei Jahre später auf dem Konzil zu Konstanz durch Kaiser Sigismund.

Die Goldbulle von Rimini vom März 1226. Urkunde Kaiser Friedrichs II., durch die die Belehnung des Hochmeisters Hermann von Salza († 1239) mit dem Lande Preußen ausgesprochen wurde. – Ehem. Königsberg, Staatsarchiv

Die Belehnung des Nürnberger Burggrafen Friedrich I. von Hohenzollern mit der Mark und dem Erzkämmereramt der Kur Brandenburg auf dem Konzil zu Konstanz am 18. April 1417. Rechts oben Friedrich I. hinter zwei Bannerträgern

mit dem Nürnberger und dem brandenburgischen Wappen, links oben Kaiser Friedrich III. – Kolorierte Holzschnitte aus der Chronik Ulrichs von Richenthal, eines angesehenen Konstanzer Bürgers. Wien, Haus-, Hof- und Staatsarchiv.

Joachim I. (1485–1535, reg. seit 1499), der fünfte Kurfürst von Brandenburg aus dem Hause Hohenzollern, kam sehr jung an die Regierung. Vor ihm herrschten nach Friedrich I. noch Friedrich II., Albrecht Achilles und Johann Cicero. Joachim I. gründete die erste brandenburgische Landesuniversität (1506) in Frankfurt an der Oder und machte das Kammergericht zu Berlin durch eine neue Ordnung (1516) zum obersten Gericht seines Landes. Der Kurfürst war ein entschiedener Gegner der Reformation. In Luther, der gegen den Ablaßhandel des Erzbischofs Albrecht von Mainz, des Bruders des Kurfürsten, aufgetreten war, sah Joachim den »Satan von Wittenberg«. Seine Gemahlin Elisabeth trat 1528 zum neuen Glauben über und floh an den kursächsischen Hof. – Gemälde von Lucas Cranach d. Ä., 1529. Berlin, Staatl. Schlösser und Gärten, Jagdschloß Grunewald.

Kurfürst Joachim II. (1505–1571, reg. seit 1535) regierte nach einer von seinem Vater, Joachim I., bestimmten Erbteilung nicht über die Neumark, die seinem jüngeren Bruder Johann zugefallen war. Joachim II. führte mit Zustimmung der Stände, die im Laufe seiner Regierung zu immer größeren Rechten gelangten, die Reformation in seinen Landen ein. Am 1. November 1539 nahm der Kurfürst in der Nicolaikirche von Spandau das Abendmahl in beiderlei Gestalt. Im folgenden Jahr erließ er eine neue gemäßigte Kirchenordnung. Joachim II. trat dem Schmalkaldischen Bund der protestantischen Fürsten nicht bei, denn seine Politik war darauf ausgerichtet, zwischen den Parteien zu vermitteln. – Gemälde von Lucas Cranach d. J. Berlin, Staatl. Schlösser und Gärten, Jagdschloß Grunewald.

Kurfürst Johann Sigismund (1572–1619) regierte nach den Kurfürsten Johann Georg und Joachim Friedrich seit 1608. Johann Sigismund trat 1613 zum Calvinismus über. Der Kurfürst erließ 1614 ein Toleranzedikt, das jede Hetze gegen Andersgläubige verbot; er selbst verzichtete auf sein fürstliches Recht des Glaubenszwanges mit folgenden Worten: »Auch wollen Seine Kurfürstlichen Gnaden zu diesem Bekenntnis keinen Untertanen öffentlich oder heimlich zwingen, sondern den Kurs und Lauf der Wahrheit Gott allein befehlen, weil es nicht an Rennen und Laufen, sondern an Gottes Erbarmen gelegen ist.« Unter Johann Sigismund fielen im Westen durch den Vertrag von Xanten (1614) Kleve, die Grafschaft Mark und Ravensberg, im Osten das Herzogtum Preußen, der ehemalige Ordensstaat, an Brandenburg (1618). – Gemälde von Joachim Siwert (?). Berlin, Staatl. Schlösser und Gärten, Jagdschloß Grunewald.

Kurfürstin Anna (1576–1626), seit 1594 Gemahlin Johann Sigismunds, älteste Tochter und Erbin Albrecht Friedrichs, des letzten Herzogs von Preußen. Den ihr von mütterlicher Seite zufallende Anspruch auf die gesamte jülisch-clevische Erbschaft konnte Johann Sigismund nur teilweise durchsetzen. – Gemälde von Joachim Siwert (?). Berlin, Staatl. Schlösser und Gräten, Jagdschloß Grunewald.

Die kurfürstlich-brandenburgische Familie. Friedrich Wilhelm, der Große Kurfürst, mit seiner ersten Gemahlin Luise Henriette von Oranien (beide vorn Mitte) und seinen Eltern Kurfürst Georg Wihelm (1595–1640) und Elisabeth Charlotte (1597–1660) (vorn, jeweils außen). In der hinteren Reihe weitere Verwandte des Kurhauses. – Gemälde von M. Czwiczek, um 1650. Privatbesitz.

Während des Dreißigjährigen Krieges blieb Brandenburg glücklos. Der schwache Kurfürst Georg Wilhelm versuchte zunächst zwischen den streitenden Parteien neutral zu bleiben, schloß sich dann aber dem Kaiser an. Trotzdem konnte er nicht verhindern, daß Brandenburg durch fremde Truppen verheert wurde, da das Land ohne eigenen militärischen Schutz war.
Erst nach dem Regierungsantritt seines Sohnes Friedrich Wilhelm trat eine Wende ein. Durch seine bewegliche, die Bundesgenossen wechselnde Politik und durch Schlachtenglück mit einem eigenen stehenden Heer gelang es dem Großen Kurfürsten, Brandenburg zu sichern und neben den europäischen Mächten zu erhalten. Der Kurfürst verstand es, die Rechte der Stände, die besonders in Preußen hartnäckigen Widerstand leisteten, zu beschneiden und durch seine absolutistische Regierungsweise den Staat auch im Inneren zu stärken. Seine religiöse Toleranz ermöglichte die Einwanderung von Glaubensflüchtlingen aus Frankreich und Deutschland, die viel zum wirtschaftlichen Aufschwung beitrugen. So schuf der Große Kurfürst die Grundlagen zum politischen und wirtschaftlich-kulturellen Aufstieg Brandenburg-Preußens.

Der Große Kurfürst (1620–1688, reg. seit 1640)
Gemälde eines niederländischen Meisters, 17. Jahrhundert
Schloß Fasanerie bei Fulda

»Er war der Neubegründer und Verteidiger seines Vaterlandes, der Schöpfer von Brandenburgs Macht, der Schiedsrichter für seinesgleichen, der Stolz seines Volkes. Mit einem Wort: sein Leben bedeutete seinen Ruhm« (Friedrich der Große über seinen Urgroßvater, den Großen Kurfürsten).

Der Große Kurfürst, seine erste Gemahlin Luise Henriette von Oranien und seine Söhne, der 1674 verstorbene Kurprinz Karl Emil (links), der spätere Friedrich III. (rechts) und auf dem Schoße der Mutter der kleine Ludwig. – Gemälde. Berlin, Staatl. Schlösser und Gärten, Schloß Charlottenburg.

Die Schlacht bei Fehrbellin im Jahre 1675. – Gobelin aus der Werkstatt von Pierre Mercier, Ende 17. Jahrhundert. Berlin, Staatl. Schlösser und Gärten, Schloß Charlottenburg.

Brandenburgische 6pfündige Kanone, um 1680. – Ehem. Berlin, Zeughaus.

Das brandenburgische Fort Groß-Friedrichsburg an der westafrikanischen Goldküste, angelegt zum Schutz der 1683 erworbenen Kolonie durch Otto Friedrich von der Groeben. Die Kolonie wurde 1717 an Holland verkauft
Gemälde. Ehem. Berlin, Schloß Monbijou

Die brandenburgische Flotte auf hoher See. Die Flagge zeigt den brandenburgischen Adler im weißen Feld. Generaldirektor der Flotte war der holländische Unternehmer Benjamin Raule, der Heimathafen der Flotte das ebenfalls in dieser Zeit erworbene Emden
Gemälde von Lieve Verschuier, 1684. Berlin, Staatl. Schlösser und Gärten, Schloß Charlottenburg

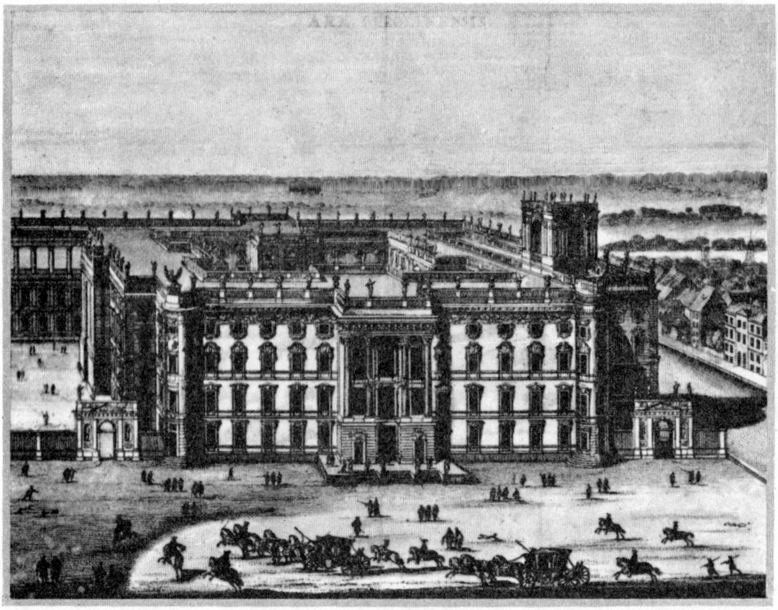

Erster Entwurf des Berliner Schlosses. Der Schloßbau wurde seit 1699 von dem Danziger Andreas Schlüter geleitet. – Kupferstich

Ansicht der Stadt Berlin und Cölln, um 1660. – Kupferstich

Der Große Kurfürst. – Reiterstandbild von Andreas Schlüter, aufgestellt 1703
Berlin, Staatl. Schlösser und Gärten, Schloß Charlottenburg

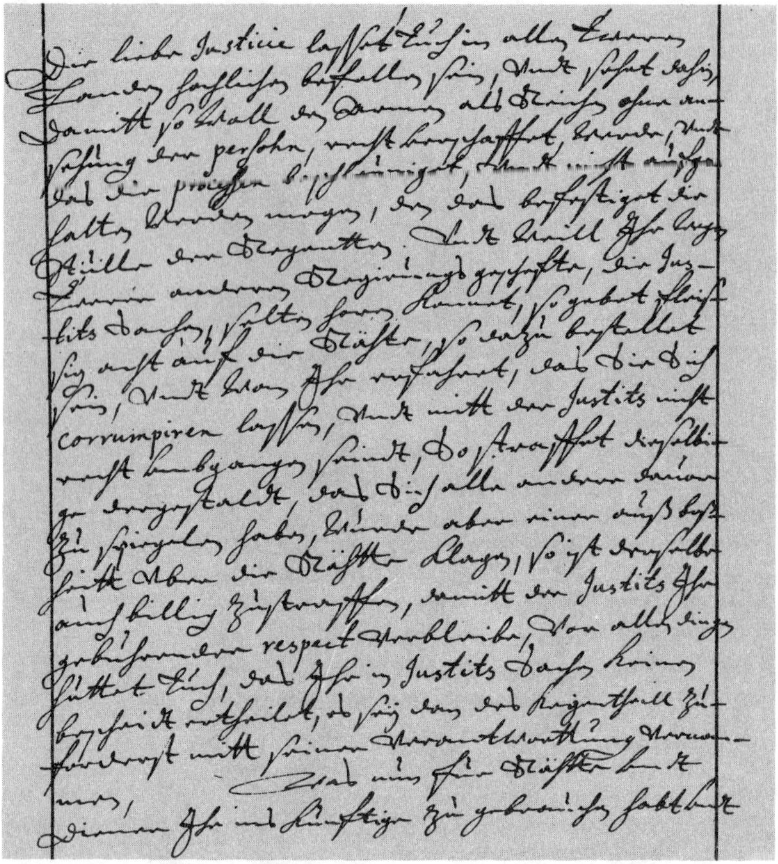

Eine Seite aus dem Politischen Testament des Großen Kurfürsten vom 19. Mai 1667. – Berlin, Stiftg. Preuß. Kulturbesitz, Geheimes Staatsarchiv.

»Die liebe Justicie lasset Euch in allen Eweren Landen hochlichen befollen sein, vndt sehet dahin, damitt so woll den Armen als Reichen ohne ansehung der persohn, recht verschaffet werde, vndt das die processen beschleuniget, vndt nicht aufgehalten werden mogen, den das befestiget die Stülle der Regentten. Vndt weill Ihr wegen Ewerer anderen Regirungsgeschefte, die Justits Sachen selten horen konnet, so gebet fleissig acht auf die Rähte, so dazu bestellet sein, vndt wan Ihr erfahret, das Sie Sich corrumpiren lassen, vndt mitt der Justits nicht recht vmbgangen seindt, So straffet dieselbigen dergestaldt, das Sich alle andere dauor zu spiegelen haben, wurde aber einer auß boßheit vber die Rähtte klagen, so ist derselbe auch billig zustraffen, damitt der Justits Ihr gebuhrender respect verbleibe, vor allen dingen huttet Euch, das Ihr in Justits Sachen keinen bescheidt ertheilet, es sey dan des kegentheill zuforderst mitt seiner Verantworttung vernommen, ... «

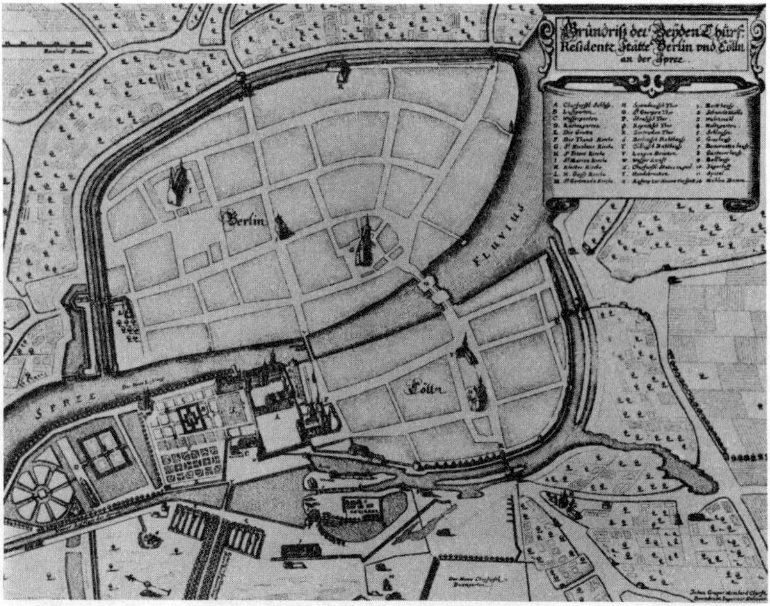

Grundriß von Berlin und Cölln, um 1650
Berlin, Landesarchiv

Das Potsdamer Stadtschloß gegen Ende des 17. Jahrhunderts. – Kupferstich

Die preußische Königskrone, die Friedrich I. bei der Krönung am 18. Januar 1701 in Königsberg trug; unten der Krönungszug, rechts oben der Ordre de la Générosité. – Kupferstich von Peter Schleuen (?).

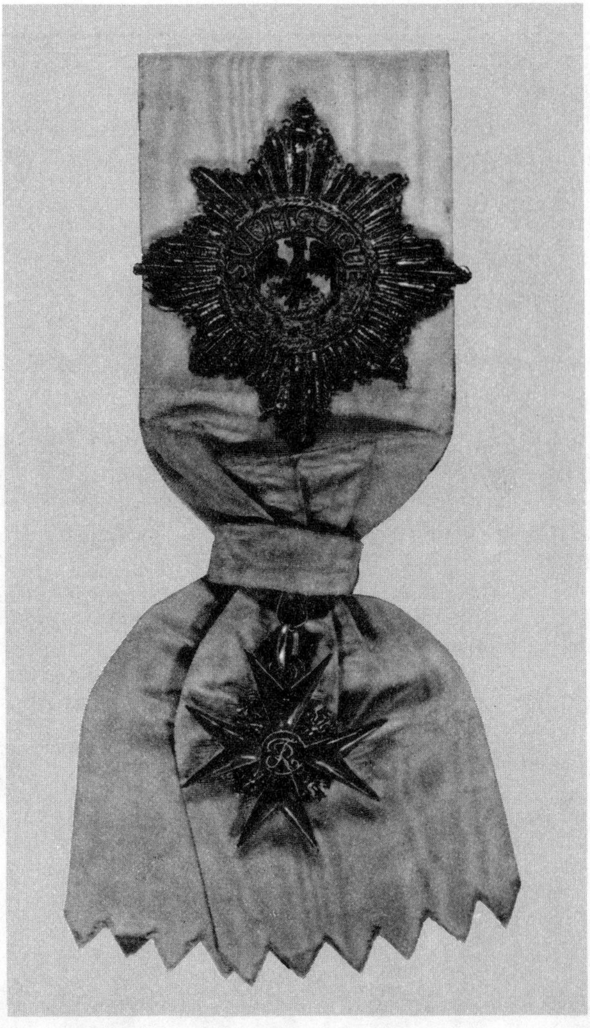

Der Schwarze Adlerorden, der anläßlich der Krönung gestiftet wurde. Dieser Orden knüpft an den einst vom Kaiser verliehenen Reichsadler im Wappenschild der alten Hochmeister des Ordensstaates an. – Dortmund, Slg. Max Aurich.

Die Selbstkrönung Friedrichs I. am 18. Januar 1701 in Königsberg
und die erstmalige Verleihung des Schwarzen Adlerordens
Kupferstiche, 1702. Berlin, Stiftg. Preuß. Kulturbesitz, Kunstbibliothek

Die Salbung des Königs am Altar
durch den für diese Zeremonie ernannten Hofbischof Ursinus
Kupferstich nach einer Zeichnung von J. G. von Eosander

Mit der Krönung Friedrichs I. zum König in Preußen, die der Kaiser nach der zugesagten Unterstützung seiner Politik guthieß, begann für die verstreuten Besitzungen des Hauses Hohenzollern das langsame Zusammenwachsen zu einer Einheit. Erst durch die gemeinsame Krone konnte das besondere preußische Staatsbewußtsein und das Gefühl eines gemeinsamen Vaterlandes entstehen. Die Stiftung des Schwarzen Adlerordens mit seiner bezeichnenden Devise »suum cuique« sollte ebenfalls einen übergeordneten Bezug schaffen. Um die Unabhängigkeit der weltlichen Macht von der geistlichen auszudrücken, setzte sich der erste preußische König die Krone selbst auf und ließ sich erst danach kirchlich einsegnen und salben.

König Friedrich I. (1657–1713, reg. seit 1688)
Gemälde von Antoine Pesne
Potsdam, Neues Palais

Sophie Charlotte (1668–1705), die erste preußische Königin. Der Name der geistig bedeutenden hannoveranischen Prinzessin, der zweiten Frau Friedrichs I. (Heirat 1684), lebt in ihrem Schloß »Charlottenburg« weiter. – Gemälde von Friedrich Wilhelm Weidemann. Berlin, Staatl. Schlösser und Gärten, Schloß Charlottenburg.

Der Philosoph Gottfried Wilhelm Leibniz (1646–1716)
Gemälde von Andreas Scheits. Wolfenbüttel, Herzog-August-Bibliothek

Seine Idee einer »Societät der Wissenschaften« verwirklichte sich, gefördert durch Königin Sophie Charlotte, am 13. März 1700. Diese spätere »Königlich Preußische Akademie der Wissenschaften« ist die älteste und bedeutendste deutsche Akademie.

»Solche Churfürstliche Societät müßte nicht auf bloße Curiosität oder Wissensbegierde und unfruchtbare Experimenta gerichtet seyn, oder bey der bloßen Erfindung nützlicher Dinge ohne Application und Anbringung beruhen ... ; sondern man müßte gleich anfangs das Werk sammt der Wissenschaft auf den Nutzen richten, und auf solche Specimina denken, davon der hohe Urheber Ehre, und das gemeinsame Wesen ein mehrers zu erwarten Ursach habe« (G. W. Leibniz, Auszug aus einer Denkschrift über die Errichtung einer Churfürstlichen Societät der Wissenschaften«, 1700).

Der »Ordre de la Générosité«. – Dortmund, Slg. Max Aurich

Die Geschichte des ältesten Ordens Brandenburg-Preußens geht bis auf das Jahr 1667 zurück. Damals stiftete der zehnjährige Kurprinz Friedrich auf Veranlassung seines Vaters, des Großen Kurfürsten, diesen Orden, von dem nur sechs Exemplare angefertigt wurden. Als Kurfürst erneuerte Friedrich den Orden. In dieser Fassung zierten den oberen Kreuzschenkel ein »F« und ein Kurhut. Nach der Krönung wurde auf dem nochmals erneuerten Orden der Kurhut durch eine Königskrone ersetzt. Der Orden wurde für zivile und militärische Verdienste verliehen.

Die Aufbahrung (Castrum doloris) der am 1. Februar 1705 in Hannover verstorbenen Königin Sophie Charlotte am 28. Juni im Berliner Dom Kupferstich von F. G. Wolffgang.

»... Dießer lieben seeligen Königin endt wie auch die ursach deßen erweist woll, daß einem jedem sein ziel und art von sterben bestimbt ist, sonsten würde so eine verständige Königin sich nicht geweigert haben, sich nach einem so schwehren fall ader zu laßen oder auffs wenigst dranck einzunehmen ... Weillen ja diß unglück hat sein müßen, ist es woll eine große gnade von gott, daß der lieben Königin keine bangigkeit vor das sterben ahnkommen ist undt so gar muthig in jene welt gezogen ist ... « (Elisabeth Charlotte von Orleans an Kurfürstin Sophie von Hannover, Marly, 19. Februar 1705).

Zusammenkunft Friedrichs I. von Preußen, Augusts des Starken von Sachsen und Friedrichs IV. von Dänemark in Berlin, im Juni 1709. Ihr gegen Schweden gerichtetes Freundschafts- und Neutralitätsbündnis blieb ohne politische Folgen. Gemälde des Hofmalers und Akademierektors Samuel Theodor Gericke. Ehem. Berlin, Schloß Charlottenburg.

Das Tabakskollegium König Friedrichs I. (Der König mit seiner dritten Gemahlin in der Mitte). – Gemälde von Paul Carl Leygebe, 1710. Potsdam, Verwaltung der Staatl. Schlösser und Gärten

Das Tabakskollegium König Friedrich Wilhelms I. (Der König vorn an der Tafel, rechts neben ihm Prinz August Wilhelm). – Gemälde eines unbekannten Künstlers. Ehem. Berlin, Schloß Monbijou

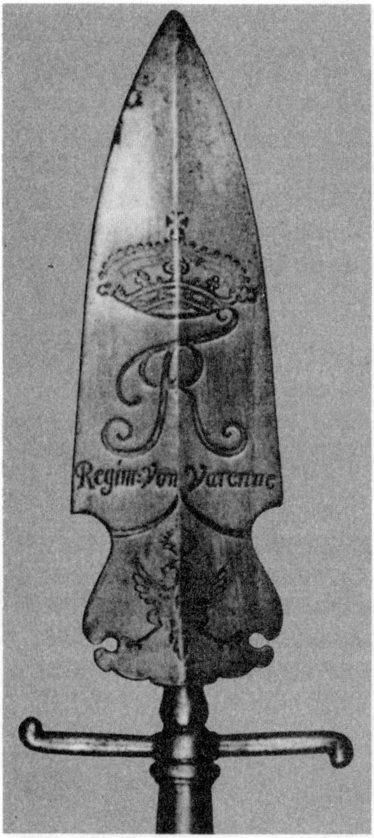

Zwei Spontons (Spieße) aus der Zeit König Friedrichs I.
Ehem. Berlin, Zeughaus

In seinen letzten Regierungsjahren versammelte König Friedrich I. jeden Abend das Tabakskollegium. Sein Sohn und Nachfolger Friedrich Wilhelm I. behielt diese Institution in vereinfachter Form bei. Daß der Regierungswechsel einen radikalen Bruch mit den bisherigen Traditionen brachte, zeigt auch der neue Stil dieses Kollegiums. An die Stelle barocker Pracht und Lustbarkeit trat eine der bescheidenen persönlichen Lebensführung Friedrich Wilhelms I. entsprechende strenge Nüchternheit.

König Friedrich I.
Gemälde eines unbekannten Künstlers. Neuchâtel, Museum

König Friedrich Wilhelm I. (1688–1740, reg. seit 1713), der »Soldatenkönig« Gemälde eines unbekannten Künstlers. Berlin, Staatl. Schlösser und Gärten Schloß Charlottenburg

»Die Politik des Königs war untrennbar von seiner Gerechtigkeit. Er war weniger auf Mehrung seines Besitzes bedacht als auf dessen gute Verwaltung, stets zu seiner Verteidigung gerüstet, aber niemals zum Unheil Europas. Das Nützliche zog er dem Angenehmen vor ... « (Friedrich der Große über seinen Vater Friedrich Wilhelm I.).

Empfang Augusts des Starken durch Königin Sophie Dorothea am 29. Mai 1728. Der Kurfürst von Sachsen, durch Personalunion auch König von Polen, bot Preußen eine Teilung Polens gegen Anerkennung des erblichen Königtums der Wettiner in Polen an, da der einheimische Adel gegen seinen Regierungsstil frondierte. – Gemälde von Antoine Pesne, um 1728. Berlin, Staatl. Schlösser und Gärten, Schloß Charlottenburg.

Das Schloß Monbijou in Berlin. Erbaut 1703 von Eosander Freiherr von Göthe. Das Schloß wurde 1740 von Wenzeslaus von Knobelsdorff umgebaut, war seit 1877 Familienmuseum der Hohenzollern und wurde 1945 zerstört. – Kupferstich.

Königin Sophie Dorothea von Preußen (1687–1757), die Tochter des Erbprinzen von Hannover, König Georgs I. von England, hatte 1706 den Kronprinzen Friedrich Wilhelm geheiratet. Sie setzte sich für enge Beziehungen zu England-Hannover ein. – Gemälde von Antoine Pesne, 1737. Berlin, Staatl. Schlösser und Gärten, Schloß Charlottenburg.

»... Sie war nie schön gewesen, aber sah sehr stattlich und vornehm aus, und ihre Haltung blieb dieselbe bis in ihr Alter. Vielleicht hat sie mehr esprit acquis als esprit inné; aber sie war sehr unterrichtet und sehr gut erzogen, wußte mit allen Menschen zu reden und machte eine sehr angenehme Conversation. Pracht und Geselligkeit liebte sie ungemein, sah alle Mittage und alle Abend Menschen bei sich und saß besonders gern lang bei Tische, was uns Hofdamen zuweilen sehr langweilte« (Tagebuchaufzeichnung der Gräfin v. Voß).

Das Waisenhaus in Halle, das 1698 von dem Pietisten August Hermann Francke (1663–1727) gegründet wurde. Es stand unter dem besonderen Schutz König Friedrich Wilhelms I., der 1723 auch in Potsdam ein Waisenhaus gründete. Aus den Unterrichts-, Erziehungs- und Erwerbsanstalten erwuchsen die Franckeschen Stiftungen. – Kupferstich, 1749.

Christian Thomasius (1655–1728). Der Jurist und Philosoph lehrte seit Gründung der Universität (1694) in Halle. Als einer der Führer der deutschen Aufklärung erstrebte er eine Lösung der Rechtswissenschaft, besonders des Naturrechts, von der theologischen und scholastischen Bevormundung. Er machte damit den Weg frei für die Toleranzideen des Jahrhunderts.

Christian Wolff (1679–1754). Der bedeutendste Philosoph der deutschen Aufklärung. Von pietistischen Gegnern denunziert, mußte er 1723 die Universität Halle verlassen. Friedrich II. berief ihn 1740 zurück.

Christian Thomasius. – Kupferstich

August Hermann Francke
Kupferstich von Antoine Pesne

Christian Wolff. – Kupferstich

»Langer Kerl«
Gemälde von G. Merk (?), 1714.
Ehemals Potsdam, Stadtschloß

»Um 1730 stieg die Leidenschaft für großgewachsene Menschen in einer Weise, die späteren Zeiten kaum glaublich erscheinen wird. Der gewöhnliche Preis eines Mannes von 6 Fuß wurde mit 1000 Talern, ein größerer noch bedeutend höher bezahlt. Es gab mehrere Regimenter, die keine Leute unter 5 Fuß 8 Zoll einstellten. Der kleinste Mann der Armee maß gut 5 Fuß 6 Zoll. – Die Aushebung fand im ganzen Lande regellos statt, was zu tausend Prozessen zwischen den Regimentern führte. Um Ordnung zu schaffen, teilte der König (Friedrich Wilhelm I.) 1733 alle Provinzen in Kantons ein. Diese wurden den Regimentern zugewiesen, die aus ihnen jährlich 30 Mann in Friedenszeiten und bis zu 100 im Kriegsfalle entnehmen durften. So wurde die Armee unsterblich, indem sie einen festen Grundstock erhielt, aus dem sie sich seither ohne Unterbrechung verjüngt hat« (Friedrich der Große, Denkwürdigkeiten zur Geschichte des Hauses Brandenburg).

»Lange Kerle« waren eine Mode des 18. Jahrhunderts, die bei König Friedrich Wilhelm I. zu einer Marotte ausartete. »Wachse nicht, sonst fangen dich die Werber«, sollen die Mütter ihre hochaufschießenden Söhne gewarnt haben, denn die Werber fahndeten in der ganzen Welt nach ihnen für des Königs Potsdamer Regiment. Tatsächlich waren die »Langen Kerle«, für die der König trotz seiner Sparsamkeit Unsummen ausgab, für schnelles Feuern mit Hilfe des eisernen Ladestocks und für den Sturmangriff mit dem Bajonett besonders geeignet.

Schild einer Grenadiermütze vom Infanterie-Regiment No. 2, um 1740
Münster, Slg. Dr. Bleckwenn

Hans Hermann v. Katte (1704–1730)
Gemälde von Georg Lisiewsky, 1730. Warleberg, zu Putlitz'sche Familienstiftung

Die Festung Küstrin. – Kupferstich

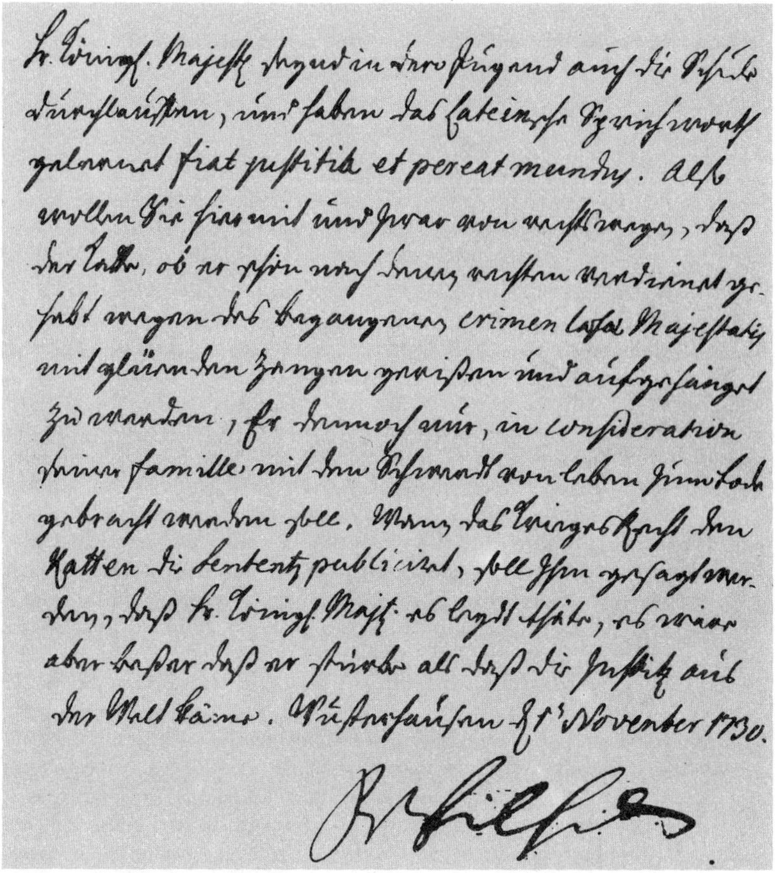

Sr. Königl. Majestät sind in Dero Jugend auch die Schule
durchgelaufen, und haben das Lateinische Sprichwort
gelernet fiat justitia et pereat mundus. Also
wollen Sie hiermit und zwar von rechtswegen, daß
der Katte, ob er schon nach denen Rechten verdienet ge-
habt wegen des begangenen crimen laesae Majestatis
mit glüenden Zangen gerissen und aufgehenkt
zu werden, er dennoch nur, in consideration
seiner familie mit dem Schwerdt vom leben zum Tode
gebracht werden soll. Wenn das Kriegsrecht dem
Katten die sentenz publiciret, soll ihm gesagt wer-
den, daß Sr. Königl. Majt. es leid thäte, es wäre
aber besser daß er stürbe als daß die justiz aus
der Welt käme. Wusterhausen d. 1. November 1730.

FWilhelm

Das selbstherrliche Todesurteil König Friedrich Wilhelms I. gegen Katte
Berlin, Stiftg. Preuß. Kulturbesitz, Geheimes Staatsarchiv

Katte, der Jugendfreund Friedrichs II., unterstützte die Fluchtpläne des Kronprinzen. Nach ihrem Scheitern wurde Katte von König Friedrich Wilhelm I., entgegen dem vom Kriegsgericht ausgesprochenen Urteil auf lebenslängliche Festungshaft, zum Tode verurteilt, um so den »verdammten Eigenwillen« des Sohnes zu brechen. Der Kronprinz, der in Küstrin auf Festung gesetzt war, mußte der Hinrichtung Kattes zusehen. Als König erhob 1740 Friedrich II. den Vater Kattes, in den Grafenstand.

König Friedrich Wilhelm I. an Kaiser Karl VI. Transkription des vollständigen Briefes, von dem nebenstehend die erste Seite reproduziert ist.

»Durchlauchtigster großmächtigster und unüberwindtlichster Kaiser freundtl. viell geliebster vetter und bruder«

Euer kaiserlich majestät danke ich auf das verbindtlichste, das sie so viell anteill nehmen an meinem misvergnügen, welches mein kronprintz durch seine bisherige aufführung mir verursachet hat. Ich kann nit in abrede sein, das mir solches umb so vill empfindlich zu hertzen gehet, da ich an vatterlichen vermanungen und sorgfältiger erziehung es niemahls habe ermangelen lassen und dennoch bishero alles fruchtlohs gewehsen, welches mich den auch billich hat bewegen müssen [mit gehörigem ernst wider ihn zu verfahrn, ich hette auch fehl uhrsache ihn solches noch gerner empfinden zu lassen, euer kaiserlichn majestät aber hat er es lediglich zu danken, das sie dehro vorwohrdt ihm haben angedeihen lassen wollen; maasen ich blohs dadurch bin bewogen worden, ihn zu pardonniern. Und ich will wünschen und hoffen, das dieses eine solchen eindruck in sein hertz machen möge, das derselbe dadurch gantz geändert werde und er recht erkennen lerne, wie sehr ewr kaiserlich majestät er vor dehro bezeigte aufrichtige liebe und neigung verbunden verbleibe, wie ich dan auch selbst niemahls die besondere kendtzeichen von dehro aufrichtigen und vesten freundschaft und vertraulichkeit vergessen sondern viell mehr mit eussersten kreften der zeit mich bestreben werde, ewer kaiserliche majestät hinwiderumb sichere proben von meiner hochachtung und ergebenheit abzulegen und zu zeigen, das mir nichts liebers als mit euer kaiserlichen majestät und dehro ertzhaus in einer bestendigen vertraulichkeit und in einer wehrenden freundschaft verbrüdert zu sein und das solche immer mehr befestiget werde, das ich gleichfahls mit aufrichtigen teutschen hertzen und dabey mit aller ergebenheit in der zeit verbleibe bis in das grab

freundtwilligster vetter und getrewer bruder

Fr(iedrich)Wilhelm r(ex).

[Wusterhausen, den 20. novemb(er) 1730.]

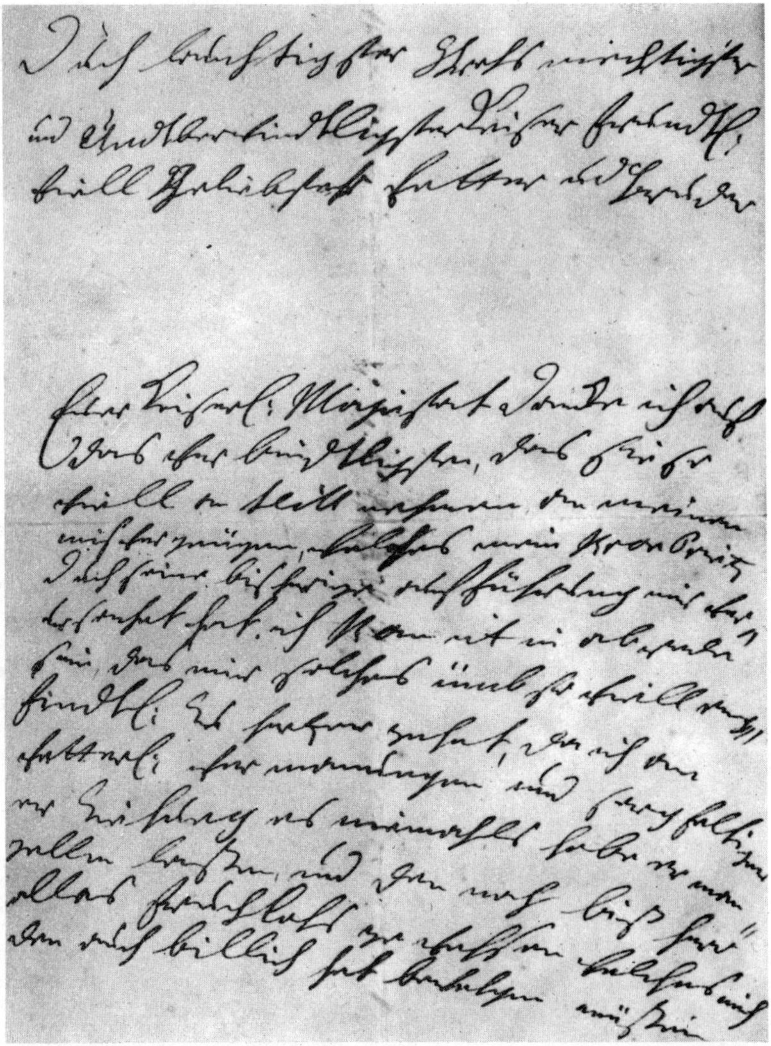

Dankbrief König Friedrich Wilhelms I. an Kaiser Karl VI. vom 20. November 1730, auf dessen Fürsprache zugunsten des Kronprinzen Friedrich
Beginn des dreiseitigen Briefes. Wien, Haus-, Hof- und Staatsarchiv

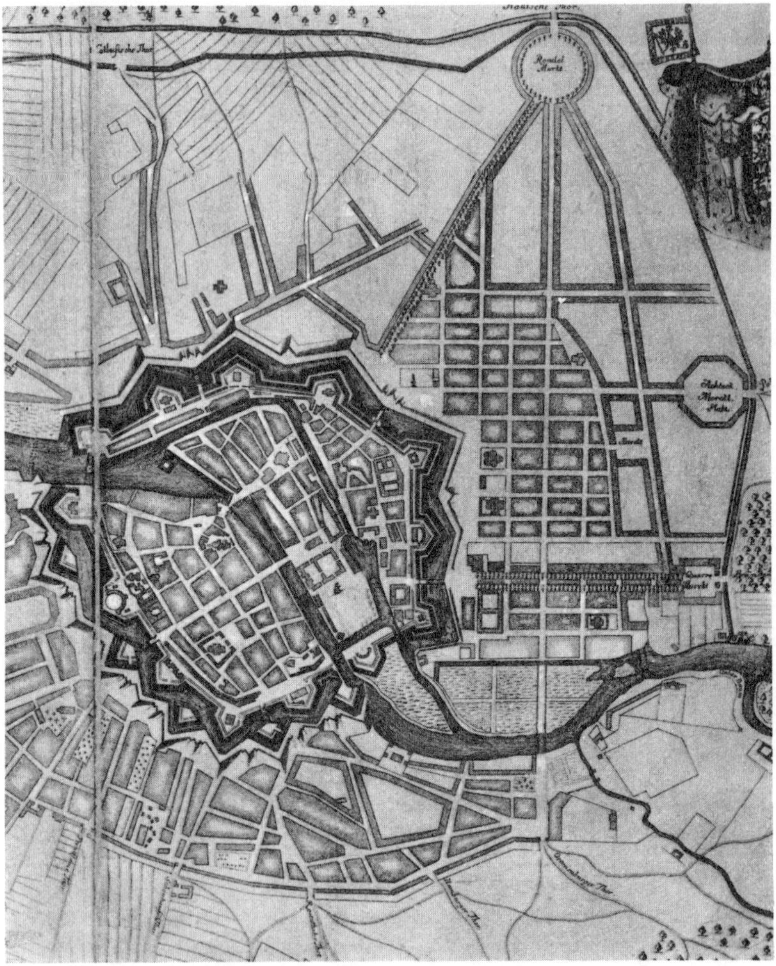

Plan der Stadt Berlin aus dem Jahr 1737 (Ausschnitt)

Berlin wird zuerst 1244 urkundlich erwähnt. Die Doppelstadt Berlin und Cölln auf der Spreeinsel schloß sich früh der Hanse an. Unter Kurfürst Johann Cicero wurde die Stadt 1486 landesfürstliche Residenz. Im Jahre 1688 hatte Berlin schon 20 000 Einwohner, darunter über 4000 Hugenotten; 1709 wurden die Stadtteile Berlin, Cölln, Friedrichswerder, Dorotheenstadt zu einem Ganzen vereinigt. Der vom König ernannte Magistrat bestand damals aus vier Bürgermeistern, zwei Syndici, drei Kämmerern und zehn Ratsherren.

Kronprinz Friedrich und seine Brüder Ferdinand, August Wilhelm und Heinrich. Ferdinand (1730–1813), der jüngste Bruder, wurde Herrenmeister des evangelischen Zweigs des Johanniterordens, später Großmeister des 1812 gestifteten preußischen Johanniterordens. August Wilhelm (1722–1758), der Lieblingssohn König Friedrich Wilhelms I., erhielt im Jahr 1744 als Thronfolger den zum ersten Mal verliehenen Titel »Prinz von Preußen«. Sein Sohn wurde 1786 als Friedrich Wilhelm II. Nachfolger Friedrichs des Großen. Heinrich (1726–1802) nahm an allen Kriegen seines Bruders teil und trat besonders im Siebenjährigen Krieg als bedeutender Heerführer hervor. Nach Beendigung des Krieges lebte er in Rheinsberg und wurde von seinem Bruder mehrmals mit diplomatischen Missionen betraut. – Gemälde von Carlo Francesco Rusca, 1737. Ehem. Berlin, Schloß Monbijou.

König Friedrich II. (1712–1786, reg. seit 1740)
Gemälde von Wenzeslaus v. Knobelsdorff
Berlin, Staatl. Schlösser und Gärten, Schloß Charlottenburg

Schloß Rheinsberg war in den letzten Jahren vor seinem Regierungsantritt der Sitz Friedrichs II., wo er seine glücklichsten Jahre verlebte. Friedrich schenkte das von Knobelsdorff umgebaute Schloß 1744 seinem Bruder Heinrich. – Kupferstich.

Schloß Rheinsberg gegen Ende des 18. Jahrhunderts.
Kupferstich nach einer Zeichnung von C. B. Schwarz

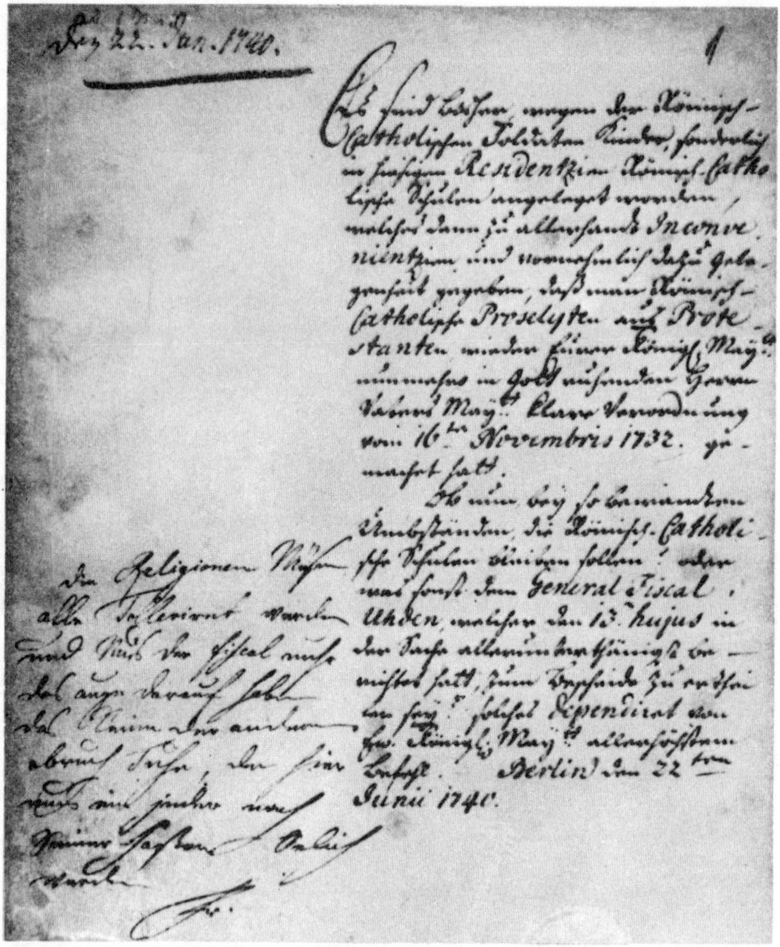
Es sind bisher wegen der Königl. Catholischen Soldaten Kinder, sonderlich in hiesigen Residentzien Königl. Catholische Schulen angelegt worden, welches dann zu allerhand Inconvenientzien und vornehmlich dazu Gelegenheit gegeben, daß man Königl. Catholische Proselyten aus Protestanten wider Seiner Königl. Maj. nunmehro in Gott ruhenden Herrn Vaters Maj. klare Verordnung vom 16ten Novembris 1732. gemacht hatt.

Ob nun bey so bewandten Umbständen die Königl. Catholische Schulen bleiben sollen? oder was sonst dem General Fiscal Uhden, welcher den 13. huius in der Sache allerunterthänigst berichtet hatt, zum Bescheide zu ertheilen sey? solches dependirat von Sr. Königl. Maj. allerhöchsten Entschluß. Berlin den 22ten Junii 1740.

die Religionen Müsen alle Tolleriret werden und mus der fiscal nuhr das auge darauf haben das keine der andern abruch Tuhe, den hier mus ein jeder nach Seiner Faßon Selich werden. Fr.

»die Religionen Müsen alle Tolleriret werden und mus der fiscal nuhr das auge darauf haben das keine der andern abruch Tuhe, den hier mus ein jeder nach Seiner Faßon Selich werden. Fr.« Marginalentscheid Friedrichs II. auf eine Anfrage der Behörden vom 22. Juni 1740, ob die katholischen Schulen für Soldatenkinder trotz angeblicher »Proselytenmacherei« weitergeführt werden sollen. – Merseburg, Deutsches Zentralarchiv.

König Friedrich II. – Gemälde von Antoine Pesne, um 1740
Berlin, Stiftg. Preuß. Kulturbesitz, Staatl. Museen, Gemäldegalerie

Unter das Bildnis des Königs von Preußen

Wer kennt ihn nicht?
Die hohe Miene spricht
Dem Denkenden. Der Denkende allein
Kann Philosoph, kann Held, kann beides sein.
(G. E. Lessing)

Transkription des nebenstehenden Briefes und Übertragung in die deutsche Sprache

à Schweidnitz ce 16.

Mon cher Poudevils. J'ai passé le Rubicon Ensegnes Deployées et Tambour battandt; Mes Troupes Sont plaines de bonne Volonté Les oficirs d'Ambition, et Nos Genereaux a faméz de Gloire, tout ira selon nos Souhaits et j'ai lieu de presumér tout le bien possible de cette entreprisse.
Envoyéz moi bulau*, Caresséz le beaucoup, et faitte lui Voir Le propre interet de son Maitre, enfin, Usons de La Conaisance du Coeur humain, faisons Agir en Notre faveur, L'interet, L'ambition, L'Amour, La Gloire, et tout les resort qui peuvent emouvoir L'ame; ou je veu perir ou je Veux avoir Honeur de Cette entreprisse, mon Couer me presage tout le bien du monde, enfin un Certen instinc dont la Cause nous est inconüe me predit Du bonheur et de la fortune, et je ne paraitréz pas à berlin sans m'etre rendu digne du Sang dont je Suis issus et des braves Soldats que j'ai L'honeur de Comandér. adieux e Vous recommande à la garde de Dieu.

Federic

Schweidnitz, diesen 16.

Mein teurer Podewils. Ich habe den Rubikon mit fliegenden Fahnen überschritten. Meine Truppen sind voll guten Willens, die Offiziere voll Ehrgeiz, und Unsere Generale dürsten nach Ruhm. Alles wird nach unsren Wünschen gehen, und ich habe Ursache, alles mögliche Gute von dieser Unternehmung zu erwarten.
Schicken Sie mir Bülow*, sagen Sie ihm viel Liebes und halten Sie ihm seines Herrn eigenen Vorteil vor Augen. kurzum, benutzen wir die Kenntnis des menschlichen Herzens, lassen wir zu unsren Gunsten das Interesse, den Ehrgeiz, die Liebe, den Ruhm und alle Triebfedern, welche die Seele bewegen können, wirken. Entweder will ich untergehen oder mit Ehren aus diesem Unternehmen; mein Herz sagt mir das Beste von der Welt voraus, kurz, ein gewisser Instinkt, dessen Ursache uns unbekannt ist, verkündet mir Glück und Erfolg, und ich werde nicht wieder in Berlin auftreten, ohne mich des Blutes, aus dem ich stamme, würdig erwiesen zu haben und der tapfern Soldaten, die ich die Ehre habe zu befehlen. Leben Sie wohl, ich empfehle Sie der Obhut Gottes.

Friedrich

* Bülow, sächsischer Gesandter in Berlin.

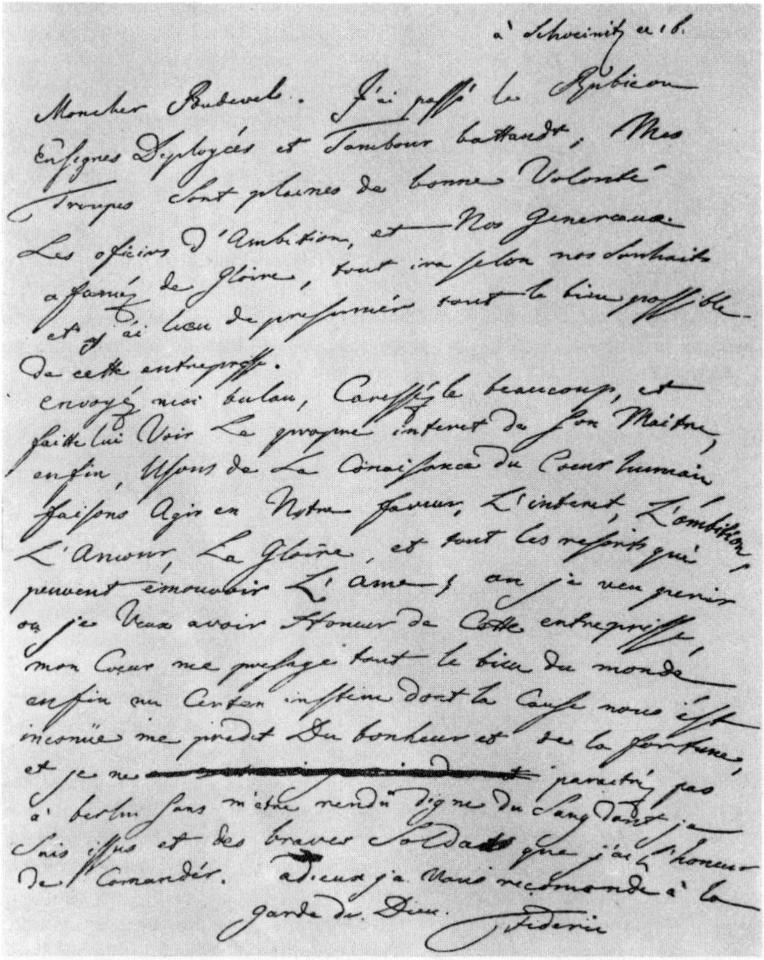

à Schweinitz ce 16.

Monsieur Podewils. J'ai passé le Rubicon
Enseignes Deployées et Tambour battandt; Mes
Troupes sont pleines de bonne Volonté
Les oficiers d'Ambition, et Nos Generaux
afamés de Gloire, tout ira selon nos souhaits
et j'ai lieu de presumer tout le bien possible
de cette entreprisse.
envoyés moi bulau, Caressés le beaucoup, et
faites lui Voir Le propre interet de son Maitre,
enfin, Usons de La Conaissance du Coeur humain
faisons Agir en Notre faveur, L'interet, L'ambition,
L'Amour, La Gloire, et tout les ressorts qui
peuvent emouvoir L'ame; ou je veu perir
ou je Veux avoir Honeur de Cette entreprisse,
mon Coeur me presage tout le bien du monde
enfin un Certain instinct dont la Cause nous est
inconnue me predit du bonheur et de la fortune,
et je ne [illegible] paraitrai pas
à berlin sans m'etre rendu digne du Sang dont je
suis issu et des braves Soldats que j'ai l'honeur
de Comander. adieu je Vous recomande à la
garde de Dieu.

Federic

»J'ai passé le Rubicon.« Am 16. Dezember 1740, dem Tag seines Einfalls in Schlesien, schrieb Friedrich II. an seinen Vertrauten Heinrich Graf Podewils diesen Brief. Podewils (1695–1760) war schon unter Friedrich Wilhelm I. Leiter der auswärtigen Angelegenheiten. Als freimütiger Berater unterstützte er Friedrich II. in beiden Schlesischen Kriegen. – Ehem. Berlin, Preußisches Geheimes Staatsarchiv.

Kaiser Franz I. (1708–1765)
Gemälde von Martin von Meytens d. J., um 1747
Nürnberg, Germanisches Nationalmuseum

Kaiserin Maria Theresia (1717–1780, reg. seit 1740)
Gemälde von Martin von Meytens d. J., um 1744
Wien, Historisches Museum der Stadt

Patronentasche eines Musketiers vom
Infanterie-Regiment No. 12 (um 1740) und Ringkragen eines Infanterieoffiziers
Ehem. Berlin, Zeughaus

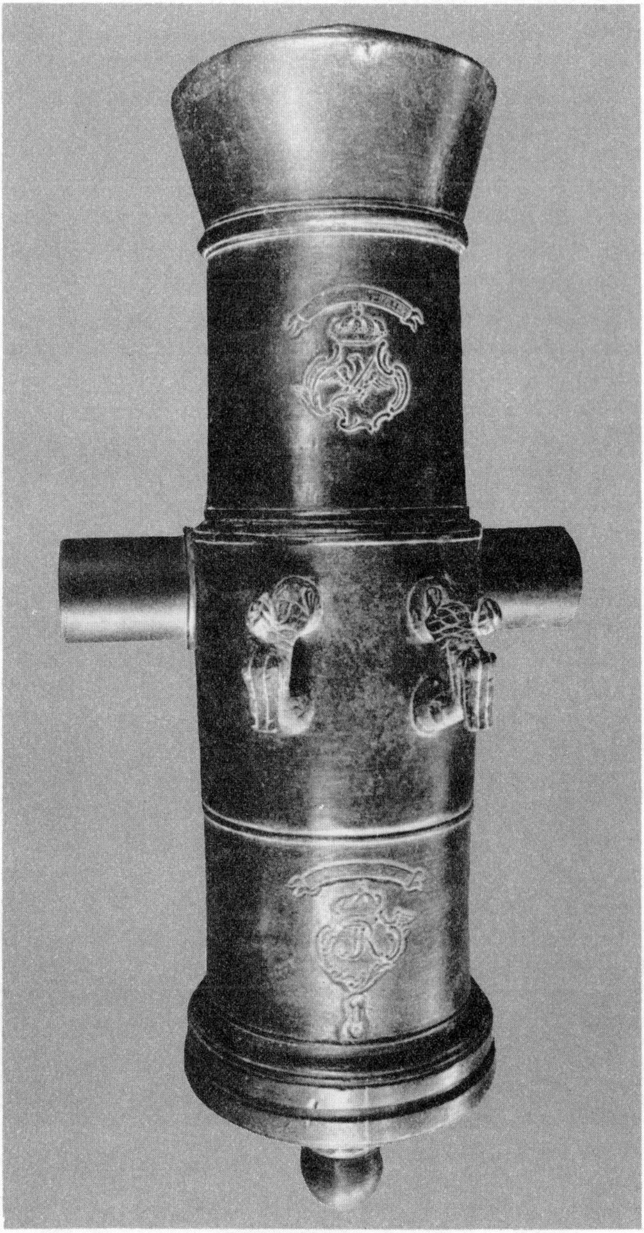

Rohr einer 10pfündigen Haubitze. Modell von 1744
Ehem. Berlin, Zeughaus

»Non soli cedit«. Kanonenemblem unter Friedrich Wilhelm I.

»Ultima ratio regis«. Kanonenemblem unter Friedrich II.

Die Charité in Berlin, das 1710 unter König Friedrich I. von Preußen für die Aufnahme von Pestkranken errichtete Gebäude wurde durch Kabinettsordre vom 18. November 1726 öffentliches Krankenhaus und Lehrstätte – Kupferstich

Preußisches Staatswappen ab 1744

Königin Elisabeth Christine (1715–1797). Ihre Heirat (1733) mit dem Kronprinzen Friedrich hatte sein Vater Friedrich Wilhelm I. betrieben. Nach der Thronbesteigung trennte sich Friedrich II. von ihr und wies ihr das Schloß Schönhausen bei Berlin als Wohnsitz an. – Gemälde von Antoine Pesne. Berlin, Staatl. Schlösser und Gärten, Schloß Charlottenburg.

»... Warum ist es nötig, daß alles verändert ist, und daß ich die frühere Güte und Gnade verloren habe? Ich gedenke noch mit Vergnügen der Zeit von Rheinsberg, wo ich einer vollkommenen Zufriedenheit genoß, indem ich einer guten Behandlung mich erfreute von einem Herrn, welchen ich liebe, und für den ich mein Leben opfern würde. Welches Leid muß ich jetzt ertragen, daß Alles anders geworden ist! Mein Herz wird sich niemals ändern, und ich werde immer dieselbe für ihn bleiben, und ich hoffe immer noch, daß Alles sich ändern wird. Diese Hoffnung allein hält mich noch aufrecht. Wollen der Höchste uns in vollkommener Gesundheit diesen theuren König erhalten!« (Königin Elisabeth Christine an ihren Bruder Ferdinand, Schönhausen, 17. Juli 1748.)

Schloß Schönhausen bei Berlin
Kupferstich nach einer Zeichnung von C. B. Schwarz, 1787

Der Alte Markt von Potsdam mit dem 1753 erbauten Rathaus und einem Teil des von Wenzeslaus von Knobelsdorff umgebauten Stadtschlosses
Der 23 Meter hohe Obelisk wurde 1752 errichtet. – Kupferstich

Das Schloß Sanssouci wurde nach Entwürfen Friedrichs II. in den Jahren 1745 bis 1747 von Wenzeslaus von Knobelsdorff erbaut. Am 2. Mai 1747 berichtete die Spenersche Zeitung: »Gestern haben Seine Majestät, der König, dero bey Potsdam gantz neu erbautes, ungemein prächtiges Sommer Palais, Sanssouci, bezogen, und allda des Mittags an einer Tafel von 200 Couverts gespeiset, worauf gegen Abend von der Königlichen Capelle ein Concert ist gehalten worden.« Sanssouci wurde die Lieblingsresidenz Friedrichs des Großen, der hier im August 1786 starb. – Kupferstich.

Eigenhändiger Entwurf Friedrichs II. für sein Schloß Sanssouci

Das Alaunwerk von Freienwalde und die Salinen von Halle a. d. Saale
Kupferstiche nach Zeichnungen von C. B. Schwarz, 1787

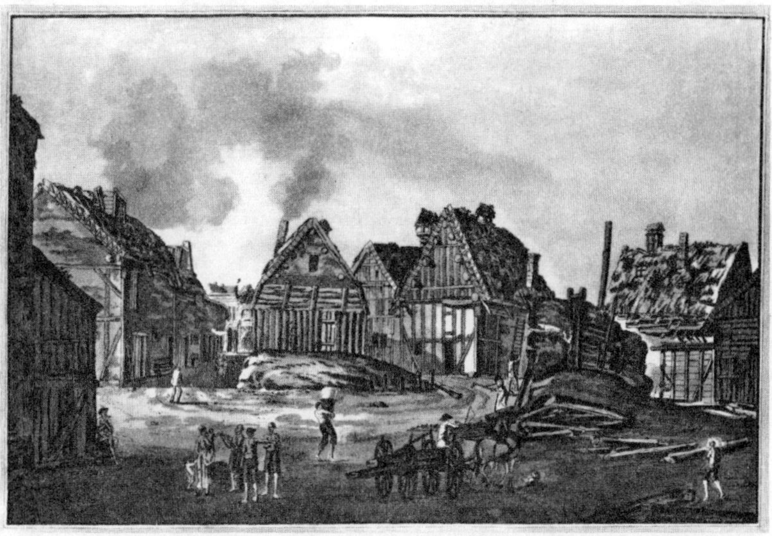

Diderot, D'Alembert und die Mitarbeiter der französischen »Encyclopédie«
Kupferstich von Augustin de Saint-Aubin

Auspiciis Serenissimi ac Potentissimi
Friderici II.
Regis Boruss. Elect. Brandenb. Duc. Supr. Silesiae etc.
Regiae Scient. et Litt. Acad. Boruss.
Protectoris Clementissimi.
Virum Illustrissimum, suisque titulis condecorandum
Dionysium Diderot,
In Regiam nostram Academiam, hoc Diplomate
suscipimus.
Eumque honore, privilegiis et beneficiis
Academicorum ordini concessis
Rite ornamus.
Cujus rei, ut plena fides existat,
Ex decreto Academiae in Acta relato,
Litteras sigillo publico et subscriptione consueta munitas
Expediri jussimus.
Berolini, die 4 Martii, anno 1751.
P. L. Moreau de Maupertuis
Acad. praeses

Aufnahmediplom für Denis Diderot in die Preußische Akademie der Wissenschaften, 1751, unterzeichnet vom Präsidenten Maupertuis
Paris, Bibliothèque Nationale

Friedrich II. ließ Jean le Rond D'Alembert vergeblich durch den Marquis d'Argens die Stelle des Präsidenten der Berliner Akademie anbieten, da Maupertuis schwer erkrankt war. D'Alembert schrieb am 20. November 1752 aus Paris an den Marquis: »Ich bitte Seine Majestät, für mich nicht mehr an eine Stellung zu denken, die meine körperlichen, geistigen und seelischen Kräfte übersteigt. Aber Sie können Ihm nur einen schwachen Begriff von meiner Hochachtung, Anhänglichkeit und lebhaften Dankbarkeit geben. Träfe mich das Unglück, aus Frankreich verbannt zu werden, ich wäre überglücklich, nach Berlin zu gehen, nur seinetwegen, ohne eine selbstsüchtige Regung, um Ihn zu sehen, zu hören, zu bewundern . . .«

François-Marie Arouet de Voltaire (1694–1778), der Philosoph, Dichter und Kritiker, war der bedeutendste Vertreter der französischen Aufklärung. Im Sommer 1750 folgte Voltaire einer wiederholten Einladung Friedrichs II. an den preußischen Hof. Er verließ ihn 1753 nach einem Zerwürfnis mit dem König. Gemälde von Nicolas de Largillière, 1718. Paris, Musée Carnavalet.

»... Nun bin ich endlich in Potsdam. Unter dem verstorbenen König war es die Behausung des Pharasmanes, ein Exerzierplatz und kein Garten, mit dem Tritt des Garderegiments als einziger Musik, Revuen statt Schauspielen und Soldatenlisten als Bibliothek. Heute ist es der Palast des Augustus, der Sitz der Legionen und der Schöngeister, der Lust und des Ruhmes, der Pracht und des Geschmackes.« (Voltaire an seine Nichte Louise Denis, Potsdam, Juli 1750).

Wenzel Anton Fürst Kaunitz (1711–1794). – Kupferstich

Seit etwa 1750 versuchte der österreichische Staatskanzler und Außenminister eine Koalition der europäischen Mächte gegen das zur Großmacht aufsteigende Preußen zu bilden. Bis zum Frühjahr 1756 waren nach längeren Verhandlungen Rußland, Frankreich und Kursachsen als Bundesgenossen Österreichs gewonnen, während auf Preußens Seite nur England stand, das mit Frankreich wegen überseeischer Interessen verfeindet war. Um der Gefahr der immer bedrohlicher werdenden Einkreisung zu entgehen, entschloß sich Friedrich zum Präventivkrieg. Die kriegerischen Auseinandersetzungen sollten sieben Jahre dauern.

»Das kommende Jahr wird ein ereignisreiches werden. Es steht fest, daß wir eine furchtbarere Macht gegen uns haben, als sie Ludwig XIV. zu Anfang dieses Jahrhunderts gegen sich hatte. Ich hoffe, daß der Ausgang ein glücklicher sein wird, da wir wahrhaftig schöne Truppen und einen großen König haben.« (E. A. H. v. Lehndorff, Tagebuchaufzeichnung, 23. Dezember 1756)

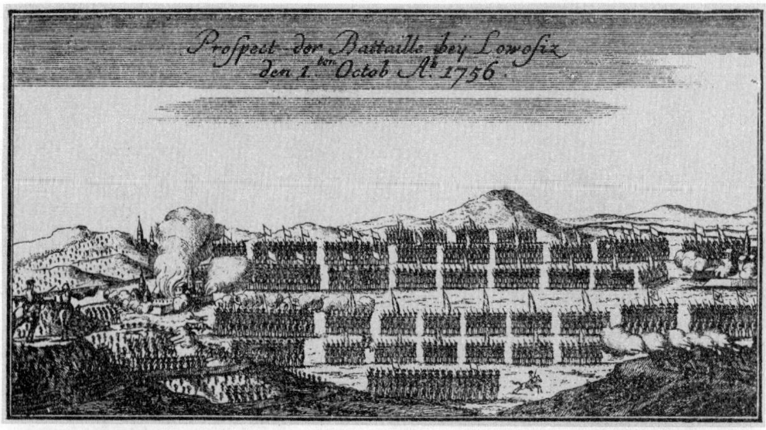

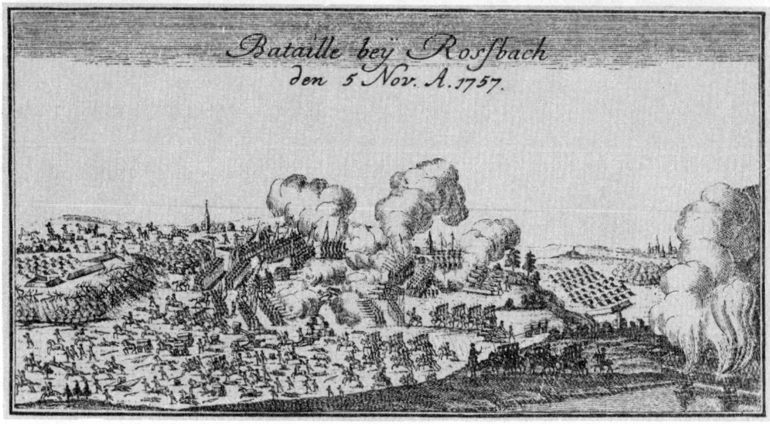

Die Schlachten von Lobositz (Oktober 1756) und Roßbach (November 1757)
Kupferstiche

Über die Schlacht bei Roßbach, in der Franzosen und Reichsarmee vernichtend geschlagen wurden – »Sie kamen, sahen, flohn« (Klopstock) –, berichtet ein Augenzeuge: » . . . Endlich kamen noch 10 000 Mann Preußen von Wengelsdorf und Korbetha her zu Hülfe. Da war es auch nicht anders, als wenn Himmel und Erde einfallen wollten. Daher die Franzosen nicht eine Viertelstunde stille hielten, sondern nahmen die Flucht und wurden den Abend noch getrieben von Lunstädt bis Goseck, Poedelist und der Gegend.«

Kürassier und Offizier vom Kürassier-Regiment No. 5
Deckfarbenbild, um 1775. Münster, Slg. Dr. Bleckwenn

Der Krieg wurde im Osten gegen Rußland geführt, im Norden gegen das im März 1757 mit Absichten auf Pommern in die feindliche Koalition eingetretene Schweden, im Westen gegen Frankreich und die Reichsarmee und im Süden gegen die Österreicher. Bei zahlenmäßiger Unterlegenheit der Preußen hat Friedrichs offensive und bewegliche Taktik während des Siebenjährigen Krieges wiederholt über die Manöverstrategie der österreichischen Generäle den Sieg davongetragen. Friedrichs Umfassungsschlachten mit ihren aufgelösten Gefechtsformen und keilförmigen Massierungen von starken Gefechtsverbänden an schwachen Punkten der gegnerischen Front kündigten eine neue Epoche der Kriegskunst an.

Preußisches Feldlager im Siebenjährigen Krieg – Kolorierter Stich. Münster, Slg. Dr. Bleckwenn

Österreichisches Feldlager im Siebenjährigen Krieg – Kolorierter Stich. Müster, Slg. Dr. Bleckwenn

Feldflagge des preußischen Infanterie-Regiments »von Manstein« 1757
Wien, Heeresgeschichtliches Museum

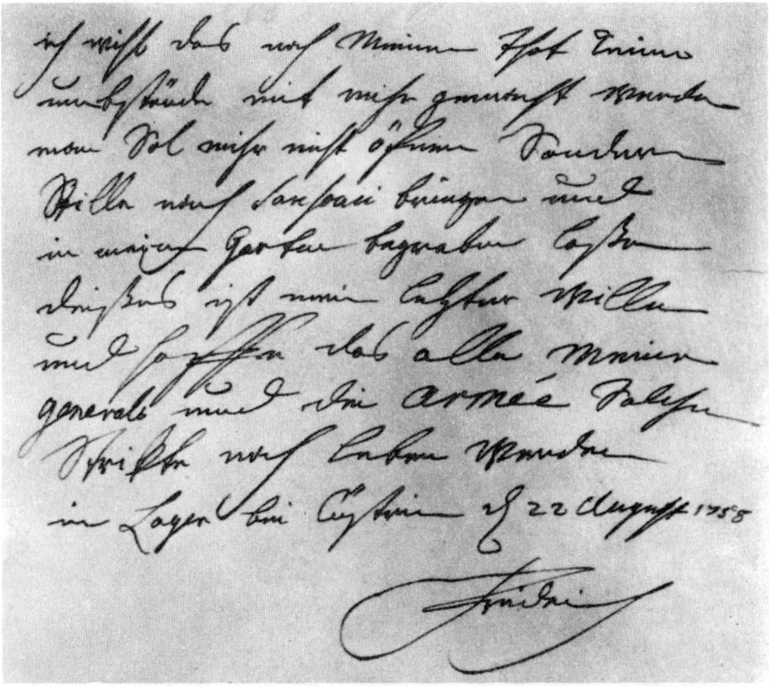

ich wille das nach Meinen Thot Keine
umbständen mit mihr gemacht werden
man Sol mihr nicht öfnen Sondern
Stille nach Sansouci bringen und
in meinen garten begraben lassen
dieses ist mein Lehter Wille
und hoffen das alle meine
generals und die armée Selbiger
Schriften nach leben werden
im Lager bei Cüstrin d 22 Augusti 1758

Friderich

Schlußabsatz des Befehls Friedrichs d. Gr. vor der Schlacht bei Zorndorf (22. August 1758), der mit den Worten beginnt: »order an Meine Generals dießer armée wie Sie Sich im fal zu verhalten haben wen ich Sollte Tot geschoßen werden.« – Ehem. Berlin, Preußisches Geheimes Staatsarchiv. Jetzt Merseburg.

Wien und Paris waren entschlossen, die militärischen Operationen fortzusetzen. Es gelang Friedrich zwar, die Russen am 25. August 1758 bei Zorndorf dank der Seydlitzschen Kavallerie zu schlagen. Bei Hochkirch in der Lausitz (17. November) wurde er aber durch einen kühnen nächtlichen Angriff der Österreicher in eine höchst bedrohliche Situation gebracht, die nur durch die zaudernde Art der Daunschen Kriegsführung nicht zur Katastrophe führte. In der Folge war Friedrich zur strategischen Defensive gezwungen, um so durch eine Ermattungstaktik die Feinde kriegsmüde zu machen.

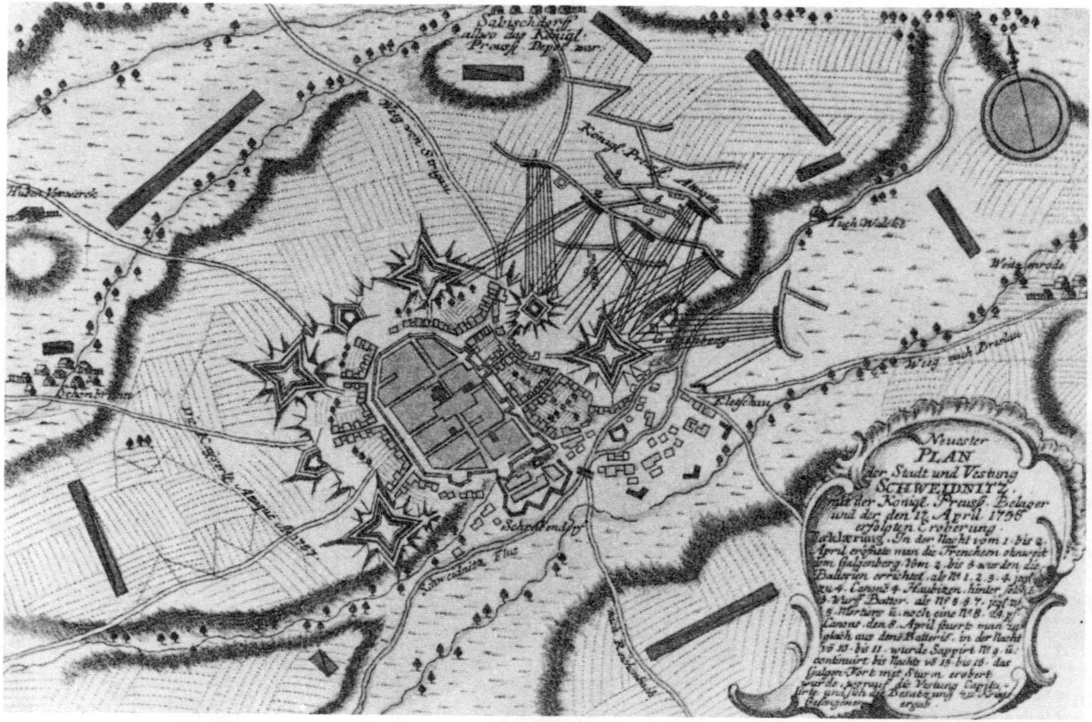

Die Belagerung der Stadt Schweidnitz durch die Preußen im Jahre 1758. – Kupferstich

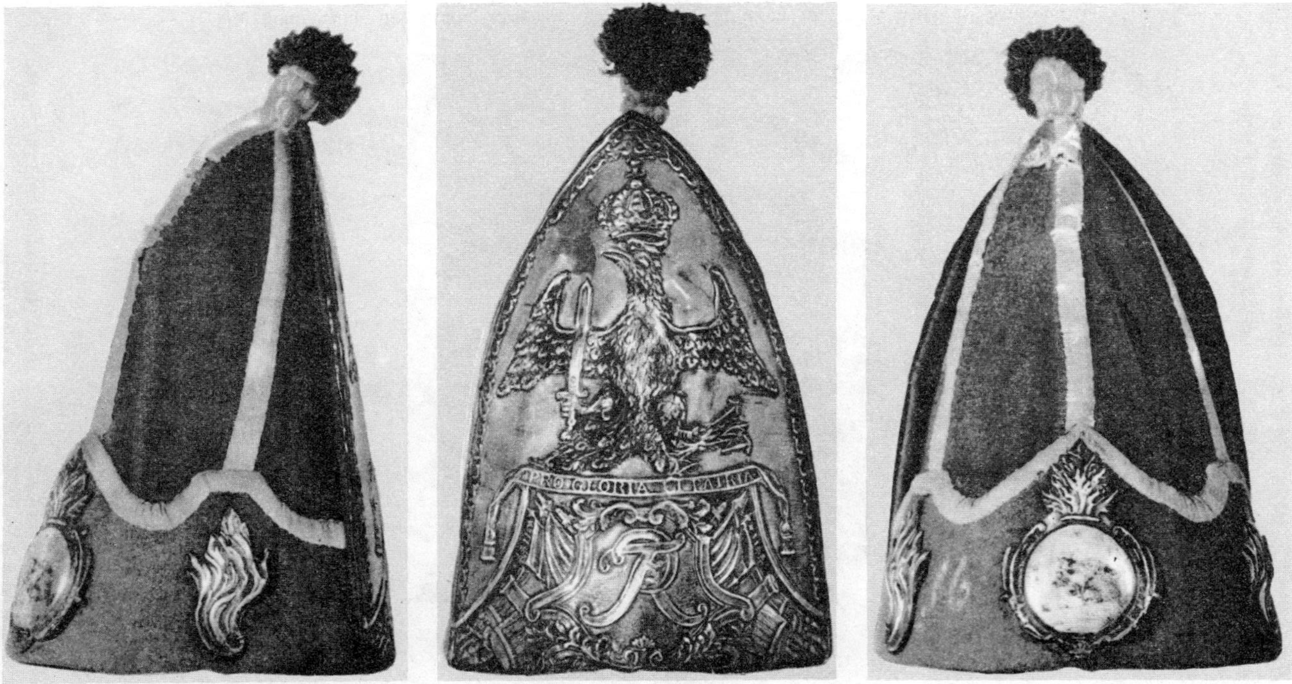

Mütze eines Grenadiers vom Grenadierregiment No. 18 (1745–1786) – Ehem. Berlin, Zeughaus

Österreichische Generäle
des Siebenjährigen Krieges.

Leopold von Daun (1705–1766).
Kupferstich.

Gideon von Laudon (1717–1790).
Kupferstich.

Preußische Generäle
des Siebenjährigen Krieges.

Friedrich W. v. Seydlitz
(1721–1773). Gemälde, 1773.
Ehem. Potsdam, Schloß Sanssouci.

Hans Joachim v. Zieten
(1699–1786).
Gemälde von Anna D. Therbusch.
Ehem. Potsdam, Schloß Sanssouci.

Carl Abraham Freiherr von Zedlitz (1731–1793)
Kupferstich von Daniel Berger

Der aus Schlesien stammende Geheime Staats- und Justizminister von Zedlitz führte seit 1771 Reformen auf dem Gebiet des Schul- und Bildungswesens durch. Er begründete das Oberschulkollegium – das spätere Unterrichtsministerium – und führte 1788 die Abiturientenprüfung ein.

»Da ich gewahr geworden, daß bei den Schulanstalten noch viele Fehler sind, und daß besonders in den kleinen Schulen die Rhetorik und Logik nur sehr schlecht oder gar nicht gelehrt wird, dieses aber eine vorzügliche und höchst notwendige Sache ist, die ein jeder Mensch in jedem Stande wissen muß, und das erste Fundament bei Erziehung junger Leute sein soll – denn wer zum besten räsonniert, wird immer weiter kommen als einer, der falsche conséquences ziehet –, so habe ich Euch hierdurch Meine eigentliche Willensmeinung bekannt machen wollen ...« (Friedrich II. an den Minister von Zedlitz, Potsdam, 5. September 1779).

» ... Denn Ich will, dass in Meinen Landen einem jeden, er sei vornehm oder gering, prompte Gerechtigkeit widerfahre, und nicht zum faveur eines Grösseren gedrückt, sondern einem jeden ohne Unterschied des Standes, und ohne alles Ansehen der Person eine unparteiische Justiz administriret werden soll.« (Friedrich II. an den Minister von Zedlitz, 11. Dezember 1779).

Moses Mendelssohn (1729–1786). Gemälde von J. Chr. Frisch, um 1786. Berlin, Stiftg. Preuß. Kulturbesitz, Staatsbibliothek, Mendelssohn-Archiv.

Angeregt durch ein Buch von Charles Bonnet (1771), das die Wahrheit des Christentums zu beweisen suchte, forderte Lavater den jüdischen Philosophen Moses Mendelssohn auf, diese Beweise entweder zu widerlegen oder, wenn er dies nicht könne, zum Christentum überzutreten. Der sich anschließende Briefwechsel verlief unter der gespannten Anteilnahme des gebildeten Europa. Ein Zuhörer im Parkett hat die Quintessenz des Gesprächs sehr geistvoll durch einen Dialog ironisiert, den er in die »Berlinische Monatsschrift«, das Hauptorgan der Aufklärer in den achtziger Jahren, einrücken ließ. Dort erklärt der Chor der Christen:

»An Gott den Vater glaubt ihr schon,
So glaubt doch auch an Gott den Sohn.
Ihr pflegt doch sonst bei Vaters Leben
Dem Sohne schon Kredit zu geben.«

Ihm antwortet der Chor der Juden:
»Wie sollten wir Kredit ihm geben?
Wird doch der Vater ewig leben.«

Das Religionsgespräch Mendelssohn-Lavater ist von exemplarischer Bedeutung, weil mit Mendelssohn zum ersten Male das traditionsbewußte Judentum in den geistigen Raum des modernen Europa eintrat. Er ist der Vater der jüdischen Emanzipation geworden, nachdem Chr. Wilhelm Dohm in Preußen 1781 mit seinem Buch »Über die bürgerliche Verbesserung der Juden« den Weg gewiesen hatte.

»Moses Mendelssohns Examen am Berliner Thor zu Potsdam« auf dem Weg zum König in Sanssouci. – Kupferstich nach D. Chodowiecki.

Samuel Freiherr von Cocceji (1679 bis 1755). Der Gelehrte und Beamte, der noch unter Friedrich Wilhelm I. Chef der Justiz in allen preußischen Landen wurde, hat bedeutsame Reformen auf dem Gebiet der Rechtsprechung durchgeführt. Ihm ist die Schaffung eines wissenschaftlich geschulten unabhängigen Richterstandes sowie klare Gerichtsverfassung mit dreifachem Instanzenzug und eine moderne Prozeßordnung zu verdanken. — Büste von F. G. Adam und S. Michel. Ehem. Berlin, Nationalgalerie.

Carl Gottlieb Svarez (1746—1798), unermüdlich fleißiger Beamter alten Stils von hoher systematischer Begabung. Sein Hauptverdienst ist die Abfassung des »Allgemeinen Landrechts für die Preußischen Staaten«, das am 5. Februar 1794 verkündet und am 1. Juni 1794 in Kraft getreten ist. — Büste von M. v. Strassen. Ehem. Berlin, Staatsbibliothek.

Immanuel Kant
Büste von Emanuel Bardou. Ehem. Berlin, Deutsches Museum

»Pflicht! Du erhabener, großer Name, der du nichts Beliebtes, was Einschmeichelung bei sich führt, in dir fasset, sondern Unterwerfung verlangst, doch auch nichts drohest, was natürliche Abneigung im Gemüte erregte und schreckte, um den Willen zu bewegen, sondern bloß ein Gesetz aufstellst, welches von selbst im Gemüte Eingang findet und durch sich selbst wider Willen Verehrung erwirbt...« (Kritik der praktischen Vernunft, 1788).

»Pflicht ist die Notwendigkeit einer Handlung aus Achtung fürs Gesetz« (Grundlegung zur Metaphysik der Sitten, 1785).

Friedrich der Große auf einer Inspektionsreise. – Gemälde von J. Chr. Frisch.

Nach dem Frieden von Hubertusburg (15. Februar 1763) begab sich Friedrich II. selbst auf Inspektionsreisen, um sich von den Kriegsschäden ein Bild zu machen und dann seine Anordnungen zu treffen. Die Innenpolitik stand unter der Parole: wirtschaftliches Retablissement. Darunter fiel die Beseitigung von Kriegsschäden, der Wiederaufbau von Städten und Dörfern, die Einrichtung von Dispositionsfonds aus überschüssigen Einnahmen, indirekte Steuern durch staatliche Getreide-, Holz-, Tabak- und Kaffeemonopole. Zum Programm des Retablissements gehörte auch die Industrialisierung Oberschlesiens und der Grafschaft Mark wie auch der Bau verschiedener Schiffahrtskanäle. In diese Friedenstätigkeit fielen außerdem die Reformen auf dem Gebiet der Justiz, des Schul- und Bildungswesens.

»Bis zu meinem letzten Atemzuge werden meine Wünsche dem Glücke des Staates gelten. Möchte er stets mit Gerechtigkeit, Weisheit und Stärke regiert werden! Möchte er durch die Milde der Gesetze der glücklichste, in seinen Finanzen der bestverwaltetste, der am tapfersten verteidigte sein! Möchte er blühen bis ans Ende der Zeiten!« (Auszug aus dem Testament Friedrichs II., 1769).

Friedrich der Große bei der Parade — Kupferstich von D. Chodowiecki.

»Laßt ihn schlafen, er hat lange genug für uns gewacht« (Friedrich der Große über Zieten, der an der Tafel eingenickt ist) — Kupferstich von D. Chodowiecki.

Der Tod Friedrichs des Großen in Schloß Sanssouci
rechts sein Neffe und Nachfolger Friedrich Wilhelm II.
Radierung nach einer Zeichnung von F. W. Bock

Während seiner letzten Lebensjahre hatte Friedrich der Große häufig Überlegungen über sein Leben und über den Tod angestellt, denen er in Briefen und Gesprächen Ausdruck gab: »Ich meinerseits nähere mich schon dem Zustande von Apathie, wohin das Alter die betagten Schwätzer führt; ich sehe, ohne mich zu beunruhigen, wegsterben und geboren werden, an wen die Reihe kommt, daß er in die Welt tritt oder daraus geht. Indes habe ich dennoch den Tod der Kaiserin-Königin (Maria Theresia) bedauert: sie hat ihrem Thron und ihrem Geschlecht Ehre gemacht; ich habe mit ihr Krieg geführt, aber nie war ich ihr Feind« (Friedrich II. an D'Alembert, 6. Januar 1781).

»Den Tod des großen Königs mag Europa nur beweinen! Denn nunmehr ist der Schimmer von Aufklärung und Denkfreiheit wohl auf immer dahin, womit man sich einmal schmeichelte, solange sein großes Beispiel den Ton angab.« (J. G. Forster an J. K. Ph. Spener, Wilna, 4. Oktober 1786)

»Als Soldat betrauere ich den Tod eines großen Mannes, der in der Kriegsgeschichte stets Epoche machen wird. Als Bürger beklage ich es, daß dieser Tod dreißig Jahre zu spät eingetreten ist; im Jahre 1756 wäre er ungleich vorteilhafter gewesen als 1786. Auf seinen Nachfolger setze ich nicht die mindeste Hoffnung ...« (Kaiser Joseph II. an Fürst Kaunitz, Wien, 21. August 1786).

Friedrich Wilhelm II. (1744–1797) erwarb sich bei seinem Regierungsantritt (1786) durch die Aufhebung der Tabak- und Kaffeeregie Friedrichs II. eine gewisse Popularität, die er aber bald wieder durch reaktionäre Maßnahmen, wie das gegen die philosophische Aufklärung gerichtete Wöllnersche Religionsedikt, verlor. Spiritistisch-mystische Schwärmereien hatten während seiner Regierungszeit fatale Auswirkungen, da Günstlinge, wie der ehemalige Pfarrer von Wöllner und der ehemalige sächsische Offizier von Bischoffswerder, zu großem Einfluß gelangten. Die deutsche Literatur und die Schönen Künste, vor allem die Baukunst, erlebten unter Friedrich Wilhelm II. einen ungeahnten Aufschwung. – Gemälde von Anton Graff. Berlin, Staatl. Schlösser und Gärten, Pfaueninsel.

Eine der Mätressen Friedrich Wilhelms II., die wenig gebildete Wilhelmine Enke, spätere Gräfin Lichtenau, schenkte diesem schon in der Kronprinzenzeit einige Kinder, unter ihnen den Grafen von der Mark, der mit acht Jahren starb und in der Dorotheenstädtischen Kirche beigesetzt wurde. – Gemälde von Anton Graff, 1787. Berlin, Berlin-Museum.

»Im Anfange meiner Bekanntschaft mit dem Kronprinzen, als meine Mutter schon die Pension von 50 Rtlr. monatlich bekam, erhielt ich von ihm nichts einem Gehalte oder einer Pension Ähnliches ... Genug, eine ärmere Geliebte – eines künftigen Thronerben – hat es schwerlich je und irgendwo gegeben, und daß ich diesen Zeitpunkt der Flitterwochen nicht benutzte, ist ein sicherer Beweis, daß das Talent der Bereicherungskunst mir von der Natur versagt sein muß« (Aus den Memoiren der Gräfin Lichtenau).

Das Grabmal des Grafen von der Mark, von Gottfried Schadow, 1790
Berlin, Dorotheenstädtische Kirche

Die Erstürmung der Bastille in Paris am 14. Juli 1789
Zeichnung von Jean Pierre Houel. Paris, Musée Carnavalet

Die Zusammenkunft König Friedrich Wilhelms II. mit Kaiser Leopold II. in Pillnitz, am 24. August 1791. – Kupferstich

Die Belagerung von Mainz durch die alliierten Heere im Jahre 1792
Aus einem kolorierten Stich von G. M. Kraus. Düsseldorf, Goethe-Museum

»Die Revolution hat die ganze Nationalkraft des Französischen Volks in Thätigkeit gesetzt, dadurch die Gleichstellung der verschiedenen Stände und die gleiche Besteuerung des Vermögens, die lebendige Kraft in Menschen und die todte der Güter zu Einem wuchernden Capital umgeschaffen, und dadurch die ehemaligen Verhältnisse der Staaten zu einander und das darauf beruhende Gleichgewicht aufgehoben« (N. von Gneisenau).

Die Bedrohung durch die französische Revolution und das Gefühl für die dynastische Solidarität der Throne führte im August 1791 zu einer Zusammenkunft Friedrich Wilhelms II. mit Kaiser Leopold II. In der »Pillnitzer Erklärung« wurde das gemeinsame Interesse an der Wiederherstellung des Königtums der Bourbonen in Frankreich betont. Es folgte ein Militärbündnis zwischen Preußen und Österreich, dem später das Reich, Holland, Spanien, Portugal und England beitreten sollten. Der erste Koalitions- und Interventionskrieg gegen das revolutionäre Frankreich wurde ein schwerer Mißerfolg. Eine preußische Offensive im Sommer 1792 endete nach der erfolglosen Kanonade von Valmy – »von hier und heute geht eine neue Epoche der Weltgeschichte aus« (Goethe, Campagne in Frankreich) – in einem Rückzug. Auf Betreiben Hardenbergs zog sich Preußen aus der Koalition zurück und schloß mit der Französischen Republik am 5. April 1795 den Sonderfrieden von Basel.

Das Brandenburger Tor, das in den Jahren 1789–1794 von C. G. Langhans erbaut wurde – ohne die Quadriga von Gottfried Schadow, die erst nach 1794 das Bauwerk krönte

Die von König Friedrich Wilhelm II. 1793 gestiftete Militär-Verdienstmedaille, die erste tragbare Verdienstmedaille in Preußen für Unteroffiziere und Mannschaften, deren Tapferkeit bis dahin mit fünf oder drei Talern belohnt wurde. – Dortmund, Slg. Max Aurich.

Friedrich Wilhelm III. (1770–1840) und seine Gattin Luise (1776–1810)
Gemälde von F. C. Weitsch
Berlin, Staatl. Schlösser und Gärten, Schloß Charlottenburg

Friedrich Wilhelm II. war 1797 an der Wassersucht gestorben. Sein Sohn Friedrich Wilhelm III. machte mit den lockeren Sitten am väterlichen Hof ein Ende, indem er die Günstlinge seines Vorgängers entließ und dessen Mätresse, die Gräfin Lichtenau, verbannte. Mit seiner bürgerlich-schlichten Lebensanschauung, seinem einfachen und unliterarischen Lebenszuschnitt ist Friedrich Wilhelm III. ein echter Bürgerkönig gewesen.

Prinz Louis Ferdinand (1772–1806).
Zeitgenössisches Gemälde.
Ehem. Preußisches Königshaus.

Herzog Karl Wilhelm Ferdinand
von Braunschweig (1735–1806).
Gemälde von J. Schwartz, 1797.
Braunschweig,
Herzog-Anton-Ulrich-Museum.

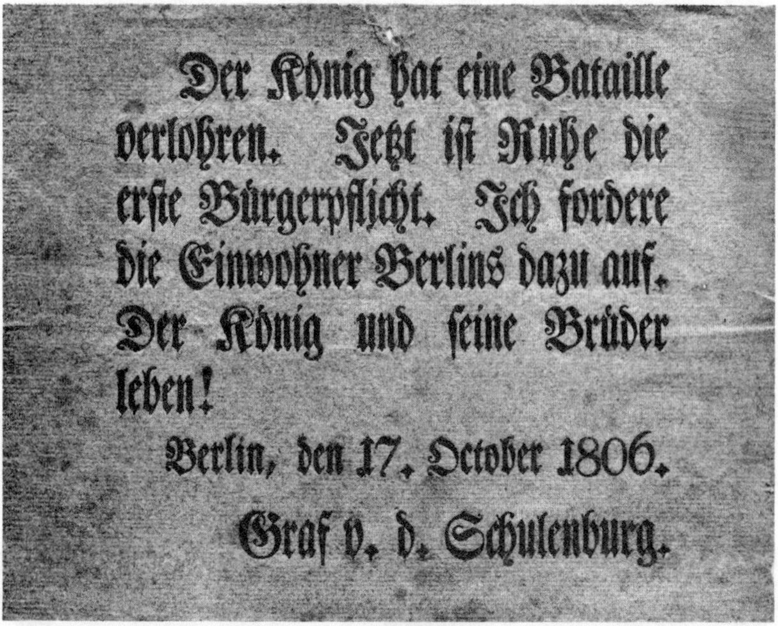

Der König hat eine Bataille verlohren. Jetzt ist Ruhe die erste Bürgerpflicht. Ich fordere die Einwohner Berlins dazu auf. Der König und seine Brüder leben!

Berlin, den 17. October 1806.

Graf v. d. Schulenburg.

»Der König hat eine Bataille verlohren«
Aufruf an die Berliner nach der Niederlage von Jena-Auerstedt
Berlin, Landesarchiv

Mit dem Eintritt Napoleon Bonapartes in die europäische Politik verschoben sich die Machtverhältnisse zugunsten Frankreichs. Im Spätherbst 1805 kam es zu einer Annäherung Preußens an Rußland und im Sommer 1806 zum Versuch Preußens, einen Norddeutschen Bund zu bilden, um dem Einfluß Frankreichs auf das »dritte Deutschland« entgegenzutreten. Ungeschicktes Taktieren der preußischen Diplomatie führte zum Krieg. Bei Saalfeld kam es am 10. Oktober zu einem ersten Gefecht mit den Franzosen, bei dem Prinz Louis Ferdinand fiel. Das unter dem Oberbefehl des Herzogs von Braunschweig stehende preußische Heer wurde am 14. Oktober in der Doppelschlacht von Jena und Auerstedt von Napoleon und Marschall Davout vernichtend geschlagen. Am 27. Oktober 1806 zog Napoleon als unumschränkter Sieger in Berlin ein.

». . . Da die Affäre von Auerstedt derartig ausgegangen ist, so hält man es für das beste von Berlin abzureisen . . . Übrigens hoffe ich, daß noch nicht alles verloren ist und Gott uns noch helfen wird. Du hast noch Truppen, das Volk verehrt Dich und ist bereit, alles zu tun. Gott möge Dich segnen und Dir in dem schlimmsten Augenblick Deines Lebens helfen . . . Der Herzog ist die einzige Ursache unsere Unglückes, er konnte das Heer nicht führen, wie man überall sagt.« (Königin Luise an Friedrich Wilhelm III., Berlin, 17. Oktober 1806).

Umschlagszeichnung der von Kleist und A. H. Müller herausgegebenen Zeitschrift »Phöbus«, 1808

»Der Umschlag stellt den Sonnengott vor auf seiner Quadriga, umtanzt von den Horen, und Dresden erleuchtend. Über ihm die Himmelszeichen vom Löwen zum Schütz. Die Zeichnung war ursprünglich von dem genialen Hartmann zu einem Vorhang für das Dresdener Theater entworfen, da sie aber wegen Kostbarkeit der Aufführung nicht genehmigt ward, so fand sie hier einen bezeichnenden Platz. Sie ist vortrefflich gruppiert und gedacht, richtig und rein, und ein Schmuck des Journals« (»Der Freimüthige« – Berlin 5./6. Februar 1808).

Heinrich von Kleist (1777–1811)
Kreidezeichnung von Wilhelmine v. Zenge um 1806
Ehem. Dresden, Privatbesitz

»Ja, thun, was der Himmel sichtbar, unzweifelhaft von uns fordert, das ist genug – Leben, solange die Brust sich hebt, genießen, was rundum blüht, hin und wieder etwas Gutes thun, weil das auch ein Genuß ist, arbeiten, damit man genießen und wirken könne, Andern das Leben geben, damit sie es wieder so machen und die Gattung erhalten werde – und dann sterben – Dem hat der Himmel ein Geheimnis eröffnet, der das thut und weiter nichts« (Kleist an Wilhelmine v. Zenge, Paris, 15. August 1801).

»Kleist ist angekommen, eine sehr eigentümliche, ein wenig verdrehte Natur, wie das fast immer der Fall, wo sich Talent aus der alten preußischen Montierung durcharbeitete. Er ist der unbefangenste, fast zynische Mensch, der mir lange begegnet, hat eine gewisse Unbestimmtheit in der Rede, die sich dem Stammern nähert und in seinen Arbeiten durch stetes Ausstreichen und Abändern sich äußert. Er lebt sehr wunderlich, oft ganze Tage im Bette, um da ungestörter bei der Tabakspfeife zu arbeiten« (Achim von Arnim an W. Grimm, Anfang April 1810).

»Auf nach Berlin«
Karikatur von Gottfried Schadow auf Napoleons Marsch nach Berlin, 1806

Quartierzettel für einen französischen Soldaten
während der Besatzungszeit in Berlin, 1808

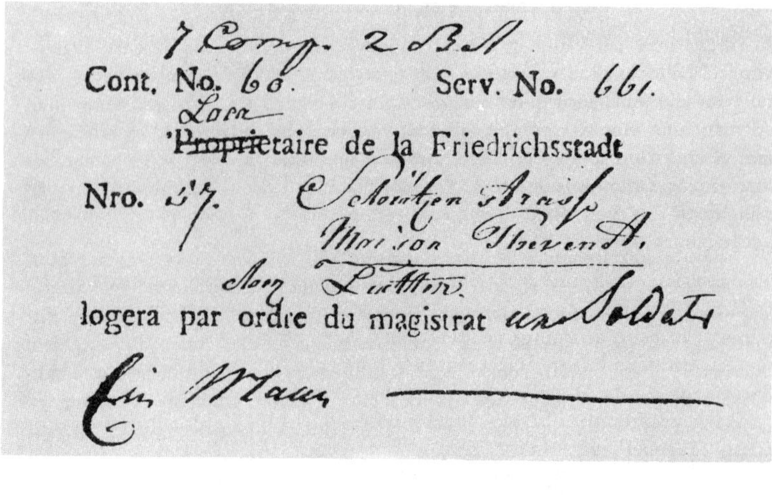

7 Comp. 2 B.
Cont. No. 60. Serv. No. 661.
~~Propri~~taire de la Friedrichsstadt
Nro. 57. Schützen Strass
Maison Thevendt.
logera par ordre du magistrat un Soldat
Ein Mann

Napoleon auf dem Schlachtfeld von Preußisch-Eylau
Gemälde von Antoine Jean Gros, 1808. Paris, Louvre

»Als Patriot seufzte ich. Man hat in Zeiten des Friedens viel vernachlässigt, sich mit Kleinigkeiten abgegeben, des Publikums Schaulustigkeit gefrönt, und den Krieg, eine sehr ernsthafte Sache, vernachlässigt. Der Geist der Offiziere ist vortrefflich, und hieraus kann ich große Hoffnung versprechen, aber, aber ... « (Aufzeichnung Gneisenaus, Winter 1806/07).

Am 30. Oktober 1806 wurde ein Präliminarfriede in Charlottenburg unterzeichnet, der die Abtretung aller linkselbischen Gebiete außer Magdeburg und der Altmark und eine Kriegsentschädigung vorsah. Friedrich Wilhelm III. entschied sich aber, an der Seite des Zaren weiterzukämpfen. In der Schlacht von Preußisch-Eylau am 7./8. Februar 1807 wurde Napoleon durch eine russische Armee und durch das von Scharnhorst beratene preußische Korps L'Estocq vorübergehend aufgehalten.

»10. Februar. Am 7. und 8. ist denn wirklich eine sehr blutige Schlacht gewesen, in der Nähe von Eylau, aber die Franzosen haben sich wieder zurückziehen müssen; es heißt allerdings geordnet und ohne Niederlage. Ein Offizier brachte die Nachricht und sagte, die Franzosen hätten 12 000 Mann verloren und die Russen nur 8000. Die alliierte Armee hat Wunder der Tapferkeit getan und 12 Adler genommen ... Das ist sehr schön und ehrenvoll, aber es ist doch kein Sieg!« (Tagebuchaufzeichnung der Gräfin v. Voß).

Zusammenkunft Napoleons mit dem Zaren Nikolaus am 25. Juni 1807
Gemälde von A. Roehn. Versailles, Museum

Der von Napoleon geforderte Bruch mit Rußland wurde von Friedrich Wilhelm III. zurückgewiesen. Im Hauptquartier des russischen Generals Bennigsen in Bartenstein wurde am 26. April 1807 ein russisch-preußisches Schutz- und Trutzbündnis unterzeichnet. Von Rußland wurde der Bartensteiner Vertrag jedoch schon nach sechs Wochen gebrochen, da Zar Alexander nach der verlorenen Schlacht von Friedland am 14. Juni einen Sonderfrieden mit Napoleon anstrebte. Auf einem Floß im Njemen begannen die beiden Herrscher ihre Verhandlungen, die am 7. Juli zur Unterzeichnung eines Friedens- und Bündnisvertrages in Tilsit führten. Preußen dagegen blieb der Gnade des Korsen schutzlos ausgeliefert. Der Versuch Königin Luises, durch den Zauber ihrer Persönlichkeit mildere Friedensbedingungen bei Napoleon zu erreichen, war erfolglos. Durch das Tilsiter Friedensdiktat vom 9. Juli sank Preußen zu einer untergeordneten Macht herab.

Die tiefste Erniedrigung

Wehe, mein Vaterland, dir! Das Lied dir zum Ruhme zu singen,
Ist, getreu dir im Schoß, mir, deinem Dichter, verwehrt!'

Heinrich von Kleist (1809)

Empfang der Königin Luise durch Napoleon in Tilsit
Gemälde von Nicolas Gosse. Versailles, Museum

»Die Königin von Preußen hat gestern mit mir gespeist. Ich mußte tüchtig auf meiner Hut sein, um ihr nicht einige Konzessionen für ihren Mann zu bewilligen, zu denen sie mich nötigen wollte. Aber ich war galant und hielt mich an meine Politik ... Die Königin von Preußen ist eine entzückende Frau. Sie ist sehr liebenswürdig gegen mich. Du brauchst aber nicht eifersüchtig zu sein. Ich bin wie ein Wachstuch, an dem alles abgleitet ... Es würde mich übrigens teuer zu stehen kommen, den Galanten zu spielen« (Napoleon an Kaiserin Josephine, am 7. und am 8. Juli 1807).

Karl Freiherr vom Stein (1757–1831). Schabkunstblatt von P. J. Lützenkirchen

Die Bauernbefreiung durch das Edikt Steins vom 9. Oktober 1807
Merseburg, Deutsches Zentralarchiv

§. XII.

Mit dem Martini-Tage Ein tausend Acht hundert und Zehn (1810.) hört alle Guts-Unterthänigkeit in Unsern sämtlichen Staaten auf. Nach dem Martini-Tage 1810. giebt es nur freie Leute, so wie solches auf den Domainen in allen Unsern Provinzen schon der Fall ist, bei denen aber, wie sich von selbst versteht alle Verbindlichkeiten, die ihnen als freien Leuten vermöge des Besitzes eines Grundstücks, oder vermöge eines besondern Vertrages obliegen, in Kraft bleiben.

Nach dieser Unsrer allerhöchsten Willensmeinung hat sich ein Jeder, den es angeht, insonderheit aber Unsre Landes-Collegia und übrigen Behörden genau und pflichtmäßig zu achten, und soll die gegenwärtige Verordnung allgemein bekannt gemacht werden.

Urkundlich unter Unserer höchsteigenhändigen Unterschrift. So geschehen Memel, den 9ten October 1807.

Friedrich Wilhelm.

Karl August Fürst von Hardenberg (1750–1822). Kupferstich

Die Ereignisse der Jahre 1805 bis 1807 offenbarten die Krise des absolutistischen Staates und die Notwendigkeit grundlegender politischer Reformen. Durch das »Edikt, den erleichterten Besitz und den freien Gebrauch des Grund-Eigenthums so wie die persönlichen Verhältnisse der Land-Bewohner betreffend« sollte in den vier alten preußischen Provinzen eine grundlegende Reform der bäuerlichen Verhältnisse (Aufhebung der Erbuntertänigkeit, Freiheit vom Gesindedienst, Recht des Abzugs von der Scholle) bewirkt und gegen die Fronde des grundbesitzenden Adels ein freier Bauernstand geschaffen werden. Dieses Reformwerk, das in der Ministerschaft des Freiherrn vom Stein (Juli 1807 bis November 1808) begonnen wurde, kann als Übergang vom Absolutismus zum Verfassungsstaat betrachtet werden.
Die Reformen des im Juni 1810 zum Staatskanzler ernannten Ministers Karl August von Hardenberg bestanden im wesentlichen in der Einführung der Gewerbefreiheit (1811), der bürgerlichen Gleichstellung der Juden (1812) und dem Gendarmerie-Edikt (1812).
»Wir müssen reformieren, um nicht zu revolutionieren; zu jenem helfe, vor diesem bewahre uns Gott!« (Friedrich vom Raumer an seine Eltern, 1811).

Neithardt von Gneisenau
Gemälde, um 1800. Privatbesitz

»Du kennst meine Ansicht der Politik in Europa. Ich halte die alten Regierungen für verloren ... Ein Mann mit solchen Talenten und solcher Gewalt wie Napoleon, mit einer solchen Kenntnis der ihm entgegenstehenden Höfe und der Nichtswürdigkeit der meisten Menschen, und mit einer solchen Verwegenheit, wird und muß seine Pläne zur Reife bringen, sofern er das Leben behält. Er wird das feste Land von Europa unterjochen, weil er den kräftigen Willen dazu hat und die alten Herrscher werden zugrunde gehen, weil keine Einheit in ihren Maßregeln und keine Kühnheit zum Entschlusse da ist« (Gneisenau an seine Gattin, Stockholm, 15. Januar 1810).
»G(neisenau) ist ein herrlicher Mann ... Ich bin gewiß, daß wenn er den Platz fände, für den er sich geschaffen und bestimmt fühlt, ich, irgendwo in seiner Umringung, den meinigen gefunden haben würde. Wie glücklich würde mich dies, in der Stimmung, in der ich jetzt bin, gemacht haben! Denn es ist eine Lust, bei einem tüchtigen Mann zu sein; Kräfte, die in der Welt nirgends mehr an ihrem Orte sind, wachen, in solcher Nähe und unter solchem Schutze, wieder zu einem neuen freudigen Leben auf« (Kleist an Marie von Kleist, Berlin, 17. September 1811).

Carl von Clausewitz. – Gemälde von Wilhelm Wach, 1830

Manuskriptbeginn der Vorlesungen über die Kriegskunst für den Kronprinzen Friedrich Wilhelm. Berlin, Stiftg. Preuß. Kulturbesitz, Staatsbibl., Handschriftenabtlg.

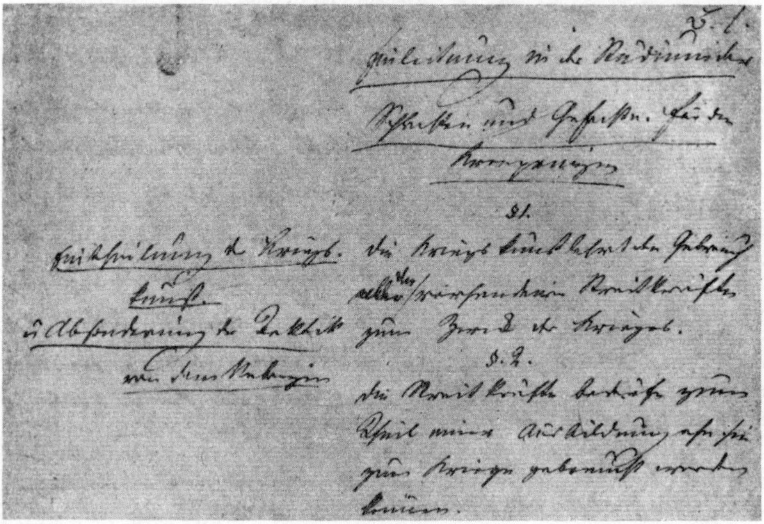

Gerhard J. D. von Scharnhorst (1755–1813)
Gemälde von Friedrich Bury. Hannover, Historisches Museum

»... Man muß der Nation Selbständigkeit einflößen, man muß ihr Gelegenheit geben, daß sie mit sich selbst bekannt wird, daß sie sich ihrer selbst annimmt, nur erst dann wird sie sich selbst achten und von Anderen Achtung zu erzwingen wissen. Darauf hinzuarbeiten, dies ist alles, was wir können. Die alten Formen zerstören, die Bande des Vorurtheils lösen, die Wiedergeburt leiten, pflegen und sie in ihrem Wachsthum nicht hemmen, weiter reicht unser hoher Wirkungskreis nicht. So sehe ich die Sache, so sehe ich unsere Lage an« (Scharnhorst an Clausewitz, 27. November 1807).

Clausewitz über das Programm von Scharnhorst:

»Die Hauptzwecke, welche er (Scharnhorst) sich bei der Reorganisation der Armee vorsetzte, waren:

1. Eine der neuen Kriegsart entsprechende Einteilung, Bewaffnung und Ausrüstung.
2. Veredlung der Bestandteile und Erhebung des Geistes. Daher die Abschaffung des Systems der Anwerbung von Ausländern, eine Annäherung an die allgemeine Verpflichtung zum Kriegsdienste, Abschaffung der körperlichen Strafen, Einrichtung guter militärischer Bildungsanstalten.
3. Eine sorgfältige Auswahl derjenigen Offiziere, welche an die Spitze der größeren Abteilungen gestellt wurden ...
4. Neue, der heutigen Kriegsart angemessene Übungen.«

Königin Luise von Preußen im Jagdkostüm
Gemälde von W. Ternite. Berlin, Staatl. Schlösser und Gärten, Jagdschloß Grunewald

»... ich habe mir zum Grundsatz gemacht, sanft, schonend, gütig gegen jeden zu sein, und eben dadurch, fürchte ich, werde ich schwach und meine Selbständigkeit verlieren ...« (Königin Luise an ihren Bruder Georg, Potsdam, 14. November 1799).

»... Ich leugne nicht, daß mich diese Tage sehr erschüttert haben. Die Königin war, auch bloß als Frau betrachtet, von einer seltenen Harmonie in ihrem ganzen Wesen; sie hatte wirkliche Größe und alle Sanftmut, die nur aus den herzlichsten häuslichen Verhältnissen hervorgehen kann; sie war dabei uns sehr gut, und wir haben unendlich viel mit ihr verloren.«

Wilhelm von Humboldt an seine Gattin Caroline über den Tod der Königin Luise (Berlin, 31. Juli 1810).

Johann Gottlieb Fichte (1762–1814)
Zeichnung von Friedrich Bury, um 1800
Privatbesitz

Friedrich Schleiermacher (1768–1834)
Zeichnung, 1808. Berlin, Privatbesitz

Das Gebäude der von Wilhelm v. Humboldt 1809 begründeten Berliner Universität, das ehemalige Palais des Prinzen Heinrich. Kupferstich

»Am dreiundzwanzigsten Dezember 1809 ward die königliche Kabinettsorder, welche die Errichtung der Universität befahl, unterzeichnet. Den neunten September 1810 ward sie feierlich eröffnet. Männer von großem Ruf glänzten schon bei der ersten Errichtung in allen Fakultäten. Schleiermacher vor allem in der theologischen. Es gibt keinen, der wie er die Gesinnung der Einwohner hob und regelte und in allen Klassen eine nationale, eine religiöse, eine tiefere geistige Ansicht verbreitete« (Henrik Steffens, Was ich erlebte, 1841/44).

Wilhelm v. Humboldt (1767–1835)
Lithographie nach einer Zeichnung von Franz Krüger

Rückzug der Franzosen aus Rußland
Aus einem Aquarell von Johann A. Klein. Wien, Albertina

In den weiten Schneefeldern Rußlands mußte Napoleon seine Träume von einer Weltherrschaft begraben. Dem Hunger und der Kälte, den Bundesgenossen der russischen Kriegsführung, fiel seine Armee zum Opfer. Die Reste der »Großen Armee« flüchteten in ungeordneten Formationen und in elendem Zustand über die Beresina und den Njemen. In dieser günstigen Situation schloß General Yorck auf eigene Faust mit dem russischen General Diebitsch am 30. Dezember 1812 auf der Poscheruner Mühle bei Tauroggen eine Konvention ab, die den von Napoleon im Februar 1812 erzwungenen preußischen Bündnisvertrag faktisch annullierte und das preußische Hilfskorps in der napoleonischen Rußlandarmee für neutral erklärte. Die militärische Bedeutung dieses Schrittes war unbedeutend, politisch dagegen war er das Signal für die preußische Erhebung und den Beginn der Befreiungskriege. Das eigenmächtige Handeln Yorcks hat seinerzeit die Gemüter noch lange erregt, da er ohne irgendeinen ausdrücklichen Befehl die Verantwortung für diesen Schritt in dem guten Glauben übernommen hatte, daß man die Chancen einer geschichtlichen Stunde nicht ungenützt verstreichen lassen dürfe.

H. D. Ludwig Graf Yorck von Wartenburg (1759–1830)
Gemälde von Carl A. Herrmann, 1824. Privatbesitz

»... Die Lage der Dinge ist plötzlich durch den Verrat des Generals Yorck verändert worden, der mit dem 20 000 Mann starken, unter seinem Befehl stehenden preußischen Korps zum Feind übergegangen ist ... Eine seiner weiteren Folgen könnte darin bestehen, daß der Krieg sich Deutschland nähere. Ich habe alle angemessenen Anordnungen getroffen, um die Grenzen des Rheinbundes zu schützen ...« (Napoleon an seinen Bruder Jérôme, Paris, 18. Januar 1813).

Schlesische privilegirte Zeitung.

No. 34. Sonnabends den 20. März 1813.

Se. Majestät der König haben mit Sr. Majestät dem Kaiser aller Reußen ein Off- und Defensiv-Bündniß abgeschlossen.

An Mein Volk.

So wenig für Mein treues Volk als für Deutsche, bedarf es einer Rechenschaft, über die Ursachen des Kriegs welcher jetzt beginnt. Klar liegen sie dem unverblendeten Europa vor Augen.

Wir erlagen unter der Uebermacht Frankreichs. Der Frieden, der die Hälfte Meiner Unterthanen Mir entriß, gab uns seine Segnungen nicht; denn er schlug uns tiefere Wunden, als selbst der Krieg. Das Mark des Landes ward ausgesogen, die Hauptfestungen blieben vom Feinde besetzt, der Ackerbau ward gelähmt so wie der sonst so hoch gebrachte Kunstfleiß unserer Städte. Die Freiheit des Handels ward gehemmt, und dadurch die Quelle des Erwerbs und des Wohlstands verstopft. Das Land ward ein Raub der Verarmung.

Durch die strengste Erfüllung eingegangener Verbindlichkeiten hoffte Ich Meinem Volke Erleichterung zu bereiten und den französischen Kaiser endlich zu überzeugen, daß es sein eigener Vortheil sey, Preußen seine Unabhängigkeit zu lassen. Aber Meine reinsten Absichten wurden durch Uebermuth und Treulosigkeit vereitelt, und nur zu deutlich sahen wir, daß des Kaisers Verträge mehr noch wie seine Kriege uns langsam verderben mußten. Jetzt ist der Augenblick gekommen, wo alle Täuschung über unsern Zustand aufhört.

Brandenburger, Preußen, Schlesier, Pommern, Litthauer! Ihr wißt was Ihr seit fast sieben Jahren erduldet habt, Ihr wißt was euer trauriges Loos ist, wenn wir den beginnenden Kampf nicht ehrenvoll enden. Erinnert Euch an die Vorzeit, an den großen Kurfürsten, den großen Friedrich. Bleibt eingedenk der Güter die unter

Erste Seite der »Schlesischen privilegirten Zeitung« in Breslau vom 20. März 1813 mit dem Beginn des Aufrufs »An mein Volk«

Nach dem Bruch Preußens mit Frankreich erhob sich, angefacht vor allem durch Lieder und Flugschriften Ernst Moritz Arndts, eine Welle vaterländischer Begeisterung in allen preußischen Provinzen. König Friedrich Wilhelm III., der dem eigenmächtigen Vorgehen Yorcks mit gemischten Gefühlen gegenübergestanden hatte, faßte nur zögernd und unter dem Einfluß seiner Berater den Entschluß zur Eröffnung des Krieges. Der Bündnisvertrag vom 28. Februar 1813, der in Kalisch mit dem Zaren Alexander geschlossen wurde, sah die Wiederherstellung des preußischen Besitzstandes von 1806 mit Entschädigungen in Norddeutschland vor. Der Mobilmachung vom 12. Februar folgte am 17. März der von dem Staatsrat von Hippel verfaßte Aufruf »An mein Volk«.

Das »Eiserne Kreuz von 1813« wurde durch König Friedrich Wilhelm III. gestiftet. Der Entwurf stammte von Karl Friedrich Schinkel. Bevor die ersten Kreuze in Eisen gegossen werden konnten, kam es bereits zu Taten, die eine sichtbare Anerkennung verdienten. Zu diesem Zweck wurden Stoffkreuze (Mitte) geschaffen, indem man die bereits gelieferten schwarzweißen (für Kombattanten) und weißschwarzen (für Nichtkombattanten) Ordensbänder in Abschnitte zerteilte und die jeweils passenden Teile kreuzweise übereinander auf die Uniform nähte. – Auf Befehl des Königs war die glatte Rückseite des »Eisernen« Kreuzes II. Klasse sichtbar zu tragen (links). Hierdurch sollte die Schlichtheit des Ordens besonders hervorgehoben werden. Erst seit 1838 wurde die beschriftete Seite nach außen getragen (rechts). – Dortmund, Slg. Max Aurich.

URKUNDE ÜBER DIE STIFTUNG DES EISERNEN KREUZES

Wir Friedrich Wilhelm, von Gottes Gnaden König von Preußen etc etc. In der jetzigen großen Katastrophe, von welcher für das Vaterland Alles abhängt, verdient der kräftige Sinn, der die Nation so hoch erhebt, durch ganz eigenthümliche Monumente geehrt und verewigt zu werden. Daß die Standhaftigkeit, mit welcher das Volk die unwiderstehlichen Uebel einer eisernen Zeit ertrug, nicht zur Kleinmüthigkeit herabsank, bewährt der hohe Muth, welcher jetzt jede Brust belebt und welcher, nur auf Religion und auf treue Anhänglichkeit an König und Vaterland sich stützend, ausharren konnte.
Wir haben daher beschlossen, das Verdienst welches in dem jetzt ausbrechenden Kriege, entweder im wirklichen Kampf mit dem Feinde oder außerdem im Felde oder daheim jedoch in Beziehung auf diesen großen Kampf um Freiheit und Selbstständigkeit, erworben wird, besonders auszuzeichnen und diese eigenthümliche Auszeichnung nach diesem Kriege nicht weiter zu verleihen ...

Verordnung

über

die Organisation

der

Landwehr.

De dato Breslau, den 17ten März 1813.

Minden, gedruckt bei Georg Wilhelm Eßmann.

»... Sie (die Landwehr) ist die Wehr des Vaterlandes in Zeit des Krieges, besonders wann ein feindliches Volk mit zahlreichen Haufen sich heranwälzt und das Vaterland zu unterdrücken droht ...« (E. M. Arndt, Was bedeutet Landsturm und Landwehr? 1813).

Lützower Jäger (links unten Theodor Körner)
Gemälde von Friedrich G. Kersting, 1815
Berlin, Stiftg. Preuß. Kulturbesitz, Nationalgalerie

Lützows wilde Jagd

Was glänzt dort vom Walde im Sonnenschein?
Hör's näher und näher brausen.
Es zieht sich herunter in düsteren Reihn,
und gellende Hörner schallen darein
und erfüllen die Seele mit Grausen.
Und wenn ihr die schwarzen Gesellen fragt:
es ist Lützows wilde verwegene Jagd (Theodor Körner).

Ernst Moritz Arndt (1796–1860). – Aquarell, 1814. Bonn, Stadtarchiv

»... Nun, da Gott den Weg gewiesen hat, müssen alle Völker sich erheben, vor allem aber muß in allen Landschaften, Kreisen und Gauen das deutsche Volk sich erheben, denn kein Volk ist von ihm (Napoleon) mehr geschunden und gemißhandelt worden, als gerade das deutsche Volk« (E. M. Arndt, Was bedeutet Landsturm und Landwehr? 1813).

Der Frühjahrsfeldzug von 1813 brachte den Verbündeten nicht den erhofften Sieg. Napoleon führte ein neues Heer, das aus mangelhaft ausgerüsteten französischen Rekruten, aus Truppen der Rheinbundstaaten und aus Resten der Großen Armee bestand, an die Elblinie. Die Verbündeten, die den Vormarsch Napoleons aufhalten wollten, wurden in zwei Schlachten bei Großgörschen (2. Mai 1813) und bei Bautzen (20./21. Mai) geschlagen. Napoleon wie die Verbündeten fühlten sich jedoch nicht stark genug, den Krieg mit Aussicht auf Erfolg weiterzuführen. Am 4. Juni kam es zum Abschluß eines befristeten Waffenstillstandsvertrages. Beide Seiten nutzten die Zeit zu fieberhaften Rüstungen wie auch zu diplomatischen Verhandlungen, um neue Bundesgenossen zu finden. Nach Ablauf der Frist – die territorialen Forderungen, die in der Konvention von Reichenbach (27. Mai) aufgestellt worden waren, lehnte Napoleon ab – trat Österreich auf die Seite der Verbündeten und erklärte am 11. August Frankreich den Krieg. Mit dem Sieg Blüchers über ein französisches Heer unter Macdonald an der Katzbach (26. August) und mit den Erfolgen des preußischen Generals Kleist bei Kulm und Nollendorf (30. August) verschlechterte sich die militärische Lage für Napoleon. Über das Schicksal Deutschlands und auch Europas entschied die »Völkerschlacht« bei Leipzig (16. bis 19. Oktober), in der Napoleon sich der zahlenmäßigen Überlegenheit der Verbündeten beugen und den Rückzug zum Rhein antreten mußte.

Die Schlacht an der Katzbach am 26. August 1813. Zeitgenössischer Stich

»Der Universalmonarch«.
Deutsche Karikatur auf Napoleon Oktober 1813. – Farbstich

Die Völkerschlacht bei Leipzig. Kavallerieangriff der Verbündeten bei Propstheida am 18. Oktober 1813
Gouache von Senes, Berlin, Kunsthandel

Überbringung der Siegesnachricht durch den Fürsten Schwarzenberg an die drei Monarchen auf dem Schlachtfeld von Leipzig am 18. Oktober 1813. Kupferstich von J. L. Rugendas

Napoleon als »Rheinischer Courier«
Karikatur auf Napoleons Rückzug. Kolorierter Kupferstich

Die politischen Folgen der Leipziger »Völkerschlacht« waren beträchtlich. Der Rheinbund löste sich auf; seine ehemaligen Gliedstaaten schlossen sich den Verbündeten an. Baden, Hessen-Darmstadt, Nassau und Württemberg beeilten sich, durch Verhandlungen und Verträge mit Österreich ihre Existenz und ihre Souveränität zu sichern. Die Staatsgebilde Westfalen, Berg und Frankfurt, die von Napoleon gegründet worden waren, hörten auf zu bestehen. Soweit nicht ehemals vertriebene Fürsten einen territorialen Anspruch geltend machen konnten, wurden sie einem Zentralverwaltungsdepartement unter der Leitung des Freiherrn vom Stein unterstellt. Ende 1813 war mit Ausnahme weniger Festungen das ganze rechtsrheinische Deutschland befreit.

Der Zerfall des Rheinbundes. – Karikatur auf den Abfall von Napoleon
Kolorierter Stich

»Stein ist jetzt angekommen, und die Traktate mit den kleinen Fürsten sind in vollem Werk. Die Gesinnungen bei allen verbündeten Souveränen sind auf ihre Erhaltung hinausgegangen, ein Grundsatz, wovon nur wenige oder keine Ausnahmen werden gemacht werden ... Allein, auch meine Privatmeinung ist der Erhaltung geneigt. Ich glaubte nicht, daß Deutschland in seiner Eigentümlichkeit bestehen würde, wenn es nur vier, fünf große Fürsten zählte. Sie würden viel weniger ein Ganzes ausmachen als 25 kleine und große miteinander...« (Wilhelm von Humboldt an seine Gattin, Frankfurt, 15. November 1813).

Gebhardt Leberecht von Blücher (1742–1819)
Gemälde von E. Gebauer

Blüchers Übergang über den Rhein bei Kaub in der Neujahrsnacht 1813/14
Gemälde von K. J. Schumann. Berlin, Stiftg. Preuß. Kulturbesitz, Nationalgalerie

»Die Exorcisten«. Karikatur auf die »Dame Gallia«, die durch die Verbündeten von Napoleon kuriert wird. Kolorierter Stich, um 1815

»Am folgenden Morgen, am letzten Tage des großen Jahres 1813, ritt das Blüchersche Hauptquartier von Wiesbaden das Gebirge hinan, ein weißer Nebel bedeckte das Rheintal. Wir kamen nach Schlangenbad, von da führte der Weg über wüstes winterliches Schiefergebirge. Abends erreichten wir den Engpaß, welcher von Weisel nach Caub hinunter führt. Wäre das tiefe Geheimnis der Punkte, an welchen die Verbündeten über den Rhein gehen wollten, nicht aufs treueste bewahrt worden, so hätten uns die Franzosen vom linken Rheinufer aus mit wenigen Kanonen beim Herabsteigen nach Caub zusammenschmettern können. Nie werde ich die Neujahrsnacht in Caub vergessen« (Karl v. Raumer).

Einzug der verbündeten Monarchen in Paris am 31. März 1814
Aquarell von G. E. Opitz

»Paris ist unser. Wir haben den Feind gestern in seiner Stellung hier angegriffen und gänzlich geschlagen. Heute sind wir hier eingerückt. Wir werfen nun den Tyrannen vom Thron. Mit etwa 50 000 Mann irrt er noch umher. Wir haben ihn in den letzten Tagen von der Hauptstadt abgeschnitten. Das Volk wurde heute begeistert, man steckt die weiße Kokarde auf. Die Truppen haben sich wieder vortrefflich geschlagen ...« (Gneisenau an seine Gattin, Paris, 31. März 1814).

Die »Dame Gallia« bezahlt ihre Ärzte, die Verbündeten
Karikatur. Kolorierter Kupferstich, um 1815

»Das Reich des Frevels liegt vernichtet. Furchtbar steigt aus seinen Trümmern die Dampf-Säule von dem Blute der Erschlagenen, von den Tränen der Verwaisten, Rache schreiend gen Himmel empor. Vier und zwanzig Jahre hat es auf der Erde gelastet. Selbst im Wahnwitz der Empörung gezeugt, hat es nur Wuth und Elend hervorgebracht, die Freiheit zertrümmert, den Glauben erschüttert und mit den Gräueln des Universal-Despotismus geendet.« (Justus v. Gruner im »Rheinischen Merkur«, 5. März 1814)

Verzichterklärung Napoleons

»Da die alliierten Mächte erklärt haben, daß der Kaiser Napoleon das einzige Hindernis für die Wiederherstellung des Friedens in Europa sei, so erklärt der Kaiser Napoleon seinem Eid getreu, daß er für sich und seine Erben auf die Throne von Frankreich und Italien verzichtet, und daß es kein persönliches Opfer gibt, selbst das des Lebens, das er nicht dem Interesse Frankreichs zu bringen bereit wäre« (Fontainebleau, 11. April 1814).

Einzug König Friedrich Wilhelms III. durch das Brandenburger Tor, 1814. Federzeichnung von Ludwig Wolf

Der Wiener Kongreß 1814–1815. Kupferstich nach dem Gemälde von Jean-Baptiste Isabey

Potentaten und Vertreter der europäischen Länder auf dem Wiener Kongreß

Kaiser Franz I. — Zar Alexander I.

Fürst von Metternich — Fürst von Hardenberg

Lord Castlereagh — Fürst Talleyrand

Medaillen von Leopold Heuberger. Wien, Kunsthistorisches Museum

König Friedrich Wilhelm III.
Gemälde von François Gérard (Kopie)
Berlin, Staatl. Schlösser und Gärten, Schloß Charlottenburg

Nach der Abdankung Napoleons wurde mit dem wiedererrichteten Königreich Frankreich – der Bruder des in der Revolutionszeit hingerichteten Ludwig XVI. war nach Frankreich zurückgekehrt – am 30. März 1814 in Paris ein Friede unterzeichnet, der Frankreich mit wenigen Ausnahmen auf seinen vorrevolutionären Besitzstand zurückwarf. Die endgültige Neuordnung Europas erfolgte erst auf dem Wiener Kongreß, der im Oktober zusammentrat.

Blücher und Wellington auf dem Schlachtfeld von Belle-Alliance
am 18. Juni 1815. – Zeichnung v. Ludwig Wolf

Auf die überraschende Nachricht, daß Napoleon Elba, das ihm zugewiesene Exil, verlassen und bei Cannes am 1. März 1815 französischen Boden betreten habe, wurde das Bündnis der vier Großmächte mit dem Ziel der Niederwerfung Napoleons erneuert. Ein englisches Heer unter Wellington, zu dessen Unterstützung eine preußische Armee unter Blücher vom Rhein heranmarschierte, stellte sich Napoleon bei Waterloo entgegen. Die nach dem Hof »La Belle Alliance« genannte Schlacht endete durch das rechtzeitige Eintreffen der Preußen mit einer völligen Niederlage Napoleons. Zur neuerlichen Abdankung gezwungen, lieferte sich Napoleon den Engländern aus, die ihn als ihren Gefangenen auf die Insel St. Helena deportierten.

Kaiser Franz I., Zar Alexander I., König Friedrich Wilhelm III.
Medaille von Leopold Heuberger. Wien, Kunsthistorisches Museum

Das Jahr 1815 brachte nach dem »Intermezzo der 100 Tage« das endgültige Ende der napoleonischen Ära. Der Kongreß tagte und tanzte in Wien – »Le Congrès danse bien, mais il ne marche pas« (K. J. Fürst von Ligne) – und kam erst nach langwierigen und wechselvollen Verhandlungen zu einer territorialen Neuordnung Europas. Preußen wurde aus den einstigen polnischen Besitzungen Westpreußen mit Danzig und Thorn sowie das Gebiet um Posen zugesprochen. Schwedisch-Vorpommern mit der Insel Rügen, Teile Westfalens und des Rheinlandes sowie der nördliche Teil des Königreiches Sachsen fielen ebenfalls an Preußen. Übrig blieben aus dieser politischen Umgestaltung Europas 39 deutsche Staaten, die sich am 8. Juni im »Deutschen Bund«, der die Lebensordnung der Deutschen für ein halbes Jahrhundert bestimmen sollte, konstituierten. Neben der Gründung des Deutschen Bundes war die Schaffung der »Heiligen Allianz« (26. September 1815) durch die Monarchen Rußlands, Österreichs und Preußens ein weiterer denkwürdiger Versuch, das Kriegsbündnis der traditionellen Monarchien des christlichen Patriarchalismus gegen Napoleon zu einer dauernden Friedensorganisation umzuformen.

»Es ist ein jämmerlicher Handel der mit Ländern und Menschen! Napoleon haben wir und seinem System geflucht, und mit Recht; er hat die Menschheit herabgewürdigt, und eben jene Fürsten, die dagegen kämpften, treten in seine Fußstapfen. Also kämpfte man bloß gegen seine Person und nicht gegen sein System ... Preußen verblendet, blickt nicht in die Zukunft und wird es bitter bereuen ...« (Tagebuchaufzeichnung des Erzherzogs Johann v. Österreich).

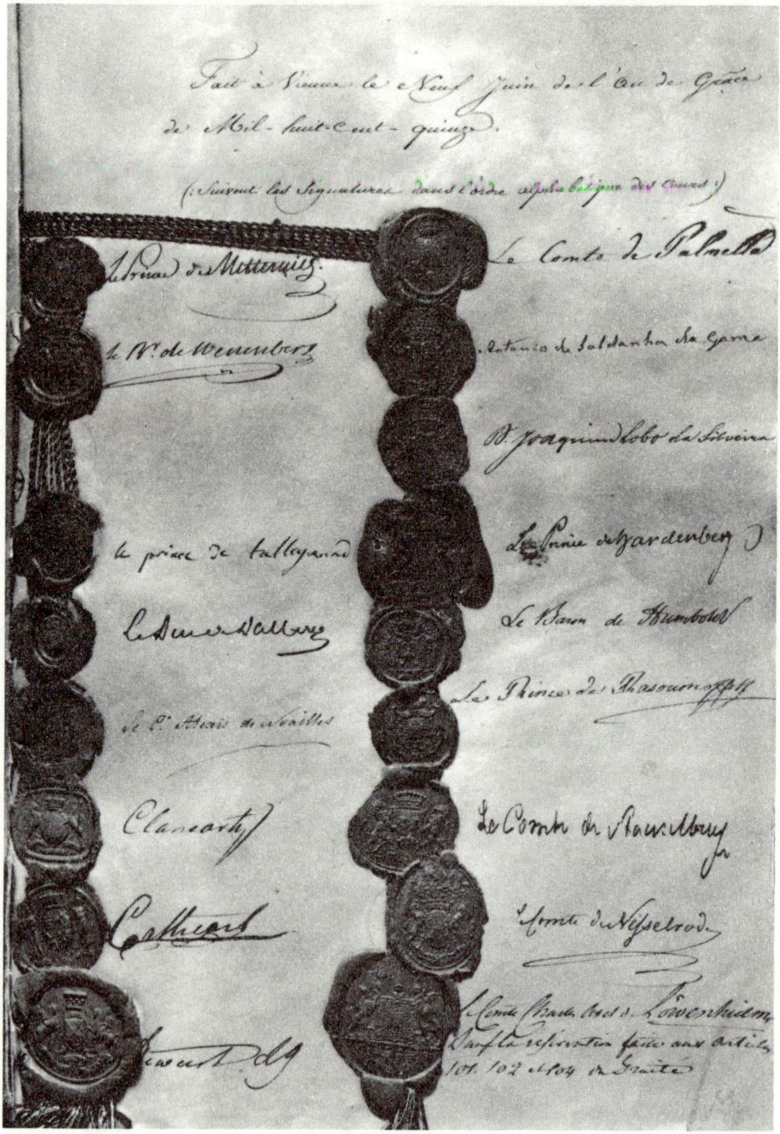

Fait à Vienne le Neuf Juin de l'an de Grâce de Mil-huit-cent-quinze.

(Suivent les Signatures dans l'ordre alphabétique des Cours:)

Le Prince de Metternich

le Bn. de Wessenberg

le prince de Talleyrand

le Duc de Dalberg

le Cte Alexis de Noailles

Clancarty

Cathcart

Stewart Lt G

Le Comte de Palmella

Antonio de Saldanha da Gama

D. Joaquim Lobo da Silveira

Le Prince de Hardenberg

Le Baron de Humboldt

Le Prince de Rasoumoffsky

Le Comte de Stackelberg

Le Comte de Nesselrode

Le Comte Charles Axel de Löwenhielm Sauf la réserve faite aux articles 101. 102 et 104 du Traité

Die Unterschriftenseite der Bundesakte des Wiener Kongresses (für Preußen unterzeichneten K. A. von Hardenberg und W. v. Humboldt) Wien, 9. Juni 1815. Wien, Haus-, Hof- und Staatsarchiv

»Der Anti-Zeitgeist«. Eine Karikatur auf die »Reaktionszeit«,
die die enttäuschten Hoffnungen auf deutsche Einheit
und größere Freiheit spiegelt. – Farbige Karikatur von J. M. Voltz, 1819

Das Wartburgfest der Burschenschaften am 18. Oktober 1817. – Kupferstich

Die Ermordung Kotzebues durch den Studenten Sand
am 23. März 1819 in Mannheim. – Zeichnung

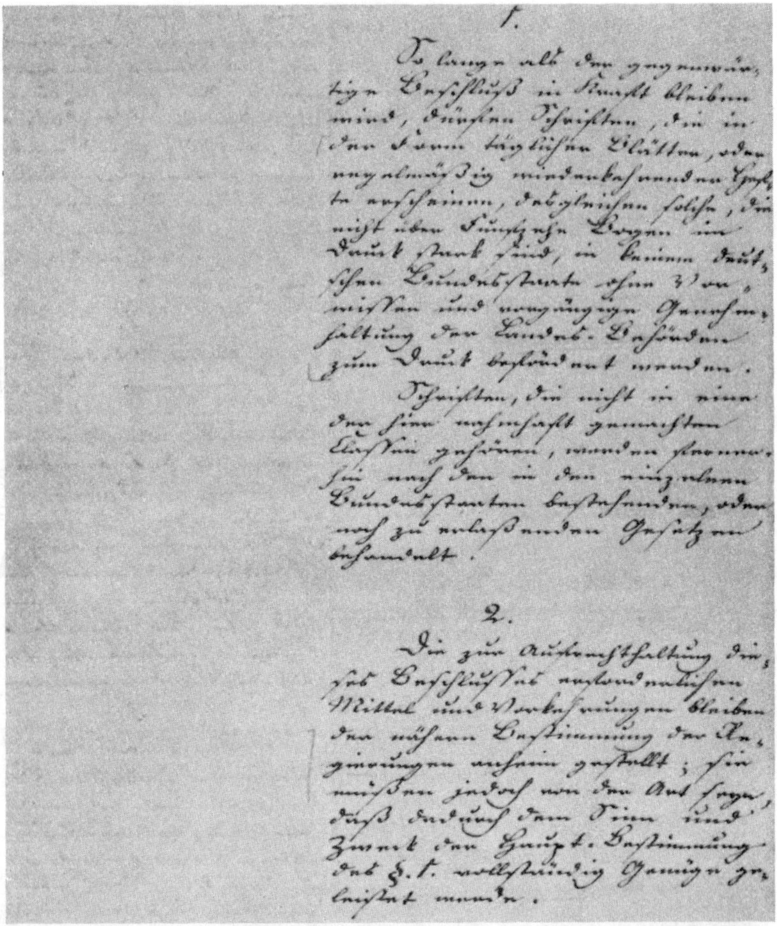

1.

So lange als der gegenwärtige Beschluß in Kraft bleiben wird, dürfen Schriften, die in der Form täglicher Blätter, oder regelmäßig wiederkehrenden Hefte erscheinen, desgleichen solche, die nicht über Fünfzehn Bogen im Druck stark sind, in keinem deutschen Bundesstaate ohne Vorwissen und vorgängige Genehmhaltung der Landes-Behörden zum Druck befördert werden.

Schriften, die nicht in eine der hier nahmhaft gemachten Classen gehören, werden ferner nach den in den einzelnen Bundesstaaten bestehenden, oder noch zu erlassenden Gesetzen behandelt.

2.

Die zur Aufrechthaltung dieses Beschlusses erforderlichen Mittel und Vorkehrungen bleiben der nähern Bestimmung der Regierungen anheim gestellt; sie müssen jedoch von der Art seyn, daß dadurch dem Sinn und Zweck der Haupt-Bestimmung des §. 1. vollständig Genüge geleistet werde.

Die beiden ersten Paragraphen über Pressefreiheit und Zensur aus den »Karlsbader Beschlüssen« vom 31. August 1819, mit denen die liberale und nationale Bewegung, besonders die burschenschaftliche Bewegung, in Schranken gehalten werden sollten. Der Bundestag in Frankfurt billigte diese von den deutschen Regierungen vereinbarten Beschlüsse und errichtete in Mainz eine Zentralbehörde zur Untersuchung »revolutionärer Umtriebe und demagogischer Verbindungen«. – Wien, Haus-, Hof- und Staatsarchiv

»Die Ermordung Kotzebue's gab den dringenden Anlaß, daß alle deutschen Regierungen sich unter einander und besonders mit Österreich und Preußen in tätige Verbindung setzten, und lebhaft über die Tagesfragen berieten, über die schon vielfach angegriffenen Universitäten, die Presse, die Vereine, die Grenzen ständischer Berechtigung« (Varnhagen von Ense).

Karl Friedrich Zelter (1758–1832), seit 1800 Leiter der Berliner Singakademie. Goethe, den eine tiefe Freundschaft mit dem Musiker und Maurermeister verband, schätzte Zelters Vertonung seiner Lieder sehr. Kupferstich nach einem Gemälde von Carl Begas d. Ä.

Die Singakademie in Berlin, erbaut unter Beteiligung von Karl Friedrich Schinkel, 1824–1826. – Kupferstich

Georg Wilhelm Friedrich Hegel (1770–1831) in seinem Arbeitszimmer
Lithographie von Ludwig Julius Sebbers, 1828

Hegel war seit seiner Berufung nach Berlin im Jahre 1818 der preußische Staatsphilosoph, der in diesem Staat die Verwirklichung der sittlichen Idee sah. Stets stand er auf Seiten des Ministeriums, und der König kam gut mit ihm aus. Die Liberalen sollten später spotten, das schöne Standbild des antiken Staates habe durch Hegel einen schwarz-weißen Anstrich bekommen. Einmal wurde Friedrich Wilhelm III. vorgetragen: »Eure Majestät, es kommt bei Hegel zum Beispiel der Satz vor: der König sei derjenige, der Tippelchen auf das ›i‹ macht.« – Der König lächelte ironisch: »Und wenn er es nun nicht macht?« Hans Dellnick kommentierte: »Damit hatte er sich seine königliche Gewalt genügend vorbehalten.«

Festdekoration vor der Schloßbrücke in Berlin aus Anlaß der Vermählung des Kronprinzen Friedrich Wilhelm mit der bayrischen Prinzessin Elisabeth am 28. November 1823 Kupferstich. Berlin, Slg. Horst Behrend

Das Königliche Schauspielhaus in Berlin, erbaut von Karl Friedrich Schinkel, eröffnet am 26. Mai 1821. – Kupferstich

Schinkels Entwurf für eine Ruhmeshalle auf dem Kreuzberg
in Berlin. – Gemälde von Karl Friedrich Schinkel
Berlin, Staatl. Schlösser und Gärten, Schloß Charlottenburg

Friedrich Wilhelm (IV.) (1795–1861) als Kronprinz
Lithographie nach einer Zeichnung von Franz Krüger

Von Kronprinz Friedrich Wilhelm haben die Zeitgenossen Wunderdinge erwartet. Schon über den Jüngling waren sie des Lobes voll. »Wahrlich ein seltener Kronprinz«, rief Gneisenau aus, »reich an Eigenschaften des Geistes und Herzens und Wunder über Wunder von seltener Reinheit«. Aber die ihn näher kannten, sahen auch bedenkliche Züge: zu große Impulsivität, Sprunghaftigkeit, Überschuß an Phantasie und Mangel an Stetigkeit. Als sein noch von der Königin Luise empfohlener Erzieher Ancillon 1832 Außenminister wurde, hatte der Kronprinz einen gewissen Einfluß auf die Regierungsgeschäfte. Nach dessem Tod klagte er in einem Brief an seinen Freund Bunsen vom 21. Juli 1837: »Seit dem Verlust des geliebten Ancillon sind mir die auswärtigen Angelegenheiten und ihr Departement fremd und fern.«

Italienische Landschaft. Zeichnung des Kronprinzen Friedrich Wilhelm, 1832

»... ich sehe Sie schon die ganze Zeit mit der Bleifeder in der Hand zubringen. Für einen künftigen Schinkel wäre dieses eine sehr nützliche Anwendung, allein da der Staat nicht in einem gothischen Tempel bestehet und noch nie ein Volk vermittelst romantischer Bilder regiert worden ist, so wird dieses ewige Zeichnen für Sie eine wahre Verschwendung der edlen Zeit« (Der Erzieher Ancillon an den siebzehnjährigen Kronprinzen im Jahre 1812).

E. T. A. Hoffmann (1776–1822)
Selbstbildnis, um 1820. Berlin, Stiftg. Preuß. Kulturbesitz, Nationalgalerie

»Mit ... seinen zwei Funkelaugen, deren Augäpfel so unbeweglich waren, daß gewiß niemand erfahren hat, ob diese Augen groß oder klein, mit seinen feinen Lippen, die man niemals lächeln sah, glich Hoffmann einem Gespenstwesen, an welches die Natur nur das unentbehrliche Quantum von Fleisch und Bein gewendet hat, um es unter die Körper einzureihen. Glut und Beweglichkeit war alles, was man von ihm wahrnahm« (H. von Chézy über E. T. A. Hoffmann).
»Jeder Dienstag führte die genügsamen Berliner in dem Hause der Dichterin Elise von Hohenhausen bei einer Tasse Tee zusammen. Viele literarische Notabilitäten waren darunter: Varnhagen mit den feinen aristokratischen Mienen; Chamisso, dem das lange graue Lockenhaar phantastisch um das magere, aber edle Gesicht wallte ... Heine las dort sein soeben erschienenes ›Lyrisches Intermezzo‹, seinen ›Ratcliff‹ und ›Almansor‹ vor. Er mußte sich manche Ausstellung, manchen Tadel gefallen lassen, namentlich erfuhr er häufig einige Persiflage über seine poetische Sentimentalität, die wenige Jahre später ihm so warme Sympathie in den Herzen der Jugend erweckt hat.«

Heinrich Heine (1797–1856)
Zeichnung von Wilhelm Hensel, 1829
Berlin, Stiftg. Preuß. Kulturbesitz, Nationalgalerie

Das Berliner Kadettenhaus. – Gemälde von Wilhelm Brücke, 1828. Ehem. Berlin, Schloß Monbijou

Das Hambacher Fest in der Pfalz am 27. Mai 1832, Versammlung der süddeutschen Demokraten und Republikaner auf dem Hambacher Schloß. – Holzschnitt

Spazierfahrt des Prinzen Wilhelm mit dem Zaren Nikolaus in Berlin
Im Hintergrund Schinkels Wache. Gemälde von August von Rentzell, 1836
Berlin, Staatl. Schlösser und Gärten, Schloß Charlottenburg

Im September 1835 hatte zur Erinnerung an den preußisch-russischen Vertrag von Kalisch im September 1813 ein erneutes gemeinsames Lager bei Kalisch stattgefunden, um durch ein spektakuläres Schauspiel die Waffenbrüderschaft der beiden Monarchen und ihrer Völker neu zu bekräftigen. Von da ab kam Zar Nikolaus fast alljährlich zum Staatsbesuch nach Berlin, wo er sich mit dem Prinzen Wilhelm besonders gut verstand. Der Magistrat ernannte ihn 1838 sogar zum Berliner Ehrenbürger, was der boshafte Großfürst Michael mit der Äußerung quittierte: »Wenn mein Bruder seine Krone niederlegen sollte, so kann ihn niemand hindern, in Berlin Schornsteinfeger zu werden.« Zar Nikolaus dankte der Stadt durch eine reiche Geldspende. Unter den Linden ließ er den Russischen Palast erbauen, um auch so zu zeigen, wie heimisch er sich in Berlin fühlte.

Der Potsdamer Bahnhof in Berlin, 1838. – Berlin, Landesarchiv

Als König Friedrich Wilhelm III. die Pläne zu der ersten Eisenbahnlinie in den preußischen Staaten, der im Jahre 1838 eröffneten Strecke zwischen Potsdam und Berlin, vorgelegt wurden, schrieb er auf den Akt: »Alles soll Carrière gehen; die Ruhe und Gemütlichkeit leidet aber darunter. Kann mir keine große Seligkeit davon versprechen, ein paar Stunden früher von Berlin in Potsdam zu sein. Zeit wird's lehren.« Der Kronprinz aber, der für kommende Dinge manchmal sehr hellhörig war, meinte bei der Einweihung der Bahnlinie: »Diesen Karren da, der durch die Welt rollt, hält kein Menschenarm mehr auf.«

Linienplan der Eisenbahn Berlin–Potsdam. Aus einem Stadtplan von Berlin, um 1838. – Berlin, Landesarchiv

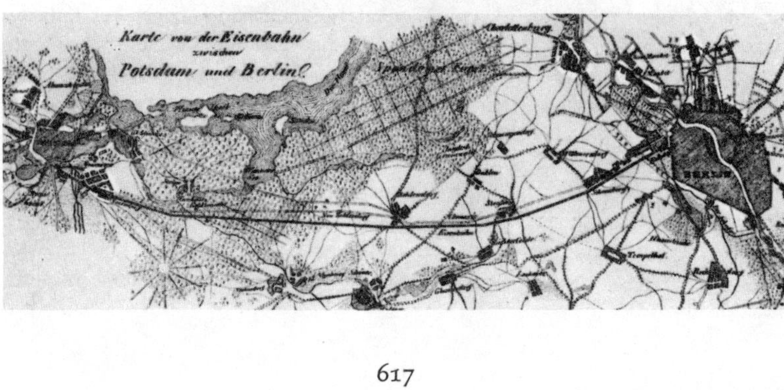

Plan der Stadt Berlin um 1838. – Kupferstich. Berlin, Landesarchiv

Das Palais König Friedrich Wilhelms III. in Berlin, Unter den Linden. – Gemälde von W. G. Schwarz, 1835
Berlin, Staatl. Schlösser und Gärten, Schloß Charlottenburg

Zuschauer bei einer Parade in Berlin 1829. (Im Mittelgrund Schadow, Schinkel, Rauch). – Ausschnitt aus einem Gemälde von Franz Krüger

Ausritt des Prinzen Wilhelm mit dem Maler Franz Krüger
Gemälde von Franz Krüger, 1836
Berlin, Stiftg. Preuß. Kulturbesitz, Staatl. Museen, Nationalgalerie

Parade in Berlin, Unter den Linden. – Gemälde von Franz Krüger

Huldigung von König Friedrich Wilhelm IV. vor dem Berliner Schloß. – Gemälde von Franz Krüger. Ehem. Berlin, Schloß Monbijou

A. v. Humboldt, Tieck, Schelling, Rauch und die Brüder Grimm als Zuschauer bei der Huldigung vor Friedrich Wilhelm IV. Ausschnitt aus dem Gemälde von Franz Krüger

»Ich gelobe, Mein Regiment in der Furcht Gottes und in der Liebe der Menschen zu führen, mit offenen Augen, wenn es die Bedürfnisse Meiner Völker und Meiner Zeit gilt; mit geschlossenen Augen, wenn es Gerechtigkeit gilt. Ich will, so weit Meine Macht und Mein Wille reichen, Friede halten zu Meiner Zeit – wahrhaftig und mit allen Kräften das edle Streben der hohen Mächte unterstützen, die seit einem Vierteljahrhundert die treuen Wächter über den Frieden Europas sind. Ich will vor Allem dahin trachten, dem Vaterlande die Stelle zu sichern, auf welche es die göttliche Vorsehung durch eine Geschichte ohne Beispiel erhoben hat, auf welcher Preußen zum Schilde geworden ist für die Sicherheit und die Rechte Deutschlands« (Aus der Rede Friedrich Wilhelms IV. bei der Huldigung vor dem Berliner Schloß am 15. Oktober 1840).

König Friedrich Wilhelm IV. im Berliner Schloß
Gemälde von Franz Krüger. Potsdam, Neues Palais

»Wer diesen König kennt und selbst einigen Verstand und ein einigermaßen fühlendes Herz hat, der muß in ihm eine Vereinigung von reichbegabtem Geist und edel wohlwollendem Herzen erkennen, wie sie sich selten findet... Friedrich Wilhelm IV. wäre ein seltener, liebenswürdiger, achtenswerter Mensch, wenn er auch kein König noch Fürst wäre. Er wäre ein Ideal von König, wenn er fester die Dinge anfaßte, mit trocknerem, praktischerem Verstande das alsbald Auszuführende von dem unterschiede, was ihm als Ziel vorschwebt; wenn er dazu die rechten Leute sich aussuchte und mit denen, die dazu nicht taugen, weniger Umstände machte... Er ist oft zu weich, so daß ihm die Dinge unter den Händen zerfließen, und eine andere Gestalt annehmen, als er ihnen aufdrücken wollte« (K. E. W. von Canitz).

Der Kölner Dom vor der zweiten Grundsteinlegung durch Friedrich Wilhelm IV. am 4. September 1842. – Kupferstich. Der König wollte, nachdem er schon kurz nach seinem Regierungsantritt den »Kölner Kirchenstreit«, der über der Frage der Mischehen entbrannt war, beigelegt hatte, durch den Wiederaufbau des Domes einen wahren konfessionellen Frieden herbeiführen. Durch dieses Dombaufest und seine Rede löste Friedrich Wilhelm IV. eine Welle der nationalen Begeisterung aus. Die hieran anknüpfenden Erwartungen gingen aber weit über die Vorstellungen und Absichten des Königs hinaus.

»Der Geist, der diese Tore baut, ist derselbe, der vor neunundzwanzig Jahren unsere Ketten brach, die Schmach des Vaterlandes, die Entfremdung dieses Ufers wandte ... Es ist der Geist deutscher Einigkeit und Kraft. Ihm mögen die Kölner Dompforten Tore des herrlichsten Triumphes werden! Er baue! Er vollende! Und das große Werk verkünde den spätesten Geschlechtern von einem durch die Einigkeit seiner Fürsten und Völker großen, mächtigen, ja den Frieden der Welt unblutig erzwingenden Deutschland! – von einem durch die Herrlichkeit des großen Vaterlandes und durch eigenes Gedeihen glücklichen Preußen, von dem Brudersinn verschiedener Bekenntnisse, der inne geworden, daß sie eines sind in dem einigen, göttlichen Haupte! Der Dom von Köln – das bitte ich Gott – rage über diese Stadt, rage über Deutschland, über Zeiten, reich an Menschenfrieden, reich an Gottesfrieden bis ans Ende der Tage!« (Aus der Rede Friedrich Wilhelms IV. in Köln am 4. September 1842).

»Herr, die Geschichte drängt, die Räder rollen,
Und wollt' es Gott, Gott selber hielt sie nicht ...
So sprich das Wort zum zweiten Dombaufeste,
Sprich aus das Wort: K o n s t i t u t i o n !« (Robert Prutz)

Eine Ehrenkompanie vor dem preußischen Kultusministerium in Berlin
Gemälde von Wilhelm Brücke, 1843. Ehem. Berlin, Schloß Monbijou

Alexander von Humboldt (1769–1859)
Kupferstich nach einer Fotografie der 50er Jahre

Alexander von Humboldt (1769–1859), der große Naturwissenschaftler und Forschungsreisende, wurde von Friedrich Wilhelm IV. in den Staatsrat berufen und gelegentlich zu diplomatischen Missionen verwandt. Sein fünfbändiger »Kosmos, Entwurf einer physischen Weltbeschreibung«, der 1845 zu erscheinen begann, hatte ihm international den Ruf eines »Weltweisen« eingetragen. Mit seiner mehr liberalen Weltanschauung hatte er, obwohl der König seine Gesellschaft schätzte und sich von ihm oft vorlesen ließ, eine isolierte Stellung am Hofe. Schon Ancillon hatte über ihn als die »enzyklopaedische Katze« gespottet, und Leopold von Gerlach wurde nicht müde, immer wieder vor seiner eitlen Freigeisterei zu warnen, daß er eigentlich ein irreligiöser Aufklärer sei.
»Der König hatte sich im übrigen an den Umgang mit Humboldt so gewöhnt, daß sie in Potsdam auch gemeinsame Spaziergänge unternahmen, und daß, selbst dann, wenn ein solcher voraufgegangen war, Friedrich Wilhelm IV. oft noch am späten Abend in Humboldts Zimmer im Stadtschloß erschien, um mit dem Freunde vor der Nachtruhe sich zu unterhalten« (Moritz Busch).

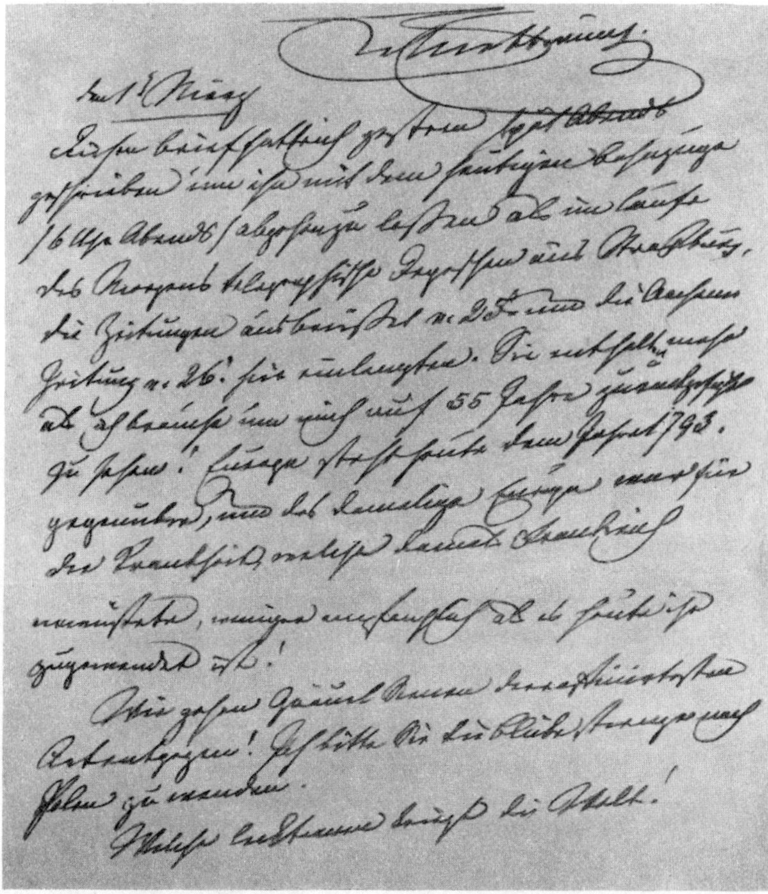

Fürst Metternich in einem ungedr. Brief vom 1. III. 1848 an den preußischen Außenminister v. Canitz, den er unter dem Eindruck der in Frankreich ausgebrochenen Revolution schrieb. – Berlin, Stift. Preuß. Kulturbesitz, Geh. Staatsarchiv. Seit drei Jahrzehnten hatte Fürst Metternich die Furcht vor der drohenden revolutionären Bewegung zu immer neuen Warnungen und Maßnahmen veranlaßt. Doch am 13. März griff die Revolution auch nach Wien über und führte zu seiner sofortigen Entlassung. Unter dem Eindruck dieses Umsturzes erließ Friedrich Wilhelm IV. noch am 18. März ein Patent, das den Vereinigten Landtag der preußischen Staaten beschleunigt einberief, statt des deutschen Staatenbundes einen Bundesstaat, eine deutsche Wehrverfassung und Flotte verhieß, zudem eine Verfassung und volle Pressefreiheit versprach. Aber diese Zugeständnisse kamen zu spät. Am Nachmittag desselben Tages brachen auch in Berlin blutige Straßenkämpfe aus. In der Nacht vom 18. auf den 19. März entstand der Aufruf »An meine lieben Berliner«.

An meine lieben Berliner!

Durch mein Einberufungs-Patent vom heutigen Tage habt Ihr das Pfand der treuen Gesinnung Eures Königs zu Euch und zum gesammten teutschen Vaterlande empfangen. Noch war der Jubel mit dem unzählige treue Herzen mich begrüßt hatten nicht verhallt, so mischte ein Haufe Ruhestörer aufrührische und freche Forderungen ein und vergrößerte sich in dem Maaße als die Wohlgesinnten sich entfernten. Da ihr ungestühmes Vordringen bis in's Portal des Schlosses mit Recht arge Absichten befürchten ließ und Beleidigungen wider meine tapfern und treuen Soldaten ausgestoßen wurden, mußte der Platz durch Cavallerie **im Schritt** und mit **eingesteckter Waffe** gesäubert werden und 2 Gewehre der Infanterie entluden sich von selbst, Gottlob! ohne irgend Jemand zu treffen. Eine Rotte von Bösewichtern, meist aus Fremden bestehend, die sich seit einer Woche, obgleich aufgesucht, doch zu verbergen gewußt hatten, haben diesen Umstand im Sinne ihrer argen Pläne, durch augenscheinliche Lüge verdreht und die erhitzten Gemüther von Vielen meiner treuen und lieben Berliner mit Rache-Gedanken um vermeintlich vergossenes Blut! erfüllt und sind so die gräulichen Urheber von Blutvergießen geworden. Meine Truppen, Eure Brüder und Landsleute haben erst dann von der Waffe Gebrauch gemacht als sie durch viele Schüsse aus der Königsstraße dazu gezwungen wurden.

Das siegreiche Vördringen der Truppen war die nothwendige Folge davon.

An Euch, Einwohner meiner geliebten Vaterstadt ist es jetzt, größerem Unheil vorzubeugen. Erkennt, Euer König und treuster Freund beschwört Euch darum, bei Allem was Euch heilig ist, den unseeligen Irrthum! kehrt zum Frieden zurück, räumt die Barricaden die noch stehen hinweg, und entsendet an mich Männer, voll des ächten alten Berliner Geistes mit Worten wie sie sich Eurem Könige gegenüber geziemen, und ich gebe Euch mein Königliches Wort, daß alle Straßen und Plätze sogleich von den Truppen geräumt werden sollen und die militairische Besetzung nur auf die nothwendigen Gebäude, des Schlosses, des Zeughauses und weniger anderer, und auch da nur auf kurze Zeit beschränkt werden wird. Hört die väterliche Stimme Eures Königs, Bewohner meines treuen und schönen Berlins und vergesset das Geschehene, wie ich es vergessen will und werde in meinem Herzen, um der großen Zukunft Willen, die unter dem Friedens-Seegen Gottes, für Preußen und durch Preußen für Teutschland anbrechen wird.

Eure liebreiche Königinn und wahrhaft treue Mutter und Freundinn, die sehr leidend darnieder liegt, vereint ihre innigen, thränenreichen Bitten mit den Meinigen. — Geschrieben in der Nacht vom 18—19. März 1848.

Friedrich Wilhelm.

Aufruf »An meine lieben Berliner!« vom 18./19. März 1848

Barrikadenkampf in der Breiten Straße in Berlin in der Nacht vom 18. zum 19. März 1848. – Lithographie

Aufbahrung der Märzgefallenen auf dem Gendarmenmarkt in Berlin
Unvollendetes Gemälde von Adolph Menzel, 1848. Hamburg, Kunsthalle

An die Deutsche Nation!

Eine neue glorreiche Geschichte hebt mit dem heutigen Tage für Euch an! Ihr seid fortan wieder eine einige große Nation, stark, frei und mächtig im Herzen von Europa!

Preußens Friedrich Wilhelm IV. hat Sich, im Vertrauen auf Euren heldenmüthigen Beistand und Eure geistige Wiedergeburt, zur Rettung Deutschlands an die Spitze des Gesammt-Vaterlandes gestellt.

Ihr werdet Ihn mit den alten, ehrwürdigen Farben Deutscher Nation noch heute zu Pferde in Eurer Mitte erblicken.

Heil und Segen dem constitutionellen Fürsten, dem Führer des gesammten Deutschen Volkes, dem neuen Könige der freien wiedergebornen Deutschen Nation!

Berlin, den 21. März 1848.

Unterschriftsloser Aufruf »An die Deutsche Nation!« vom 21. März 1848.

Mit seinem Aufruf vom 21. März »An Mein Volk und an die deutsche Nation« und seinem Umritt durch Berlin mit einer schwarz-rot-goldenen Binde wollte König Friedrich Wilhelm IV. die Revolution steuern, indem er der nationalen Bewegung entgegenkam.

»Er (der König) war zu Pferde, trug die Uniform des 1. Garde-Regiments und den Helm, ein breites Band mit den deutschen Farben um den Arm; ihn umgaben die anwesenden Prinzen und die Minister, letztere in Civil; alle hatten die deutschen Farben angelegt. Der König, jubelnd begrüßt, richtete zuerst die folgenden Worte an die Umstehenden: »Was Ihr hier seht, ist keine Usurpation, – ich will keine Fürsten vom Throne stürzen – Alles richtet sich nur auf die Wiederherstellung der Einheit Deutschlands – diese Einheit ist an einzelnen Orten gefährdet – man spricht in Breslau namentlich von Verrat, und Verrat und Deutsch das geht nicht zusammen – ich will Einigkeit und Ordnung!«

Bürgerwehrwache vor den Zimmern des Königs im Berliner Schloß
Gemälde von Eduard Grawert, 1848
Berlin, Staatl. Schlösser und Gärten, Schloß Charlottenburg

»Ich bin niemals freier und sicherer gewesen, als unter dem Schutze Meiner Bürger. – Was Ich gegeben und getan habe, habe Ich aus vollster und freier Überzeugung getan und längst vorbereitet; nur die großen Ereignisse haben den Abschluß beschleunigt und keine Macht kann und wird Mich nun bewegen, das Gegebene zurückzunehmen. Auch habe Ich die Überzeugung gewonnen, daß es zu Deutschlands Heil notwendig, Mich an die Spitze der Bewegung zu stellen. – In Berlin herrscht ein so ausgezeichneter Geist in der Bürgerschaft, wie er in der Geschichte ohne Beispiel ist; . . .« (Aus der Rede des Königs an das Offizierskorps in Potsdam, 25. März 1848).

Am 29. März wurde ein neues, liberales Ministerium gebildet; eine »zur Vereinbarung der Verfassung berufene Versammlung«, die aus gleicher und allgemeiner Wahl hervorgegangen war, trat am 22. Mai in Berlin zusammen.

Sitzung des vorbereitenden Parlaments in der Frankfurter Paulskirche
Holzschnitt

Am 18. Mai 1848 trat in der Frankfurter Paulskirche die Deutsche Nationalversammlung – gewählt nach einem allgemeinen und gleichen Wahlrecht – zusammen, um den deutschen Nationalstaat zu schaffen und diesem eine Verfassung zu geben. Mit der Bildung einer provisorischen Zentralgewalt, an der Spitze als Reichsverweser der österreichische Erzherzog Johann, und einem Reichsministerium mußte die Nationalversammlung immer mehr in einen Gegensatz zu den Einzelstaaten geraten.
»Wir sollen schaffen eine Verfassung für Deutschland, für das gesamte Reich. Der Beruf und die Vollmacht zu dieser Schaffung, sie liegen in der Souveränität der Nation. Den Beruf und die Vollmacht, dieses Verfassungswerk zu schaffen, hat die Schwierigkeit in unsere Hände gelegt, um nicht zu sagen die Unmöglichkeit, daß es auf anderem Wege zustande kommen könnte ... Deutschland will Eins sein, ein Reich, regiert vom Willen des Volkes, unter der Mitwirkung aller seiner Gliederungen; diese Mitwirkung auch der Staatenregierungen zu erwirken, liegt mit in dem Beruf dieser Versammlung« (Heinrich von Gagern, Präsident der Nationalversammlung).

Die Paulskirche in Frankfurt mit dem Zug der Abgeordneten des Parlaments am 18. Mai 1848. – Holzschnitt

Auflösung der preußischen Nationalversammlung in Berlin am 14. November 1848. – Holzschnitt

Karikatur auf die politische Lage in Europa im Jahre 1849 in den Düsseldorfer Monatsheften

Am 28. März 1849 wurde mit der Verkündigung der Reichsverfassung in Frankfurt auch die Wahl Friedrich Wilhelms IV. zum Kaiser vollzogen. An der Spitze einer Deputation überbrachte der Präsident Eduard Simson am 3. April dieses Angebot, das der König aber ablehnte. – Lithographie

»Denn das preußische Volk ist berufen, jene Wandlung seines inneren Wesens, welche ehemals Brandenburg in ein Preußen umschuf, zum zweitenmale und im größeren Maßstabe bewußter zu vollbringen, indem es in Deutschland eingeht. Dem Beherrscher Preußens, der seine Stirn mit der Kaiserkrone schmückt, muß, wenn er in die Herzen der Deutschen einziehen will, der fernste Winkel deutschen Bodens fortan so viel gelten als sein Berlin und Königsberg« (F. Chr. Dahlmann am 1. 1. 1849).
»In dem Beschlusse der deutschen Nationalversammlung, welchen Sie, meine Herren, Mir überbringen, erkenne Ich die Stimme der Vertreter des deutschen Volkes. Dieser Ruf gibt mir ein Anrecht, dessen Wert ich zu schätzen weiß ... Aber, meine Herren, Ich würde Ihr Vertrauen nicht rechtfertigen, Ich würde dem Sinne des deutschen Volkes nicht entsprechen, Ich würde Deutschlands Einheit nicht aufrichten, wollte ich, mit Verletzung heiliger Rechte ... ohne das freie Einverständnis der gekrönten Häupter, der Fürsten und der freien Städte Deutschlands, eine Entschließung fassen, welche für sie und die von ihnen regierten deutschen Stämme die entscheidendsten Folgen haben muß« (Aus der Antwort Friedrich Wilhelms IV.).

Heinrich von Gagern beklagt sich bei Germania: »Ik habe Ihr'n Kleenen 'ne Krone jeschnitzt, nu will er se nich!« – Düsseldorfer Monatshefte, 1849.
»Einen solchen imaginären Reif, aus Dreck und Letten gebacken, soll ein legitimer König von Gottes Gnaden und nun gar der König von Preußen sich geben lassen, der den Segen hat, wenn auch nicht die älteste, doch die edelste Krone, die Niemand gestohlen worden ist, zu tragen?« (Friedrich Wilhelm IV. in einem Brief an seinen Vertrauten Bunsen).

Carl Josias v. Bunsen (1791–1860)
Kupferstich

Joseph Maria v. Radowitz
(1797–1853)
Kupferstich

Friedrich Julius Stahl (1802–1861)
Holzschnitt

Ernst Ludwig v. Gerlach
(1795–1877)
Holzschnitt

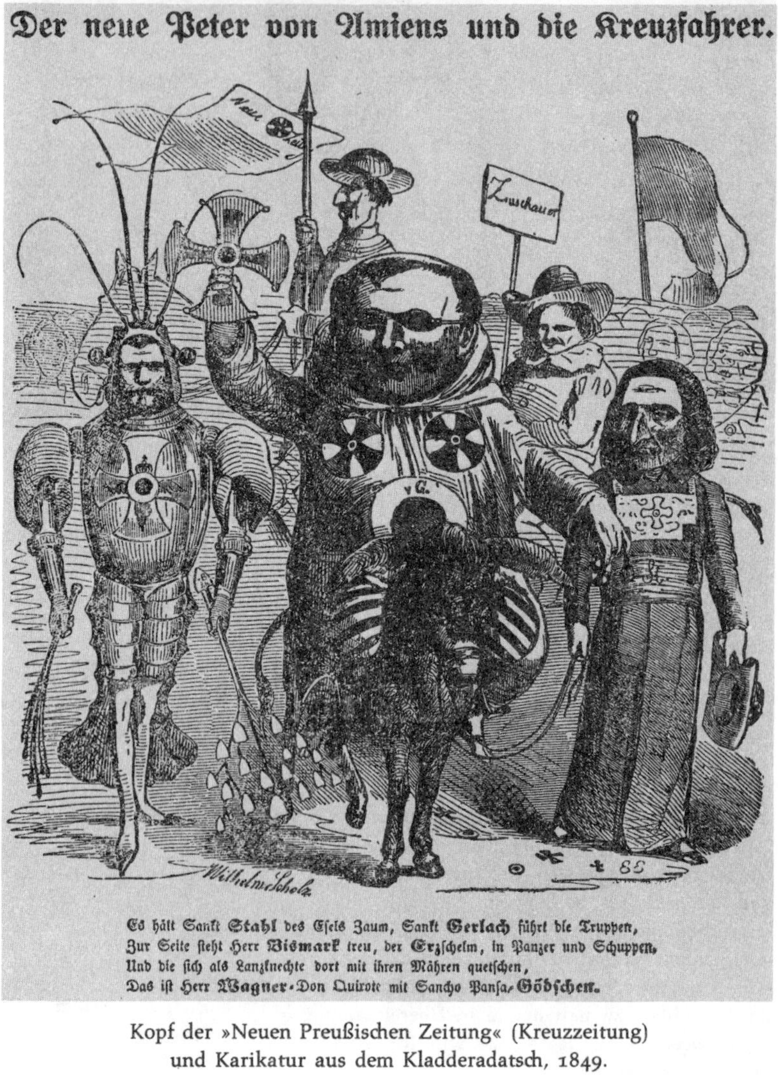

Kopf der »Neuen Preußischen Zeitung« (Kreuzzeitung)
und Karikatur aus dem Kladderadatsch, 1849.

Die Eidesleistung König Friedrich Wilhelms IV. vom 6. Februar 1850 auf die »revidierte« Verfassung, die aus der oktroyierten Verfassung vom 5. Dezember 1848 hervorgegangen war. Diese Verfassung, die in Preußen endgültig die Staatsform der konstitutionellen Monarchie begründete, blieb bis zum 9. November 1918 in Kraft. – Lithographie nach einer Zeichnung von Paul Bürde.

»... alle guten Kräfte im Lande müssen sich vereinigen in Untertanentreue, in Ehrfurcht gegen das Königtum und diesen Thron, der auf den Siegen Unserer Heere ruht, in Beobachtung der Gesetze, in wahrhaftiger Erfüllung des Huldigungseides sowie des neuen Schwurs ›der Treue und des Gehorsams gegen den König und des gewissenhaften Haltens der Verfassung‹; – mit einem Worte: seine Lebensbedingung ist die, daß Mir das Regieren mit diesem Gesetze möglich gemacht werde, – denn in Preußen muß der König regieren, und Ich regiere nicht, weil es also Mein Wohlgefallen ist – Gott weiß es! –, sondern weil es Gottes Ordnung ist; darum aber will Ich auch regieren! – Ein freies Volk unter einem freien Könige, das war meine Losung seit zehn Jahren, das ist sie heute und soll es bleiben, so lang Ich atme...

Jetzt aber und indem Ich die Verfassungsurkunde kraft königlicher Machtvollkommenheit hiermit bestätige, gelobe Ich feierlich, wahrhaftig und ausdrücklich vor Gott und Menschen, die Verfassung Meines Landes und Reiches fest und unverbrüchlich zu halten und in Übereinstimmung mit ihr und den Gesetzen zu regieren. – Ja! Ja! – das will Ich, so Gott Mir helfe!« (Aus der Rede Friedrich Wilhelms IV.).

Die Eröffnung des Unionsparlaments in Erfurt am 20. März 1850. – Holzschnitt. Nach den Plänen von Radowitz sollte durch Vereinbarung der Fürsten neben ein »Deutsches Reich« unter preußischer Führung eine »Deutsche Union« treten, die auch die Donaumonarchie umfassen sollte. Die Unionspolitik, die nur bis zur Annahme einer Verfassung gedieh, scheiterte am Einspruch Österreichs und am Widerstand konservativer preußischer Prinzipienpolitiker. Die Olmützer Punktation vom 30. November verhinderte den drohenden offenen preußisch-österreichischen Konflikt und leitete die Rückkehr zur alten Ordnung des Deutschen Bundes ein.

»Was sind wir noch, wenn dieses *eine* Leben schwindet? So viel Geist, Einsicht in alles, Sinn für alles – so viel Wohlwollen und Religion, so viel echte, allgemeine, großartige Bildung wird sich in *einer* Person nicht wieder vereinigt finden. Es war eine große Position dem Vernichtungsprozeß des Jahrhunderts gegenüber ergriffen ... Und gerade der Geist, der diesen großen Impuls in sich trug, muß durch ein körperliches Leiden umdüstert werden. Was sind wir? Der größte Gedanke hängt ab von einer Faser im Gehirn« (Leopold v. Ranke in einem Brief vom 25. November 1857 über Friedrich Wilhelm IV.).

Die Königskrönung Wilhelms I. in Königsberg am 18. Oktober 1861
Gemälde von Adolph Menzel. Potsdam, Neues Palais

»Die Vorsehung bestimmte in einer ungeahnten Weise über die letzten Lebensjahre meines Bruders und berief mich noch bei seinem Leben zu seinem Nachfolger. Als Gott den vielgeprüften König und Bruder von seinen schweren Leiden gnädig erlöste, mußte ich den Thron der Väter besteigen. Gegen meine Neigung schritt ich zur Krönung, in tiefster Demut, um Preußen mit seinen *neuen* Institutionen die irdische Macht zu vergegenwärtigen, die zu dessen Heil fest bestehen« (Letztwillige Aufzeichnung König Wilhelms I. vom 31. Dezember 1866).

Die Teilnehmer des Fürstentages in Frankfurt, 1863. – Fotografie

In Österreich war man zu dem Entschluß gekommen, den Deutschen Bund, der im wesentlichen von der Einigkeit der beiden Großmächte abhing, durchgehend zu reformieren. Kaiser Franz Joseph schickte an alle Fürsten Deutschlands die Einladung, auf den 16. August 1863 zu einem Fürstentag, der über die Reform des Deutschen Bundes beschließen sollte, in Frankfurt am Main zusammenzukommen. An der Absage König Wilhelms, die auf Betreiben Bismarcks erfolgte, scheiterte »der letzte von echter Tragik erfüllte großdeutsche, von Österreich geleitete Versuch, dem alten Bund neue Lebenskräfte einzuflößen« (Heinrich v. Srbik). Das zeitgenössische Echo war sehr gespalten. Die Neue Preußische (Kreuz-) Zeitung meinte rückblickend in ihrem Leitartikel vom 26. September, es habe sich um ein österreichisches Manöver gehandelt, eine Anzahl deutscher Fürsten in die österreichische Machtsphäre hineinzuziehen. Das Ganze wäre ein »konstitutionell aufgeputzter Versuch, die österreichische Gesamtmonarchie durch die Hintertür in den Deutschen Bund hineinzuschmuggeln«. »Er (König Wilhelm) fühlte zunächst nicht die Unterschätzung, welche in dieser Überrumpelung lag, in dieser Einladung (zum Fürstentag nach Frankfurt), man könnte sagen Ladung à courte échéance (mit kurzer Sicht). Der österreichische Vorschlag gefiel ihm vielleicht wegen des in ihm liegenden Elements fürstlicher Solidarität in dem Kampfe gegen den parlamentarischen Liberalismus, durch den er selbst damals bedrängt wurde ... Es wurde mir nicht leicht, den König zum Fernbleiben von Frankfurt zu bestimmen« (Otto von Bismarck, Gedanken und Erinnerungen).

Otto von Bismarck (1815–1898)
Fotografie, 1862

Sturm auf die Düppeler Schanzen 1864. – Lithographie

Die Versuche Schleswig von Holstein abzutrennen und der dänischen Krone einzuverleiben, hatten niemals aufgehört. König Frederik VII. hatte zwar feierlich im Londoner Protokoll von 1852 versprochen, daß eine kommende Gesamtstaatsverfassung die Autonomie der in Personalunion mit der Krone Dänemarks verbundenen Herzogtümer sicherstellen werde, dennoch wurde am 30. März 1863 ein Patent erlassen, das Schleswig, entgegen dem königlichen Versprechen, die Stellung einer dänischen Provinz gab. Die deutsche öffentliche Meinung empörte sich tief; zumal der »Deutsche Nationalverein« nahm sich des »heiligen Rechts der Herzogtümer auf ihre gemeinsame Unabhängigkeit« an. Das Zusammentreffen der Erbfolgefrage – König Frederik war im November 1863 gestorben – mit der Frage der Rechtsstellung der Herzogtümer löste widerstreitende Meinungen aus. Preußen und Österreich setzten am 7. Dezember am Frankfurter Bundestag gegen eine stattliche Minderheit, die die Erbansprüche des Erbprinzen Friedrich von Augustenburg unterstützte, eine Bundesexekutive durch, bis zur Lösung des Erbfolgestreits Holstein als Pfand militärisch zu besetzen. Im Januar 1864 forderten Preußen und Österreich in ultimativen Noten von Dänemark einen Widerruf seiner neuen Gesamtverfassung. Auf die ablehnende Haltung Dänemarks hin brach am 1. Februar der deutsch-dänische Krieg aus, in dem preußische und österreichische Truppen die Eider überschritten, um Schleswig zu besetzen. Das wichtigste Kriegsereignis wurde am 18. April, nachdem der Oberbefehl über die Truppen dem achtzigjährigen Generalfeldmarschall von Wrangel wegen seiner Eigensinnigkeit entzogen worden war, die Erstürmung der Düppeler Schanzen durch den Prinzen Friedrich Karl.

Französische Karikatur auf Preußens Annexionsabsichten hinsichtlich Schleswig-Holsteins. – Lithographie

»Was die politischen Zustände betrifft, so löst sich in Deutschland im gegenwärtigen Augenblick alles in die schleswig-holsteinische Frage auf. Daß diese Frage eine so große Bedeutung erlangen konnte, hat seinen Grund zunächst in dem Umstand, daß die Deutschen ein Rechtsvolk sind, daß Rechtsfragen stets den größten Anklang finden ... Abgesehen aber hiervon fühlt jeder in Deutschland die tiefere Bedeutung der schleswig-holsteinischen Frage für unsere inneren Zustände. Jeder weiß, daß in jener Frage die deutsche Frage entschieden wird« (Fürst Chlodwig zu Hohenlohe-Schillingsfürst an Königin Viktoria von England, München, 4. Mai 1864).

Treffen König Wilhelms I. und Kaiser Franz Josephs in Salzburg am 14. August 1865, anläßlich der Gasteiner Konvention

Über die Frage der im Kondominium verwalteten Herzogtümer Schleswig und Holstein gerieten Preußen und Österreich in einen grundsätzlichen Gegensatz. In der Gasteiner Konvention vom 14. August 1865, in der Preußen und Österreich eine Verwaltungsteilung der Herzogtümer vereinbarten, konnte die drohende Kriegsgefahr vorläufig gebannt werden; die endgültige Lösung kam jedoch erst mit dem preußisch-österreichischen Krieg von 1866, der die Elbherzogtümer endgültig an Preußen fallen ließ. Dieser Krieg galt manchen Zeitgenossen als »sündhafter Bruderkrieg« und sein Ergebnis den Späteren als »die erste deutsche Teilung«. Den anderen, an ihrer Spitze Otto von Bismarck, war das Jahr 1866 ein notwendiger Markstein auf dem Wege zur deutschen Einigung die innerhalb des Deutschen Bundes auf der Basis des bisherigen Dualismus zwischen Preußen und Österreich nicht erreichbar schien. Die Entscheidung fiel bereits drei Wochen nach Kriegsausbruch, am 3. Juli 1866 in offener Feldschlacht bei Königgrätz und Sadowa. Die maßvollen Friedensbedingungen in Nikolsburg und Prag waren ein Werk hoher Bismarckscher Staatskunst.

Eroberung einer österreichischen Batterie in der Schlacht von Königgrätz, 1866. – Lithographie

Die Verhandlung für einen Präliminarfrieden in Nikolsburg im Juli 1866. Bismarck stehend zwischen Moltke und dem König. – Holzschnitt

Die Schloßbrücke in Berlin mit dem Zeughaus, dem Alten Museum, dem Dom und der Marienkirche. – Aus einem Gemälde von Wilhelm Brücke, 1870. Berlin, Staatl. Schlösser und Gärten, Schloß Charlottenburg

»Was seit Entstehung des Königreichs Preußen diese Monarchie charakterisiert, ist vor allem ein unaufhaltsames, aber ruhiges Fortschreiten, eine stetige Entwicklung und eine Ausbildung seiner inneren Verhältnisse ohne Sprünge und Revolutionen, welche Preußen an die Spitze der Reformation, der Aufklärung, der liberalen Institutionen und einer vernünftigen Freiheit – mindestens in Deutschland – gestellt haben« (Helmuth von Moltke).

Theodor Fontane am Schreibtisch seiner Berliner Wohnung

»Die Geschichte geht fast immer an dem vorüber, was sie vor allem festhalten sollte. Daß der Alte Fritz am Ende seiner Tage dem damaligen Kammergerichtspräsidenten den Krückstock an den Kopf warf und, was mir noch wichtiger ist, durchaus bei seinen Hunden begraben sein wollte, weil er die Menschen, diese »mechante Rasse«, so gründlich verachtete – sieh, Freund, das ist mir mindestens ebensoviel wert wie ein Hohenfriedberg oder Leuthen. Und die berühmte Torgauer Ansprache »Rackers, wollt ihr denn ewig leben«, geht mir eigentlich noch über Torgau selbst« (Theodor Fontane, »Frau Jenny Treibel«).

»Es gibt eine preußische Beschränktheit, die nur drei Glaubensartikel hat; erstes Hauptstück: »Die Welt ruht nicht sicherer auf den Schultern des Atlas als der preußische Staat auf den Schultern der preußischen Armee.« Zweites Hauptstück: »Der preußische Infanterieangriff ist unwiderstehlich.« Und drittens und letztens: »Eine Schlacht ist nie verloren, solange das Regiment Garde du Corps nicht angegriffen hat« (Theodor Fontane, »Schach von Wuthenow«).

»Trotz ihrer enormen Fehler bleiben märkische Junker und Landpastoren meine Ideale, meine stille Liebe. Aber wie wenig geschieht, um diese wundervollen Elemente geistig standesgemäß zu vertreten. Es ist mir das immer ein wirklicher Schmerz. Das konservative Fühlen unserer alten Provinzen wäre von unwiderstehlicher Kraft, wenn die Leute da wären, diesem Gefühl zu einem richtigen Ausdruck zu verhelfen« (Theodor Fontane an seine Gattin, 9. Juni 1884).

Bismarck und Napoleon III. als »gegenseitige Lehrmeister«
Karikatur aus dem »Kladderadatsch«, 1870

»Ich habe den Eindruck, daß der Kaiser Napoleon ein gescheiter und liebenswürdiger Mann, aber so klug nicht ist, wie die Welt ihn schätzt, die Alles, was vorgeht, auf seine Rechnung schreibt und wenn es in Ostasien zur unrechten Zeit regnet, das aus einer übelwollenden Machination des Kaisers erklären will. Man hat sich besonders bei uns daran gewöhnt, ihn als eine Art génie du mal zu betrachten ... Ich glaube ... sein Verstand wird auf Kosten seines Herzens überschätzt; er ist im Grunde gutmüthig und es ist ihm ein ungewöhnliches Maß von Dankbarkeit für jeden geleisteten Dienst eigen« (Otto von Bismarck, Gedanken und Erinnerungen).

Die internationale Lage spitzte sich im Jahre 1869 durch die Thronkandidatur des Erbprinzen Leopold aus der süddeutschen Linie Hohenzollern-Sigmaringen auf den vakanten spanischen Thron zu. Frankreich fühlte sich von der Aussicht einer Verbindung zwischen Madrid und Berlin bedroht. Der französische Botschafter Benedetti wurde in dieser Sache bei König Wilhelm vorstellig, der gerade zur Kur in Bad Ems weilte. Er forderte vom König die schriftliche Zusage, daß in Zukunft – der Sigmaringer hatte bereits auf die Kandidatur verzichtet – kein Hohenzoller mehr für den spanischen Thron kandidiere. Den telegraphischen Bericht aus Bad Ems über diese Vorgänge gab Bismarck propagandistisch wirkungsvoll in gekürzter Form der Öffentlichkeit bekannt. Frankreich, brüskiert durch die Haltung des Königs von Preußen und durch das Verhalten Bismarcks, antwortete am 15. Juli 1870 mit der Kriegserklärung.

Rechte Seite: Die Emser Depesche. Der von Bismarck redigierte Text in der Handschrift des Legationsrates Lothar Bucher, 13. Juli 1870

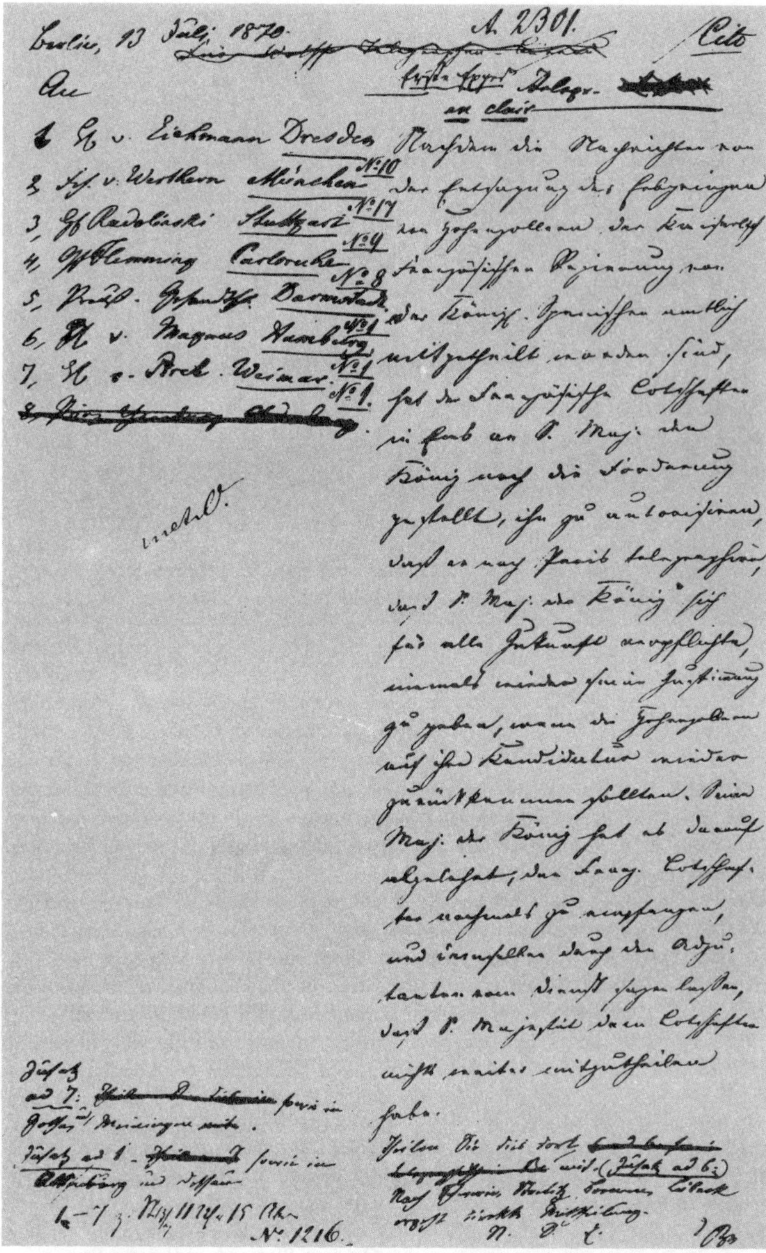

Berlin, 13 Juli 1870. A. 2301. Cito

Circular Telegr. en clair

An
1 Gf v. Eichmann Dresden
2 Frh. v. Werthern München No 10
3 Gf Radolinski Stuttgart No 17
4 Gf Flemming Carlsruhe No 4
5 Preuß. Gesandtsch. Darmstadt No 8
6 H v. Magnus Hamburg No 1
7 H v. Beck Weimar No 1

Nachdem die Nachrichten von der Entsagung des Erbprinzen von Hohenzollern der Kaiserlich französischen Regierung von der Königl. Spanischen amtlich mitgetheilt worden sind, hat der französische Botschafter in Ems an S. Maj. den König noch die Forderung gestellt, ihn zu autorisiren, daß er nach Paris telegraphire, daß S. Maj. der König sich für alle Zukunft verpflichte, niemals wieder seine Zustimmung zu geben, wenn die Hohenzollern auf ihre Candidatur wieder zurückkommen sollten. Seine Maj. der König hat es darauf abgelehnt, den franz. Botschafter nochmals zu empfangen, und demselben durch den Adjutanten vom Dienst sagen lassen, daß S. Majestät dem Botschafter nichts weiter mitzutheilen habe.

Theilen Sie dies dort mit. (Zusatz ad 6:) Nach Schwerin, Strelitz, Bremen, Lübeck ergeht directe Mittheilung.

N. d. L. v B.

Zusatz ad 7: sowie in Gotha und Meiningen.

Zusatz ad 1 – sowie in Altenburg und Dessau

1–7 z. [illegible]

Nr. 1216.

Die Abreise König Wilhelms I. an die Front am 31. Juli 1870
Gemälde von Adolph Menzel 1871
Berlin, Stiftg. Preuß. Kulturbesitz, Staatl. Museen, Nationalgalerie

»Die schwere Abschiedsstunde liegt nun hinter uns, und wenn sie durch die Jubelfahrt, die ich 36 Stunden lang machte, wie verklungen erscheinen konnte, – so liegt sie doch gleich schwer mir im Herzen, denn die Zukunft ist unsicher, und erst nach schweren Kämpfen wird sich Gottes Wille kund tun. Darum ist jeder Jubelruf mir wie ein Schrei der Mahnung ... Ja, es war ein Triumphzug, der in den großen Städten unermeßlich war ...« (Wilhelm I. an seine Gattin Augusta, Mainz, 2. August 1870).

»Vorgestern vor Tagesgrauen verließ ich mein hiesiges Quartier, kehre heut zurück und habe in der Zwischenzeit die große Schlacht von Sedan am 1. (September) erlebt, in der wir gegen 30 000 Gefangene machten ... Gestern früh 5 Uhr, nachdem ich bis 1 Uhr früh mit Moltke und den französischen Generälen über die abzuschließende Kapitulation verhandelt hatte, weckte mich der General Reille ..., um mir zu sagen, daß Napoleon mich zu sprechen wünschte. Ich ritt ungewaschen und ungefrühstückt gegen Sedan, fand den Kaiser im offenen Wagen mit 3 Adjutanten und 3 zu Pferde daneben auf der Landstraße vor Sedan haltend. Ich saß ab, grüßte ihn ebenso höflich wie in den Tuilerien und fragte nach seinen Befehlen« (Otto von Bismarck an seine Gattin, Vendresse, 3. September 1870).

General Helmuth von Moltke vor Sedan am 1. September 1870
Gemälde von Anton von Werner

»Es ärgert mich stets, wenn man mich schildert, als sei ich roh und hochfahrend gegen Napoleon gewesen in Donchery. Ich war im Gegenteil so höflich, wie ich es nur je in den Tuilerien gewesen bin« (Otto von Bismarck zu Christa Gräfin von Eickstedt-Peterswaldt).

Treffen Bismarcks mit Napoleon III. bei Sedan am 2. September 1870
Gemälde von Anton von Werner

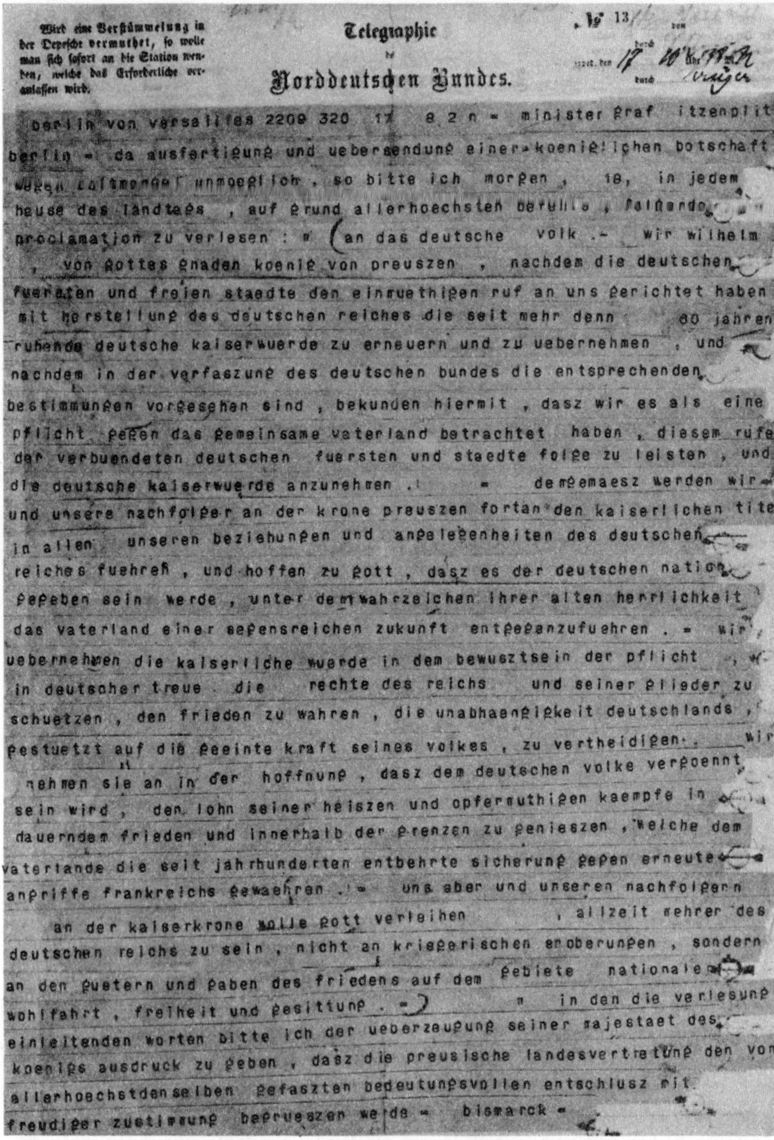

Wird eine Verstümmelung in der Depesche vermuthet, so wolle man sich sofort an die Station wenden, welche das Erforderliche veranlassen wird.

Telegraphie des Norddeutschen Bundes.

№ 13

berlin von versailles 2209 320 17 8 2 n = minister graf itzenplitz berlin =: da ausfertigung und uebersendung einer koeniglichen botschaft wegen zeitmangel unmoeglich , so bitte ich morgen , 18, in jedem hause des landtags , auf grund allerhoechsten befehls , folgende proclamation zu verlesen : " (an das deutsche volk .- wir wilhelm , von gottes gnaden koenig von preuszen , nachdem die deutschen fuersten und freien staedte den einmuethigen ruf an uns gerichtet haben mit herstellung des deutschen reiches die seit mehr denn 60 jahren ruhende deutsche kaiserwuerde zu erneuern und zu uebernehmen , und nachdem in der verfaszung des deutschen bundes die entsprechenden bestimmungen vorgesehen sind , bekunden hiermit , dasz wir es als eine pflicht gegen das gemeinsame vaterland betrachtet haben , diesem rufe der verbuendeten deutschen fuersten und staedte folge zu leisten , und die deutsche kaiserwuerde anzunehmen . = demgemaesz werden wir und unsere nachfolger an der krone preuszen fortan den kaiserlichen titel in allen unseren beziehungen und angelegenheiten des deutschen reiches fuehren , und hoffen zu gott , dasz es der deutschen nation gegeben sein werde , unter dem wahrzeichen ihrer alten herrlichkeit das vaterland einer segensreichen zukunft entgegenzufuehren . = wir uebernehmen die kaiserliche wuerde in dem bewusztsein der pflicht , in deutscher treue die rechte des reichs und seiner glieder zu schuetzen , den frieden zu wahren , die unabhaengigkeit deutschlands , gestuetzt auf die geeinte kraft seines volkes , zu vertheidigen . wir nehmen sie an in der hoffnung , dasz dem deutschen volke vergoennt sein wird , den lohn seiner heiszen und opfermuthigen kaempfe in dauerndem frieden und innerhalb der grenzen zu genieszen , welche dem vaterlande die seit jahrhunderten entbehrte sicherung gegen erneute angriffe frankreichs gewaehren . = uns aber und unseren nachfolgern an der kaiserkrone wolle gott verleihen , allzeit mehrer des deutschen reichs zu sein , nicht an kriegerischen eroberungen , sondern an den guetern und gaben des friedens auf dem gebiete nationaler wohlfahrt , freiheit und gesittung . =) " in den die verlesung einleitenden worten bitte ich der ueberzeugung seiner majestaet des koenigs ausdruck zu geben , dasz die preusische landesvertretung den von allerhoechstdenselben gefaszten bedeutungsvollen entschlusz mit freudiger zustimmung begruessen werde = bismarck =

Bismarcks Telegramm an den Handelsminister v. Itzenplitz vom 17. Januar 1871 mit dem Text einer zur Vorlesung in beiden Häusern des Landtages bestimmten königlichen Botschaft.
Berlin, Stiftg. Preuß. Kulturbesitz, Geheimes Staatsarchiv

Die Kaiserproklamation im Spiegelsaal des Schlosses von Versailles am 18. Januar 1871. – Gemälde von Anton von Werner

»Nachdem die deutschen Fürsten und freien Städte den einmütigen Ruf an Uns gerichtet haben, mit Herstellung des Deutschen Reiches die seit mehr denn 60 Jahren ruhende deutsche Kaiserwürde zu übernehmen, und nachdem in der Verfassung des Deutschen Bundes die entsprechenden Bestimmungen vorgesehen sind, bekunden Wir hiermit, daß Wir es als eine Pflicht gegen das gemeinsame Vaterland betrachtet haben, diesem Ruf der verbündeten deutschen Fürsten und Städte Folge zu leisten und die deutsche Kaiserwürde anzunehmen ...« (Proklamation Wilhelms I., Versailles, 18. Januar 1871).

»Eben kehre ich vom Schlosse nach vollbrachtem Kaiserakt zurück! Ich kann Dir nicht sagen, in welcher moroser Emotion ich in diesen letzten Tagen war, teils wegen der hohen Verantwortung, die ich nun zu übernehmen habe, teils und vor allem über den Schmerz, den preußischen Titel verdrängt zu sehen ...!« (Wilhelm I. an seine Gattin, Versailles, 18. Januar 1871).

»So wären denn Kaiser und Reich endlich eine anerkannte und gerade am Geburtstage unserer preußischen Monarchie verkündete Tatsache. Gott wolle, daß dieser zwischen deutschen Fürsten und Stämmen geschlossene Bund sich niemals wieder löse, und daß mehr und mehr Fürsten erstehen, die würdig erscheinen, sich einer solchen Aufgabe zu weihen ...« (Tagebuchaufzeichnung des Kronprinzen Friedrich Wilhelm vom 18. Januar 1871).

»Das Deutsche Reich von 1871 ist in einem solchen Maße die Schöpfung eines einzelnen Mannes, die Schöpfung Bismarcks, daß man sich hüten muß, diese Lösung des deutschen Problems als die einzig mögliche anzusehen« (Max Lehmann).

189ste Depesche
vom
Kriegs-Schauplatz.
Offizielle militärische Nachrichten.

Versailles, den 2. März.

Der Kaiserin-Königin in Berlin.

Soeben habe Ich den Friedensschluß ratifizirt, nachdem er schon gestern in Bordeaux von der National-Versammlung angenommen worden ist. So weit ist also das große Werk vollendet, welches durch siebenmonatliche siegreiche Kämpfe errungen wurde; Dank der Tapferkeit, Hingebung und Ausdauer des unvergleichlichen Heeres in allen seinen Theilen und der Opferfreudigkeit des Vaterlandes.

Der Herr der Heerschaaren hat überall unsere Unternehmungen sichtlich gesegnet und daher diesen ehrenvollen Frieden in Seiner Gnade gelingen lassen. Ihm sei die Ehre! Der Armee und dem Vaterlande mit tief erregtem Herzen Meinen Dank!

Wilhelm.

Berlin, den 3. März 1871.

Königl. Polizei-Präsidium (v. Wurmb).

Druck von Ernst Litfaß, Königlichen Hofbuchdrucker, Adlerstr. 6.

Ratifizierung des Friedens zwischen Deutschland und Frankreich am 2. März 1871
Die 189. Kriegsdepesche Kaiser Wilhelms I. an die Kaiserin Augusta
Berlin, Landesarchiv

Die Friedenskonferenz in Frankfurt am Main im Mai 1871
(Bismarck links, Jules Favre vierter von links). – Holzschnitt

Dem Präliminarfrieden in Versailles (26. Februar 1871) folgte am 10. Mai der endgültige Friede von Frankfurt, in dem Frankreich die Gebiete abtreten mußte, die dann später zum Reichsland Elsaß-Lothringen zusammengefaßt wurden. Die von einer »historisch bestimmten Nationalidee erfüllte öffentliche Meinung« (H. Herzfeld) in Deutschland hatte den Erwerb der »Reichslande« so unbedingt verlangt, daß sich Bismarck dieser Forderung nicht entziehen konnte.
»Daß Napoleon III., nachdem er Österreich und Rußland besiegt hatte, auch Preußen angreifen würde, um die Machtsphäre der alten französischen Politik wiederherzustellen, darüber konnte kein Zweifel sein. Als es 1870 zu diesem Bruche kam, war doch eine allgemeine Erregung über den Ausgang, den die Sache nehmen würde, erkennbar. Allein die Einziehung von Hessen und Hannover und das Bundesverhältnis zu den süddeutschen Staaten wirkten dahin zusammen, daß man Frankreich glücklich bestehen konnte und bestand. Das Napoleonische Regiment stürzte vollkommen zusammen; von dieser Gefahr wurde Europa befreit« (L. von Ranke, » Politischer Rückblick«, Juli 1878).

Kaiser Wilhelm I.
Aufnahme aus dem Jahr 1886

Otto von Bismarck
Aufnahme aus dem Jahr 1894

Die frühere Geschichtsschreibung hat oft behauptet, daß durch die Reichsgründung von 1871 Preußen in Deutschland aufgegangen und Deutschland dadurch preußisch geworden sei. Dies ist eine einseitige Betrachtungsweise. Das Deutsche Kaiserreich ist nach einem anderen Gesetz angetreten als das Königreich Preußen, das als Staat übernational war – ähnlich wie das alte Österreich –, gleichwohl aber eine Staatsnation zu prägen vermocht hat. Das Reich von 1871 war bewußt ein Nationalstaat, wenn auch vielleicht zu spät ins Leben getreten und wohl ohne eine eigene Staatsidee[1]). Gegen die Minderheiten in Preußens Ostprovinzen verfuhr das Reich mit seinen Germanisierungsabsichten zunehmend intolerant und degradierte die Polen zu Staatsbürgern zweiter Klasse. Zwar blieb Preußen als Teilstaat innerhalb des Reiches über den Untergang der Monarchie im Jahre 1918 hinaus und bis in das Jahr 1933 hinein bestehen, weshalb sich auch von einer »Preußischen Nachgeschichte« sprechen läßt, die sogar die Zeit von 1919 bis 1932 noch mit umfaßt. In dieser Zeit war Preußen republikanischer Freistaat, und preußisches Ethos konnte sich dahin auswirken, daß Preußen die treueste Stütze der Demokratie war und die stabilste republikanische Länderregierung vorzuweisen hatte. Was aber die Selbständigkeit Preußens betrifft und die Souveränität innerpolitischer Gestaltung, so war diese seit 1871 einem zunehmenden Schrumpfungsprozeß unterlegen. Seit der Jahrhundertwende zeigte sich die preußische Staatsregierung immer weniger im Stande, auf die Reichspolitik wirklichen Einfluß auszuüben; das Reich war also keineswegs der verlängerte Arm der preußischen Regierung. Als Reaktion darauf verstärkten sich die partikularistischen Tendenzen, die es in den ostelbischen Gebieten von Anfang an gegeben hatte, bis hin zu rührenden Protestdemonstrationen, daß man sich weigerte, den 18. Januar als Nationalfeiertag zu begehen – man wollte nur an die Königskrönung von 1701 erinnert sein – oder daß Soldaten sich anfangs weigerten, als 1897 zur Landeskokarde auch die Reichskokarde getragen werden sollte, andere als schwarz-weiße Farben an ihren Mützen zu zeigen.

Hinzu kam ferner, daß die Entwicklung zur industriellen Massengesellschaft diesen Staat auf agrarischer Grundlage aushöhlen mußte, da er nicht auf Gleichheit, sondern auf Ränge, nicht auf egalitäre Demokratie, sondern auf ständische Gliederung, nicht auf Volkssouveränität, sondern auf konstitutionell beschränktes Königtum aufgebaut war. Das Kaiserreich, gedrängt durch die stürmische Entwicklung, die Technik, Industrie und Welthandel genommen hatten, wollte unter Wilhelm II. die Rolle einer Großmacht, ja seiner Kolonialerwerbungen wegen die einer Weltmacht spielen. Imperialistische Ziele haben aber völlig außerhalb des Horizonts der altpreußischen Führungsschicht gelegen; die Ambitionen einer Großmacht oder gar Weltmacht hatte das alte Preußen nicht. Vielleicht wird hieran der Bruch des neuen Reiches mit den alten preußischen Traditionen am deutlichsten.

Im Sinne meiner Auffassungen hat jüngst Karl Erich *Born*[2]) in einer Tübinger

[1]) Vgl. Theodor *Schieder:* Das deutsche Kaiserreich von 1871 als Nationalstaat, Köln 1961 sowie Hans-Joachim *Schoeps:* Das Wilhelminische Zeitalter in geistesgeschichtlicher Sicht, Zeitgeist im Wandel I, Stuttgart 1967, 33 ff.

[2]) »Preußen und Deutschland im Kaiserreich« am 23. Mai 1967.

Universitätsrede festgestellt: »Der deutsche Imperialismus war nicht einfach die Fortsetzung preußischer Außenpolitik durch das Deutsche Reich, sondern er war die Fortsetzung und Übersteigerung der liberalen deutschen Nationalbewegung im Zeitalter der Weltmarktwirtschaft, freilich unter Verwendung des von Preußen in das Reich eingebrachten militärischen Machtinstruments. Auch hier ist also Preußen in einem größeren Deutschland umgewandelt worden und in es aufgegangen.«

Damit soll nicht bestritten werden, daß preußische Traditionen auch nach 1871 fortgeführt wurden und weitergelebt haben. Ihr Weiterleben reicht bis in die heutige Zeit. Aber es ist auch viel Mißbrauch mit ihnen getrieben worden, denn keine geschichtliche Gestalt ist davor geschützt, entstellt zu werden. Was den preußischen Ideen zwischen 1933 und 1945 widerfahren ist, hat nicht zuletzt den alliierten Kontrollratsbeschluß vom 25. Februar 1947 ausgelöst, mit dessen bildlicher Wiedergabe dieser Band abschließt. Das gerechte Urteil der Geschichte über Preußen wird erst zu einem späteren Zeitpunkt gesprochen werden. Die Begründung, die die Siegermächte dem Auflösungsbeschluß gegeben haben, verzerrt das historische Bild. Zu seiner Entzerrung und Richtigstellung will dieser Bildband, der nur aus zeitgenössischen Darstellungen und Zitaten zusammengestellt wurde, einen Beitrag geben.

GESETZ Nr. 46

Auflösung des Staates Preußen

Der Staat Preußen, der seit jeher Träger des Militarismus und der Reaktion in Deutschland gewesen ist, hat in Wirklichkeit zu bestehen aufgehört. Geleitet von dem Interesse an der Aufrechterhaltung des Friedens und der Sicherheit der Völker und erfüllt von dem Wunsche, die weitere Wiederherstellung des politischen Lebens in Deutschland auf demokratischer Grundlage zu sichern, erläßt der Kontrollrat das folgende Gesetz:

ARTIKEL I

Der Staat Preußen, seine Zentralregierung und alle nachgeordneten Behörden werden hiermit aufgelöst.

ARTIKEL II

Die Gebiete, die ein Teil des Staates Preußen waren und die gegenwärtig der Oberhoheit des Kontrollrats unterstehen, sollen die Rechtsstellung von Ländern erhalten oder Ländern einverleibt werden.

Die Bestimmungen dieses Artikels unterliegen jeder Abänderung und anderen Anordnungen, welche die Alliierte Kontrollbehörde verfügen oder die zukünftige Verfassung Deutschlands festsetzen sollte.

ARTIKEL III

Staats- und Verwaltungsfunktionen sowie Vermögen und Verbindlichkeiten des früheren Staates Preußen sollen auf die beteiligten Länder übertragen werden, vorbehaltlich etwaiger Abkommen, die sich als notwendig herausstellen sollten und von der Alliierten Kontrollbehörde getroffen werden.

ARTIKEL IV

Dieses Gesetz tritt mit dem Tage seiner Unterzeichnung in Kraft.

Ausgefertigt in Berlin, den 25. Februar 1947.

Die Auflösung des Staates Preußen
Das Gesetz Nr. 46 im Amtsblatt des Kontrollrats in Deutschland
vom 31. März 1947

TEXTNACHWEIS ZUM BILDTEIL

S. 483 Die Werke Friedrichs des Großen, hrsg. v. G. B. Volz, Bd. I, (Denkwürdigkeiten zur Geschichte des Hauses Brandenburg), Berlin 1912, 13

S. 498 Leibniz's Deutsche Schriften, hrsg. v. G. E. Guhrauer, Bd. II, Berlin 1840, 268

S. 500 Briefe der Herzogin Elisabeth Charlotte von Orleans, hrsg. von H. J. Helmolt, Bd. I, Leipzig 1908, 262

S. 505 Denkwürdigkeiten zur Geschichte des Hauses Brandenburg (Volz I, 162)

S. 507 Neunundsechzig Jahre am Preußischen Hofe. Aus den Tagebüchern und Aufzeichnungen der Oberhofmeisterin Sophie Wilhelmine Gräfin von Voß, Berlin 1876 (1895^{6}), 4

S. 510 Denkwürdigkeiten zur Geschichte des Hauses Brandenburg (Volz I, 186)

S. 532 E. D. M. Kirchner, Die Churfürstinnen und Königinnen auf dem Throne der Hohenzollern, Berlin 1870, 186

S. 537 G. B. Volz, Friedrich der Große im Spiegel seiner Zeit, Bd. I, Berlin 1926, 256

S. 538 G. B. Volz, a. a. O., 226. – Pharasmanes, sagenhafter Soldatenkönig von Iberien in einem Trauerspiel von Crébillon

S. 539 K. Ed. Schmidt-Lötzen, Dreissig Jahre am Hofe Friedrichs des Großen. Aus den Tagebüchern des Reichsgrafen Ernst Ahasverus Heinrich von Lehndorff, Kammerherrn der Königin Elisabeth Christine von Preußen, Gotha 1907, 311

S. 540 Schreiben des Gutsverwalters in Roßbach an den dasigen Gutsbesitzer, in: (Wagener), Denkwürdigkeiten für die Kriegskunst und Kriegsgeschichte, 6. Heft, Berlin 1820, 188 f.

S. 550 G. Mendelssohn-Bartholdy, Der König, München 1912, 476
J. D. E. Preuß, Friedrich der Große. Eine Lebensgeschichte mit Urkunden, Bd. III, (Berlin 1833), 504

S. 553 Kants Gesammelte Schriften, hrsg. v. der Preußischen Akademie der Wissenschaften, 18 Bde., Berlin 1910 ff. (Kritik der praktischen Vernunft) Bd. V, 86 und (Grundlegung zur Metaphysik der Sitten) Bd. IV, 400

S. 554 Der Große König. Ausgewählte Werke, Briefe, Gespräche und Gedichte Friedrichs des Großen, hrsg. von G. B. Volz, Berlin o. J., 202

S. 556 G. Mendelssohn-Bartholdy, a. a. O., 491
G. B. Volz, Friedrich der Große im Spiegel seiner Zeit, Bd. III, Berlin 1927, 69
G. B. Volz, a. a. O., Bd. II, 221

S. 558 Memoiren der Gräfin Lichtenau. Ein Sittenbild vom Hofe der Hohenzollern, hrsg. von M. Adler, Dresden 1922, 60

S. 561 G. H. Pertz, Das Leben des Feldmarschalls Grafen Neithardt von Gneisenau, Bd. I, Berlin 1864, 302

S. 565 Briefwechsel der Königin Luise mit ihrem Gemahl Friedrich Wilhelm III. 1793-1810, hrsg. von K. Griewank, Leipzig 1929, 264

S. 566 Heinrich von Kleists Lebensspuren. Dokumente und Berichte der Zeitgenossen, hrsg. von H. Sembdner, Bremen 1957, 154

S. 567 Heinrich von Kleists Werke, hrsg. von E. Schmidt, R. Steig, G. Minde-Pouet, Bd. V, Leipzig/Wien 1905, 249
R. Steig, A. von Arnim und J. und W. Grimm, Stuttgart und Berlin 1904, 53
S. 569 Gneisenau. Ein Leben in Briefen, hrsg. von K. Griewank, Leipzig 1939, 56
S. 570 H. v. Kleist, Sämtl. Werke und Briefe, hrsg. von H. Sembdner, I, Darmstadt 1962, 31
S. 571 Correspondance de Napoléon Ier, Bd. XV., Paris 1864, 492, 495
S. 573 Fr. v. Raumer, Lebenserinnerungen und Briefwechsel, Bd. I, (1861), 160
Gneisenau. Ein Leben in Briefen ..., 27
S. 574 Heinrich von Kleist. Geschichte meiner Seele. Ideenmagazin. Das Lebenszeugnis der Briefe, hrsg. von H. Sembdner, Bremen 1959, 393
S. 576 M. Lehmann, Scharnhorst, Bd. II, Leipzig 1887, 640
Carl von Clausewitz, Über das Leben und den Charakter von Scharnhorst, Berlin 1935, 19
S. 577 P. Bailleu, Königin Luise in ihren Briefen und in Zeugnissen Mitlebender, Jena 1929, 23
Wilhelm und Caroline von Humboldt in ihren Briefen, hrsg. von A. von Sydow, Bd. III, Berlin 1909, 451
S. 579 Was ich erlebte. Aus der Erinnerung niedergeschrieben von Henrik Steffens, Bd. VI, Breslau 1842, 271
S. 581 Correspondance de Napoléon ..., Bd. XXIV, 472 f.
S. 584 E. M. Arndt, Was bedeutet Landsturm und Landwehr? Diese Schrift entstand im Januar 1813 und ist in den folgenden Jahren überall in Deutschland aufgelegt und verbreitet worden.
S. 591 Wilhelm und Caroline von Humboldt in ihren Briefen..., Bd. IV, 173
S. 593 Karl von Raumers Leben, von ihm selbst erzählt, Stuttgart 1866, 205
S. 594 Gneisenau. Ein Leben in Briefen ..., 293
S. 595 Correspondance de Napoléon ..., Bd. XXVII, 421
S. 601 F. v. Krones, Aus den Tagebüchern des Erzherzogs Johann von Österreich 1810-1815, Innsbruck 1891, 185
S. 605 K. A. Varnhagen von Ense, Denkwürdigkeiten des eigenen Lebens, Bd. VI, Leipzig 1871, 67
S. 607 H. Dellnick: Regierung und Volkswille, Berlin 1914, 55
S. 611 P. Haake, J. P. F. Ancillon und Kronprinz Friedrich Wilhelm IV. von Preußen, München und Berlin 1920, 32 f.,
S. 612 Helmina von Chézy, Unvergessenes. Denkwürdigkeiten aus dem Leben, hrsg. von B. Borngräber, Bd. II, Leipzig 1858, 162 f.
F. v. Hohenhausen, Der kranke Dichter in Paris. Magazin für die Literatur des Auslandes, Nr. 34, Berlin 1853
S. 624 Reden und Trinksprüche Sr. Majestät Friedrich Wilhelm IV., Leipzig 1855, 26 f.
S. 625 C. E. W. von Canitz, Denkschriften, Bd. II, Berlin 1888, 53
S. 626 Reden und Trinksprüche ..., 31 f.
Zit. nach H. v. Treitschke, Deutsche Geschichte im Neunzehnten Jahrhundert, Bd. V, 170
S. 628 M. Busch, Graf Bismarck und seine Leute, Leipzig 1878
S. 634 A. Wolff, Berliner Revolutions-Chronik, Berlin 1898, 152 f.

S. 635 Reden, Proklamationen, Botschaften, Erlasse und Ordres Sr. Majestät des Königs Friedrich Wilhelm IV., Berlin 1851, 15
S. 636 Stenographischer Bericht über die Verhandlungen der deutschen konstituierenden Nationalversammlung, hrsg. von F. Wigard, I, 17
S. 640 F. Ch. Dahlmann, Kleine Schriften und Reden, hrsg. von C. Varrentrap, Stuttgart 1886, 392
S. 641 Aus dem Briefwechsel Friedrich Wilhelm IV. mit Bunsen, hrsg. von Leopold von Ranke, Leipzig 1874, 148
S. 645 Reden und Trinksprüche . . . , 118 f.
S. 646 Brief Leopold von Rankes an seinen Bruder Heinrich vom 29. 11. 1857, in: Leopold von Ranke, Neue Briefe, Hamburg 1949, 390 f.
S. 647 Kaiser Wilhelms des Großen Briefe, Reden und Schriften, hrsg. von E. Berner, Bd. II., Berlin 1906, 143
S. 648 Gedanken und Erinnerungen von Otto Fürst von Bismarck, Bd. I, Stuttgart 1898, 339 f.
S. 651 Denkwürdigkeiten des Fürsten Chlodwig zu Hohenlohe-Schillingsfürst, hrsg. von F. Curtius, Bd. I, Stuttgart und Leipzig 1906, 141
S. 654 H. von Moltke, Gesammelte Schriften, Bd. II, Berlin 1891, 158
S. 655 Th. Fontane, Frau Jenny Treibel. Roman, Berlin 1892
Th. Fontane, Schach von Wuthenow, Erzählung aus der Zeit des Regiments Gensdarmes, Berlin 1885
Th. Fontane, Briefe an seine Familie, Bd. I, Berlin 1924, 96 (Nr. 220)
S. 656 Gedanken und Erinnerungen . . . , Bd. I, 155
S. 658 Kaiser Wilhelms des Großen Briefe, Reden und Schriften, hrsg. von E. Berner, Bd. II, Berlin 1906, 216
Bismarck-Briefe, hrsg. von H. Rothfels, Göttingen 1955, 360
S. 659 Erinnerungen an Bismarck. Aufzeichnungen von Mitarbeitern und Freunden des Fürsten mit einem Anhange von Dokumenten und Briefen. In Verbindung mit A. v. Brauer gesammelt von E. Marcks und K. A. v. Müller, Stuttgart und Berlin 1915, 358
S. 661 Kaiser Wilhelms des Großen Briefe . . . , Bd. II, 251 f.
Kaiser Friedrich III. Das Kriegstagebuch von 1870/71, hrsg. von H. O. Meisner, Berlin und Leipzig 1926, 338 f.
M. Lehmann, Bismarck. Eine Charakteristik (Aus dem Nachlaß), Berlin 1948, 107
S. 663 L. v. Ranke, Sämtliche Werke. Bd. 53/54, Leipzig 1890, 625

Archiv für Kunst und Geschichte Berlin 563, 579 o., 585, 587 u., 589, 594, 603 · Bibliothèque Nationale, Paris 536 · Bildarchiv Foto Marburg 614, 627, 654 · Bildarchiv der Österreichischen Nationalbibliothek, Wien 548 · Dr. Hans A. Bleckwenn, Münster/Westf. 485 u., 503 l., 510, 512 o., 526, 527, 529, 530, 544, 546, 547, 549 o., 564 o. · J. E. Bulloz, Paris 560 · Deutscher Kunstverlag, München 559 · Adolf Düringer, Wien 515 · Reinhard Friedrich, Berlin 558 · Germanisches Nationalmuseum, Nürnberg 572 · Giraudon, Paris 569, 570, 571 · Silva Hahn, Berlin 565 · Historia-Photo, Bad Sachsa 530, 562 o., 604 u., 645, 646 · Historisches Museum der Stadt Wien 560 u. · Alfred Janderka, Wien 476, 477 · Ralph Kleinhempel, Hamburg 633 · Kunstsammlungen Veste Coburg 550 · Karl-Heinrich Paulmann, Berlin 482, 488 u., 491 o., 494, 495, 500, 506 u., 516, 533 u., 534 o., 568 o., 584, 593, 595, 608, 617, 618, 632, 634 · Propyläen Archiv, Berlin 479, 498, 502 o., 504, 508, 509 m., 509 u., 521, 523, 538, 539, 545, 552, 553, 555 o., 566, 567, 568, 573, 574, 576, 578, 579 u., 581, 582, 592 o., 606 o., 607, 608, 610, 612, 620, 622, 624, 628, 630, 631, 642 o., 644, 649, 655, 662, 665, 668 · Hans Retzlaff, Tann/Rhöngeb. 483 · Theo Schafgans, Bonn 586 · Helga Schmidt-Glassner, Stuttgart 489 · Staatliche Graphische Sammlung, München 587 o. · Staatsbibliothek, Berlin, Bildarchiv (Handke) 492, 540, 554, 556, 575, 592 u., 600, 606 u., 610, 611, 626, 636, 637, 638, 639, 640, 641, 643, 650, 651, 652, 653, 656, 661, 663, 664 · Walter Steinkopf, Berlin 486, 491 u., 496, 506 o., 512 u., 517, 519 u., 533, 535, 555 u., 588, 613, 647, 658 · Rudolf Stepanek, Wien 525 · Stiftung Preußischer Kulturbesitz, Berlin, Kunstbibliothek 590, 591 · Stiftung Preußischer Kulturbesitz, Berlin, Staatsbibliothek, Mendelssohn-Archiv 55 u. · Ullstein Bilderdienst, Berlin 475, 509 o., 575, 596, 597, 604 o., 615, 623, 642 u., 648, 657, 659 · Verwaltung der Staatl. Schlösser und Gärten, Berlin 501, 519 o., 549 u., 625 · Alle anderen Vorlagen lieferten die in den Bilderläuterungen genannten Archive, Bibliotheken und Museen.